VIE
DE
S. VINCENT DE PAUL.

TOME SECOND.

DE L'IMPRIMERIE DE BEAU, A SAINT-GERMAIN-EN-LAYE.

VIE

DE

S. VINCENT DE PAUL

INSTITUTEUR

ET

PREMIER SUPÉRIEUR GÉNÉRAL DE LA CONGRÉGATION DE LA MISSION,

PAR

LOUIS ABELLY, ÉVÊQUE DE RODEZ.

Seule Édition complète,

AUGMENTÉE D'UN CHAPITRE INÉDIT.

TOME SECOND.

PARIS,

LIBRAIRIE DE Mme Ve POUSSIELGUE-RUSAND,

23, RUE SAINT-SULPICE.

1854

VIE

DU VÉNÉRABLE SERVITEUR DE DIEU

VINCENT DE PAUL.

CHAPITRE VII.

LES ASSISTANCES ET SERVICES RENDUS AUX MONASTÈRES DES RELIGIEUSES DE LA VISITATION DE SAINTE-MARIE DU DIOCÈSE DE PARIS PAR M. VINCENT, PENDANT LE TEMPS QU'IL A ÉTÉ SUPÉRIEUR ET PÈRE SPIRITUEL.

Les assistances et les services que les religieuses de l'ordre de la Visitation de Sainte-Marie du diocèse de Paris ont reçus de M. Vincent, pendant trente-huit ans qu'il a été leur supérieur et père spirituel, méritent bien d'avoir place au second livre, puisque c'est un ouvrage qui non-seulement témoigne l'étendue de sa charité, mais qui fait aussi connaître combien son esprit était éclairé de la lumière du ciel pour le discernement des choses spirituelles, et quelle était sa prudence, sa douceur, sa fermeté et ses autres excellentes vertus pour la conduite des âmes.

Or, ce n'est pas notre dessein de nous étendre ici sur ce sujet autant qu'il mérite, mais de rapporter simplement ce que nous avons recueilli de quelques mémoires qu'on nous a mis entre les mains, et dont la plupart ont été fournis par les religieuses de ce saint ordre.

Le bienheureux François de Sales, évêque de Genève, instituteur de l'ordre de la Visitation de Sainte-Marie, et la vénérable mère Jeanne-Françoise Fremiot, fondatrice et première mère et religieuse de ce saint ordre, et supérieure du premier monastère de la Visitation de la ville de Paris, ayant appris et bien reconnu les rares qualités qui étaient en M. Vincent pour une sage et sainte conduite, se résolurent de le prier de vouloir être le premier supérieur et père spirituel des maisons de ce saint institut en cette grande ville, et l'en prièrent instamment. Et en même temps ils lui firent donner ordre par feu monseigneur le cardinal de Retz, alors évêque de Paris en l'année 1622, d'accepter cet emploi et de prendre soin de la conduite de ces vertueuses filles.

Cette vénérable mère, leur fondatrice, expérimenta bientôt en la personne de ce digne supérieur la valeur du présent que Dieu leur avait fait, pour lequel elle conçut une telle estime, qu'elle ne prenait presque conseil que de lui pour le bon ordre et le progrès de son institut, non plus que les autres supérieures qui lui ont succédé; lesquelles ont toujours suivi la direction de ce vertueux supérieur, sans chercher ailleurs d'autres lumières; et les autres religieuses ayant fait le même, il s'en est suivi de grandes bénédictions de Dieu, tant pour la conservation de l'union et de la régularité que pour l'avancement intérieur et la multiplication extérieure des religieuses et des maisons de leur institut.

Le premier monastère en forma bientôt après un second, et ensuite un troisième : celui-là fut établi au faubourg Saint-Jacques, et celui-ci en la ville de Saint-Denis, et tous sous la conduite de M. Vincent, par laquelle il a plu à Dieu leur communiquer les mêmes grâces qu'il avait faites au premier. Depuis quelques années le monastère de Saint-Jacques en a encore produit un autre dans Paris, qui a été établi en la rue Montorgueil, et qui, ayant aussi eu M. Vincent pour son premier supérieur, a ressenti pareillement les effets de ses bons avis. De cette sorte, il a été chargé du soin et de la conduite de ces quatre maisons jusqu'à la mort, ayant ainsi employé trente-huit ans au service de ce saint institut, avec tant de bénédiction et de succès, que des deux premières maisons de Paris il en est sorti médiatement ou immédiatement environ une vingtaine d'autres en diverses villes du royaume et ailleurs, où les filles d'un si sage père spirituel sont allées répandre l'odeur de leurs vertus, et communiquer l'esprit de leur bienheureux instituteur, et, par ce moyen, attirer d'autres filles au parti de leur céleste époux.

Le bienheureux François de Sales ayant connu, dans Paris, et fréquenté fort particulièrement M. Vincent, disait qu'il ne connaissait point d'homme plus sage ni plus vertueux que lui; de quoi feu M. Coqueret, docteur en théologie de la Faculté de Paris, de la maison de Navarre, qui l'avait ouï parler de la sorte, a rendu un fidèle témoignage. Ce bienheureux prélat ayant ainsi confié à M. Vincent la conduite de ses chères Filles de la Visitation, dans la première ville du royaume, s'en alla bientôt après au ciel, très-consolé d'avoir mis en si bonne main l'ouvrage de sa piété, qu'il chérissait très-particulièrement entre tous les autres.

Pour ce qui est de la vénérable Mère fondatrice, elle a survécu près de vingt années au bienheureux instituteur de son ordre; et comme elle était obligée d'aller et de venir en divers lieux pour la nécessité des affaires et pour le bien général de sa congrégation, elle communiquait souvent par lettres avec M. Vincent, sur le sujet de sa conduite intérieure particulière et de celle de son institut; et elle en a toujours reçu beaucoup de lumière et de consolation. Au mois de novembre de l'année 1627, pendant qu'il travaillait à quelques missions, elle lui écrivit une lettre touchant la disposition de son intérieur, laquelle témoigne assez la confiance toute particulière qu'elle avait en ce sage supérieur, et que nous rapporterons ici pour l'édification du lecteur chrétien.

« Vous voilà donc, mon très-cher Père (lui dit-elle), engagé à travailler dans la province de Lyon, et par conséquent nous voilà privées de vous voir de longtemps. Mais à ce que Dieu fait, il n'y a rien à redire, ainsi le bénir de tout, comme je fais, mon très-cher Père, de la liberté que votre charité me donne de vous continuer ma confiance et de vous importuner; je le ferai tout simplement. J'ai donc fait quatre jours d'exercices, et non plus à cause de plusieurs affaires qui me sont survenues; j'ai vu le besoin que j'ai de travailler à l'humilité et au support du prochain, vertus que j'avais prises l'année passée, et que Notre-Seigneur m'a fait la grâce de pratiquer un peu; mais c'est lui qui a tout fait, et le fera encore, s'il lui plaît, puisqu'il m'en donne tant d'occasions. Pour mon état, il me semble que je suis dans une simple attente de ce qu'il plaira à Dieu faire de moi; je n'ai ni désirs, ni intentions, chose aucune ne me tient que de vouloir laisser faire Dieu; encore je ne le vois pas, mais il me semble que cela est au fond de mon âme : je n'ai point de vue ni de sentiment pour l'avenir, mais je fais à l'heure présente ce qui me semble être nécessaire à faire, sans penser plus loin. Souvent tout est révolté en la partie inférieure, ce qui me fait bien souffrir, et je suis là, sachant que par la patience je posséderai mon âme. De plus, j'ai un surcroit d'ennuis pour ma charge ; car mon esprit hait grandement l'action, et me forçant pour agir dans la nécessité, mon corps et mon esprit en demeurent abattus; mon imagination, d'un autre côté, me peine grandement en tous mes exercices, et avec un ennui assez grand. Notre-Seigneur permet aussi qu'extérieurement j'aie plusieurs difficultés, en sorte que chose aucune ne me plaît en cette vie, que la seule volonté de Dieu, qui veut que j'y sois. Et Dieu me fasse miséricorde, que je vous supplie de lui demander fortement, et je ne manquerai pas de le prier, comme je fais de tout mon cœur, qu'il vous fortifie pour la charge qu'il vous a donnée. »

Et par une autre lettre, écrite une autre fois sur divers sujets, elle commence ainsi : « Quoique mon cœur, mon très-cher Père, soit insensible à toute autre chose qu'à la douleur, si est-ce que jamais il n'oubliera la charité que vous lui fîtes le jour de votre départ ; car, mon très-cher Père, il s'est trouvé soulagé dans son mal, et même fortifié dans les occasions qui se trouvent et qui viennent de part et d'autre ; et je me prosterne en esprit à vos pieds, vous demandant pardon de la peine que je vous donnai par mon immortification, de laquelle j'aime et embrasse chèrement l'abjection qui m'en revient. Mais à qui puis-je faire voir et savoir mes infirmités, qu'à mon très-unique Père, qui les saura bien supporter? J'espère de votre bonté qu'elle ne s'en lassera point, etc. »

Pendant le séjour que cette vénérable Mère fit à Annecy, elle eut quelque espérance d'y voir M. Vincent, auquel elle en écrivit en ces termes : « Hélas! mon vrai et très-cher Père, serait-il bien possible que mon Dieu me fît cette grâce de vous amener en ce pays ! Ce serait bien la plus grande consolation que je puisse recevoir en ce monde, et il m'est avis que ce serait par une spéciale miséricorde de Dieu sur mon âme, qui en serait soulagée nonpareillement, comme il me semble, en quelque peine intérieure que je porte il y a plus de quatre ans, qui me sert de martyre, etc. »

M. Vincent faisait la visite de temps en temps dans ces maisons de Paris et de Saint-Denis, pour prendre connaissance de leur état en général et de chaque religieuse en particulier, afin de les relever des déchets auxquels notre nature est sujette, et pour les encourager à la perfection : en quoi il se comportait avec tant d'humilité, de recueillement, de prudence et de charité, qu'elles le voyaient tout plein de l'esprit de Dieu, par lequel il agissait si prudemment en leur endroit, qu'elles ont estimé que cette sainte ardeur qui l'animait était une opération du Saint-Esprit, qui rendait ses visites fructueuses, et qui leur donnait toujours un succès très-notable. La communauté restait tout embaumée de sa dévotion, et remplie du désir de se perfectionner, mais d'un désir ferme et effectif, qui paraissait par la ferveur en tous les exercices des religieuses. Il les portait toutes à une grande estime de leur vocation, et à mener une vie conforme à l'esprit de leur saint institut; il leur inspirait une estime toute particulière des maximes de l'Évangile, et des préceptes de leur bienheureux instituteur, contenus dans leurs règles et constitutions. C'est où il faisait tendre les bons avis qu'il leur donnait et les pratiques qu'il leur recommandait, sachant qu'en cela consistait la perfection de leur état. Il louait fort les autres écrits de leur bienheureux fondateur et de leur digne Mère fondatrice, pour leur en donner une grande estime ;

et lui-même les estimait à un tel point, qu'il ne les pouvait lire sans en avoir le cœur attendri ; et on lui a vu verser des larmes en lisant le livre des réponses de cette vénérable Mère fondatrice, de laquelle nous ajouterons encore ici l'extrait d'une lettre, écrite d'Annecy, à ce cher supérieur, au mois de septembre de l'année 1631 :

« Vous êtes toujours admirable, lui dit-elle, en votre humilité, dont je reçois une très-grande et très-particulière consolation, mais spécialement de la satisfaction que vous dites avoir reçue en la visite que vous avez faite de notre maison du faubourg. Ma Sœur la supérieure m'écrit aussi qu'elle et toutes ses Filles en ont reçu un très-grand contentement. Dieu soit béni, loué et glorifié de tout, et veuille donner à mon très-cher Père une grande couronne pour les peines et charités qu'il exerce envers nos bonnes Sœurs. Hélas ! mon très-cher Père, que vous m'êtes toujours bon ! je le connais par cette petite parcelle de larmes que vous avez jetées, voyant en gros nos dernières réponses, etc. »

Après ces lettres de la vénérable Mère fondatrice, nous mettrons ici les témoignages rendus par les plus anciennes et principales religieuses des monastères de ce saint ordre qui sont à Paris, lesquelles ont plus particulièrement connu M. Vincent : « Nous pouvons assurer avec certitude, disent-elles, que plusieurs fois il nous est arrivé des choses presque miraculeuses dans le temps de ses visites, ou bientôt après. Dès le commencement qu'il nous rendit ce charitable office, il délivra presque en un instant une de nos Sœurs d'une peine d'esprit qui était si violente qu'elle redondait sur son corps, et la rendait incapable de rendre aucun service au monastère ; ce qui faisait grande compassion à ceux qui la voyaient. Et néanmoins, depuis sa guérison, elle a exercé avec grande bénédiction les charges de maîtresse des novices et de supérieure durant plusieurs années ; et enfin, par la grâce de Dieu, elle est morte saintement. D'autres fois plusieurs religieuses, qui souffraient des peines et des tentations fâcheuses, s'en trouvaient entièrement délivrées en les découvrant à ce charitable Père ; et d'autres faisaient un changement notable de mœurs par la communication de la grâce abondante qui résidait en lui. Enfin, toutes se renouvelaient à chaque visite, et marchaient plus gaiement que jamais en la voie de la perfection ; et nous ne pouvons omettre que même ses bénédictions se sont étendues jusqu'aux choses temporelles ensuite de ses visites.

« Cet humble serviteur de Dieu a fait voir, en plusieurs autres rencontres, la grâce très-particulière qu'il avait reçue de Dieu, pour éclairer, consoler et fortifier les âmes, et pour rendre le calme aux plus affligées, et entre toutes à la défunte Mère Hélène-Angélique L'Huillier, qui était conduite de Dieu par de grandes souffrances intérieures, qu'on pouvait nommer agonies, pressures de cœur et angoisses extrêmes : elle ne pouvait trouver consolation, après Dieu, qu'en ce cher Père, lequel se portait avec grande affection au secours de ces personnes angoissées ; et dans une occasion où l'on craignait de lui donner trop de peine, il dit qu'il n'avait point d'affaire qu'il estimât si importante que celle de servir une âme en cet état. Il disait à ces personnes affligées des choses agréables, et des mots de récréation par une sainte gaieté pour divertir leur tristesse et leur douleur.

« Sa charité pour le soulagement du prochain lui donnait une sensible peine, quand ses propres infirmités ne lui permettaient pas d'aller voir et de consoler les religieuses malades qui le souhaitaient. Il ne se contentait pas de compatir aux personnes souffrantes de corps ou d'esprit, mais il faisait tous ses efforts pour les soulager. Un jour une bonne Sœur domestique, de laquelle il estimait beaucoup la vertu, étant fort malade, et avec une grosse fièvre, lui dit qu'elle eût été bien aise de mourir. O ma sœur (répliqua-t-il), il n'est pas encore temps. Et s'approchant d'elle il lui fit une croix de son pouce sur le front, et à l'instant la malade se sentit guérie, et depuis elle n'eut ni fièvre ni douleur.

« Comme il avait expérimenté en lui presque tous les états de la vie humaine, d'infirmités, d'humiliations et de tentations pour consoler ceux qui étaient inquiétés de quelques peines semblables, il leur disait pour l'ordinaire qu'il en avait eu de pareilles, que Dieu l'en avait délivré, et qu'il leur ferait la même grâce : Ayez patience, leur disait-il, conformez-vous au bon plaisir de Dieu, et usez de tel et tel remède. Une bonne Sœur domestique lui disant un jour qu'elle avait l'esprit trop grossier pour s'appliquer aux choses spirituelles, parce qu'étant en son pays elle avait été employée à garder les bestiaux de son père, il lui dit : Ma Sœur, c'est là le premier métier que j'ai fait, j'ai gardé les pourceaux ; mais pourvu que cela serve à nous humilier, nous en serons plus propres au service de Dieu : courage !

« Une autre Sœur lui découvrant une tentation qui la travaillait, elle lui donna sujet de lui dire que Dieu l'avait exercé de la même peine pendant plusieurs années, sans avoir eu matière de se confesser sur ce point ; faisant ainsi connaître à cette fille que sa tentation n'était pas péché, et qu'il ne fallait pas s'en troubler comme elle faisait, puisque son consentement en était bien éloigné. Il lui recommanda le secret de ce qu'il venait de dire de soi-même, parce qu'un de ses grands soins était de cacher les grâces que Dieu lui avait faites, et de n'en parler jamais, s'il n'y allait de l'édification d'une âme, comme en cette rencontre ici.

« Il ne jugeait pas qu'il fût utile, ni même expédient, que les religieuses eussent de trop fréquentes et familières communications avec les supérieurs ; et quand quelqu'une voulait lui parler, s'il n'y voyait grande nécessité, il la faisait attendre longtemps, pour l'obliger à bien peser ce qu'elle avait à dire.

« Il disait qu'une chose était grandement à craindre et à éviter : c'est de donner lieu aux inférieurs de faire de certaines petites intrigues contre le gouvernement des Mères supérieures ; que c'était ce qui avait nui à plusieurs, et gâté beaucoup de maisons : c'est pourquoi, lorsqu'une ou plusieurs religieuses se plaignaient à lui de la supérieure, il en examinait bien la cause, et jugeait avec poids si c'était par mouvement de nature, ou par un bon zèle ; et connaissant le juste sujet de leur mécontentement, il y apportait remède, et faisait la correction en particulier à la supérieure ; mais il ne se mettait jamais du côté des mécontentes contre leur Mère, tâchant plutôt de l'excuser, autant qu'il pouvait justement, pour la maintenir en estime et en autorité, sachant que cela est nécessaire pour une bonne conduite.

« Il recommandait sur toutes choses à ces maisons de Paris, et à toutes celles qu'elles avaient fondées, de prendre garde que les ecclésiastiques qui fréquenteraient chez elles ne fussent pas infectés des opinions nouvelles : Car, disait-il, ceux qui sont dans une mauvaise doctrine ne cherchent qu'à la répandre ; et néanmoins ils ne se déclarent pas d'abord ; ce sont comme des loups qui se coulent doucement dans la bergerie, pour la ravager et pour la perdre.

« Ce fut par son avis que la défunte Mère Hélène-Angélique L'Huillier, supérieure du premier monastère de Paris, refusa une somme notable qu'une dame de haute condition offrait à sa communauté, pour lui permettre de s'y retirer, et pour souffrir que quelques jansénistes lui vinssent parler quelquefois à la grille.

« Lorsque quelque religieuse ou plusieurs ensemble lui demandaient sa bénédiction, il se mettait à genoux, et se recolligeait pour la donner en la vue de son néant et de la majesté de Dieu, ce qu'il faisait avec des paroles fort dévotes et touchantes, y ajoutant toujours quelque souhait de bénédiction pour leurs emplois et pour leurs personnes, avec quelque mot d'encouragement.

« Quoiqu'il eût une douceur nonpareille, il était pourtant ferme à reprendre les manquements de conséquence ; et néanmoins sa prudence lui faisait attendre le temps propre, afin que la correction eût un bon effet. Un jour on lui proposa de mortifier une fille pour quelque défaut qu'elle avait ; à quoi il fit cette réponse : On ne donne pas médecine sans grande nécessité à ceux qui ont la fièvre. Parce que l'esprit de cette personne n'était pas pour lors disposé à recevoir ce remède. Il donna cette méthode aux supérieures, de faire leurs avertissements avec grande circonspection et charité, afin qu'ils profitassent. Et pour lui, il en apportait tant, quand il était obligé de donner des pénitences, qu'il faisait assez voir qu'il aurait eu moins de peine à les faire, qu'à les imposer.

« Il trouva un jour quelques religieuses, qui, sous ombre de l'esprit de sainte liberté, trouvaient à redire à celles qui étaient plus exactes et de meilleure observance ; mais il les tira bientôt de cet abus, leur faisant voir que ce n'était pas là l'esprit de sainte liberté, laquelle ne se trouve que dans la parfaite mortification, qui rend la personne maîtresse de ses passions.

« Il avait une adresse merveilleuse pour humilier les âmes hautaines, et cela comme en se récréant, et sans qu'elles y pensassent ; mais où il montrait un zèle plus vigoureux, c'était contre celles qui avaient désobéi en chose d'importance ; car il les réprimait d'une manière si humiliante, que cela les anéantissait, et leur faisait penser ce que ce serait quand Dieu les reprendrait au jour de son redoutable jugement, puisque la parole d'un homme les abattait et humiliait si puissamment.

« Il était incomparable au support des infirmités d'autrui, tant de l'esprit que du corps ; et quoique sa présence portât à un grand respect, ce respect, néanmoins, au lieu de resserrer les cœurs, les ouvrait, et il n'y avait personne qui donnât plus de confiance que lui à manifester les pensées les plus secrètes et les faiblesses les plus difficiles à dire ; il les supportait et les excusait, comme fait une mère bien tendre celles de son enfant. »

Une des Mères supérieures des plus éclairées et des plus capables de tout l'ordre s'excusant de parler de M. Vincent, sur ce que déjà sa maison en avait donné quelques mémoires, l'a fait en cette sorte :
« Comme ces choses, dit-elle, qu'on a écrites sont à peu près celles que je pourrais dire, je confesse que j'ai peine à faire des redites, ne pouvant me résoudre à dire des choses générales, quoique admirables, et que sa profonde humilité n'a pu cacher à toute la terre ; et quant aux choses particulières, je suis certaine que nous les avons mandées. C'est pourquoi je tâcherai d'honorer ici le silence que je lui ai tant vu garder en mille rencontres, qui nous a tenues dans

l'admiration. Pour moi j'ai admiré souvent la profondeur de son esprit, ne sortant guère d'avec lui qu'avec un sentiment de la petitesse du mien, qui avouait intérieurement ne pouvoir pénétrer jusqu'où il me semblait que le sien allait ; et ainsi, par la grandeur des lumières que j'apercevais en lui, sans qu'il les découvrît tout à fait, il me semblait que j'étais la plus pauvre et la plus incapable du monde.

« Il imprimait dans les cœurs une très-grande confiance de lui découvrir les choses les plus pénibles, et cette confiance n'empêchait pas que l'on ne ressentît pour lui un très-profond respect ; ses paroles faisaient un merveilleux effet dans les âmes, soit pour les calmer dans leurs troubles, soit pour les mettre dans un doux recueillement.

« Son support était extrême pour les défaillantes, et nous a toujours été fort remarquable, sans pourtant que la fermeté de son zèle en fût intéressée ; il tenait la balance bien juste quand il fallait corriger quelqu'une ; et quand elle penchait d'un côté plus que de l'autre, c'était toujours de celui de ces deux grandes vertus les plus chères de son cœur, l'humilité et la charité. Je me suis échappée insensiblement à tomber dans les redites que je voulais éviter, et cela de l'abondance de mon cœur, qui conserve pour ce saint Père plus d'estime, d'amour et de respect qu'on n'en peut exprimer ni s'imaginer. »

M. Vincent n'avait aucun respect humain ; il tenait ferme pour les intérêts de Dieu et pour le bien spirituel des maisons religieuses, quelque mépris ou préjudice temporel qui lui en pût arriver. C'était particulièrement au sujet des entrées, dont il se trouvait souvent importuné par des dames de la plus haute condition, même des princesses, qui ayant la curiosité de voir au dedans ces saintes communautés, ou bien ayant la dévotion d'aller passer un bon jour avec elles, ou plusieurs mauvais, auxquels les grands comme les petits sont sujets par les accidents de la vie, pensaient que cela leur devait être accordé ; mais il s'en excusait généralement et généreusement envers toutes celles qui n'avaient aucun droit de le prétendre, avec respect néanmoins, tâchant de leur faire agréer son refus par de bonnes raisons, même de conscience. Et parce qu'il y en avait quelques-unes qui avaient acquis ce privilége, il assembla plusieurs fois, en divers temps, les supérieures et principales religieuses des monastères, pour voir quelles dames étaient les fondatrices et bienfaitrices, à qui il était juste d'accorder quelquefois l'entrée ; et en ayant convenu, on les mit en écrit, et on prit résolution d'en exclure toutes les autres ; et il le désira ainsi, tant afin de dire dans les occasions qu'il ne pouvait pas aller contre, que pour obliger les religieuses à ne se laisser pas vaincre de leur côté, parce que, quand elles ne tenaient pas ferme, il semblait à ces grandes dames qu'il leur faisait tort de leur résister. Il craignait extrêmement que l'esprit du monde ne se glissât en ces maisons, et que les Filles, après l'avoir quitté, n'en reçussent quelque nouvelle atteinte par la vue et la conversation de ces personnes séculières, qui souvent portent sur elles la vanité en triomphe jusque dans les lieux et parmi les exercices de piété. Il s'est même comporté avec fermeté envers la reine, mère du roi, sans manquer pourtant au respect qui était dû à Sa Majesté, pour lui faire trouver bon qu'une de ses dames d'honneur ne fût point reçue dans le premier monastère, comme Sa Majesté avait témoigné le désirer ; et quand il était question de faire de tels refus, il ne renvoyait jamais aux religieuses pour s'en décharger sur elles, mais il répondait et pour lui et pour elles en ces occasions-là, ce qu'il ne faisait pas toutefois en d'autres ; car il y a ceci de remarquable en sa conduite, qu'il ne permettait et n'ordonnait rien d'extraordinaire et qui fût de quelque conséquence, qu'il n'en eût pris auparavant l'avis des supérieures, et quelquefois des conseillères, désirant en toutes choses, autant qu'il le jugeait raisonnable et possible, agir de concert avec elles et dans une conformité de sentiments. Mais elles ont remarqué qu'il était encore plus soigneux de consulter l'oracle de la vérité, et qu'il était fort absorbé en Dieu quand elles lui parlaient, parce que, pour répondre aux choses qui étaient proposées, il en demandait conseil à son divin Esprit au dedans de lui-même : de sorte que, le voyant revenir de ce saint recueillement, elles recevaient les avis qu'il leur donnait comme des lumières envoyées du Ciel. Aussi commençait-il souvent ses réponses par ces paroles : *In nomine Domini*, qui lui étaient fort familières et ordinaires.

S'il fallait rapporter ici en détail tout ce qui est écrit dans les mémoires de ces bonnes Mères, à la louange de leur digne supérieur, ce chapitre aurait une étendue excessive. C'est pourquoi nous nous contenterons d'ajouter à ce que nous venons de rapporter, quelques remarques plus particulières, faites par les religieuses du monastère de Saint-Denis.

« Sa conduite, disent-elles, nous a toujours paru extraordinairement désintéressée, ne regardant jamais que les seuls intérêts de la gloire de Dieu dans toutes les affaires qu'il traitait.

« Dès le moment qu'il reconnaissait les ordres de Dieu et ses volontés, il s'y attachait indispensablement, disant, en ces rencontres, avec une suavité merveilleuse, qu'il côtoyait en toutes choses la Providence.

« Dans les conseils qu'il donnait sur les propositions qui lui étaient faites, nous avons remarqué qu'il agissait avec une grande prudence, et un jugement si profond et si clair, qu'aucune circonstance n'échappait à ses lumières. Cela nous a paru dans quelques affaires fort obscures et embrouillées qui avaient été consultées à plusieurs Pères de religion fort éclairés, et à des docteurs très-savants, qui furent assez longtemps sans en pouvoir donner la décision : ayant recours à ce digne Père, il nous en écrivit avec tant de clarté et de solidité, pénétrant le fond de cette affaire, qu'il nous donna moyen d'en sortir heureusement, sans intéresser notre communauté ni la charité du prochain. Ce qui fit avouer à plusieurs que véritablement il fallait qu'il eût l'esprit de Dieu pour faire un discernement si équitable et si judicieux : aussi a-t-on remarqué que jamais il ne donnait de conclusion en quelque affaire que ce fût, qu'on ne le vît auparavant rentrer en lui-même, comme invoquant la grâce du Saint-Esprit.

« Nous avons toujours reçu une entière satisfaction de sa digne conduite, reconnaissant en lui une grande plénitude de Dieu et de l'esprit évangélique, par un zèle suave, puissant et embrasé de la gloire de Dieu ; une fermeté douce, mais inébranlable à maintenir l'observance de nos règles ; s'enquérant toujours de ce qui y était marqué, et des sentiments de notre bienheureux Père et de notre digne Mère, pour les faire suivre exactement ; nous faisant autant peser les plus petites observances que les plus importantes. Jamais il ne s'est servi de son autorité pour y apporter aucun changement, mais plutôt pour les confirmer et pour les établir.

« Nous en avons un exemple mémorable qui nous a extrêmement édifiées dans la fermeté qu'il a eue à préférer l'observance exacte de notre clôture à toutes les considérations humaines et à ses intérêts particuliers, refusant constamment l'entrée de notre maison à des personnes puissantes dont la qualité et les biens lui eussent pu servir, et à nous aussi, d'un grand appui temporel, préférant l'incomparable bonheur de notre solitude à toutes les vaines espérances du siècle.

« Dans ses visites il n'épargnait ni soin ni peine pour les rendre utiles, faisant toutes choses avec grande exactitude, paix et attention. Il avait une bénignité qui ressentait tout à fait l'esprit de Dieu, écoutant avec une égale patience la dernière novice de la maison comme il eût fait la plus ancienne. Lorsqu'il reprenait des défauts, il préparait et disposait les esprits avec tant de charité et de douceur, que l'on ressentait plutôt l'onction de ses paroles que l'amertume de la correction, tant il avait de vertu pour porter les âmes à Dieu.

« Pour connaître et remarquer nos défauts, il nous faisait entrer en jugement avec Dieu et avec nous-mêmes (c'était son terme); il nous disait que les fautes les plus légères étaient grandes, eu égard aux desseins et à l'attente de Dieu sur nous.

« Nous avons remarqué que, bien que ces répréhensions fussent toujours accompagnées d'une extrême charité et support, lors toutefois qu'il reprenait les manquements que l'on commettait à l'office divin, il semblait reprendre un nouvel esprit, et, s'enflammant d'un saint zèle, il parlait avec tant de vigueur et de force, qu'il imprimait dans nos cœurs la crainte et le respect de la majesté de Dieu, comme un caractère qui y demeurait à jamais ineffaçable : il voulait qu'on y observât jusques aux moindres cérémonies marquées et disait que Dieu recommandait à son peuple de garder les cérémonies et les commandements; et qu'il a fulminé des malédictions aussi bien contre ceux qui manquaient aux cérémonies que contre les infracteurs de ses lois. Il nous ordonnait souvent de lire nos règles et nos directoires, et tout ce qui est de notre institut; et il voulait que nous le fissions dans les dispositions des Israélites lorsqu'après leur captivité ils fondaient en larmes de contrition, entendant la lecture de la loi de Dieu, voyant les manquements qu'ils y avaient commis.

« Il nous recommandait fréquemment dans ses visites l'union avec nos supérieures; mais, disait-il, l'union des cœurs, et la déférence à leurs sentiments, même en choses indifférentes; le respect et la condescendance entre nous, et surtout de déférer aux avis des anciennes, dans lesquelles il voulait que l'on honorât l'Ancien des jours. Quand il reprenait de quelque défaut contraire à la charité, il invoquait sur nous l'esprit de douceur de notre saint fondateur. Il nous enseignait que notre silence devait honorer celui du Verbe divin sur la terre, et nous disait de nous donner à lui par la pratique d'une parfaite obéissance à Dieu, à nos règles et à nos supérieurs, et que, faisant vœu d'obéissance, nous avions quitté notre propre conduite.

« Il voulait qu'après les visites l'on fît un petit extrait des choses plus utiles qui s'y étaient passées, et que l'on en fît lecture de temps en temps dans le chapitre : Cette lecture, disait-il, attire grâce : et en effet, selon ses desseins, elle avait toujours la bénédiction de nous renouveler dans les dispositions de ferveur, d'exactitude et de recueillement où elles nous avaient mises.

« Il conduisait les maisons qu'il gouvernait à un grand dénûment et parfaite abnégation, enseignant d'éviter tout ce qui porte à l'éclat, à l'estime des créatures, et à tout ce qui peut exposer et engager les religieuses à la communication des séculiers. Il nous faisait fort goûter le bonheur que nous avons d'être hors de Paris, et séparées du commerce du grand monde, nous portant à mortifier toutes curiosités, comme les livres et la communication des personnes spirituelles qui pouvaient être soupçonnées des opinions dangereuses du temps; nous conseillant de tenir nos esprits renfermés dans les écrits de notre bienheureux Père, pour lequel il avait une vénération toute particulière.

« Dans cet esprit d'abnégation il nous fit faire un cordial refus aux révérendes Mères Ursulines, proches voisines de notre monastère, d'user de la permission qu'elles avaient obtenue de monsieur leur supérieur d'entretenir quelques-unes de nos Sœurs leurs parentes, et de voir notre communauté, lorsque le mur mitoyen qui nous séparait fut abattu, nous disant que les religieuses sont mortes au monde, et ne doivent plus reconnaître de parents sur la terre.

« Il nous parlait peu, mais nous avons remarqué qu'une seule de ses paroles faisait plus d'effet que des sermons entiers, par l'efficace de l'Esprit de Dieu qui parlait en lui, et par les solides fondements que sa vie donnait à l'estime que l'on avait de sa sainteté. Et une Sœur nous a dit qu'ayant eu le bonheur de se confesser à lui, il lui dit en quatre mots ce qu'elle avait le plus de besoin, sur un état de peine où elle était; mais si à propos, qu'elle en demeura autant étonnée que satisfaite.

« Il dit à une autre, lui conseillant l'exercice de la présence de Dieu, que depuis qu'il s'était donné à lui, il n'avait jamais rien fait dans le particulier qu'il n'eût voulu faire dans une place publique : Parce que, disait-il, la présence de Dieu doit avoir plus de puissance sur notre esprit que la vue de toutes les créatures ensemble.

« Pour ce qui est de sa charité, entre un très-grand nombre d'exemples que nous en pourrions rapporter, nous l'avons vu exposer sa santé et son temps, qui était si cher et si précieux; prenant la peine, sur la fin de sa vie, lorsqu'il était accablé d'affaires et de maux, de venir plusieurs fois céans pour détourner une pauvre fille que nous avions pour tourière du dehors du dessein qu'elle avait de se faire relever de son vœu pour se marier : ce saint homme croyant qu'en ce changement il y avait du péril pour son salut, il lui parlait avec des raisons si touchantes, qu'elles eussent été capables d'amollir un cœur d'acier.

« Il traitait avec tant de circonspection les matières qui regardent la charité, que jamais il ne disait la moindre parole qui la pût en aucune façon intéresser. Et lorsqu'il était nécessité de découvrir quelque défaut du prochain pour s'assurer de la vérité, dès le moment qu'il l'avait découverte, il avait une sainte adresse qui lui faisait rechercher et manifester les avantages de cette personne, pour en effacer entièrement les impressions du mal.

« L'on avait une suavité nonpareille à le voir agir dans les affaires : il donnait tout le temps nécessaire pour les traiter à fond; son égalité inaltérable lui donnait une présence d'esprit à tout, même à divertir ceux avec qui il agissait, surtout les malades et les personnes affligées, pour lesquelles il avait une charité incomparable; son bon cœur s'accommodait à toutes leurs faiblesses, tant du corps que de l'esprit; pouvant véritablement dire avec saint Paul : Je me suis fait tout à tous pour les gagner tous à Dieu.

« Sa déférence et son respect pour toutes sortes de personnes était admirable, et l'attention qu'il avait à en dire du bien aussi grande que celle qu'il a toujours eue à se mépriser, à se publier pécheur, et à s'avilir en toute rencontre, à la très-grande gloire de Dieu et à l'édification du prochain. »

Voilà ce que ces vertueuses religieuses de Sainte-Marie ont témoigné de leur Père supérieur; au moins c'est le principal de ce qui a été recueilli de leurs mémoires. Nous omettons pour abréger plusieurs autres avis spirituels contenus en ces mêmes mémoires que M. Vincent a donnés en diverses occasions à ces chères Filles, tant en général qu'en particulier, touchant la pratique des vertus qui leur étaient les plus convenables, et spécialement de l'union et charité qu'elles devaient avoir entre elles, de l'obéissance envers celles qui sont chargées de leur conduite, de la fidélité aux observances, de la collection intérieure, de l'oraison, de la préparation aux sacrements, de la pureté d'intention, de l'amour de la pauvreté, de la nécessité de la mortification, de la persévérance, et autres semblables.

Comme M. Vincent avait un cœur tout embrasé de charité envers le prochain, il ne pouvait qu'il ne communiquât quelque étincelle de cette ardeur à ses chères Filles, et qu'il ne les portât, autant que leur condition leur pouvait permettre, à procurer le salut et la consolation des âmes, non-seulement par leurs prières, mais aussi par des assistances effectives; ce qu'il croyait être conforme à l'esprit de leur institut et aux intentions de leur bienheureux Père et instituteur : de sorte qu'il n'estimait pas que ce fût assez qu'elles exerçassent leur charité seulement entre elles; mais il souhaitait que la lumière et la chaleur de ce feu divin qu'il tâchait d'allumer dans leurs cœurs, sortît même au dehors de leur monastère, pour se communiquer à d'autres, et y procurer l'ordre, la régularité, l'union et toutes sortes d'autres biens spirituels. C'est ce qui a fait que ce charitable Supérieur a toujours porté les religieuses de Sainte-Marie à embrasser les occasions qui se sont présentées d'aller établir la réforme en divers monastères qui en avaient besoin : nous n'en produirons ici qu'un seul exemple, qui suffira pour faire connaître les saintes dispositions de ce charitable Père spirituel, et de ses vertueuses Filles sur ce sujet.

Il y a déjà plusieurs années que, par la piété et par les bienfaits de feu madame la marquise de Maignelay, dont la mémoire est en bénédiction, et par l'entremise de quelques autres personnes vertueuses et charitables, l'on fonda le monastère de Sainte-Magdeleine près le Temple, à Paris, pour servir de retraite aux filles et aux femmes, lesquelles, ayant vécu dans le désordre, auraient dessein de s'en retirer, et de se convertir véritablement à Dieu. Or comme dès le commencement de cette fondation l'on reconnut que la principale partie manquait, qui était une bonne conduite au dedans de la maison, les personnes qu'on y avait reçues n'ayant ni l'expérience, ni les autres qualités requises pour cela, l'on pensa aux moyens de suppléer à ce défaut, et dès lors on conçut le dessein d'y mettre des religieuses de la Visitation, et de les charger de la conduite de ce nouveau monastère, dont on les jugea plus capables que d'autres, à cause de l'esprit de leur institut, qui les oblige de faire une profession particulière de charité et de douceur, qui étaient des vertus propres pour gagner l'affection de ces pauvres créatures pénitentes, et les attirer avec des liens d'amour à Jésus-Christ. On en parla même au bienheureux évêque de Genève, qui prédit que cela se pourrait faire un jour, mais que le temps n'en était pas encore venu. Enfin quelques années après, la proposition en ayant été faite à M. Vincent, et ayant considéré devant Dieu l'importance de cette œuvre, il fut entièrement persuadé que les religieuses de Sainte-Marie la devaient embrasser : c'est pourquoi il en parla à la Mère Hélène-Angélique L'Huillier, supérieure du premier monastère, et la disposa avec sa communauté, nonobstant l'appréhension qu'elle et ses filles avaient d'une si difficile entreprise, de s'y engager, les y ayant encouragées par le mérite de l'œuvre, et par les assistances qu'elles devaient espérer de Dieu.

Ce fut en l'année 1629 qu'il destina quatre religieuses de ce premier monastère de la Visitation pour aller en celui de Sainte-Magdeleine, dont les premières charges, comme de prieure, directrice, portière, etc., leur furent données par l'autorité de Mgr. l'archevêque de Paris ; et de temps en temps on les a changées pour les soulager du grand travail qui s'y rencontre. Or leur conduite a été accompagnée de tant de bénédictions, qu'elles ont établi un très-bon ordre dans cette grande communauté ; en sorte que depuis plus de trente ans, tout s'y est passé avec édification; et même ce monastère de Sainte-Magdeleine en a produit deux autres, l'un à Rouen, et l'autre à Bordeaux : à quoi M. Vincent a beaucoup contribué par ses sages conseils, et par ses soins charitables, allant, ou écrivant souvent en cette maison, et lui procurant de vertueux confesseurs qui pussent contribuer à y maintenir la paix, l'obéissance et le bon ordre de tout ce qui concernait le service de Dieu.

Et parce qu'au commencement il y eut de grands obstacles à l'exécution de ce bon dessein, et beaucoup de choses à régler, M. Vincent, usant de sa prudence ordinaire, procura diverses assemblées de docteurs et autres personnes d'insigne piété, pour aviser aux moyens de lever les difficultés et résoudre les doutes, afin d'agir avec plus grande sûreté dans une affaire de cette importance, qui regardait la décharge et l'édification du public, et le bien spirituel de tant de pauvres créatures, lesquelles par ce moyen sont tirées du naufrage, et amenées en ce lieu comme dans un port de salut.

Elles sont pour l'ordinaire cent ou six vingts, dont les unes font les trois vœux solennels de religion; les autres ne les font pas, et y demeurent toutefois de leur bon gré, et y mènent une vie réglée. Il y en a encore quelquefois d'autres qu'on y mène par force, et qui sont retenues malgré elles; et néanmoins Dieu, qui est riche en miséricorde, a fait la grâce à quelques-unes de passer de ce troisième état au second, et du second au premier, par les charitables soins qu'en prennent les religieuses de la Visitation; lesquelles ont eu sans doute beaucoup à souffrir, et du dedans et du dehors, depuis qu'elles ont été chargées de cette conduite : mais Dieu leur a fait la grâce de surmonter par leur humilité, douceur et patience, toutes les contradictions, persécutions et calomnies que le diable et le monde ont suscitées contre elles; à quoi elles ont été beaucoup aidées par M. Vincent, qui les encourageait toujours à la persévérance, leur remontrant combien leur patience et leur charité rendaient de gloire à Dieu, et leur acquéraient de mérite, et même attiraient de bénédictions sur tout leur saint ordre; que c'était un grand honneur pour elles de faire ce que les Apôtres ont fait, et ce que Jésus-Christ même est venu faire sur la terre, qui est de convertir les âmes à Dieu. Voici ce qu'il écrivit un jour sur ce sujet à la mère Anne-Marie Bollain, qui a été la première supérieure envoyée en ce monastère de Sainte-Magdeleine, où elle a travaillé plusieurs années avec grand fruit.

« Notre-Seigneur, lui dit-il, qui nous appelle au plus parfait, aura plus agréable la continuation de vos services à Sainte-Magdeleine, qu'il n'aurait ailleurs. La grâce de la persévérance est la plus importante de toutes, et qui couronne toutes les autres grâces; et la mort qui nous trouve les armes à la main pour le service de notre divin Maître est la plus glorieuse et la plus désirable. Notre-Seigneur a fini comme il a vécu : sa vie ayant été rude et pénible, sa mort a été rigoureuse et pleine d'angoisses, sans mélange d'aucune consolation humaine. C'est pour cela que plusieurs saints ont eu cette dévotion d'aimer à mourir seuls, et d'être abandonnés des hommes, dans la confiance qu'ils auraient Dieu seul pour les secourir. Je suis assuré, ma chère Sœur, que vous ne cherchez que lui seul, et qu'entre les bonnes actions qui se présentent à faire, vous préférerez toujours celles où il y aura plus de sa gloire et moins de votre intérêt. »

Outre les considérations précédentes pour lesquelles M. Vincent portait avec tant d'affection ces bonnes Filles de la Visitation à persister dans cette entreprise charitable, comme elles ont toujours fait depuis, et le font encore présentement, nonobstant les peines et traverses qu'elles y ont souffertes, il y en avait encore une qu'il n'estimait pas moins importante que les autres : c'était la crainte qu'il avait que, si ces religieuses s'en retiraient et quittaient cette conduite, on ne fît couler en cette maison le venin des nouvelles erreurs qu'on tâchait de répandre partout. Il disait qu'outre le préjudice qu'en recevait la foi et la religion, c'était une zizanie très-dangereuse, et une source de division pour les communautés que l'ennemi semait secrètement, lorsqu'on n'y prenait pas garde, comme l'expérience ne l'avait que trop fait connaître.

Avant que de finir ce chapitre, nous avons encore jugé expédient, pour l'édification du lecteur, d'y insérer deux pièces qui ont été trouvées écrites de la propre main de M. Vincent, touchant deux grandes servantes de Dieu de ce saint institut de la Visitation, qui feront connaître quelques grâces remarquables et extraordinaires qu'il a plu à Dieu faire à son fidèle serviteur, et manifesteront aussi de plus en plus la sainteté du bienheureux François de Sales, instituteur de ce saint ordre, et de la vénérable mère Jeanne-Françoise Fremiot, qui en a été la fondatrice. Voici comme il parle à la première.

« Il plaît à la bonté de Dieu d'opérer parfois des miracles par ses saints, pour témoigner leur sainteté. J'en mettrai ici un dont je suis témoin, arrivé en la personne de sœur M. M., religieuse de la Visitation de Sainte-Marie, au monastère du faubourg Saint-Jacques, à Paris.

« Le fait est qu'il y a environ six ans que ladite religieuse était travaillée d'une horrible tentation d'aversion contre Dieu, contre le Saint-Sacrement et contre tous les exercices de la sainte religion; de sorte qu'elle blasphémait contre Dieu, et le maudissait autant de fois qu'on lui disait qu'elle le louât, ou bien qu'elle l'entendait louer par par les autres religieuses ; et, étant au chœur, on lui entendait proférer assez haut et distinctement des blasphèmes et des malédictions étranges contre Dieu. Et comme sa supérieure lui voulait faire faire quelque acte pour s'offrir à Dieu, elle lui répondait qu'elle n'avait point d'autre Dieu que le diable. En un mot, elle sentait tant de furie et de rage en elle-même contre sa divine Majesté, qu'elle a été plusieurs fois sur le point de se tuer, pour être plus tôt, disait-elle, en enfer, où elle se désirait, pour avoir moyen de maudire Dieu éternellement à son souhait, et que c'était là toutes ses délices. Or, la révérende mère supérieure l'ayant fait voir à des prélats et à des Pères de religion et autres personnes entendues aux choses intérieures, et, par leurs avis, l'ayant même fait voir à des médecins, par l'ordonnance desquels elle lui fit user de quantité de remèdes, et le tout en vain ; enfin, cette bonne Mère, pleine de confiance que si elle lui appliquait un peu du rochet du bienheureux évêque de Genève, elle en guérirait, fit en effet cette application, d'où la guérison suivit peu de jours après en un instant : en sorte que l'esprit qui était ainsi troublé devint tout à coup tranquille ; le corps qui était affaibli reprit ses forces, comme aussi l'appétit et le sommeil qu'elle avait perdus lui revinrent, et tout cela se fit en un moment ; tellement qu'elle a toujours eu depuis l'esprit aussi bon et aussi fort, et le corps à proportion, comme si elle n'avait eu aucun mal par le passé, dont il n'a rien paru depuis ; et elle s'est trouvée en tel état, qu'elle a exercé avec bénédiction les principales charges du monastère, et est encore aujourd'hui maîtresse des novices.

« Or, ce qui me fait croire que cette guérison est miraculeuse et qu'elle s'est ensuivie de l'application du rochet du bienheureux évêque de Genève, c'est que les remèdes humains ne lui ont de rien servi ; que son mal augmenta après l'application du rochet, ce qui arrive ordinairement aux guérisons miraculeuses ; qu'elle a été guérie en un instant, selon la parfaite confiance de la Mère supérieure ; et qu'elle-même croit aussi certainement, comme si elle le voyait ou le touchait, que Notre-Seigneur lui a fait cette miséricorde par les mérites de ce bienheureux évêque, et par l'application de son rochet. Ce que j'atteste pour avoir parlé à la religieuse pendant son grand mal et après sa guérison, et en avoir appris les particularités de la Mère supérieure et de la même religieuse bientôt après sa guérison, qui arriva le jour que je faisais la visite dans le monastère, de l'autorité de Monseigneur l'illustrissime et révérendissime archevêque de Paris. »

Quoique après l'attestation de cet humble serviteur de Dieu il n'y ait aucun lieu de douter de cette guérison extraordinaire et miraculeuse, arrivée par les mérites du bienheureux évêque de Genève, instituteur de l'ordre de la Visitation, qui a depuis opéré tant d'autres miracles, et qu'il soit juste que ce saint évêque en soit reconnu le véritable auteur après Dieu, qui en sera d'autant plus honoré et glorifié en son saint, il y a néanmoins quelques circonstances considérables qui ont accompagné ou suivi cette guérison miraculeuse, qui regardent M. Vincent, et qui font connaître que Dieu a voulu qu'il eût part à ce bien.

Il faut donc remarquer, en premier lieu, qu'il a plu à Dieu faire cette grâce à ce digne Supérieur, que les visites qu'il a faites de temps en temps dans les maisons de la Visitation, selon le témoignage même des religieuses, ont ordinairement produit en elles quelques grâces particulières, et, entre les autres, que plusieurs des religieuses qui souffraient de très-grandes peines et qui étaient travaillées de tentations très-fâcheuses s'en trouvaient entièrement délivrées, et quelquefois même en un instant, lorsqu'il leur avait parlé.

2. La visite dont il parle en cet écrit était la première de celles qu'il a faites dans le second monastère de la Visitation de Paris, qui fut environ l'an 1623, du temps qu'il demeurait encore chez feu M. le général des galères, quelques années avant la fondation de la Congrégation de la Mission.

3. Ayant vu en cette visite cette bonne religieuse obsédée de la sorte et travaillée d'une peine si effroyable, il en fut touché d'un grand sentiment de compassion; et, par un particulier mouvement de charité, il se mit à faire oraison pour elle. Ensuite de quoi cette religieuse fut soudainement délivrée ; de sorte qu'encore, comme il a été déjà dit, qu'après Dieu, la principale gloire de cette guérison miraculeuse appartienne au bienheureux François de Sales, évêque de Genève, par les intercessions duquel il y a tout sujet de croire que Dieu a délivré cette bonne religieuse de ses horribles peines et tentations ; néanmoins, sans déroger à l'honneur qui en est dû à ce saint prélat, on peut dire aussi que l'entremise de M. Vincent, dont il avait grandement estimé et chéri la vertu pendant sa vie, l'a pu inviter, d'une manière plus particulière, d'employer ses intercessions auprès de Dieu, pour favoriser celui qui lui rendait un si fidèle et si agréable service en la personne de ses chères filles.

Le second écrit contient les paroles suivantes : « Nous, Vincent de Paul, supérieur-général très-indigne de la Congrégation de la Mission, certifions qu'il y a environ vingt ans que Dieu nous a fait la grâce d'être connu de défunte notre digne Mère de Chantal, fondatrice du saint ordre de la Visitation de Sainte-Marie, par des fréquentes communications de paroles et par écrit, qu'il a plu à Dieu que j'aie eues avec elle, tant au premier voyage qu'elle fit en cette ville, il y a environ vingt ans, qu'aux autres qu'elle y a faits depuis, en tous lesquels elle m'a honoré de la confiance de me communiquer son intérieur ; qu'il m'a toujours paru qu'elle était accomplie en toutes sortes de vertus, particulièrement qu'elle était pleine de foi, quoiqu'elle ait été toute sa vie tentée de pensées contraires ; qu'elle avait une très-grande confiance en Dieu, et un amour souverain de sa divine bonté ; qu'elle avait l'esprit juste, prudent, tempéré et fort en un degré très-éminent ; que l'humilité, la mortification, l'obéissance, le zèle de la sanctification de son saint ordre, et du salut des âmes du pauvre peuple, étaient en elle en un souverain degré ; en un mot, que je n'ai jamais remarqué en elle aucune imperfection, mais un exercice continuel de toutes sortes de vertus ; et que, quoiqu'elle ait joui en apparence de la paix et de la tranquillité d'esprit dont jouissent les âmes qui sont parvenues à un si haut degré de vertu, elle a néanmoins souffert des peines intérieures si grandes, qu'elle m'a dit et écrit plusieurs fois qu'elle avait l'esprit si plein de toute sorte de tentations et d'abominations, que son exercice continuel était de se détourner du regard de son intérieur, ne pouvant se supporter elle-même en la vue de son âme si pleine d'horreur, qu'elle lui semblait l'image de l'enfer ; et que, quoiqu'elle souffrît de la sorte, elle n'a jamais perdu la sérénité de son visage, ni ne s'est relâchée de la fidélité que Dieu demandait d'elle dans l'exercice des vertus chrétiennes et religieuses, ni dans la sollicitude prodigieuse qu'elle avait de son saint ordre ; et que de là vient que je crois qu'elle était une des plus saintes âmes que j'aie jamais connues sur la terre, et qu'elle est maintenant bienheureuse au ciel. Je ne fais pas de doute que Dieu ne manifeste un jour sa sainteté, comme j'apprends qu'il fait déjà en plusieurs endroits de ce royaume et en plusieurs manières, dont en voici une qui est arrivée à une personne digne de foi, laquelle j'assure qu'elle aimerait mieux mourir que de mentir.

« Cette personne ayant eu nouvelle de l'extrémité de la maladie de notre défunte, se mit à genoux pour prier Dieu pour elle ; et la première pensée qui lui vint en l'esprit fut de faire un acte de contrition des péchés qu'elle avait commis et qu'elle commet ordinairement ; et, immédiatement après, il lui parut un petit globe, comme de feu, qui s'élevait de terre et s'alla joindre en la supérieure région de l'air à un autre globe plus grand et plus lumineux, et les deux réduits en un s'élevèrent plus haut, entrèrent et se répandirent dans une autre globe infiniment plus grand et plus lumineux que les autres; et il lui fut dit intérieurement que ce premier globe était l'âme de notre digne Mère, le second de notre bienheureux Père, et l'autre l'essence divine; que l'âme de notre digne Mère s'était réunie à celle de notre bienheureux Père, et les deux à Dieu, leur souverain principe.

« De plus, la même personne, qui est un prêtre célébrant la sainte Messe pour notre digne Mère, incontinent après qu'il eut appris la nouvelle de son heureux trépas, et étant au second *Memento*, où l'on prie pour les morts, il pensa qu'il ferait bien de prier pour elle; que peut-être elle était dans le purgatoire, à cause de certaines paroles qu'elle avait dites il y avait quelque temps, qui semblaient tenir du péché véniel; et en même temps il vit derechef la même vision, les mêmes globes, et leur union : et il lui resta un sentiment intérieur que cette âme était bienheureuse, qu'elle n'avait point besoin de prières : ce qui est demeuré si bien imprimé dans l'esprit de ce prêtre, qui lui semble la voir en cet état toutes les fois qu'il pense à elle.

« Ce qui pourrait faire douter de cette vision, est que cette personne a une si grande estime de la sainteté de cette âme bienheureuse, qu'il ne lit jamais ses réponses sans pleurer, dans l'opinion qu'il a que c'est Dieu qui lui a inspiré ce qu'elles contiennent, et que cette vision par conséquent est un effet de son imagination : mais ce qui fait penser que c'est une vraie vision, est qu'il n'est point sujet à en voir, et n'a jamais eu que celle-ci. En foi de quoi j'ai signé la présente de ma main, et scellée de notre sceau. »

Cette déclaration de M. Vincent est de l'année 1642. C'est de lui-même qu'il parle en tierce personne quand il parle de la vision des globes; c'est à lui que Dieu a manifesté la béatitude des saints fondateurs de ce dévot institut de la Visitation : mais avant que d'en écrire et d'en parler à personne, il eut recours à feu M. l'archevêque de Paris, auquel il raconta la chose, et lui dit tout simplement comme elle s'était passée pour en avoir son avis, afin de n'y pas être trompé. Il en communiqua aussi avec le R. P. dom Maurice, Barnabite, qu'il trouva au monastère de Sainte-Marie du faubourg Saint-Jacques, le lendemain qu'on apprit la mort de la Mère de Chantal, et lui demanda s'il se pouvait assurer qu'il n'y eût point de tromperie du diable; et tous deux lui ayant dit qu'il y avait toutes les marques qu'on pouvait souhaiter pour juger que c'était l'esprit de Dieu qui lui avait révélé ce secret, et qu'il s'en pouvait assurer, il crut qu'il devait pour lors faire part de cette consolation à quelques religieuses de ce même ordre qu'il voyait sensiblement touchées de la perte de leur bonne Mère, leur ayant pour cela fait le récit des particularités de cette vision, qu'il mit après par écrit pour en conserver la mémoire.

CHAPITRE VIII.

LES CONFRÉRIES DE LA CHARITÉ DES PAROISSES.

Entre les marques que Notre-Seigneur donna de sa mission divine et de sa qualité de Messie et de Rédempteur du monde, lorsque son saint Précurseur lui envoya deux de ses disciples, la dernière et principale qu'il voulut employer pour servir comme de sceau à toutes les autres, fut celle ci : *Pauperes evangelizantur*, que les pauvres étaient évangélisés. Il est bien vrai, comme lui-même l'avait dit en un autre lieu de l'Evangile, que toutes les œuvres qu'il faisait rendaient témoignage de ce qu'il était, et toutes les guérisons merveilleuses qu'il opérait par sa parole étaient autant de preuves incontestables de sa qualité de Fils de Dieu et de Sauveur : néanmoins, comme s'il n'en eût pas été encore satisfait, après avoir mis en avant qu'il avait rendu la vue aux aveugles, la parole aux muets, l'ouïe aux sourds, la vie aux morts, il ajoute comme pour une preuve encore plus certaine : *Pauperes evangelizantur*, que les pauvres étaient évangélisés. C'était sans doute pour donner à connaître que, comme le véritable caractère des enfants de Dieu est la charité, aussi la marque la plus assurée pour discerner si cette charité est véritable et parfaite, c'est quand elle est épurée de tout intérêt et de toute satisfaction propre, telle qu'est celle qu'on exerce envers les pauvres. Et s'il est permis d'enchérir sur cette pensée pour relever davantage l'éclat de cette perle précieuse de la charité, on peut dire qu'elle reçoit encore un nouveau lustre et une nouvelle perfection quand elle est exercée envers les pauvres malades, et que dans le double accablement de l'indigence et de la douleur où ils se trouvent, l'on prend soin de les secourir corporellement et spirituellement ; pourvoyant en même temps les corps de la nourriture et des remèdes nécessaires, et les âmes de la consolation et des autres assistances qui leur sont les plus salutaires : car alors la charité y trouve comme un redoublement de mérite et de valeur, tant par les biens qu'elle fait que par les incommodités qu'elle souffre, et par les répugnances de la nature qu'il lui faut ordinairement surmonter.

Or c'est dans cette assistance corporelle et spirituelle des pauvres, particulièrement dans leurs afflictions et maladies, que M. Vincent a fait paraître en quel degré de perfection il possédait cette divine vertu, comme nous avons déjà vu au premier livre, et au premier chapitre de ce second, où, parlant des missions, nous avons rapporté les grands fruits qu'elles produisent et les exercices de charité qu'on y pratique, principalement envers les pauvres : mais outre tous ces biens, il y en a encore un dont nous avons remis à parler en ce chapitre, c'est à savoir l'établissement de la Confrérie de la Charité pour l'assistance des pauvres malades, qui est le propre effet de la charité de M. Vincent. Dieu ayant voulu se servir de lui pour produire ce grand ouvrage, dont on ne saurait assez dignement déclarer le mérite et l'utilité, non-seulement pour le soulagement corporel d'une infinité de pauvres malades, qui sans cela fussent demeurés dans un dernier abandon en beaucoup de lieux; mais encore plus pour le salut de leurs âmes, qui souvent seraient en danger de se perdre sans les assistances spirituelles qu'on leur rend, pour les disposer à bien mourir.

On estime beaucoup la charité de ceux qui contribuent à l'entretien des hôpitaux, pour y recevoir et traiter les pauvres malades; et si quelque personne riche avait employé une partie de ses biens pour en fonder un, cette action serait sans doute approuvée d'un chacun, et jugée digne d'une éternelle louange. Que serait-ce donc si l'on voyait un pauvre prêtre qui eût lui seul fait en ceci ce que les plus riches et les plus puissants, avec toute leur opulence, n'auraient pas cru pouvoir entreprendre, je ne dis pas la fondation d'un hôpital, ni de dix, ni de cent, mais de mille, et encore davantage? Cela passerait assurément pour une entreprise qui excède tout à fait le pouvoir humain; n'appartenant qu'à Dieu de faire quelque chose de rien, et avec cinq petits pains, rassasier plusieurs milliers de personnes. Cependant nous pouvons dire que M. Vincent est ce pauvre prêtre dont Dieu a voulu se servir pour opérer cette merveille, non à la vérité en édifiant des maisons pour y recevoir les pauvres malades, mais en procurant l'établissement des Confréries de la Charité, qui leur est encore plus avantageux, comme on le peut facilement apprendre par leur propre témoignage. Car, par exemple, si l'on demandait à cinquante ou soixante pauvres malades, qui sont assistés dans une paroisse de Paris, par les soins et aux dépens de la confrérie qui y est établie, s'ils aimeraient mieux qu'on les portât à l'Hôtel-Dieu, ils répondraient tous sans doute unanimement qu'on les obligera bien davantage de les laisser dans leur pauvre chambre, en leur continuant cette charitable assistance qu'on a commencé à leur faire.

Nous avons vu dans le premier livre l'origine de ces Confréries de la Charité en l'année 1617, lorsque M. Vincent était à Châtillon en Bresse. Ce fut là où il commença la première fois à associer quelques honnêtes et vertueuses femmes pour se charger du soin des pauvres malades du lieu, et leur procurer la nourriture et les remèdes corporels et spirituels pendant leur maladie, dans leurs propres logis ; sans séparer le mari d'avec sa femme, ni la mère d'avec ses enfants. Ce grand serviteur de Dieu n'avait point encore ouï parler, comme il l'a lui-même avoué, d'une telle manière d'assister les pauvres malades ; et la pensée ne lui en vint à l'esprit qu'à l'occasion de la nécessité où se trouvèrent en ce lieu-là quelques pauvres malades dépourvus de toutes choses : ce qui l'ayant obligé de rechercher en lui-même par quel moyen on les pourrait assister, sa charité autant ingénieuse que cordiale et tendre envers les pauvres lui suggéra cette sainte et nouvelle invention. Il en fit premièrement un essai, et le succès montra clairement qu'elle venait de Dieu, car sa bénédiction fut telle sur cette première Confrérie de la Charité, qu'elle s'est toujours très-bien maintenue, quoique M. Vincent, à cause de son éloignement et de ses affaires, n'ait pu prendre aucun soin de la cultiver, depuis près de cinquante ans qu'il y a qu'elle est établie. Et depuis ce premier commencement, il plut à la divine bonté de remplir ce charitable père des pauvres de tant de grâces pour étendre et perpétuer dans l'Église cette sainte institution, qu'au temps de sa mort elle s'est trouvée répandue en des lieux presque innombrables, tant en France qu'en Italie, et ailleurs. Et ses enfants spirituels continuent encore tous les jours à l'établir dedans et dehors le royaume, dans les paroisses où ils font des missions, et cela avec l'approbation du Saint-Siége, et avec l'agrément des prélats, supérieurs et pasteurs des lieux.

Que si quelqu'un désire savoir sur quoi se prend la dépense de ces confréries, la plupart n'ayant aucune rente, je lui dirai que c'est sur le fonds de la Providence divine, laquelle n'a point encore permis qu'aucune de ces confréries où l'on a fidèlement observé le réglement, dont il sera parlé ci-après, ait manqué des choses nécessaires pour assister les malades. L'on fait premièrement une quête générale dans la paroisse lorsque cette confrérie y est établie, d'où l'on tire pour l'ordinaire un petit fonds, plus ou moins grand, selon la commodité des lieux. Et en même temps on en fait une autre de quelques meubles, linges et ustensiles nécessaires ; et les quêtes qui se font ensuite les dimanches et fêtes dans l'Église se trouvent presque suffisantes pour l'entretien de l'œuvre, surtout quand les officiers pratiquent les avis qu'on leur laisse pour procurer le bien et l'avantage de la confrérie, et que les curés des lieux se donnent la peine d'y tenir la main.

Mais d'autant que c'est l'ordre qui maintient et conserve les choses dans un si bon état, et que tout ce qui est de Dieu, comme dit le saint Apôtre, est bien ordonné, M. Vincent jugea, dès que ces confréries commencèrent, qu'il était nécessaire d'y établir quelque ordre. Pour cet effet il dressa un petit réglement, que nous insérerons à la fin de ce chapitre, qui a été communément observé avec l'approbation et permission des supérieurs, en termes simples et intelligibles; et dans le peu d'articles qu'il contient, l'on peut reconnaître la prudence vraiment chrétienne de son auteur.

Le premier dessein de M. Vincent était seulement d'établir cette confrérie dans les villages, pour l'assistance des pauvres malades, qui s'y trouvent ordinairement dans un plus grand délaissement. Mais quelques dames de qualité qui avaient des terres dans le diocèse de Paris et ailleurs, où les missions avaient été faites, et les Confréries de la Charité établies, voyant les grands fruits qu'elles produisaient pour l'assistance corporelle et spirituelle des pauvres malades; et considérant aussi que les mêmes besoins se rencontreraient dans Paris, où il y a grand nombre de pauvres familles d'artisans et ouvriers qui ne vivent que de leur travail, lequel venant à cesser par les maladies qui leur arrivent, tout leur manque; et comme ils n'osent par honte, ou par d'autres raisons, se faire porter à l'Hôtel-Dieu, ils demeurent souvent dans un grand abandon: cela leur donna la pensée que l'établissement de cette confrérie serait fort utile, et même nécessaire dans les paroisses de Paris. Elles en parlèrent à MM. les curés, et eux à M. Vincent, lequel se trouva ainsi obligé de donner les mains à faire cet établissement dans les paroisses où il en fut requis; ce qui a toujours été continué depuis ce temps-là avec grande bénédiction; et les dames de la Charité, qui composent autant de confréries différentes qu'il y a de paroisses, y exercent depuis vingt-cinq ou trente ans les mêmes œuvres de miséricorde envers les pauvres malades qui se pratiquent dans les paroisses des champs, et même font quelque chose de plus; car c'est à leurs dépens que l'on prépare chez elles les potages, les viandes, et autres choses nécessaires pour la nourriture des pauvres malades de la paroisse, ce qu'elles font l'une après l'autre, et chacune à son jour.

Depuis, à l'imitation des paroisses de Paris, cette même confrérie s'est répandue dans beaucoup de villes de ce royaume, aussi bien que dans les villages, et a passé jusque dans les pays étrangers; et maintenant elle se trouve établie en tant de lieux, qu'on n'en sait pas le nombre. D'où l'on peut inférer combien de milliers de pauvres sont par ce moyen assistés tous les jours, et le seront à l'avenir corporellement et spirituellement ; lesquels, après Dieu, sont redevables de toutes ces charitables assistances et la plupart même du bon état de leurs âmes et de leur salut éternel, à la charité de ce grand serviteur de Dieu, lequel par ce seul ouvrage s'est acquis une gloire particulière dans le ciel, qui reçoit tous les jours de nouveaux accroissements, et sur la terre le titre glorieux de *Père des pauvres*, qui attirera sur tout ce qui lui appartient, et qui lui est le plus cher, une infinité de grâces et de bénédictions.

RÈGLEMENT DE LA CONFRÉRIE DE LA CHARITÉ.

« La Confrérie de la Charité est instituée pour honorer Notre-Seigneur Jésus-Christ, patron d'icelle, et sa sainte Mère, et pour assister les pauvres malades des lieux où elle est établie, corporellement et spirituellement : corporellement, en leur administrant leur boire et leur manger, et les médicaments nécessaires durant le temps de leurs maladies ; et spirituellement, en leur faisant administrer les sacrements de Pénitence, d'Eucharistie et d'Extrême-Onction ; et procurant que ceux qui mourront, partent de ce monde en bon état, et que ceux qui guériront fassent résolution de bien vivre à l'avenir.

« La Confrérie sera composée d'un nombre certain et limité de femmes et de filles : celles-ci du consentement de leurs pères et mères, et celles-là de leurs maris ; lesquelles en éliront trois d'entre elles, en présence de M. le curé, à la pluralité des voix, de deux ans en deux ans, le lendemain de la Pentecôte, qui seront leurs officières, dont la première s'appellera supérieure ou directrice ; la seconde, trésorière ou première assistante ; et la troisième, garde-meuble ou seconde assistante. Ces trois officières auront l'entière direction de ladite Confrérie : de l'avis de M. le curé, elles éliront aussi un homme de la paroisse, pieux et charitable, qui sera leur procureur.

« La supérieure prendra garde à ce que le présent règlement s'observe, que toutes les personnes de la Confrérie fassent bien leur devoir ; elle recevra les pauvres malades de ladite paroisse qui se présenteront, et les congédiera, de l'avis des autres officières.

« La trésorière servira de conseil à la supérieure ; gardera l'argent de la Confrérie dans un coffre à deux serrures différentes, dont la supérieure tiendra une clef, et elle l'autre ; excepté qu'elle pourra tenir entre ses mains un écu, pour fournir au courant de la dépense ; et rendra compte, à la fin de ses deux années, aux officières qui seront nouvellement élues, et aux autres personnes de la Confrérie, en présence de M. le curé et habitants de la paroisse qui désireront s'y trouver.

« La garde-meuble servira aussi de conseil à la supérieure, gardera, reblanchira et raccommodera le linge de ladite Confrérie, en fournira aux pauvres malades quand il sera besoin, de l'ordre de la supérieure, et aura soin de le retirer et en rendre compte à la fin de ses deux années comme la trésorière.

« Le procureur tiendra un contrôle des quêtes qui se feront à l'église ou par les maisons, et des dons qui se feront par les particuliers ; donnera les quittances ; procurera la manutention de ladite Confrérie, et l'augmentation des biens d'icelle; dressera les comptes de la trésorière, si besoin est ; aura un registre dans lequel il copiera le présent réglement, et l'acte de l'établissement, le faisant collationner, si faire se peut. Il écrira dans le même registre le catalogue des femmes et des filles qui seront reçues à la Confrérie, le jour de leur réception et de leur décès, les élections des officières, les actes de la reddition des comptes, le nom des pauvres malades qui auront été assistés par la Confrérie, le jour de leur réception, de leur mort ou de leur guérison, et généralement ce qui s'y passera de plus notable et remarquable.

« Les sœurs de la Confrérie serviront chacune leur jour les pauvres malades qui auront été reçus par la supérieure ; leur porteront chez eux leur boire et leur manger apprêté; quêteront tour à tour à l'église, et par les maisons, les dimanches et fêtes principales et solennelles ; donneront la quête à la trésorière, et diront au procureur ce qu'elles auront quêté ; elles feront dire une messe à l'autel de la Confrérie tous les premiers et troisièmes dimanches des mois, à laquelle elles assisteront, et ce même jour elles se confesseront et communieront, si la commodité le leur permet ; et assisteront aussi ce jour-là à la procession qui se fera entre vêpres et complies, où se chanteront les litanies de Notre-Seigneur, ou celles de la Vierge ; elles en feront de même tous les ans le 14 janvier, qui est la fête du Nom de Jésus, leur patron.

« Elles s'entre-chériront comme personnes que Notre-Seigneur a unies et liées par son amour ; s'entre-visiteront et consoleront en leurs afflictions et maladies ; assisteront en corps à l'enterrement de celles qui décéderont, communieront à leur intention, feront chanter une haute Messe pour chacune d'icelles ; elles feront de même pour M. le curé et pour leur procureur quand ils mourront : elles se trouveront pareillement en corps à l'enterrement des pauvres malades qu'elles auront assistés, feront dire une Messe basse pour le repos de leurs âmes. Le tout sans obligation à péché mortel ou véniel.

« Il sera donné à chaque pauvre malade, pour chaque repas, autant de pain qu'il en pourra suffisamment manger, cinq onces de veau ou de mouton, un potage, et un demi-setier de vin, mesure de Paris.

« Aux jours maigres on leur donnera, outre le pain, le vin et le potage, une couple d'œufs, ou un peu de beurre ; et pour ceux qui ne pourront user de viande solide, il leur sera donné des bouillons et des œufs frais quatre fois le jour, et une garde à ceux qui seront en extrémité, et qui n'auront personne pour les veiller. »

CHAPITRE IX.

INSTITUTION DES FILLES DE LA CHARITÉ, SERVANTES DES PAUVRES MALADES.

Nous ne répéterons point ici ce qui a été dit au premier livre touchant l'origine de la compagnie des Filles de la Charité destinées au service des pauvres malades, et l'occasion dont Dieu voulut se servir pour la faire naître, et comment M. Vincent, sans avoir contribué à cet établissement sinon une fidèle correspondance aux desseins de Dieu, lorsqu'ils lui furent manifestés, se trouva, presque sans y penser, l'auteur de cette charitable entreprise et le père spirituel de ces vertueuses filles.

Nous rapporterons seulement en ce chapitre quelque chose digne de remarque dont il n'a point été parlé au premier livre, touchant cette dévote communauté, laquelle a été érigée en compagnie ou congrégation et société particulière par l'autorité de feu M. l'archevêque de Paris, dont les lettres d'érection portent les termes suivants :

« Et d'autant que Dieu a béni le travail que notre très-aimé Vincent de Paul a pris pour faire réussir ce pieux dessein, nous lui avons confié et commis par ces présentes, confions et commettons la conduite et direction de la susdite société et communauté, sa vie durant ; et après lui, à ses successeurs les supérieurs généraux de ladite Congrégation de la Mission, etc. » Ensuite, il plut au roi donner des lettres-patentes pour autoriser et confirmer cet établissement, qui furent vérifiées et enregistrées au Parlement.

M. Vincent, se voyant chargé de cette conduite par un ordre si exprès de la divine Providence, crut qu'il devait employer ses pensées et ses soins pour confectionner l'ouvrage que Dieu lui avait fait la grâce de commencer. Pour cet effet, avant toutes choses, il proposa à ces vertueuses filles pour maxime fondamentale de se considérer comme destinées par la volonté de Dieu pour servir Notre-Seigneur Jésus-Christ corporellement et spirituellement en la personne des malades, tant hommes que femmes et enfants, soit honteux ou nécessiteux ; et, pour se rendre dignes servantes d'un tel Seigneur dans un emploi si saint, de travailler soigneusement à leur propre perfection ; faisant tous leurs exercices en esprit d'humilité, simplicité, charité, et en union de ceux que Notre-Seigneur Jésus-Christ a faits sur la terre, et pour la même fin, qui exclut toute vanité ou respect humain, et tout amour-propre et satisfaction de la nature.

Il leur a aussi fort particulièrement recommandé quelques autres vertus qu'il a jugées les plus nécessaires à leur état, comme l'obéissance à leurs supérieurs et à messieurs les curés ; l'indifférence aux lieux, aux emplois et aux personnes ; la pauvreté, pour s'affectionner à vivre pauvrement comme servantes des pauvres ; et la patience, pour souffrir de bon cœur et pour l'amour de Dieu les incommodités, contradictions, moqueries, calomnies et autres mortifications qui leur arrivent, même pour avoir bien fait ; se remettant en esprit que tout cela n'est qu'une partie de la croix que Notre-Seigneur veut qu'elles portent après lui sur la terre, pour mériter de vivre un jour avec lui dans le ciel.

Il n'est pas nécessaire d'entrer plus avant dans le détail de leur réglement, qui n'est que pour elles, et qui les porte à la pratique de l'oraison mentale, à la fréquentation des sacrements, aux retraites annuelles, aux conférences spirituelles entre elles, à l'union et charité mutuelle, à l'uniformité de vie, d'habits et d'actions, et à une modestie toute singulière.

Outre ce réglement qui est commun pour toutes, M. Vincent leur en a laissé d'autres qui regardent chaque emploi et chaque office particulier ; leur marquant ce qu'elles ont à faire en tous les lieux où elles se trouvent, dans les villes et dans les villages, tant à l'égard des dames et autres personnes qui les emploient, qu'à l'égard des pauvres qu'elles servent, et qu'elles instruisent ; et ces réglements particuliers sont au nombre de six, tous différents : le premier pour les sœurs qui assistent les malades des paroisses ; le deuxième pour celles qui tiennent les écoles ; le troisième pour celles qui ont soin des enfants trouvés ; le quatrième pour celles qui aident les dames à servir les pauvres de l'Hôtel-Dieu de Paris ; le cinquième pour les sœurs qui sont à l'hôpital des galériens ; le sixième pour celles qui servent les malades dans les autres hôpitaux du royaume : et ces réglements leur marquent particulièrement les occasions dangereuses qu'elles ont à éviter, les précautions dont il leur faut user, les vues différentes qu'elles doivent avoir, enfin tout ce qu'elles ont à faire ou à dire, jusqu'aux moindres circonstances, pour bien nourrir, panser, médicamenter, nettoyer, édifier, consoler et admonester les pauvres, petits et grands, sains et malades.

On pouvait bien dire que les réglements qui sortaient des mains de de M. Vincent étaient comme en leur perfection, parce qu'il ne se hâtait jamais de les donner : il voulait que Dieu seul en fût l'auteur, et que l'esprit humain n'y eût autre part que celle de la pratique : aussi ceux-là ont été dressés sur une longue expérience, et par concert avec mademoiselle Le Gras, très-éclairée, et toujours appliquée au service de toutes sortes de pauvres.

Ces réglements font que ces filles s'acquittent de leurs petits devoirs avec bénédiction, et au contentement d'un chacun : ce qui fait qu'on les demande de toutes parts. Plusieurs villes du royaume en veulent avoir, même des principales, sans parler de quantité de seigneurs et de dames qui désirent les établir en leurs terres : et on espère de leur en fournir à mesure que cette petite compagnie se multipliera, comme elle fait, Dieu merci. C'est une belle occasion aux filles et aux veuves qui veulent se retirer du monde, pour assurer leur salut par des œuvres de charité; et surtout à celles qui voudraient être religieuses, et qui n'ont pas une dot suffisante; car elles peuvent entrer dans cette compagnie sans aucune dot. On ne leur demande que ce qui est nécessaire pour leur premier habit, et principalement une bonne disposition de corps et d'esprit pour répondre à la grâce d'une si sainte vocation, qui est plus grande que les personnes peu charitables ne peuvent comprendre, et que M. Vincent a exprimée en peu de paroles :

« Une fille de la Charité, dit-il, a besoin de plus de vertu que les religieuses les plus austères. Il n'y a point de religion de filles qui ait tant d'emplois qu'elles en ont : car les filles de la Charité ont presque tous les emplois des religieuses, ayant premièrement à travailler à leur propre perfection, comme les religieuses Carmélites, et autres semblables; deuxièmement au soin des malades, comme les religieuses de l'Hôtel-Dieu de Paris et autres hospitalières; troisièmement à l'instruction des pauvres filles, comme les Ursulines. »

Voici ce que portent quelques articles des règles particulières que M. Vincent a données aux sœurs qui servent les pauvres malades dans les paroisses : « Elles considéreront qu'encore qu'elles ne soient pas dans une religion, cet état n'étant pas convenable aux emplois de leur vocation, néanmoins parce qu'elles sont beaucoup plus exposées que les religieuses cloîtrées et grillées, n'ayant pour monastère que les maisons des malades ; pour cellule, quelque pauvre chambre, et bien souvent de louage ; pour chapelle, l'église paroissiale ; pour cloître, les rues de la ville ; pour clôture, l'obéissance ; pour grille, la crainte de Dieu ; et pour voile, la sainte modestie. Pour toutes ces considérations, elles doivent avoir autant ou plus de vertu que si elles étaient professes dans un ordre religieux. C'est pourquoi elles tâcheront de se comporter en tous ces lieux-là du moins avec autant de retenue, de récollection et d'édification que font les vraies religieuses dans leurs monastères. Et pour obtenir de Dieu cette grâce, elles doivent s'étudier à l'acquisition de toutes les vertus qui leur sont recommandées par leurs règles, et particulièrement d'une profonde humilité, d'une parfaite obéissance et d'un grand détachement des créatures ; et surtout elles useront de toutes les précautions possibles pour conserver parfaitement la chasteté du corps et du cœur.

« Elles penseront souvent à la fin principale pour laquelle Dieu a voulu qu'elles fussent envoyées en la paroisse où elles se trouvent, qui est de servir les pauvres malades, non-seulement corporellement en leur administrant la nourriture et les médicaments, mais encore spirituellement, en procurant qu'ils reçoivent de bonne heure les sacrements. En sorte que tous ceux qui tendront à la mort partent de ce monde en bon état, et que ceux qui guériront fassent une bonne résolution de bien vivre à l'avenir. Et pour mieux leur procurer ce secours spirituel, elles y contribueront autant que leur petit pouvoir et le peu de temps qu'elles ont pour cela leur permettront, et selon que la qualité et condition des malades le requerront. Or le secours qu'elles tâcheront de leur donner sera particulièrement de les consoler, encourager et instruire des choses nécessaires à salut ; leur faisant faire des actes de foi, d'espérance et de charité envers Dieu et envers le prochain, et de contrition ; les exhortant de pardonner à leurs ennemis, et de demander pardon à ceux qu'ils ont offensés ; de se résigner au bon plaisir de Dieu, soit pour souffrir, soit pour guérir, soit pour mourir, soit pour vivre, et autres semblables actes, non tous à la fois, mais un peu chaque jour, et le plus succinctement qu'il leur sera possible, de peur de les ennuyer.

« Surtout elles se donneront à Dieu, pour les disposer à faire une bonne confession générale de toute leur vie, particulièrement s'ils sont pour mourir de leur maladie ; leur représentant l'importance qu'il y a de la bien faire, et leur enseignant la manière de la bien faire ; leur disant, entre autres choses, qu'ils ne rendront pas seulement compte des péchés commis depuis leur dernière confession, mais encore de tous les autres qu'ils ont jamais faits, tant confessés qu'oubliés ; que s'ils ne sont pas en état de faire cette confession de toute leur vie, elles les exciteront à concevoir du moins une contrition générale de tous leurs péchés, avec un ferme propos de vouloir plutôt mourir que de les plus commettre, moyennant la grâce de Dieu.

« Si les malades reviennent en convalescence, et puis retombent une ou plusieurs fois, elles auront soin de les exhorter à recevoir derechef les sacrements, même celui de l'Extrême-Onction, et de leur procurer ce grand bien. Si elles se trouvent à leur dernier passage, elles les aideront à bien mourir, en leur faisant faire quelques-uns des actes ci-dessus rapportés et priant Dieu pour eux.

« Et s'ils guérissent, elles redoubleront leurs soins pour les exciter à profiter de leur maladie et de leur guérison, en leur représentant que Dieu les a faits malades du corps pour guérir leurs âmes, et qu'il leur a redonné la santé corporelle pour la bien employer à faire pénitence et à mener une bonne vie ; et partant qu'ils doivent faire de fortes résolutions d'accomplir tout cela, et renouveler celles qu'ils ont faites au fort de leur mal ; leur conseillant quelques petites pratiques selon leur portée, comme de prier Dieu à genoux soir et matin, se confesser et communier plusieurs fois l'année, fuir les occasions du péché, et semblables, le tout brièvement, simplement et humblement.

« Et de peur que ces services spirituels qu'elles leur rendent ne préjudicient aux corporels qu'elles leur doivent, ce qui arriverait si, pour s'amuser trop longtemps à parler à un malade, elles faisaient souffrir les autres, faute de leur porter de bonne heure la nourriture ou les médicaments nécessaires, elles tâcheront de bien prendre en cela leurs mesures, réglant leur temps et leurs exercices selon que le nombre et le besoin des malades sera grand ou petit. Et parce que leurs emplois du soir ne sont pas ordinairement si pressants que ceux du matin, elles pourront prendre ce temps-là pour les instruire ou exhorter en la manière qui a été marquée, particulièrement lorsqu'elles leur portent les remèdes.

« En servant les malades, elle ne doivent considérer que Dieu, et partant ne prendre non plus garde aux louanges qu'ils leur donnent qu'aux injures qu'ils leur disent, si ce n'est pour en faire un bon usage, rejetant intérieurement celles-là, en se confondant dans leur néant, et agréant celles-ci pour honorer les mérites faits au Fils de Dieu en la croix par ceux mêmes qui en avaient reçu tant de faveurs et de grâces.

« Elles ne recevront aucun présent, tant petit soit-il, des pauvres qu'elles assistent, se gardant bien de penser qu'ils leur soient obligés pour le service qu'elles leur rendent; vu qu'au contraire elles leur en doivent de reste, puisque pour une petite aumône qu'elles font, non de leurs biens propres, mais seulement d'un peu de leurs soins, elles se font des amis dans le ciel, qui ont droit de les recevoir un jour dans les tabernacles éternels; et même, dès cette vie, elles reçoivent, au sujet de ces pauvres qu'elles assistent, plus d'honneur et de vrai contentement qu'elles n'en eussent jamais osé espérer dans le monde, dont elles ne doivent pas abuser, mais plutôt entrer en confusion, dans la vue qu'elles en sont indignes. »

Voilà les principaux règlements que M. Vincent a donnés à ces vertueuses filles, par lesquels on peut connaître dans quel esprit il les élevait, et à quel degré de perfection il les portait; et, à plus forte raison, de quel esprit il était rempli lui-même, et combien abondantes étaient les grâces et les lumières dont Dieu avait comblé son âme, et qu'il répandait avec tant de bénédiction sur les autres.

Il leur a encore donné en diverses rencontres plusieurs bons avis pour se bien comporter à l'égard de quelques personnes particulières, par exemple, envers messieurs les ecclésiastiques des paroisses où elles seraient résidentes : « Il leur recommandait d'un côté un grand respect envers eux, et d'un autre de ne les visiter, ni leur parler qu'au confessionnal, sans nécessité; de n'aller jamais seules chez eux, ni les recevoir de même chez elles dans leurs chambres; dans les maladies, ne les traiter ni leur fournir des remèdes; ne se charger du blanchissage des surplis, aubes et autre linge d'église, ni de la netteté et ornement des églises et des autels, ni du soin et entretien de la lampe, et autres semblables occupations; lesquelles, quoique saintes, ne sont pas conformes à leur institut, parce qu'elles les détourneraient du service des pauvres.

« Et à l'égard des laïques et séculiers, de quelque condition qu'ils soient, il leur recommandait de ne les pas visiter non plus sans nécessité, ni perdre le temps et se familiariser trop chez eux; de ne se charger, quand ils sont malades, du traitement de leurs personnes ni de leurs enfants, serviteurs ou domestiques; et enfin de ne s'occuper de leurs affaires, ménages, remèdes, etc.; tout cela n'étant point de leur institut, qui les applique au service des pauvres malades, et non pas des riches. Et il leur recommandait toutes ces choses comme plus importantes qu'elles ne paraissaient d'abord, vu que ces occupations étant ordinairement plus faciles, plus agréables et plus honorables selon le monde, elles s'y adonneraient plus volontiers selon l'inclination de la nature, et ainsi peu à peu elles s'éloigneraient de ce que Notre-Seigneur demande d'elles, et de la fin pour laquelle notre petite compagnie a été instituée. »

Outre les paroisses dans lesquelles ces bonnes filles travaillent pour le service des pauvres malades, il y a encore cinq hôpitaux dans Paris où elles sont employées pour le même effet : 1° celui de l'Hôtel-Dieu, où elles aident les dames qui vont visiter les malades ; 2° celui des Enfants-Trouvés, où leur charité trouve un très-grand exercice, ne se passant aucune année sans qu'on ne leur apporte trois ou quatre cents de ces enfants qu'elles nourrissent et élèvent avec un soin admirable ; 3° celui des criminels condamnés aux galères, où elles exercent les œuvres de miséricorde en un très-haut degré, puisque c'est à l'égard des plus misérables au corps et en l'âme qu'on ne saurait presque s'imaginer ; c'est pourquoi les sœurs qui y sont employées ont besoin d'une grâce extraordinaire de Dieu : et M. Vincent leur a aussi prescrit des pratiques conformes à ce besoin ; 4° celui des Petites-Maisons, où elles ont soin de la nourriture, entretien et netteté des pauvres aliénés d'esprit qui y sont en grand nombre, de l'un et de l'autre sexe, qu'elles servent tant en santé qu'en maladie, et traitent avec une grande douceur et charité. MM. les administrateurs de cet hôpital ont rendu témoignage que ces bonnes filles avaient retranché quantité de désordres qui allaient à l'offense de Dieu, à la ruine des biens de la maison, et à l'altération de ces pauvres insensés, en sorte qu'on a été très-édifié et satisfait de leur conduite ; 5° enfin il y a l'hôpital du Nom-de-Jésus, où plusieurs tant hommes que femmes en âge sont servis, accommodés et assistés en toutes façons par ces charitables filles.

Outre ces cinq hôpitaux qui les occupent dans la seule ville de Paris, et toutes les paroisses où elles sont employées, tant en la même ville qu'en plusieurs lieux de la France, il y a encore beaucoup d'autres hôpitaux où elles rendent service aux pauvres, comme Angers, Chartres, Châteaudun, Hennebon, Saint-Fargeau, Ussel, Cahors, Gex, etc., et même jusqu'en Pologne, en la ville de Varsovie, en tous lesquels lieux elles rendent service aux pauvres avec grande bénédiction. Nous rapporterons ici sur ce sujet une lettre que M. Vincent écrivit à mademoiselle Le Gras lorsqu'il fut question d'envoyer trois de ses filles travailler en Poitou :

« Je prie Notre-Seigneur, dit-il, qu'il donne sa sainte bénédiction à nos très-chères Sœurs, et qu'il leur fasse part de l'esprit qu'il a donné aux saintes dames qui l'accompagnaient et qui coopéraient avec lui à l'assistance des pauvres malades et à l'instruction des enfants. O bon Dieu ! quel bonheur à ces bonnes filles d'aller continuer au lieu où elles sont envoyées la charité que Notre-Seigneur a exercée sur la terre ! Oh ! que le ciel se réjouira de voir cela ! et que les louanges qu'elles en auront en l'autre vie seront admirables ! mais avec quelle sainte confiance paraîtront-elles au jour du jugement, après tant de saintes œuvres de charité qu'elles auront exercées ! Certainement il me semble que les couronnes et les empires de la terre ne sont que de la boue, en comparaison du mérite et de la gloire dont il y a sujet d'espérer qu'elles seront un jour couronnées.

« Il ne reste sinon qu'elles se comportent dans l'esprit de la sainte Vierge en leur voyage et en leurs emplois, qu'elles la voient souvent des yeux et de l'esprit, et qu'elles fassent toutes choses ainsi qu'elles se représenteront dans la pensée que pourrait faire cette très-sainte Dame. Qu'elles considèrent surtout sa charité et son humilité. Qu'elles soient bien humbles à l'égard de Dieu, cordiales entre elles, bienfaisantes à tous, et à édification en tous lieux. Qu'elles fassent leurs exercices de piété tous les matins ou avant que les coches partent, ou sur les chemins; qu'elles disent leur chapelet et portent avec elles quelque petit livre de piété pour le lire; qu'elles contribuent aux entretiens qui se feront de Dieu et nullement à ceux du monde, et moins encore à ceux qui seraient trop libres; enfin, qu'elles soient des rochers contre les familiarités que les hommes voudraient prendre avec elles.

« Étant arrivées au terme de leur voyage, elles iront d'abord saluer le Très-Saint-Sacrement, verront M. le curé, recevront ses ordres, et tâcheront de les accomplir à l'égard des malades et des enfants qui iront à l'école. Elles feront ce qu'elles pourront pour profiter aux âmes pendant qu'elles traiteront les corps des pauvres malades ; elles obéiront aux officières de la Charité, et les animeront à s'affectionner à la pratique du règlement; elles se confesseront tous les huit jours, etc. Et continuant de la sorte, il se trouvera devant Dieu qu'elles auront mené une vie fort sainte, et que, n'étant que de pauvres filles sur la terre, elles deviendront de grandes reines dans le ciel. C'est ce que je demande à Dieu, etc. »

Or comme dans tous ces hôpitaux il y a souvent un grand nombre de malades à servir, et qu'elles sont ordinairement en petit nombre en chaque hôpital, cela est cause qu'elles se trouvent assez souvent fort surchargées. C'est ce qu'une des sœurs qui avait été envoyée en un hôpital représenta un jour par lettre à M. Vincent, en ces termes :

« Monsieur, nous sommes accablées de travail et nous y succomberons si nous ne sommes secourues : je suis contrainte de vous tracer ce peu de lignes la nuit en veillant les malades, n'ayant aucun relâche le jour ; et en vous écrivant, il faut que j'exhorte deux moribonds. Je vais tantôt à l'un, lui dire : Mon ami, élevez votre cœur à Dieu, demandez-lui miséricorde ; cela fait, je reviens écrire une ou deux lignes, et puis je cours à l'autre lui crier : *Jésus, Maria !* mon Dieu, j'espère en vous ; et puis je retourne encore à ma lettre ; et ainsi je vais et viens, et je vous écris à diverses reprises, et ayant l'esprit tout divisé. C'est pour vous supplier très-humblement de nous envoyer encore une Sœur, etc. »

M. Vincent, lisant cette lettre, admira l'esprit de cette fille dans ce trait de son éloquence naturelle, qui était très-puissant pour exprimer son besoin, et pour le persuader d'y apporter remède et lui envoyer du secours.

Mais ce qui met le comble à la charité de ces bonnes filles est le grand travail qu'elles ont entrepris par obéissance, et avec une sincère affection, non-seulement dans tous les lieux dont nous avons parlé, mais jusque dans les hôpitaux des armées, où le zèle de leur charitable supérieur les a envoyées, avec les précautions nécessaires pour y prendre le soin des soldats blessés et des autres malades, comme à l'hôpital de Réthel pendant le dernier siége, et depuis à Calais durant le siége de Dunkerque, où il y en eut deux qui consumèrent saintement leur vie dans cet office de charité.

M. Vincent recommandant un jour aux prières de sa communauté ces bonnes filles, dit les paroles suivantes, que nous avons cru devoir insérer en ce lieu :

« Je recommande, dit-il, à vos prières les Filles de la Charité que nous avons envoyées à Calais pour assister les pauvres soldats blessés ; de quatre qu'elles étaient, il y en a deux décédées, qui étaient des plus fortes et robustes de leur compagnie ; cependant les voilà qui ont succombé sous le faix. Imaginez-vous, Messieurs, ce que c'est que quatre pauvres filles à l'entour de cinq ou six cents soldats blessés et malades. Voyez un peu la conduite et la bonté de Dieu de s'être suscité en ce temps une compagnie de la sorte : pourquoi faire ? Pour assister les pauvres corporellement et même spirituellement, en leur disant quelques bonnes paroles qui les portent à penser à leur salut ; particulièrement aux moribonds, pour les aider à bien mourir ; leur faisant faire des actes de contrition et de confiance en Dieu. En vérité, Messieurs, cela est touchant ; ne vous semble-t-il pas que c'est une action de grand mérite devant Dieu que des filles s'en aillent avec tant de courage et de résolution parmi des soldats, les soulager en leurs besoins, et contribuer à les sauver ; qu'elles aillent s'exposer à de si grand travaux, et même à de fâcheuses maladies, et enfin à la mort, pour ces gens qui se sont exposés aux périls de la guerre pour le bien de l'État?

« Nous voyons donc combien ces pauvres filles sont pleines de zèle de sa gloire et de l'assistance du prochain. La reine nous a fait l'honneur de nous écrire pour nous mander d'en envoyer d'autres à Calais, afin d'assister ces pauvres soldats; et voilà que quatre s'en vont partir aujourd'hui pour cela. Une d'entre elles, âgée d'environ cinquante ans, me vint trouver vendredi dernier à l'Hôtel-Dieu, où j'étais, pour me dire qu'elle avait appris que deux de ses sœurs étaient mortes à Calais, et qu'elle venait s'offrir à moi pour y être envoyée à leur place, si je le trouvais bon. Je lui dis: Ma Sœur, j'y penserai : et hier elle vint ici pour savoir la réponse que j'avais à lui faire. Voyez, Messieurs et mes Frères, le courage de ces filles à s'offrir de la sorte, et s'offrir d'aller exposer leur vie, comme des victimes, pour l'amour de Jésus-Christ et le bien du prochain : cela n'est-il pas admirable? Pour moi, je ne sais que dire à cela, sinon que ces filles seront mes juges au jour du jugement. Oui, elles seront nos juges, si nous ne sommes disposés comme elles à exposer nos vies pour Dieu, etc. Comme notre Congrégation a quelque relation à leur compagnie, et que Notre-Seigneur s'est voulu servir de celle de la Mission pour donner commencement à celle de ces pauvres filles, nous avons aussi obligation de remercier Dieu de toutes les grâces qu'il leur a faites, et de le prier qu'il leur continue par sa bonté infinies les mêmes bénédictions à l'avenir.

« Vous ne sauriez croire combien Dieu bénit partout ces bonnes filles, et en combien de lieux elles sont désirées. Un évêque en demande pour trois hôpitaux, un autre pour deux ; un troisième en demande aussi, dont on me parla encore il y a trois jours, et on me pressa de lui en envoyer. Mais quoi? il n'y a pas moyen, nous n'en avons pas assez. Je demandais l'autre jour à un curé de cette ville, qui en a dans sa paroisse, comment elles faisaient? Je n'oserais vous rapporter le bien qu'il m'en a dit. Il en va ainsi des autres, qui plus, qui moins. Ce n'est pas qu'elles n'aient des défauts; hélas! qui est-ce qui n'en a point? mais elles ne laissent pas d'exercer la miséricorde, qui est cette belle vertu de laquelle il est dit que le propre de Dieu est la miséricorde. Nous autres, nous l'exerçons aussi, et nous la devons exercer toute notre vie; miséricorde corporelle, miséricorde spirituelle, miséricorde aux champs, dans les missions, en accourant aux besoins de notre prochain ; miséricorde à la maison, à l'égard des exercitants qui sont en retraite chez nous, et à l'égard des pauvres, et en tant d'autres occasions que Dieu nous présente. Enfin nous devons toujours être gens de miséricorde, si nous voulons faire en tout et partout la volonté de Dieu, etc. »

Nous ne devons pas omettre ici une chose digne de remarque, qui est que, comme les premières missions que M. Vincent a faites dans les paroisses des villages ont donné occasion à la naissance d'une Congrégation de missionnaires, de même aussi les Confréries de la Charité qu'il a établies dans les paroisses ont produit une Compagnie de Filles de la Charité, sans aucun dessein prémédité, mais par un ordre secret de la divine Providence. De sorte qu'après Dieu, l'institution de ces deux compagnies, leur accroissement, leur utilité, leurs réglements et leurs pratiques viennent du zèle, de la prudence et de la piété de ce sage instituteur, qui les a vues éclore de ses travaux, et qui les a cultivées par sa douce conduite, soutenues et affermies sur des appuis et sur des fondements infaillibles, tels que sont ceux de l'Évangile, et qui les a enfin consacrées toutes deux à l'amour de Dieu et du prochain, mais à un amour effectif et de pratique, qui embrasse toutes les œuvres de miséricorde, spirituelles et corporelles. C'est à quoi il s'est lui-même dédié et consumé; c'est le chemin qu'il a frayé à l'un et à l'autre sexe, pour parvenir assurément à leur perfection. Et pour faire voir la sainte convenance que ces deux compagnies ont entre elles et avec les chrétiens de la primitive Église, je rapporterai ici ce que lui-même en a remarqué dans une lettre qu'il a écrite à un prêtre de sa Congrégation, lequel lui avait fait cette objection : Pourquoi les missionnaires, qui ont pour règle de ne se point charger de la conduite d'aucunes religieuses, ont néanmoins la direction des Filles de la Charité? A quoi il fit la réponse suivante, qui est considérable sur ce sujet. Elle est du 7 février 1660.

« Je rends grâces à Dieu des sentiments qu'il vous a donnés sur ce que je vous ai écrit touchant les religieuses; j'en suis fort consolé, voyant que vous avez connu l'importance des raisons que la Congrégation a eues de s'éloigner de leur service, pour mettre empêchement à celui que nous devons au pauvre peuple.

« Et parce que vous désirez être éclairci du sujet qui nous a fait prendre le soin des Filles de la Charité, en demandant pourquoi la Congrégation, qui a pour maxime de ne s'occuper à la direction des religieuses, se mêle néanmoins de ces filles-là?

« 1° Je vous dirai, Monsieur, que nous ne blâmons pas l'assistance des religieuses : au contraire, nous louons ceux qui les servent, comme les épouses de Notre-Seigneur, qui ont renoncé au monde et à ses vanités pour s'unir à leur souverain bien : mais tout ce qui est loisible aux autres prêtres n'est pas expédient pour nous.

« 2° Que les Filles de la Charité ne sont pas religieuses, mais des filles qui vont et viennent comme des séculières. Ce sont des personnes de paroisses sous la conduite de MM. les curés où elles sont établies. Et si nous avons la direction de la maison où elles sont élevées, c'est parce que la conduite de Dieu, pour donner naissance à leur petite compagnie, s'est servie de la nôtre : et vous savez que des mêmes causes que Dieu emploie pour donner l'être aux choses, il s'en sert pour le leur conserver.

« 3° Notre petite Congrégation s'est donnée à Dieu pour servir le pauvre peuple corporellement et spirituellement, et cela dès son commencement : en sorte qu'en même temps qu'elle a travaillé au salut des âmes par les missions, elle a établi un moyen de soulager les malades par les Confréries de la Charité, et le Saint-Siége a approuvé cela par les bulles de notre institution.

« Or, comme la vertu de miséricorde a diverses opérations, elle a porté la Congrégation à plusieurs et différentes manières d'assister les pauvres. Témoin le service qu'elle rend aux forçats des galères et aux esclaves de Barbarie. Témoin ce qu'elle a fait pour la Lorraine et sa grande désolation; et depuis pour les frontières ruinées de Champagne et de Picardie, où nous avons encore un des nôtres incessamment appliqué à la distribution des aumônes. Vous êtes vous-même témoin, Monsieur, du secours qu'elle a apporté au peuple des environs de Paris, accablé de famine et de maladie, ensuite du séjour des armées. Vous avez eu votre part à ce grand travail, vous en avez pensé mourir, ainsi que beaucoup d'autres qui ont donné leur vie pour la conserver aux membres souffrants de Jésus-Christ, lequel en est maintenant leur récompense, et un jour il sera la vôtre. Les Dames de la Charité de Paris sont encore autant de témoins de la grâce de notre vocation, pour contribuer avec elles à quantité de bonnes œuvres qu'elles font, et dedans et dehors la ville.

« Cela posé, les Filles de la Charité étant entrées dans l'ordre de la Providence, comme un moyen que Dieu nous donne de faire par leurs mains ce que nous ne pouvons faire par les nôtres, en l'assistance corporelle des pauvres malades, et de leur dire par leur bouche quelque mot d'instruction et d'encouragement pour leur salut, nous avons aussi obligation de les aider à leur propre avancement en la vertu, pour se bien acquitter de leurs exercices charitables.

« Il y a donc cette différence entre elles et les religieuses, que la plupart des religieuses n'ont pour fin que leur propre perfection, au lieu que ces filles sont appliquées, comme nous, au soulagement du prochain. Et si je dis avec nous, je ne dirai rien de contraire à l'Évangile, mais fort conforme à l'usage de la primitive Église; car Notre-Seigneur prenait soin de quelques femmes qui le suivaient; et nous voyons dans les Actes des Apôtres qu'elles administraient les vivres aux fidèles, et qu'elles avaient relation aux fonctions apostoliques.

« Si l'on dit qu'il y a danger pour nous de converser avec ces filles je réponds que nous avons pourvu à cela, autant qu'il se peut faire, en établissant cet ordre en la Congrégation, de ne les visiter jamais chez elles, dans les paroisses, sans nécessité et sans permission expresse du supérieur. Et elles-mêmes ont pour régle de faire leur clôture de leur chambre, et de n'y jamais laisser entrer les hommes.

« J'espère, Monsieur, que ce que je viens de répondre à votre difficulté vous satisfera, etc. »

M. Vincent faisait des conférences spirituelles à ces filles, où se trouvaient celles qui sont dans les paroisses et hôpitaux de Paris, au nombre de quatre-vingts ou cent, qui s'assemblaient pour cet effet en la maison où réside leur supérieure, selon l'avis qu'on leur donnait auparavant; et on leur envoyait même par écrit le sujet qu'on y devait traiter, sur lequel elles s'appliquaient dans l'oraison. Il en faisait ordinairement parler plusieurs, tant pour leur ouvrir l'esprit aux choses spirituelles que pour faire part aux autres des bonnes pensées que que Dieu leur avait données, et pour leur faire mieux considérer l'importance de la vie chrétienne et parfaite, à laquelle il voulait les élever : et lui-même, pour conclure, leur faisait chaque fois pendant une demi-heure, et quelquefois une heure et plus, un discours si conforme à leurs besoins et à leur portée, si net et si persuasif, qu'elles en retenaient et emportaient la meilleure part, et devenaient par la pratique de ces saints enseignements plus intérieures et spirituelles. Elles ont même recueilli plus de cent de ces entretiens de leur bon Père, qu'elles lisent et relisent encore tous les jours en leur maison maternelle, pour s'en nourrir en attendant qu'on les fasse imprimer, afin que celles qui sont plus éloignées participent aux fruits de cette bonne lecture.

CHAPITRE X.

LES ASSEMBLÉES DES DAMES DE LA CHARITÉ DE PARIS.

Comme nous avons parlé assez amplement dans le premier livre de l'origine et du progrès de cette dévote assemblée des Dames de la Charité de Paris, qui ont toujours reconnu M. Vincent pour celui qui, après Dieu, en a été le premier auteur et le très-sage directeur, ce chapitre servira seulement d'un petit supplément des choses qui n'ont pas été dites, et qu'on a jugé à propos de ne pas omettre.

Et premièrement il est à observer que ces dames ayant été assemblées pour secourir les pauvres de l'Hôtel-Dieu, leur charité ne s'est pas bornée à cette seule bonne œuvre ; mais par une grâce toute singulière qu'elles ont reçue de Dieu, par l'entremise de leur sage directeur, elles ont entrepris, sous sa conduite et par ses avis, plusieurs autres choses très-importantes pour la gloire de Dieu, pour le service de son Église et pour le salut des âmes. Car outre ce qu'elles ont fait à l'Hôtel-Dieu pour le service des malades et pour le bon ordre de la maison, elles ont encore pris le soin de la nourriture et de l'éducation des pauvres enfants trouvés de la ville et des faubourgs de Paris, qui étaient auparavant dans un étrange abandon, et qui sont obligés à leur charité non-seulement de la vie qu'elles leur ont sauvée, mais aussi des autre assistances spirituelles qui leur sont données, pour mener une vie chrétienne et pour faire leur salut.

C'est par leur moyen que la maison des Filles de la Providence a été instituée pour y recevoir, instruire, occuper et mettre en assurance plusieurs honnêtes filles, qui sans ce lieu de retraite seraient en grand danger, pour n'avoir aucun établissement, ni condition ou refuge dans Paris.

Dieu s'est aussi voulu servir des mêmes dames pour poser comme les premiers fondements de l'Hôpital-Général, ainsi qu'il a été dit dans le premier livre; et celui qui a été établi à Sainte-Reine, où l'on exerce tant d'œuvres de miséricorde, est aussi beaucoup redevable à leur charité.

Elles ont encore notablement contribué à l'entreprise et à l'entretien de plusieurs missions dans les pays étrangers, comme aux îles Hébrides, à Madagascar, etc.; et leur zèle a fait ressentir son ardeur jusque dans les régions les plus éloignées des Indes, où elles ont par leurs bienfaits facilité l'envoi de plusieurs missionnaires; et outre cela elles ont encore déployé leurs libéralités pour contribuer aux frais du voyage que MM. les évêques d'Héliopolis, de Béryte et de Métellopolis ont entrepris, avec la bénédiction du Saint-Siége ecclésiastique, au Tunquin et à la Chine, pour aller en ces vastes provinces travailler à la conversion des infidèles et à l'accroissement du royaume de Jésus-Christ.

Enfin elles se sont employées avec une charité infatigable, et avec des dépenses incroyables, à secourir et assister pendant tout le temps des guerres passées la Lorraine, la Champagne, la Picardie, et quantité d'autres lieux qui ont été les plus affligés de ce fléau, ainsi qu'il se verra dans le chapitre suivant.

Et toutes ces grandes entreprises et ces saintes œuvres se sont faites par ces vertueuses dames, avec un ordre, une humilité, une discrétion, un zèle et une persévérance admirable, sous la sage conduite de M. Vincent, qui animait cette dévote compagnie de son esprit, et lui inspirait la même ferveur et charité dont il était rempli; et pour le faire connaître comme dans un tableau raccourci, nous rapporterons seulement ici ce qui s'est passé en un entretien fait par ce sage et zélé directeur, en une assemblée générale et extraordinaire de ces dames tenue chez madame la duchesse d'Aiguillon qui en était la supérieure[1] : il fut secrètement recueilli, en même temps qu'il le prononçait, par le missionnaire qui l'accompagnait. Le lecteur sera consolé d'y voir d'un côté la prudence et la piété de M. Vincent pour insinuer très à propos dans l'esprit de ces dames divers sentiments de vertu, et, d'un autre, la diversité et la multitude des biens qu'il a faits avec elles, dont la valeur est inestimable.

Après avoir invoqué le Saint-Esprit par l'antienne, *Veni, Sancte Spiritus*, à genoux, et chacune des dames ayant pris sa séance, il leur parla en la manière qui suit :

« Mesdames, le sujet de cette assemblée regarde trois fins : la première est pour procéder à une nouvelle élection d'officières, s'il est jugé à propos; la seconde, pour donner connaissance à la compagnie des œuvres que Dieu lui a fait la grâce d'entreprendre; et la troisième, pour considérer les raisons que vous avez, Mesdames, de vous donner à sa divine bonté, afin qu'il lui plaise vous faire la grâce de soutenir et de contenir ces œuvres commencées.

« Pour l'élection, on en parla vendredi dernier en l'assemblée ordinaire, laquelle est composée des officières et de quelques autres dames : les officières faisant instance qu'on en élise de nouvelles, et les autres étant d'avis qu'on les prie de continuer leurs charges jusqu'à Pâques; et parce que vous, Mesdames, avez voix délibérative sur ce sujet, nous les prendrons à la fin de ce discours, pour savoir si les officières doivent continuer, ou si vous procéderez à une nouvelle élection.

« Quant à l'état des affaires, nous commencerons s'il vous plaît par l'Hôtel-Dieu, qui a donné sujet à la naissance de la compagnie; c'est le fondement sur lequel il a plu à Dieu d'établir les autres œuvres qu'elle a entreprises, et c'est la source des autres biens qu'elle a faits... »

[1] Ce fut le 11 juillet 1657.

Il prit après en main l'état de la recette et de la mise, dont il fit la lecture tout haut, et il se trouva que la dépense de la collation que l'on avait portée aux pauvres malades tous les jours, depuis un an ou environ que s'était faite la dernière assemblée générale, se montait à 5,000 livres, et la recette à 3,500 ; de sorte qu'il se trouva plus de dépensé que de reçu, 1,500 livres.

Et reprenant son discours : « Cela, leur dit-il, a pu provenir de ce qu'il est décédé nombre de dames qui étaient de l'assemblée, et qu'il ne s'en remet pas d'autres : c'est pourquoi, Mesdames, vous avez été en partie assemblées pour voir les moyens de faire subsister cette bonne œuvre, laquelle a été commencée et continuée depuis tant d'annes par des manières imperceptibles à d'autres qu'à Dieu, et avec tant de bénédiction de sa part, qu'il y a grand sujet de l'en remercier.

« O Mesdames, que vous devez bien rendre grâces à Dieu de l'attention qu'il vous a fait faire aux besoins corporels de ces pauvres malades : car l'assistance de leur corps a produit cet effet de la grâce, de vous faire penser à leur salut en un temps si opportun, que la plupart n'en ont jamais d'autre pour se préparer à la mort ; et ceux qui relèvent de maladie ne penseraient guère à changer de vie sans les bonnes dispositions où l'on tâche de les mettre. »

Il lut ensuite la dépense des frontières de Champagne et de Picardie, qui porte que, « depuis le 15 juillet 1650 jusqu'au jour de la dernière assemblée générale, on a envoyé et distribué aux pauvres trois cent quarante-huit mille livres ; et depuis la dernière assemblée générale jusques aujourd'hui, dix-neuf mille cinq cents livres, qui est peu au prix des années précédentes.

Ces sommes (dit-il, continuant son discours) ont été employées pour nourrir les pauvres malades, pour retirer et entretenir environ huit cents enfants orphelins des villages ruinés, tant garçons que filles, que l'on a mis en métier ou en service, après avoir été instruits et habillés ; pour entretenir nombre de curés dans leurs paroisses ruinées, lesquels auraient été contraints d'abandonner leurs paroissiens, pour ne pouvoir vivre avec eux, sans cette assistance ; et enfin pour raccommoder un peu quelques églises qui étaient dans un si pitoyable état, qu'on ne le peut dire sans frémir d'horreur.

« Les lieux où l'argent a été distribué sont les villes et les environs de Reims, Réthel, Laon, Saint-Quentin, Ham, Marles, Sedan et Arras.

« Sans comprendre les habits, draps, couvertures, chemises, aubes, chasubles, missels, ciboires, etc., qui monteraient à des sommes considérables, si cela était supputé.

« Certes, Mesdames, on ne peut penser qu'avec admiration au grand nombre de ces vêtements, pour des hommes, des femmes et des enfants, et aussi pour des prêtres ; non plus qu'aux divers ornements pour les églises dépouillées, et réduites à une telle pauvreté, qu'il se peut dire que sans cette charité la célébration des saints mystères en était bannie, et que ces lieux sacrés n'auraient servi qu'à des usages profanes. Si vous aviez été chez les dames chargées des hardes, vous auriez vu leurs maisons être comme des magasins et des boutiques de gros marchands.

« Béni soit Dieu, Mesdames, qui vous a fait la grâce de couvrir Notre-Seigneur en ses pauvres membres, dont la plupart n'avaient que des haillons, et plusieurs enfants étaient nus comme la main. La nudité des filles et des femmes était même si grande, qu'un homme qui avait tant soit peu de pudeur n'osait les regarder, et tous étaient pour mourir de froid dans la rigueur des hivers. O combien vous êtes obligées à Dieu de vous avoir donné l'inspiration et le moyen de pourvoir à ces grands besoins ! Mais à combien de malades n'avez-vous pas sauvé la vie ? Car ils étaient abandonnés de tout le monde, couchés sur la terre, exposés aux injures de l'air, et réduits à la dernière extrémité par les gens de guerre et par la cherté des blés. A la vérité il y a quelques années que leur misère était plus grande qu'elle n'est à cette heure, et alors on envoyait jusqu'à seize mille livres par mois. On s'animait à donner, à la vue du danger où étaient les pauvres de périr s'ils n'étaient promptement secourus, et on s'échauffait les uns les autres en charité pour les assister ; mais depuis un an ou deux, le temps étant un peu meilleur, les aumônes ont beaucoup diminué. Il y a néanmoins encore près de quatre-vingts églises en ruine ; et les pauvres gens sont obligés d'aller chercher une Messe bien loin. Voyez où nous en sommes ! On a commencé à y faire travailler, par la providence que Dieu a sur la compagnie.

« Or, Mesdames, le récit de ces choses ne vous attendrit-il pas le cœur ? n'êtes-vous pas touchées de reconnaissance envers la bonté de Dieu sur vous et sur ces pauvres affligés ? Sa providence s'est adressée à quelques dames de Paris, pour assister deux provinces désolées ; cela ne vous paraît-il pas singulier et nouveau ? L'histoire ne dit point que chose semblable soit arrivée aux dames d'Espagne, d'Italie, ou de quelque autre pays ; cela était réservé à vous autres, Mesdames, qui êtes ici, et à quelques autres qui sont devant Dieu, où elles ont trouvé une ample récompense d'une si parfaite charité. Il en est mort huit de votre compagnie depuis un an. Et à propos de ces dames défuntes, ô Sauveur ! qui leur aurait dit, la dernière fois qu'elles s'assemblèrent, que Dieu les appellerait avant la prochaine assemblée ?

quelles réflexions n'auraient-elles pas faites sur la brièveté de cette vie et sur l'importance de la bien passer? Combien auraient-elles estimé la pratique des bonnes œuvres? Et quelles résolutions n'auraient-elles pas prises pour s'adonner plus que jamais à l'amour de Dieu et du prochain, avec plus de ferveur et plus d'effets? Donnons-nous à Dieu pour entrer dans ces sentiments. Elles jouissent maintenant de la gloire, comme il y a sujet d'espérer; elles éprouvent combien il est bon de servir Dieu et d'assister les pauvres; et au Jugement elles entendront ces agréables paroles du Fils de Dieu : Venez, les bien-aimées de mon Père, posséder le royaume qui vous a été préparé; parce qu'ayant eu faim, vous m'avez donné à manger; ayant été nu, vous m'avez habillé; étant malade, vous m'avez visité et secouru, etc. Belle pratique, Mesdames, de vous offrir à Dieu, et moi avec vous, pour nous rendre dignes, tandis que nous en avons l'occasion, d'être un jour de ce bienheureux nombre, et nous proposer le bien que nous voudrions faire, si nous étions persuadés que ce sera peut-être ici la dernière assemblée où nous nous trouverons. En voilà huit en un an. Otez-en autant pour chacune des années passées, vous trouverez le nombre de la compagnie beaucoup diminué. Il allait du commencement à deux et à trois cents, et présentement il est réduit à cent cinquante. Je recommande à vos prières ces chères défuntes.

« Venons aux enfants trouvés, dont votre compagnie a pris le soin; il se voit, par le compte de madame de Bragelonne, qui en est la trésorière, que la recette pour la dernière année monte à 16,248 livres, et la dépense à 17,221 livres.

« Et après avoir lu le nombre des enfants, tant de ceux qui sont encore aux nourrices des champs et de la ville, que des petits qui sont sevrés, et des grands qui sont en métier et en service, ou qui restent à l'hôpital, il s'en est trouvé trois cent quatre-vingt-quinze.

« On a remarqué que le nombre de ceux qu'on expose chaque année est quasi toujours égal, et qu'il s'en trouve environ autant que de jours en l'an. Voyez, s'il vous plaît, quel ordre dans ce désordre, et quel grand bien vous faites, Mesdames, de prendre soin de ces petites créatures abandonnées de leurs propres mères, et de les faire élever, instruire, et mettre en état de gagner leur vie et de se sauver. Avant que de vous en charger, vous en avez été pressées, deux ans durant, par MM. les chanoines de Notre-Dame. Comme l'entreprise était grande, vous y vouliez penser, et enfin vous y avez donné les mains, croyant que Dieu l'aurait très-agréable, ainsi qu'il l'a fait voir depuis. Jusque là, nul n'avait ouï dire, depuis cinquante ans, qu'un seul enfant trouvé eût vécu; tous périssaient d'une façon ou d'autre.

C'était à vous Mesdames, que Dieu avait réservé la grâce d'en faire vivre quantité, et de les faire bien vivre. En apprenant à parler, ils apprennent à prier Dieu, et peu à peu on les occupe, selon l'usage et la capacité d'un chacun ; on veille sur eux pour les bien régler en leurs petites façons, et corriger de bonne heure en eux leurs mauvaises inclinations. Ils sont heureux d'être tombés en vos mains, et seraient misérables en celles de leurs parents, qui pour l'ordinaire sont gens pauvres ou vicieux. Il n'y a qu'à voir leur emploi de la journée, pour bien connaître les fruits de cette bonne œuvre, qui est de telle importance que vous avez tous les sujets du monde, Mesdames, de remercier Dieu de vous l'avoir confiée.

« Reste à vous dire quelques motifs qui obligent la compagnie de renouveler sa dévotion pour ces diverses œuvres de charité, que la miséricorde de Dieu a conduites au point que nous venons d'entendre, et dont les fruits ne se verront parfaitement que dans le ciel ; qui vous obligent, dis-je, vous toutes qui vous rencontrez ici, enrôlées en cette sainte milice, de continuer et augmenter votre première ferveur, et celles qui ne sont pas encore de la compagnie, à contribuer ce qu'elles pourront pour soutenir et accroître ces œuvres-là, qui ont tant de rapport à celles que Notre-Seigneur a faites et recommandées en faveur des pauvres.

« Le premier motif est que votre compagnie est un ouvrage de Dieu, et non pas un ouvrage des hommes. Je l'ai dit autrefois, les hommes n'y sauraient atteindre ; Dieu donc s'en est mêlé : toute bonne action vient de Dieu, il est l'auteur de toutes les saintes œuvres ; il les faut toutes rapporter au dieu des vertus et au Père des miséricordes. Car à quoi doit-on référer la lumière des étoiles, qu'au soleil, qui en est l'origine ? Et à quoi faut-il référer le dessein de la compagnie, qu'au Père des miséricordes et au Dieu de toute consolation, qui vous a choisies comme personnes de consolation et de miséricorde ? Jamais Dieu n'appelle personne à un emploi, qu'il ne voie en elle les qualités propres pour s'en acquitter, ou qu'il n'ait dessein de les lui donner. C'est donc lui qui, par sa grâce, vous a appelées et unies ensemble ; il a fallu que son mouvement vous ait portées à ces trois sortes de biens ; ce n'est pas votre propre volonté qui vous les a fait embrasser, mais la bonté qu'il a mise en vous. Cela mérite bien que nous suscitions l'esprit de charité entre nous en toutes ces manières. Quoi ! c'est Dieu qui m'a fait l'honneur de m'appeler, il faut donc que j'écoute sa voix ; c'est Dieu qui m'a destinée à ces exercices charitables, il faut donc que je m'y applique. Il n'a pas voulu, Mesdames, que vos yeux aient vu leur Sauveur, comme ceux de saint Siméon ; mais il veut que vous entendiez sa voix pour aller où il vous **appelle, sinon aveuglément,** comme saint Paul, du moins avec joie et tendresse : car de l'entendre et de n'y pas répondre, ce serait vous rendre indignes de la grâce de votre vocation. J'ai vu naître l'œuvre, j'ai vu que Dieu l'a bénie, je l'ai vu commencer par une simple collation que l'on portait aux malades, et maintenant j'en vois les suites, et des suites si avantageuses à sa gloire et au bien des pauvres. Ah! il faut donc que je m'y porte. Quelle dureté de cœur, s'il y en avait quelqu'une qui négligeât de contribuer à la manutention de si grands biens que ceux-là !

« Le second motif est la crainte que vous devez avoir que ces œuvres-là ne viennent à fondre et à s'anéantir en vos mains. Ce serait sans doute un grand malheur, Mesdames, et d'autant plus grand, que la grâce que Dieu vous a faite de vous y employer, est plus rare et extraordinaire. Il y a huit cents ans, ou environ, que les femmes n'ont point eu d'emploi public dans l'Église ; il y en avait auparavant qu'on appelait diaconesses, qui avaient soin de faire ranger les femmes dans les églises, et de les instruire des cérémonies qui étaient pour lors en usage. Mais vers le temps de Charlemagne, par une conduite secrète de la divine Providence, cet usage cessa, et votre sexe fut privé de tout emploi, sans que depuis il en ait eu aucun ; et voilà que cette même Providence s'adresse aujourd'hui à quelques-unes d'entre vous pour suppléer à ce qui manquait aux pauvres malades de l'Hôtel-Dieu. Elles répondent à son dessein et bientôt après, d'autres s'étant associées aux premières, Dieu les établit les mères des enfants abandonnés, les directrices de leur hôpital, et les dispensatrices des aumônes de Paris pour les provinces, et principalement pour les désolées. Ces bonnes âmes ont répondu à tout cela avec ardeur et fermeté, par la grâce de Dieu. Ah! Mesdames, si tous ces biens venaient à fondre en vos mains, ce serait un sujet de grande douleur. Oh! quelle désolation, quelle honte! Mais que pourrait-on penser d'un tel désarroi? et d'où pourrait-il provenir? quelle en serait la cause? Que chacune de vous se demande dès à présent : Est-ce moi qui contribue à faire déchoir cette sainte œuvre? qu'y a-t-il en moi qui me rende indigne de la soutenir? suis-je cause que Dieu ferme sa main à ses grâces? Sans doute, Mesdames, que si nous nous examinons bien, nous craindrons de n'avoir pas fait tout ce que nous avons pu pour le progrès de cette œuvre ; et si vous en considérez bien l'importance, vous la chérirez comme la prunelle de vos yeux et comme l'instrument de votre salut ; et vous intéressant, selon Dieu, à son avancement et perfection, vous y porterez les dames de votre connaissance ;

autrement on vous appliquera le reproche que l'Évangile fait à un homme qui a commencé un édifice, et qui ne l'a pas achevé. Vous avez établi les fondements d'une œuvre, et puis vous l'avez laissée là. Cela, sans doute, est pressant, surtout si vous ajoutez que votre édifice est un ornement à l'Église, et un asile pour les misérables. Si donc par votre faute il vient à dépérir, vous ôterez au public un sujet de grande édification, et aux pauvres un grand soulagement.

« Le Frère qu'on a employé pour la distribution de vos charités me disait : Monsieur, voilà les blés qu'on a envoyés aux frontières, qui ont donné la vie à un grand nombre de pauvres familles ; elles n'en avaient pas un grain pour semer, personne ne voulait leur en prêter ; les terres demeuraient en friche, et ces contrées-là s'en allaient désertes par la mort et par la retraite des habitants. On a employé jusqu'à vingt-deux mille livres en un an, en semences, pour les occuper l'été et les nourrir l'hiver. Voyez, Mesdames, par les biens que vous avez faits, combien serait grand le malheur, s'ils venaient à manquer.

« Le troisième motif que vous avez pour continuer ces saintes œuvres, c'est l'honneur que Notre-Seigneur en retire. Comment cela ? Parce que c'est l'honorer que d'entrer en ses sentiments, de les estimer, de faire ce qu'il a fait, et d'exécuter ce qu'il a ordonné. Or, ses sentiments les plus grands ont été le soin des pauvres, pour les guérir, les consoler, les secourir et les recommander : c'était là son affection. Et lui-même a voulu naître pauvre, recevoir en sa compagnie des pauvres, se mettre à la place des pauvres, jusqu'à dire que le bien et le mal que nous ferons aux pauvres, il le tiendra fait à sa personne divine. Quel plus tendre amour pouvait-il témoigner pour les pauvres ; et quel amour, je vous prie, pouvons-nous avoir pour lui, si nous n'aimons ce qu'il aime ? Tant y a, Mesdames, c'est l'aimer de la bonne sorte que d'aimer les pauvres ; c'est le bien servir que de les bien servir, et c'est l'honorer comme il faut que de l'imiter. Cela étant, oh ! que nous avons sujet de nous animer à la continuation de ces bonnes œuvres, et de dire dès à présent dans le fond de nos cœurs : Oui, je me donne à Dieu pour avoir soin des pauvres, et pour maintenir les exercices de la charité à leur égard ; je les assisterai, aimerai, recommanderai ; et, à l'exemple de Notre-Seigneur, j'aimerai ceux qui les consolent, et porterai respect à ceux qui les visitent et qui les soulagent. Or, si ce débonnaire Sauveur se tient honoré de cette imitation, combien plus devons-nous tenir à grand honneur de nous rendre en cela semblables à lui ? Ne vous semble-t-il pas, Mesdames, que voilà un motif très-puissant pour renouveler en vous votre première ferveur. Pour moi, je pense que nous devons nous offrir aujourd'hui à sa divine Majesté, afin qu'elle ait agréable de nous animer de sa charité, en sorte que l'on puisse dire désormais de vous toutes que c'est la charité de Jésus-Christ qui vous presse.

« Voilà assez de motifs pour les âmes qui aiment le bon Dieu. Il me semble que vous me dites aussi : Monsieur, nous sommes toutes persuadées qu'il est important de continuer les biens commencés, qu'il n'y a que la fin qui couronne l'œuvre, et que non-seulement il faut servir Dieu et soulager les pauvres, mais de plus qu'il faut tâcher de le bien faire. Il ne reste qu'à nous en donner les moyens, puisque, grâce à Dieu, nous sommes résolues et disposées de les employer pour faire subsister les œuvres et continuer nos assemblées.

« Le premier moyen donc que je vous présente, Mesdames, est d'avoir une affection intérieure et continuelle de travailler à votre avancement spirituel, et de vivre dans toute la perfection qui vous sera possible ; d'avoir toujours la lampe allumée au dedans de vous ; je veux dire un désir cordial, ardent et persévérant de plaire à Dieu et de lui obéir ; en un mot, de vivre en vraies servantes de Dieu. Celles qui sont dans ces dispositions attirent assurément les grâces de Dieu, et Notre-Seigneur même en leurs cœurs et en leurs actions. Vivant de la sorte, vous obtiendrez la persévérance dans les bonnes œuvres, parce que le Seigneur des miséricordes habitera en vous. Et d'autant que les maximes du monde ne s'accordent pas à cela, et que rien ne nous prive tant de l'esprit de Dieu que de vivre mondainement dans le siècle, et que plus on est dans le faste, plus on se rend indigne de posséder Jésus-Christ, les Dames de la Charité se doivent éloigner de cet esprit du monde, comme d'un air infecté ; il faut qu'elles se déclarent du parti de Dieu et de la charité. Je dis entièrement ; car qui voudrait adhérer tant soit peu au parti contraire, ce serait gâter tout parce que Dieu ne peut souffrir un cœur partagé, il le veut tout, oui, il le veut tout. J'ai consolation de parler à des âmes qui sont toutes à lui, éloignées de tout ce qui peut les rendre désagréables à ses yeux. Autrefois, entre celles qui se présentaient pour entrer en la compagnie, on faisait le choix de celles qui ne fréquentaient pas le jeu, ni la comédie, ni d'autres passe-temps dangereux, et qui ne faisaient pas les vaines en voulant faire les dévotes. Il faut donc avoir cette foi, que Dieu ne verse ses grâces qu'en celles qui se séparent du grand monde, qui s'approchent de Dieu, et qui se recueillent pour s'unir à lui par souhaits, par prières et par de saintes occupations, en sorte que tout le monde sache qu'elles font profession de servir Dieu.

« O Seigneur ! y aura-t-il beaucoup de monde sauvé ? Il y a deux portes pour aller en l'autre vie, l'une étroite et l'autre large, il y en a peu qui passent par la première, et beaucoup par la seconde. Les Saints entendent par la porte large la liberté des mondains qui, se donnant carrière, suivent leurs appétits déréglés : et, pour ceux-là, ils n'ont autre part que la colère et la malédiction de Dieu, conformément à ce que dit saint Paul : Si vous vivez selon la chair, vous mourrez. O Sauveur, quelle menace ! Nous avons sujet de craindre que nous ne soyons de ce grand nombre qui va à perdition. Oui, si nous ne marchons par le chemin étroit.

« Les dames qui se donneront à Dieu pour vivre en vraies chrétiennes, en l'observance des commandements de Dieu, et s'acquitteront des règles de la justice ; les mariées, en l'obéissance des maris ; les veuves, en vivant comme veuves ; les mères, en prenant soin de leurs enfants ; les maîtresses, de leurs serviteurs et servantes ; et qui enfin ajouteront à ces devoirs ce que le bienheureux évêque de Genève leur conseille, à savoir, d'entrer dans les compagnies et confréries qui font profession particulière de vertu, et qui, recommandant quelque exercice extérieur de piété et de miséricorde, portent aussi à la mortification des passions et à l'amour de Dieu : ces dames-là marcheront par la bonne voie qui conduit en la vie. Entrez donc en cette compagnie ou confrérie, Mesdames, vous qui n'y êtes pas encore enrôlées, puisqu'elle fait son capital de n'avoir de cœur que pour Dieu, ni de volonté que pour l'aimer, ni de temps que pour le servir. Si on a de la complaisance pour le mari, c'est pour Dieu ; du soin pour les enfants, c'est pour Dieu ; de l'application pour les affaires : c'est ainsi qu'on passe par la porte étroite du salut, et qu'on se sauve.

« Notre-Seigneur avait affaire à trois sortes de gens, aux Apôtres aux disciples et au peuple. Celui-ci le suivait quelque temps ; mais après avoir goûté ses paroles de vie, il se retirait, ce qui obligea Notre-Seigneur de dire à ses disciples : Et vous, ne voulez-vous pas aussi m'abandonner ? Il y a des personnes, Mesdames, qui, voyant que plusieurs d'entre vous suivent constamment Notre-Seigneur, par ce chemin étroit de l'exercice et du prochain, voudraient bien faire de même ; cela leur paraît beau ; le trouvant néanmoins difficile, elles ne demeurent pas. Entre ceux qui furent fermes à suivre Notre-Seigneur, il se trouva des femmes aussi bien que des hommes qui le suivirent jusqu'à la croix : elles n'étaient pas apôtres, mais elles composaient un moyen état, dont l'office fut depuis d'administrer aux Apôtres leurs vivres, et de contribuer à leur saint ministère. Il est à souhaiter que les Dames de la Charité regardent ces dévotes femmes comme leurs modèles. Il n'y a condition au monde qui approche tant de cet état que la vôtre : elles allaient d'un côté et d'autre pour subvenir aux besoins, non-seulement des ouvriers de l'Évangile, mais des fidèles nécessiteux. Voilà votre office, Mesdames ; voilà votre partage. Bénissez Dieu de vous avoir appelées à ce bienheureux état, et vivez comme ces saintes femmes. Ayez tendresse et dévotion pour la bienheureuse Jeanne de Cusa et pour les autres dont il est parlé en saint Luc ; ce faisant, vous passerez par la porte étroite qui mène à la vie ; et, au dire de saint Thomas, vous serez toutes sauvées, parce que, dit-il, personne ne se peut perdre dans l'exercice de la charité. Enfermons-nous donc dans l'enceinte de cette vertu ; tenons-nous aux pieds de Notre-Seigneur et prions-le qu'il répande lumière, mouvement et chaleur en votre esprit de plus en plus, pour continuer jusqu'à la fin ce que vous avez commencé ; car, de ne pas faire demain de même qu'aujourd'hui, ce serait reculer. En la vie spirituelle il faut toujours avancer, et on avance quand on ne délaisse pas les bonnes pratiques. Plaise à Dieu de vous conserver dans les vôtres et de vous faire vivre comme les vraies mères qui n'abandonnent jamais leurs enfants. Or, vous êtes les mères des pauvres, obligées de vous comporter comme Notre-Seigneur qui en est le père, qui s'est fait semblable à eux, et qui est venu pour les instruire, les soulager et nous les recommander. Faites de même, et fréquentez les lieux saints, comme sont les hôpitaux, et les personnes vertueuses, telles que sont celles de votre compagnie : ce sera une marque de votre prédestination ; ce sera un moyen pour vous avancer à la vertu, un bon moyen pour y en attirer d'autres, et le moyen des moyens pour conserver et faire fleurir la compagnie, à la gloire de Dieu et à l'édification du public.

« Un autre moyen pour la conservation de votre compagnie est de modérer ses exercices, car, selon le proverbe, *qui trop embrasse mal étreint*. Il est arrivé à d'autres compagnies ou confréries, à plusieurs communautés, et même à des religions entières, que, pour s'être chargées au-delà de leurs forces, elles ont succombé sous le faix. La vertu se trouve entre deux vices opposés, qui sont le défaut et l'excès : par exemple, qui voudrait, sous prétexte de charité, se charger de tous les besoins d'autrui, ne laisser rien passer du bien qu'on verrait à faire, telle personne tomberait dans un vice ; comme celle qui ne voudrait exercer aucune vertu, ni jamais faire les fonctions de la charité, tomberait dans un autre. Les théologiens estiment que c'est un mal aussi dangereux d'excéder en la pratique des vertus comme d'y manquer ; et le diable, pour l'ordinaire, tente les personnes fort charitables d'excéder en leurs bonnes œuvres, sachant que tôt ou tard elles succomberont. N'avez-vous jamais vu des hommes qui, étant trop chargés ou trop pressés d'aller, tombent sous leurs charges ? Il pourrait arriver que la compagnie succomberait aussi sous la sienne, si elle en prenait trop. On reconnaît déjà cela dans l'emploi des quatorze dames de la compagnie, lesquelles vont deux par jour à l'Hôtel-Dieu pour y visiter et consoler les pauvres malades ; elles y font de grands biens, pendant que d'autres portent de petits rafraîchissements tous les jours à de pauvres malades ; elles se divisent pour aller consoler et instruire les pauvres femmes et filles malades dans les lits où elles sont couchées : et on a déjà beaucoup de peine à soutenir cette entreprise et y supporter les difficultés ; et cet établissement fait qu'on trouve peu de personnes qui s'y veuillent appliquer. L'assistance des frontières et des provinces ruinées est fort grande. C'est une chose presque sans exemple que des dames s'assemblent pour assister des provinces réduites à l'extrême nécessité, en y envoyant de grandes sommes d'agent, et de quoi nourrir et vêtir une infinité de pauvres de toute condition, de tout âge et de tout sexe. On ne lit point qu'il y ait jamais eu de telles personnes associées qui, d'office comme vous, Mesdames, aient fait quelque chose de semblable. Il est donc à craindre qu'en se surchargeant encore de nouvelles œuvres on laisse dépérir les plus utiles, et qu'enfin toutes ne viennent à se perdre : c'est ce qu'une personne me disait dernièrement. Dieu est tout-puissant, mais nous sommes faibles. Nous constituons la vertu où elle n'est pas, elle ne se peut trouver dans le trop. Le Fils de Dieu n'a fait que peu ; les Apôtres ont fait davantage. Saint Pierre convertit cinq mille personnes en une prédication, et Notre-Seigneur a prêché plusieurs fois sans en convertir peut-être aucune ; il a même dit que ceux qui croiraient en lui feraient plus qu'il n'avait fait. Il a voulu être plus humble en entreprenant moins. Un estomac chargé ne digère pas bien. Un portefaix a coutume de soulever son fardeau avant que de le mettre sur ses épaules, et, s'il excède ses forces, il ne s'en charge pas. Nous devons prier Dieu qu'il lui plaise lui-même faire notre charge ; car, en ce cas, si les forces nous manquent, il nous aidera à la porter : qu'il fasse la grâce à la compagnie d'être fort retenue, pour ne rien embrasser qui ne vienne de lui. Combien de temps a-t-elle passé avant que de prendre le soin des enfants trouvés ? Combien de sollicitations a-t-elle souffertes pour cela ? Combien de prières, de pèlerinages et de communions a-t-elle faits pour s'y résoudre ? Vous le savez, Mesdames, et vous savez aussi qu'il est toujours bon d'en user de même dans les nouvelles propositions, pour ne pas s'engager en aucune par un zèle indiscret. Quand vous verrez que vous portez bien les affaires que Dieu vous a commises, courage, bénissez-en sa bonté infinie et donnez-vous à elle pour continuer ; mais ne présumez pas de pouvoir faire davantage.

« Voilà la collation et l'instruction des pauvres de l'Hôtel-Dieu, la nourriture et l'éducation des enfants trouvés, le soin de pourvoir aux nécessités spirituelles et corporelles des criminels condamnés aux galères, l'assistance des frontières et provinces ruinées, la contribution aux missions d'Orient, du Septentrion et du Midi. Ce sont là, Mesdames, les emplois de votre compagnie. Quoi ! des dames faire tout cela ? Oui, voilà ce que, depuis vingt ans, Dieu vous a fait la grâce d'entreprendre et de soutenir. Ne faisons donc rien désormais davantage sans le bien considérer ; mais faisons bien cela, et le faisons de mieux en mieux ; car c'est ce que Dieu demande de nous.

« Un troisième moyen pour le maintien de la compagnie, c'est de contribuer à la remplir d'autres dames de piété et de vertu. car si l'on ne suscite d'autres personnes pour y entrer, elle demeurera court, et, diminuant de nombre, elle sera trop faible pour porter plus loin ces fardeaux si pesants. On a pour cela ci-devant proposé, que les dames qui mourraient disposeraient quelque temps auparavant une fille, une sœur, ou une amie pour entrer en la compagnie ; mais peut-être qu'on ne s'en souvient pas. O qu'un bon moyen, Mesdames, serait que chacune de vous demeurât persuadée des grands biens qui arrivent en ce monde et en l'autre aux âmes qui exercent les œuvres de miséricorde, spirituelles et corporelles, en tant de manières comme vous les exercez ! Cela vous porte sans doute de plus en plus à en disposer d'autres pour se joindre à vous en ce saint exercice de la charité, par la considération de ces biens-là. Cette persuasion vous échauffera premièrement entre vous autres comme des charbons ardents unis ensemble, et puis vous en échaufferez d'autres par vos paroles et par vos exemples.

« Souffrez, Mesdames, que je vous demande votre sentiment ; » et se tournant vers madame de Nemours, il lui dit : « Madame, vous est-il venu en l'esprit quelque bon moyen ? Et l'ayant laissée parler, il demanda ensuite le même à d'autres. La plupart répondirent qu'il se fallait servir des moyens déjà proposés et d'autres ajoutèrent :

1° Qu'il fallait porter celles qui meurent à faire des legs pieux pour secourir les pauvres dont la compagnie prend le soin. Ce que M. Vincent releva, disant : « C'est un moyen considérable de suggérer cette pensée aux personnes accommodées, en les visitant en leurs maladies. »

2° De se rendre bien exactes aux jours et aux exercices marqués :

« C'est un grand conseil, ajouta-t-il, pour attirer les autres à quelque bien, que celui de l'exactitude; comme c'est aussi un grand moyen de donner attrait, que la sainte vie. » 3° Que quelque dame de la compagnie devait concourir de sa part, autant qu'elle pourrait, à la dépense et au travail de la même compagnie.

Pour conclusion M. Vincent dit : « Or sus, Mesdames, béni soit Dieu; reste à savoir si vous trouvez bon que les officières continuent à faire leur charge; si vous n'êtes pas de cet avis, on passera aux voix. » Après qu'il les eut prises l'une après l'autre, elles conclurent toutes unanimement qu'on ne procéderait point pour cette fois à nouvelle élection. Et M. Vincent finit l'assemblée avec ces paroles :

« Voilà qui est bien, Mesdames; rendons grâces à Dieu de cette assemblée. Prions-le qu'il ait agréable l'oblation nouvelle que nous lui allons faire à genoux, en nous donnant à sa divine Majesté de tout notre cœur, pour recevoir de sa bonté infinie l'esprit de charité, et qu'elle nous fasse la grâce de répondre dans cet esprit aux desseins qu'elle a sur chacun de nous en particulier, et sur la compagnie en général; et de susciter partout cet esprit d'ardeur pour la charité de Jésus-Christ, afin de mériter qu'il le répande abondamment en nous, et que nous en ayant fait produire les effets en ce monde, il nous rende agréables à Dieu, son Père, éternellement en l'autre. Ainsi soit-il. »

CHAPITRE XI.

LES ASSISTANCES QUE M. VINCENT A RENDUES A DIVERSES PROVINCES RUINÉES PAR LES GUERRES.

SECTION I.

ASSISTANCE RENDUE A LA LORRAINE.

On peut dire sans exagération que nous allons voir en ce chapitre, et aux deux autres suivants, où il est parlé des assistances rendues à un nombre presque innombrable de personnes réduites à la dernière extrémité par le malheur des guerres, un chef-d'œuvre de charité qui n'a point encore eu de semblable. Les histoires anciennes nous fournissent à la vérité divers exemples des extrêmes misères causées par le fléau de la guerre, elles nous représentent les ruines et désolations des villes, des provinces et des monarchies entières; mais on ne lit point en aucune que parmi la terreur et les désordres des armées, et au milieu des violences et brigandages des soldats, on ait trouvé le moyen d'exercer toutes sortes d'œuvres de miséricorde spirituelles et corporelles avec adresse, courage, et même avec sûreté, non seulement envers quelques personnes particulières, mais à l'égard des peuples entiers; non en quelque rencontre passagère, ou pour quelques jours, mais durant une longue suite d'années; et que pendant tout ce temps on ait fait triompher la charité dans les lieux mêmes où la justice n'avait plus de force, où l'autorité légitime n'était plus reconnue, et où les lois et les ordonnances des souverains étaient foulées aux pieds.

Certes, il faut avouer qu'il ne s'est jamais encore rien pratiqué de semblable dans tous les siècles passés; ou que s'il s'est fait quelque chose d'approchant, les historiens n'en ont point parlé, ayant peut-être peine de croire à leurs propres yeux, ou craignant qu'on ne prît pour des hyperboles ce qu'ils en mettraient par écrit. Mais ce que nous avons à rapporter ici a été si public et si manifeste, ayant été exposé pendant plusieurs années aux yeux et à la connaissance d'un très-grand nombre de personnes qui en rendent témoignage, que nous n'avons pas sujet de craindre qu'on le puisse révoquer en doute. Et s'il restait quelque esprit incrédule qui voulût y contredire, les provinces entières s'élèveraient contre lui, et lui opposeraient des milliers de créatures qui se reconnaissent encore présentement redevables de la conservation de leur vie, et de tout ce qui leur peut être de plus cher que la vie même, aux charitables assistances qui leur ont été rendues.

Cependant celui qui a conçu le premier, par l'inspiration de Dieu, ces grands desseins, qui a commencé, continué et soutenu pendant une si longue suite d'années ces charitables entreprises, et qui a excité, encouragé et animé du même esprit de charité dont il était rempli toutes les personnes qui ont répondu et coopéré à ces œuvres merveilleuses, a été le grand Vincent de Paul, auquel il a plu à Dieu communiquer une lumière, une force et une grâce si abondante, qu'après avoir si courageusement entrepris, il a heureusement conduit à chef un ouvrage qui semblait excéder toute l'industrie et toute la puissance des hommes.

Nous commencerons ce chapitre par la Lorraine, qui a ressenti les premières atteintes de la guerre, et qui s'est vue réduite à une étrange calamité par la violence de ce fléau. Cette province était autrefois une des plus peuplées, des plus fertiles et des accommodées de toute l'Europe : elle avait de bons princes, et ces princes des sujets fidèles qui avaient une affection réciproque entre eux, tout autre qu'elle ne se trouve ordinairement parmi les autres nations. Elle jouissait depuis longtemps d'une pleine paix au dedans et au dehors, et de tous les contentements qui accompagnent une longue prospérité. Mais comme l'abondance des biens et des plaisirs temporels sont plus propres pour attacher les cœurs des hommes à la terre que pour les élever au ciel, et qu'il est bien difficile que parmi les aises et les commodités de la vie il ne se trouve quantité de vices et de péchés, la Providence divine, voulant purger cette terre par les eaux de la tribulation, commença à lui faire ressentir dès l'année 1635 tous les trois fléaux, sinon en même temps, au moins les uns après les autres; c'est à savoir, la peste, la guerre et la famine, dont elle fut presque toute couverte comme d'un déluge, qui semblait la devoir abîmer. Et en effet, un très-grand nombre de ses habitants furent enlevés par ces torrents impitoyables, et presque tous les autres coururent le même danger; et ceux d'entre les ecclésiastiques, les nobles et les principaux du peuple qui purent s'échapper, allèrent chercher ailleurs le soutien de leur vie, ne pouvant se la conserver dans leurs propres maisons : la désolation vint jusqu'à une telle extrémité, qu'après que la plupart de ceux qui restèrent dans le pays eurent été réduits à se nourrir des charognes demi-pourries de bêtes, ils devinrent eux-mêmes la pâture des bêtes carnassières, et l'on vit courir de tous côtés des loups affamés qui mettaient en pièces et dévoraient les femmes et les enfants qu'ils trouvaient un peu à l'écart, même en plein jour et à la vue du monde; et plusieurs de ces pauvres créatures furent tirées de leurs griffes fort blessées et demi-mortes, que l'on porta dans les hôpitaux des villes, où les prêtres de la Mission les firent panser; et ces loups étaient si acharnés après les corps humains, qu'ils allaient de jour dans les bourgs et villages, et entraient dans les maisons ouvertes, et la nuit dans quelques villes, par les brèches des murailles, et enlevaient des femmes, des enfants, et tout ce qu'ils pouvaient attraper.

Or, comme Dieu n'oublie jamais sa miséricorde, même au milieu des plus rigoureuses exécutions de sa justice en cette vie, voulant donner quelque consolation et soulagement à ce peuple affligé, il suscita l'esprit de M. Vincent, lequel ayant appris la désolation de cette pauvre province en fut touché, et recourut comme un autre Moïse à la prière, disant à Dieu : « Pourquoi, Seigneur, votre fureur s'embrase-t-elle contre ces peuples affligés? faites, je vous prie, cesser votre vengeance, etc. » Et poussé d'un esprit de compassion et de charité, il s'offrit à sa divine Majesté, pour contribuer tout ce qu'il pourrait au soulagement et à la consolation de ces pauvres gens, qui étaient réduits à l'extrémité. Peu de temps après, la divine Providence lui adressa une personne qui lui apporta quelque argent pour employer à cette bonne œuvre, lequel il envoya incontinent aux prêtres de sa Congrégation, qui demeurent en la ville de Toul en Lorraine ; et ces charitables missionnaires commencèrent aussitôt à l'employer, pour faire loger, nourrir et médicamenter les pauvres malades qui étaient couchés dans les rues. Il fit ensuite partir d'autres prêtres et frères de sa maison de Saint-Lazare pour aller rendre les mêmes assistances dans les autres villes de Lorraine, et particulièrement à Metz, Verdun, Nancy, Bar-le-Duc, Pont-à-Mousson, Saint-Mihiel, Lunéville, etc.

Voici un certificat du secours qu'il fit premièrement rendre aux pauvres de la ville de Toul, daté du mois de décembre 1639 : « Jean Midot, docteur en théologie, grand archidiacre, chanoine et vicaire général de Toul, le siége épiscopal vacant, certifions et faisons foi que les prêtres de la Mission résidant en cette ville, continuent depuis environ deux ans, avec beaucoup d'édification et de charité, d'y soulager, vêtir, nourrir et médicamenter les pauvres : premièrement, les malades, desquels ils en ont retiré soixante dans leur maison, et une centaine qui sont logés dans les faubourgs ; secondement, quantité d'autres pauvres honteux réduits à une grande nécessité, et réfugiés en cette ville, auxquels ils font l'aumône ; et en troisième lieu, à plusieurs pauvres soldats retournant des armées du roi, blessés et malades, qui se retirent aussi en la maison desdits prêtres de la Mission et en l'hôpital de la Charité, où ils les font nourrir et traiter. Desquelles actions charitables et de leurs autres départements, les gens de bien demeurent grandement édifiés. En témoignage de quoi nous avons signé, et fait contresigner, et sceller, etc. »

Les prêtres de la mission qui demeuraient à Toul, ayant envoyé ce certificat à M. Vincent, lui demandèrent s'ils en retireraient de semblables des autres villes où ils étaient allés porter le même secours. A quoi il fit réponse : « Qu'ils feraient bien de n'en pas demander ; qu'il suffisait que Dieu seul eût connaissance de leurs œuvres, et que les pauvres en fussent soulagés, sans en vouloir produire d'autres témoignages. »

Les mêmes assistances furent rendues à la ville de Metz, où la pauvreté était inconcevable, et l'abord des pauvres extraordinaire. Le nombre en était si grand au dedans et au dehors de la ville, qu'il s'en trouvait aux portes quelquefois jusqu'à quatre et cinq mille de tout âge et de tout sexe, et le matin l'on y en trouvait ordinairement dix à douze de morts. Les grandes filles étaient en imminent danger de s'abandonner, plutôt que de languir davantage, et plusieurs communautés religieuses étaient sur le point de rompre leur clôture pour chercher de quoi vivre. M. Vincent, étant averti de ces besoins extrêmes, envoya aussitôt les siens pour conserver la vie des uns et l'honneur des autres, et pour tâcher de les sauver tous. Voici une lettre que MM. les maires, échevins et treize de la ville de Metz, écrivirent sur ce sujet à M. Vincent, au mois d'octobre de l'an 1640 :

« Monsieur, vous nous avez si étroitement obligés en subvenant, comme vous avez fait, à l'indigence et à la nécessité extrême de nos pauvres mendiants, honteux et malades, et particulièrement des pauvres monastères de religieuses de cette ville, que nous serions des ingrats si nous demeurions plus longtemps sans vous témoigner le ressentiment que nous en avons ; pouvant vous assurer que les aumônes que vous avez envoyées par-deçà ne pouvaient être mieux départies ni employées qu'envers nos pauvres, qui sont ici en grand nombre, et notamment à l'endroit des religieuses, qui sont destituées de tous secours humains, les unes ne jouissant pas de leurs petits revenus depuis la guerre, et les autres ne recevant plus rien des personnes accommodées de cette ville qui leur faisaient l'aumône, parce que les moyens leur en sont ôtés. Ce qui nous oblige de vous supplier, comme nous faisons très-humblement, Monsieur, de vouloir continuer, tant envers lesdits pauvres qu'envers les monastères de cette ville, les mêmes subventions que vous avez faites jusqu'ici. C'est un sujet de grand mérite pour ceux qui font une si bonne œuvre, et pour vous, Monsieur, qui en avez la conduite, que vous administrez avec tant de prudence et d'adresse, en quoi vous acquerrez un grand loyer au ciel, etc. »

Les missionnaires résidents à Verdun écrivirent à M. Vincent « qu'ils avaient, aux années 1639, 40 et 41, quelquefois cinq ou six cents pauvres, et d'autres fois pour le moins quatre cents dans la ville à nourrir, auxquels ils faisaient la distribution de pain chaque jour, et qu'ils séparaient les petits d'avec les grands pour les pouvoir instruire avec plus de fruits ;

« Qu'ils donnaient à cinquante ou soixante malades du potage et de la viande tous les jours, et à quelques-uns de l'argent pour d'autres nécessités ;

« Qu'ils assistaient environ trente pauvres honteux ;

« Que quantité de pauvres gens des champs, et d'autres passants venaient leur demander l'aumône, et qu'ils leur donnaient du pain à toutes heures ;

« Qu'ils habillaient les nus, et donnaient des chaussures à ceux qui en avaient le plus de besoin. »

L'un de ces missionnaires mandait un jour à M. Vincent que ce qui les avait grandement édifiés et consolés était la patience admirable et la résignation incroyable qu'ils trouvaient aux malades et en ceux qui mouraient. « O Monsieur, disait-il, que d'âmes vont en paradis par la pauvreté! Depuis que je suis en Lorraine, j'ai assisté plus de mille pauvres à la mort, qui paraissaient y être tous parfaitement bien disposés. Voilà bien des intercesseurs au ciel pour leurs bienfaiteurs! »

Voici l'état de la distribution qui s'est faite à Nancy à plusieurs sortes de pauvres pendant les années dont il a été parlé ci-dessus.

Premièrement, à ceux qui étaient en santé, au nombre de quatre ou cinq cents, on donnait tous les jours du pain et du potage. On leur faisait aussi des instructions chaque jour, par lesquelles on les disposait à se confesser et communier presque tous les mois; et les missionnaires retenaient par charité une partie de ces pauvres en la maison où ils logeaient.

2° Ils retiraient encore chez eux quantité de malades qu'ils nourrissaient et pansaient. Outre ces malades, ils en firent recevoir d'autres dans l'hôpital de Saint-Joseph, auquel ils donnèrent du linge et de l'argent pour eux; et avant que de les y envoyer, ils les faisaient confesser et communier. Il y avait de plus, pour l'ordinaire, trente, quarante et cinquante autres malades logés çà et là dans la ville, auxquelles ils envoyaient chaque jour du pain, du potage et de la viande.

3° Ils assistaient deux sortes de pauvres honteux : les uns étaient de médiocre condition, au nombre de cinquante ou environ, auxquels ils fournissaient certaine quantité de pain par semaine. Les autres étaient personnes de qualité, tant ecclésiastiques que laïques, fort nécessiteux et honteux, au nombre de trente ou environ, auxquels ils donnaient quelque argent par mois, selon la condition et les besoins d'un chacun.

4° Ils prirent un soin particulier de quantité de pauvres mères nourrices, auxquelles ils donnaient de l'argent, de la farine, du pain et du potage.

5° Ils faisaient panser les malades et les blessés, payaient les chirurgiens et les remèdes; eux-mêmes avaient quelques remèdes secrets qu'on leur avait enseignés pour faire quantité de cures, qui leur coûtaient peu, et qui ne laissaient pas d'apporter un très-grand soulagement aux pauvres.

6° Ils distribuaient du linge et des habits à tous les pauvres qui n'en avaient pas; à mesure qu'ils leur donnaient des chemises, ils prenaient leurs sales pour les faire blanchir et raccommoder, quelquefois jusqu'à six ou sept douzaines, qui servaient pour d'autres.

Nous ne pouvons pas produire ici les lettres les plus touchantes que M. Vincent recevait alors de cette province désolée, tant sur l'extrême affliction des peuples que sur les incomparables assistances qu'il leur donna ; parce qu'il ne gardait point ces lettres-là, mais il les envoyait en divers lieux, pour exciter les riches à compassion par le récit de tant de misères, et pour consoler ainsi les bienfaiteurs par les heureux effets de leurs aumônes ; et ceux-là les communiquaient encore à d'autres. Voici ce qu'un vertueux ecclésiastique écrivit à M. Vincent sur ce sujet :

« Ayant vu, dit-il, les lettres qui viennent de la Lorraine, lesquelles vous avez envoyées à M. N., qui me les a montrées, il faut que je vous avoue que je ne les ai pu lire sans larmes, et en telle abondance, que j'ai été contraint d'en quitter plusieurs fois la lecture. Je loue notre bon Dieu de la providence paternelle qu'il a sur ses créatures, et je le prie de continuer ses grâces à vos prêtres qui s'emploient à cet exercice divin. Il ne me reste que le regret de voir ces ouvriers charitables qui gagnent le ciel, et le font gagner à tant d'autres, pendant que moi, par ma misère, ne fais que ramper sur la terre comme une bête inutile, etc. »

Les premiers prêtres de la Mission qui allèrent à Pont-à-Mousson au mois de mai de l'année 1640, mandèrent à M. Vincent qu'ils y avaient fait l'aumône à quatre ou cinq cents pauvres si défigurés, que jamais ils n'en avaient vu de plus dignes de compassion ; que la plupart étaient de la campagne, si exténués et si languissants, qu'ils mouraient même en mangeant ; que les quatre curés de la ville leur avaient donné une liste des malades et des honteux les plus misérables ; qu'ils avaient visité les malades et en avaient trouvé plusieurs agonisants ; qu'il y avait des religieuses fort nécessiteuses ; qu'en quelques bourgades aux environs de la ville les loups dévoraient les personnes, ce qui empêchait plusieurs d'y venir chercher du pain, particulièrement les enfants âgés de dix à douze ans, et qu'un bon et charitable curé s'étant offert de leur porter quelques aumônes, ils lui avaient donné de l'argent pour les nourrir.

Il y avait toujours pour l'ordinaire en cette ville-là environ cent malades, et cinquante ou soixante honteux, outre quelques personnes de qualité réduites à la faim. Les missionnaires les assistèrent tous en la manière que nous avons dit qu'ils faisaient aux autres lieux ; ils donnaient des habits et du linge à plusieurs, particulièrement aux malades, des souliers et des outils à ceux qui pouvaient travailler, afin d'aller au bois gagner leur vie.

Enfin ils firent des distributions ordinaires et journalières à plusieurs centaines d'autres pauvres réfugiés; et tant aux uns qu'aux autres ils firent une espèce de mission pour les disposer tous à faire une bonne confession générale, de quoi ils s'acquittèrent fort chrétiennement.

Messieurs les maires, échevins et gens de justice et du conseil de la ville et cité de Pont-à-Mousson écrivirent à M. Vincent, en décembre 1640, une lettre pleine de reconnaissance de ces aumônes, et de raisons pressantes pour en obtenir la continuation : « L'appréhension, disent-ils, de nous voir en peu de temps privés des charités qu'il a plu à votre bonté faire départir à nos pauvres fait que nous recourons à vous, Monsieur, afin de leur procurer, s'il vous plaît, avec autant de zèle que ci-devant, les mêmes secours, puisque la nécessité y est au même degré qu'elle a jamais été. Il y a deux ans que la récolte a manqué, les troupes ont fait manger nos blés en herbe, les garnisons continuelles ne nous ont laissé que des objets de compassion ; ceux qui étaient accommodés sont réduits à la mendicité ; ce sont des motifs autant puissants que véritables pour animer la tendresse de votre cœur, déjà plein d'amour et de pitié, pour continuer ses bénignes influences sur cinq cents pauvres qui mourraient en peu d'heures si par malheur cette douceur venait à leur défaillir. Nous supplions votre bonté de ne souffrir ces extrémités, mais de nous donner des miettes de ce que les autres villes ont de superflu ; vous ne ferez pas la charité à nos pauvres, mais vous les tirerez des griffes de la mort, et vous obligerez fort étroitement, etc. »

Environ ce temps-là un des mêmes prêtres de la Mission étant allé en la ville de Saint-Mihiel, voici en quels termes il écrivit à M. Vincent aussitôt qu'il fut arrivé en ce lieu-là : « J'ai commencé en arrivant à faire l'aumône. Je trouve si grande quantité de pauvres que je ne saurais donner à tous ; il y en a plus de trois cents en une très-grande nécessité, et plus de trois cents autres dans l'extrémité. Monsieur, je vous le dis en vérité, il y en a plus de cent qui semblent des squelettes couverts de peau, et si affreux que, si Notre-Seigneur ne me fortifiait, je ne les oserais regarder : ils ont la peau comme du marbre basané, et tellement retirée que les dents leur paraissent toutes sèches et découvertes, et les yeux et le visage tout refrognés. Enfin, c'est la chose la plus épouvantable qui se puisse jamais voir. Ils cherchent de certaines racines aux champs qu'ils font cuire, et les mangent. J'ai bien voulu recommander ces grandes calamités aux prières de notre compagnie. Il y a plusieurs demoiselles qui périssent de faim, et, entre elles, il y en a de jeunes, et j'appréhende que le désespoir ne les fasse tomber dans une plus grande misère que la temporelle. »

Par une autre lettre du mois de mars, en la même année 1640, il manda à M. Vincent ce qui suit : « Il s'est trouvé à la dernière distribution de pain que nous avons faite onze cent trente-deux pauvres, sans les malades qui sont en grand nombre, et que nous assistons de nourriture et de remèdes propres. Ils prient tous pour leurs bienfaiteurs avec tant de sentiments de reconnaissance, que plusieurs en pleurent de tendresse, même des riches qui sont touchés de ces choses. Je ne crois pas que ces personnes, pour qui l'on offre à Dieu tant et de si fréquentes prières, puissent périr. Messieurs de la ville louent grandement ces charités, disant hautement que plusieurs fussent morts sans ce secours, et publiant l'obligation qu'ils vous ont. Un pauvre Suisse abjura ces jours passés son hérésie de Luther, et après avoir reçu les sacrements, mourut fort chrétiennement. »

M. Vincent ayant envoyé, dès la même année 1640, un des plus anciens et des principaux prêtres de sa compagnie pour visiter tous les missionnaires employés à faire les distributions en Lorraine, tant afin de reconnaître l'ordre et l'emploi des aumônes et des instructions, que pour remarquer principalement les villes qui auraient plus de besoin d'assistance, voici ce que ce visiteur lui manda de Saint-Mihiel.

« Je vous dirai, Monsieur, des choses admirables de cette ville, qui sembleraient incroyables, si nous ne les avions vues. Outre tous les pauvres mendiants dont j'ai parlé, la plus grande partie des habitants de la ville, et surtout la noblesse, endurent tant de faim que cela ne se peut exprimer ni imaginer ; et ce qui est le plus déplorable est qu'ils n'en osent demander. Il y en a quelques uns qui s'enhardissent, mais d'autres mourraient plutôt. Et j'ai moi-même parlé à des personnes de condition qui ne font incessamment que pleurer pour cette occasion.

« Voici une autre chose bien plus étrange : une femme veuve n'ayant plus rien pour elle ni pour ses trois enfants, et se voyant réduite à mourir de faim, elle écorcha une couleuvre, et la mit sur les charbons pour la rôtir et la manger, ne pouvant avoir autre chose ; notre confrère qui réside ici en ayant été averti, y accourut, et, ayant vu cela, y mit remède.

« Il ne meurt dans la ville aucun cheval de quelque maladie que ce soit qu'on ne ravisse incontinent pour le manger, et il n'y a que trois ou quatre jours qu'il se trouva une femme à l'aumône publique qui avait de cette chair infecte plein son devantier, qu'elle donnait aux autres pauvres pour de petits morceaux de pain.

« Une jeune demoiselle a été pendant plusieurs jours dans la délibération de vendre ce qu'elle avait de plus cher au monde pour avoir un peu de pain, et en a même cherché plusieurs fois les occasions : Dieu soit loué et remercié de ce qu'elle ne les a pas trouvées et qu'elle est à présent hors de danger.

« Un autre cas fort déplorable est que les prêtres, qui sont tous, Dieu merci, de vie exemplaire, souffrent la même nécessité et n'ont pas de pain à manger, jusque-là qu'un curé qui est à demi-lieue de la ville s'est réduit à tirer la charrue, étant attelé avec ses paroissiens à la place des chevaux. Cela n'est-il pas déplorable, Monsieur, de voir un prêtre et un curé réduit en cet état? Il ne faut plus aller en Turquie pour voir les prêtres condamnés à labourer la terre, puisqu'ils s'y réduisent eux-mêmes à nos portes, y étant contraints par la nécessité.

« Au reste, Monsieur, Notre-Seigneur est si bon qu'il semble avoir privilégié Saint-Mihiel de l'esprit de dévotion et de patience; car, parmi l'indigence extrême des biens temporels, ils sont si avides des spirituels qu'il se trouve au catéchisme jusqu'à deux mille personnes pour l'entendre; c'est beaucoup pour une petite ville où la plupart des grandes maisons sont désertes; les pauvres mêmes sont fort soigneux d'y assister, et de se présenter aux sacrements; tous généralement font une estime nonpareille du missionnaire qui est ici, qui les instruit et les soulage; et tel s'estime heureux de lui avoir parlé une fois : aussi s'emploie-t-il avec grande charité et beaucoup de travail à ses frontières; il s'est même laissé tellement accabler des confessions générales et du défaut de nourriture, qu'il en a été malade.

« Je me suis étonné comment, avec si peu d'argent qu'il reçoit de Paris, il pouvait faire tant d'aumônes, et en général et en particulier : c'est où je vois manifestement la bénédiction de Dieu, qui fait multiplier le bien; et il m'est souvenu de ce que la sainte Écriture dit de la manne, que chaque famille en prenait une même mesure, et qu'elle suffisait pour tous, soit qu'ils fussent plus ou moins de personnes pour la recueillir; je vois ici quelque chose de semblable, car nos prêtres, qui ont plus de pauvres, n'en donnent pas moins, et ne sont en reste de rien. »

Nous rapporterons encore ici une lettre écrite à M. Vincent par MM. le lieutenant, prévôt, conseil et gouverneur de la même ville en l'année 1643, où ils parlent en ces termes : « Tout le corps de la ville de Saint-Mihiel et tous les membres d'icelle en particulier vous rendent un million de grâces des peines et des soins que vous avez daigné prendre pour le soulagement, tant par la distribution des aumônes et assistances des pauvres malades et nécessiteux que par la décharge d'une partie du fardeau de notre garnison ; vous suppliant très-humblement de nous continuer votre protection et vos aumônes, desquelles cette pauvre et désolée ville a autant de besoin que jamais ; étant très-véritable que, par ce moyen, une infinité de personnes sont en vie aujourd'hui, qui n'y seraient pas restées sans cela ; et, si l'on vient à les retrancher ou ôter tout à fait, il faut de nécessité qu'une grande partie des habitants meurent de faim ou qu'ils aillent chercher leur vie ailleurs. Sans parler des distributions que vous avez fait faire aux couvents, par le moyen desquelles ils ont en partie subsisté, et de l'assistance que tant d'autres personnes honteuses, même de qualité, ont reçue de vos prêtres dans leurs maladies et nécessités, nous ne pouvons assez louer les grands soins et le travail qu'ils y ont pris, ni vous demander assez instamment la continuation des mêmes assistances pour tant de malades et de nécessiteux, outre la gloire et le mérite que vous en aurez devant Dieu, etc. »

Les pauvres de Bar-le-Duc, tant habitants que réfugiés, au nombre de huit cents ou environ, furent aussi toujours bien assistés pour le corps et pour l'âme : ce qui soulagea beaucoup tout le pays, et particulièrement cette ville-là, en laquelle on voyait auparavant grand nombre de pauvres couchés sur le pavé, dans les carrefours, et devant les portes des églises et des bourgeois, qui mouraient de faim, de froid, de maladie et de misère. Un des prêtres de la Mission écrivit à M. Vincent, au mois de février 1640, qu'à chaque distribution de pain il lui fallait donner des habits à vingt-cinq ou trente pauvres ; et il ajoute : « Depuis peu j'en ai habillé de compte fait deux cent soixante ; mais ne vous dirai-je pas, Monsieur, combien j'en ai habillé tout seul spirituellement par la confession générale et par la sainte communion ? Dans l'espace d'un mois seulement, j'en ai compté plus de huit cents. J'espère que ce carême nous en ferons encore davantage. Nous donnons à l'hôpital une pistole et demie tous les mois pour les malades que nous y envoyons ; et parce qu'entre eux il y en a environ quatre-vingts qui sont plus malades que les autres, nous leur donnons du potage, de la viande et du pain. »

Le visiteur envoyé par M. Vincent, qui passa à Bar au mois de juillet 1640, lui manda de ce lieu-là en particulier ce qui suit : « Premièrement, toutes les semaines nos missionnaires donnent du linge à quantité de pauvres, et particulièrement des chemises ; ils retirent les vieilles pour les faire blanchir, accommoder et servir à d'autres, ou bien les mettent en pièces pour panser les blessés ou ulcérés.

« Secondement, ils pansent eux-mêmes ici quantité de malades de la teigne ; il y en avait ci-devant pour l'ordinaire vingt-cinq, et il en reste encore douze : cette maladie est fort commune par toute la Lorraine ; car, en toutes les autres villes, il y en a à proportion, et ils sont, Dieu merci, partout pansés fort soigneusement et charitablement, en telle sorte que tous en guérissent par un remède très-souverain que nos Frères ont appris.

« Et, en troisième lieu, nos prêtres d'ici font une dépense considérable, mais très-utile, pour recevoir les pauvres passants ; car nos missionnaires qui sont à Nancy, à Toul et en d'autres lieux, leur adressent souvent des troupes de pauvres pour les envoyer en France, à cause que cette ville est la porte de la Lorraine, et ils leur fournissent leur nourriture et quelque argent pour leur voyage. »

Des deux prêtres de la Mission qui assistaient les pauvres de Bar-le-Duc, l'un mourut dans le travail, et l'autre fut grièvement malade. Voici ce que le révérend Père Roussel, recteur du collége de la Compagnie de Jésus de cette ville-là, où ils logeaient, en écrivit à M. Vincent, en la même année 1640, en ces termes : « Vous avez appris la mort de M. de Montevit que vous aviez envoyé ici. Il a beaucoup souffert en sa maladie, qui a été longue, et je puis dire, sans mensonge, que je n'ai jamais vu une patience plus forte et plus résignée que la sienne : nous ne lui avons jamais ouï dire aucune parole qui fût une marque de la moindre impatience ; tous ses discours ressentaient une piété qui n'était pas commune. Le médecin nous a dit fort souvent qu'il n'avait jamais traité malade plus obéissant et plus simple. Il a communié fort souvent dans sa maladie, outre les deux fois qu'il a communié par forme de viatique. Son délire de huit jours entiers ne l'empêcha pas de recevoir en bon sens l'Extrême-Onction ; il le quitta quand on lui donna ce sacrement, et reprit incontinent après qu'on le lui eut donné. Enfin, il est mort comme je désire, et comme je demande à Dieu de mourir. Les deux chapitres de Bar honorèrent son convoi, comme aussi les Pères Augustins : mais ce qui honora le plus son enterrement, ce furent six à sept cents pauvres qui accompagnèrent son corps, chacun un cierge à la main, et qui pleuraient aussi fort que s'ils eussent été au convoi de leur père. Les pauvres devaient bien cette reconnaissance : il avait pris cette maladie en guérissant leurs maux et en soulageant leur pauvreté ; il était toujours parmi eux, et ne respirait point d'autre air que leur puanteur. Il entendait leur confession avec tant d'assiduité, et le matin et l'après-dîner, que je n'ai jamais pu gagner sur lui qu'il prît une seule fois la relâche d'une promenade. Nous l'avons fait enterrer auprès du confessionnal où il a pris sa maladie et où il a fait le beau recueil des mérites dont il jouit maintenant dans le ciel. Deux jours devant qu'il mourût, son compagnon tomba malade d'une fièvre continue qui l'a tenu dans le danger de la mort l'espace de huit jours; il se porte bien maintenant. Sa maladie a été l'effet d'un trop grand travail et d'une trop grande assiduité parmi les pauvres. La veille de Noël il fut vingt-quatre heures sans manger et sans dormir, il ne quitta point le confessionnal que pour dire la Messe. Vos Messieurs sont souples et très-dociles en tout, hormis dans les avis qu'on leur donne de prendre un peu de repos. Ils croient que leurs corps ne sont pas de chair, ou que leur vie ne doit durer qu'un an. Pour le Frère, c'est un jeune homme extrêmement pieux; il a servi ces deux prêtres avec toute la patience et assiduité que les malades les plus difficiles eussent pu désirer. »

Nous ne parlerons pas ici de toutes les autres villes, bourgs et villages de la même Lorraine qui ont été assistés avec la même charité par les missionnaires de M. Vincent, lequel on peut appeler après Dieu, avec raison et justice, le père des pauvres, et le nourricier et pourvoyeur de cette province désolée; car cela serait trop long et ennuyeux. Nous rapporterons seulement une lettre que Messieurs les officiers et gens de conseil de Lunéville lui écrivirent sur ce même sujet en l'année 1642, en ces termes :

« Monsieur, depuis plusieurs années que cette pauvre ville a été affligée de peste, de guerre et de famine, qui l'ont réduite au point de l'extrémité où elle est à présent, au lieu de consolations, nous n'avons reçu que des rigueurs de la part de nos créanciers, et des cruautés du côté des soldats, qui nous ont enlevé le peu de pain que nous avions; en sorte qu'il semblait que le Ciel n'avait plus que de la rigueur pour nous, lorsqu'un de vos enfants en Notre-Seigneur, étant ici arrivé chargé d'aumônes, a grandement tempéré l'excès de nos maux, et relevé notre espérance en la miséricorde du bon Dieu. Puisque nos péchés ont provoqué sa colère, nous baisons humblement la main qui les punit, et recevons aussi les effets de sa divine douceur avec des ressentiments de reconnaissance extraordinaires. Nous bénissons les instruments de son infinie clémence, tant ceux qui nous soulagent de leurs charités si opportunes que ceux qui nous les procurent et distribuent, et vous particulièrement, Monsieur, que nous croyons être, après Dieu, le principal auteur d'un si grand bien. De vous dire qu'il soit bien appliqué à ce pauvre lieu, où les principaux sont réduits au néant, c'est ce que le missionnaire que vous avez envoyé vous déduira avec moins d'intérêt que nous : il a vu notre désolation, et vous verrez devant Dieu l'obligation éternelle que nous vous avons de nous avoir secourus en cet état. »

Le missionnaire qui portait de l'argent en Lorraine, lorsqu'il en revenait, représentait à M. Vincent, et M. Vincent aux Dames de la Charité, que grand nombre de filles de condition et autres qui n'avaient aucune industrie, ni biens, ni parents qui pussent les aider à subsister, étaient grandement exposées à l'insolence des officiers des garnisons; ce qui fit résoudre M. Vincent avec ces dames d'ordonner à ce missionnaire d'amener à Paris toutes les filles qui voudraient éviter le grand danger où elles étaient. Ce qu'ayant fait savoir dans les villes où il allait, il s'en présenta un très-grand nombre, et, ayant choisi celles qui étaient en plus grand péril, il en emmena à diverses fois cent soixante, qu'il défraya pendant tout le chemin, sans compter un grand nombre de petits garçons, lesquels, étant arrivés à Paris, furent reçus à Saint-Lazare, et ensuite placés pour servir, et les filles menées par ordre de M. Vincent chez mademoiselle Le Gras, qui les logea en sa maison, où quantité de dames étant venues les voir, en donnèrent avis à toutes les familles de Paris, afin que celles où l'on aurait besoin de filles de chambre ou de servantes s'adressassent à cette vertueuse demoiselle. Et, par ce moyen, ces filles furent mises en d'honnêtes conditions, et garanties des malheurs où elles étaient exposées par la nécessité.

Nous avons vu ailleurs qu'outre les filles et les enfants dont nous venons de parler, les missionnaires résidents en Lorraine donnaient moyen à quantité d'hommes et de femmes de sortir de leur pays pour venir en France gagner leur vie. Or, la plupart de ces pauvres gens s'en venaient en troupes à Paris, où ils étaient accueillis et assistés par M. Vincent, non-seulement corporellement, mais encore spirituellement : car, pour les préparer à une bonne confession générale et à vivre chrétiennement, il les fit assembler au village de la Chapelle, à demi-lieue de Paris, où il leur fit faire une mission en l'année 1661 ; et en étant venu d'autres troupes l'année suivante, on leur fit encore une semblable mission ; et les uns et les autres furent tous pourvus pour servir ou pour travailler de leurs métiers.

Entre ces gens-là qui furent ainsi mis à couvert, il s'en trouva un qui était frère d'un chanoine de Verdun, auquel ce chanoine manda qu'il avait quitté la résidence de son église parce qu'elle ne lui apportait plus que du pain de douleur ; qu'il s'était depuis appliqué à bon escient à cultiver la terre pour avoir de quoi vivre ; mais qu'enfin le grand travail et le peu de nourriture l'avaient rendu si infirme, qu'il ne pouvait plus rien faire, ni éviter la mort, s'il ne recevait bientôt quelque assistance; et il conclut sa lettre en ces termes : « En vérité, je ne sais où trouver ce secours qu'auprès de vous, mon frère, qui avez eu le bonheur d'être reçu et favorisé d'un des plus saints et des plus charitables personnages de notre siècle infortuné; c'est donc par vous que j'espère ce bonheur de M. Vincent, etc. » Son espérance ne fut pas vaine ; car ce charitable père des pauvres lui fit donner l'assistance qui lui était nécessaire pour le tirer de cette extrême nécessité.

Parmi tout ce peuple qui se réfugia à Paris, il se trouva un grand nombre de personnes nobles, et d'autres de qualité considérable, même des familles entièrement ruinées, qui, n'étant pas accutumées à gagner leur vie et encore moins à la demander, ne pouvaient aucunement subsister. M. Vincent entreprit de les secourir, non des aumônes destinées pour la Lorraine, lesquelles il envoyait exactement pour tant de milliers de pauvres qui y étaient restés, mais par une autre invention que Dieu lui inspira, qui fut d'associer pour ce dessein charitable quelques seigneurs et plusieurs autres personnes de condition qui demeuraient à Paris : il les assemblait une fois le mois à Saint-Lazare, où ils se cotisaient et lui aussi, afin de faire ensemble une somme suffisante pour l'entretien de cette pauvre noblesse, à qui l'on en faisait la distribution chaque mois, selon le nombre et le besoin des personnes et des familles; ce qui fut continué pendant sept ou huit ans. Nous n'en touchons ici qu'un mot en passant, parce que nous avons déjà parlé plus amplement de cette bonne œuvre au premier livre.

Plusieurs autres personnes de toute condition venaient de temps en temps de Lorraine à Paris, de leur propre mouvement, pour réclamer l'assistance de M. Vincent ; ce qui fait voir qu'il était tenu comme le refuge universel de ce pauvre pays. Voici en quels termes le révérend père Pierre Fournier, recteur du collége de la Compagnie de Jésus de Nancy, lui écrivit sur ce sujet en l'année 1643 : « Votre charité est si grande, que tout le monde a recours à elle ; chacun vous considère ici comme l'asile des pauvres affligés : c'est pourquoi plusieurs se présentent à moi afin que je vous les adresse, et que par ce moyen ils ressentent les effets de votre bonté : en voici deux dont la vertu et la qualité exciteront à bon droit votre cœur charitable à les assister. »

Un missionnaire ayant trouvé à Saint-Mihiel quatorze religieuses bénédictines qui y étaient venues de Rambervilliers pour s'y établir, et n'y pouvaient subsister à cause de la disette extrême du pays, il les mena à Paris par l'avis de M. Vincent et des Dames de la Charité pour y être assistées. Et Dieu a permis qu'avec le temps elles ont été établies dans le faubourg Saint-Germain, où elles ont toujours depuis ce temps-là répandu la bonne odeur de leur sainte vie, et donné grande édification, non-seulement à ce faubourg, mais aussi à toute la ville de Paris : elles ont pris le titre de Religieuses du Saint-Sacrement.

Les distributions de pain, de potage et de viande ayant cessé en Lorraine en l'année 1643, M. Vincent en rappela la plupart des missionnaires qu'il y avait envoyés, parce qu'il n'y restait plus que peu de malades, et que les pauvres gens, ayant un peu de relâche du côté des soldats, se mirent à travailler pour gagner leur vie. Les aumônes pourtant ne cessèrent pas pour cela ; on les continua encore cinq ou six ans depuis, pour le soulagement des plus misérables ; et M. Vincent fit en sorte qu'on les étendît presque dans toutes les autres villes de Lorraine, comme à Château-Salins, Dieuze, Marsal, Moyen-Vic, Épinal, Remiremont, Mirecourt, Châtel-sur-Moselle, Stenay et Rambervilliers. Par ce moyen on assista non-seulement grand nombre de pauvres honteux, de bourgeois ruinés et de familles nobles qui, ne pouvant faire valoir leur bien, étaient en un état déplorable ; mais l'on fit encore subsister toutes les communautés religieuses tant d'hommes que de filles, auxquelles on distribuait tous les ans des aumônes considérables, qui étaient réglées selon la nécessité des maisons ; car l'on donnait aux unes trois ou quatre cents livres par quartier, et aux autres cinq ou six cents, selon leur nombre et leurs besoins : de quoi le missionnaire employé à cette distribution retirait un reçu de chaque maison.

Outre ces sommes, il a fait porter en ces villes ruinées environ quatorze mille aunes de draperies de plusieurs sortes, en diverses fois, dont il faisait acheter la plus grande partie à Paris, pour revêtir tous les pauvres religieux et religieuses, la pauvre noblesse et quantité d'autres personnes d'honnête condition, et des familles entières qui n'avaient que des habits déchirés. La reine même fut si touchée de compassion de leur nudité, qu'elle leur envoya toutes ses tapisseries et lits de deuil après la mort du feu roi, et madame la duchesse d'Aiguillon en fit de même. On distribuait aux maisons religieuses des pièces entières d'étoffes, afin qu'elles en fissent elles-mêmes leurs habits à leur façon ; et l'on fournissait à quelques-unes jusqu'à des voiles et des souliers, tant elles étaient dénuées de toutes choses. On revêtait de plus à chaque voyage pour l'ordinaire environ cent autres personnes, tant hommes et garçons que filles et femmes. Sur quoi il est à remarquer que ces distributions de vivres, d'argent et d'habits se sont faites pendant neuf ou dix ans, non-seulement dans la plupart des villes de Lorraine, comme nous avons dit ; mais que, de plus, elles ont été étendues durant deux ans, par l'ordre de la reine et par la conduite de M. Vincent, en plusieurs autres villes fort ruinées, qui avaient été conquises par le roi, comme Arras, Bapaume, Hesdin, Landrecies et Gravelines : et partout le missionnaire employé à cette distribution s'en allait d'une paroisse à une autre, et de maison en maison, accompagné des curés ou d'autres ecclésiastiques nommés par eux pour l'assister à distribuer ces vêtements et ces aumônes selon les besoins d'un chacun, afin que, cela se faisant en leur présence et par leur avis, il ne fût point trompé dans le discernement des plus pauvres.

Or les sommes que M. Vincent a fait distribuer en ces deux pays de Lorraine et d'Artois montent bien jusques à quinze ou seize cent mille livres, par lesquelles il a subvenu aux extrêmes nécessités de vingt-cinq villes et des environs, et d'un grand nombre de bourgs et villages. Ce qui fut sans doute un effet tout particulier de la charité infinie de Dieu, dont le cœur de M. Vincent était tellement embrasé, qu'il en fit ressentir les ardeurs, en faveur de ces peuples affligés, au feu roi et à la reine, et à plusieurs autres personnes de condition et de vertu, particulièrement aux Dames de la Charité de Paris, qu'il avait associées pour ces grandes œuvres ; et toutes ces charitables personnes, étant échauffées par le feu divin qui animait le cœur et les paroles de ce saint prêtre, le chargèrent de toutes ces aumônes pour les faire distribuer par sa sage conduite. Ce qu'il exécuta très-volontiers par l'entremise de ces missionnaires, quoiqu'il ne voulût jamais en ordonner que par l'avis des mêmes Dames de la Charité qui s'assemblaient devant lui ; et souvent même il prenait ou envoyait prendre les ordres de la reine, afin que rien ne se fît que selon les intentions des bienfaiteurs.

Les fruits de ces aumônes ont été, comme nous avons vu, 1° de conserver la vie et de rendre la santé à un nombre presque infini de personnes malades, languissantes et exténuées par la faim, par le froid, par la nudité et par toutes sortes de misères ; 2° de les instruire et disposer à recevoir dignement les sacrements et à mener une bonne vie ; d'assister les moribonds pour les aider à bien mourir ; 4° de garantir d'un naufrage honteux un très-grand nombre d'honnêtes filles que la nécessité avait réduites à d'étranges extrémités ; 5° enfin, de donner moyen à plusieurs communautés religieuses de garder leur clôture, leurs vœux et leurs règles, et de maintenir le service divin en leurs maisons, parce que, sans ces assistances, la plupart auraient été contraintes de vaguer par le monde, pour chercher à soutenir leur vie, non sans grand danger de leur conscience. Cela se pourrait aisément justifier par plusieurs de leurs lettres ; mais ce serait trop ennuyer le lecteur que de rapporter toutes ces choses en détail, ce qui en a été dit étant plus que suffisant pour lui en donner la connaissance telle qu'il peut désirer.

Nous ajouterons seulement une chose digne de considération, entre plusieurs autres assez extraordinaires que Dieu a opérées pour favoriser le transport de toutes ces grandes sommes d'argent, tant en Lorraine qu'en Artois, et d'une ville à une autre ; c'est à savoir, que le missionnaire qui les a portées en plus de cinquante voyages, en chacun desquels il était ordinairement chargé de vingt-cinq ou trente mille livres en or, n'a jamais été volé, quoiqu'il passât au travers des soldats qui couvraient tout le pays, et de plusieurs voleurs qu'il a souvent rencontrés. Il est de même arrivé quelquefois que, s'étant mis avec des convois qui ont été attaqués et pris, il a toujours trouvé moyen de s'échapper. D'autres fois faisant voyage avec quelques personnes particulières, et s'étant ensuite séparées d'elles par un ordre secret de la Providence, les autres étaient incontinent après volés, et lui ne faisait aucune mauvaise rencontre. Quelquefois aussi, passant par des bois remplis de voleurs ou de soldats débandés, sitôt qu'il les entendait ou apercevait, il jetait dans quelque buisson ou dans la boue sa bourse, qu'il portait ordinairement dans une besace déchirée, à la façon des gueux, et puis s'en allait droit à eux, comme un homme qui ne les craignait pas ; ils le fouillaient quelquefois, et ne lui trouvant rien, le laissaient aller sans lui faire aucun mal, et lorsqu'ils s'étaient écartés il retournait sur ses pas pour reprendre sa bourse. Un soir ayant rencontré des voleurs, ils le menèrent dans un bois pour lui faire peur, et n'ayant rien trouvé sur lui de ce qu'ils cherchaient, ils lui demandèrent s'il ne paierait pas bien cinquante pistoles de rançon ; à quoi ayant répondu que s'il avait cinquante vies il ne pourrait pas les racheter d'un gros de Lorraine, ils le laissèrent aller. En une autre rencontre, étant dans une grande campagne, il découvrit des Croates, et il n'eut que le temps de se décharger de sa besace, et de la couvrir de quelques herbes, laissant un petit bâton à trois ou quatre pas pour lui servir de marque, et par ce moyen il conserva son argent ; quoiqu'étant retourné la nuit pour la chercher, il ne la put trouver jusqu'au lendemain matin. Enfin Dieu lui donna toujours une adresse admirable, et le favorisa d'une spéciale protection, pour ne tomber entre les mains des voleurs, ou pour s'en retirer heureusement. Ce que la reine admirant, lui commanda plusieurs fois de lui raconter comment il faisait pour s'échapper, prenant plaisir d'entendre les stratagèmes innocents dont il se servait : mais il a toujours reconnu et publié que cette protection de Dieu sur lui était un effet de la foi et des prières de M. Vincent.

SECTION II.

ASSISTANCE RENDUE A LA PICARDIE ET A LA CHAMPAGNE.

Ce fut en l'année 1650 que, par un secret jugement de Dieu, le fléau de la guerre, qui affligeait depuis longues années la plus grande partie de l'Europe, commença à faire ressentir plus vivement ses atteintes à la France, laquelle ensuite en a toujours été agitée jusqu'à la conclusion de la paix générale. Or, entre toutes les provinces de ce royaume, la Picardie et la Champagne ont été le plus exposées à cet orage, et en ont éprouvé plus longtemps la violence, particulièrement depuis que les ennemis de l'État ayant voulu assiéger la ville de Guise, les troupes du roi qui s'étaient avancées au secours les obligèrent de changer de dessein ; car la demeure assez longue des deux armées sur cette frontière y causa une extrême désolation ; et lorsqu'elles se retirèrent des environs de Guise, elles y laissèrent un très-grand nombre de soldats languissants de faim et attaqués de diverses maladies, lesquels, voulant s'efforcer de marcher pour chercher quelque soulagement, tombaient de faiblesse sur les chemins, et mouraient misérablement, privés des sacrements et de toute consolation humaine.

Quelques passants ayant vu ce triste spectacle en portèrent la nouvelle à Paris, où tout le monde se réjouissait alors de la retraite des ennemis, mais très-peu de personnes se mirent en peine de ces pauvres abandonnés, qui périssaient si misérablement sans aucun secours.

M. Vincent, qui était très-sensible aux souffrances du prochain, fut grandement touché de savoir l'état pitoyable auquel ces pauvres gens étaient réduits ; et en ayant parlé à madame la présidente de Herse, qui était fort portée aux œuvres de charité, il fit partir aussitôt de Paris deux missionnaires avec un cheval chargé de vivres, et environ cinq cents livres en argent, pour aller sauver la vie à ces moribonds, et disposer à la mort ceux qui étaient en état de ne la pouvoir échapper. Ces missionnaires, étant arrivés sur les lieux, trouvèrent un si grand nombre de ces pauvres gens couchés le long des haies et sur les grands chemins, languissants et mourants, qu'ayant bientôt épuisé les provisions qu'ils avaient portées, ils furent obligés de courir en grande hâte aux villes les plus prochaines pour acheter d'autres vivres: mais ils furent bien étonnés de voir presque les mêmes besoins dans les villes qu'ils avaient trouvés dans la campagne; ce qui les obligea d'en écrire promptement à M. Vincent pour lui faire savoir que la désolation était générale dans tout le pays, et que les secours qu'ils avaient portés n'étaient rien en comparaison de ce qui était nécessaire pour y donner quelque remède; que les armées avaient moissonné tous les grains, et dépouillé les peuples jusqu'à la chemise; que la plus grande partie des gens de la campagne avaient quitté leur demeure pour aller chercher leur vie dans les villes, et que, n'y trouvant personne qui les pût soulager, à cause que les bourgeois même n'avaient pas de pain pour eux, ils y tombaient en défaillance et y mouraient de misère. M. Vincent ayant reçu ces lettres, il en donna avis aux Dames de la Charité de Paris, et convint avec elles d'envoyer un plus grand nombre de missionnaires et des aumônes plus abondantes; ce qui fut aussitôt exécuté.

Or, pour mieux connaître la grandeur des œuvres de miséricorde qui ont été exercées en cette occasion, il faut considérer quelle a été l'extrémité de la misère à laquelle ces deux pauvres provinces ont été réduites l'espace de dix ans ou environ, que les armées, continuant à les ravager chaque année, tantôt d'un côté et tantôt d'un autre, ont porté la désolation partout. C'est ce que nous ne saurions mieux voir que par les extraits des lettres que les mêmes missionnaires qui furent employés à la distribution des aumônes écrivirent à M. Vincent de divers lieux, lui rendant fidèlement compte des misères qu'ils y avaient vues de leurs yeux, afin que sa charité en procurât le remède. Voici ce qu'ils en écrivirent du côté de Guise, Laon et la Fère.

« C'est un sujet de grande compassion de voir une grande multitude de malades partout; il y en a plusieurs et en très-grand nombre qui sont travaillés de dyssenteries et de fièvres; les autres sont couverts de gale ou de pourpre, ou de tumeurs et apostumes; plusieurs sont enflés, les uns à la tête, les autres au ventre, et d'autres par tout le corps. L'origine de tous ces maux vient de ce qu'ils n'ont mangé presque toute l'année que des racines d'herbes, de méchants fruits, et quelques-uns du pain de son, tel qu'à peine les chiens en voudraient manger. Nous n'entendons que des lamentations pitoyables; ils crient après nous pour avoir du pain, et, tout malades qu'ils sont, ils se traînent par les pluies et par les mauvais chemins, deux ou trois lieues loin, pour avoir un peu de potage : il y en a plusieurs qui meurent dans les villages sans confession et sans sacrements; il ne se trouve même personne qui leur donne la sépulture après leur mort. Ce qui est si véritable, qu'étant il n'y a que trois jours au village de Lesquielle, du côté de Landrecies, pour y visiter les malades, nous trouvâmes dans une maison une personne morte, faute d'assistance, dont le corps était à demi mangé des bêtes qui étaient entrées dans le logis. N'est-ce pas là une désolation étrange de voir des chrétiens abandonnés de la sorte durant leur vie, et après leur mort?

« Nous venons (disent-ils dans une autre lettre) de visiter trente-cinq villages du doyenné de Guise, où nous avons trouvé près de six cents personnes dont la misère est telle qu'ils se jettent sur les chiens et sur les chevaux après que les loups en ont fait leur curée. Et dans la seule ville de Guise, il y a plus de cinq cents malades retirés en des caves et des trous de cavernes plus propres pour loger les bêtes que les hommes.

« Il y a un très-grand nombre de pauvres gens de la Thiérache qui depuis plusieurs semaines n'ont pas mangé de pain, non pas même de celui qu'on fait avec du son d'orge, qui est ce que les plus aisés mangent, et ne se sont nourris que de lézards, de grenouilles et des herbes des champs.

« Dans plusieurs villes ruinées, les principaux habitants sont dans une honteuse nécessité; la pâleur de leur visage montre assez quel est leur besoin, et qu'il les faut assister secrètement, aussi bien que la pauvre noblesse des champs, laquelle, se voyant sans pain et réduite sur la paille, souffre encore la honte de n'oser mendier ce qui lui est nécessaire pour vivre. Et d'ailleurs à qui pourrait-elle le demander, puisque le malheur de la guerre a mis une égalité de misère partout?

« Et ce qui est plus digne de larmes est que non-seulement le pauvre peuple de ces frontières n'a ni pain, ni bois, ni linge, ni couverture; mais il est sans pasteur et sans secours spirituels, la plupart des curés étant morts ou malades, et les églises ruinées et pillées : en sorte qu'il y en a bien cent ou environ dans le seul diocèse de Laon, où l'on ne peut célébrer la sainte Messe, faute d'ornements. Nous y faisons notre possible, mais ce travail est infini ; il faut aller et venir sans cesse, exposés aux périls des coureurs, pour assister plus de treize cents malades que nous avons sur les bras dans ce canton-ici.

« Plusieurs monastères de filles sont dans une grande pauvreté, elles souffrent la faim et le froid, et seront contraintes ou de mourir dans leur clôture, ou de la rompre pour vaguer dans le monde en cherchant de quoi vivre.

« Nous avons (écrivent ceux qui étaient au diocèse de Soissons) fait la visite des pauvres de ce lieu et des autres villages de cette vallée, où l'affliction que nous avons vue surpasse tout ce qu'on vous a mandé. Car, pour commencer par les églises, elles ont été profanées, le Saint-Sacrement foulé aux pieds, les calices et les ciboires emportés, les fonts baptismaux rompus, les ornements pillés ; en sorte qu'il y a plus de vingt-cinq églises en cette petite contrée, où l'on ne peut célébrer la sainte Messe.

« La plupart des habitants sont morts dans les bois, pendant que l'ennemi occupait leurs maisons ; les autres y sont revenus pour y finir leur vie : car nous ne voyons partout que malades ; nous en avons plus de douze cents, outre six languissants, tous répandus en plus de trente villages ruinés ; ils sont couchés sur la terre, et dans des maisons à demi démolies et découvertes, sans aucune assistance : nous trouvons les vivants avec les morts, de petits enfants auprès de leurs mères mortes, etc. »

Ils écrivirent de Saint-Quentin ce qui suit : « Quel moyen de subvenir à sept ou huit mille pauvres qui périssent de faim, à douze cents réfugiés, à trois cent cinquante malades, qui ne se peuvent nourrir qu'avec des potages et de la viande, à trois cents familles honteuses, tant de la ville que des champs, qu'il faut assister secrètement, pour tirer plusieurs filles du dernier naufrage, et éviter ce qui pensa arriver l'autre jour à un jeune homme, lequel, pressé de la nécessité, se voulut tuer avec un couteau, et aurait commis ce crime si l'on n'eût couru pour l'en empêcher ; à cinquante prêtres qu'il faut nourrir préférablement à tous autres ? L'on en trouva un de la ville l'autre jour mort dans son lit, et l'on a découvert que c'était pour n'avoir osé demander sa vie.

« La souffrance des pauvres ne se peut exprimer. Si la cruauté des soldats leur a fait chercher les bois, la faim les en a fait sortir : ils se sont réfugiés ici. Il y est venu près de quatre cents malades, et la ville, qui ne pouvait les assister, en a fait sortir la moitié, qui sont morts peu à peu étendus sur les grands chemins ; et ceux qui nous sont demeurés sont en telle nudité, qu'ils n'osent se lever de dessus leur paille pourrie pour nous venir trouver.

« La famine est telle, que nous voyons les hommes mangeant la terre, broutant l'herbe, arrachant l'écorce des arbres, déchirant les méchants haillons dont ils sont couverts pour les avaler ; mais ce que nous n'oserions dire si nous ne l'avions vu, et qui fait horreur, ils se mangent les bras et les mains, et meurent dans ce désespoir. Nous avons trois mille pauvres réfugiés, cinq cents malades, sans parler de la pauvre noblesse et des pauvres honteux de la ville, dont le nombre augmente chaque jour. »

Les missionnaires qui furent envoyés du côté de **Reims**, **Réthel**, etc., écrivirent en la manière qui suit :

« Il n'y a point de langue qui puisse dire ni d'oreille qui ose entendre ce que nous avons vu dès le premier jour de nos visites : presque toutes les églises profanées, sans épargner ce qu'il y a de plus saint et de plus adorable ; les ornements pillés ; les prêtres ou tués, ou tourmentés, ou mis en fuite ; toutes les maisons démolies ; la moisson emportée ; la terre sans labour et sans semence ; la famine et la mortalité presque universelle ; les corps sans sépulture, et exposés pour la plupart à servir de curée aux loups ; les pauvres qui restent de ce débris réduits à ramasser par les champs quelques grains de blé ou d'avoine germés et à moitié pourris, dont ils font du pain qui est comme de la boue, et si malsain, qu'ils en sont presque tous malades. Ils se retirent dans des trous ou des cabanes, où ils sont couchés à plate terre, sans linge ni habits, sinon quelques méchants lambeaux dont ils se couvrent : leurs visages sont noirs et défigurés ; et avec cela leur patience est admirable. Il y a des cantons tout déserts, dont les habitants qui ont échappé la mort sont allés au loin chercher leur vie ; de sorte qu'il n'y reste plus sinon les malades, les orphelins et les pauvres femmes veuves chargées d'enfants, qui demeurent exposées à la rigueur de la famine, du froid, et de toutes sortes d'incommodités et de misères. »

Voilà quel était l'état auquel se trouvèrent les peuples de ces deux grandes puissances, et particulièrement de quatre ou cinq diocèses les plus proches des frontières, pendant près de dix années, c'est-à-dire depuis l'année 1650 jusqu'après la publication de la paix générale, qui se fit en l'an 1660. Il est vrai que cette grande désolation n'a pas été égale en tous les lieux, ni en même temps, si ce n'est les premières années ; néanmoins durant le reste du temps, elle s'est toujours rencontrée en divers endroits de la Picardie et de la Champagne.

Les lieux qui ont été plus particulièrement assistés par les soins charitables de M. Vincent et par les bienfaits des **Dames de la Charité de Paris** et des autres personnes vertueuses, sont les suivants : c'est à savoir, Guise, Laon, Noyon, Chauny, la Fère, Riblemont, Ham, Marle, Vervins, Rosoy, Plomion, Orson, Aubenton, Montcornet et autres lieux de la Thiérache ; Arras, Amiens, Péronne, Saint-Quentin, le Catelet, et quelque cent trente villages des environs ; comme aussi Basoches, Brenne, Fismes, et environ trente villages de cette vallée ; Reims, Réthel, Château-Porcien, Neuchâtel, Lude, Boul sur la rivière de Suippe, Somme-Puis, Saint-Étienne, Vandy, Saint-Souplet, Rocroy, Mézières, Charleville, Donchery, Sédan, Vaucouleurs, et un très-grand nombre de pauvres bourgs et villages qui sont aux environs de ces lieux-là.

M. Vincent y envoya dès le commencement dix ou douze missionnaires, qui allèrent de tous côtés pour sauver la vie à plusieurs milliers de personnes réduites à la dernière extrémité ; et pour cet effet ils se partagèrent en divers lieux : les uns furent dans le diocèse de Noyon, les autres en celui de Laon, d'autres au diocèse de Reims, d'autres en celui de Soissons ; et chacun se chargeait de pourvoir aux besoins de tout le canton où il devait s'appliquer. Ils établissaient en des lieux propres la distribution journalière des potages, et les autres distributions de pain, viande, confitures, remèdes, habits, linge, couvertures, chaussures, outils, semences, ornements d'église, argent, etc. Il y eut pareillement des Filles de la Charité qui furent envoyées en plusieurs endroits pour prendre un soin plus particulier des pauvres malades. Et comme toutes ces distributions et aumônes s'étendaient bien loin, la dépense durant les premières années allait à dix, douze, et jusqu'à seize mille livres par mois ; parce qu'alors les vivres étaient si chers et les misères si extrêmes, que sans ces grandes distributions de vivres et d'aumônes, ces pauvres peuples seraient presque tous péris.

Comme les assistances spirituelles n'étaient pas moins nécessaires pour les âmes, elles leur furent aussi rendues avec de très-grands soins et des fatigues inconcevables par ces bons missionnaires, ou à leur défaut (comme ils ne pouvaient pas être en même temps en tous lieux) par d'autres prêtres qu'ils entretenaient dans les paroisses destituées de pasteurs.

Outre tous ces missionnaires qui furent partagés par les diocèses, M. Vincent en établit un fort intelligent pour être comme l'intendant de toute cette charitable entreprise, et pour avoir une vue générale sur tous les autres. Pour cet effet il allait et venait incessamment d'un côté et d'autre : premièrement pour reconnaître la véritable nécessité des pauvres, et les lieux qui avaient un plus pressant besoin d'être assistés ; et puis pour choisir des personnes de piété et charité dans les villes et villages où les missionnaires ne pouvaient pas s'arrêter, afin de faire une fidèle distribution de la nourriture et des autres aumônes qu'il leur destinait. Il réglait la dépense partout ; il l'augmentait ou retranchait, selon que le nombre des pauvres et des malades croissait ou diminuait en chaque lieu. Il rendait compte de toutes ces choses par lettres à M. Vincent, lequel en informait les Dames de la Charité de Paris, et elles s'assemblaient toutes les semaines pour aviser et résoudre avec lui de tout ce qu'il y avait à faire pour le bien de cette sainte œuvre.

SECTION III.

EFFETS TRÈS-REMARQUABLES DES ASSISTANCES RENDUES A CES DEUX PROVINCES.

Après avoir représenté les misères extrêmes de ces deux pauvres provinces, et l'état déplorable où les peuples étaient réduits, il est raisonnable que nous voyions maintenant les bénédictions dont Dieu a favorisé les charitables assistances que M. Vincent leur a procurées, et les fruits qu'ont produits les aumônes de ces dames et de toutes les autres personnes vertueuses qui y ont contribué, et les travaux incroyables de ces bons missionnaires qui en ont été les dispensateurs. Il n'est pas possible de les rapporter tous; mais le peu que nous en allons dire sera suffisant pour faire juger de tout le reste.

Un mois après qu'on eut commencé ces charitables assistances, l'on écrivit à M. Vincent ce qui suit : « Les potages donnés par les aumônes de Paris aux malades réfugiés à Guise, Riblemont, la Fère et Ham ont sauvé la vie à plus de deux mille pauvres, qui sans ce secours eussent été jetés hors de ces villes, où ils s'étaient réfugiés, et fussent morts au milieu des champs sans aucune assistance, ni spirituelle ni corporelle.

« Les religieuses de la Fère et des autres villes pour la plupart reconnaissent qu'on leur a sauvé la vie par les assistances qu'on leur a données; elles prient Dieu sans cesse pour les personnes qui leur ont envoyé ou procuré ces bienfaits. »

Voici quelques extraits des lettres écrites de Laon, Soissons, etc. : « Nous avons distribué les ornements pour les églises et les couvertures et habits pour nos malades. Il ne se peut dire quel effet cela a produit en toutes ces frontières, où l'on ne parle presque d'autre chose que de ces charités. Nos ouvriers ont eu un tel soin des malades, que par la grâce de Dieu, dans la seule ville de Guise, de cinq cents malades qu'il y avait, il y en a plus de trois cents de guéris; et dans quarante villages des environs de Laon, il y en a un si grand nombre remis en parfaite santé, qu'à grand'peine y trouverait-on six pauvres qui ne soient en état de gagner leur vie : et nous avons cru être obligés de leur en donner le moyen, en leur distribuant des haches, des serpes et des rouets à filer, pour faire travailler les hommes et les femmes, qui ne seront plus à charge à personne s'il n'arrive quelque autre accident qui les réduise en la même misère.

« Nous avons aussi distribué les grains qu'on a envoyés de Paris en ces quartiers; ils ont été semés, et Dieu y donne grande bénédiction ; ce qui fait que le pauvre peuple supporte ses maux avec plus de patience, dans l'espérance que la récolte qui en proviendra leur donnera un grand soulagement.

« Nous donnons deux cents livres par mois pour faire subsister plusieurs pauvres curés, et, par le moyen de cette assistance, toutes les paroisses des doyennés de Guise, Marle et Vervins sont desservies, et au moins en chacune d'icelle la sainte Messe se célèbre une fois la semaine, et les sacrements y sont administrés. »

Voici d'autres extraits de quelques lettres écrites de Reims, Fismes, Basoches et autres lieux circonvoisins :

« Nous n'avons point de paroles pour vous exprimer nos reconnaissances. Nous voyons bien que la main de Dieu a frappé cette province ; son abondance est changée en stérilité, et sa joie en larmes : ses villages autrefois peuplés ne sont plus que des masures désertes, et l'on peut dire que sans le secours des personnes charitables que Dieu a suscitées dans Paris, il n'y aurait pas le moindre reste du débris de ce triste naufrage, et que tous ceux qui en ont été sauvés sont redevables de leur vie à leurs libéralités.

« Les trente-cinq villages de cette vallée et des environs rendent un million d'actions de grâces à leurs bienfaiteurs. Nous avons distribué les ornements pour les églises, et les habits pour les pauvres ; plusieurs de nos malades sont rétablis en santé et en état de gagner leur vie.

« Nous avons tenu une assemblée des curés des environs, où nous avons distribué à vingt-trois des plus pauvres les quatre cents livres qu'on nous a envoyées, ce qui les aidera à vivre et à desservir leurs paroisses ; sans quoi il aurait été impossible d'y subsister. »

On écrivit aussi de Saint-Quentin et des lieux circonvoisins diverses lettres sur ce même sujet, dont voici quelques extraits :

« Nous ne pouvons vous exprimer combien de malades sont guéris, combien d'affligés sont consolés, quel nombre de pauvres honteux sont tirés du désespoir par vos assistances, sans lesquelles tout serait péri, et aux champs et à la ville.

« Une aumône que vous nous avez envoyée de Paris la semaine sainte a tiré plusieurs filles du danger imminent de perdre leur honneur. Notre carême s'est passé à la campagne pour assister et faire assister spirituellement et corporellement les pauvres habitants de cent trente villages. Quarante curés ont eu un secours de dix livres par mois chacun, et par ce moyen ont été mis en état de résider en leurs paroisses, et y faire toutes leurs fonctions pastorales.

« Nous avons acheté de vos aumônes pour sept cents livres de faucilles, de fléaux, de vans, et autres outils pour aider les pauvres à gagner leur vie par le travail de la moisson. Nos orges viennent fort bien, grâce à Dieu, et, par le moyen des semences que vous nous avez envoyées, nous espérons grand soulagement pour l'hiver prochain. »

Les lettres d'où on a tiré ce que dessus furent écrites en l'année 1651 ; les suivantes furent écrites l'année 1654 de Saint-Quentin, Laon, Reims et autres lieux :

« Nous nous sommes exposés à la merci des coureurs, et avons visité plus de cent villages ; nous y avons trouvé des vieillards et des enfants presque tout nus et tout gelés, et des femmes dans le désespoir, toutes transies de froid ; nous en avons revêtu plus de quatre cents, et distribué aux femmes des rouets et du chanvre pour les occuper. L'assistance qu'on a commencé à rendre aux curés a toujours continué ; et les ayant assemblés par doyennés, nous en avons trouvé qui étaient presque tout dépouillés, auxquels nous avons donné des habits et des soutanes. Nous avons aussi fourni leurs églises d'ornements et de missels, et fait faire les réparations nécessaires pour la couverture et les fenêtres, afin d'empêcher que la pluie ne tombât sur la sainte Hostie, et que le vent ne l'emportât pendant la célébration de la Messe : cela est cause qu'il y a un grand nombre d'églises et de paroisses où l'on célèbre le saint sacrifice de la Messe, et où les peuples reçoivent les sacrements, lesquelles sans ce secours seraient entièrement désertes et abandonnées.

« Outre les quatre cents pauvres que l'on a revêtus, nous avons encore trouvé aux environs de la ville de Laon près de six cents orphelins au-dessous de l'âge de douze ans, dans une pitoyable nudité et nécessité ; les aumônes de Paris nous ont donné moyen de les revêtir et assister.

« Le désespoir ayant porté plusieurs filles de condition, qui se sont trouvées en divers lieux sur les frontières de la Champagne, en d'étranges extrémités, l'on a cru que le plus assuré remède était de les éloigner du péril ; et l'on a commencé à les retirer dans la communauté des filles de Sainte-Marthe de la ville de Reims, où elles sont instruites à la crainte de Dieu, et dressées à s'occuper à quelque petit travail. Il y a déjà dans cette charitable retraite trente filles de gentilshommes de ces quartiers, dont quelques-unes ont passé plusieurs jours en des cavernes, pour éviter l'insolence des soldats. La dépense qu'il faudra faire pour cette œuvre de charité, et pour retirer et mettre en sûreté toutes les autres que nous trouverons en semblable péril, est très-grande, parce qu'outre la pension qu'il faut payer pour la nourriture, il faut encore les revêtir; mais nous espérons que la charité des personnes qui ont si bien commencé continuera, et augmentera plutôt que de diminuer. »

Les missionnaires étant obligés de sortir d'une ville ou d'un canton, pour aller dans un autre, ou pour se retirer tout à fait, après avoir pourvu aux plus pressants besoins des prêtres et des églises, donné le soulagement nécessaire aux pauvres, retiré les filles en lieux d'assurance, procuré la nourriture des orphelins, et donné aux personnes valides le moyen de gagner leur vie, pour ne pas abandonner ceux qui restaient malades, ou qui le pouvaient devenir, ils établissaient en chaque lieu quelque secours pour les faire nourrir et panser, commettant à cet effet des personnes vertueuses et fidèles, auxquelles ils laissaient de l'argent et des remèdes, et leur en envoyaient d'autres de temps en temps. Et dans toutes les villes où il y avait des hôpitaux abandonnés ou mal réglés, ils procuraient qu'ils fussent remis en bon état, et convenaient avec les administrateurs d'y recevoir une certaine quantité de malades, moyennant six ou sept sols par jour pour chacun, qui leur étaient exactement payés par les ordres de M. Vincent et par les libéralités de l'assemblée des Dames de la Charité de Paris.

Et la ville de Réthel se trouvant remplie d'un si grand nombre de soldats et paysans malades, que l'hôpital du lieu ne les pouvait plus contenir, on en fit passer en divers temps jusqu'à sept cents à l'hôpital de Reims : et comme le nombre de ces malades allait toujours croissant, et que la dépense devenait excessive, on s'avisa de faire porter de Paris, par des Frères de la Mission qu'on envoyait avec les prêtres missionnaires, divers remèdes pour plusieurs sortes de maux, et particulièrement de certaines poudres très-spécifiques pour les dyssenteries, fièvres et autres maux invétérés, que l'infirmier de la maison de Saint-Lazare composait, auxquelles Dieu donna une telle bénédiction, qu'ils produisirent des effets que ces bonnes gens estimaient comme miraculeux, ayant guéri une infinité de malades qui étaient réduits à l'extrémité par des maladies presque désespérées, dont plusieurs se trouvaient délivrés en vingt-quatre heures ou environ.

M. Vincent, non content de faire assister les vivants, voulut encore exercer la charité envers les morts. Nous nous contenterons d'en rapporter l'exemple suivant : Après le combat qui fut donné en Champagne, en l'an 1651, auprès de Saint-Étienne et de Saint-Souplet, plus de quinze cents des ennemis y demeurèrent sur la place, qui servaient de pâture aux chiens et aux loups; ce que M. Vincent ayant su, il manda à l'un des prêtres de la Mission qui assistait les pauvres de ce quartier-là de prendre des hommes à la journée et de faire enterrer ces corps à demi pourris; ce qu'il exécuta avec telle diligence et un si bon ménage, que, moyennant trois cents livres de dépense qu'il fit, il donna la sépulture à tous ces morts, et délivra les vivants d'un spectacle d'horreur qui remplissait l'air d'infection; de quoi ce bon pasteur lui écrivant : « Nous avons, dit-il, aujourd'hui accompli à la lettre ce que Jésus-Christ a dit dans l'Évangile, d'aimer et de bien faire à ses ennemis, ayant fait enterrer ceux qui avaient ravi les biens et causé la ruine de nos pauvres habitants, et qui les avaient battus et outragés. Je me tiens trop heureux d'avoir eu le bien de vous obéir en une chose qui est particulièrement recommandée dans l'Écriture sainte. Je dirai pourtant que ces corps qui étaient épars çà et là dans une grande campagne nous ont donné beaucoup de peine à ramasser, à cause que le dégel qui est venu sur la fin nous a un peu incommodés; en quoi nous voyons que Dieu a favorisé cette pieuse entreprise, par le grand froid qui l'a accompagnée : car si c'était à recommencer à présent que le dégel est venu, il n'y a personne qui voulût s'y engager pour mille écus, et cependant il ne nous a coûté que trois cents livres; et, par ce moyen, ces pauvres corps, qui doivent tous un jour ressusciter, sont maintenant ensevelis dans le sein de leur mère; et toute la province en a une obligation particulière aux personnes charitables qui ont contribué à cette bonne œuvre, outre la couronne que Dieu leur prépare dans le ciel, pour récompense de leur vertu. »

Nous ne devons pas ici omettre l'assistance que M. Vincent a procurée aux pauvres Irlandais catholiques, lesquels, ayant été chassés de leur pays par Cromwell, ont été obligés par la nécessité de s'enrôler dans les armées; deux régiments composés de leurs pauvres familles ayant beaucoup souffert en la guerre de Bordeaux, et l'année suivante ayant été envoyés aux environs d'Arras, eurent pour retraite au retour de ces deux campagnes la ville de Troyes, où ils arrivèrent dans un triste équipage, menant avec eux plus de cent cinquante orphelins et un grand nombre de pauvres veuves qui avaient les pieds nus et n'étaient couverts que des haillons de ceux qui étaient morts à la guerre : l'on voyait cette pauvre troupe désolée marcher par les rues de Troyes, et ramassant pour leur nourriture ce que les chiens ne voulaient pas manger. De quoi M. Vincent ayant été informé par les prêtres de sa Congrégation établis en cette ville-là, il en donna avis aux Dames de la Charité de Paris, et fit partir en même temps un prêtre de sa maison qui était Hibernois, pour aller au secours de ses pauvres compatriotes; et, par les ordres de ce père des pauvres, l'on fit retirer les filles et les veuves dans l'hôpital de Saint-Nicolas, où elles apprenaient à filer et à coudre ; l'on prit un soin particulier des enfants orphelins ; et enfin tous furent logés, revêtus et assistés. Pour cet effet on envoya de Paris la première fois six cents livres d'argent, et quantité d'habits et autres choses nécessaires pour remédier à leurs plus pressants besoins ; ce que l'on continua de faire de temps en temps, selon qu'on le voyait nécessaire. Une assistance donnée si à propos à ces pauvres exilés releva leurs esprits tout abattus de tristesse, et les disposa pour écouter plus volontiers les exhortations et instructions que ce prêtre missionnaire leur faisait en leur langue deux fois la semaine pendant le carême, afin de les disposer à la communion de Pâques. Et comme il n'y a rien de plus fort que le bon exemple, la vue de ces assistances charitables réveilla la charité des bourgeois de cette ville, non-seulement à l'égard de ces pauvres étrangers, mais aussi de tous les autres qui se trouvèrent parmi eux.

Après les trois ou quatre premières années d'assistances rendues dans les deux provinces de Picardie et de Champagne, dont la dépense revenait à près de trois mille livres, les habitants se trouvant en meilleur état, tant par l'éloignement des armées que par les charités qu'ils avaient reçues, M. Vincent rappela ses missionnaires, à la réserve de quelques-uns, qui continuèrent par son ordre, jusqu'à la publication de la paix générale, à assister les pauvres, et pourvoir les églises des ornements et réparations nécessaires, et les prêtres et curés de la subsistance dont ils avaient besoin. Et de plus, un des missionnaires qui étaient restés, suivant les avis qu'il reçut de lui, associa en forme de Confrérie de la Charité un certain nombre de bourgeoises des plus charitables et des mieux accommodées, pour avoir soin des malades, des orphelins et des pauvres abandonnés, sous la conduite de quelques vertueux ecclésiastiques ; ce qu'il exécuta avec bénédiction en plusieurs villes, particulièrement à Reims, à Réthel, à Château-Porcien, à la Fère, à Ham, à Saint-Quentin, à Rocroy, à Mézières, à Charleville, à Donchery et ailleurs, les ayant mises partout en exercice et, par le moyen des avis et réglements qu'il leur laissa, elles continuent encore cette bonne œuvre au grand soulagement des pauvres.

Nous ajouterons seulement à tout ce que nous avons dit quelques témoignages de reconnaissance que des personnes considérables des lieux où se firent ces charitables assistances rendirent par lettres à M. Vincent. Nous nous contenterons d'en produire seulement quelques-unes pour confirmer de plus en plus la vérité des choses qui ont été ci-dessus rapportées.

Le Révérend Père Raissant, chanoine régulier de l'ordre de

Saint-Augustin et curé de la ville de Ham, lui en écrivit en ces termes :

« Le missionnaire que vous avez envoyé en ces quartiers m'a laissé le soin de faire subsister l'assemblée de nos pieuses bourgeoises, et m'a laissé aussi du blé et de l'argent pour nourrir et entretenir les filles orphelines, à qui on apprend un métier capable dans peu de mois de leur faire gagner leur vie. Je leur fais le catéchisme, et une bonne religieuse de l'hôpital les fait prier Dieu et assister à la Messe tous les jours ; elles demeurent toutes ensemble dans une même maison : tous les malades de la ville sont bien assistés ; il y a un bon médecin qui les visite et qui ordonne de tout ce qui leur est nécessaire ; nous avons soin que rien ne leur manque ; nos bonnes dames s'y appliquent avec affection. Je n'aurais jamais osé espéré de voir dans cette pauvre ville de Ham ce que j'y vois présentement avec consolation et admiration tout ensemble, par un effet de la divine et toute céleste providence de Notre-Seigneur. Nous avons depuis peu retiré des mains de nos hérétiques une pauvre fille, laquelle fait fort bien ; ce qui a excité une servante huguenote de me venir trouver pour se convertir, voyant le soin qu'on a des pauvres et la charité qu'on exerce envers les malades. Nous l'avons déjà suffisamment instruite, et dans peu de jours elle fera son abjuration. Le même missionnaire m'a laissé de quoi pour assister les pauvres orphelins et orphelines, et les pauvres malades du gouvernement de Ham, et a disposé deux bons et vertueux curés pour m'assister en cet emploi jusqu'à son retour. C'est vous, Monsieur, qui êtes la cause de tous ces biens, et le premier moteur après Dieu, etc. »

M. de La Font, lieutenant-général de Saint-Quentin, lui écrivit la lettre suivante sur ce même sujet :

« Les charités qui sont, par la grâce de Dieu et par vos soins, envoyées en cette province, et si justement distribuées par ceux qu'il vous a plu commettre, ont donné la vie à des millions de personnes réduites par le malheur des guerres à la dernière extrémité, et je suis obligé de vous témoigner les très-humbles reconnaissances que tous ces peuples en ont. Nous avons vu la semaine passée jusqu'à quatorze cents pauvres réfugiés en cette ville, durant le passage des troupes, qui ont été nourris chaque jour de vos aumônes ; et il y en a encore dans la ville plus de mille, outre ceux de la campagne qui ne peuvent avoir d'autre nourriture que celle qui leur est donnée par votre charité. La misère est si grande qu'il ne reste plus d'habitants dans les villages qui aient seulement de la paille pour se coucher, et les plus qualifiés du pays n'ont pas de quoi subsister ; il y en a même qui possèdent pour plus de vingt mille écus de bien, et qui à présent n'ont pas un morceau de pain, et ont été deux jours sans manger. C'est ce qui m'oblige, dans le rang que je tiens et la connaissance que j'en ai, de vous supplier très-humblement d'être encore le père de cette patrie, pour conserver la vie à tant et tant de pauvres moribonds et languissants que vos prêtres assistent, et qui s'en acquittent très dignement. »

M. Simonnet, président et lieutenant-général de Réthel, lui témoigna sa reconnaissance en ces termes :

« Nous pouvons, sans contredit, trouver dans les charités que vous exercez la première forme de la dévotion chrétienne, puisque dans la primitive Église les chrétiens n'avaient qu'un cœur, et ne souffraient pas qu'il y eût aucun pauvre parmi eux sans être secouru et assisté : vous ne le souffrez pas non plus, Monsieur ; mais vous pourvoyez à leurs besoins avec tant d'ordre et tant de zèle, par les prêtres de votre Congrégation que vous y employez dans tous les lieux circonvoisins où les pauvres sont réduits à la pâture des bêtes, jusqu'à manger les chiens, ainsi que j'en ai vu les preuves : ils ont sauvé la vie à un nombre innombrable de personnes, et ont consolé et assisté les autres jusqu'à la mort. Ce sont là les effets de votre charité, etc. »

M. de Y, chanoine et depuis archidiacre de Reims, lui écrivit la lettre suivante : « C'est avec joie que je me suis chargé de vous rendre des actions de grâces au nom des pauvres de notre campagne pour toutes vos libéralités envers eux, sans lesquelles ils seraient morts de faim. Je voudrais pouvoir vous exprimer la gratitude qu'ils en ont, je vous ferais connaître que ces pauvres gens emploient le peu de forces qui leur restent à lever les mains au ciel pour attirer sur leur bienfaiteur les grâces du Dieu des miséricordes. On ne saurait vous exprimer comme il faudrait la pauvreté de cette province ; car tout ce qu'on en dit est au-dessous de la vérité ; aussi aurez-vous plus de créance aux avis que vous en donnent MM. les prêtres de votre Congrégation, desquels le zèle et l'équité paraissent si manifestement en la distribution des aumônes, qu'un chacun en est grandement édifié ; et, pour moi, je vous rends grâces en mon particulier de nous les avoir envoyés pour le bon exemple qu'ils nous ont donné. »

Feu M. Soüyn, bailli de la ville de Reims, homme de grande probité, écrivant à M. Vincent sur le même sujet : « Je crois, lui dit-il, que l'on vous aura fait voir le mémoire que j'ai envoyé à Paris de l'état auquel j'ai trouvé ici l'ouvrage de votre charité, et les assistances corporelles et spirituelles que vous procurez aux pauvres de la campagne, à l'imitation de notre divin Maître et Sauveur, dont vous

vous rendez de plus en plus le parfait imitateur. Deux de vos prêtres sont venus en cette ville, l'un pour prendre l'argent de l'aumône, pour n'en pouvoir trouver dans les lieux de sa résidence, qui sont dénués de tout, et l'autre pour enlever partie d'une quantité de grains qu'il a achetés ici, et les faire conduire à Saint-Souplet pour la nourriture de ses pauvres. Ainsi, chacun travaille heureusement sous vos auspices au soulagement des misérables, tandis que vous vous employez de delà à enflammer ce feu divin qui produit cet or qu'on répand dans la Picardie et dans la Champagne pour le secours des pauvres affligés. J'attends ici M. N., à qui vous avez donné la direction générale d'un si grand œuvre, pour l'établissement de nos quartiers d'hiver, j'entends des hôpitaux et de la subsistance des pauvres curés. Notre magasin de l'orge, qui provient de vos aumônes, s'emplit toujours pour faire quelques distributions pendant le mauvais temps. Continuez, Monsieur, ces soins charitables qui conservent la vie mortelle à tant de pauvres gens, et qui leur procurent le bonheur de l'éternelle, par toutes les assistances spirituelles qu'on leur rend, et particulièrement par l'administration des sacrements, qui cesserait sans doute en beaucoup de lieux de notre diocèse sans votre secours. »

Nous omettons quantité d'autres lettres qui contiennent plusieurs semblables témoignages de reconnaissance; il suffira de dire, pour conclusion de ce chapitre, que depuis qu'on a commencé à visiter ces deux provinces jusqu'après la publication de la paix générale, on y a envoyé de Paris pour plus de cinq cent mille livres d'aumônes, tant en argent qu'en habits, ornements, etc. Et ces aumônes ont été, par la direction de M. Vincent, distribuées avec tant d'ordre et de prudence, qu'elles ont suffi non-seulement pour sauver la vie du corps à un nombre infini de pauvres peuples, mais aussi pour entretenir un grand nombre de curés dans leurs paroisses, lesquelles ils auraient été contraints d'abandonner, n'y pouvant pas vivre sans cette assistance; pour remettre plusieurs églises, qui avaient été pillées et ruinées, en état d'y pouvoir célébrer la sainte Messe ; pour retirer un grand nombre de filles, même de naissance, du péril imminent où elles étaient de perdre ce qu'elles devaient tenir plus cher que la vie ; pour procurer retraite à un nombre innombrable de pauvres petits enfants orphelins qui étaient dans le dernier abandon ; enfin pour procurer le salut éternel à un très-grand nombre d'âmes, par les sacrements et autres secours spirituels qui leur ont été conférés dans leur plus grande nécessité par les prêtres de la Mission.

« Certes, disait un jour M. Vincent, faisant réflexion sur toutes ces choses, on ne peut penser qu'avec admiration à ces grandes aumônes que Dieu a inspiré de faire, et au grand nombre de vêtements, draps, couvertures, chemises, chaussures, etc., qu'on a fournis pour toutes sortes de personnes, hommes, femmes, enfants, et même pour des prêtres ; non plus qu'à la quantité d'aubes, chasubles, missels, ciboires, calices et autres ornements qu'on a envoyés pour les églises, qui étaient dépouillées à tel point, que sans ces secours la célébration des saints Mystères et les exercices de la religion chrétienne en étaient bannis, et ces lieux sacrés n'auraient servi qu'à des usages profanes. C'était véritablement un spectacle qui donnait de l'édification de voir les maisons des Dames de la Charité de Paris remplies de toutes ces hardes, et qui étaient devenues comme des magasins et boutiques de marchands en gros. Ces dames-là sans doute auront dans le ciel la couronne des prêtres, pour le zèle et la charité qu'elles ont eus de revêtir Jésus-Christ en ses autels, en ses prêtres, et en ses pauvres membres. »

CHAPITRE XII.

CE QUE M. VINCENT A FAIT POUR L'EXTIRPATION DES NOUVELLES ERREURS DU JANSÉNISME.

Cet humble et fidèle serviteur de Dieu a pu dire, à l'imitation du patriarche Job, sur le sujet des nouvelles erreurs qui ont troublé l'Église en ce dernier siècle[1], que ce qu'il craignait le plus lui était arrivé, et qu'il s'était trouvé engagé dans une occasion dont il avait toujours redouté la rencontre, comme très-périlleuse.

« J'ai toute ma vie appréhendé, disait-il une fois à sa Communauté, de me trouver à la naissance de quelque hérésie. Je voyais le grand ravage qu'avait fait celle de Luther et de Calvin, et combien de personnes de toutes sortes de conditions en avaient sucé le pernicieux venin, en voulant goûter les fausses douceurs de leur prétendue réforme. J'ai toujours eu cette crainte de me trouver enveloppé dans les erreurs de quelque nouvelle doctrine, avant que de m'en apercevoir. Oui, toute ma vie, j'ai appréhendé cela. » Il a répété diverses fois la même chose à d'autres personnes de vertu et de confiance.

[1] Timor, quem timebam, evenit mihi ; et quod verebar, accidit. *Job*, 3.

Néanmoins Dieu par une conduite particulière de sa providence a voulu que ce qu'il craignait soit arrivé pendant sa vie, ayant permis que de son temps le Jansénisme ait pris naissance dans l'Église, et même qu'avant que cette nouvelle hérésie parût, il se trouvât comme dans quelque liaison avec un des premiers auteurs. Mais ce n'était que pour faire davantage éclater la fermeté de sa foi et la vigueur de son zèle, et pour le mettre dans l'Église comme une colonne de fer et comme un mur d'airain, ainsi qu'il est dit d'un ancien prophète, pour soutenir et pour défendre la vérité.

Dieu donc le voulant préparer et prémunir de bonne heure contre la contagion de ces nouvelles erreurs, permit qu'avant qu'elles se fussent produites, il contractât quelque amitié particulière avec un abbé originaire de sa province, lequel, après un assez long séjour dans l'université de Louvain, étant de retour en France, et y ayant amené avec lui Jansénius, qui avait été le compagnon de ses études et le confident de ses desseins, commença à débiter peu à peu, et seulement dans les conversations particulières, la nouvelle doctrine qu'il avait conçue et projetée, pour réformer, comme il le prétendait, l'Église tant en sa discipline qu'en plusieurs points de la foi.

Cet abbé ayant fait quelques voyages en son pays et en quelqu'autre province de la France, ne trouva point de lieu plus propre pour semer ses erreurs que la ville de Paris, où il rencontra plusieurs esprits disposés à l'écouter, soit par le mouvement d'une vaine curiosité, soit par le désir de se rendre considérables, en apprenant de lui une nouvelle doctrine inconnue, comme il disait, depuis plusieurs siècles aux docteurs scolastiques.

M. Vincent voyant l'estime que plusieurs faisaient de ce sien compatriote, à cause de l'érudition et des autres bonnes qualités d'esprit qu'ils croyaient être en lui, se persuada que sa conversation ne pouvait lui être qu'avantageuse, et à toute sa Compagnie qui n'était alors qu'en son berceau. Pour cela il se mit à le fréquenter et cette fréquentation fit naître entre eux une communication assez particulière : M. Vincent, comme une mystique abeille, n'ayant autre dessein que d'en tirer le miel d'une bonne doctrine, et de quelques salutaires conseils qu'il y pensait trouver ; et cet abbé, au contraire, voulant se servir de cette fréquentation et amitié pour lui faire sucer le venin de de ses erreurs et de ses maximes pernicieuses, et ensuite les communiquer à toute sa Compagnie, par le moyen de laquelle il les pourrait répandre en plusieurs autres lieux. C'est pourquoi, comme il le voyait dans la disposition de l'écouter, il commença à lui découvrir petit à petit quelques-uns de ses sentiments particuliers qu'il couvrait de si beaux prétextes, et entremêlait parmi d'autres choses si bonnes et si saintes, qu'un esprit moins éclairé que celui de M. Vincent eût eu peine à s'en apercevoir.

Ce fidèle serviteur de Dieu fut d'abord surpris d'entendre une doctrine et des maximes si extraordinaires; et plus il allait avant dans cette découverte, plus aussi les sentiments de cet abbé lui paraissaient suspects, et même dangereux. Un jour entre autres, étant tombés en discourant ensemble sur quelque point de la doctrine de Calvin, il fut fort étonné de voir cet abbé prendre le parti et soutenir l'erreur de cet hérésiarque. Sur quoi lui ayant représenté que cette doctrine de Calvin était condamnée de l'Église, l'abbé lui répondit que Calvin n'avait pas eu tant mauvaise cause, mais qu'il l'avait mal défendue, et ajouta ces paroles latines : *Benè sensit, malè locutus est.*

Une autre fois, comme cet abbé s'échauffait à soutenir une doctrine qui avait été condamnée par le concile de Trente, M. Vincent, croyant que la charité l'obligeait de lui en faire quelque avertissement, lui dit : « Monsieur, vous allez trop avant. Quoi! voulez-vous que je croie plutôt à un docteur particulier comme vous, sujet à faillir, qu'à toute l'Église, qui est la colonne de vérité? Elle m'enseigne une chose, et vous en soutenez une qui lui est contraire. O Monsieur! comment osez-vous préférer votre jugement aux meilleures têtes du monde, et à tant de saints prélats assemblés au concile de Trente, qui ont décidé ce point? Ne me parlez point de ce concile, repartit cet abbé, c'était un concile du pape et des scolastiques, où il n'y avait que brigues et que cabales. »

Ces paroles téméraires d'un esprit enivré de sa propre estime, et qui commençait à s'égarer du droit chemin de la vérité, obligèrent dès lors M. Vincent, qui avait un singulier respect pour toutes les décisions de l'Église, de marcher avec plus de circonspection dans la conversation de cet homme, qu'il voyait être très-dangereuse, et même de se résoudre, s'il continuait dans ses emportements, de s'en retirer tout-à-fait. Et il fut encore plus confirmé dans cette résolution par une autre rencontre qui fut telle :

Étant allé un jour pour le visiter, il le trouva dans sa chambre lisant la Bible; étant demeuré quelque temps sans lui rien dire, de peur d'interrompre sa lecture, cet abbé tournant les yeux vers lui : « Voyez-vous, M. Vincent, dit-il, ce que je lis? C'est l'Écriture sainte : et là-dessus il s'étendit beaucoup pour lui faire entendre que Dieu lui en donnait une intelligence parfaite, et quantité de belles lumières pour son explication; et ensuite il alla jusqu'à dire que la sainte Écriture était plus lumineuse dans son esprit qu'elle n'était en elle-même. » Ce sont ses propres termes, que M. Vincent a rapportés plusieurs fois.

Un autre jour M. Vincent, après avoir célébré la messe en l'église de Notre-Dame, étant allé visiter le même abbé, il le trouva enfermé dans son cabinet ; d'où étant sorti quelque temps après, M. Vincent lui dit en souriant avec sa douceur et civilité ordinaire : « Avouez, Monsieur, que vous venez d'écrire quelque chose de ce que Dieu vous a donné en votre oraison du matin. » A quoi l'abbé, après l'avoir convié de s'asseoir, répondit : « Je vous confesse que Dieu m'a donné et me donne de grandes lumières. Il m'a fait connaître qu'il n'y a plus d'Église. » Et sur ce qu'il vit M. Vincent tout surpris de ce discours, il reprit : « Non, il n'y a plus d'Église. Dieu m'a fait connaître qu'il y a plus de cinq ou six cents ans qu'il n'y a plus d'Église. Avant cela l'Église était comme un grand fleuve qui avait ses eaux claires ; mais maintenant ce qui nous semble l'Église n'est plus que la bourbe : le lit de cette belle rivière est encore le même, mais ce ne sont pas les mêmes eaux. — Quoi, Monsieur ! lui dit M. Vincent, voulez-vous plutôt croire vos sentiments particuliers que la parole de Notre-Seigneur Jésus-Christ, lequel a dit qu'il édifierait son Église sur la pierre, et que les portes de l'enfer ne prévaudraient point contre elle ? L'Église est son épouse, il ne l'abandonnera jamais ; et le Saint-Esprit l'assiste toujours. » Cet abbé lui répondit : « Il est vrai que Jésus a édifié son Église sur la pierre ; mais il y a temps d'édifier, et temps de détruire. Elle était son épouse ; mais c'est maintenant une adultère et une prostituée ; c'est pourquoi il l'a répudiée, et il veut qu'on lui en substitue une autre qui lui sera fidèle. » M. Vincent, lui ayant répliqué qu'il s'éloignait fort du respect qu'il devait à la vérité, ajouta qu'il se devait entièrement défier de son propre esprit, qui était si préoccupé de mauvais sentiments, et après quelques contestations ils se séparèrent.

Toutes ces choses ont été dites par M. Vincent même, en diverses occasions, tant à quelques-uns de sa Compagnie, qu'à plusieurs personnes du dehors qui l'ont témoigné. Mais il n'en a jamais parlé qu'avec douleur, et seulement quand il s'y voyait obligé par quelque raison de charité, pour désabuser ou pour prémunir les esprits contre les surprises des nouveaux dogmatistes.

Mais appréhendant dès lors que cet abbé, aveuglé de la vaine opinion de sa propre suffisance, et poussé par l'esprit de présomption et de superbe, ne s'allât précipiter dans l'abîme de quelque nouvelle hérésie, où il en pourrait entraîner avec lui beaucoup d'autres, il crut être obligé, tant par le devoir de leur ancienne amitié que par la loi de la charité chrétienne, de faire un dernier effort pour l'en tirer, et d'user envers lui du remède de la correction fraternelle.

Dans ce dessein il s'en alla un jour le trouver chez lui par forme de visite ; et après avoir préparé son esprit par quelques entretiens convenables pour bien recevoir le remède qu'il lui voulait appliquer, il lui parla ensuite de l'obligation qu'il avait de soumettre son jugement à l'Église, et d'avoir plus de respect et de déférence pour le saint concile de Trente qu'il n'en avait témoigné ; et descendant au particulier de quelques propositions erronées qu'il avait soutenues, il lui fit voir qu'elles étaient contraires à la doctrine de l'Église, et qu'il se faisait un grand tort de s'engager dans ce labyrinthe d'erreurs, et encore plus d'avoir voulu y engager et lui et toute sa Congrégation ; qu'il le conjurait au nom de Notre-Seigneur de s'en retirer au plus tôt.

On n'a pas su tout le détail de cet entretien, mais seulement que M. Vincent lui parla avec tant de force qu'il en demeura comme interdit ; en sorte qu'il ne lui répondit pas pour lors un seul mot : néanmoins il eut peine à digérer cet avertissement, qui lui était demeuré sur le cœur ; et étant allé depuis en son abbaye, il écrivit environ un mois après une grande lettre à M. Vincent pour se justifier ; nous en rapporterons fidèlement ici quelques extraits :

« La disposition d'humilité (lui mande cet abbé) que vous avez au fond du cœur, pour croire à ce que l'on vous ferait voir dans les saints livres, me fait assez connaître qu'il n'y avait rien de plus facile que de vous faire consentir par le témoignage même de vos yeux à ce que vous détestez maintenant comme des erreurs : mais quand je vous ouïs dans la suite de votre fraternelle admonition ajouter cette cinquième correction aux autres quatre, de ce qu'autrefois je vous avais dit en particulier que j'avais envie de vous rendre un bon office et à toute votre maison, en vous dressant des articles sur des choses qui regardent votre institut, je jugeai que ce n'était pas le temps de se défendre ; et j'ai facilement supporté cela d'un homme qui m'avait honoré dès longtemps de son amitié, et qui était dans Paris en créance d'un parfaitement homme de bien. Il m'est seulement resté cette admiration dans l'âme, que vous qui faites profession d'être si doux et si retenu partout, vous ayez pris sujet d'un soulèvement qui s'est fait contre moi de vous joindre aux autres pour m'accabler, ajoutant cela de plus à leurs excès, que vous avez entrepris de me le venir dire à moi-même dans mon propre logis : ce que nul des autres n'avait osé faire. J'ose vous dire qu'il n'y a aucun de ces Messieurs les prélats qui hantent chez vous avec qui je ne demeure d'accord, et que je ne fasse autoriser de leurs suffrages toutes mes opinions, quand il me plaira de leur en parler à loisir ; et tant s'en faut qu'ils s'y opposent, qu'ils en seront ravis et m'en remercieront. »

Et après quelques autres saillies de sa bile échauffée et de la présomption de son esprit, qui lui faisaient rejeter tous les avertissements charitables de ce fidèle ami, il ajouta à la fin de sa lettre :

« Je prétendais vous ôter de certaines pratiques que j'ai toujours tolérées en votre discipline, voyant l'attache que vous y aviez, avec une résolution d'autant plus forte de vous y tenir qu'elle était autorisée par l'avis des grands personnages que vous consultiez. Je n'ai garde après de dire les pensées que j'avais que Dieu, à mon avis, ne les agréait point : car il n'y a qu'une véritable simplicité dans laquelle on les peut faire, qui est plus rare que la grâce commune des chrétiens, et si rare que j'oserais bien dire d'elle ce qu'un bienheureux de notre temps a dit des directeurs des âmes, que de dix mille qui en font profession, à peine y en a-t-il un à choisir ; il n'y a, dis-je, que cette simplicité qui les puisse rendre excusables devant Dieu : j'aurai néanmoins la patience qu'il a lui-même de vous laisser faire, et demeurerai dans la même volonté que je vous ai témoignée de vous y servir par condescendance, si je ne l'ai pu par une entière approbation. »

Cette lettre fait assez connaître le dessein qu'avait alors cet abbé d'attirer M. Vincent à son parti, et d'insinuer ses sentiments et ses maximes erronées dans la Congrégation de la Mission ; mais Dieu par une grâce toute spéciale a préservé et le père et les enfants de cette contagion d'erreurs, et les a toujours maintenus dans une fidèle et sincère profession de toutes les vérités orthodoxes que l'Église reconnaît et enseigne.

Quelque temps après, cet abbé, persistant toujours à débiter secrètement sa mauvaise doctrine, fut mis en prison par ordre du roi, et les écrits et papiers qui furent trouvés dans son cabinet saisis, entre lesquels se trouva le projet qu'il avait fait et gardé de la lettre dont nous venons de parler, laquelle par ce moyen fut divulguée ; et même il fut interrogé par la justice sur les choses dont elle dit que M. Vincent l'avait averti. On espérait que sa détention pourrait humilier son esprit et lui faire ouvrir les yeux pour se reconnaître ; mais elle ne fut pas assez longue pour cela : car ceux qui lui adhéraient ayant à force de sollicitations procuré son élargissement, Dieu par un secret jugement le retira bientôt après de cette vie.

Environ ce même temps furent mis en lumière deux pernicieux livres qui avaient passé par les mains de cet abbé : l'un pour montrer que saint Pierre et saint Paul avaient reçu de Dieu une égale puissance pour gouverner l'Église, afin d'impugner par ce moyen l'unité du chef de cette Église. L'autre était l'Augustin de Jansénius, qui depuis a fait tant de bruit et causé tant de divisions en France et dans toute l'Église. M. Vincent, qui connaissait combien dangereuse était la source d'où procédait cette nouvelle doctrine, crut être obligé de s'y opposer et de faire tout ce qu'il pourrait pour en procurer la condamnation.

Pour le premier, entre autres choses qu'il fit, il écrivit une lettre à un cardinal, en date du 4 octobre 1646, dans laquelle il lui parla en ces termes :

« Je supplie très-humblement Votre Éminence d'agréer que je lui adresse quelques écrits contre l'opinion des deux chefs, saint Pierre et saint Paul, composés par un des plus savants théologiens que nous ayons, et des plus honnêtes hommes, qui ne veut point être nommé. Il a appris par la Gazette de Rome que l'on y examine le livre qu'il réfute, et que deux docteurs de Sorbonne y sont qui soutiennent que la doctrine de ce livre est celle de leur Faculté. Et cette même Faculté ayant été informée qu'on lui attribuait cette opinion de deux chefs, s'est assemblée et a député vers M. le nonce pour désavouer ces docteurs, et l'assurer qu'elle est de sentiment contraire, et pour le supplier en même temps de faire en sorte que la prochaine Gazette fasse mention qu'on lui attribue à faux cette doctrine.

« C'est ce qui a mu ce bon et vertueux personnage à m'apporter aujourd'hui ces écrits, à dessein que je les envoie à Rome, pour servir de mémoire à ceux que Sa Sainteté a députés pour examiner ledit livre. Ils trouveront dans cet ouvrage des passages qu'on rapporte pour la prétendue égalité de saint Paul avec saint Pierre réfutés par les mêmes auteurs qu'on allègue, les uns après les autres. »

Ensuite de cette lettre, le livre des deux chefs fut censuré et condamné par le Saint-Siége, et M. Vincent eut la consolation de voir le fruit des sollicitations qu'il avait faites à ce sujet.

Quant au livre de Jansénius, M. Vincent reconnut bientôt que c'était un ramas de toute la doctrine que ce défunt abbé lui avait débitée par parcelles dans les entretiens qu'il avait eus diverses fois avec lui, et que le venin de cette nouvelle doctrine était d'autant plus à craindre que le prétexte dont on le couvrait, de vouloir remettre la théologie dans sa première pureté, paraissait plus spécieux. C'est pourquoi, comme il en avait une plus particulière connaissance, il crut être plus étroitement obligé de procurer quelque antidote pour prémunir les esprits contre cette dangereuse lecture, en attendant que l'autorité de l'Église y apportât un dernier et souverain remède. Pour cet effet, il sollicita plusieurs personnes d'érudition et de piété de mettre la main à la plume pour réfuter les erreurs de ce mauvais livre ; et entre les autres feu M. de Raconis, évêque de Lavaur, auquel il donna plusieurs avis sur ce sujet, et avec lequel il agissait de concert pour arrêter le cours de cette mauvaise doctrine. Ce que l'on découvre par diverses lettres que le même seigneur évêque lui écrivit en ce temps-là, desquelles il suffira de rapporter ici celle qui suit, où il parle en ces termes :

« Depuis hier que j'eus l'honneur de vous entretenir, j'ai vu M. le prince de Condé sur le sujet de Jansénius. Je l'ai trouvé tout plein de feu et de lumières contre les erreurs de cet auteur ; il m'a extrêmement encouragé à continuer mon travail, et à seconder votre zèle pour la défense de l'Église, dont je lui ai parlé bien au long, et dont il a été ravi. Il m'a commandé deux choses : la première, de voir M. le nonce, et de lui dire de sa part qu'il serait bien aise de le pouvoir trouver en quelque église pour lui parler de cette affaire, et lui montrer la nécessité absolue qu'il y a, et pour l'Église et pour l'État, de répondre à cet auteur. Ce que j'ai exécuté aussitôt, et ai vu M. le nonce, qui est convenu, après un assez long pourparler, que je lui enverrais un catalogue des erreurs de Jansénius qui ont autrefois été condamnées, ou par les conciles, ou par les papes ; ce que j'ai promis de faire. De là je suis retourné chez M. le prince, qui a été extrêmement satisfait de cette résolution, et m'a assuré qu'il en représentera hautement l'importance à la reine et à M. le cardinal Mazarin ; et m'a renouvelé le second commandement qu'il m'avait fait, qui était de vous assurer de son zèle en cette affaire, afin de l'avancer conjointement avec vous. »

Or d'autant que cette mauvaise doctrine infectait de jour en jour plusieurs esprits qui se portaient facilement à embrasser ces nouveautés, M. Vincent ayant été appelé par la reine-mère dans ses conseils dès le commencement de la régence, il fit voir dès lors à Sa Majesté et à M. le cardinal Mazarin combien il importait au bien de la religion et de l'État de ne point mettre dans les bénéfices ni dans les charges ceux qui en seraient soupçonnés. Et sachant que les chaires des professeurs et des prédicateurs sont les sources publiques où l'on doit puiser les eaux salutaires pour la doctrine et pour les mœurs, il s'employa dans les occasions, autant qu'il lui fut possible, afin qu'elles fussent remplies par des personnes bien établies dans les sentiments communs de l'Église, faisant faire à cette intention des prières particulières, et usant des autres voies que sa charité lui découvrait.

Il communiquait souvent avec M. le nonce et avec M. le chancelier touchant les moyens d'arrêter le cours de cette mauvaise doctrine ; et une fois entre autres, ayant appris qu'on voulait soutenir quelque thèse suspecte du Jansénisme dans une maison religieuse, il s'employa auprès d'eux, afin de la faire supprimer par leur autorité, comme elle fut en effet. Voici ce qu'il en écrivit à un très-vertueux prélat :

« Monseigneur, un religieux de cette ville ayant fait une thèse où il a avancé une proposition qui tient du Jansénisme, et qui a été condamnée par la Sorbonne, M. le chancelier a fait défendre l'assemblée et les disputes qui se devaient faire sur ce sujet. A quoi le supérieur ayant fait quelque difficulté, il l'envoya quérir, et lui dit que s'il y contrevenait, il savait bien le moyen de le ranger à son devoir, lui et tous les siens. Il lui ordonna d'aller trouver M. le nonce, lui fit de grands reproches de n'avoir pas empêché que cette thèse parût, et le menaça, avec tous ceux des siens qui favoriseraient cette doctrine, de les faire châtier, et d'en écrire au Pape et au Général. Ce supérieur et toute sa communauté ont ensuite eux-mêmes puni ce religieux, l'ayant déclaré incapable de toutes charges et offices dans l'ordre, et privé de voix active et passive, et puis ils l'ont chassé de leur maison. Cela fait espérer que si l'on tient désormais la main de la sorte pour empêcher de telles entreprises, cette pernicieuse doctrine pourra enfin se dissiper. »

C'est ainsi que ce fidèle serviteur de Dieu ne perdait aucune occasion pour empêcher que ces erreurs ne fissent de plus grands dégâts dans l'Église.

Cependant, comme le mal prenait toujours de nouveaux accroissements, et que, nonobstant tous les efforts qu'on faisait pour s'opposer à son progrès, il ne laissait pas de se répandre de tous côtés, et commençait à mettre la division non-seulement dans les écoles, mais aussi dans les communautés religieuses, et passait jusque dans les familles séculières, et même semblait en quelque façon menacer la tranquillité de l'État; M. Vincent voyant ces maux, et prévoyant les funestes effets qu'ils pouvaient produire, gémissait incessamment devant Dieu, et pensait souvent en lui-même par quel moyen on en pourrait arrêter le cours. Il employa beaucoup de prières et de mortifications pour apaiser la colère de Dieu, et obtenir de sa bonté infinie qu'il lui plût détourner les malheurs qui étaient à craindre de ces commencements. Ses prières et ses larmes ne furent pas sans effet; car il apprit bientôt après que plusieurs prélats de ce royaume, portés d'un saint zèle pour la conservation de la foi et de la religion catholique, avaient résolu de recourir au Saint-Siége apostolique pour remédier plus promptement et plus efficacement à ces désordres.

il en fut fort consolé, et loua fort leur résolution, dont il crut devoir donner avis à quelques autres prélats de sa connaissance, pour les convier de se joindre aux premiers. Voici en quels termes il écrivit à quelques-uns sur ce sujet au mois de février 1651 :

« Les mauvais effets que produisent les opinions du temps ont fait résoudre un bon nombre de nosseigneurs les prélats du royaume d'écrire à N. S. P. le Pape, pour le supplier de prononcer sur cette doctrine.

« Les raisons particulières qui les y ont portés sont, premièrement, que par ce remède ils espèrent que plusieurs se tiendront aux opinions communes, qui sans cela pourraient s'en écarter : comme il est arrivé de tous quand on a vu la censure des deux chefs.

« Secondement, c'est que le mal pullule, parce qu'il semble être toléré.

« Troisièmement, on pense à Rome que la plupart de nosseigneurs les évêques de France sont dans ces sentiments nouveaux : et il importe de faire voir qu'il y en a très-peu.

« Quatrièmement enfin, ceci est conforme au saint concile de Trente, qui veut que, s'il s'élève des opinions contraires aux choses qu'il a déterminées, on ait recours aux Souverains Pontifes pour en ordonner. Et c'est ce qu'on veut faire, Monseigneur, ainsi que vous verrez par la même lettre, laquelle je vous envoie, dans la confiance que vous aurez agréable de la signer après une quarantaine d'autres prélats qui l'ont déjà signée, dont voici la liste, etc. »

Outre cette lettre circulaire qu'il envoya à quelques prélats, il en écrivit une particulière à l'un d'eux, duquel il n'avait point reçu de réponse. Voici en quels termes :

« De Paris, ce 23 avril 1651.

« Monseigneur, il y a quelques mois que je me donnai la confiance de vous envoyer la copie d'une lettre que la plupart de nosseigneurs les prélats du royaume désiraient envoyer à notre saint-père le Pape pour le supplier de prononcer sur les points de la nouvelle doctrine, afin que, si vous aviez agréable d'être du nombre, il vous plût de la signer. Et comme je n'ai eu l'honneur d'en recevoir aucune, j'ai sujet de craindre que vous ne l'ayez pas reçue, ou qu'un mauvais écrit que ceux de cette doctrine ont envoyé partout pour détourner nosdits seigneurs les prélats de ce dessein, ne vous retînt en suspens sur cette proposition. Ce qui fait, Monseigneur, que je vous en envoie une seconde copie, et que je vous supplie au nom de Notre-Seigneur de considérer la nécessité de cette lettre par l'étrange division qui se met dans les familles, dans les villes et dans les universités : c'est un feu qui s'enflamme tous les jours, qui altère les esprits et qui menace l'Église d'une irréparable désolation, s'il n'y est remédié promptement.

« De s'attendre à un concile universel, l'état des affaires présentes ne permet pas qu'il se fasse ; et puis, vous savez le temps qu'il faut pour l'assembler et combien il en a fallu pour le dernier qui s'est fait. Ce remède est trop éloigné pour un mal si pressant. Qui est-ce donc qui remédiera à ce mal ? Il faut sans doute que ce soit le Saint-Siége, non-seulement à cause que les autres voies manquent, mais parce que le concile de Trente, en sa dernière session, lui renvoie la décision des difficultés qui naîtront touchant ce qu'il a décrété. Or, si l'Église se trouve dans un concile universel canoniquement assemblé comme celui-là, et si le Saint-Esprit conduit la même Église, comme il n'est pas permis d'en douter, pourquoi ne suivra-t-on pas la lumière de cet Esprit, qui déclare comment il se faut comporter en ces occasions douteuses, qui est de recourir au Souverain Pontife ? Cette seule raison, Monseigneur, fait que je vous compte au nombre de soixante prélats qui ont déjà signé cette lettre sans autre concert qu'une simple proposition, outre plusieurs autres qui la doivent signer.

« Si quelqu'un estimait qu'il ne se doit pas déclarer si avant sur une matière de laquelle il doit être le juge, on lui pourrait répondre que par les raisons ci-dessus il paraît qu'il n'y doit point avoir de concile, et par conséquent qu'il ne peut y être juge. Mais supposons le contraire, le recours au Pape ne serait pas un empêchement ; car les Saints lui ont autrefois écrit contre les nouvelles doctrines et n'ont pas laissé d'assister comme juges aux conciles où elles ont été condamnées.

« Si d'aventure il repartait que les Papes imposent silence sur cette matière, ne voulant qu'on en parle, qu'on en dispute ni qu'on en écrive, on leur pourrait dire aussi que cela ne se doit pas entendre à l'égard du Pape, qui est le chef de l'Église, auquel tous les membres doivent avoir rapport ; mais que c'est à lui que nous devons recourir pour être assurés dans les doutes et les agitations. A qui donc se pourrait-on adresser ? et comment saurait Sa Sainteté les troubles qui s'élèvent, si on ne les lui mande pour y remédier ?

« Si un autre craignait, Monseigneur, qu'une réponse tardive ou moins décisive de notre Saint-Père augmenterait la hardiesse des adversaires, je pourrais l'assurer que Monseigneur le nonce a dit avoir nouvelle de Rome que dès que Sa Sainteté verra une lettre du roi et une autre d'une bonne partie de messieurs nos prélats de France, elle prononcera sur cette doctrine. Or, il y a résolution prise de la part de Sa Majesté pour écrire ; et M. le premier président a dit aussi que, pourvu que la bulle du Saint-Siége ne porte pas avoir été donnée par l'avis de l'inquisition de Rome, elle sera reçue et vérifiée au Parlement.

« Mais que gagnera-t-on, dira un troisième, quand le Pape aura prononcé, puisque ceux qui soutiennent ces nouveautés ne se soumettront pas ? Cela peut être vrai de quelques-uns qui ont été de la cabale de feu M. N., qui non-seulement n'avait pas disposition de se soumettre aux décisions du Pape, mais même ne croyait pas aux conciles. Je le sais, Monseigneur, pour l'avoir fort pratiqué, et ceux-là se pourront obstiner comme lui, aveuglés de leur propre sens ; mais pour les autres qui ne les suivent que par l'attrait qu'ils ont aux choses nouvelles, ou par quelque liaison d'amitié ou de famille, ou parce qu'ils pensent bien faire, il y en aura peu qui ne s'en retirent, plutôt que de se rebeller contre leur propre et légitime Père. Nous avons vu l'expérience en ceci au sujet du livre des deux chefs et du Catéchisme de la Grâce ; car sitôt qu'on a su qu'ils étaient censurés, on n'en a plus parlé. Et partant, Monseigneur, il est grandement à désirer que tant d'âmes soient désabusées du reste, comme elles sont de cela, et que l'on empêche de bonne heure que d'autres n'entrent dans une faction si dangereuse que celle-ci. L'exemple d'un nommé Labadie est une preuve de la malignité de cette doctrine. C'est un prêtre apostat qui passait pour grand prédicateur, lequel, après avoir fait beaucoup de dégât en Picardie et depuis en Gascogne, s'est fait huguenot à Montauban ; et, par un livre qu'il a fait de sa prétendue conversion, il déclare qu'ayant été Janséniste il a trouvé que la doctrine qu'on y tient est la même créance qu'il a embrassée. Et en effet, Monseigneur, les ministres se vantent dans leurs prêches, parlant de ces gens-là, que la plupart des catholiques sont de leur côté, et que bientôt ils auront le reste. Cela étant, que ne doit-on pas faire pour éteindre ce feu qui donne de l'avantage aux ennemis jurés de notre religion ? Qui ne se jettera sur ce petit monstre qui commence à ravager l'Église, et qui enfin la désolera si on ne l'étouffe en sa naissance ? Que ne voudraient avoir fait tant de braves et de saints évêques qui sont à cette heure, s'ils avaient été du temps de Calvin ? On voit maintenant la faute de ceux de ce temps-là qui ne s'opposèrent pas fortement à une doctrine qui devait causer tant de guerres et de divisions. Aussi y avait-il bien de l'ignorance pour lors. Mais à présent que nosseigneurs les prélats sont plus savants, ils se montrent aussi plus zélés. Tel est monseigneur de Cahors, qui m'écrivit dernièrement qu'on lui avait adressé un libelle diffamatoire contre ladite lettre. C'est, dit-il, l'esprit de l'hérésie qui ne peut souffrir les justes corrections et réprimandes, et se jette incontinent avec violence dans les calomnies : nous voici aux mains, où j'ai toujours cru qu'il en fallait venir. Et parce que je l'avais prié de se conserver au sujet d'un accident qui lui est arrivé : Je vous assure, me dit-il, que je le ferai, quand ce ne serait que pour me trouver dans le combat que je prévois qu'il nous faudra avoir ; et j'espère qu'avec l'aide de Dieu nous les vaincrons. Voilà les sentiments de ce bon prélat. On n'en attend pas d'autres de vous, Monseigneur, qui annoncez et faites annoncer en votre diocèse les opinions communes de l'Église, et qui, sans doute, serez bien aise de requérir que notre Saint-Père fasse faire le même partout pour réprimer ces opinions nouvelles qui symbolisent tant avec les erreurs de Calvin. Il y va certes de la gloire de Dieu, du repos de l'Église, et, j'ose dire, de celui de l'État. Ce que nous voyons plus clairement à Paris qu'on ne peut se l'imaginer ailleurs. Sans cela, Monseigneur, je n'eusse eu garde de vous importuner d'un si long discours. Je supplie très-humblement votre bonté de me le pardonner, puisque c'est elle qui m'a fait prendre cette confiance, etc. »

Entre les autres évêques auxquels M. Vincent écrivit sur ce sujet, il y en eut deux qui lui firent une réponse commune, par laquelle ils lui exposaient quelques raisons pour lesquelles ils n'avaient pas jugé devoir signer cette lettre : c'est pourquoi il leur écrivit celle qui suit, dans laquelle on peut voir des marques bien expresses de son esprit et de son zèle :

« Messeigneurs, j'ai reçu avec le respect que je dois à votre vertu et à votre dignité la lettre que vous m'avez fait l'honneur de m'écrire sur la fin du mois de mai, pour réponse aux miennes sur le sujet des questions du temps, où je vois beaucoup de pensées dignes du rang que vous tenez dans l'Église, lesquelles semblent vous faire incliner à tenir le parti du silence dans les contentions présentes. Mais je ne laisserai pas de prendre la liberté de vous représenter quelques raisons qui pourront peut-être vous porter à d'autres sentiments ; et je vous supplie, Messeigneurs, prosterné en esprit à vos pieds, de l'avoir agréable.

« Et premièrement, sur ce que vous témoignez appréhender que le jugement qu'on désire de Sa Sainteté ne soit pas reçu avec la soumission et obéissance que tous les chrétiens doivent à la voix du souverain Pasteur, et que l'esprit de Dieu ne trouve pas assez de docilité dans les cœurs pour y opérer une vraie réunion, je vous représenterais volontiers que quand les hérésies de Luther et de Calvin, par exemple, ont commencé à paraître, si on avait attendu de les condamner jusqu'à ce que leurs sectateurs eussent paru disposés à se soumettre et à se réunir, ces hérésies seraient encore au nombre des choses indifférentes à suivre ou à laisser, et elles auraient infecté plus de personnes qu'elles n'ont fait. Si donc ces opinions, dont nous voyons les effets pernicieux dans les consciences, sont de cette nature, nous attendrons en vain que ceux qui les sèment s'accordent avec les défenseurs de la doctrine de l'Église; car c'est ce qu'il ne faut point espérer, et ce qui ne sera jamais; et de différer d'en obtenir la condamnation du Saint-Siége, c'est leur donner temps de répandre leur venin, et c'est aussi dérober à plusieurs personnes de condition et de grande piété le mérite de l'obéissance qu'ils ont protesté de rendre aux décrets du Saint-Père aussitôt qu'ils les verront; ils ne désirent que savoir la vérité, et, en attendant l'effet de ce désir, ils demeurent toujours de bonne foi dans ce parti qu'ils grossissent et fortifient par ce moyen, s'y étant attachés par l'apparence du bien et de la réformation qu'ils prêchent, qui est la peau de brebis dont les véritables loups se sont toujours couverts pour abuser et séduire les âmes.

« Secondement, ce que vous dites, Messeigneurs, que la chaleur des deux partis à soutenir chacun son opinion laisse peu d'espérance d'une parfaite réunion, à laquelle néanmoins il faudrait butter, m'oblige de vous remontrer qu'il n'y a point de réunion à faire dans la diversité et contrariété des sentiments en matière de foi et de religion, qu'en se rapportant à un tiers, qui ne peut être que le Pape, au défaut des conciles, et que celui qui ne se veut point réunir en cette manière n'est point capable d'aucune réunion, laquelle hors de là n'est point à désirer; car les lois ne se doivent jamais réconcilier avec les crimes, non plus que le mensonge s'accorder avec la vérité.

« Troisièmement, cette uniformité que vous désirez entre les prélats serait bien à souhaiter, pourvu que ce fût sans préjudice de la foi; car il ne faut point d'union dans le mal et dans l'erreur : mais quand cette union se devrait faire, ce serait à la moindre partie de revenir à la plus grande, et au membre de revenir au chef, qui est ce qu'on propose, y en ayant au moins des six parts les cinq qui ont offert de se tenir à ce qu'en dira le Pape, au défaut du concile, qui ne se peut assembler à cause des guerres; et quand après cela il resterait de la division, et, si vous voulez, du schisme, il s'en faudrait prendre à ceux qui ne veulent point de juge, ni se rendre à la pluralité des évêques, auxquels ils ne défèrent non plus qu'au Pape.

« Et de là se forme une quatrième raison qui sert de réponse à ce qu'il vous plaît de me dire, Messeigneurs, que l'un et l'autre parti croit que la raison et la vérité sont de son côté, ce que j'avoue ; mais vous savez bien que tous les hérétiques en ont dit autant, et que cela ne les a pas pourtant garantis de la condamnation et des anathèmes dont ils ont été frappés par les Papes et les conciles : on n'a point trouvé que la réunion avec eux fût un moyen de guérir le mal ; au contraire, on y a appliqué le fer et le feu, et quelquefois trop tard, comme il pourrait arriver. Il est vrai qu'un parti en accuse l'autre ; mais il y a cette différence que l'un demande des juges, et que l'autre n'en veut point, qui est un mauvais signe. Il ne veut point de remède, dis-je, de la part du Pape, parce qu'il sait qu'il est possible ; et fait semblant de demander celui du concile, parce qu'il le croit impossible en l'état présent des choses ; et s'il pensait qu'il fût possible, il le rejetterait de même qu'il rejette l'autre. Et ce ne sera point, à mon avis, un sujet de risée aux libertins et hérétiques, non plus que de scandale aux bons, de voir les évêques divisés : car, outre que le nombre de ceux qui n'auront pas voulu souscrire aux lettres écrites au Pape sur ce sujet sera très-petit, ce n'est pas chose extraordinaire dans les anciens conciles qu'ils n'aient pas tous été d'un même sentiment ; et c'est ce qui montre aussi le besoin qu'il y a que le Pape en connaisse, puisque, comme vicaire de Jésus-Christ, il est le chef de toute l'Église, et par conséquent le supérieur des évêques.

« Cinquièmement, on ne voit point que la guerre, pour être allumée presque par toute la chrétienté, empêche que le Pape ne juge avec toutes les conditions et formalités nécessaires, et prescrites par le concile de Trente, du choix desquelles il se rapporte pleinement à Sa Sainteté, laquelle plusieurs saints et anciens prélats ont ordinairement consultée et réclamée dans les doutes de la foi, même étant assemblés, comme on voit chez les saints Pères et dans les Annales ecclésiastiques. Or, de prévoir qu'on n'acquiescera pas à son jugement, tant s'en faut que cela se doive présumer ou craindre, que plutôt c'est un moyen de discerner par là les vrais enfants de l'Église d'avec les opiniâtres.

« Quant au remède que vous proposez, Messeigneurs, de défendre étroitement à l'un et à l'autre parti de dogmatiser, je vous supplie très-humblement de considérer qu'il a été déjà essayé inutilement, et que cela n'a servi qu'à donner pied à l'erreur ; car, voyant qu'elle était traitée de pair avec la vérité, elle a pris ce temps pour se provigner ; et on n'a que trop tardé à la déraciner, vu que cette doctrine n'est pas seulement dans la théorie, mais que consistant aussi dans la pratique, les consciences ne peuvent plus supporter le trouble et l'inquiétude qui naît de ce doute, lequel se forme dans le cœur de chacun, savoir, si Jésus-Christ est pour lui, ou non, et autres semblables. Il s'est trouvé ici des personnes, lesquelles entendant que d'autres disaient à des moribonds, pour les consoler, qu'ils eussent confiance en la bonté de Notre-Seigneur, qui était mort pour eux, disaient aux malades qu'ils ne se fiassent pas à cela, parce que Notre-Seigneur n'était pas mort pour tous.

« Permettez-moi aussi, Messeigneurs, d'ajouter à ces considérations que ceux qui font profession de la nouveauté, voyant qu'on craint leurs menaces, les augmentent, et se préparent à une forte rébellion ; ils se servent de votre silence pour un puissant argument en leur faveur, et même se vantent, par un imprimé qu'ils publient, que vous êtes de leur opinion ; et, au contraire, ceux qui se tiennent dans la simplicité de l'ancienne créance s'affaiblissent et se découragent, voyant qu'ils ne sont pas universellement soutenus. Et ne seriez-vous pas un jour bien marris, Messeigneurs, que votre nom eût servi, quoique contre vos intentions, qui sont toutes saintes, à confirmer les uns dans leur opiniâtreté, et à ébranler les autres dans leur créance ?

« De remettre la chose à un concile universel, quel moyen d'en convoquer un pendant ces guerres ? Il se passa environ quarante ans depuis que Luther et Calvin commencèrent à troubler l'Église jusqu'à la tenue du concile de Trente. Suivant cela il n'y a point de plus prompt remède que celui de recourir au Pape, auquel le concile de Trente même nous renvoie en sa dernière session, au chapitre dernier, dont je vous envoie un extrait.

« Derechef, Messeigneurs, il ne faut point craindre que le Pape ne soit obéi, comme il est bien juste, quand il aura prononcé ; car, outre que cette raison de craindre la désobéissance aurait lieu en toutes les hérésies, lesquelles par conséquent il faudrait laisser régner impunément, nous avons un exemple tout récent dans la fausse doctrine des deux prétendus chefs de l'Église, qui était sortie de la même boutique, laquelle ayant été condamnée par le Pape, on a obéi à son jugement, et il ne se parle plus de cette nouvelle opinion.

« Certes, Messeigneurs, toutes ces raisons et plusieurs autres que vous savez mieux que moi, qui voudrais les apprendre de vous, que je révère comme mes pères et comme les docteurs de l'Église, ont fait qu'il reste à présent peu de prélats en France qui n'aient signé la lettre qui vous avait été ci-devant proposée. »

Ces lettres de M. Vincent, aussi bien que toute sa conduite en cette affaire, font assez connaître que le seul motif de la gloire de Dieu et du salut des âmes le portait à s'y employer. En quoi il y a sujet d'admirer comme il a su si bien accorder un zèle très-ardent pour tout ce qui regardait le service de Notre-Seigneur et de son Église avec une humilité très-profonde et un singulier respect pour la dignité sacrée des évêques : car si d'un côté la charité le presse de parler et de leur proposer les sentiments que Dieu lui inspirait en cette occasion, l'humilité et le respect le portent à même temps à se prosterner en esprit à leurs pieds, les suppliant de lui pardonner cette liberté, et leur protestant encore plus de cœur que de bouche qu'il les révère comme ses pères et comme les docteurs de l'Église, desquels il s'estimerait heureux d'apprendre les choses qu'il ose leur représenter. C'est ainsi qu'il en a toujours usé, et par ce procédé également humble et charitable, il a trouvé grâce, et devant Dieu qui a béni en cela ses bons desseins, et devant les évêques qui ont approuvé la sincérité de son zèle, lequel ne tendait qu'à seconder le leur, conformément à l'exemple de plusieurs saints personnages, qui, bien que dans un état de vie retirée, n'ont pas laissé de recourir en semblables rencontres aux prélats de l'Église, leur donnant avis des hérésies naissantes qu'ils découvraient, afin d'en arrêter le cours.

Pendant que M. Vincent travaillait de la sorte, les jansénistes ayant été avertis qu'on voulait s'adresser au Souverain Pontife pour avoir son jugement touchant la doctrine du livre de Jansénius, firent tout ce qu'ils purent pour traverser ce dessein et en empêcher l'effet.

Ils firent pour ce sujet courir un écrit en forme de lettre circulaire qu'ils envoyèrent à tous les évêques du royaume, afin de les détourner de signer la lettre projetée pour le Pape : ce qui n'empêcha pas qu'en fort peu de temps elle ne se trouvât signée de plus de quatre-vingts prélats tant archevêques qu'évêques.

Voyant donc que ce coup leur avait manqué, ils eurent recours au sieur de N., docteur en théologie, lequel était déjà allé à Rome, et lui mandèrent de faire tout son possible pour détourner le Pape de prononcer sur cette consultation des évêques. Et outre cela, craignant qu'il n'eût pas assez de force pour conjurer cet orage qui menaçait le livre de Jansénius et tous ses sectateurs, ils envoyèrent en diligence trois de leurs docteurs pour le soutenir, et pour faire avec lui tous leurs efforts afin d'empêcher ou du moins retarder, autant qu'ils pourraient, le jugement du Pape sur cette matière.

Cette députation de jansénistes ayant été divulguée, M. Vincent jugea qu'il était très-important que quelques docteurs orthodoxes et bien intentionnés allassent aussi à Rome pour défendre la vérité contre toutes les entreprises et tous les artifices de ses ennemis. Et par une conduite toute spéciale de la divine Providence, qui veille incessamment sur son Église, il s'en trouva trois de la Faculté de Sorbonne, lesquels, soit de leur propre mouvement, soit par l'induction de quelques-uns de leurs amis, formèrent le dessein d'entreprendre ce voyage de compagnie pour le service de la religion catholique. Ces trois furent MM. Hallier, Joisel et Lagault, le premier desquels fut depuis fait évêque de Cavaillon par notre saint-père le Pape Innocent X, qui voulut par cette dignité reconnaître ses travaux et ses mérites envers l'Église.

M. Vincent ressentit une grande joie lorsqu'il apprit la résolution de ces trois messieurs; et comme il les connaissait particulièrement, il les encouragea, autant qu'il put, dans une si bonne entreprise, et leur offrit tous les services qu'il leur pourrait rendre, soit avant leur départ, soit après leur arrivée à Rome.

Ce n'est pas ici le lieu de déclarer tout ce que ces Messieurs ont fait pour le service de l'Église et pour la défense de la vérité pendant leur séjour à Rome, dont ils informaient de temps en temps M. Vincent, duquel aussi réciproquement ils recevaient divers avis de ce qu'ils avaient à faire au lieu où ils étaient pour le bien de la religion; il suffira de rapporter ici une lettre qu'il écrivit à M. Hallier, en l'année 1652, le 20 décembre, sur ce sujet :

« Je rends grâces à Dieu, lui dit-il, des heureux progrès qu'il donne à vos conduites de delà; je vous remercie très-humblement de la bonté que vous avez de m'en consoler. Je vous assure, Monsieur, que je ne reçois point de joie plus grande que celle que vos lettres m'apportent, et que je ne prie point Dieu avec plus de tendresse pour chose du monde que je fais pour vous et pour votre affaire. Aussi sa divine bonté me donne-t-elle une bonne espérance que bientôt elle rendra la paix à son Église, et qu'à la faveur de vos poursuites, la vérité sera reconnue, et votre zèle exalté devant Dieu et devant les hommes : c'est ce que nous continuerons à lui demander. Faites-nous part, s'il vous plait, de vos chères nouvelles, etc.

Il semble par cette lettre que M. Vincent avait quelque pressentiment de deux choses qui devaient arriver : l'une est la condamnation de la doctrine du livre de Jansénius contenue dans les cinq propositions, qui fut envoyée de Rome quelques mois après; l'autre est la promotion de M. Hallier à la dignité épiscopale, dont il a été déjà parlé.

Or, pour ce qui regarde la condamnation des cinq propositions, le lecteur catholique aura la satisfaction de voir ici deux lettres qui furent écrites de Rome à M. Vincent sur ce sujet, dont les originaux sont en la maison de Saint-Lazare, à Paris. La première est de M. Hallier, en ces termes :

« Lundi dernier, je n'eus loisir que de vous écrire un mot, comme la constitution rendue contre Jansénius était très-avantageuse pour la défense de la religion catholique et la condamnation de l'erreur. Messieurs les jansénistes partent de cette ville aujourd'hui, pour aller par Lorette, ayant depuis quinze jours fait habiller leurs estafiers ; ils ont promis au Pape d'obéir ponctuellement. J'ai des sujets de m'en défier, ayant dit à tous leurs affidés qu'ils n'étaient point condamnés ; que leur sens, qui est le même que celui de Jansénius, subsistait toujours : je sais qu'ils se rendront ridicules en disant cela, Jansénius étant condamné, et les propositions comme tirées de Jansénius, et même le sens donné à la cinquième proposition par les jansénistes étant expressément et spécifiquement condamné, et leurs sens étant tous exclus comme impertinents, par une condamnation absolue : néanmoins cela témoigne de l'endurcissement en l'erreur, qui pourra bien trouver des sectateurs, aussi bien par-delà qu'en ce pays-ci. C'est pourquoi il faut travailler à désabuser les ignorants, et poursuivre puissamment la publication de la bulle et la vérification dans les parlements, dans les diocèses, dans la Faculté, auprès du roi et MM. le chancelier et garde des sceaux, des évêques et des docteurs. J'ai crainte que M. de Saint-Amour ne s'en aille en poste, et ne rapporte les choses tout d'une autre façon qu'elles ne se sont passées, disant qu'ils n'ont pas été entendus suffisamment. A quoi on a reparti plusieurs fois, premièrement, qu'il n'a tenu qu'à eux, ayant eu la liberté d'informer de voix et par écrit les cardinaux de la congrégation et les consulteurs un an durant ; secondement, ayant eu communication de nos écrits, comme eux-mêmes l'avouent par la harangue qu'ils ont faite devant le Pape ; troisièmement, qu'il était inutile de les entendre et nous aussi, ne s'agissant que d'une doctrine prise du livre de Jansénius, que le Pape a fait examiner soigneusement, et étant d'autant plus inutile de les entendre qu'ils n'allèguent autres moyens pour se défendre que ceux qui sont couchés dedans Jansénius ; quatrièmement, que ce n'est pas la coutume, quand on condamne un livre, de recevoir autre lumière que celle qui vient du livre même, et des personnes savantes en la matière traitée dans le livre ; cinquièmement, qu'on a offert aux docteurs jansénistes devant nosseigneurs les cardinaux deux, trois, quatre, cinq audiences, tant qu'il serait besoin ; ce qu'ils ont refusé ; sixièmement, que toutes les fois qu'ils ont donné des écrits, ils ont été hors du sujet, ne tâchant d'obtenir autre chose que retarder, et en retardant, empêcher la prononciation du Pape contre leurs hérésies, afin de les semer tout à loisir. Pour ce qui est des moyens par lesquels ils veulent éluder la bulle, il ne faut que les lire pour les condamner. Ils sont venus exprès pour défendre les propositions présentées au Pape par nosseigneurs les évêques, et empêcher qu'elles ne fussent condamnées; ils en ont voulu empêcher la censure à la Faculté, quoiqu'elle fût plus douce : ils ont écrit trois apologies pour Jansénius : ils ont interprété les propositions au sens dudit auteur, et les propositions ne peuvent avoir autre sens que celui de Jansénius, si l'on ne corrompt la signification des paroles auxquelles elles sont conçues. Le Pape les condamne toute d'hérésie, et n'en peut souffrir aucune interprétation : et partant elles sont condamnées au sens qu'ils voulaient leur donner, et qu'ils avaient présenté au Pape : *Ubi lex non distinguit, nec nos distinguere debemus*.

Vous savez que M. le nonce a un bref pour sa Majesté, que le Pape prie de tenir la main à l'exécution de sa bulle, dont vous voyez l'importance. Il y a aussi un bref pour MM. les évêques. Nous avons été priés de demeurer ici jusqu'à ce qu'on ait reçu des nouvelles comme on se comportera en la réception de cette bulle, l'intention étant ici de condamner les apologies pour Jansénius, le livre de la Grâce victorieuse, la Théologie familière et autres, dès lors qu'on verra la réception de la bulle. Vous verrez par la lecture d'icelle qu'on retranche toutes les clauses ordinaires du style, pour ne point préjudicier à nos prétentions. Ce procédé plein de bonté nous oblige à correspondre par une obéissance respectueuse, et nous devons faire nos efforts pour ce sujet : et comme les jansénistes l'empêcheront de toutes leurs forces, il faut avoir soin de travailler pour rendre leurs efforts inutiles. Il faudra informer la reine du soin, de la diligence, du travail et de la bonté que Sa Sainteté a témoignés en cette cause, et lui représenter le devoir de sa conscience, son honneur, et la sûreté de l'État du roi son fils : toutes lesquelles choses se rencontrent en cette occasion. Nous avons été en doute de lui écrire sur ce que M. l'ambassadeur nous a dit qu'il n'en écrivait rien, se remettant à ce que nous en écrivions. Nous avions aussi quelque pensée d'en écrire à Son Éminence; mais à la fin nous avons résolu de n'en rien faire, de crainte que l'on jugeât que tout notre dessein n'était que d'intérêt, duquel nous sommes très-éloignés : mais nous croyons qu'il sera meilleur que d'autres les en instruisent, comme vous le jugerez à propos. De Rome, ce 16 juin 1653. Votre très-humble et très-obéissant serviteur, Hallier. »

La seconde lettre est de M. Lagault, écrite à Rome, le 15 juin 1653, comme il suit :

« Monsieur, je n'eus pas le loisir, par ma dernière, de vous écrire amplement comme l'affaire a été terminée contre les jansénistes, parce que la bulle ne fut affichée que le soir que le courrier partit. Je ne puis mieux vous en faire le récit qu'en disant avec saint Paul : *Regi sæculorum immortali, invisibili, soli Deo, honor et gloria*; parce que Dieu seul a opéré si visiblement dans cette affaire, que c'est à lui à qui il la faut attribuer tout entière. Le Pape lui-même l'a bien reconnu, et a dit plusieurs fois qu'il n'a jamais senti un pareil contentement que celui qu'il prenait dans les congrégations, où il a demeuré quelquefois jusqu'à cinq heures sans se lasser, et y eût demeuré jusqu'à huit et neuf, sans la compassion qu'il portait aux théologiens, qui ne pouvaient demeurer davantage sur leurs pieds. De plus, il entendait toutes choses avec une telle facilité, qu'il conférait le soir même avec Mgr le cardinal Chisi, secrétaire d'État, de tout ce qui s'était dit. La main de Dieu s'est encore bien fait paraître, en ce qu'il y a eu de très-grandes difficultés à surmonter, et que le Pape a été sollicité de toutes sortes de personnes pour laisser cette affaire indécise. Il y en avait plusieurs de considération qui tâchaient à le détourner, sous prétexte qu'il intéressait notamment sa santé : je ne sais s'il n'y avait point encore quelque puissante brigue qui venait de vos quartiers ; le temps nous en apprendra davantage. Néanmoins il est toujours demeuré si ferme en sa résolution, que depuis qu'il l'a entreprise, il n'a pas vacillé un moment ; mais il a toujours témoigné que cette affaire étant pour le bien de l'Église, il la voulait achever, et il l'avait tellement à cœur, que lorsque ses parents l'allaient voir pour le divertir, il les entretenait continuellement.

« Il n'a rien omis de ce qui était nécessaire pour lever tout prétexte de plainte : après vingt-cinq congrégations et plus, tenues par MM. les cardinaux, il en a tenu dix devant lui de plus de quatre heures entières ; ensuite il a bien voulu entendre ces MM. les jansénistes, puisqu'ils le souhaitaient, quoiqu'il n'y fût en aucune façon obligé, particulièrement ayant refusé d'être ouïs devant MM. les cardinaux : mais ils débutèrent si mal devant lui, qu'il ne leur a pas accordé la seconde, laquelle ils ne demandaient que pour traîner, et voulaient tenir, disaient-ils, jusqu'à vingt-cinq audiences. Ils ne dirent jamais un mot de ce dont il s'agissait : ils s'amusèrent à invectiver contre les jésuites et à prouver qu'ils étaient auteurs de plus de cinquante hérésies. Le Pape, voyant leur dessein, s'est enfin résolu à passer outre. Ils n'ont aucun sujet néanmoins de se plaindre de lui : car nous n'avons encore eu qu'une seule audience de lui, et eux depuis qu'ils sont à Rome en ont eu plus de huit ou neuf; depuis la décision ils en ont encore eu une de plus d'une heure, où ils ont protesté d'obéir : à vous dire franchement, néanmoins je doute que tous le fassent ; ils s'en retournent promptement en France, nonobstant les chaleurs ; il y a très-grand sujet de craindre que ce ne soit pour empêcher l'effet de la bulle.

« Cependant nous demeurons ici l'été par ordre des cardinaux, qui nous ont dit qu'il était à propos que nous demeurassions ici jusqu'à ce qu'on eût nouvelle de France comme la bulle aurait été reçue, afin de suppléer à ce qui pourrait manquer, quoique je ne croie pas qu'on y puisse trouver rien à redire. M. Hallier m'a dit qu'il vous envoyait un exemplaire de la bulle ; c'est pourquoi je ne vous en envoie pas : j'ai voulu vous mander ces choses au long, afin que vous preniez la peine de désabuser plusieurs personnes qui probablement seront prévenues de quantité de faussetés.

« J'oubliais à vous dire qu'on a déjà voulu prendre avantage ici de ce que la bulle ne parut plus deux heures et demie après qu'elle eut été affichée, et même par ordre du Pape. Vous saurez, Monsieur, que cela fut fait à dessein : le Pape la fit afficher manuscrite, et ne voulut permettre qu'on en distribuât aucun exemplaire, parce qu'il voulait en envoyer aux couronnes et aux nonces avant que les particuliers en envoyassent : de sorte qu'il fit tenir des shires pour empêcher qu'on la transcrivît ; et la nuit étant venue, il la fit lever, selon la coutume, afin d'aller affirmer et prouver qu'elle a été affichée. Dès ce jour-là même, elle a été envoyée en France avec un bref particulier au roi, et un autre à MM. les évêques. Le Pape a envoyé un courrier exprès en Pologne pour la porter plus promptement, le pays étant plus éloigné ; j'espère dans quelque temps d'ici pouvoir envoyer quelque relation plus expresse de ce qui s'est passé.

« Je vous conjure, Monsieur, de continuer à remercier Dieu d'avoir préservé l'Église de France de tomber de nouveau dans le calvinisme, et de ne point oublier aussi dans vos saints Sacrifices celui qui est de tout son cœur, Monsieur, votre très-humble et très-obéissant serviteur, Lagault. »

« Depuis la présente écrite, cejourd'hui 16, nous avons été remercier Sa Sainteté, qui nous a donné audience de plus de deux heures et demie, et nous a dit que nous avions pu savoir toutes les choses qu'il avait faites devant que de venir à cette décision ; comme il avait fait prier Dieu et en public et en particulier ; toutes les congrégations qu'il avait fait tenir pour la discussion : de plus il nous a confirmé ce que je vous ai déjà écrit dans la présente, le plaisir singulier qu'il avait pris à cette discussion, et l'assistance particulière et sensible qu'il avait reçue du Saint-Esprit en cette rencontre ; qu'il ne s'était avancé aucune chose de théologie qu'il n'ait très-facilement entendue et retenue. De plus, il nous a rendu toutes les raisons de sa bulle, point par point, et dit en outre qu'un matin, s'étant recommandé à Dieu, il avait fait venir un de ses secrétaires, et qu'il la lui avait dictée en une matinée. Il nous a dit que nos Messieurs, que je n'ose plus appeler jansénistes (car je veux croire qu'il n'y en aura plus), l'avaient été remercier de sa déclaration, et lui avaient promis de s'y soumettre entièrement, et en étaient venus jusqu'aux larmes. Dieu veuille qu'ils gardent leurs bonnes résolutions. Il nous ajouta de plus que leur harangue, quand ils eurent audience publique, ne fut qu'une terrible invective contre les jésuites (ce sont ses propres termes), et que tout ce qu'ils avaient dit n'avait point été à propos. »

Aussitôt que la constitution de N. S. P. le pape Innocent X eut été apportée en France, M. Vincent pensant en lui-même au moyen de tirer le fruit qu'on espérait de sa publication, qui était la réduction et réunion des esprits qui s'étaient laissé surprendre au faux éclat de cette nouvelle doctrine, il s'avisa d'aller rendre visite aux supérieurs de quelques maisons religieuses, et à quelques docteurs et autres personnes considérables, qui avaient témoigné plus de zèle en cette affaire, afin de les conjurer de contribuer tout ce qu'ils pourraient de leur côté pour la réconciliation du parti vaincu. Il leur dit que pour cela il estimait qu'il fallait se contenir et se modérer dans les témoignages publics de leur joie, et ne rien avancer en leurs sermons, ni en leurs entretiens et conversations, qui pût tourner à la confusion de ceux qui avaient soutenu la doctrine condamnée de Jansénius, de peur de les aigrir davantage au lieu de les gagner; que le plus expédient était de les prévenir d'honneur et d'amitié dans cette conjoncture, qui, étant humiliante pour eux, pourrait néanmoins les aider à revenir quand ils se verraient traités avec respect et charité, les assurant que de sa part il agirait de la sorte à leur égard.

Des paroles il passa aux effets, et s'en alla au Port-Royal visiter ces Messieurs qui s'y retiraient d'ordinaire, et les congratuler de ce qu'il avait appris qu'ils se soumettaient à la décision du Pape, comme en effet ils le témoignèrent au commencement, du moins en apparence; il s'entretint ensuite avec eux pendant plusieurs heures, et leur parla fort confidemment avec de grands témoignages d'estime et d'affection. Il alla voir ensuite quelques autres personnes de condition des plus notables de ce parti, qui promirent toute soumission au Saint-Siége apostolique, en ce qui concernait la doctrine condamnée.

Mais toutes ces sollicitations charitables de M. Vincent n'eurent pas l'effet qu'on espérait, et les œuvres ne répondirent pas aux bonnes paroles qu'on lui avait données : car quoiqu'il y en eût plusieurs parmi les sectateurs de Jansénius qui furent touchés d'abord, et qui conçurent en effet un désir de se soumettre au jugement du chef de l'Église, le déguisement néanmoins et les prétextes dont les principaux chefs de ce parti coloraient leur obstination à soutenir cette doctrine condamnée furent tels, qu'ils prévalurent en beaucoup d'esprits contre tous les avertissements extérieurs et tous les mouvements intérieurs qui les portaient à reconnaître et confesser la vérité.

Nonobstant cela, lorsque la nouvelle constitution de N. S. P. le pape Alexandre VII, par laquelle il confirmait et expliquait celle d'Innocent X, eut été publiée sur la fin de l'année 1656, M. Vincent, pressé de son zèle ordinaire, retourna encore sur ses mêmes pas, et renouvela les mêmes visites et les mêmes instances envers les plus considérables de ce parti, qui pour cela ne témoignèrent pas plus de soumission pour cette seconde constitution que pour la première : de sorte que ce fidèle serviteur de Dieu, voyant bien qu'il n'y avait rien à gagner sur des esprits si mal disposés, tourna ses pensées et ses soins pour travailler à la conservation de ceux en qui la foi était demeurée saine et entière, et pour les prémunir contre la contagion de ces nouvelles erreurs. Il employa ses premiers soins, selon que l'ordre de la charité le requérait, pour maintenir ceux de sa Congrégation dans la pureté de la foi et de la doctrine de l'Église. A cet effet, il leur parla plusieurs fois dans leurs assemblées de communauté, pour les convier de reconnaître combien ils étaient obligés à la divine bonté de les avoir préservés de ces nouveautés, qui étaient capables de corrompre et de perdre leur Congrégation. Il leur recommanda de prier Dieu pour la paix de l'Église, pour l'extirpation de ces nouvelles erreurs, et pour la conversion de ceux qui en étaient infectés. Il leur défendit de lire les livres des jansénistes, ni de soutenir directement ni indirectement leur doctrine, ni aucune des opinions qui la pouvaient favoriser. Et après cela, s'il en rencontrait quelqu'un que l'on reconnût y adhérer en quelque manière que ce fût, il le retranchait aussitôt comme un membre gangrené, de peur qu'il ne vînt à infecter et corrompre le reste du corps.

Ayant ainsi pourvu à la conservation et sûreté des siens, il étendit ses soins pour procurer le même bien en plusieurs communautés religieuses, qu'il préserva par ses conseils et par ses charitables entremises de la contagion de ces nouvelles erreurs, et particulièrement plusieurs monastères de religieuses, qui doivent, après Dieu, leur conservation à son zèle et à sa charité.

Il suffira de joindre à tout ce qui a été dit un exemple de cette même charité, qui embrassait volontiers toutes les occasions qui se présentaient pour procurer ce même bien, non-seulement dans les communautés, mais aussi à l'égard des personnes particulières, auxquelles il tendait les bras avec une affection toute cordiale, soit pour les retenir et conserver dans les sentiments orthodoxes lorsqu'il les y trouvait, soit aussi pour les relever de l'erreur lorsqu'elles y étaient tombées, et qu'elles témoignaient quelque disposition d'en sortir.

Il y avait un docteur de la Faculté de la maison de Sorbonne qui se trouvait engagé dans le jansénisme, non-seulement par l'attache qu'il avait à cette nouvelle doctrine, mais encore plus par quelques liaisons particulières avec des personnes de condition et d'autorité qui étaient de ce parti. La constitution d'Innocent X l'avait assez fortement touché; et si elle ne l'avait entièrement converti, au moins il se trouvait grandement ébranlé. C'est pourquoi, dans les doutes et perplexités qui agitaient son esprit, il s'avisa de faire une retraite à Saint-Lazare, où, après avoir beaucoup écouté toutes les pensées qui lui venaient en l'esprit sur ce sujet, il déclara enfin à M. Vincent qu'il était dans le dessein de quitter ces opinions de Jansénius, pourvu que le Pape le voulût éclaircir de quelques doutes qui lui restaient, lesquels il exposa dans une lettre qu'il écrivit à Sa Sainteté. M. Vincent lui en procura une réponse fort favorable, qui le disposait suavement à renoncer à cette doctrine condamnée; mais au lieu de suivre promptement et sans hésiter cette semonce paternelle et ces mouvements intérieurs que Dieu lui donnait, il eut trop d'égard aux respects humains, et il préféra la gloire des hommes à celle qu'il devait rendre à Dieu. Cela n'empêcha pas que M. Vincent ne lui fît de nouvelles instances, et ne le pressât de se déclarer : à quoi il ne répondit autre chose, sinon qu'il ne pouvait se résoudre à désavouer une doctrine qu'il semblait que Dieu approuvait par les miracles qu'on disait s'être faits au Port-Royal. Sur cela, M. Vincent lui écrivit la lettre suivante, et lui envoya les papiers dont elle parle :

« Je vous envoie, lui dit-il, la nouvelle constitution de N. S. P. le Pape, qui confirme celle d'Innocent X et des autres Papes qui ont condamné les opinions nouvelles de Jansénius. Je crois, Monsieur, que vous la trouverez telle qu'il ne vous restera plus de lieu de douter, après l'acceptation et publication qu'en ont faites nosseigneurs les prélats tant de fois assemblés sur ce sujet, et depuis peu, nosseigneurs de l'assemblée du clergé, et qui en ont fait imprimer une relation que je vous envoie aussi, et enfin après la censure de Sorbonne, et la lettre qui vous a été écrite par ordre de Sa Sainteté.

« J'espère qu'à ce coup, Monseigneur, vous donnerez la gloire à

Dieu, et l'édification à son Église, que chacun attend de vous en cette occasion : car d'attendre davantage, il est à craindre que l'esprit malin, qui emploie tant de souplesse pour éluder la vérité, ne vous mette imperceptiblement en tel état, que vous n'aurez plus tant de force de le faire, pour ne vous être pas prévalu de la grâce [1], depuis un si long temps qu'il y a qu'elle vous sollicite par des moyens si suaves et si puissants, que je n'ai pas ouï dire que Dieu en ait employé de tels à l'égard de qui que ce soit de ce côté-là.

« De dire, Monsieur, que les miracles que fait la sainte Épine au Port-Royal semblent approuver la doctrine qui se professe en ce lieu-là, vous savez celle de saint Thomas, qui est que jamais Dieu n'a confirmé les erreurs par des miracles, fondé sur ce que la vérité ne peut autoriser le mensonge, ni la lumière les ténèbres. Or qui ne voit que les propositions soutenues par ce parti sont des erreurs, puisqu'elles sont condamnées? Si donc Dieu fait des miracles, ce n'est point pour autoriser ces opinions, qui portent à faux, mais pour en tirer sa gloire en quelque autre manière.

« D'attendre que Dieu envoie un ange pour vous éclairer davantage, il ne le fera pas; il vous renvoie à l'Église, et l'Église assemblée à Trente vous renvoie au Saint-Siége, au sujet dont il est question; ainsi qu'il paraît par le dernier chapitre de ce concile.

« D'attendre que le même saint Augustin revienne s'expliquer lui-même, Notre-Seigneur nous dit que si l'on ne croit pas aux Écritures, on croira encore moins à ce que les morts ressuscités nous diront. Et s'il était possible que ce saint revînt, il se soumettrait encore, comme il a fait autrefois, au Souverain Pontife.

« D'attendre le jugement de quelque Faculté de théologie fameuse, qui décide encore ces questions, où est-elle? On n'en connaît point dans l'état du Christianisme une plus savante que celle de Sorbonne, dont vous êtes un très-digne membre.

« D'attendre, d'un autre côté, qu'un grand docteur et très-homme de bien vous marque ce que vous avez à faire, où en trouverez-vous un en qui ces deux qualités se rencontrent mieux qu'en celui à qui je parle?

« Il me semble, Monsieur, que j'entends que vous me dites que vous estimez ne vous devoir pas déclarer si tôt, afin d'amener avec

---

[1] Dans le temps que M. Vincent écrivit cette lettre, on donna au public, par son conseil, un écrit intitulé : *Défense de la vérité catholique touchant les miracles*, par lequel on répondit de telle sorte aux fausses conséquences que l'on voulait tirer des miracles prétendus du Port-Royal, et l'on fit voir si clairement qu'ils ne favorisaient en rien les erreurs des jansénistes, qu'ils ne trouvèrent aucun lieu d'y répondre.

vous quelque personne de condition. Cela est bon ; mais il est à craindre que, pensant sauver du naufrage ces personnes-là, ils ne vous entraînent et noient avec eux. Je vous dis ceci avec douleur, d'autant que leur salut m'est aussi cher que le mien ; et je donnerais volontiers mille vies, si je les avais, pour eux. Il semble que votre exemple les fera bien plutôt revenir que tout ce que vous leur pourriez dire. Tout cela donc posé, au nom de Dieu, Monsieur, ne différez plus cette action, qui doit être tant agréable à sa divine bonté ; il y va de votre propre salut, et vous avez plus de sujet de craindre pour vous-même que pour la plupart de ceux qui trempent dans ces erreurs, parce que vous en avez reçu, et pas eux, un éclaircissement particulier de la part de notre Saint-Père. Quel déplaisir auriez-vous, Monsieur, si, remettant plus longtemps à vous déclarer, on venait à vous y contraindre ainsi que la résolution en a été prise par nosseigneurs les prélats! C'est pourquoi je vous supplie derechef, au nom de Notre-Seigneur, de vous hâter, et de ne pas trouver mauvais que le plus ignorant et le plus abominable des hommes vous parle de la sorte, puisque ce qu'il vous dit est raisonnable. Si les bêtes ont parlé et les méchants prophétisé, je puis dire aussi la vérité, quoique je sois bête et méchant. Plaise à Dieu vous parler lui-même efficacement, en vous faisant connaître le bien que vous ferez ; car, outre que vous vous mettrez en l'état où Dieu vous demande, il y a sujet d'espérer qu'à votre imitation une bonne partie de ces Messieurs-là reviendront de leurs égarements ; et, au contraire, vous pourrez être cause qu'ils y demeureront, si vous retardez ce dessein ; et je doute même que vous l'exécutiez jamais : ce qui me serait une affliction mortelle, à cause que, vous estimant et vous affectionnant au point que je fais, et ayant eu l'honneur de vous servir en la qualité que j'ai fait, je ne pourrais, sans une extrême douleur, vous voir sortir de l'Église. J'espère que Notre-Seigneur ne permettra pas ce malheur, comme je l'en prie bien souvent, qui suis en son amour, etc. »

Par la réponse que ce docteur fit à cette lettre, il donna derechef quelque espérance de son retour, et il ne tenait plus, comme il semblait, qu'à trouver le temps et la manière convenables pour exécuter ce dessein, et, comme il disait, pour en ramener aussi plusieurs autres avec lui. M. Vincent dressa même un projet de ce qu'il avait à faire et à dire. Mais ce docteur fit tant de façons, que tous ses bons desseins furent sans effet, en sorte qu'il demeura toujours dans ses premières erreurs, nonobstant tous les efforts de la charité de M. Vincent pour l'en retirer.

Mais finissons ce chapitre par une réponse, digne de son zèle, qu'il

fit à un homme d'honneur et de mérite, lequel était préoccupé d'une grande estime non tant pour les savants d'entre les jansénistes que pour quelques personnes riches qui les appuyaient, voyant les grandes aumônes qu'ils faisaient; ce qui le tenait comme en suspens, n'osant pas en son cœur condamner des personnes qu'il croyait si charitables et vertueuses. Cet homme donc, qui d'ailleurs était lié d'amitié avec M. Vincent, l'étant un jour venu voir, lui demand
avait pas moyen d'apporter quelque tempérament à la chaleur avec laquelle on pressait ces Messieurs du Port-Royal : « Quoi, lui dit-il, les veut-on pousser à bout? Ne vaudrait-il pas mieux faire un accommodement de gré à gré? Ils y sont disposés, si on les traite avec plus de modération, et il n'y a personne plus propre que vous pour adoucir l'aigreur qui est de part et d'autre, et pour faire une bonne réunion. »

A quoi M. Vincent répondit : « Monsieur, lorsqu'un différend est jugé, il n'y a point d'autre accord à faire que de suivre le jugement qui en a été rendu. Avant que ces Messieurs fussent condamnés, ils ont fait tous leurs efforts afin que le mensonge prévalût sur la vérité, et ont voulu emporter le dessus avec tant d'ardeur qu'à peine osait-on leur résister, ne voulant pour lors entendre à aucune composition. Depuis même que le Saint-Siége a décidé les questions à leur désavantage, ils ont donné divers sens aux constitutions pour en éluder l'effet. Et quoique d'ailleurs ils aient fait semblant de se soumettre sincèrement au Père commun des fidèles, et de recevoir les constitutions dans le véritable sens auquel il a condamné les propositions de Jansénius, néanmoins les écrivains de leur parti qui ont soutenu ces opinions et qui ont fait des livres et des apologies pour les défendre, n'ont pas encore dit ni écrit un mot qui paraisse pour les désavouer : quelle union donc pouvons-nous faire avec eux, s'ils n'ont une véritable et sincère intention de se soumettre? Quelle modération peut-on apporter à ce que l'Église a décidé? Ce sont des matières de foi qui ne peuvent souffrir d'altération ni recevoir de composition, et par conséquent nous ne pouvons pas les ajuster aux sentiments de ces Messieurs-là; mais c'est à eux à soumettre les lumières de leur esprit et à se réunir à nous par une même créance et par une vraie et sincère soumission au chef de l'Église. Sans cela, Monsieur, il n'y a rien à faire qu'à prier Dieu pour leur conversion. »

Voilà un petit crayon de la fermeté avec laquelle M. Vincent s'est toujours opposé à tous ceux qui soutenaient la doctrine de Jansénius. Depuis qu'elle a été condamnée par l'Église, il s'est toujours ouvertement déclaré sur ce sujet, et il estimait que tout véritable catholique devait se comporter de la sorte, et que c'était un très-grand mal de dissimuler ou tergiverser, et encore plus de se tenir dans une espèce d'indifférence et de neutralité quand il s'agissait de la foi et de la religion. Car quoiqu'il fût toujours d'avis qu'on devait agir avec modération et même avec charité envers ceux qui adhéraient à cette doctrine condamnée, pour procurer, s'il se pouvait, leur conversion, il voulait néanmoins qu'on y joignît une grande fermeté, et tenait qu'une nouvelle hérésie était un mal qu'il ne fallait ni flatter ni plâtrer en quelque personne que ce fût ; et que, comme il n'était pas permis de juger témérairement d'aucun, c'était aussi un autre mal encore plus dangereux de vouloir, par une fausse charité ou autre motif encore plus vicieux, bien juger de ceux qu'on devait tenir pour hérétiques ou suspects d'hérésie ; et qu'il y avait non-seulement témérité, mais injustice et même impiété, de ne vouloir pas condamner ceux que l'Église condamne, et encore plus de les soutenir et de vouloir juger l'Église même ou condamner les jugements qu'elle porte par la bouche de son chef et de ses prélats.

Or, quoique M. Vincent se soit porté avec un tel zèle contre le jansénisme et qu'il ait fait tous ses efforts pour le détruire, il savait néanmoins fort bien distinguer les erreurs condamnées d'avec la morale relâchée qu'il ne pouvait approuver, comme il l'a témoigné ouvertement en diverses occasions, ayant toujours recommandé aux siens de s'attacher fortement à la morale vraiment chrétienne, qui est enseignée dans l'Évangile et dans les écrits des saints Pères et docteurs de l'Église, louant grandement les prélats de la Sorbonne qui ont condamné ce relâchement aussi bien que les erreurs de Jansénius, et recevant avec une égale joie ce que le Saint-Siége apostolique avait prononcé sur l'un et sur l'autre.

CHAPITRE DERNIER.

LES EMPLOIS DE M. VINCENT POUR LE SERVICE DU ROI DANS LES CONSEILS DE SA MAJESTÉ ET AILLEURS, PENDANT LE TEMPS DE LA RÉGENCE DE LA REINE-MÈRE.

Nous pouvons bien mettre ici entre les grandes œuvres de M. Vincent ses emplois dans le conseil du roi pour les affaires ecclésiastiques et les services qu'il a rendus à Sa Majesté, puisque, outre l'importance des affaires qui lui ont été confiées et dont il s'est toujours très-dignement acquitté, c'est dans ces occasions qu'il a particulièrement fait paraître quelle était la force de son esprit et l'éminence de sa vertu; en quoi il mérite d'être d'autant plus estimé que c'est chose plus rare de trouver en un même sujet ce qu'on a vu et admiré en lui dans ses emplois; c'est à savoir, un accès favorable auprès des souverains, et un parfait dégagement de tous les intérêts du siècle; une prudence politique et une simplicité chrétienne; une grande vigilance et activité dans les occupations extérieures, et une récollection intérieure et union intime avec Dieu; le maniement de diverses affaires très-importantes, et une droiture de cœur inaltérable; un flux et reflux continuel de toutes sortes de personnes qui l'abordaient, et une constante égalité d'esprit, accompagnée d'une douceur et affabilité toute singulière envers tous; enfin un entendement capable des plus importants emplois pour le service de son prince, et une volonté toute pénétrée des sentiments d'une solide et parfaite dévotion envers Dieu.

C'est ce qui a été reconnu avec étonnement par tous ceux qui ont observé de plus près les déportements de M. Vincent, dont nous rapporterons quelques exemples en ce chapitre : et quoiqu'il ait été très-réservé en ses paroles touchant les choses qui concernaient le service de Sa Majesté, tenant cette maxime, qui a autrefois été enseignée par un ange, que *sacramentum regis abscondere bonum est,* on en a eu néanmoins connaissance par d'autres voix qui ont donné moyen de connaître quelque partie des vertueux déportements de ce grand serviteur de Dieu dans ces occasions importantes où la Providence l'avait engagé; et comme tout ce qu'il y a fait a été un ouvrage de la grâce divine, nous le pouvons bien déclarer et publier avec honneur, puisque, comme a dit ce même Esprit céleste, *opera Dei revelare et confiteri honorificum est.*

SECTION I.

PREMIÈRE ENTRÉE DE M. VINCENT DANS LE CONSEIL DU ROI POUR LES AFFAIRES ECCLÉSIASTIQUES.

Après le décès du roi Louis XIII, d'heureuse et triomphante mémoire, arrivé en l'année 1643, la reine-mère se voyant chargée de la conduite de cette grande monarchie pendant la minorité du roi son fils, et reconnaissant que, pour attirer la protection de Dieu sur une personne qui lui est si chère et sur tout son État, elle devait, avant toute autre chose, mettre un bon ordre dans les affaires qui concernaient la religion, et faire en sorte que Dieu régnât dans le cœur de tous ses sujets, afin que par ce moyen l'autorité royale y fût mieux affermie, elle établit à cet effet un conseil pour les affaires ecclésiastiques, et particulièrement pour la disposition des bénéfices qui étaient à la nomination de Sa Majesté ; et ayant une connaissance particulière de la vertu et des autres excellentes qualités de M. Vincent, elle désira qu'il fût du nombre de ceux qui devaient composer ce conseil.

Il ne se peut dire combien cet humble serviteur de Dieu fut surpris et étonné lorsqu'on lui apporta cette nouvelle, ni quels efforts il fit pour persuader la reine de le dispenser de cet emploi, qui lui était d'autant plus insupportable qu'il paraissait plus honorable et éclatant devant les yeux des hommes. Mais Sa Majesté persistant en sa première résolution, et ayant fait savoir à M. Vincent qu'elle désirait absolument qu'il rendit ce service à Dieu et au roi son fils, son humilité fit place à l'obéissance, et il crut que cette déclaration de l'intention de la reine lui était une signification de la volonté de Dieu : c'est pourquoi, renonçant à tous ses propres sentiments, il s'offrit à Dieu pour faire en cela tout ce qui lui serait le plus agréable ; et quoique dès lors il prévit fort bien les grandes tempêtes et les violentes secousses auxquelles il s'allait exposer sur cette mer orageuse de la cour, et que sa propre expérience lui fit assez connaître qu'en soutenant les intérêts de la justice et de la piété il recevrait beaucoup de contradictions et de persécutions de la part du monde, il crut qu'il ne pouvait mieux faire que de s'abandonner à la divine Providence, dans la résolution de s'acquitter saintement de la charge qui lui était imposée, et de garder une fidélité inviolable à Dieu et au roi, quoi qu'il lui en dût arriver.

Pour éviter néanmoins la perte du temps qui lui était si cher et qu'il employait si dignement, comme aussi pour prévenir plusieurs autres inconvénients, il se résolut de n'aller jamais à la cour s'il n'y était appelé ou s'il n'y était obligé par quelque nécessité urgente et indispensable ; ce qu'il supplia la reine d'agréer, et qu'il a toujours depuis inviolablement observé. Il a bien fait voir toutefois que ce n'était pas faute d'affection au service de Sa Majesté qu'il désirait se comporter de la sorte, et que, s'il n'accomplissait pas tous les devoirs d'un courtisan, il saurait fort bien s'acquitter de ceux d'un fidèle serviteur, se tenant toujours dans la disposition de rendre une prompte obéissance à Sa Majesté lorsqu'elle lui commanderait de l'aller trouver.

Cette résolution servait beaucoup à M. Vincent, parce que la reine lui faisant l'honneur de prendre ses avis, plusieurs personnes de grande qualité qui venaient réclamer sa faveur et sa recommandation l'eussent obligé par leurs instances d'aller et venir sans cesse pour leurs affaires, s'il ne s'en fût excusé sur cette maxime qu'il avait de n'aller jamais à la cour sinon lorsqu'il y était mandé, comme aussi sur sa profession, à laquelle il n'était pas convenable de se mêler des affaires séculières.

SECTION II.

RÉSOLUTIONS QUI FURENT PRISES PAR LES AVIS DE M. VINCENT TOUCHANT LES MATIÈRES BÉNÉFICIALES.

M. Vincent ayant eu entrée dans le conseil en la manière que nous venons de dire, crut qu'il devait avant toute autre chose porter la reine et Messieurs du conseil à prendre quelques résolutions qui serviraient comme de règle pour la disposition des bénéfices dont la nomination appartenait à Sa Majesté.

Les principales de ces résolutions furent les suivantes :

La première, que la reine n'accorderait aucune pension sur les évêchés ou archevêchés, sinon au seul cas permis par le droit, qui est lorsque le titulaire, après un long temps de service, se démettrait volontairement de son évêché par infirmité, vieillesse ou autres raisons pertinentes ;

Secondement, que la reine n'ordonnerait aucune expédition de brevets pour les abbayes, sinon pour ceux qui, outre toutes les autres qualités requises, auraient dix-huit ans accomplis, seize pour les prieurés et les chanoines des églises cathédrales, et quatorze pour les collégiales ;

Troisièmement, que l'on n'accorderait aucun brevet afin d'obtenir des dévolus, que l'on n'eût vu auparavant des pièces justificatives des choses qu'on voudrait alléguer pour les obtenir, et des certificats suffisants de la vie, mœurs et capacité de ceux qui les demanderaient ; et en cas qu'ils n'eussent pas les qualités requises, on en choisirait quelques autres en qui elles se rencontreraient, avec les moyens de poursuivre les dévolus ;

Quatrièmement, qu'on n'accorderait aucune coadjutorerie ni réserve pour les abbayes commendataires ;

Cinquièmement, qu'on ne ferait expédier aucun brevet d'évêché par mort ou autrement, sinon pour ceux qui seraient prêtres au moins un an auparavant ;

Sixièmement, qu'on n'accorderait aucune coadjutorerie des abbayes de filles, sinon avec connaissance et certitude que la règle fût observée en ces abbayes, et que les religieuses qui seraient proposées pour être coadjutrices auraient l'âge de vingt-trois ans et cinq ans de profession.

Or, comme c'est peu de prendre de bonnes résolutions si on ne les observe, M. Vincent fit tout ce qu'il put afin que celles qui avaient été prises fussent exactement gardées. C'est pourquoi il en rafraîchissait souvent la mémoire; et lorsqu'il voyait qu'on se relâchait quelque peu de cette exactitude, il les faisait renouveler de temps en temps, et s'employait autant qu'il lui était possible pour remédier, par l'observation de ces réglements, aux abus qui se pouvaient glisser en la disposition des bénéfices et en l'administration des biens ecclésiastiques : ce qu'il faisait avec une liberté pleine de respect, se plaignant lorsqu'il voyait que les considérations purement humaines l'emportaient au-dessus de celles qui regardaient le service de Dieu et le bien de l'Église.

Ce n'est pas qu'il n'estimât chose très-louable de considérer particulièrement les personnes ecclésiastiques de condition et de courage pour les charges de l'Église et même pour les prélatures, lorsque la naissance et les autres qualités ne leur servaient point de prétexte pour la vanité, et que d'ailleurs ils avaient la suffisance, la vertu et les autres dispositions convenables; alléguant à ce propos ce que disait un ancien : qu'il valait mieux que cinquante cerfs fussent conduits par un lion, que cinquante lions par un cerf. Mais il gémissait devant Dieu quand il voyait que les intérêts temporels prévalaient sur les spirituels au préjudice du service de Dieu et au désavantage de son Église : et néanmoins, après avoir fait ce qu'il croyait être de son devoir, il commettait le reste à la Providence divine et demeurait en paix.

SECTION III.

L'ÉQUITÉ ET LA VIGILANCE AVEC LAQUELLE M. VINCENT SE COMPORTAIT DANS LES AFFAIRES BÉNÉFICIALES.

M. le cardinal Mazarin ayant été établi par la reine chef du conseil des affaires ecclésiastiques, donnait son temps pour y vaquer, autant que ses autres affaires lui pouvaient permettre; et lorsque, tenant le conseil, il demandait les avis touchant la disposition des bénéfices, M. Vincent disait avec respect et avec liberté tout ensemble ses sentiments, en la vue de Dieu, touchant la capacité ou l'incapacité, le mérite ou le démérite des personnes qui étaient proposées. Mais comme il n'y a point de jour réglé pour tenir ce conseil, et que cela dépendait de la volonté et du loisir de ce premier ministre, lequel en était souvent empêché par d'autres grands emplois, il arrivait que Son Éminence disposait cependant, sous le bon plaisir de la reine, des abbayes et même des évêchés qui venaient à vaquer, lorsqu'il le jugeait expédient pour le service du roi, et qu'il n'y trouvait aucune difficulté qu'il crût avoir besoin d'être résolue dans le conseil. Cela n'empêchait pas, toutefois, qu'il ne restât une si grande quantité d'autres bénéfices moindres, soit réguliers ou séculiers, dont il fallait disposer ; tant de résignations et permutations à examiner ; tant d'autres affaires différentes à régler, pour empêcher les abus et mettre toutes choses en bon ordre, que M. Vincent, qui en était particulièrement chargé, en rapportait à chaque conseil un très-grand nombre.

Or, dans la disposition de ces bénéfices, il jugeait qu'il était raisonnable d'avoir égard aux ecclésiastiques de la maison du roi et de la reine, et même aux aumôniers des armées qui avaient bien servi, pour les faire pourvoir préférablement aux autres, lorsqu'ils se trouvaient avoir les qualités requises ; estimant que les officiers de Leurs Majestés, qui vivaient sans reproche et se conservaient en leur intégrité parmi la corruption de la cour, méritaient d'être particulièrement considérés ; mais parce que tous n'étaient pas tels qu'ils devaient être, et même qu'il s'en trouvait plusieurs qui, étant déjà pourvus de bons bénéfices, ne laissaient pas d'en demander et d'en poursuivre d'autres ; en sorte qu'il arrivait souvent que les plus incapables avaient plusieurs pensions et bénéfices, et que ceux qui le méritaient davantage en étaient privés : pour remédier à ces désordres, il avait fait une liste de tous les aumôniers, confesseurs, chapelains, clercs, chantres et autres officiers ecclésiastiques de la maison, chapelle et musique de Leurs Majestés, où il avait remarqué ceux qui étaient suffisamment pourvus, et les autres qui ne l'étaient pas ; et il veillait et faisait tout ce qui dépendait de lui afin que l'abondance des uns ne préjudiciât point à l'indigence des autres.

Le roi ayant droit de pourvoir aux cures de Normandie, qui sont en patronage-lay, lorsque les patrons sont mineurs, à raison de la garde noble qui en appartient à Sa Majesté, M. Vincent se tenait fort sur ses gardes pour n'être point surpris par ceux qui venaient demander ces bénéfices, lorsqu'ils vaquaient par résignation ou par mort ; faisant toujours en sorte qu'ils fussent donnés aux plus capables ; parce qu'il était entièrement persuadé que ceux à qui il appartient de nommer aux bénéfices qui ont charge d'âmes, sont responsables devant Dieu, non-seulement de tous les maux que font les pasteurs indignes auxquels ils les donnent, mais même de tous les biens que ne font pas ceux qui en sont moins dignes, et auxquels ils donnent les bénéfices à l'exclusion des plus dignes.

Il y avait en ce temps-là plusieurs gentilshommes, estropiés à la guerre, qui pressaient extraordinairement pour avoir des pensions sur des bénéfices, pour récompense des services qu'ils disaient avoir rendus au roi. M. Vincent les recommandait volontiers à la reine et à M. le cardinal, pour leur faire obtenir quelque récompense ; mais il ne pouvait consentir que ce fût sur des biens ecclésiastiques, parce qu'ils n'avaient jamais vécu et n'étaient guère disposés à vivre ecclésiastiquement, comme doivent faire ceux qui ont de telles pensions.

Ainsi, ce fidèle conseiller avait, d'un côté, les yeux ouverts pour prendre garde qu'on n'usât d'aucune surprise dans les affaires bénéficiales, au préjudice du service de Dieu et de l'honneur de l'Église ; et de l'autre, il tenait en main la balance pour garder, autant qu'il dépendait de lui, une juste équité en la distribution de ces biens ecclésiastiques, que les saints Pères appellent le patrimoine des pauvres et le prix du rachat des péchés.

SECTION IV.

SON ZÈLE CONTRE LES ABUS QUI SE COMMETTAIENT EN LA RECHERCHE DES BÉNÉFICES.

Il faut confesser que nous sommes en un siècle auquel on pourrait avec beaucoup de raison renouveler la plainte que saint Bernard faisait contre les abus qui se commettaient de son temps à la recherche des bénéfices. Où trouvera-t-on quelqu'un (disait ce saint Père) qui recherche, ou plutôt qui soit recherché pour être mis dans les charges et dignités ecclésiastiques, par la seule et sincère intention de s'offrir à Dieu pour le servir dans une vraie sainteté de cœur et de corps, et pour travailler avec plus de ferveur à son propre salut et à celui des autres, en vaquant à la prière et au ministère de la prédication ? Au contraire, ne voit-on pas que c'est l'ambition et le désir de paraître, ou bien l'affection immodérée de s'enrichir, qui fait employer toutes sortes d'artifices, et se servir quelquefois de moyens illicites et même honteux pour se procurer l'entrée dans le patrimoine de Jésus-Christ, et qui porte les pères et mères à rechercher des bénéfices pour leurs enfants, dès leur plus tendre jeunesse, et quelquefois même avant qu'ils soient nés ? Enfin on n'épargne ni les sollicitations ni les importunités quand il est question d'avoir des bénéfices, jusqu'à ce qu'on ait obtenu ce qu'on demande ; et souvent ceux qui en reçoivent davantage sont les moins reconnaissants, et quelquefois les plus ingrats.

M. Vincent a vu de son temps ces mêmes abus et désordres, et d'autres encore plus grands, dont son cœur était vivement touché. Néanmoins, à l'imitation de ce grand saint, il ne s'est pas contenté de gémir devant Dieu, mais il a fait tous ses efforts pour les empêcher, et s'y est toujours opposé constamment, sans avoir aucun égard aux respects humains, et sans se mettre en peine du ressentiment qu'en auraient les personnes puissantes qui s'y trouvaient intéressées, ni du préjudice qui en pourrait arriver à lui ou aux siens, les intérêts de l'honneur de Dieu lui étant incomparablement plus chers que tout le reste.

Surtout il ne pouvait dissimuler le déplaisir qu'il ressentait, voyant l'ardeur avec laquelle plusieurs désiraient aveuglément, et faisaient tous leurs efforts pour s'élever à l'épiscopat; employant à cet effet toutes les sollicitations imaginables, donnant des abbayes de grand revenu, et avec cela se chargeant de grosses pensions pour parvenir à cette dignité. Ce fidèle serviteur de Dieu, qui, d'ailleurs, était fort réservé en ses paroles, ne se put empêcher de dire un jour à quelque personne de confiance, qu'il craignait grandement que ce damnable trafic n'attirât la malédiction de Dieu sur ce royaume.

Un aumônier du roi, qui d'ailleurs était fort homme de bien, étant sollicité par ses parents de représenter ses longs services, et de se faire recommander pour être nommé à quelque évêché, se sentit porté à le faire, se persuadant que s'il ne parlait ou ne faisait parler pour lui, il serait mis en oubli, et ne s'avancerait jamais. Néanmoins, voyant que cela était contraire à l'humilité et modestie convenables à un ecclésiastique, et qu'il était bien plus assuré pour son salut de s'abandonner à la providence de Dieu, il se trouva dans une grande perplexité d'esprit. Sur cela, il écrivit à M. Vincent, le priant de lui mander ce qu'il devait faire. A quoi ce grand serviteur de Dieu répondit en ces termes :

« Monsieur, j'ai reçu votre lettre avec tout le respect que je vous dois, et avec toute l'estime et la reconnaissance que mérite la grâce que Dieu a mise en votre aimable cœur. Comme il n'y a que Dieu seul qui, dans l'inclination naturelle que les hommes ont de s'élever, ait pu vous donner des vues et des mouvements que vous avez ressentis de faire le contraire, il vous donnera aussi la force de les mettre en exécution, et d'accomplir en cela ce qui lui est le plus agréable. En quoi, Monsieur, vous suivrez la règle de l'Église, qui ne permet pas qu'on se pousse soi-même aux dignités ecclésiastiques, et particulièrement à la prélature ; et vous imiterez le Fils de Dieu, qui, étant prêtre éternel, n'est pas néanmoins venu exercer cet office par lui-même ; mais il a attendu que son Père l'ait envoyé, quoiqu'il fût attendu depuis un si long temps comme le désiré de toutes les nations. Vous donnerez une grande édification au siècle présent, où par malheur il se trouve peu de personnes qui ne passent par-dessus cette règle et cet exemple ; vous aurez la consolation, Monsieur, s'il plaît à Dieu de vous appeler à ce divin emploi, d'avoir une vocation certaine, parce que vous ne vous y serez pas introduit par des moyens humains ; vous y serez secouru de spéciales grâces de Dieu, qui sont attachées à une légitime vocation, et qui vous feront porter des fruits d'une vie apostolique, digne de la bienheureuse éternité, ainsi que l'expérience le fait voir dans les prélats qui n'ont fait aucune avance pour se faire évêques, lesquels Dieu bénit manifestement en leurs personnes et en leurs conduites. Enfin, Monsieur, vous n'aurez point de regret à l'heure de la mort de vous être chargé vous-même du poids d'un diocèse, qui pour lors paraît insupportable. Certes, je ne puis écrire ceci qu'avec action de grâces à Dieu de vous avoir éloigné de la recherche dangereuse d'un tel fardeau, et donné la disposition de n'aller pas seulement au devant ; c'est une grâce qui ne se peut assez priser ni chérir, etc. »

Or, comme ce n'était pas seulement en la recherche des prélatures, mais aussi presque de toutes sortes de bénéfices, qu'on se portait avec empressement, et même pour en avoir on ne faisait pas souvent de difficulté de commettre diverses simonies et confidences, M. Vincent employait une vigilance extraordinaire pour empêcher ce mal ; et quand il en découvrait quelque chose, il avertissait, premièrement, avec charité ceux qui le voulaient commettre ; et s'ils ne désistaient point, il les refusait absolument. Mais comme il savait bien que la malice des hommes est artificieuse pour se cacher et couvrir de divers prétextes, il se donnait soigneusement de garde des déguisements dont on se sert pour couvrir ce malheureux commerce ; et lorsqu'il ne voyait pas bien clair dans les permutations, démissions et autres traités touchant les bénéfices, il faisait renvoyer ceux qui y prétendaient, jusqu'à ce qu'on en eût un éclaircissement plus assuré ; et, outre cela, il tenait aussi la main afin qu'il ne se commît aucun abus dans les pensions, et qu'elles ne fussent point excessives, ni trop onéreuses aux bénéfices sur lesquels elles étaient imposées.

Il y avait encore un autre mal qui se commettait en la recherche des bénéfices, auquel il s'est efforcé de remédier autant qu'il lui a été possible, qui est que, plusieurs désirant ardemment de s'enrichir du bien d'Église, et n'en pouvant avoir par des voies droites, ils en prenaient d'obliques, jetant des dévolus sur les bénéfices, pour donner de la crainte, par leurs chicanes et par leur crédit, à ceux qui en étaient les possesseurs légitimes, et les obliger à se rédimer de leur injuste vexation par quelque composition; en telle sorte que s'ils ne pouvaient leur ôter le titre de bénéfice, ils tâchaient d'en tirer au moins quelque pension. Et parce que ces écumeurs du bien d'Église, pour rendre leurs poursuites moins odieuses, emploient ordinairement des prétextes spécieux, qui semblent bons en apparence, quoiqu'ils soient le plus souvent supposés, M. Vincent pour n'y être pas trompé et pour couper la racine à ce mal, obligeait ceux qui s'adressaient au conseil touchant ces dévolus, avant que de leur en accorder les brevets qu'ils demandaient, de justifier et prouver les causes et raisons sur lesquelles ils prétendaient se fonder; ce que plusieurs ne pouvant faire suffisamment, il en faisait son rapport au conseil, et, donnant à connaître qu'il n'y avait pas lieu d'accorder leurs demandes, les faisait renvoyer. Par ce moyen, il a étouffé une infinité de procès dès leur naissance, et rédimé de plusieurs vexations injustes un grand nombre de vertueux ecclésiastiques, et même quantité de bons pasteurs, qui sans ce charitable protecteur eussent été souvent obligés d'abandonner leurs ouailles, et d'aller employer les mois et quelquefois les années entières à solliciter des procès devant divers tribunaux, pour se défendre des violences qu'on leur voulait faire.

Quoique le temporel des bénéfices ne soit pas si considérable que le spirituel, il ne doit pas pourtant être négligé, puisque c'est un bien offert à Dieu, dont les bénéficiers, qui en sont les dispensateurs et économes, sont obligés de prendre un soin particulier. Néanmoins plusieurs abbayes de grand revenu étant possédées en commende par des personnes puissantes, qui pour l'ordinaire se contentaient d'en retirer les fruits, sans se mettre en peine d'en entretenir les bâtiments et d'y faire les réparations nécessaires, il arrivait que les édifices et même les églises se trouvaient quelquefois en danger de tomber en ruine. M. Vincent voyant ce désordre, et voulant y apporter remède, fit en sorte qu'on écrivît de la part du roi aux procureurs généraux des parlements, à ce qu'ils eussent à se rendre partie contre ces abbés, et les contraindre, par saisie de leurs revenus, aux réparations nécessaires.

SECTION V.

EXEMPLE REMARQUABLE SUR CE SUJET.

Entre plusieurs exemples qui pourraient être ici rapportés du zèle que M. Vincent a fait paraître pour procurer que les bénéfices et particulièrement les prélatures ne fussent conférées qu'à ceux qu'on en pouvait juger dignes, et desquels il y avait lieu d'espérer qu'ils s'acquitteraient dignement de leur charge, nous en produirons seulement un, dans lequel on verra quelle était la vertu et la disposition de l'esprit de ce grand serviteur de Dieu.

La cour étant il y a plusieurs années hors de Paris, M. le cardinal Mazarin écrivit à M. Vincent la lettre suivante: « Monsieur, ces lignes sont pour vous dire que M. N. ayant dépêché ici pour demander à la reine pour monsieur son fils l'évêché de N., qui vaque depuis quelques jours, elle le lui a accordé d'autant plus volontiers qu'il a les qualités requises pour en être pourvu, et que Sa Majesté a été bien aise de rencontrer une occasion si favorable de reconnaître les services du père, et le zèle qu'il a pour le bien de l'État, en la personne du fils. La reine m'a promis de vous en écrire elle-même, et je l'ai fait par avance, afin que vous preniez la peine de le voir, et que vous lui donniez les instructions et les lumières que vous jugerez lui être nécessaires pour se bien acquitter de cette fonction, etc. »

M. Vincent, ayant reçu cette lettre, se trouva en peine : car d'un côté il avait un très-grand respect pour tout ce qui venait de la part de Sa Majesté et de son premier ministre; et de l'autre, il savait fort bien que cet ecclésiastique à qui on donnait l'évêché n'avait pas les qualités requises pour en soutenir dignement la charge, et que d'ailleurs le diocèse dont il était question était un des plus grands de la province, et qui, ayant été négligé par les évêques précédents, avait besoin d'un pasteur qui voulût résider et travailler; ce qu'on ne pouvait pas espérer de celui qu'on y voulait mettre. Que fera donc ce fidèle et zélé serviteur de Dieu, pour essayer à détourner ce coup? Car de s'adresser à la reine et à M. le cardinal, il était trop tard, le brevet étant déjà expédié; et d'ailleurs la cour ayant pour lors un besoin particulier des services du père : si faut-il pourtant qu'il fasse quelque effort pour empêcher un dessein si préjudiciable au bien de ce pauvre diocèse et au salut du père et du fils. Comme ils l'honoraient de leur amitié, il crut qu'à cette occasion importante il leur devait rendre un office de charité d'autant plus pur et désintéressé, qu'en voulant essayer de leur rendre un véritable et fidèle service, il se mettait en danger de perdre leur affection. Pour cet effet, il alla trouver le père chez lui, et lui représenta tout ce qui manquait à son fils pour le bon gouvernement d'un diocèse, et combien il était important de ne le point exposer aux suites très-funestes d'une indigne promotion, pour n'attirer sur sa propre personne et sur toute sa famille l'indignation de Dieu; enfin il n'oublia rien de tout ce qu'il jugea propre pour divertir ce père de la résolution qu'il avait prise; il prévint même ses objections; répondant par avance à tout ce que l'amour paternel pouvait dire sur ce sujet. Ce bon seigneur l'écouta fort attentivement, et lui témoigna qu'il agréait sa remontrance charitable, et même l'en remercia, lui disant qu'il y penserait.

Quelques jours après, M. Vincent étant retourné chez lui pour quelqu'autre affaire, il le reçut avec ces paroles : « O Monsieur! ô M. Vincent! que vous m'avez fait passer de mauvaises nuits! Et ensuite il se mit à lui représenter l'état de sa maison et de ses affaires, son âge avancé, le nombre de ses enfants, et l'obligation qu'il avait de les pourvoir avant que de mourir, pour ne pas les laisser dans l'incommodité; que son fils aurait de bons ecclésiastiques avec lui, lesquels étant vertueux et savants pourraient l'aider à faire sa charge, et que pour ces raisons il estimait ne devoir pas perdre l'occasion de son établissement.

M. Vincent, qui lui avait déjà remontré tout ce qui se pouvait dire contre ces considérations humaines, ne lui en parla plus, laissant la conduite et l'événement de cette affaire à la divine Providence. Mais peu de temps après Dieu fit bien voir que ce dessein ne lui était pas agréable, ayant retiré de ce monde ce nouvel évêque aussitôt qu'il eut été élevé à cette dignité, ne laissant au père que le regret de n'avoir pas suivi le salutaire conseil qui lui avait été donné par M. Vincent.

SECTION VI.

SON AFFECTION TRÈS-GRANDE POUR LE SERVICE DES PRÉLATS DE L'ÉGLISE.

M. Vincent a toujours témoigné un respect singulier pour la dignité des évêques, en la personne desquels il reconnaissait et honorait la puissance et la majesté de Jésus-Christ; il a toujours fait une profession particulière de leur obéir et de les servir en toutes sortes de rencontres, autant qu'il lui était possible; et principalement depuis qu'il fut employé dans les conseils du roi, il embrassait avec ardeur les occasions qui s'en présentaient, n'attendant pas d'être recherché ou prié de leur part; mais les prévenant, et recommandant de son propre mouvement leurs intérêts à la reine, à M. le cardinal, à M. le chancelier et autres personnes d'autorité, avec plus d'affection que les siens propres.

Il s'employa de tout son pouvoir pour moyenner quelque accommodement entre MM. de Rieux et Cupif, tous deux évêques de Léon en Bretagne. Le premier ayant été tiré de son siége durant le règne de Louis XIII, de glorieuse mémoire, et poursuivant son rétablissement, prétendait en faire sortir le second; lequel de son côté y ayant été mis par l'autorité des deux puissances, la spirituelle et la temporelle, voulait s'y maintenir : ce qui causait une fâcheuse division dans le diocèse, et beaucoup de bruit dans l'Église. Enfin, après diverses contestations, M. de Rieux fut rétabli, et M. Cupif fut nommé à l'évêché de Dôle; de quoi ils demeurèrent tous deux satisfaits, et par ce moyen le trouble cessa.

Il a aussi contribué beaucoup à la translation du siége épiscopal de Maillezais en la ville de la Rochelle, laquelle avait autrefois servi de boulevard à l'hérésie, de refuge aux ennemis de l'État et de sujet au feu roi pour immortaliser sa piété, son courage et sa puissance, en réduisant à son obéissance cette ville rebelle. On eut dès-lors la pensée d'en faire une ville épiscopale, pour y faire refleurir la religion catholique avec autant de majesté et de justice que les hérétiques séditieux avaient tâché de la flétrir avec plus d'ignominie et d'impiété; mais l'exécution de ce louable dessein avait été réservée, par l'ordre de la divine Providence, pour la régence de la reine, laquelle par l'avis de M. Vincent choisit M. Jacques Raoul, alors évêque de Saintes, pour être le premier évêque de la Rochelle; M. de Béthune, évêque de Maillezais, ayait été fait archevêque de Bordeaux ensuite du consentement qu'il donna à cette translation, et M. de Bassompierre nommé à l'évêché de Saintes; et pour fonder quelques chanoinies dans l'église cathédrale de la Rochelle, il fut ordonné que les bénéfices simples dépendants du chapitre régulier de Maillezais qui viendraient à vaquer seraient unis à celui de la Rochelle.

Le zèle de M. Vincent pour le service de MM. les prélats s'est encore signalé particulièrement lorsqu'ils ont eu besoin de l'autorité du roi et de la protection de M. le chancelier contre les hérétiques : il réclamait souvent l'une et l'autre, pour faire défendre leurs assemblées et leurs prêches hors des lieux pour lesquels ils avaient obtenu permission. Il a fait aussi ses efforts pour remédier à l'abus qui était en usage parmi quelques-uns de ces pauvres abusés, lesquels, pour épouser des filles catholiques, faisaient semblant de se convertir, et après leur mariage retournaient au prêche comme auparavant, faisant assez paraître qu'ils n'avaient aucune foi ni divine ni humaine. Et comme il s'en trouvait d'autres qui achetaient des charges considérables deux et trois fois plus qu'elles ne valaient en plusieurs villes de ce royaume, et qui ensuite faisaient tous leurs efforts pour s'y faire recevoir à quelque prix que ce fût, nonobstant les édits contraires, M. Vincent ne manquait pas d'en porter ses plaintes à la reine et à M. le chancelier, pour empêcher qu'ils ne fussent reçus. Il faisait aussi souvent écrire de la part du roi aux intendants des provinces, pour arrêter les fréquentes et diverses entreprises des hérétiques, et recommandait autant qu'il pouvait le bon droit des catholiques dans les procès et différends qu'ils avaient avec eux.

Ce serait chose ennuyeuse au lecteur, si on rapportait ici en détail tous ces services et tous les autres bons offices que les prélats ont reçus de ce saint prêtre en toutes sortes d'occasions : il suffira de dire qu'il ne s'en est présenté aucune qu'il n'ait embrassée de grand cœur, et en laquelle il ne se soit employé de tout son pouvoir, soit pour soutenir leurs légitimes intérêts et appuyer leurs justes prétentions, soit pour leur procurer la protection des puissances contre les injustes vexations qui leur étaient faites, soit enfin pour leur donner des conseils salutaires lorsqu'il en était requis de leur part, ou qu'il le jugeait nécessaire pour le bien de leurs diocèses : en quoi néanmoins il était fort circonspect et grandement réservé, son extrême humilité et le grand respect qu'il portait à leur dignité lui fermant souvent la bouche, et l'empêchant de produire ses sentiments, desquels il se défiait toujours beaucoup ; se persuadant d'ailleurs qu'ils avaient des lumières plus pures et plus étendues que les siennes, qu'il estimait fort petites et bornées. Il est vrai qu'en certaines occasions, l'affection qu'il avait pour leur service l'emportait au-dessus de son humilité : nous en rapporterons seulement ici un exemple, avec lequel nous finirons cette section.

Ce grand serviteur de Dieu regardait avec peine et douleur un abus qui s'introduisait dans l'Eglise de France, par le mauvais usage qu'on faisait des appellations comme d'abus, lesquelles n'ayant été introduites que pour maintenir en sa vigueur l'observance des canons et de la discipline ecclésiastique, et pour empêcher le relâchement qui s'y pouvait glisser, produisaient néanmoins un effet tout contraire, par la mauvaise disposition et par les injustes prétentions de plusieurs, qui ne s'en servaient le plus souvent que pour se maintenir dans leurs déréglements et fomenter leurs vices, tâchant ainsi d'énerver l'autorité légitime des prélats, pour faire régner l'impunité dans l'état ecclésiastique. M. Vincent donc, connaissant les pernicieux effets de ce désordre, en gémissait souvent devant Dieu, et recherchait les moyens d'y apporter quelque remède. Mais voyant que le mal était trop enraciné pour le pouvoir entièrement ôter, il s'est pour le moins efforcé de le diminuer, par les salutaires avis qu'il a donnés en diverses occasions à plusieurs évêques.

Il leur représentait qu'un moyen de prévenir le mauvais usage qu'on faisait des appellations comme d'abus, était d'établir un bon ordre dans leurs cours ecclésiastiques, et d'y mettre des officiaux vertueux et capables, qui fussent versés en la connaissance du droit canonique et civil, entendus et expérimentés en l'exercice des charges de judicature, irréprochables en leurs mœurs, inflexibles dans les actions de justice, et fort exacts à observer les formalités qui se pratiquent en ce royaume.

Il en écrivit particulièrement une fois à quelque prélat, qui lui avait demandé son avis sur ce sujet. Et pour lui faire encore mieux connaître combien il importait qu'un homme constitué en cette charge fût capable de l'exercer, il ajouta dans sa lettre ce qui suit : « Je portai un jour à feu M. Molé, qui a été procureur général et premier président, les plaintes de quelques prélats qui avaient été fort malmenés par le parlement, pour avoir voulu remédier aux désordres de quelques prêtres, et qui, se voyant ainsi empêchés, avaient témoigné, les larmes aux yeux, qu'ils étaient résolus de laisser aller les choses à l'abandon. Ce sage magistrat me dit qu'il était vrai que lorsque les évêques ou les officiaux manquaient aux formalités qui leur étaient prescrites pour l'administration de la justice ecclésiastique, la cour était exacte à corriger leurs abus; mais quand ils observaient bien les formalités, qu'elle n'entreprenait rien contre leur procédé. Sur quoi il me donna cet exemple. Nous savons, me dit-il, que monsieur l'official de Paris est habile en sa charge, et qu'il n'y a rien à redire en ses jugements; c'est pourquoi, lorsqu'on nous apporte des appels comme d'abus des sentences par lui rendues, nous n'en recevons aucun; et nous en userions de même à l'égard de tous les autres s'ils se comportaient de la même façon. »

SECTION VII.

DIVERS SERVICES IMPORTANTS RENDUS PAR M. VINCENT A PLUSIEURS ORDRES RELIGIEUX.

L'estime et l'affection que M. Vincent avait pour l'état religieux le portaient à rendre très-volontiers service aux personnes qui en faisaient profession, et particulièrement lorsqu'il s'agissait de rétablir ou de maintenir le bon ordre dans leurs maisons. C'est à quoi il s'est toujours employé avec zèle, ménageant soigneusement toutes les occasions qui s'en présentaient dans les conseils du roi et ailleurs, en sorte qu'on peut dire sans exagération que de tous les ordres religieux qui sont en France, il n'y en a pas un qui n'ait ressenti quelque effet de sa charité, soit dans quelqu'un des membres en particulier, tant pour les besoins qu'ils ont eus de la protection et des bienfaits du roi qu'il a tâché de leur procurer, que par divers autres services qu'il s'est efforcé de leur rendre, et particulièrement à l'égard des réformes qu'il a toujours appuyées de tout son pouvoir, comme celles de Saint-Maur, de Saint-Bernard, de Saint-Antoine, des chanoines réguliers de Saint-Augustin, de Prémontré, de Grand-Mont, etc. Nous rapporterons ici seulement quelques exemples sur ce sujet, passant sous silence un grand nombre d'autres qu'il est plus expédient de taire que de divulguer, pour ne renouveler la mémoire de divers désordres qu'il faut plutôt ensevelir dans un éternel oubli.

Un abbé régulier de grande vertu, poursuivant la réforme de son ordre contre les empêchements qu'y apportaient plusieurs personnes d'autorité, lesquelles avaient même porté un prince à s'employer contre cette réforme, et ayant reçu toutes sortes d'assistances et de secours de la part de M. Vincent, lui en écrivit une lettre de remerciement en l'année 1644, en laquelle il lui parle en ces termes : « Il est bien nécessaire que Dieu vous donne une force extraordinaire pour un si grand ouvrage, à vous, dis-je, qui défendez la cause de Dieu contre la puissance du monde. Nous ne pouvons que prier Dieu et nous remettre à sa Providence et à votre zèle, Monsieur, qui êtes notre unique refuge en terre et le seul support de notre ordre désolé. »

Un religieux non réformé s'étant fait élire abbé d'une abbaye fort considérable qui était chef d'ordre, en laquelle par conséquent il était très-important de mettre la réforme, demandait au roi la confirmation de son élection ; mais M. Vincent étant bien informé des nullités de cette élection, s'employa autant qu'il fut en lui pour faire procéder à une nouvelle élection, et pour procurer qu'on élût un abbé réformé. Sur quoi il écrivit à un prélat en ces termes : » Il y a un an ou environ que je me donnai l'honneur de vous écrire au sujet de l'élection de N. pour abbé de N., afin qu'il vous plût de prendre la peine de venir jusqu'à Paris pour informer la reine des qualités du personnage et des besoins de l'abbaye ; mais à cause de quelque incommodité qui vous en empêcha, vous eûtes la bonté de me marquer par une lettre les justes raisons qu'on avait d'empêcher que cette élection n'eût son effet. La chose a traîné depuis sur l'opposition de deux religieux électeurs appelés à l'élection un jour plus tard qu'elle ne s'est faite, laquelle opposition vient d'être vidée au parlement, par surprise, au gré dudit élu, qui en est d'autant plus échauffé à la poursuite de sa confirmation, pressant grandement l'expédition de son brevet. Et parce qu'il est porté de beaucoup de personnes puissantes, il y a sujet de craindre qu'il ne l'emporte, ce qui fait que votre présence est fort à désirer ici pour en dire un mot à la reine et donner poids aux raisons qu'on a d'empêcher ce mal. Je sais que Sa Majesté, qui vous estime beaucoup, l'aura fort agréable, et M. le garde des sceaux a trouvé bon que je vous supplie, comme je fais très-humblement, d'y venir au plus tôt pour l'amour de Dieu. Je prends cette confiance, sachant combien ses intérêts vous sont à cœur. Peut-être que de ce moment, ainsi que vous m'avez fait l'honneur de me mander, dépend la réforme de cette maison et de celles de sa filiation ; et que Notre-Seigneur veut que le mérite d'un succès si désirable vous soit imputé, comme à l'un des prélats du royaume qui a plus de zèle pour la gloire de son Église, etc. »

M. Vincent fit aussi tout son possible pour introduire la réforme et pour en appuyer les commencements dans un ordre qui en avait grand besoin. Voici en quels termes il en écrivit au général en lui envoyant une lettre du roi :

« Mon révérendissime Père,

« La raison pour laquelle Sa Majesté écrit à votre révérence est que cela fut ainsi résolu dans le conseil des affaires ecclésiastiques, lorsqu'ayant vaqué un prieuré de votre ordre au diocèse de N., on considéra un de vos bons religieux, nommé le Père N., pour une pension, à condition d'y rétablir l'ancienne régularité, ainsi qu'il a fait en quelque autre de vos maisons, laquelle pension passerait de lui à ses successeurs en l'observance de cette règle : de quoi ayant fait rapport à la reine, Sa Majesté en témoigna une grande joie et recommanda de tenir la main à l'expédition. Il y a sujet d'espérer, mon révérend Père, que le bon Dieu se servira de vous pour relever un ordre si saint que le vôtre, qui a été très-célèbre en l'Église et à bénédiction à ce royaume, puisque, sous votre gouvernement, il commence à reprendre la même odeur qu'il a répandue en sa façon de vie, de laquelle les gens de bien souhaitent le rétablissement. Le roi y veut contribuer ; et il semble que c'est le dessein de Dieu, en tant qu'il vous a donné ce bon religieux comme un instrument fort propre duquel votre révérence peut se servir, ce qu'elle fera très-utilement si elle a agréable de lui donner son grand vicariat pour régir les maisons de N. N. N., avec pouvoir d'y recevoir des novices et des profès selon l'ancienne observance, le tout sous votre autorité et sainte conduite. Je ne doute pas que votre révérence ne réponde aux intentions de Sa Majesté en chose si raisonnable, qui tend à la gloire de Dieu et à la manutention d'un corps dont vous êtes le chef et sur lequel Notre-Seigneur influera par vous et par vos ministres son esprit religieux pour y régner dans les siècles à venir, et par ce moyen rendre votre personne et votre zèle recommandables à la postérité, outre le mérite que votre révérence en aura devant Dieu, etc. »

Une abbaye très-considérable ayant été donnée à un jeune prince qui était sous la conduite et administration de madame sa mère, M. Vincent écrivit à cette princesse pour la porter à consentir qu'on mît la réforme en cette abbaye, qui en avait un grand besoin. Voici en quels termes il lui parle :

« Madame,

« Je prends la confiance d'écrire à Votre Altesse pour lui renouveler les offres de mon obéissance avec toute l'humilité et la soumission qui me sont possibles, et pour accompagner ce bon religieux qui va la trouver, pour avoir l'honneur de lui faire la révérence, et lui dire la disposition où se trouve l'abbaye de N. de recevoir la réforme, avec les moyens les plus propres pour y parvenir. Il est de bonne réputation et de très-honnête famille. J'espère, Madame, que Votre Altesse aura la bonté de l'entendre ; premièrement, parce que je sais le grand zèle qu'elle a pour la gloire de Dieu, laquelle elle porte si avant, que de n'épargner pas même les personnes qui ont l'honneur de lui appartenir ; secondement, parce qu'en ce faisant, Votre Altesse sera cause que Jésus-Christ sera désormais davantage honoré et servi en cette maison-là, qui ne le peut être en l'état où elle est réduite, ainsi que ce porteur lui fera connaître ; troisièmement, à cause que feu Mgr l'évêque de N. désirait avec tant d'ardeur l'introduction de la réforme en la même maison, qu'il m'en écrivit plusieurs fois ; et j'estime que cela se fût fait sans les empêchements qu'y apporta un des principaux religieux de l'abbaye, lequel avait grand crédit parmi les autres ; mais il est mort depuis ce temps-là, et peut-être, Madame, que Dieu a permis ce retardement, pour réserver à M. l'abbé, votre fils, et à Votre Altesse, le mérite d'une œuvre si grande. »

M. Vincent s'employait non-seulement pour procurer la réforme, mais aussi la paix et la réunion des maisons religieuses, s'affligeant grandement des différends et divisions qu'il y voyait survenir, et faisant tout son possible pour y remédier. Or, comme il agissait toujours avec grande prudence et circonspection, lorsqu'il s'appliquait à ces œuvres de charité, et qu'il s'efforçait de réunir les esprits divisés, pour n'être pas surpris par ceux de l'un ou de l'autre parti qui venaient lui parler, il procurait que quelques personnes de vertu et d'autorité se transportassent sur les lieux de la part du roi, pour prendre connaissance de la vérité, en écoutant les raisons qu'on alléguait de part et d'autre, afin que sur leur rapport on pût prendre les moyens les plus convenables et les plus assurés pour y rétablir la paix, comme il a fait en quantité de rencontres. Il procurait même que quelques grands prélats assistassent à leurs chapitres généraux, quand il en voyait quelque nécessité, tant pour empêcher par leur prudence et autorité l'emportement de quelques religieux auteurs du trouble, que pour maintenir un chacun dans la liberté des suffrages, et toute l'assemblée dans la facilité de régler les choses nécessaires pour le bien de l'ordre : et puis Sa Majesté étant informée, par le rapport de ces prélats, que les élections et délibérations faites en ces chapitres étaient bonnes et canoniques, il en appuyait l'exécution, et n'écoutait plus les plaintes que les esprits remuants pouvaient faire contre.

Il s'est aussi plusieurs fois entremis lui-même pour accommoder amiablement les divisions et brouilleries de quelques maisons religieuses, en étant prié par les supérieurs; et il a reçu en divers temps des lettres de Rome, de la part des généraux de trois ou quatre ordres différents, qui l'ont affectueusement remercié de toutes les assistances qu'il avait rendues à leurs ordres, et de ses entremises envers Sa Majesté pour leur procurer sa protection, le reconnaissant comme leur ange tutélaire, etc.

Il déplorait grandement la ruine d'un certain ordre, qu'il voyait dans une telle désolation, qu'il n'y avait presque aucun moyen d'y remédier : et un religieux d'un autre ordre, où il n'était pas content, lui ayant demandé son avis par lettre sur le dessein qu'il avait de passer dans cet ordre désolé, voici la réponse qu'il lui fit : « Je ne voudrais conseiller à personne d'entrer dans l'ordre prétendu de N., et encore moins à un religieux, docteur et professeur en théologie, et grand prédicateur, tel que vous êtes, parce que c'est un désordre et non pas un ordre ; un corps qui n'a point de consistance ni de vrai chef, et où les membres vivent sans aucune dépendance ou liaison. Je trouvai un jour M. le garde des sceaux en sa bibliothèque, lequel me dit qu'il était en la recherche de l'origine et du progrès de cet ordre en France, et qu'il n'en trouvait aucun vestige. En un mot, ce n'est qu'une chimère de religion, qui sert de retraite aux religieux libertins et discoles, lesquels, pour secouer le joug de l'obéissance, s'enrôlent en cette religion imaginaire, et vivent dans le déréglement. C'est pourquoi j'estime que telles personnes ne sont point en sûreté de conscience, et je prie Notre-Seigneur qu'il vous préserve d'une telle légèreté. »

Cette lettre désabusa ce pauvre religieux tenté, et lui ayant ouvert les yeux pour connaître le précipice où il s'allait jeter, le fit rentrer en lui-même, et prendre résolution de persévérer en sa religion.

Un autre religieux très-célèbre et dedans et dehors son ordre, tant pour sa vertu que pour avoir prêché dans les premières chaires du royaume, représenta un jour à M. Vincent ses longs travaux, l'austérité de sa règle, la diminution de ses forces, et la crainte qu'il avait de ne pouvoir continuer longtemps ses services à l'Église, et en même temps lui proposa un moyen qui lui était venu en la pensée, par lequel il lui semblait qu'il pourrait se mettre en état de travailler encore utilement : c'était d'être fait suffragant de l'archevêché de Reims, parce que la dignité d'évêque le dispensant du jeûne et des autres austérités de son ordre, cela lui conserverait ses forces pour prêcher et agir avec plus de vigueur et de fruit. Sur quoi il pria M. Vincent de lui mander son avis, et au cas qu'il approuvât cette pensée, de l'aider à le faire nommer par le roi pour cette suffragance, se promettant pour cela d'être appuyé de la recommandation de quelques autres personnes de crédit. M. Vincent s'aperçut aussitôt que la pensée de ce bon religieux n'était qu'une tentation : ce qu'il lui montra bien clairement par la réponse qu'il fit à sa lettre, dans laquelle, après lui avoir témoigné l'estime et l'affection très-particulière qu'il avait pour sa personne et pour son ordre, et l'avoir congratulé des talents qu'il avait reçus de Dieu pour prêcher, et de l'édification qu'il avait donnée jusqu'alors à son ordre, il ajouta ce qui suit :

« Je ne doute point que votre révérence ne fît merveille dans la prélature, si elle y était appelée de Dieu ; mais ayant fait voir qu'il vous voulait en la charge où vous êtes, par le bon succès qu'il a donné à vos emplois et à vos conduites, il n'y a pas d'apparence qu'il vous en veuille tirer : car si sa Providence vous appelait à l'épiscopat, elle ne s'adresserait pas à vous pour vous le faire rechercher; elle inspirerait plutôt à ceux en qui réside le pouvoir de nommer aux charges et dignités ecclésiastiques, de vous choisir pour celle-là, sans que vous en fissiez aucune avance, et alors votre vocation serait pure et assurée; mais vous produire vous-même, il semble qu'il y aurait quelque chose à redire, et que vous n'auriez pas sujet d'espérer les bénédictions de Dieu dans un tel changement, qui ne peut être désiré ni poursuivi par une âme véritablement humble comme la vôtre. Et puis, mon Révérend Père, quel tort feriez-vous à votre saint ordre, de le priver d'une de ses principales colonnes, qui le soutient et qui l'accrédite par sa doctrine et par ses exemples! Si vous ouvriez cette porte, vous donneriez sujet à d'autres d'en sortir après vous, ou pour le moins de se dégoûter des exercices de la pénitence : ils ne manqueraient pas de prétexte pour les adoucir et diminuer, au préjudice de la règle : car la nature se lasse des austérités; et si on la consulte, elle dira que c'est trop; qu'il se faut épargner pour vivre longtemps, et pour servir Dieu davantage; au lieu que Notre-Seigneur dit : Qui aime son âme, la perdra; et celui qui la hait, la sauvera. Vous savez mieux que moi tout ce qui se peut dire sur cela, et je n'entreprendrais pas de vous en écrire ma pensée, si vous ne me l'aviez ordonné. Mais peut-être que vous ne prenez pas garde à la couronne qui vous attend : ô Dieu, qu'elle sera belle! Vous avez déjà tant fait, mon Révérend Père, pour l'emporter heureusement; et peut-être ne vous reste-t-il plus que peu de chose à faire : il faut la persévérance dans le chemin étroit où vous êtes entré, lequel conduit à la vie. Vous avez déjà surmonté les plus grandes difficultés. Vous devez donc prendre courage, et espérer que Dieu vous fera la grâce de vaincre les moindres. Si vous m'en croyez, vous cesserez pour un temps les travaux de la prédication, afin de rétablir votre santé. Vous êtes pour rendre encore beaucoup de services à Dieu et à votre religion, qui est une des plus saintes et des plus édifiantes qui soient en l'Église de Jésus-Christ, etc. »

Enfin, la charité de M. Vincent étendait ses soins aussi bien sur le temporel que sur le spirituel des communautés religieuses; et il s'est plusieurs fois employé pour procurer que diverses maisons religieuses, et autres communautés et hôpitaux, pussent recevoir avec facilité les rentes qu'ils avaient sur les domaines du roi, dont ils avaient bien de la peine à se faire payer durant le mauvais temps des guerres; et il se rendait à cet effet leur solliciteur envers la reine et M. le cardinal, pour faire donner ordre qu'ils fussent satisfaits. Il procura aussi que les hôpitaux des frontières du royaume fussent mis en sauvegarde particulière contre les entreprises des gens de guerre, et que plusieurs autres fussent maintenus en jouissance des dons, grâces et priviléges qui leur avaient été accordés.

SECTION VIII.

AUTRES OFFICES DE CHARITÉ RENDUS PAR M. VINCENT A DIVERSES ABBAYES ET MONASTÈRES DE FILLES.

Saint Cyprien disait avec grande raison que plus l'honneur et la gloire de l'état des vierges consacrées à Dieu est sublime, plus grand aussi doit être le soin qu'il faut prendre pour le maintenir en sa perfection : le déchet en étant d'autant plus facile et fréquent, que le sexe est plus fragile, et que la constance dans le bien est plus difficile et plus rare, même parmi les hommes. C'est ce qui a excité M. Vincent à étendre particulièrement la charité qu'il avait pour l'état religieux sur les abbayes et monastères des filles, soit pour y conserver le bon ordre, s'il y était déjà établi; soit pour le rétablir, s'il ne s'y trouvait pas.

Il s'est toujours principalement employé autant qu'il a pu pour maintenir le droit d'élection dans les abbayes où il était en usage, et s'est fortement opposé aux prétentions de certaines religieuses, lesquelles ne pouvant espérer de parvenir à la dignité d'abbesse par voie d'élection, pour n'en avoir ni la capacité ni le mérite, s'efforçaient d'y monter en s'appuyant sur l'autorité du roi et le crédit de leurs parents. Il s'est comporté de même à l'égard de celles qui ayant été élues par la communauté pour trois ans, selon l'usage de leurs monastères, tâchaient d'obtenir des brevets du roi pour se perpétuer dans la charge. Un jour un prélat fort vertueux avait procuré l'élection d'une fort bonne religieuse pour la conduite d'une abbaye de son diocèse, et poursuivant la confirmation du roi, il voulut persuader à M. Vincent que la perpétuité des supérieures était plus avantageuse que la triennalité : mais outre que ce sage prêtre n'approuvait en aucune façon les innovations qui se faisaient contre un usage canoniquement établi dans les communautés religieuses, il lui remontra avec respect et humilité que les élections triennales étaient pour beaucoup de raisons plus à souhaiter que les perpétuelles à l'égard des filles qui ont moins de fermeté dans le bien, et qui peuvent plus facilement se méconnaître dans les grandes charges, quand elles s'y voient une fois établies pour toute leur vie.

Lorsque les abbayes des filles qui étaient à la nomination du roi venaient à vaquer, les brigues et sollicitations étaient ordinairement grandes et fortes pour des filles de naissance et de condition : les parents ne se contentant pas de s'agrandir dans le monde, mais portant encore leur ambition jusque dans les lieux saints, et pour cet effet faisant tous leurs efforts afin de procurer que leurs filles ou leurs sœurs commandassent dans les cloîtres. On livrait souvent à ce sujet d'étranges assauts à M. Vincent, lequel, connaissant que le bon ou le mauvais ordre des religieuses venait pour l'ordinaire de celles qui en étaient supérieures, mettait tous les respects humains sous les pieds, et tenait ferme pour faire en sorte qu'on nommât pour abbesses celles que l'on savait être les plus capables, les plus éprouvées et les plus exactes aux observances régulières.

Un seigneur qui avait une fille dans une abbaye vacante, nièce de la défunte abbesse, le vint trouver un jour à Saint-Lazare, pour se plaindre de ce qu'il empêchait que cette fille ne succédât à sa tante, comme cette tante avait succédé à l'autre tante ; et la patience de M. Vincent provoquant encore davantage sa colère et son ressentiment, il le chargea de reproches et d'injures, et y ajouta les menaces, criant et faisant un très-grand bruit, comme ferait un homme à qui on enlèverait son bien ; et cela pendant une heure ou davantage. Il lui était avis que cette abbaye était comme un bien héréditaire en sa maison, et qu'on lui faisait grand tort de la lui ôter. Aussi le mari, la femme et toute la famille avaient-ils de tout temps coutume d'aller plusieurs fois l'année en cette abbaye, comme à une maison de plaisance, et d'y demeurer et vivre aux dépens de la communauté, qui en était notablement incommodée ; ce qui faisait gémir et murmurer toutes les religieuses, lesquelles voyant l'abbesse morte s'opposèrent à la nomination de cette nièce et firent grande instance pour avoir une autre supérieure. M. Vincent, qui était très-bien informé des qualités de cette prétendante, répondit au père, fort doucement et respectueusement, qu'elle était encore très-jeune, et qu'il était obligé en conscience de conseiller à la reine qu'entre les religieuses de divers monastères pour lesquelles on demandait cette abbaye, elle eût agréable de choisir celle qui serait la plus capable et la plus propre. Après cette réponse il laissa parler ce seigneur dans tous ses emportements, et décharger sur lui l'amertume de sa colère, avec une patience incroyable ; et puis l'ayant accompagné à la porte, il témoigna être fort aise d'avoir été chargé d'injures et couvert d'opprobre pour soutenir les intérêts de Notre-Seigneur.

Il s'est trouvé souvent quantité d'abbesses, lesquelles conservant quelque attache pour leurs parents, et ayant quelques sœur, nièce ou cousine religieuses, les demandaient pour leurs coadjutrices, sous prétexte d'âge ou d'infirmité. Mais M. Vincent, qui se défiait toujours de la chair et du sang, ne fut jamais d'avis qu'on accordât ces coadjutoreries sans grande nécessité : en quoi il se montra inébranlable ; et sa raison était que la vacance des abbayes arrivant par mort, on avait la liberté de choisir des filles vertueuses et capables pour y maintenir le bon ordre, s'il y était, ou s'il n'y était pas, pour l'y établir.

Lorsque quelque abbesse avait résigné son abbaye, et qu'on rapportait des certificats de la suffisance et des bonnes mœurs de celle au profit de laquelle la résignation été avait faite, il ne s'en rapportait pas toujours à ce que contenaient ces certificats, parce que, selon son sentiment, le témoignage de beaucoup de personnes ne peut pas faire grande foi en ces sortes d'affaires. C'est pourquoi il prenait du temps pour s'informer avec plus de certitude des qualités de la personne ; et lorsqu'il apprenait que le choix en était bon et qu'il serait avantageux à l'abbaye, il faisait admettre la résignation ; sinon, il la rejetait.

Comme il arrivait quelquefois du désordre à plusieurs monastères de filles, tant par les troubles et divisions des religieuses, que par d'autres abus qui s'y glissaient, il s'employait avec grand zèle pour y remédier, faisant en sorte qu'on envoyât des personnes de vertu et d'expérience, qui fussent autorisées du roi, soit pour apaiser le différend, ou pour établir la clôture si elle n'y était point, et pourvoir aux autres besoins : et il faisait écrire de la part de Leurs Majestés aux supérieurs des mêmes ordres et aux évêques des lieux, pour y tenir la main.

Une abbaye de filles se trouvant en une grande division, à laquelle le supérieur ordinaire n'avait pu mettre ordre, quoiqu'il s'y fût employé de tout son pouvoir, M. Vincent fut convié d'y travailler ; et il fit en sorte qu'on y envoyât pour visiteur un abbé du même ordre, fort sage et fort zélé. Celui-ci ayant découvert la source du mal, lui écrivit qu'il était irrémédiable, si on ne donnait à ces filles un autre confesseur, qui eût une grâce et une adresse particulière pour disposer les esprits à la paix et les y maintenir ; ce qui obligea M. Vincent de prier un ecclésiastique de condition et de vertu, très-expert en la direction des religieuses, de se donner à Dieu pour aller passer quelque temps en cette abbaye ; comme il fit avec grande bénédiction, ayant peu à peu réuni les cœurs, et remis en bon état toutes les parties de la communauté.

Il s'est trouvé des monastères de filles où l'esprit malin avait fait glisser des maximes pernicieuses et des pratiques damnables, sous prétexte de quelques fausses révélations faites à leurs supérieurs, lesquels ayant l'imagination troublée par les illusions de l'ange de nèbres, prétendaient que Dieu leur avait fait connaître des voies extraordinaires pour conduire les âmes à la perfection, et même pour réformer l'Église, et annonçaient beaucoup d'erreurs qui avaient grand rapport à celles des illuminés. M. Vincent, en ayant eu avis, procura qu'on envoyât des personnes doctes et vertueuses pour visiter ces maisons, et prendre connaissance de ces abus et illusions diaboliques, qui avaient déjà surpris quantité de personnes de toute condition et de tout sexe, et par ce moyen, le mal ayant été découvert, il a plu à Dieu d'en arrêter le cours.

SECTION IX.

DIVERSES AUTRES AFFAIRES DE PIÉTÉ AUXQUELLES M. VINCENT S'EST EMPLOYÉ DANS LE CONSEIL DU ROI.

Le zèle de M. Vincent pour tout ce qui concernait les intérêts du service et de l'honneur de Dieu le tenait dans une attention continuelle sur toutes les occasions qui se présentaient pour en procurer l'avancement, et pour détourner ce qui pouvait y apporter quelque obstacle. C'est à quoi il employait le crédit que sa vertu lui avait acquis dans le conseil de Sa Majesté ; estimant cette journée-là heureuse, en laquelle il avait pu empêcher quelque mal, ou procurer quelque bien.

Il a fait entre autres choses tout ce qu'il a pu pendant la guerre pour apporter quelque remède aux désordres que les soldats commettaient de tous côtés, et particulièrement aux profanations des églises, et aux vexations injustes des personnes consacrées à Dieu. Et voyant bien qu'il était impossible d'empêcher tout ce mal, au moins il s'efforçait de le diminuer ; et quand il ne pouvait autre chose, il recourait à Dieu par la prière et par la pénitence, pour implorer le secours de sa grâce et de sa miséricorde, tant en faveur de ceux qui souffraient ce mal, que des autres qui le commettaient.

Il y avait un autre désordre fort pernicieux aux bonnes mœurs, qui était que certains comédiens représentaient sur le théâtre des choses non-seulement indécentes, mais aussi scandaleuses, et qui ne se pouvaient dire, ni entendre, ni voir, sans une grande offense de Dieu. M. Vincent en ayant été averti, et reconnaissant les pernicieux effets que cette licence pouvait produire, fit en sorte par ses remontrances que cela leur fut absolument défendu.

Les troubles de l'État et les diverses entreprises contre le service du roi avaient obligé Sa Majesté de s'assurer de diverses personnes couvertes ou suspectes, et de les retenir dans la Bastille ; où, quoique les choses nécessaires ne leur manquassent point, néanmoins il ne se pratiquait presque aucun exercice de piété parmi eux, n'y ayant personne pour les y exciter et aider. M. Vincent l'ayant su, fit agréer qu'un vertueux ecclésiastique de la Conférence qui se tient à Saint-Lazare allât visiter ces prisonniers et leur faire quelques exhortations, par le moyen desquelles les prières du soir et du matin furent introduites parmi eux, avec plusieurs autres pratiques chrétiennes, au grand bien et profit spirituel de leurs âmes.

Pendant que le démon, ennemi de la paix, allumait de tous côtés la guerre et la discorde en ce royaume, et jetait en tous les lieux des semences de désobéissance et de rébellion contre le service du roi, il incitait aussi plusieurs esprits à se révolter contre Dieu, et à faire diverses entreprises contre la religion ; et entre les autres, il s'en trouva qui tâchaient de renouveler les maximes et erreurs damnables des illuminés. M. Vincent ayant découvert ce mal, qui commençait à se répandre en divers endroits de la France, particulièrement à Paris et en quelques lieux du diocèse de Bazas, procura par ses soins et par son zèle qu'on y apportât un si prompt remède, que ce monstre fut étouffé dans son berceau, avant qu'il pût faire un plus grand dégât dans l'Église.

La liberté que chacun se donnait pendant les troubles de ce royaume de parler comme bon lui semblait des choses qui concernaient la religion, aussi bien que de celles qui regardaient l'État, ouvrit la porte à une autre licence encore plus pernicieuse, d'écrire et de publier toutes sortes de libelles, même contre la foi et les bonnes mœurs. M. Vincent l'ayant représenté au conseil, fit en sorte que cette licence fut réprimée, l'ordre ayant été donné de chercher et de saisir les mauvais livres, avec défense aux imprimeurs et libraires d'en imprimer ou débiter.

Ce saint homme s'est aussi employé avec grande affection pour coopérer en toutes les manières qu'il a pu, soit par ses remontrances et sages conseils, soit par ses sollicitations et entremises, afin que la pratique damnable des duels fût entièrement abolie : ce qui a été enfin heureusement exécuté par la piété de la reine, et par le zèle et l'autorité du roi, lequel dès son plus bas âge, comme un Hercule chrétien, a eu la force et le bonheur d'étouffer ce dragon, que les rois ses prédécesseurs n'avaient pu terrasser avec tous les foudres des lois et des ordonnances qu'ils avaient lancés contre ce monstre ; Dieu ayant voulu réserver la gloire de cette défaite à notre grand monarque, et signaler les premières années de son règne par un exploit héroïque, qui a sauvé la vie du corps et de l'âme à un miltion de gentilshommes français, et empêché la ruine et le dernier malheur d'une infinité de très-nobles familles, qui lui seront éternellement redevables de leur bonheur et de leur salut.

M. Vincent a fait aussi ses efforts pour déraciner les blasphèmes, ayant à cet effet procuré qu'on renouvelât les ordonnances faites contre ce détestable crime, et même proposé divers moyens pour l'exterminer entièrement ; et quoiqu'il n'en ait pas vu l'effet tel qu'il souhaitait, il ne laisse pas d'en avoir le mérite, et il faut espérer que Dieu exaucera quelque jour les ardentes prières qu'il lui a offertes pour ce sujet, qu'il inspirera à notre incomparable monarque d'employer les moyens les plus efficaces, et même, s'il le juge expédient, le fer et le feu, à l'imitation de saint Louis son aïeul, pour purifier son État de cette gangrène infernale qui le corrompt et infecte en plusieurs de ses parties, même des plus considérables et des plus nobles.

SECTION X.

M. VINCENT A TOUJOURS GARDÉ UNE FIDÉLITÉ INVIOLABLE AU ROI, ET UNE AFFECTION CONSTANTE POUR SON SERVICE, MÊME PENDANT LES TEMPS LES PLUS PÉRILLEUX ET DIFFICILES.

Il ne suffit pas de rendre à Dieu ce qui appartient à Dieu, mais, suivant la doctrine de l'Évangile, il faut aussi rendre à César ce qui appartient à César ; et la même loi divine qui oblige d'adorer Dieu, de lui obéir et de l'aimer par-dessus toutes choses, oblige aussi d'honorer et de respecter les rois, comme les images de sa souveraine Majesté sur la terre ; leur rendre avec affection le service qui leur est dû, et leur garder une inviolable fidélité ; de sorte que les princes chrétiens ont cet avantage par-dessus les autres monarques qui ne croient point en Jésus-Christ, que leurs sujets sont attachés à leur service, non-seulement par la force de leurs ordonnances ou par la crainte de leur souverain pouvoir, ou par la considération des faveurs et récompenses qu'ils peuvent espérer de leur libéralité ; mais par des liens encore bien plus forts et plus nobles, qui sont l'autorité de la loi divine, et les principes de leur religion : et comme ils ne peuvent manquer à ce qu'ils doivent à leurs rois sans contrevenir aux volontés de Dieu, aussi l'obéissance, l'affection et la fidélité qu'ils leur rendent ne se terminent pas à leurs seules personnes, mais vont jusqu'à Dieu, qui se tient honoré, obéi et aimé en la personne de ceux qu'il a établis ses lieutenants pour le gouvernement temporel de ses peuples. D'où il s'ensuit qu'entre les sujets d'un prince chrétien, ceux-là sont les plus fidèles, les plus soumis et les plus attachés à son service, qui sont les plus vertueux et les plus unis à Dieu par la grâce et par la charité; et qu'au contraire, on ne doit pas attendre de ceux qui manquent à ce qu'ils doivent à Dieu une fidélité bien constante, ni une affection bien sincère pour le service de leur prince.

Cela présupposé, il ne sera pas difficile d'inférer de ce qui a été dit, tant en ce chapitre que dans tous les autres de ce second livre et même du premier, que M. Vincent ayant toujours été très-fidèle à toutes les volontés de Dieu, et très-zélé pour son honneur et pour sa gloire, il a par conséquent gardé une fidélité inviolable au roi et une affection toute singulière au bien de son service, puisque le second dépend du premier, et que la mesure de l'affection et de la fidélité qu'on a pour son prince se doit prendre de celle qu'on a pour Dieu.

Mais outre cette considération générale qui est très-forte, nous en pouvons produire ici d'autres preuves plus particulières et non moins convaincantes, en rapportant de quelle manière ce saint homme s'est comporté quand il a été question de se déclarer serviteur du roi durant les temps les plus difficiles et les plus périlleux, et d'exposer ses biens, sa vie et toute sa compagnie pour témoigner son zèle et sa fidélité au service de Sa Majesté.

La mémoire n'est encore que trop récente de l'état déplorable où se trouva la France durant les années 1649, 1652, etc., et il y a sujet de dire qu'en ce temps-là Dieu permit par un secret jugement que ce funeste puits de l'abîme, dont il est parlé dans les saintes Lettres, fût entr'ouvert et qu'il s'en exhalât comme une noire fumée sur tout ce royaume, qui remplit les esprits des Français de ténèbres si obscures, que plusieurs d'entre eux semblaient avoir perdu le discernement de ce qu'ils étaient obligés de rendre à leur souverain; et quoique dans le cœur ils retinssent toujours l'affection qu'ils lui devaient, leurs actions néanmoins démentaient leurs intentions; et à même temps qu'ils pensaient travailler et combattre pour le service du roi, ils employaient leurs armes et leurs efforts pour déprimer son autorité, pour perdre ses plus fidèles serviteurs, et pour porter la désolation et la ruine en tous les endroits de son royaume.

Or, comme une étoile brille durant la nuit avec une clarté plus vive quand elle se trouve environnée de nuages, qui ne servent qu'à rehausser l'éclat de sa lumière; de même l'on peut dire que tous ces troubles de la France ont fourni à M. Vincent une occasion de faire mieux paraître quelle était la perfection de sa fidélité envers le roi, et la constance de son zèle pour son service. Il est vrai que pendant ces déplorable temps, la confusion était si grande en divers lieux, que la plupart des meilleurs Français et des plus attachés aux intérêts de leur prince ne pensaient pouvoir faire autre chose que de se tenir dans le silence et de gémir ; connaissant bien tout ce qu'ils eussent essayé de dire ou de faire pour apaiser les esprits mal disposés n'eût servi qu'à les aigrir davantage, et peut-être à les porter à d'autres extrémités plus fâcheuses, que la prudence leur suggérait d'éviter. Mais M. Vincent, quoique d'ailleurs très-prudent et très-circonspect, ne put se contenir dans une telle conjoncture, et le zèle qu'il avait pour le service de son prince ne lui permettant pas de garder le silence, il se déclara hautement serviteur du roi, et fit profession ouverte de vouloir obéir à tous les ordres qui viendraient de la part de Sa Majesté ; et non content de se comporter de la sorte en particulier, il tâcha de porter les autres en toutes les rencontres à faire le même ; mais comme sa voix ne pouvait être entendue dans les lieux où il n'était pas présent, il y fit par ses lettres ce qu'il ne pouvait par ses paroles, écrivant à diverses personnes sur ce sujet, et particulièrement à plusieurs évêques, comme il a été dit dans le premier livre, pour leur persuader de demeurer en leurs diocèses, et d'y employer leur autorité, afin de contenir les peuples en l'obéissance du roi. Il donna encore des preuves plus signalées de sa fidélité et de son zèle pour le service du roi, mettant sous les pieds tous ses propres intérêts et ceux de sa Compagnie, quand il fut question d'aller trouver Leurs Majestés à Saint-Germain-en-Laye, après leur sortie de Paris, pour leur faire offre de ses services ; ayant pour lors laissé comme en proie à la passion de ses ennemis sa maison de Saint-Lazare et tous ses chers enfants, lesquels, à l'exemple de leur père, souffrirent avec patience et même avec joie de se voir dépouillés de leurs biens, et maltraités pour un tel sujet.

Ce qui a fait voir encore plus clairement jusqu'où pouvait aller cette fidélité et cette affection de M. Vincent pour le service de Leurs Majestés, est qu'ayant eu la pensée de leur donner un conseil qu'il estimait salutaire, et en quelque façon nécessaire dans la disposition où se trouvaient alors les affaires de l'Etat, et néanmoins ayant grand sujet de craindre qu'il ne fût pas favorablement reçu de ceux qui tenaient en main les rênes du gouvernement, et que cela ne fût suivi de quelque refroidissement à son égard, il aima mieux s'exposer au danger de tomber dans cet inconvénient qui est si redouté de plusieurs, et d'encourir même la disgrâce de Leurs Majestés, que de manquer à faire une chose qu'il croyait pouvoir être utile à leur service. Il est vrai que la reine, connaissant la sincérité de son cœur, reçut en bonne part ses avis, et M. le cardinal Mazarin lui donna une audience favorable, sachant bien qu'il n'avait autre prétention que de rendre un fidèle service à Leurs Majestés; et quoique pour lors son conseil ne fût pas suivi, cela ne diminua en rien, mais plutôt augmenta la créance qu'on avait toujours eue de sa fidélité et de son affection, voyant qu'en cette occasion, après avoir tout abandonné pour le service de son prince, il avait eu le courage de s'exposer même à souffrir quelque diminution de sa bienveillance, qui lui était plus chère que tout le reste, pour ne manquer à donner un conseil qu'il jugeait lui être utile.

SECTION XI.
M. VINCENT A SERVI LE ROI AVEC UN ENTIER DÉGAGEMENT DE TOUT INTÉRÊT.

Nous ne prétendons pas ici donner aucun blâme à ceux qui servent fidèlement le roi, dans l'espérance que Sa Majesté, agréant leurs services, les récompensera de ses faveurs : au contraire, nous disons qu'il ne serait pas juste ni raisonnable de censurer un tel procédé ; étant expédient pour le bien de l'État que, comme les lois établissent des châtiments contre les rebelles et réfractaires aux volontés du souverain, qu'aussi sa libéralité déploie ses grâces et ses récompenses envers ceux qui lui rendent un fidèle service ; et que, comme la crainte de la punition sert de frein pour retenir les sujets discoles dans les termes de leur devoir, de même l'espérance de la récompense serve d'un aiguillon plus puissant aux bons à faire des actions dignes des faveurs de leur prince.

Or, quoiqu'il soit permis et même louable de servir fidèlement son prince dans la vue des récompenses qu'on espère de sa libéralité, on ne peut nier toutefois que ce ne soit une disposition bien plus excellente, plus noble et plus parfaite, de n'avoir d'autre vue ni prétention en servant son roi que le bien de son service ; et encore davantage lorsque, pour se porter plus constamment à s'acquitter de ses devoirs, on regarde en la personne du roi celle de Dieu même, et qu'on le sert avec toute l'affection et la fidélité possible, dans la seule vue que ce service est agréable à Dieu ; en sorte que la principale et même l'unique prétention en servant le roi soit de plaire à Dieu, et d'accomplir ce qu'on sait être conforme aux ordres de sa volonté.

Mais n'aurions-nous pas sujet de faire ici la même exclamation que fait le sage, parlant de celui qui ne laisse point aller son cœur après l'or, et qui ne met point ses espérances dans les richesses :

Quis est hic, et laudabimus eum? Qui est ce personnage admirable qui a emporté une telle victoire sur la plus indomptable de toutes les passions? Et où est-ce que nous le pourrons rencontrer, afin que nous lui donnions les louanges que sa vertu mérite? Or le voici heureusement trouvé; et nonobstant la corruption du siècle, la France a eu le bonheur de produire en nos jours un si rare chef-d'œuvre de vertu en la personne de Vincent de Paul, duquel on peut bien dire avec vérité que son cœur ne s'est point laissé aller après l'or, et qu'il n'a point mis son espérance et son affection dans les richesses; car quoiqu'il fût auprès de la source d'où découlent ordinairement les plus riches trésors et les plus magnifiques récompenses, il en a néanmoins détourné ses yeux et son cœur, n'ayant jamais eu d'autre vue ni d'autres prétentions, en servant fidèlement le roi, que le bien de son service, et la gloire qui en pouvait revenir à Dieu. C'est ce seul motif qui l'a porté à accepter les charges et les emplois qui lui ont été confiés; c'est le lien qui l'a retenu inviolablement attaché au service de Leurs Majestés dans les temps les plus difficiles; c'est cette intention de rendre gloire à Dieu en servant fidèlement son prince, qui lui a inspiré la force, la constance et la persévérance en ce service, parmi toutes les contradictions, calomnies et persécutions qu'il a souffertes, et au milieu des périls auxquels il s'est exposé pour ce sujet.

Et premièrement, lorsque la reine-mère, au commencement de sa régence, lui fit l'honneur de l'appeler dans le conseil des affaires ecclésiastiques, ce fut la seconde obéissance qu'il crut que Dieu voulait qu'il rendît aux ordres de Sa Majesté, et le zèle qu'il avait de procurer le bien de la religion et l'avancement de la gloire de Dieu, qui le fit résoudre d'accepter cet emploi, nonobstant l'extrême répugnance que son humilité y ressentait, et tout ce qu'il prévoyait qui pourrait lui arriver de contraire à l'affection du repos et au désir qu'il avait d'achever sa vie en paix et en tranquillité dans l'âge où il se trouvait.

Il avait dans cet emploi des occasions favorables pour procurer l'avantage temporel de sa Congrégation, s'il eût voulu s'en servir, ainsi qu'il le pouvait licitement faire, et qu'il semblait même y être en quelque façon obligé par la charité qu'il devait avoir pour les siens: et comme la distribution de quantité de bénéfices passait par ses mains, il ne lui eût pas été difficile d'en obtenir quelques-uns pour les unir aux maisons de sa Congrégation, laquelle étant encore naissante, et assez peu accommodée de biens temporels, pour ne pas dire pauvre et incommodée, avait par conséquent grand besoin de secours pour s'affermir et s'étendre, et même pour pouvoir soutenir les emplois au service de Dieu et de l'Église, qu'elle a entrepris de faire gratuitement. Néanmoins, il n'a point voulu se servir de ce moyen, il n'a jamais demandé ni recherché directement ni indirectement quelque bénéfice que ce fût pour aucune des maisons de sa Congrégation; et si l'on en a uni à quelques-uns de ses séminaires, cela n'a été fait qu'à l'instante prière de ceux mêmes qui en étaient les possesseurs, ou qui avaient droit de les conférer; lesquels ont souvent employé autant de sollicitations envers lui pour l'obliger à les accepter, que d'autres en eussent fait pour les rechercher; et son dessein, en les acceptant, n'était pas d'enrichir sa maison ni de mettre les siens à leur aise, mais d'en employer fidèlement les revenus à instruire et former ceux qui étaient appelés au ministère de l'Église.

L'un de ses plus intimes amis vint le trouver un jour, et lui offrit une très-grosse somme d'argent (on a su qu'elle allait à cent mille livres) de la part de quelques personnes, à condition qu'il s'emploierait dans le conseil pour procurer qu'on reçût leurs propositions, et qu'on leur accordât l'exécution de quelques avis qu'ils avaient présentés, lesquels semblaient fort raisonnables, et n'étaient nullement à la charge du peuple, mais qui pouvaient en quelque façon préjudicier aux intérêts du clergé : à quoi ce saint homme, levant les yeux au ciel, ne fit autre réponse, sinon : « Dieu m'en garde : j'aimerais mieux mourir que de dire une seule parole pour ce sujet. »

Secondement, comme il n'a jamais recherché aucun profit temporel dans le service qu'il rendait à Leurs Majestés, il ne s'est non plus mis en peine de se procurer la faveur des personnes puissantes dans les occasions où il les pouvait obliger. Ce n'est pas qu'il eût une vertu sauvage et farouche, comme quelques-uns qui font gloire de choquer les plus grands : au contraire, il les traitait toujours avec un singulier respect, et s'efforçait en toute rencontre de contenter jusqu'aux plus petits, avec cette condition toutefois, que Dieu fût le premier content et satisfait : en sorte que s'il voyait que ce qu'on désirait de lui fût selon l'ordre de la volonté de Dieu, il l'accordait facilement et de bonne grâce ; mais s'il jugeait ne le pouvoir faire sans manquer à Dieu, il n'y avait aucun respect humain, ni aucune crainte de disgrâce ou malveillance de qui que ce fût, qui le pût fléchir; il n'avait aucun égard à la puissance de ceux qu'il refusait; il ne s'étonnait point de leurs menaces; il ne se mettait en aucune peine des dommages ou des persécutions qui lui en pouvaient arriver ; mais il regardait uniquement Dieu, auquel seul il désirait plaire, et auquel seul il craignait de déplaire.

Troisièmement, il a fait paraître son dégagement de tout intérêt, non-seulement en ne recherchant point ses avantages, mais encore plus en souffrant volontiers les pertes qui lui sont arrivées, comme nous avons dit, en servant fidèlement Leurs Majestés : en quoi il y a une circonstance remarquable et très-digne d'être ici rapportée, qui est que toutes ces grandes pertes qu'il a faites pendant la guerre, et tous les mauvais traitements qu'il a reçus, ne lui étant arrivés que par la mauvaise volonté de quelques personnes, en haine de ce qu'on le voyait très-fidèle et très-affectionné au service du roi, on ne lui en a point ouï pourtant faire une plainte, et il n'en a jamais demandé aucune récompense ni dédommagement : et ce qui est plus étonnant, c'est que, par une adresse d'une charité vraiment désintéressée, il a quelquefois détourné adroitement les effets de la bonne volonté de la reine envers lui, pour les faire découler sur les autres, lorsqu'il pensait le pouvoir faire sans blesser l'ordre de la justice ou de la charité.

Certes, il faut avouer que c'est là servir son roi avec un entier dégagement de tout propre intérêt, et que M. Vincent a pratiqué cette héroïque vertu d'une manière d'autant plus admirable qu'elle est aujourd'hui plus rare dans les cours des princes.

SECTION XII.

QUE M. VINCENT S'EST TOUJOURS CONDUIT AVEC GRANDE PRUDENCE ET CIRCONSPECTION DANS LES AFFAIRES QUI REGARDAIENT LE SERVICE DU ROI.

Il est vrai que les affaires qui concernent le bien d'un Etat et le service d'un souverain sont de telle conséquence, que le maniement et la conduite n'en doit être confiée qu'à des personnes non-seulement fidèles et bien affectionnées, mais aussi prudentes et discrètes, qui aient un esprit mûr, un jugement solide et une expérience proportionnée à la grandeur des choses qui leur sont commises : et comme il est certain que tous ceux qui font profession de piété n'ont pas ces qualités naturelles, l'on ne peut pas nier aussi que parmi les personnes vertueuses il ne s'en trouve qui, les ayant reçues de Dieu, et qui les joignant à d'autres encore meilleures, ne soient capables d'en faire un très-bon usage, et de les employer utilement pour le service de leur prince et pour le bien de son Etat. De sorte que, comme ce serait une imprudence de recevoir et suivre indifféremment en toutes sortes d'affaires les avis de ceux qu'on estime vertueux, s'imaginant qu'ils ne sauraient être que bons et salutaires; aussi serait-ce une témérité accompagnée de quelque injustice de rejeter ou de tenir suspects les conseils d'un homme de bien, à cause qu'il fait une particulière profession de piété, comme si la piété ne pouvait subsister avec la prudence, et que ce fût chose incompatible de rendre un service agréable à Dieu et de servir utilement son roi.

Il s'en trouve néanmoins qui se persuadent, et tâchent de persuader aux autres, qu'un homme qui s'adonne aux exercices de piété et qui s'est dévoué au service de Dieu (car c'est proprement ce que signifie le nom de *dévot*, qu'ils décrient si fort) n'est point propre pour le service d'un prince, ni pour la conduite de ses affaires; que l'affection qu'il a pour le ciel l'empêche d'apporter l'attention nécessaire à ce qui se passe sur la terre; que la dévotion est ordinairement accompagnée d'un zèle, sinon indiscret, au moins qui n'est pas assez considéré, et qui fait que celui qui est dévot ne prévoit pas la suite des affaires qu'il conseille d'entreprendre, lesquelles il croit utiles, parce qu'elles lui paraissent bonnes : ce qui n'empêche pas qu'elles ne soient le plus souvent fort préjudiciables au service du prince et au bien de son Etat. Et de cette sorte ils rendent la piété tellement suspecte, que, selon leurs avis, il ne faut pas moins se donner de garde dans la cour d'un prince, d'un homme vertueux et dévot, que d'un espion déguisé, ou d'un pensionnaire de quelque prince étranger et ennemi.

Ceux toutefois qui veulent paraître les moins passionnés avouent qu'un homme vertueux peut avoir une vraie et sincère affection pour le service de son prince, et lui garder une fidélité inviolable, et même le servir dans un entier dégagement de tout propre intérêt; mais ils ne veulent pas reconnaître ni confesser que la dévotion se trouve avec la discrétion et prudence requise dans les affaires importantes, ni que les règles de la piété puissent s'accorder avec les maximes de la politique.

Certes, s'il en était de la sorte, comme ils le veulent faire croire, il faudrait avouer que la condition des rois et des princes souverains serait bien misérable, de se voir réduits à une si fâcheuse nécessité que d'être obligés de bannir de leur cour les hommes les plus vertueux, ou bien de s'en donner continuellement de garde, comme de personnes qui leur seraient suspectes, et dont les meilleurs avis pourraient être préjudiciables au bien de leur Etat. Et s'il est vrai, comme nous avons déjà dit, que ceux qui sont plus unis à Dieu par la vertu et par la charité ont une affection plus sincère et une fidélité plus constante pour le service de leur prince, quelle peine serait-ce à un souverain de voir que ce qui devrait lui donner plus de confiance en l'affection et en la fidélité de quelques-uns de ses sujets, ce serait cela même qui l'obligerait à les exclure de son service, et qu'il serait par conséquent nécessité de commettre la conduite de ses plus importantes affaires, et de se servir du conseil de ceux auxquels il **aurait moins sujet de se fier**?

Mais il ne serait pas difficile de faire voir la fausseté de cette persuasion par les exemples de plusieurs grands princes, qui ont appelé dans leurs conseils et employé dans la conduite de leurs affaires avec un succès fort avantageux divers personnages aussi recommandables pour leur vertu et piété que pour leur expérience et sagesse, desquels ils ont toujours reçu des avis fort salutaires et un service très-fidèle et très-utile au bien de leurs États. Et, pour ne nous étendre hors de notre sujet, il suffira d'en produire un qui sera d'autant plus convaincant que la mémoire en est plus récente : c'est du grand serviteur de Dieu, Vincent de Paul, qui a su joindre heureusement la piété avec la sagesse, le zèle avec la discrétion, et la science des saints avec l'expérience et la connaissance nécessaire pour servir utilement son prince. Nous ferons ici seulement quelques remarques particulières sur diverses occasions et occurrences d'affaires dans lesquelles il a fait paraître qu'il possédait en perfection ces excellentes qualités.

Il est certain qu'une des dispositions les plus nécessaires pour agir prudemment dans les affaires est d'avoir l'esprit libre et dégagé de toutes les affections et passions déréglées, parce que le trouble qu'elles excitent obscurcit l'entendement et l'empêche de voir l'état véritable des choses présentes, et de prévoir les suites de l'avenir [1]. Or, toutes les personnes qui ont connu et fréquenté M. Vincent peuvent témoigner que, soit par grâce, soit par la force de son esprit, il semblait presque entièrement exempt de ces émotions et saillies désordonnées, qui ne sont que trop fréquentes dans la plupart des hommes; ou, s'il les ressentait, il avait acquis par sa vertu un tel empire sur lui-même et sur tous les mouvements de son âme, qu'il n'en paraissait rien au dehors, ni en ses gestes, ni en ses paroles, ni même en son visage, sur lequel on voyait reluire une sérénité presque toujours égale en toutes sortes d'accidents, et même parmi les affronts et les injures les plus sensibles. Et tant s'en faut qu'on aperçût en lui aucune altération d'esprit dans les premiers mouvements que l'on ressent ordinairement en ces rencontres, qu'au contraire c'était alors qu'il paraissait plus modéré et plus présent à lui-même, et qu'il parlait et agissait avec plus de circonspection.

Il avait encore une autre disposition d'esprit qui ne contribuait pas moins à la prudente et sage conduite dont il usait en toutes occasions : c'était de ne jamais précipiter ses avis, et de ne rien déterminer trop

---

[1] Hos qui de rebus dubiis consilium capiunt, ab affectibus vacuos esse decet; nam haud facile animus verum pervidet, ubi illæ officiunt. *Sallust. in Catilin.*

promptement, surtout dans les affaires de conséquence, mais de donner à son esprit tout le temps et le loisir nécessaire pour en considérer attentivement les diverses circonstances, bien peser les raisons de part et d'autre, et prévoir les suites ; ce qui faisait que ses conseils étaient solides et assurés, et qu'on pouvait les suivre sans crainte de se tromper. Il tenait pour maxime ce qu'a dit un ancien, qu'il n'y a rien de plus pernicieux aux délibérations dans les grandes affaires que d'y procéder trop à la hâte, parce que cela empêchait de voir, et encore plus de prévoir ce qui était requis pour donner ou pour recevoir un bon conseil [1] ; qu'il fallait délibérer et prendre ses résolutions avec loisir, mais qu'il fallait exécuter avec diligence ce qu'on avait résolu [2].

Après qu'il avait mûrement considéré une affaire et balancé toutes les raisons qu'on lui proposait ou qui se présentaient à son esprit, et qu'ensuite il avait pris une résolution et donné un conseil, alors quelque événement qui s'ensuivît, bien que contraire à ses desseins ou à ceux des autres, il ne s'en troublait point, mais demeurait en paix ; tenant cette maxime d'un ancien Père : Que c'est le propre des sages de juger des choses, non par leur événement, mais par l'intention et le conseil avec lequel on les avait commencées ; et que c'est une erreur de plusieurs qui se persuadent qu'une affaire aura été bien entreprise lors seulement qu'elle aura réussi avec bonheur [3].

On a encore remarqué une autre disposition en la personne de M. Vincent, qui était une marque de sa prudence, et qui aussi contribuait beaucoup à la perfectionner : c'était la taciturnité, qui est une condition grandement requise dans le maniement des affaires importantes [4] ; on ne l'entendait jamais parler de ce qui s'était passé ou qui avait été résolu dans le conseil, sinon quand il était absolument nécessaire de le déclarer : il tenait sous le sceau du silence non-seulement les secrets qui lui étaient confiés, mais même toutes les autres choses qu'il ne jugeait point nécessaire de dire ; et dans ses entretiens familiers, lors même qu'il revenait de la cour, il ne parlait non plus des affaires qui s'y traitaient que s'il fût retourné de la cellule d'un chartreux.

[1] Constat nihil magnis consiliis tam inimicum esse, quam celeritatem. *Livius, lib.* 31. Omnia non properanti clara certaque sunt ; festinatio improvida est et cæca. *Id. lib.* 22.
[2] Consulere quidem oportet lentè, deliberata autem celeriter exequi. *Aristot. in Ethicis.*
[3] Hi qui sapientes habentur non ab eventu, sed ab animi instituto et voluntate res ponderant. *Isidor., Ep.* 205, *lib.* 3. Error plurimorum est non rerum merita, sed eventum fortunæ spectare ; eaque tantum judicare provisa, quæ felicitas commendaverit. *Boet. lib.* 1 *de Consolat. pros.* 4.
[4] Taciturnitas optimum atque tutissimum rerum administrandarum vinculum. *Val. Max. lib.* 11. Nec res magnæ sustineri possunt ab eo cui tacere grave est. *Curt., lib.* 4.

Or, bien qu'il procédât dans les affaires avec cette circonspection et prudence, il y gardait néanmoins une telle modération, qu'encore qu'il parût ferme et constant en ses avis, il n'y était pas pourtant arrêté avec excès, il ne les soutenait point avec chaleur et ne faisait pas comme ceux qui se montrent toujours contraires aux meilleurs conseils des autres, parce qu'ils n'en sont pas les auteurs [1]. Il cédait non-seulement à l'extérieur au sentiment des personnes qui lui étaient supérieures, mais il y soumettait son esprit quand il le pouvait faire sans blesser sa conscience ; il ne blâmait jamais leurs sentiments, quels qu'ils fussent, ni ne s'en plaignait point ; et, après avoir fait ce qu'il jugeait être de son devoir, il se tenait dans le respect et dans le silence, laissant à la providence de Dieu l'événement des affaires.

Mais le principal fondement sur lequel il appuyait toute sa prudence était l'ordre de la volonté divine, laquelle lui était manifestée par sa loi et par son Évangile. Il tenait cette maxime inviolable de ne prendre jamais en quelque affaire que ce fût aucune résolution contraire à la volonté de Dieu, laquelle il considérait, suivant le sentiment d'un ancien Père, comme un assuré gouvernail pour se conduire heureusement dans les conseils qu'il lui fallait donner ou dans les résolutions qu'il lui fallait prendre [2]. Outre cela, il se conformait toujours, autant qu'il pouvait et que la nature des affaires lui permettait, aux maximes de l'Évangile de Jésus-Christ, duquel il reconnaissait la parole comme la fontaine de toute véritable sagesse [3] ; et c'était dans cette divine source qu'il puisait toutes les lumières dont son esprit était éclairé et tous les salutaires avis qu'il donnait aux autres avec tant de bénédiction.

Nous pourrions ajouter à ces remarques divers exemples plus particuliers de cette rare et singulière prudence avec laquelle il s'est conduit dans les affaires les plus difficiles et dans les rencontres les plus périlleuses ; comme aussi de cette modération et circonspection merveilleuse avec laquelle il s'est comporté dans les conseils ; ne dissimulant rien de ce que la fidélité l'obligeait de dire pour le bien du service de Leurs Majestés, et ne disant pourtant aucune chose qui pût en aucune façon blesser le respect et la soumission qu'il leur devait : nous nous en abstenons toutefois, tant pour éviter beaucoup de redites ennuyeuses au lecteur que parce qu'un chacun pourra en faire

---

[1] Consilii, quamvis egregii, quod ipsi non afferunt, semper inimici. *Tacit. lib.* 1 *Hist.*

[2] Consiliorum gubernaculum tutissimum lex divina. *Cyprian. apud Lips. lib.* 3. *Politic., cap.* 5.

[3] Fons sapientiæ verbum Dei. *Eccli.*, 1.

aisément l'application, et reconnaître non-seulement par ce qui a été rapporté en ce dernier chapitre, mais aussi en la plupart des autres précédents de ce second livre et même du premier, que M. Vincent a été doué, et par la nature et par la grâce, d'une très-grande prudence qui lui a servi comme d'un flambeau pour l'éclairer et le conduire par des voies droites et assurées, parmi une si grande multitude et variété d'emplois et d'affaires où la Providence divine l'a voulu engager ; s'étant toujours comporté avec une telle droiture, modération et sagesse, que pendant sa vie il a heureusement réussi en tout ce qu'il a entrepris et exécuté pour la gloire de Dieu et pour le service de ceux qui le représentent sur la terre ; et qu'après sa mort, sa mémoire est demeurée en bénédiction parmi les hommes.

FIN DU SECOND LIVRE.

PRÉFACE.

Bien que nous ayons déjà parlé assez amplement des vertus de M. Vincent dans les deux premiers livres, qui contiennent le récit de sa vie et de ses principales œuvres, puisque l'on peut dire avec vérité que toute sa vie n'a été que comme un tissu de toutes sortes de vertus qui ont formé et animé ses plus importants emplois et ses plus belles actions ; il nous reste néanmoins tant de choses à dire sur ce sujet, et il y a encore tant de pièces excellentes qui n'ont pu être convenablement placées en aucun endroit de cet ouvrage, que nous avons jugé nécessaire d'ajouter ce troisième livre aux deux précédents, pour y faire voir plus en particulier les vertus de ce saint homme, c'est-à-dire les sentiments qu'il en a témoignés et la pratique qu'il en a faite ; d'où le lecteur pourra tirer beaucoup de lumières pour sa propre édification : en quoi il y a sujet d'espérer que ce troisième et dernier livre ne sera pas moins agréable ni utile au lecteur désireux de sa perfection que les deux précédents, puisqu'un des principaux fruits qu'il doit recueillir de la lecture de cet ouvrage, après la louange qu'il est juste de rendre à Dieu de toutes les grâces qu'il a faites à son fidèle serviteur Vincent de Paul, et par lui à son Église, est de s'exciter et animer à la pratique des mêmes vertus dont il verra ici les motifs et les exemples.

Car l'imitation des saints est un des principaux devoirs que la piété nous oblige de leur rendre et un des fruits les plus salutaires que le souvenir de leurs vertus doit produire dans nos cœurs : autrement nous aurions raison d'appréhender que ce ne fût pour nous un sujet de confusion et même de condamnation, si, ayant devant nos yeux de si parfaits exemplaires, nous ne tâchions de nous y conformer, et si, voyant le sentier par lequel ces grands personnages ont marché pour aller à Dieu, nous n'avions pas le courage d'y entrer pour les suivre.

C'est pourquoi le pieux lecteur qui désire profiter de cette lecture se souviendra de faire une petite réflexion sur lui même à la fin de chaque chapitre de ce troisième livre, et de voir ce qui lui manque de la vertu dont il y est parlé, et ce que Dieu en demande de lui selon son état et ses dispositions tant intérieures qu'extérieures; et après avoir formé là-dessus de bonnes résolutions dans son cœur, invoquer le secours de la divine miséricorde afin qu'elle les fasse accomplir.

Le grand saint Jérôme écrivant la vie de sainte Paule, invoquait (comme il déclare lui-même) l'ange gardien de cette sainte; et il ne saurait être que très-utile à ceux qui liront la vie de Vincent de Paul, d'implorer les intercessions de ce bienheureux esprit que Dieu lui avait donné pour protecteur, et qui l'a soutenu, assisté et fortifié dans toutes ces excellentes pratiques, afin qu'il leur obtienne les grâces et les forces nécessaires pour suivre ce grand serviteur de Dieu dans cette lice des vertus où il a marché à pas de géant, et pour parvenir un jour au terme où il y a grande raison de croire qu'il est heureusement arrivé, lequel n'est autre que la possession et jouissance d'une gloire et d'une félicité qui n'aura jamais de fin.

LIVRE TROISIÈME.

CHAPITRE I.

OBSERVATIONS GÉNÉRALES SUR LES VERTUS DE M. VINCENT.

Avant que de descendre au particulier des vertus de M. Vincent, nous avons jugé nécessaire de faire quelques observations sur quatre ou cinq circonstances remarquables qui ont beaucoup contribué à leur perfection.

Premièrement, M. Vincent n'a rien recherché ni affecté d'extraordinaire ni de singulier dans l'exercice des vertus ; il s'est toujours plus volontiers appliqué la pratique de celles qu'on estime les plus communes, comme de l'humilité, de la patience, de la débonnaireté, de la mortification, du support du prochain, de l'amour de la pauvreté et autres semblables ; mais il les a pratiquées d'une manière qui n'était pas commune, et il a su mettre parfaitement en œuvre ces pierres précieuses de la Jérusalem céleste, et relever leur éclat par les dispositions excellentes qu'il y apportait; les exerçant toujours par un principe de grâce, et avec des intentions très-nobles ; les regardant en Jésus-Christ comme dans l'original de toute perfection, pour se conformer à ses exemples, et les rapportant fidèlement à la gloire de Dieu comme à l'unique fin qu'il se proposait en toutes ses actions.

Secondement, il ne s'est pas restreint à l'exercice de quelque vertu particulière ; mais il avait reçu de Dieu une latitude et capacité de cœur, qui lui faisait embrasser toutes les vertus chrétiennes, qu'il a toutes possédées en un degré très-parfait : et ce qui est merveilleux, est qu'on l'a vu exceller en même temps dans l'exercice de plusieurs vertus, dont les pratiques étaient fort différentes, et semblaient même en quelque façon opposées. Il avait une humilité très-profonde, et un grand mépris de soi-même, et tout ensemble une courageuse magnanimité quand il était question de soutenir les intérêts de Dieu. On remarquait en lui une force d'esprit infatigable pour s'appliquer aux plus grandes affaires, et une condescendance merveilleuse pour s'accommoder aux faiblesses des plus simples. Il savait joindre excellemment l'office de Marthe et de Marie, et s'adonner en même temps à l'action et à la contemplation, sans que l'une apportât empêchement à l'autre : on a souvent admiré la paix et la tranquillité de son esprit, qui reluisait en la douceur et sérénité de son visage, parmi les accablements d'une multitude innombrable d'affaires, et les pressantes importunités de toutes sortes de personnes auxquelles sa charité l'exposait. Enfin les chapitres suivants feront voir l'heureux assemblage qu'il a fait en son cœur de toutes sortes de vertus qu'il a possédées en un très-haut degré de perfection.

Troisièmement, il ne se contentait pas d'avoir les vues et les affections des vertus, mais il s'appliquait continuellement à les mettre en pratique : il était bien dans le sentiment de cet ancien Père qui a dit que « le travail et la patience est le moyen le plus assuré pour acquérir les vertus, et pour les affermir dans nos cœurs [1]. « A quoi il ajoutait « qu'on pouvait facilement perdre les vertus qui avaient été acquises sans travail [2], et sans peine ; et que celles-là jetaient des racines bien plus profondes dans le cœur, qui avaient été battues par les orages des tentations, et qui avaient été pratiquées nonobstant les difficultés et les répugnances de la nature. »

Quatrièmement, comme il était infatigable en l'exercice des vertus, il était aussi insatiable en l'acquisition des mêmes vertus ; et l'on peut dire avec vérité qu'il était du nombre de ceux qui ont une faim et une soif continuelles de la justice [3]. Il ne croyait avoir jamais assez fait pour une si noble conquête ; mais à l'imitation du saint Apôtre, mettant en oubli tout ce qu'il avait pratiqué de bien par le passé, il employait toutes ses affections pour avancer et pour parvenir au sommet de la perfection où Dieu l'appelait [4].

Cinquièmement enfin, quoique ses vertus fussent connues de tous ceux qui le fréquentaient, nonobstant toutes les industries qu'il employait pour les cacher, il n'y avait que lui qui ne les voyait point, son humilité lui mettant continuellement un voile devant les yeux qui lui en dérobait la vue : de sorte que, par des sentiments fort opposés à ceux de ce personnage dont il est parlé dans l'Apocalypse, quoiqu'il fût riche et abondant en vertus et dons célestes, il s'esti-

---

[1] Labor et patientia sunt exercitia et corroboramenta virtutum. *Lactant. Instit. Chr.*, lib. 3.

[2] Nulla virtus sine labore perficitur. *Cassian.*, col. 7, cap. 6.

[3] Nunquam justus arbitratur se comprehendisse ; nunquam dicit : Satis est ; sed semper esurit sititque justitiam. *Bernard. Epist.* 243.

[4] Ego me non arbitror comprehendisse. Unum autem, quæ quidem retrò sunt obliviscens, ad ea verò quæ sunt priora extendens meipsum, ad destinatum persequor, ad bravium supernæ vocationis. *Philipp.*, 3.

mait néanmoins pauvre, indigent, misérable, et dénué de toutes sortes de biens spirituels; et dans cette vue, la qualité plus ordinaire qu'il se donnait parlant de lui-même était de dire : *ce misérable* [1].

Et quoique sa vie fût toute innocente et toute sainte, et que ses jours eussent été vraiment des jours remplis de toutes sortes de saintes œuvres, il n'en parlait pourtant jamais de ce qu'il avait fait que d'une manière très-humiliante; disant ordinairement qu'il avait grand besoin de la miséricorde de Dieu pour toutes les abominations de sa vie.

C'était là véritablement posséder un trésor de vertus, mais un trésor d'autant plus assuré qu'il était plus caché à celui même qui le possédait; lequel avait autant d'affection de cacher non-seulement aux autres, mais encore à lui-même, les vertus et les dons excellents de grâce qu'il avait reçus de Dieu, que les amateurs de la vanité ont de passion pour manifester et publier le bien qu'ils pensent avoir, et dont le plus souvent ils n'ont qu'une fausse et trompeuse apparence.

CHAPITRE II.

DE LA FOI DE M. VINCENT.

Puisque la foi est le fondement des autres vertus [2], et que la fermeté de l'édifice spirituel dépend principalement de cette mystique base, ayant à faire voir en ce troisième livre la structure admirable des plus excellentes vertus en la personne de M. Vincent, nous commencerons par la foi que ce sage avait posée pour fondement de toutes ses pratiques vertueuses, et sur laquelle il s'appuyait en tout ce qu'il entreprenait et faisait pour le service de Dieu.

Et premièrement, comme les arbres qui sont battus des vents, et ébranlés par les orages, jettent de plus profondes racines, et s'affermissent davantage par ces agitations, de même on peut dire que, Dieu voulant rendre plus ferme et plus parfaite la foi de M. Vincent, a permis qu'elle ait été au commencement exposée à la violence de plusieurs tentations, et que son fidèle serviteur ait ressenti diverses attaques contre cette vertu. Il en est pourtant toujours demeuré victorieux par le secours de sa grâce, et sa foi s'est trouvée plutôt fortifiée qu'affaiblie par toutes ces épreuves, desquelles Dieu s'est servi pour

---

[1] Nulla virtus latet, et latuisse non ipsius est damnum. Veniet qui conditam et seculi malignitate compressam, dies publicet. *Senec., ep.* 79.
[2] Fides virtutum omnium stabile fundamentum. *Ambros., in Psal.* 40.

l'affermir et pour la perfectionner : de sorte qu'après toutes ces bourrasques, il est devenu non-seulement plus fort, mais plus éclairé dans les vérités de la foi (comme lui-même l'a déclaré en quelque rencontre), les possédant et goûtant d'une manière aussi parfaite qu'elle se peut en cette vie.

Or l'un des plus souverains remèdes qu'il employa pour fortifier sa foi contre la violence de ces tentations, fut d'écrire et signer sa profession de foi, et la porter sur son cœur ; ayant supplié Notre-Seigneur d'agréer la résolution qu'il avait prise, que toutes les fois qu'il porterait sa main sur cette profession de foi, particulièrement lorsqu'il serait tenté, cela serait une marque et un témoignage qu'il renonçait à la tentation, et un renouvellement de la protestation qu'il avait faite de persévérer jusqu'au dernier soupir dans la foi de l'Église, et de croire fermement toutes les vérités qu'elle enseigne.

Sa foi était non-seulement forte, mais aussi pure et simple, étant appuyée, non sur les connaissances acquises par l'étude, ou par l'expérience ; mais uniquement sur la première vérité, qui est Dieu, et sur l'autorité de son Église. C'est pourquoi il reprenait ceux qui veulent examiner de trop près les vérités de la foi par la subtilité de leur raisonnement, ou par la lumière de leur science, et se servait de cette comparaison, que « comme plus on porte ses yeux pour regarder le soleil, et moins on le voit, de même plus on s'efforce de raisonner sur les vérités de notre religion, et moins on les connaît par la foi : C'est assez, disait-il, que l'Église nous les propose, nous ne saurions manquer de la croire, et de nous y soumettre. »

C'est par cette raison qu'il était toujours disposé de rendre une parfaite obéissance à la conduite de l'Église, et qu'il recevait avec grand respect, et croyait avec une sincère humilité toutes les choses décidées par son autorité ; au sujet de quoi il dit un jour ces paroles remarquables : « L'Église est le royaume de Dieu, lequel inspire à ceux qu'il a préposés pour la gouverner, les bonnes conduites qu'ils tiennent. Son Saint-Esprit préside dans les conciles, et c'est de lui que sont procédées les lumières répandues par toute la terre, qui ont éclairé les saints, offusqué les méchants, développé les doutes, manifesté les vérités, découvert les erreurs, et montré les voies par lesquelles l'Église en général, et chaque fidèle en particulier, peut marcher avec assurance. »

On lui a souvent ouï dire « qu'il remerciait Dieu de ce qu'il l'avait conservé dans l'intégrité de la foi, au milieu d'un siècle qui avait produit tant d'erreurs et d'opinions scandaleuses, et de ce que Dieu lui avait la fait la grâce de n'avoir jamais adhéré à aucun sentiment qui fût contre celui de l'Eglise ; et que, nonobstant toutes les occasions périlleuses qui s'étaient présentées pour le détourner du droit chemin, il s'était toujours trouvé, par une protection spéciale de Dieu, du parti de la vérité. »

La foi de M. Vincent ne tenait pas ses lumières renfermées dans son esprit, mais elle les communiquait au dehors d'autant plus libéralement, qu'elle était animée d'une plus parfaite charité. Nous avons vu avec combien de zèle il s'employait au commencement à faire des catéchismes et instructions, particulièrement dans les lieux qu'il jugeait en avoir plus de besoin, comme dans les villages, et parmi les pauvres, qui sont ordinairement les moins instruits des vérités de la foi. Il alléguait à ce sujet la parole du prophète qui disait : *J'ai cru, et pour cela j'ai parlé*[1] ; *la foi a délié ma langue, et la reconnaissance que Dieu m'a donnée de ses vérités m'a obligé de les annoncer aux autres.* Il ne se contentait pas encore de le faire par lui-même, il y excitait et portait tous ceux qu'il estimait capables de cet office de charité ; et il n'a point cessé qu'il n'ait enfin établi une Congrégation toute dédiée à la culture de cette divine plante de la foi dans les terres les plus stériles, où néanmoins, par le secours de la grâce, les ouvriers de cette compagnie ont fructifié avec grande bénédiction.

Sa même foi n'a pas seulement produit ces biens parmi les pauvres qui vivaient dans l'ignorance des choses de leur salut ; mais il en a fait aussi ressentir la vertu et l'efficace aux âmes qui étaient travaillées des tentations contre cette même vertu.

Un vertueux prêtre a rendu témoignage qu'étant un jour molesté d'une très-grande peine d'esprit touchant un article de la foi, il le découvrit à M. Vincent, et que la parole de ce saint homme le délivra entièrement de cette peine ; ce que n'avaient pu faire tous les avis et toutes les exhortations de plusieurs autres personnes de grand mérite qu'il avait consultées sur ce sujet.

Comme cette vertu de la foi portait M. Vincent à travailler pour établir et affermir les vérités de notre religion, elle l'excitait aussi à s'opposer constamment et courageusement à tout ce qui lui était contraire. Nous avons vu dans les deux livres précédents avec combien de zèle il a travaillé pour empêcher ce progrès de la nouvelle hérésie du livre de Jansénius ; à quoi une des plus fortes armes dont il s'est toujours servi, comme on a su de lui, a été l'oraison ; car même avant les décisions de l'Église, et dès lors que les questions de la Grâce qui ont fait tant de bruit commencèrent à être débattues à Paris, et que ceux qui soutenaient les nouvelles doctrines s'appli-

[1] Credidi, propter quod locutus sum. *Psal.* 115.

quaient avec tant d'ardeur à feuilleter les livres, pour y trouver de quoi colorer leurs erreurs, il avait recours par l'oraison à Dieu qui est le père des lumières, et il dit en même temps à quelque personne de confiance, « qu'il y avait trois mois qu'il faisait sa méditation sur la doctrine de la Grâce, et que Dieu lui donnait tous les jours de nouvelles lumières sur ce sujet, qui l'éloignaient de plus en plus des opinions dangereuses qu'on tâchait d'insinuer dans les esprits. »

Il veillait surtout, comme il a déjà été dit, pour empêcher que cette zizanie ne vînt à se répandre dans sa Congrégation; et le supérieur d'une de ses maisons a témoigné qu'au commencement qu'il étudiait en théologie, M. Vincent l'avait sondé sur ce point, et lui avait donné une horreur de toutes ces pernicieuses nouveautés; qu'il leur avait même ôté un régent de théologie, ainsi que plusieurs de la Congrégation savent, parce qu'il donnait quelque sujet de le soupçonner de jansénisme; et que, nonobstant toutes les instances que lui firent ceux qui étudiaient avec lui sous ce même régent, pour qui ils avaient affection, afin de le faire rétablir, il n'y voulut jamais consentir; et qu'enfin étant allés tous ensemble le trouver en sa chambre pour lui réitérer cette même prière, il ne les voulut point écouter, et les renvoya avec une sérieuse réprimande.

Un autre prêtre de sa Congrégation a dit que, lui étant un jour échappé par mégarde, dans une conversation, d'avancer quelque proposition qui semblait favoriser les erreurs condamnées par l'Église, M. Vincent l'appela en particulier, pour le faire expliquer sur ce sujet : ce qu'ayant fait avec une entière satisfaction, il lui dit alors ce qu'il a dit à d'autres en plusieurs occasions : « Sachez, Monsieur, que cette nouvelle erreur du jansénisme est une des plus dangereuses qui aient jamais troublé l'Église; et que je suis obligé très-particulièrement de bénir Dieu et de le remercier, de ce qu'il n'a pas permis que les premiers et les plus considérables d'entre ceux qui professent cette doctrine, que j'ai connus particulièrement, et qui étaient de mes amis, aient pu me persuader leurs sentiments. Je ne vous saurais exprimer la peine qu'ils y ont prise et les raisons qu'ils m'ont proposées pour cela; mais je leur opposais entre autres choses l'autorité du Concile de Trente, qui leur est manifestement contraire; et voyant qu'ils continuaient toujours, au lieu de leur répondre, je récitais tout bas mon *Credo*; et voilà comme je suis demeuré ferme en la créance catholique : outre que de tout temps, et même dès mon bas âge, j'ai toujours eu une secrète crainte dans mon âme, et je n'ai rien tant appréhendé que de me trouver par malheur engagé dans le torrent de quelque hérésie qui m'emportât avec les curieux de nouveautés, et me fit faire naufrage en la foi. » Voilà ce qu'il a dit en diverses rencontres ; et une personne fort vertueuse, qui est décédée avant lui, a déclaré que c'était le premier qui lui avait fait voir et reconnaître ce qu'il y avait à redire en la doctrine des jansénistes, et qui lui avait donné horreur de leur conversation longtemps avant que leurs erreurs eussent été entièrement découvertes.

Enfin, lorsque la condamnation de la doctrine de Jansénius, contenue dans les cinq propositions, eut été envoyée de Rome, et que feu Mgr l'archevêque de Paris en eut ordonné la publication par tout son diocèse, M. Vincent dit à sa Communauté, « qu'il fallait remercier Dieu de la protection qu'il donnait à l'Église, et particulièrement à la France, pour la purger de ces erreurs qui allaient la jeter dans un grand désordre. A quoi il ajouta, qu'encore que Dieu lui eût fait la grâce de discerner l'erreur d'avec la vérité avant même la définition du Saint-Siége apostolique, qu'il n'avait pourtant jamais eu aucun sentiment de vaine complaisance, ni de vaine joie, de ce que son jugement s'était trouvé conforme à celui de l'Église, reconnaissant bien que c'était un effet de la pure miséricorde de Dieu envers lui, dont il était obligé de lui rendre toute la gloire. »

Outre cette pureté, simplicité et fermeté de foi, en laquelle M. Vincent a excellé, on peut encore dire qu'il en avait une plénitude ; vu que sa foi, non-seulement éclairait son esprit, mais aussi remplissait son cœur, et animait ses actions, ses paroles, ses affections et ses pensées, et le faisait agir en tout et partout selon les vérités et les maximes de l'Évangile de Jésus-Christ : en telle sorte que ce que la plupart des chrétiens font ordinairement, ou par des mouvements naturels, ou par des raisonnements humains, il le faisait par des principes de la foi ; *laquelle était,* selon la parole d'un prophète, *comme une lampe allumée qu'il tenait toujours en main pour se conduire, et pour dresser tous ses pas dans les sentiers de la justice*[1]. C'était sans doute un don très-particulier qu'il avait reçu de Dieu, de savoir appliquer les lumières de la foi à toutes sortes d'occasions et de rencontres, et d'en faire d'excellentes pratiques, dans les affaires même purement temporelles et séculières ; ne les entreprenant que par des motifs que la foi lui inspirait, ne s'y conduisant que par ses lumières, et les référant toujours à des fins surnaturelles qu'elle lui proposait.

Et non-seulement il se conduisait par cet esprit de foi en toutes ses affaires et entreprises, mais il l'inspirait autant qu'il pouvait aux autres personnes, et particulièrement à celles qui étaient sous sa con-

---

[1] Lucerna pedibus meis verbum tuum, et lumen semitis meis *Psal.* 118.]

duite : au sujet de quoi mademoiselle Le Gras, fondatrice et première supérieure des Filles de la Charité, dont nous avons parlé aux premier et second livres, lui ayant un jour témoigné quelque petit empressement d'esprit touchant ce charitable Institut, duquel il était le père, il fit la réponse suivante : « Je vous vois toujours un peu dans les sentiments humains, pensant que tout est perdu dès lors que vous me voyez malade. O femme de peu de foi, que n'avez-vous plus de confiance et d'acquiescement à la conduite et à l'exemple de Jésus-Christ! Ce Sauveur du monde se rapportait à Dieu son Père pour l'état de toute l'Église; et vous, pour une poignée de filles que sa providence a notoirement suscitées et assemblées, vous pensez qu'il vous manquera! Allez, Mademoiselle, humiliez-vous beaucoup devant Dieu, etc. »

Il disait souvent que le peu d'avancement à la vertu et le défaut de progrès dans les affaires de Dieu provenait de ce qu'on ne s'établissait pas assez sur les lumières de la foi, et qu'on s'appuyait trop sur les raisons humaines. « Non, non (dit-il un jour), il n'y a que les vérités éternelles qui soient capables de nous remplir le cœur, et de nous conduire avec assurance. Croyez-moi, il ne faut que s'appuyer fortement et solidement sur quelqu'une des perfections de Dieu, comme sur sa bonté, sur sa Providence, sur sa vérité, sur son immensité, etc. Il ne faut, dis-je, que se bien établir sur ces fondements divins pour devenir parfait en peu de temps. Ce n'est pas qu'il ne soit bon aussi de se convaincre par des raisons fortes et prégnantes, qui peuvent toujours servir, mais avec une subordination aux vérités de la foi. L'expérience nous apprend que les prédicateurs qui prêchent conformément aux lumières de la foi opèrent plus dans les âmes que ceux qui remplissent leurs discours de raisonnements humains et de raisons de philosophie, parce que les lumières de la foi sont toujours accompagnées d'une certaine onction toute céleste, qui se répand secrètement dans les cœurs des auditeurs ; et de là on peut juger s'il n'est pas nécessaire, tant pour notre propre perfection que pour procurer le salut des âmes, de nous accoutumer de suivre toujours, et en toutes choses, les lumières de la foi. »

Il tenait encore cette maxime de ne pas considérer les choses dans le seul extérieur et selon leur apparence, mais selon ce qu'elles pouvaient être en Dieu et selon Dieu; alléguant à ce sujet les paroles de l'Apôtre : *Quæ videntur, temporalia sunt ; quæ autem non videntur, æterna sunt.* « Je ne dois pas considérer, dit-il, un pauvre paysan ou une pauvre femme selon leur extérieur, ni selon ce qui paraît de la portée de leur esprit; d'autant que bien souvent ils n'ont pas presque la figure ni l'esprit de personnes raisonnables, tant ils sont grossiers et terrestres. Mais tournez la médaille, et vous verrez, par les lumières de la foi, que le Fils de Dieu, qui a voulu être pauvre, nous est représenté par ces pauvres; qu'il n'avait presque pas la figure d'un homme en sa passion, et qu'il passait pour fou dans l'esprit des Gentils, et pour pierre de scandale dans celui des Juifs; et avec tout cela il se qualifie l'évangéliste des pauvres, *evangelizare pauperibus misit me*. O Dieu, qu'il fait beau voir les pauvres, si nous les considérons en Dieu et dans l'estime que Jésus-Christ en a faite! mais si nous les regardons selon les sentiments de la chair et de l'esprit mondain, ils paraîtront méprisables. «

Enfin, pour connaître combien grande et parfaite a été la foi de M. Vincent, il faut jeter les yeux sur toutes ses autres vertus, puisqu'elle en est comme la racine, selon le sentiment de saint Ambroise[1]; et l'on pourra juger quelle a été la vigueur et la perfection de cette mystique racine, en considérant la multitude et l'excellence des fruits qu'elle a produits, dont nous allons parler dans les chapitres suivants.

CHAPITRE III.

SON ESPÉRANCE ET SA CONFIANCE EN DIEU.

Si la foi de M. Vincent a été grande, son espérance en Dieu n'a pas été moins parfaite; et l'on peut dire en quelque façon de lui, qu'à l'imitation du grand Père des croyants il a souvent espéré contre l'espérance même; c'est-à-dire qu'il a porté son espérance en Dieu lorsque, selon toutes les apparences humaines, il y avait moins de sujet d'espérer; et comme sa foi étant simple et pure ne s'appuyait que sur la seule vérité de Dieu, aussi son espérance, étant tout élevée au-dessus des sentiments et des raisonnements de la nature, ne regardait que la seule miséricorde et bonté de Dieu.

Et premièrement quand il était question d'entreprendre quelque affaire pour le service de Dieu, après avoir invoqué sa lumière et reconnu sa volonté, il en espérait tout le succès de la conduite et de la protection de son infinie bonté; et quoique, pour suivre les

---

[1] Laudo fructum boni operis, sed in fide agnosco radicem. *Ambros., lib.* 1 *Hexaem.*, cap. 6.

ordres de sa Providence, il employât les moyens humains nécessaires et convenables, il n'y mettait pas pourtant son appui, mais uniquement sur l'assistance qu'il attendait de Dieu. Quand il était une fois engagé de cette façon-là, il espérait tout de Dieu pour lui et pour les siens : et si quelques-uns d'entre eux, par défaut de confiance, ou par quelque regard de la prudence humaine, venaient à lui représenter qu'il n'y avait aucune apparence qu'on pût réussir, ou bien qu'il serait très-difficile et presque impossible de suffire à ce qu'on entreprenait, il leur répondait ordinairement : « Laissons faire Notre-Seigneur, c'est son ouvrage ; et comme il lui a plu le commencer, tenons pour assuré qu'il l'achèvera en la manière qui lui sera la plus agréable. » Ou bien il les encorageait, leur disant : « Ayez bon courage, confiez-vous en Notre-Seigneur qui sera notre premier et notre second dans le travail commencé, à l'entreprise duquel il nous a appelés. »

Et écrivant un jour à un supérieur d'une des maisons de sa Congrégation : « Je compatis, lui dit-il, à vos travaux, qui sont grands et qui croissent lorsque vos forces diminuent par les maladies : c'est le bon Dieu qui fait cela, et sans doute qu'il ne vous laissera pas une si grande surcharge sur les bras sans vous aider à la soutenir ; mais il sera lui-même votre force aussi bien que votre récompense pour les services extraordinaires que vous lui rendez en cette occasion pressante. Croyez-moi, trois font plus de dix quand Notre-Seigneur y met la main ; et il la met toujours quand il nous ôte les moyens humains et qu'il nous engage dans la nécessité de faire quelque chose qui excède nos forces. Nous prierons cependant sa divine bonté qu'il ait agréable de donner la santé à vos prêtres malades et de remplir votre communauté d'une grande espérance en sa miséricorde. »

Or, pour mieux disposer les siens en cette parfaite confiance en Dieu, à laquelle il les excitait souvent, il les portait à concevoir une très-grande défiance d'eux-mêmes et à se bien persuader qu'ils ne pouvaient rien par eux-mêmes, sinon tout gâter dans les ouvrages et desseins de Dieu ; afin qu'étant bien convaincus de leur insuffisance, ils eussent à se tenir dans une plus entière et parfaite dépendance de la conduite de Dieu et de l'opération de sa grâce, et que pour cet effet ils eussent incessamment recours à lui par la prière. A ce sujet, écrivant à l'un de ses prêtres : « Je rends grâces à Dieu, lui dit-il, de ce que vous avez appris l'art de vous bien humilier, qui est de reconnaître et de publier vos défauts. Vous avez raison de vous croire fort peu propre à toutes sortes d'emplois, car c'est sur ce fondement que Notre-Seigneur établira sa grâce pour l'exécution des desseins qu'il a sur vous. Mais aussi quand vous faites ces réflexions sur vos misères, vous devez élever votre esprit à la considération de son adorable bonté. Vous avez grand sujet de vous défier de vous-même, cela est vrai; mais vous en avez un plus grand de vous confier en Dieu. Vous vous sentez enclin au mal; croyez que Dieu se porte sans comparaison davantage à faire du bien, et à le faire en vous et par vous. Je vous prie de faire votre oraison sur ceci, et durant le jour quelques élévations à Dieu, pour vous bien établir sur ce principe, qui est qu'après avoir jeté les yeux sur votre faiblesse, vous les portiez toujours sur son assistance; vous arrêtant beaucoup plus sur ses miséricordes infinies que sur votre indignité, et sur sa conduite que sur votre insuffisance, pour vous abandonner en cette vue entre ses bras paternels, dans l'espérance qu'il fera ses opérations en vous et qu'il bénira les œuvres que vous ferez pour lui. »

Lorsque M. Vincent envoyait les siens aux missions plus éloignées et plus difficiles dans les pays étrangers, il leur recommandait surtout de remplir leur cœur d'une véritable et parfaite confiance en Dieu, et leur disait : « Allez, Messieurs, au nom de Notre-Seigneur; c'est lui qui vous envoie, c'est pour son service et pour sa gloire que vous entreprenez ce voyage et cette mission ; ce sera aussi lui qui vous conduira et qui vous assistera et protégera. Nous l'espérons ainsi de sa bonté infinie : tenez-vous toujours dans une fidèle dépendance de sa fidèle conduite ; ayez recours à lui en tous lieux et en toutes rencontres ; jetez-vous entre ses bras, comme de celui que vous devez reconnaître pour votre très-bon père, avec une ferme confiance qu'il vous assistera et qu'il bénira vos travaux. »

Enfin, dans toutes les plus grandes et plus difficiles entreprises, qui ne se pouvaient soutenir qu'avec grande peine et grande dépense, depuis que ce saint homme avait une fois connu la volonté de Dieu, il allait tête baissée, sans s'étonner de toutes les difficultés qui se pouvaient présenter; tenant pour certain, et le disant souvent, « que la Providence divine ne manque jamais pour les choses qu'on entreprend par ses ordres ; » ce qui faisait qu'elle se portait avec d'autant plus de courage à de telles entreprises qu'il les voyait environnées de plus grands obstacles, et exposées à de plus grandes peines et travaux.

Sa confiance en Dieu a encore paru dans les indigences et nécessités pressantes où il a vu quelquefois réduites quelques maisons et communautés de sa Congrégation : au sujet de quoi le supérieur d'une de ses maisons lui ayant mandé l'incommodité très-grande que ressentait sa famille à cause de la stérilité de l'année et de la cherté des vivres : « Il ne faut pas vous étonner, lui répondit-il, ni vous effrayer pour une mauvaise année, ni pour plusieurs : Dieu est abondant en richesses ; rien ne vous a manqué jusqu'à présent, pourquoi craignez-vous l'avenir? N'a-t-il pas soin de nourrir les petits oiseaux, qui ne sèment et qui ne font aucune moisson? combien plus aura-t-il la bonté de pourvoir à ses serviteurs ! Vous voudriez avoir toutes vos provisions faites et les voir devant vous pour être assuré d'avoir tout à souhait; je dis selon la nature, car je pense que selon l'esprit vous êtes bien aise d'avoir occasion de vous confier en Dieu seul et de dépendre, comme un vrai pauvre, de la libéralité de ce Seigneur, qui est infiniment riche. Dieu veuille avoir pitié du pauvre peuple, qui est fort à plaindre au temps de la disette, parce qu'il n'en sait pas bien user et qu'il ne cherche pas premièrement le royaume de Dieu et sa justice, pour se rendre digne que les choses nécessaires à la vie présente lui soient encore données par-dessus les secours requis pour l'éternelle. »

L'on a su qu'un jour celui qui avait charge de l'économie et du soin de la maison de Saint-Lazare lui étant venu dire qu'il n'avait pas un sou pour fournir à la dépense tant ordinaire qu'extraordinaire qu'il fallait faire pendant les exercices des ordinands qu'on allait commencer; ce grand cœur, tout plein de confiance en Dieu, élevant sa voix : « O la bonne nouvelle ! lui dit-il, Dieu soit béni ; à la bonne heure, c'est maintenant qu'il faut faire paraître si nous avons de la confiance en Dieu. » Et un ecclésiastique de ses amis, auquel il avait une confiance particulière, lui parlant un jour sur le sujet de cette grande dépense qu'il lui fallait faire au temps des ordinations, et lui remontrant que sa maison étant fort incommodée et ne pouvant plus soutenir une telle charge, il semblait qu'il dût exiger quelque chose de chaque ordinand qui venait à Saint-Lazare ; à quoi il répondit en souriant : « Quand nous aurons tout dépensé pour Notre-Seigneur et qu'il ne nous restera plus rien, nous mettrons la clef sous la porte, et nous nous retirerons. »

La même remontrance lui a été faite en plusieurs autres occasions par quelques-uns de sa communauté au sujet des dettes dont la maison de Saint-Lazare se trouvait chargée, et des grandes et continuelles dépenses qui s'y faisaient pour les retraites et autres œuvres de charité qu'on y exerçait; sur quoi on lui a diverses fois représenté que sa communauté était en péril de succomber, si on ne modérait ces charités et si on ne fermait la porte à une bonne partie des personnes externes qu'on y recevait pour y faire retraite ; mais sa réponse n'était autre, sinon « que les trésors de la Providence de Dieu étaient inépuisables, que notre défiance le déshonorait, et que la Compagnie de la Mission se détruirait plutôt par les richesses que par la pauvreté. »

Il dit presque la même chose à un avocat du Parlement de Paris, lequel faisant la retraite à Saint-Lazare fut surpris de voir tant de personnes externes dans le réfectoire, outre ceux de la maison qui y sont toujours en grand nombre ; et en sortant il eut la curiosité de s'informer de M. Vincent d'où il pouvait tirer de quoi fournir à tant de bouches ; à quoi il répondit : « O Monsieur, le trésor de la Providence de Dieu est bien grand ; il fait bon jeter ses soins et ses pensées en Notre-Seigneur, qui ne manquera pas de nous fournir notre nourriture comme il nous l'a promis. » A quoi il ajouta ces paroles du Psalmiste, auxquelles il avait une dévotion toute particulière : *Oculi omnium in te sperant, Domine, et tu das illis escam in tempore opportuno : aperis tu manum tuam, et imples omne animal benedictione.*

Il arriva une fois une très-notable perte à la maison de Saint-Lazare pendant qu'il en était absent ; de quoi lui ayant été donné avis, voici en quels termes il en écrivit à la communauté :

« Tout ce que Dieu fait, il le fait pour le mieux ; et partant nous devons espérer que cette perte nous sera profitable, puisqu'elle vient de Dieu. Toutes choses tournent en bien aux hommes justes, et nous sommes assurés que, recevant les adversités de la main de Dieu, elles se convertissent en joie et en bénédiction. Je vous prie donc, Messieurs et mes Frères, de remercier Dieu de l'événement de cette affaire, de la privation de ce bien et de la disposition dont il nous a prévenus pour agréer cette perte pour son amour : elle est grande, mais sa sagesse adorable saura bien la faire tourner à notre profit, par des manières qui nous sont inconnues à présent, mais que vous verrez un jour : oui, vous le verrez ; et j'espère que la bonne façon avec laquelle vous vous êtes tous comportés en cet accident si peu attendu servira de fondement à la grâce que Dieu vous fera à l'avenir de faire un parfait usage de toutes les afflictions qu'il lui plaira de nous envoyer. »

Et comme quelques amis de M. Vincent le pressaient de se relever de cette perte par un moyen facile et assuré qu'ils lui suggéraient, il s'en excusa ; et entre les raisons contenues dans une lettre qu'il écrivit à l'un d'eux, il y inséra la considération suivante : Nous avons sujet d'espérer, lui dit-il, que si nous cherchons vraiment le royaume de Dieu, comme Jésus-Christ nous l'enseigne dans l'Évangile, rien ne nous manquera ; et que si le monde nous ôte d'un côté,

Dieu nous donnera de l'autre, ainsi que nous l'avons déjà éprouvé depuis la perte qui nous est arrivée ; car Dieu a suscité une personne, laquelle nous a donné presque autant qu'on nous a ôté.

Nous pouvons encore insérer ici fort à propos sur ce même sujet les paroles remarquables par lesquelles M. Vincent conclut une lettre qu'il écrivait à un de ses prêtres qui prenait le soin de quelque ferme, où après lui avoir donné les ordres touchant ce qu'il devait faire : « Voilà, lui dit-il, beaucoup de choses pour le temporel; plaise à la bonté de Dieu que, selon votre souhait, elles ne vous éloignent pas du spirituel, et que son esprit nous donne part à la pensée éternelle qu'il a de lui-même, tandis qu'incessamment il s'applique au gouvernement du monde et à pourvoir aux besoins de toutes ses créatures jusqu'au moindre moucheron. O Monsieur, qu'il nous faut bien travailler à l'acquisition de la participation de cet esprit ! »

SECTION I.

CONTINUATION DU MÊME SUJET.

Si la confiance que M. Vincent avait en Dieu était si grande dans les besoins et indigences qu'il souffrait en sa personne ou en celle des siens, comme nous venons de voir, elle n'était pas moindre dans les afflictions, traverses et autres rencontres fâcheuses et périlleuses qui lui sont arrivées : on a même remarqué que quelques peines qu'il ait ressenties, et en quelque détroit d'affaires qu'il se soit trouvé, on ne l'a jamais vu abattu ni découragé, mais toujours plein de confiance en Dieu, dans une continuelle égalité d'esprit et un parfait abandon à sa divine Providence ; et il était ravi de rencontrer de telles conjonctures pour se mettre dans une dépendance plus entière et plus absolue de la divine volonté.

Un supérieur d'une des principales maisons de sa Congrégation lui ayant mandé qu'il se faisait de grandes intrigues pour supplanter sa communauté, et qu'il y avait même des personnes puissantes qui appuyaient les mauvais desseins de leurs adversaires, M. Vincent lui répondit en ces termes : « Pour ce qui est des intrigues dont l'on se sert contre nous, prions Dieu qu'il nous garde de cet esprit ; puisque nous le blâmons en autrui, il est encore plus raisonnable de l'éloigner de nous. C'est un défaut contre la Providence divine, qui rend ceux qui le commettent indignes des soins que Dieu prend de chaque chose. Établissons-nous dans l'entière dépendance de sa sainte conduite, et dans la confiance qu'en faisant de la sorte, tout ce que les hommes feront et diront contre nous se tournera en bien.

« Oui, Monsieur, quand bien toute la terre s'élèverait pour nous perdre, il n'en sera que ce qu'il plaira à Dieu, en qui nous avons mis notre espérance. Je vous prie d'entrer dans ce sentiment et d'y demeurer, en sorte que jamais plus vous n'occupiez votre esprit de ces appréhensions inutiles. »

Il y a encore une chose en laquelle M. Vincent a fait paraître combien parfaite était la confiance qu'il avait en Dieu ; c'est en ce qui concernait la conservation et la propagation de sa Congrégation. Car, bien qu'elle lui fût plus chère que sa propre vie, il voulait néanmoins en cela, aussi bien qu'en tout le reste, dépendre entièrement de la Providence de Dieu, en laquelle il mettait toute sa confiance pour tout ce qui regardait le bien et l'accroissement de cette chère compagnie. Et afin que cette dépendance fût plus absolue et cette confiance plus parfaite, il n'a jamais voulu agir en aucune façon par lui-même, pour lui procurer ni bénéfices, ni maisons, ni établissements, ni pour y attirer aussi aucuns sujets, attendant tout de la seule Providence de Dieu. Lorsqu'on venait lui offrir quelques dons, il témoignait plus de répugnance à accepter les plus grands que les moindres. Quand il était question d'admettre quelques personnes en sa Congrégation, il faisait plus de difficulté d'y recevoir ceux qui étaient de quelque naissance ou qualité considérable dans le monde, que les autres de plus basse condition : non qu'il fît acception des personnes, mais c'est qu'il se défiait beaucoup de tout ce qui pouvait venir des mouvements de la nature ou des considérations du respect humain, et craignait que cela ne l'éloignât des ordres et de la conduite de la Providence divine ; et, pour cela, il avait ordinairement défiance de tout ce qui passait la médiocrité, même des esprits plus grands et plus élevés, s'il ne les voyait doués d'une véritable et sincère humilité. Il estimait que ceux qui n'avaient pas tant de talents naturels ou acquis étaient plus disposés à se confier en Dieu, et par conséquent plus propres pour sa Congrégation, où ils pourraient réussir avec plus de bénédiction que les autres, qui souvent s'appuient davantage sur eux-mêmes et moins sur Dieu. Un prélat qui avait bien remarqué cette conduite de M. Vincent disait avec grande raison que « cette maxime qu'il avait introduite dans sa Congrégation, de n'estimer les grandes qualités de nature ou de fortune, si elles n'étaient jointes à la vertu et soumises à la grâce, était un des plus grands moyens que Dieu lui avait inspirés pour maintenir sa Congrégation dans la pureté de son esprit. »

M. Vincent recommandait souvent à ceux de sa Compagnie de ne jamais briguer ni rechercher quoi que ce fût, pour le particulier ou pour le général de leur communauté, ni emplois, ni commodités, ni faveurs ; mais seulement accepter avec humilité et reconnaissance ce que Dieu leur envoyait : comme aussi de ne laisser jamais aller leur esprit aux sollicitudes et empressements sur le sujet de leurs besoins et de leurs affaires ; mais, en prenant un soin raisonnable et modéré, laisser le tout à la disposition et conduite de la divine Providence. Voici ce qu'il écrivit un jour sur ce sujet à un prêtre de sa Congrégation, qui tenait la place du supérieur de la maison de Rome, qui était absent : « Vous me donnez, lui dit-il, tous les jours sujet de louer Dieu de votre affection pour notre Compagnie et de votre vigilance aux affaires, et c'est ce que je fais de tout mon cœur ; mais je suis obligé aussi de vous dire, comme Notre-Seigneur à Marthe, qu'il y a un peu trop de sollicitude en votre fait, et qu'une seule chose est nécessaire, qui est de donner plus à Dieu et à sa conduite que vous ne faites pas. La prévoyance est bonne, quand elle lui est soumise ; mais elle passe à l'excès, quand nous nous empressons pour éviter quelque chose que nous appréhendons : nous espérons plus de nos soins que de sa Providence, et nous pensons faire beaucoup en prévenant ses ordres par notre désordre, qui fait que nous adhérons plutôt à la prudence humaine qu'à sa parole. Ce divin Sauveur nous assure dans l'Évangile, qu'un petit passereau, ni même un seul poil de notre tête ne tombe point à terre sans lui ; et vous avez peur que notre petite Congrégation ne se puisse maintenir, si nous n'usons de telles et telles précautions, et si nous ne faisons ceci et cela ; en sorte que si nous différons de le faire, d'autres s'établiront sur nos ruines. Aussitôt qu'il s'élève un nouveau dessein contre nous, il s'y faut opposer : si quelqu'un vient pour se prévaloir de notre retenue, il le faut prévenir, autrement tout est perdu. C'est à peu près le sens de vos lettres ; et, qui pis est, c'est que votre esprit, qui est vif, s'emporte à faire ce que vous dites, et dans sa chaleur pense avoir assez de lumière sans avoir besoin d'en recevoir d'ailleurs. O Monsieur, que ce procédé est peu convenable à un missionnaire ! il vaudrait mieux qu'il y eût cent missions établies par d'autres, que d'en avoir détourné une seule. Si notre zèle est bon, nous devons être bien aises que tout le monde prophétise, que Dieu envoie de nouveaux ouvriers en son Église, que leur réputation croisse, et que la nôtre diminue. Je vous prie, Monsieur, ayons plus de confiance en Dieu, laissons-lui conduire notre petite barque ; si elle lui est utile, il la gardera du naufrage ; et tant s'en faut que la multitude ni la grandeur des autres vaisseaux la fasse submerger, qu'au contraire elle voguera parmi eux avec plus d'asfiance, pourvu qu'elle aille droit à sa fin, et qu'elle ne s'amuse point à les traverser. »

Lorsque l'on poursuivait en cour de Rome l'érection et la confirmation de sa Congrégation, en l'année 1632, et en même temps l'enregistrement de l'union de la maison de Saint-Lazare, qui étaient les deux choses sans lesquelles cette compagnie naissante ne pouvait subsister, et auxquelles néanmoins on apportait de grandes oppositions et contradictions, M. Vincent, nonobstant tout cela, ne laissait pas d'avoir une telle confiance en Dieu, qu'en ces jours-là il écrivit à un prêtre de sa Congrégation ces paroles dignes de remarque :

« Je ne crains que mes péchés, et non pas le succès des bulles, et de l'affaire de Saint-Lazare, ni à Rome, ni à Paris. Tôt ou tard, tout se fera. *Qui timent Dominum, sperent in eo; adjutor eorum et protector eorum est.* » Sur quoi il est à remarquer qu'il parle comme avec quelque sorte de certitude de ce futur succès, non par présomption, puisqu'il craint ses péchés et qu'il se défie de lui-même ; mais par une parfaite confiance qu'il avait que Dieu, ayant donné l'être à ce petit corps de sa Congrégation, ne l'abandonnerait pas, mais le conduirait jusqu'à sa perfection. Et à ce propos on lui a quelquefois ouï avancer cette maxime, que « depuis que Dieu a commencé à faire du bien à une créature, il ne cesse de le lui continuer jusqu'à la fin, si elle ne s'en rend point indigne. » Nous pouvons ici ajouter ce qu'il dit un jour, au commencement de l'établissement de sa Congrégation, à ceux de sa Communauté, les exhortant à concevoir une parfaite confiance en Dieu : « Ayons confiance en Dieu, Messieurs et mes Frères, leur dit-il, mais ayons-la entière et parfaite, et tenons pour assuré qu'ayant commencé son œuvre en nous, il l'achèvera ; car je vous demande, qui est-ce qui a établi la Compagnie ? qui est-ce qui nous a appliqués aux missions, aux ordinands, aux conférences, aux retraites, etc. ? Est-ce moi ? Nullement. Est-ce M. Portail, que Dieu a joint à moi dès le commencement ? Point du tout, car nous n'y pensions point, nous n'en avions fait aucun dessein. Et qui est-ce donc qui est l'auteur de tout cela ? c'est Dieu, c'est sa providence paternelle et sa pure bonté. Car nous ne sommes tous que de chétifs ouvriers et de pauvres ignorants ; et parmi nous, il y a peu ou point du tout de personnes nobles, puissantes, savantes, ou capables de quelque chose. C'est donc Dieu qui a fait tout cela, et qui l'a fait par telles personnes que bon lui a semblé, afin que toute la gloire lui en revienne. Mettons donc toute notre confiance en lui : car, si nous la mettons aux hommes, ou bien si nous nous appuyons sur quelque avantage de la nature ou de la fortune, alors Dieu se retirera de nous. Mais, dira quelqu'un, il faut se faire des amis, et pour soi et pour la Compagnie. O mes Frères, gardons-nous bien d'écouter cette pensée, car nous y serions trompés. Cherchons uniquement Dieu, et il nous pourvoira d'amis et de toute autre chose, en sorte que rien ne nous manquera. Voulez-vous savoir pourquoi nous ne réussissons pas dans quelque emploi? c'est parce que nous nous appuyons sur nous-mêmes. Ce prédicateur, ce supérieur, ce confesseur, se fie trop à sa prudence, à sa science et à son propre esprit. Que fait Dieu? il se retire de lui, il le laisse là; et quoiqu'il travaille, tout ce qu'il fait ne produit aucun fruit, afin qu'il reconnaisse son inutilité, et qu'il apprenne par sa propre expérience que, quelque talent qu'il ait, il ne peut rien sans Dieu. »

SECTION II.
SUITE DU MÊME SUJET

Ce qui rendait encore plus excellente et plus parfaite cette confiance de M. Vincent, est qu'il ne s'attachait qu'à Dieu seul, et ne s'appuyait que sur sa providence, de laquelle seule il voulait dépendre absolument; et à l'imitation du grand saint François, il désirait que Dieu fût son tout [1] : pour cela on a remarqué que quelque perfection ou talent qu'il reconnût dans les prêtres de sa compagnie, et quelque grand et notable soulagement et service qu'il en pût tirer pour le bien de sa Congrégation, ou de la maison de Saint-Lazare où il faisait sa résidence ordinaire; et même quelque estime, amour et tendresse qu'il eût pour eux selon que leur vertu le méritait, il ne s'attachait pourtant à aucun d'eux, et en diverses occasions on a vu qu'il a envoyé aux lieux les plus éloignés, et employé dans les missions les plus périlleuses, ceux qu'il estimait et chérissait davantage, et qui lui étaient les plus utiles, et même les plus nécessaires, lorsqu'il voyait qu'ils y pouvaient rendre un plus grand service à Notre-Seigneur, s'en privant volontiers pour son amour, tant pour lui offrir en sacrifice ce qu'il avait de plus cher et ce qu'il aimait le plus, à l'imitation du saint patriarche Abraham, que pour ne fonder ni appuyer son espérance pour le maintien et accroissement de sa Congrégation sur aucun moyen humain, mais uniquement sur la Providence divine, sur laquelle seule il mettait tout son appui, et de laquelle seule il voulait entièrement et absolument dépendre.

Et à propos de ce saint patriarche, M. Vincent se servit une fois de

---

[1] Beatus qui omni spe rerum hujus mundi seipsum orbavit, ac in solo Deo spem omnem defixit atque locavit suam. *Basil. orat. de virtut. et vit.*

l'histoire de son sacrifice, pour représenter aux siens une image fort
naïve de la parfaite confiance qu'ils devaient avoir en Dieu. Voici en
quels termes il leur parla sur ce sujet :

« Vous ressouvenez-vous de ce grand patriarche, à qui Dieu avait
promis de peupler toute la terre par un fils qu'il lui avait donné? et
cependant il lui commande de le lui sacrifier. Sur cela, quelqu'un eût
pu dire : Si Abraham fait mourir son fils, comment est-ce que Dieu
accomplira sa promesse? Ce saint homme néanmoins, qui avait accoutumé son esprit à se soumettre à toutes les volontés de Dieu, se dispose à l'exécution de cet ordre sans se mettre en peine du reste. C'est
à Dieu d'y penser, pouvait-il dire ; si j'exécute son commandement,
il accomplira sa promesse : mais comment? Je n'en sais rien, c'est
assez qu'il est le Tout-Puissant, je m'en vais lui offrir ce que j'ai de
plus cher au monde, puisqu'il le veut. Mais c'est mon fils unique?
N'importe. Mais en ôtant la vie à cet enfant, j'ôterai le moyen à Dieu
de tenir sa parole? C'est tout un, il le désire de la sorte, il le faut
faire. Mais si je le conserve, ma lignée sera bénite, Dieu l'a dit ; oui,
mais il a dit aussi que je le mette à mort, il me l'a manifesté ; j'obéi-
rai quoi qu'il arrive, et j'espérerai en ses promesses. Admirez cette
confiance : il ne se met nullement en peine de ce qui arrivera, la
chose pourtant le touchait de bien près ; mais il espère que tout ira
bien, puisque Dieu s'en mêle. Pourquoi, Messieurs, n'aurions-nous
pas la même espérance, si nous laissons à Dieu le soin de tout ce qui
nous regarde, et préférons ce qu'il nous commande ?

« A ce propos encore n'admirerons-nous pas la fidélité des enfants
de Jonadab, fils de Réchab? C'était un bonhomme, qui reçut mouvement de Dieu de vivre d'une manière différente des autres hommes,
et de ne loger plus qu'en des tentes et des pavillons, et non en des
maisons. Il abandonne donc celle qu'il avait ; le voilà à la campagne,
où sa pensée le porte à ne point planter de vigne, pour ne point boire
de vin ; et en effet il n'en planta et n'en but jamais. Il défendit
même à ses enfants de semer du blé et d'autres grains, de planter
des arbres, et de faire des jardinages ; de sorte que les voilà tous sans
pain, sans blé et sans fruits. Comment ferez-vous donc, pauvre Jonadab? pensez-vous que votre famille se puisse passer de vivres, non
plus que vous? Nous mangerons, dit-il en lui-même, ce que Dieu
nous enverra. Voilà qui semble bien rude ; les religieux même les
plus pauvres ne portent point leur renoncement jusqu'à ce point-là.
Tant y a, la confiance de cet homme fut telle que de se priver de
toutes les commodités de la vie pour dépendre absolument, lui et ses
enfants, du soin de la Providence divine ; et ils demeurent en cet

état trois cent cinquante ans ; c'est à savoir, lui, ses enfants, et les enfants de ses enfants ; ce qui fut si agréable à Dieu, que reprochant à Jérémie la dureté de son peuple abandonné à ses plaisirs, il lui dit : Va vers ces endurcis, tu leur diras qu'il y a un homme qui fait cela, etc. Jérémie fait donc venir les Réchabites, pour justifier la grande abstinence du père et des enfants. Et pour cela il fit mettre sur la table du pain, du vin, des verres, etc. Ces enfants se trouvant là, Jérémie leur dit : J'ai charge de Dieu de vous dire que vous buviez du vin. Et nous, répondirent les Réchabites, nous avons charge de n'en pas boire ; il y a tant de temps que nous n'en buvons point, notre père nous l'ayant défendu. Or, si ce père eut cette confiance, que Dieu pourvoirait à la subsistance de sa famille, sans qu'il s'en mît en peine ; et si ces enfants sont si fidèles que de se tenir fermes à l'intention du père, ah ! Messieurs, quelle confiance devons-nous avoir, qu'en quelque état que Dieu nous mette, il nous pourvoira aussi de ce qui nous est nécessaire ! Quelle est notre fidélité à nos règles, en comparaison de celle de ces enfants, qui n'étaient pas autrement obligés de s'abstenir de ces choses pour l'usage de la vie, et vivaient néanmoins en cette pauvreté ? O mon Dieu ! Messieurs, ô mon Dieu ! mes Frères, demandons à sa divine bonté une grande confiance pour l'événement de tout ce qui nous regarde ; pourvu que nous lui soyons fidèles, rien ne nous manquera ; il vivra lui-même en nous, il nous conduira, défendra et aimera ; ce que nous dirons et ce que nous ferons, tout lui sera agréable.

« Ne voyez-vous pas que les oiseaux ne sèment et ne moissonnent point ? Cependant Dieu leur met la table partout, il leur donne le vêtement et la nourriture ; il étend même sa providence sur les herbes des champs, jusqu'aux lis, qui ont des ornements si magnifiques, que Salomon en toute sa gloire n'en a pas eu de semblables. Or si Dieu pourvoit ainsi les oiseaux et les plantes, pourquoi ne vous fierez-vous pas à un Dieu si bon et si provide ! Quoi ! est-ce que vous vous confierez plutôt à vous qu'à lui ? Et toutefois vous savez bien qu'il peut tout, et que vous ne pouvez rien : et nonobstant cela, vous osez vous appuyer plutôt sur votre industrie que sur sa bonté, sur votre pauvreté que sur son abondance. O misère de l'homme !

« Je dirai ici néanmoins que les supérieurs sont obligés de veiller aux besoins d'un chacun, et de pourvoir à tout ce qui est nécessaire ; et comme Dieu prend le soin de fournir les choses nécessaires à toutes les créatures, jusqu'à un ciron, il veut aussi que les supérieurs et les officiers, comme instruments de sa providence, veillent à ce que rien ne manque de nécessaire, ni aux prêtres, ni aux clers, ni aux

Frères, ni à cent, deux cents, trois cents personnes ou plus, si elles étaient céans, ni au moindre ni au plus grand. Mais aussi, mes Frères, devez-vous vous reposer sur les soins amoureux de la même providence pour votre entretien, et vous contenter de ce qu'elle vous donne, sans vous enquérir si la Communauté a de quoi, ou n'en a pas ; ni vous mettre en peine d'autre chose, que de chercher le royaume de Dieu, parce que sa sagesse infinie pourvoira à tout le reste.

« Dernièrement je demandais à un Chartreux, qui est prieur d'une maison, s'il appelait les religieux au conseil pour le gouvernement de leur temporel ? Nous y appelons, me répondit-il, les officiers, comme le sous-prieur et le procureur, et tous les autres demeurent en repos ; ils ne se mêlent que de chanter les louanges de Dieu, et de faire ce que l'obéissance et la règle leur ordonnent. Nous sommes céans dans le même usage, grâce à Dieu ; tenons-nous-y. Nous sommes aussi obligés d'avoir quelque bien et de le faire valoir pour subvenir à tout. Un temps fut que le Fils de Dieu envoyait ses disciples sans argent ni provisions, et puis il trouva à propos d'en avoir pour faire subsister sa compagnie, et en assister les pauvres. Les Apôtres ont continué cela ; et saint Paul dit de lui-même qu'il travaillait de ses mains, et qu'il amassait de quoi soulager les chrétiens nécessiteux. C'est donc aux supérieurs de veiller à l'économie ; mais qu'ils tâchent aussi que cette vigilance du temporel ne diminue pas celle des vertus, et qu'ils fassent en sorte que la vie spirituelle soit en vigueur dans leurs maisons, et que Dieu y règne sur toutes choses ; c'est le premier but qu'ils doivent avoir. »

SECTION III.

SENTIMENTS DE M. VINCENT TOUCHANT LA CONFIANCE QU'IL FAUT AVOIR EN DIEU.

Après avoir rapporté en la section précédente le discours que M. Vincent a tenu autrefois à ceux de sa communauté sur le sujet de la confiance qu'ils devaient avoir en Dieu, il ne sera pas hors de propos de mettre ici ensuite les sentiments qu'il a témoignés en diverses rencontres à plusieurs personnes particulières sur cette même vertu.

Écrivant un jour à une personne de vertu qui lui avait témoigné une dévotion particulière pour la fête de saint Vincent : « Je vous remercie, lui dit-il, de la part que vous prenez à la dévotion de mon saint patron, et je prie Dieu qu'il donne à votre foi ce que ma misère est indigne d'obtenir pour vous : demandez-lui pardon, s'il vous plaît, de mon indévotion, causée par manquement de préparation. J'ai été embarrassé en affaires toute cette matinée, sans pouvoir faire qu'un peu d'oraison, et avec beaucoup de distraction ; jugez ce que vous devez attendre de mes prières en ce saint jour. Cela pourtant ne me décourage pas, parce que je mets ma confiance en Dieu, et non pas certes en ma préparation ni en toutes mes industries, et je vous souhaite de tout mon cœur le même, puisque le trône de la bonté et des miséricordes de Dieu est établi sur le fondement de nos misères. Confions-nous donc bien en sa bonté, et nous ne serons jamais confondus, ainsi qu'il nous assure par sa parole. »

Et dans une autre rencontre écrivant à la même personne : « Déchargez, lui dit-il, votre esprit de tout ce qui vous fait peine ; Dieu en aura soin. Vous ne sauriez vous empresser en cela sans contrister (pour ainsi dire) le cœur de Dieu, parce qu'il voit que vous ne l'honorez pas assez par la sainte confiance ; fiez-vous en lui, je vous supplie, et vous aurez l'accomplissement de ce que votre cœur désire. Je vous le dis derechef, rejetez toutes ces pensées de défiance que vous permettez quelquefois à votre esprit : et pourquoi votre âme ne sera-t-elle pas pleine de confiance, puisqu'elle est la chère fille de Notre-Seigneur par sa miséricorde ? »

Et dans une autre lettre à la même : « Oh ! qu'il y a de grands trésors cachés, lui dit-il, dans la sainte Providence ! et que ceux-là honorent souverainement Notre-Seigneur qui la suivent, et qui n'enjambent pas sur elle ! J'entendais dire dernièrement à un des grands du royaume qu'il avait bien appris cette vérité par sa propre expérience, parce que jamais il n'avait entrepris par soi-même que quatre choses, lesquelles au lieu de lui réussir étaient tournées à son dommage. N'est-il pas vrai que vous voulez, comme il est bien raisonnable, que votre serviteur n'entreprenne rien sans vous et sans votre ordre ? Et si cela est raisonnable d'un homme à un autre, combien plus forte raison du Créateur à la créature ? »

Quelqu'un lui ayant un jour demandé si l'on pouvait excéder en l'esperance et confiance que l'on devait avoir en Dieu, il répondit « que, tout ainsi qu'on ne pouvait pas trop croire les vérités de la foi, qu'on ne pouvait non plus trop espérer en Dieu ; qu'il était bien vrai qu'on pouvait se tromper en espérant des choses que Dieu n'a pas promises, ou bien espérant celles qu'il a promises sous condition, et ne voulant pas faire ce qu'il ordonne pour les obtenir : comme lorsqu'un pécheur espère pardon, et ne veut pas pardonner à son frère ; qu'il demande miséricorde, et ne veut pas se convertir ; qu'il se confie qu'il remportera la victoire contre les tentations, et ne veut pas y résister ni les combattre : car ces espérances sont fausses et illusoires : mais celle qui est véritable ne peut jamais être trop grande, étant fondée sur la bonté de Dieu et sur les mérites de Jésus-Christ. »

Voyant un jour quelques-uns des siens qui se laissaient un peu trop abattre et décourager par le sentiment qu'ils avaient de leurs imperfections : « Nous avons (leur dit-il pour les encourager) le germe de la toute-puissance de Dieu en nous, qui nous doit être un grand motif d'espérer et de mettre notre confiance en lui, nonobstant toutes nos pauvretés. Non, il ne faut pas vous étonner de voir des misères en vous, car chacun en a sa bonne part : il est bon de les connaître, mais non pas de s'en affliger démesurément : il est bon même d'en détourner la pensée, quand elle nous porte au découragement, et de redoubler notre confiance en Dieu, et notre abandon entre ses mains paternelles. »

Ce saint homme était si attentif aux conduites de la divine Providence, qu'en plusieurs rencontres on le voyait se comporter tout autrement que ne le font les autres, qui pensent que tout est perdu s'ils ne se remuent, s'ils ne se mettent en peine, et n'y mettent un chacun pour se prémunir contre les accidents de cette vie, et pour remédier aux traverses et adversités, employant les lettres, donnant des ordres, faisant des changements, et se servant d'autres expédients humains, promptement et sans remise ; couvrant et tâchant de couvrir ce défaut de confiance et de soumission à la divine Providence de ce prétexte, que Dieu laisse agir les causes secondes. Mais M. Vincent, se conduisant par des lumières plus pures et par un principe plus assuré, ne se hâtait point d'avoir recours aux industries humaines, que le plus tard qu'il pouvait, pour donner lieu cependant à la Providence divine d'agir par elle-même, et de mettre les choses au point convenable : ce qu'il faisait par une parfaite connaissance qu'il avait que le propre de Dieu est de réduire tout à bien, et que moins il y a de l'homme dans les affaires, plus il y a de Dieu.

Lorsqu'il avait fait ce qu'il estimait que Dieu demandait de lui pour mettre ordre aux affaires, il demeurait en paix pour l'événement, et s'en reposait entièrement sur la conduite de Dieu ; et quelque succès qui en arrivât, bon ou mauvais, il ne s'en mettait pas davantage en peine, et ne s'inquiétait point de ce qu'il avait fait, se contentant du témoignage de sa conscience, qui lui faisait connaître qu'ayant tâché de se conformer aux ordres de la volonté de Dieu en ce qu'il avait fait, il n'y avait pas lieu d'en avoir aucun regret, mais plutôt d'en bénir et remercier sa bonté.

Un ecclésiastique de condition et de vertu, étant fort travaillé de pensées de désespoir, en écrivit à M. Vincent d'un lieu fort éloigné où il se trouvait alors, pour recevoir de lui quelque consolation et quelque remède ; et voici sa réponse, qui fait voir de plus en plus quels étaient les sentiments de ce saint homme touchant la confiance qu'on devait avoir en Dieu : « J'espère, lui dit-il, que depuis votre lettre écrite, Dieu aura dissipé ces nuages qui vous mettaient en peine ; c'est pourquoi je ne vous en toucherai qu'un mot en passant. Il semble que vous soyez entré en quelque doute si vous êtes du nombre des prédestinés : à quoi je réponds que, bien qu'il soit vrai que personne n'ait des marques infaillibles de sa prédestination sans une révélation spéciale de Dieu, néanmoins, selon le témoignage de saint Paul, il y en a de si probables pour connaître les vrais enfants de Dieu, qu'il n'y a presque lieu d'en douter. Et pour ces marques-là, Monsieur, je les vois toutes en vous par la grâce de Dieu ; la même lettre par laquelle vous me dites que vous ne les voyez pas m'en découvre une partie, et la longue connaissance que j'ai de vous me manifeste les autres. Croyez-moi, Monsieur, je ne connais pas une âme au monde qui soit plus à Dieu que la vôtre, ni un cœur plus éloigné du mal, ni plus aspirant au bien, que vous l'avez. Mais il ne me le semble pas, me direz-vous ; et je vous réponds, que Dieu ne permet pas toujours aux siens de discerner la pureté de leur intérieur parmi les mouvements de la nature corrompue, afin qu'ils s'humilient sans cesse, et que leur trésor étant par ce moyen caché, il soit en plus grande assurance. Le saint Apôtre avait vu des merveilles au ciel, mais pour cela il ne se tenait pas justifié, parce qu'il voyait en lui-même trop de ténèbres et de combats ; il avait toutefois une telle confiance en Dieu, qu'il estimait n'y avoir rien au monde capable de le séparer de la charité de Jésus-Christ. Cet exemple vous doit suffire, Monsieur, pour demeurer en paix parmi vos obscurités, et pour avoir une entière et parfaite confiance en l'infinie bonté de Notre-Seigneur, lequel, voulant achever l'ouvrage de votre sanctification, vous invite de vous abandonner entre les bras de sa providence. Laissez-vous donc conduire à son amour paternel, car il vous aime ; et tant s'en faut qu'il rejette un homme de bien tel que vous êtes, que même il ne délaisse jamais un méchant qui espère en sa miséricorde. »

Parlant un jour à sa communauté sur ce même sujet de la confiance en Dieu : « Le véritable missionnaire, dit-il, ne se doit point mettre en peine pour les biens de ce monde, mais jeter tous ses soins en la providence du Seigneur, tenant pour certain que pendant qu'il sera bien établi en la charité, et bien fondé en cette confiance, il sera toujours sous la protection de Dieu, et par conséquent qu'aucun mal ne lui arrivera, et qu'aucun bien ne lui manquera, lors même qu'il pensera que, selon les apparences, tout va se perdre. Je ne dis pas ceci par mon propre esprit, c'est l'Écriture sainte qui nous l'enseigne et qui dit que, *Qui habitat in adjutorio Altissimi, in protectione Dei cœli commorabitur.* Celui qui loge à l'enseigne de la confiance en Dieu sera toujours favorisé d'une spéciale protection de sa part, et en cet état il doit tenir pour certain qu'il ne lui arrivera aucun mal, parce que toutes choses coopèrent à son bien, et qu'aucun bien ne lui manquera, d'autant que Dieu lui-même se donnant à lui, il porte avec soi tous les biens nécessaires, tant pour le corps que pour l'âme. Et ainsi, mes Frères, vous devez espérer que pendant que vous demeurerez fermes en cette confiance, non-seulement vous serez préservés de tous maux et de tous fâcheux accidents, mais aussi comblés de toutes sortes de biens. »

Nous finirons ce chapitre par l'extrait d'un discours que M. Vincent fit un jour aux Filles de la Charité pour leur inspirer ce même esprit de confiance en Dieu, parmi tous les fâcheux et périlleux accidents où elles se trouvaient quelquefois exposées, et rendant service aux pauvres ; « Vous verrez souvent, mes Filles, leur dit-il, la colère de Dieu punir de mort subite et violente une multitude de pécheurs, sans avoir loisir de faire pénitence et se convertir ; vous verrez même beaucoup d'innocents périr, et vous serez conservées. Oui, mes Filles, Dieu prend soin de votre conservation, parce que vous servez les pauvres. » Et puis, dans la suite de son discours, il leur fit faire réflexion sur les effets de cette protection spéciale de Dieu sur elles en deux occasions dignes de remarque : l'une fut qu'en ces jours-là une maison du faubourg Saint-Germain, presque toute neuve, tomba de fond en comble au même temps qu'une Fille de la Charité qui portait une portion à un pauvre malade y était entrée, laquelle se trouva entre deux planchers, et par conséquent devait être, selon toutes les apparences humaines, écrasée sous ces ruines, comme toutes les personnes qui se trouvèrent alors dans cette maison, qui étaient plus de trente, le furent, à la réserve d'un seul petit enfant, qui fut pourtant blessé, quoiqu'il n'en mourût pas ; mais cette Fille de la Charité en fut préservée comme miraculeusement, demeurant la marmite en sa main sur un petit coin de plancher qui ne tomba pas, quoique tout le reste du plancher fût tombé ; et de plus, comme par un second miracle, quoiqu'il tombât d'en haut quantité de solives et autres pièces de bois, des grosses pierres, des coffres, tables et autres choses semblables aux environs de cette fille, elle n'en reçut aucune blessure, et on la vit sortir saine et sauve du milieu de ces ruines.

L'autre occasion fut qu'une poutre s'étant rompue en la maison de la Communauté de ces Filles, et le plancher d'une chambre étant tombé tout à coup, la providence de Dieu pourvut tellement à cet accident, qu'aucune d'entre elles ne se trouva ni dessus ni dessous ce plancher, quoiqu'un moment auparavant il y en eût plusieurs, et même que mademoiselle Legras, leur première supérieure et fondatrice, ne fit qu'en sortir; ce qui fut une autre merveille de la protection de Dieu envers elles. Sur quoi M. Vincent continuant son discours, et élevant la voix : « Ah ! mes Filles, leur dit-il, quel sujet n'avez-vous pas de vous confier en Dieu ? Nous lisons dans les histoires qu'un homme fut tué en pleine campagne par la chute d'une tortue qu'un aigle lui laissa tomber sur la tête ; et nous voyons aujourd'hui des maisons renversées de fond en comble, et des Filles de la Charité qui sortent saines et sauves de dessous les ruines, et qui n'en reçoivent aucune lésion ; qu'est-ce que cela, sinon une marque et un témoignage par lequel Dieu leur veut faire connaître qu'elles lui sont chères comme la prunelle de ses yeux ? O mes Filles, soyez assurées que pourvu que vous conserviez dans vos cœurs cette sainte confiance, Dieu vous conservera en quelque lieu que vous vous trouviez. »

CHAPITRE IV.

SON AMOUR ENVERS DIEU.

Quoique l'amour de Dieu ait son siége dans le cœur et que ses plus nobles et plus parfaites opérations ne soient connues que de celui qui les pratique, et de Dieu qui en est l'auteur par sa grâce, il ne laisse pas quelquefois de se produire au dehors par ses effets extérieurs, comme le feu renfermé dans une fournaise, par les flammes qu'il en fait sortir. Il est bien vrai que, pour connaître quel a été l'amour de M. Vincent envers Dieu, il faudrait que son Saint-Esprit nous découvrît ce que ses divines inspirations ont opéré dans son cœur, et la fidèle coopération qu'il lui a rendue; mais puisque cette manifestation est réservée au dernier jour, auquel Dieu révèlera les secrets des cœurs, nous nous contenterons de remarquer ici seulement quelques-unes des étincelles que le feu sacré de cet amour n'a pu retenir, et qui ont paru au dehors.

Et premièrement, si c'est une marque assurée d'un parfait amour de Dieu, selon le témoignage du disciple bien-aimé et bien aimant, de garder la loi de Dieu et se rendre obéissant et fidèle à sa parole [1], on peut dire avec vérité que M. Vincent a beaucoup aimé Dieu, puisqu'il a été si fidèle et si exact à observer la loi de Dieu, et à suivre ce qui est prescrit par sa sainte parole, que ceux qui l'ont le plus hanté, et qui ont considéré de plus près tous ses déportements, assurent qu'il n'eût pas fallu être homme pour y manquer moins que lui ; et qu'il était tellement attentif sur lui-même, mortifié en ses passions, équitable en ses jugements, circonspect en ses paroles, prudent en sa conduite, exact en ses pratiques de piété, et enfin si parfaitement uni à Dieu, autant qu'on en pouvait juger par l'extérieur, qu'il paraissait assez que c'était l'amour de Dieu qui animait son cœur, et qui régnait sur toutes les puissances de son âme, et même sur les organes et facultés de son corps, pour régler tous leurs mouvements et toutes leurs opérations selon les ordres de cette loi éternelle, qui est la première règle de toute justice et sainteté. Et l'on peut dire que toute sa vie était un sacrifice continuel qu'il faisait à Dieu non-seulement des honneurs, commodités, plaisirs, et autres biens du monde, mais de tout ce qu'il avait reçu de sa main libérale, de ses lumières, de ses affections, de sa liberté, et de tout ce qui pouvait tomber en sa disposition ; et que la plus grande et la plus intime joie de son cœur était de penser à la gloire incompréhensible que Dieu possède en lui-même, à l'amour ineffable qu'il se porte, et aux infinies perfections qui sont renfermées dans l'unité et simplicité de sa divine essence.

Que ses plus ardents et continuels désirs étaient que Dieu fût de plus en plus connu, adoré, servi, obéi, aimé et glorifié en tous lieux, par toutes sortes de créatures ; et que tout ce qu'il faisait et disait ne tendait à autre fin qu'à graver, autant qu'il était en lui, ce divin amour dans tous les cœurs, et particulièrement dans ceux de ses enfants, qui ont admiré et éprouvé la grâce de cette parfaite charité qui était en lui, et qui faisait ressentir ses ardeurs à ceux qui s'approchaient de sa personne : c'est ce qui les portait toujours à écouter avec grande estime et dévotion toutes ses paroles, et même quelquefois à les recueillir jusques aux moindres : et néanmoins ils ont reconnu et confessé que les paroles de ce grand serviteur de Dieu avaient toute autre

---

[1] Hæc est charitas Dei, ut mandata ejus custodiamus. 1. *Joan.* 5. Qui servat verbum ejus, vere in hoc charitas Dei perfecta est. 1. *Joan.* 2.

force en sa bouche que sur le papier, et que le même esprit qui animait son cœur donnait une vertu et une énergie toute particulière à ses paroles ; en sorte qu'on pouvait dire que c'étaient des paroles de grâce, qui pénétraient jusqu'au cœur de ceux qui l'écoutaient. A ce propos, une personne de grande vertu, qui est maintenant devant Dieu, s'étant un jour trouvée à un entretien qu'il fit aux Dames de la Compagnie de la Charité de Paris, se sentit tellement touchée de ce qu'elle avait entendu, que se tournant vers quelques autres des plus qualifiées de cette assemblée : « Hé bien, Mesdames, leur dit-elle, ne pouvons-nous pas, à l'imitation des disciples qui allaient en Emmaüs, dire que nos cœurs ressentaient les ardeurs de l'amour de Dieu pendant que M. Vincent nous parlait ? Pour moi, ajouta-t-elle, quoique je sois fort peu sensible en toutes les choses qui regardent Dieu, je vous avoue néanmoins que j'ai le cœur tout embaumé de ce que ce saint homme nous vient de dire. Il ne faut pas s'en étonner, répondit une de ces dames, il est l'ange du Seigneur, qui porte sur ses lèvres les charbons ardents de l'amour divin qui brûle dans son cœur. Cela est très-véritable, ajouta une autre de la compagnie, et il ne tiendra qu'à nous de participer aux ardeurs de ce même amour. »

Une autre fois, plusieurs prélats s'étant trouvés à la conférence des ecclésiastiques qui s'assemblent à Saint-Lazare, et M. Vincent leur ayant déféré par honneur la conclusion de la conférence, comme il avait coutume de faire quand quelque prélat y était présent, tous unanimement le prièrent de la faire lui-même ; et comme il s'en excusait, le plus ancien d'entre eux lui dit : « Monsieur Vincent, il ne faut pas que vous priviez la compagnie, par votre humilité, des bons sentiments que Dieu vous a communiqués sur ce sujet qu'on traite. Il y a je ne sais quelle onction du Saint-Esprit en vos paroles, qui touche un chacun : et pour cela tous ces Messieurs vous prient de leur faire part de vos pensées, car un mot de votre bouche fera plus d'effet que tout ce que nous pourrions dire. »

Or, ce grand amour que M. Vincent avait pour Dieu s'est fait particulièrement connaître par la droiture et pureté de ses intentions, qui tendaient uniquement et incessamment à la plus grande gloire de sa divine Majesté. Il faisait chaque chose, et même celles qui semblaient les plus petites, dans la vue de Dieu pour lui plaire, et pour accomplir ce qu'il reconnaissait lui être le plus agréable. Aussi disait-il souvent, « que Dieu ne regardait pas tant l'extérieur de nos actions que le degré d'amour et de pureté d'intention dans lequel nous les faisons ; que les petites actions faites pour plaire à Dieu ne sont pas si sujettes à la vaine gloire que les autres actions plus éclatantes, qui bien souvent s'en vont en fumée ; et enfin que, si nous voulons plaire à Dieu dans toutes nos actions, il faut nous habituer à lui plaire dans les petites. »

Un jour quelqu'un des siens s'étant accusé devant les autres d'avoir fait quelque action par respect humain, M. Vincent, tout animé de l'amour de Dieu, dit, « qu'il vaudrait mieux être jeté pieds et mains liés parmi des charbons ardents, que de faire une action pour plaire aux hommes. » Ensuite s'étant mis à faire d'un côté le dénombrement de quelques-unes des perfections divines, et de l'autre des défauts, imperfections et misères des créatures, pour faire mieux voir l'injustice et la folie de ceux qui négligent de faire leurs actions pour Dieu, et qui perdent leur temps et leur peine pour n'avoir en ce qu'ils font que des vues basses et humaines, il ajouta ces paroles dignes de remarque : « Honorons toujours les perfections de Dieu ; prenons pour but de tout ce que nous avons à faire celles qui sont les plus opposées à nos imperfections, comme sa douceur et sa clémence, directement opposées à notre colère; sa science, si contraire à notre aveuglement; sa grandeur et sa majesté infinie, si fort élevées au-dessus de notre bassesse et vileté ; son infinie bonté, toujours opposée à notre malice : étudions-nous de faire nos actions pour honorer et glorifier cette perfection de Dieu, qui est directement contraire à nos défauts. » Il ajoutait que c'était cette direction et application qui était comme l'âme de nos œuvres, et qui en rehaussait grandement le prix et la valeur; se servant à ce sujet d'une comparaison familière des habits dont se revêtent les princes et les grands seigneurs aux jours de leurs triomphes et magnificences : « Car, disait-il, les habits ne sont pas ordinairement tant estimés pour l'étoffe dont ils sont faits, que pour les passements d'or et enrichissements de broderies, perles et pierres précieuses, dont ils sont ornés : de même, il ne faut pas se contenter de faire de bonnes œuvres, mais il les faut enrichir et relever par le mérite d'une très-noble et très-sainte intention, les faisant uniquement pour plaire à Dieu et pour le glorifier. »

C'est dans cette même droiture d'intention qu'il avait souvent en bouche et encore plus dans le cœur ces paroles de Notre-Seigneur Jésus-Christ rapportées dans l'Évangile : Cherchez premièrement le royaume de Dieu. « Notre-Seigneur, disait-il sur ce sujet, nous recommande ces paroles, de faire régner Dieu en nous, et puis de coopérer avec lui à étendre et amplifier son royaume dans la conquête des âmes. N'est-ce pas là un grand honneur pour nous que d'être appelés à l'exécution d'un si grand et si important dessein? N'est-ce pas agir comme les anges, qui travaillent incessamment et uniquement pour l'agrandissement de ce royaume de Dieu? Y a-t-il donc condition qui soit plus désirable que la nôtre, qui ne devons vivre ni agir que pour établir, accroître et agrandir le royaume de Dieu? A quoi tiendra-t-il, mes Frères, que nous ne répondions dignement à une vocation si sainte et si sanctifiante? »

CHAPITRE V.

SA CONFORMITÉ A LA VOLONTÉ DE DIEU.

Saint Basile étant un jour interrogé par quel moyen on pouvait témoigner son amour envers Dieu, répondit que c'était en faisant tout ce qu'on peut, et même, s'il faut parler ainsi, plus qu'on ne peut, pour accomplir continuellement en toutes choses la très-sainte volonté de Dieu avec un très-ardent désir de procurer l'accroissement de son honneur et de sa gloire. Et certes, ce n'est pas sans grande raison qu'il a parlé de la sorte; car, puisque l'union qui se fait par l'amour est principalement des cœurs et des volontés, on ne saurait mieux faire paraître qu'on aime Dieu que par une conformité et union parfaite de sa volonté avec celle de Dieu [1].

C'est ce que M. Vincent a saintement pratiqué; et l'on peut dire que cette conformité de sa volonté avec la volonté de Dieu était la propre et principale et comme la générale vertu de ce saint homme, qui répandait ses influences sur toutes les autres : c'était comme le maître ressort qui faisait agir toutes les facultés de son âme et tous les organes de son corps; c'était le premier mobile de tous ses exercices de piété, de toutes ses plus saintes pratiques et généralement de toutes ses actions; en sorte que s'il se présentait devant Dieu dans ses oraisons, s'il se rendait en tout temps et en toutes occasions si attentif à sa divine présence, c'était pour lui dire comme saint Paul : « Seigneur, que voulez-vous que je fasse? » S'il était si soigneux de consulter Dieu, de l'écouter et d'user d'une si grande circonspection pour discerner les vraies inspirations qui venaient du Saint-Esprit d'avec les fausses qui procédaient de la suggestion du démon ou des

---

[1] *Interrog.* Quis est modus ejus, quæ in Deum est, charitatis? *Respons.* Assidua atque ultra vires animi, ad exequendam Dei voluntatem, contentio, cum proposito ac desiderio gloriæ ipsius. *Basil. in Reg. brev., resp.* 211.

mouvements déréglés de la nature, c'était pour connaître la volonté de Dieu avec plus d'assurance et pour se mettre plus en état de l'accomplir. Enfin, s'il rejetait si fortement toutes les maximes du monde pour embrasser celles de l'Evangile, s'il renonçait si parfaitement à lui-même, s'il embrassait les croix avec tant d'affection, et s'il s'abandonnait à tout faire et à tout souffrir pour Dieu, c'était pour se conformer plus parfaitement à toutes les volontés de sa divine Majesté; et il avait une telle estime de la pratique de cette sainte conformité, qu'il dit un jour de l'abondance de son cœur cette belle sentence, que « se conformer en toutes choses à la volonté de Dieu et y prendre tout son plaisir, c'était vivre sur la terre d'une vie tout angélique, et même que c'était vivre de la vie de Jésus-Christ. »

Il dit une autre fois sur ce même sujet que « Notre-Seigneur était une communion continuelle aux âmes vertueuses qui se tenaient fidèlement et constamment unies à sa très-sainte volonté, et qui avaient un même vouloir et un même non-vouloir avec lui. » Et comme il était tout rempli et pénétré de cette importante vérité, et qu'il connaissait par sa propre expérience les grâces et bénédictions qui découlaient de cette conformité à la volonté de Dieu, il a toujours tâché de l'inspirer dans tous les cœurs des autres, et particulièrement de ceux de sa Congrégation, auxquels il a même fait une règle particulière dans les termes suivants :

« Et parce que la sainte pratique qui consiste à faire toujours et en toutes choses la volonté de Dieu est un moyen assuré pour pouvoir bientôt acquérir la perfection chrétienne, chacun tâchera, selon son possible, de se la rendre familière en accomplissant ces quatre choses : premièrement, en exécutant dévotement les choses qui nous sont commandées, et fuyant soigneusement celles qui nous sont défendues, et cela toutes les fois qu'il nous appert que tel commandement et telle défense vient de la part de Dieu et de l'Église, ou de nos supérieurs, ou de nos règles ou constitutions ; secondement, entre les choses indifférentes qui se présentent à faire, choisissant plutôt celles qui répugnent à notre nature que celles qui la satisfont, si ce n'est que celles qui lui plaisent soient nécessaires ; car alors il les faut préférer aux autres, les enseignant néanmoins, non du côté qu'elles délectent les sens, mais du côté qu'elles sont agréables à Dieu. Que si plusieurs choses indifférentes de leur nature, qui ne sont agréables ni désagréables, se présentent à faire en même temps, alors il est à propos de se porter indifféremment à ce qu'on voudra, comme venant de la divine Providence. Troisièmement, pour ce qui est des choses qui nous arrivent inopinément, comme sont les afflictions ou consolations, soit corporelles ou spirituelles, en les recevant toutes avec l'égalité d'esprit, comme sortant de la maison paternelle de Notre-Seigneur. Quatrièmement, faisant toutes ces choses-là par le motif que c'est le bon plaisir de Dieu, et pour imiter en cela, autant qu'il nous est possible, Notre-Seigneur Jésus-Christ, qui a toujours fait les mêmes choses et pour la même fin, comme il le témoigne lui-même par ces paroles rapportées dans l'Évangile : Je fais toujours les choses qui sont selon la volonté de mon Père. »

Il considérait cette pratique comme un souverain remède à tous maux ; et quand on lui demandait comment on pourrait se corriger de quelque promptitude ou impatience, ou autre imperfection, ou bien vaincre quelque tentation, ou conserver la paix du cœur parmi les pertes et les souffrances, il répondait que ce serait en se conformant à la volonté de Dieu. Mais il voulait qu'on persistât courageusement en cette sainte pratique, et qu'on eût une affection persévérante à chercher de connaître et d'accomplir en toutes choses cette sainte et divine volonté ; et il ne pouvait souffrir en lui aucun relâche ni aucune remise, souhaitant que la volonté de Dieu fût comme le propre élément de l'âme, que ce fût l'air qu'elle respirât et le bonheur auquel elle aspirât continuellement. A ce sujet parlant un jour aux siens : « La perfection de l'amour, leur dit-il, ne consiste pas dans les extases, mais à bien faire la volonté de Dieu ; et celui-là entre tous les hommes sera le plus parfait, qui aura sa volonté plus conforme à celle de Dieu : en sorte que notre perfection consiste à unir tellement notre volonté à celle de Dieu, que la sienne et la nôtre ne soit qu'un même vouloir et non-vouloir ; et celui qui excellera davantage en ce point sera le plus parfait. Lorsque Notre-Seigneur voulut enseigner le moyen d'arriver à la perfection à cet homme dont il est parlé dans l'Evangile, il lui dit : Si quelqu'un veut venir après moi, qu'il renonce à soi-même, qu'il porte sa croix et qu'il me suive. Or, je vous demande, qui est-ce qui renonce plus à soi-même ou qui porte mieux la croix de la mortification et qui suit plus parfaitement Jésus-Christ, que celui qui s'étudie à ne faire jamais sa volonté et à faire toujours la volonté de Dieu ? L'Ecriture dit aussi en quelque autre lieu que celui qui adhère à Dieu est un même esprit avec Dieu. Or, je vous demande, qui est-ce qui adhère plus parfaitement à Dieu que celui qui ne fait que la volonté du même Dieu et jamais la sienne propre ? qui ne veut et qui ne souhaite autre chose que ce que Dieu veut ? Oh ! que c'est là un moyen bien court pour acquérir en cette vie un grand trésor de grâces ! »

En quelque autre rencontre, écrivant à l'un des prêtres de sa Congrégation sur le sujet d'un fâcheux accident qui était arrivé : « Que ferons-nous à cela, lui dit-il, sinon de vouloir ce que la divine Providence veut, et ne pas vouloir ce qu'elle ne veut pas? Il m'est venu ce matin en ma chétive oraison un grand désir de vouloir tout ce qui arrive dans le monde, et bien et mal de peine tant générale que particulière, parce que Dieu le veut, puisqu'il l'envoie. Oh! que cette pratique me semble avoir de merveilleuses circonstances qui sont bien nécessaires aux missionnaires ! Etudions-nous donc d'avoir cette disposition de volonté à l'égard de celle de Dieu, et entre plusieurs grands biens qui en proviendront, celui de la tranquillité d'esprit ne sera pas des moindres. »

Une autre fois faisant réflexion sur la troisième demande de l'Oraison dominicale, *fiat voluntas tua sicut in cœlo et in terrâ*, que votre volonté soit faite en la terre comme au ciel, il disait que par ces paroles Notre-Seigneur avait voulu nous enseigner que, « comme les anges et les bienheureux qui sont là-haut au ciel font incessamment la sainte et adorable volonté de Dieu, de même il voulait que nous autres la fissions semblablement sur la terre, avec le plus d'amour et de perfection qui nous serait possible, nous en ayant donné l'exemple, et n'étant venu du ciel en terre que pour faire la volonté de Dieu son Père, en accomplissant l'œuvre de notre rédemption, et trouvant ses délices à faire ce qu'il connaissait être le plus agréable à Dieu, au temps et en la manière qu'il connaissait être selon sa volonté. »

SECTION I.
CONTINUATION DU MÊME SUJET.

M. Vincent a fait paraître son affection et sa fidélité à cette sainte pratique d'une manière qu'on peut dire lui avoir été presque singulière, en ce qu'il n'est jamais entré dans aucun emploi ni n'a procuré un avantage temporel à sa Congrégation, sinon autant qu'il connaissait manifestement que cela était conforme à la volonté de Dieu, et qu'il y était même fortement poussé par autrui. Il a fait à la vérité son possible pour conserver les biens temporels que la Providence divine avait donnés à sa compagnie, parce que Dieu le voulait; mais on ne l'a jamais vu aller au-devant pour lui en procurer, ni faire aucune recherche ou sollicitation pour y attirer personne : et quoiqu'il soit licite et même louable de convier les autres à se mettre dans un état auquel ils puissent mieux servir Dieu, quand cela se fait par un pur zèle de sa gloire, la dévotion de ce saint homme était d'attendre toujours le bon plaisir de Dieu pour le suivre, et de ne le prévenir jamais ; ce qui est une vertu assez rare : et il était tellement rempli et animé de ce désir, que la volonté de Dieu fût la souveraine sur son cœur et sur tout ce qui pouvait dépendre de lui, qu'il tenait pour maxime de ne rien épargner, ni dépense, ni peine, ni même la vie, quand il était question d'accomplir cette très-sainte volonté.

Il ne pouvait approuver que ceux qui étaient appelés de Dieu dans un état ou profession vinssent à la quitter par eux-mêmes, quoiqu'ils eussent des prétextes fort bons et raisonnables. Voici ce qu'il écrivit un jour sur ce sujet à un curé qui voulait permuter sa cure : « Je vous prie, lui dit-il, de ne vous point hâter : ce que vous prétendez faire mérite une grande considération, et j'aurais peine que vous eussiez pris aucune résolution finale sans avoir fait prier Dieu et consulté M. Duval ou M. Coqueret, ou tous les deux ; car il s'agit de savoir si Dieu veut que vous quittiez l'Épouse qu'il vous a donnée. »

Les supérieurs des maisons de sa Congrégation ont remarqué qu'en toutes ses lettres il ne leur recommandait rien tant que cette conformité au bon plaisir de Dieu en toutes sortes d'événements ; et quelques-uns lui ayant mandé en divers temps qu'on voulait leur susciter des procès et les molester et inquiéter dans quelques parties de leurs biens ou dans les maisons et places qu'ils avaient acquises, sa réponse plus ordinaire était : qu'il n'en arriverait que ce qu'il plairait à Dieu ; qu'il était le maître, non-seulement de nos biens, mais aussi de nos vies, et qu'il était juste qu'il en disposât selon sa divine volonté.

Il voulait que, dans les aridités spirituelles et dans les infirmités du corps, on demeurât soumis au bon plaisir de Dieu ; que l'on fût content de tous les états où il lui plairait de nous mettre, et qu'on ne désirât jamais d'en sortir, sinon autant que l'on connaîtrait lui être agréable ; et il disait que selon son sentiment, c'était la pratique la plus excellente et la plus relevée en laquelle un chrétien et même un prêtre pût s'exercer sur la terre.

Un des principaux prêtres de sa Congrégation, et un des plus utiles, étant fort malade et en danger de mort, et mademoiselle Le Gras, supérieure des Filles de la Charité, en étant fort affligée, M. Vincent lui écrivit en ces termes : « Il faut, lui dit-il, agir contre ce qui fait peine, et briser son cœur, ou l'amollir pour le préparer à tout. Il y a apparence que Notre-Seigneur veut prendre sa part de la petite compagnie : elle est tout à lui, comme je l'espère, et il a droit d'en user comme il lui plaira : et pour moi, mon plus grand désir est de ne désirer que l'accomplissement de sa sainte volonté. Je ne puis vous exprimer combien notre malade est avant dans cette pratique ; et c'est pour cela qu'il semble que Notre-Seigneur le veuille mettre dans un lieu où il la pourra continuer plus heureusement durant toute l'éternité. Oh! qui nous donnera la soumission de nos sens et de notre raison à cette adorable volonté ? ce sera l'Auteur des sens et de la raison, si nous ne nous en servons qu'en lui et pour lui. Prions-le que vous et moi ayons toujours un même vouloir et non-vouloir avec lui et en lui, puisque c'est un paradis anticipé dès cette vie. »

Une autre fois voyant une vertueuse demoiselle dans une grande crainte de ce que deviendrait un sien fils : « Donnez, lui dit-il, l'enfant et la mère à Notre-Seigneur, et il vous rendra bon compte de tous les deux : laissez-lui faire seulement sa volonté en vous, et en lui ; attendez cette même volonté dans l'étendue de vos exercices, sans en désirer d'autres ; cela étant suffisant pour vous faire tout à Dieu. Oh! qu'il faut peu pour être toute sainte ! le moyen très-souverain et presque unique, c'est de s'habituer à faire la volonté de Dieu en toutes choses. »

Cette même demoiselle, étant un jour malade, lui écrivit, pour le prier de l'avertir du mal de son âme, qui causait celui du corps : « Je ne vous puis indiquer, lui répondit-il, d'autre cause de votre mal que celui du bon plaisir de Dieu. Adorez-le donc, ce bon plaisir, sans vous enquérir d'où vient que Dieu se plaît de vous voir en l'état de souffrance. Il est souverainement glorifié de notre abandon à sa conduite, sans discussion de la raison de sa volonté, si ce n'est que sa volonté est la raison même, et que sa raison est sa volonté. Enfermons-nous donc là-dedans de la façon que fit Isaac au vouloir d'Abraham, et Jésus-Christ au vouloir de son Père.

Il avait tellement à cœur cette pratique de la conformité à la volonté de Dieu, que c'était une de ses plus grandes joies que de voir ses enfants dans cette disposition : « Dieu soit loué, dit-il à l'un d'eux, dans une lettre qu'il lui écrivit, de ce que vous êtes prêt de faire en tout et partout sa très-sainte volonté, et d'aller vivre et mourir en quelque part qu'il ait agréable de vous appeler. C'est la disposition des bons serviteurs de Dieu, et des hommes vraiment apostoliques, qui ne tiennent à rien : c'est la marque des vrais enfants de Dieu, qui sont toujours en liberté de répondre aux desseins d'un si digne Père. Je l'en remercie pour vous avec un grand ressentiment de tendresse et de reconnaissance ; ne doutant pas que votre cœur, étant ainsi préparé, ne reçoive les grâces du Ciel en abondance, pour faire beaucoup de bien sur la terre, comme j'en prie sa divine bonté. »

Or, comme la volonté de Dieu se reconnaît en deux manières, ou par les événements qui ne sont point en notre disposition, et qui dépendent absolument de son bon plaisir, comme sont les maladies, les pertes et autres semblables accidents de cette vie ; ou bien par des déclarations que Dieu nous fait de ce qui lui est agréable, et qu'il laisse néanmoins en notre liberté ; soit qu'il nous le fasse connaître extérieurement, par ses commandements ou par ses conseils, ou bien intérieurement par ses inspirations : M. Vincent s'était prescrit comme une règle pour demeurer conforme à la volonté de Dieu en l'une et l'autre manière ; premièrement, de se tenir incessamment dans une entière soumission au bon plaisir de Dieu, pour tous les accidents les plus fâcheux qu'il lui plairait ordonner ou permettre, et dans une disposition et résolution, lorsqu'ils arriveraient, de les recevoir et accepter, non-seulement avec patience et soumission, mais aussi avec affection et avec joie ; étant toujours très-content que la sainte volonté de Dieu s'accomplît en lui, et que tous ses ordres fussent entièrement exécutés. Et pour ce qui est des choses que Dieu laissait en sa liberté, il agissait toujours selon ce qu'il connaissait être le plus agréable à Dieu ; dressant à cette fin son intention au commencement de chacune de ses actions ; et disant en son cœur : « Mon Dieu, je vais faire ceci, ou laisser cela, parce que je crois que telle est votre volonté, et que vous l'avez ainsi agréable ; » et de temps en temps il renouvelait cette intention, afin que toujours et en toutes choses il accomplît fidèlement et saintement la volonté de Dieu. Il appelait cet exercice de conformité à la volonté de Dieu, *le trésor du chrétien*, parce qu'il contenait en éminence celui de la mortification, de l'indifférence, de l'abnégation de soi-même, de l'imitation de Jésus-Christ, de l'union avec Dieu, et généralement de toutes les vertus, qui ne sont vertus que parce qu'elles sont agréables à Dieu, et conformes à sa volonté, qui est la source et la règle de toute perfection.

Or, d'autant qu'il y a plus de difficulté de bien connaître la volonté de Dieu par la voie des inspirations, dans lesquelles on se peut aisément tromper, l'amour-propre nous faisant quelquefois prendre les productions et inclinations de la nature pour des mouvements de l'Esprit de Dieu, M. Vincent disait que pour n'y être pas trompé, il était nécessaire d'y mettre un grain de sel, c'est-à-dire, d'user d'un grand discernement, et ne se pas fier à son propre esprit ou à ses propres sentiments. Voici ce qu'il dit une fois aux siens sur ce sujet :

« Parmi une multitude de pensées et de sentiments qui nous viennent incessamment, il s'en trouve de bons en apparence, qui pourtant ne viennent pas de Dieu, et ne sont pas selon son goût. Quel moyen donc de les discerner? C'est qu'il faut les examiner, recourir à Dieu par la prière, et lui demander lumière ; en considérer les motifs, la fin et les moyens, pour voir si tout est assaisonné de son bon plaisir ; les proposer aux sages et en prendre avis de ceux qui ont soin de nous et qui sont les dépositaires des trésors de la science et de la sagesse de Dieu ; et faisant ce qu'ils conseillent, on fait la volonté de Dieu. »

Et parlant un jour aux mêmes, il leur fit un avertissement très-important sur ce sujet : « Je m'assure, leur dit-il, qu'il n'y a aucun de ceux qui sont ici présents qui n'ait tâché de pratiquer aujourd'hui quelques actions qui d'elles-mêmes sont bonnes et saintes, et cependant il se peut faire que Dieu aura rejeté ces actions, pour avoir été faites par le mouvement de votre propre volonté. N'est-ce pas ce que le prophète a déclaré, quand il a dit de la part de Dieu : « *Je ne veux point de vos jeûnes, par lesquels en pensant m'honorer vous faites le contraire : parce que quand vous jeûnez vous faites votre propre volonté ; et par cette propre volonté, vous gâtez et corrompez votre jeûne* [1]. Or l'on peut dire le même de toutes les autres œuvres de piété dans lesquelles le mélange de notre propre volonté gâte et corrompt nos dévotions, nos travaux, nos pénitences, etc. Il y a vingt ans que je ne lis jamais en la sainte Messe cette épître, tirée du cinquante-huitième chapitre d'Isaïe, que je n'en sois fort troublé. Comment faut-il donc faire pour ne pas perdre notre temps et nos peines ? C'est qu'il ne faut jamais agir par le mouvement de notre propre intérêt, inclination, humeur ou fantaisie, mais nous accoutumer et habituer à faire la volonté de Dieu en tout : je dis en tout et non pas en partie ; car c'est là le propre effet de la grâce, qui rend la personne et l'action agréables à Dieu. »

Nous finirons ce chapitre par une dévote réflexion que ce saint homme fit un jour sur le bonheur d'un chrétien qui est parfaitement établi dans cette conformité à la volonté de Dieu. « Voyez, dit-il, les dispositions toutes saintes dans lesquelles il passe sa vie, et les bénédictions qui accompagnent tout ce qu'il fait : il ne tient qu'à Dieu, et c'est Dieu qui le conduit en tout et partout ; de sorte qu'il peut lui dire avec le prophète : *Tenuisti manum dexteram meam, et in voluntate tua deduxisti me.* Dieu le tient comme par la main droite, et se tenant réciproquement avec une entière soumission à cette divine conduite, vous le verrez demain, après-demain, toute la semaine, toute l'année et enfin toute sa vie en paix et tranquillité, en ardeur et tendance continuelle vers Dieu, et répandant toujours dans les âmes de son prochain les douces et salutaires opérations de l'esprit qui l'anime. Si vous le comparez avec ceux qui suivent

[1] Isaïe, 1 et 58.

leurs propres inclinations, vous verrez ses conduites toutes brillantes de lumière, et toujours fécondes en fruits ; on remarque un progrès notable en sa personne, une force et énergie en toutes ses paroles ; Dieu donne une bénédiction particulière à toutes ses entreprises, et accompagne de sa grâce les desseins qu'il prend pour lui, et les conseils qu'il donne aux autres, et toutes ses actions sont de grande édification : mais d'un autre côté, l'on voit que les personnes attachées à leurs inclinations et plaisirs n'ont que des pensées de terre, des discours d'esclaves, et des œuvres mortes ; et cette différence vient de ce que ceux-ci s'attachent aux créatures, et que celui-là s'en sépare ; la nature agit dans ces âmes basses, et la grâce dans celles qui s'élèvent à Dieu et qui ne respirent que sa volonté. »

SECTION II.

SON UNION PARFAITE AU BON PLAISIR DE DIEU PAR UNE ENTIÈRE RÉSIGNATION ET INDIFFÉRENCE.

C'est principalement dans les afflictions et souffrances, soit intérieures ou extérieures, que paraît le véritable amour de Dieu, et la parfaite conformité à sa volonté ; lorsque le cœur humain s'unit à son bon plaisir, acquiesçant non-seulement avec patience, mais aussi avec paix et joie, à toutes les dispositions de la bonté divine, recevant et portant amoureusement les croix qu'elle lui envoie, parce que tel est son bon plaisir.

Ce qui se fait premièrement, par la résignation, lorsque la volonté humaine se remet et résigne entièrement entre les mains de Dieu, faisant un effort sur toutes ses répugnances naturelles et les soumettant parfaitement au bon plaisir de sa divine Majesté.

C'est ce que M. Vincent a excellemment pratiqué parmi toutes les croix et souffrances par lesquelles Dieu a voulu éprouver sa vertu. Car en toutes ces fâcheuses rencontres, on ne lui entendait dire autre chose, sinon : « Dieu soit béni, le nom de Dieu soit béni. » C'était là son refrain ordinaire, par lequel il faisait connaître la disposition de son cœur, toujours prêt et résigné à toutes les volontés de Dieu ; et il avait une telle affection et estime pour cette vertu, qu'un jour, voyant un des siens touché d'un accident très-fâcheux arrivé à leur Congrégation, il lui dit, « qu'un acte de résignation et d'acquiescement au bon plaisir de Dieu valait mieux que cent mille bons succès temporels. »

Et parlant une autre fois aux siens sur le même sujet, après leur avoir exposé la différence qu'il y a entre un état auquel Dieu met une personne et celui dans lequel il permet qu'elle tombe, dont l'un se fait par la volonté de Dieu, et l'autre n'arrive que par sa permission, comme par exemple un état de perte, de maladie, de contradiction, d'ennui, de sécheresse vient absolument de la volonté de Dieu, mais celui où il y a du péché et de la contravention aux ordres qui nous sont prescrits de sa part, vient de sa permission ; et pour celui-ci nous devons beaucoup nous humilier quand nous y sommes tombés, faisant néanmoins tous nos efforts, avec la grâce de Dieu, pour nous en relever, et pour nous empêcher d'y retomber : « Mais pour le premier état, disait-il, qui vient de la volonté de Dieu, il nous le faut agréer, quel qu'il soit, et nous résigner au bon plaisir de Dieu, pour souffrir tout ce qu'il lui plaira, tant et si longuement qu'il lui plaira. C'est ici, Messieurs et mes Frères, la grande leçon du Fils de Dieu ; et ceux qui s'y rendent dociles, et qui la mettent bien dans leur cœur, sont de la première classe de l'école de ce divin Maître. Et pour moi, je ne sais rien de plus saint, ni de plus grande perfection que cette résignation, lorsqu'elle porte à un entier dépouillement de soi-même, et à une véritable indifférence pour toutes sortes d'états, de quelque façon que nous y soyons mis, excepté le péché : tenons-nous donc là, et prions Dieu qu'il nous fasse la grâce de demeurer constamment dans cette indifférence. »

Par ce discours de M. Vincent, il se voit que la résignation, à laquelle il excitait les autres, et qu'il pratiquait lui-même, était élevée au plus parfait degré, et qu'elle portait jusqu'à une véritable indifférence, qui va encore plus haut et qui unit plus parfaitement le cœur au bon plaisir de Dieu : en sorte qu'il s'y soumet, non par manière d'effort en surmontant les sentiments contraires de la nature, mais par un simple et amoureux acquiescement, n'aimant rien que pour l'amour de la volonté de Dieu, et ne voulant rien qu'autant que Dieu le veut ; et en cette disposition recevant avec une égale affection tout ce qui vient de la main de Dieu, la maladie comme la santé, les pertes comme les avantages.

Voici comme il parla un jour à sa communauté sur ce sujet : « L'indifférence est un état de vertu, qui fait que l'on est tellement détaché des créatures, et si parfaitement uni à la volonté du Créateur, qu'on est presque sans aucun désir d'une chose plutôt que d'une autre. J'ai dit que c'est un état de vertu, et non pas simplement une vertu, laquelle doit agir dans cet état, car il faut qu'elle soit active, et que par elle le cœur se dégage des choses qui le tiennent captif, autrement ce ne serait pas une vertu ; et cette vertu est non-seulement d'une grande excellence, mais aussi d'une singulière utilité pour l'avancement en la vie spirituelle ; et même l'on peut dire qu'elle est nécessaire à tous ceux qui veulent parfaitement servir Dieu. Car comment pouvons-nous chercher le royaume de Dieu et nous employer à procurer la conversion des pécheurs et le salut des âmes, si nous sommes attachés aux aises et aux commodités de la vie présente? Comment accomplir la volonté de Dieu, si nous suivons les mouvements de la nôtre ? Comment renoncer à nous-mêmes, selon le conseil de Notre-Seigneur, si nous recherchons d'être estimés et applaudis? Comment nous détacher de tout, si nous n'avons pas le courage de quitter une chose de néant qui nous arrête? Voyez donc combien cette sainte indifférence nous est nécessaire, et quelle est l'obligation que nous avons de nous donner à Dieu pour l'acquérir, si nous voulons nous exempter d'être esclaves de nous-mêmes, ou, pour mieux dire, d'être esclaves d'une bête, puisque celui qui se laisse mener et dominer par sa partie animale ne mérite pas d'être appelé homme, mais plutôt d'être tenu pour une bête.

« L'indifférence tient de la nature du parfait amour, ou, pour mieux dire, c'est une activité de ce parfait amour qui porte la volonté à tout ce qui est de meilleur, et qui détruit tout ce qui l'empêche : comme le feu qui non-seulement tend à sa sphère, mais qui consume tout ce qui le retient ; et c'est en ce sens que l'indifférence, selon la pensée d'un saint, est l'origine de toutes les vertus et la mort de tous les vices.

« L'âme qui est dans cette parfaite indifférence est comparée par le prophète à une bête de charge, qui n'affecte point de porter une chose plutôt qu'une autre, d'être plutôt à un maître riche qu'à un pauvre, ou plutôt dans une belle écurie que dans une chétive étable ; tout lui est bon, et elle est disposée à tout ce qu'on veut d'elle ; elle marche, elle arrête, elle tourne d'un côté, elle retourne de l'autre, elle souffre, elle travaille de nuit et de jour, etc. Voilà, Messieurs et mes Frères, quels nous devons être, détachés de notre jugement, de notre volonté, de nos inclinations, et de tout ce qui n'est point Dieu, et disposés à tous les ordres de sa sainte volonté ; et voilà quels ont été les Saints.

« O grand saint Pierre ! vous le disiez bien, que vous aviez tout quitté, et vous le fîtes bien voir, lorsqu'ayant reconnu votre Maître sur le rivage de la mer, et que vous entendîtes son bien-aimé disciple, qui vous dit, *Dominus est*, c'est le Seigneur, vous vous jetâtes dans l'eau pour aller à lui ; vous ne teniez point au bateau, ni à votre robe, ni même à votre vie ; mais seulement à ce divin Sauveur, qui était votre tout. Et vous, saint Paul, grand apôtre, qui, par une grâce très-spéciale dont vous avez été prévenu dès le moment de votre conversion, avez si parfaitement pratiqué cette vertu d'indifférence, en disant : *Domine, quid me vis facere?* Seigneur, que voulez-vous que je fasse ? ce langage marquait un changement merveilleux et un détachement qui n'avait pu être fait que par un coup de grâce ; ayant été un instant détaché de sa loi, de sa commission, de ses prétentions, de ses sentiments, et mis dans un état si parfait, qu'il était prêt et indifférent à tout ce que Dieu voudrait de lui. Si donc ces grands Saints ont tant chéri et pratiqué cette vertu d'indifférence, nous devons les imiter et les suivre ; car les missionnaires ne sont point à eux, mais à Jésus-Christ, qui veut en disposer pour faire ce qu'il a fait, et pour souffrir à son exemple. *De même que mon Père m'a envoyé*, disait-il à ses Apôtres et à ses disciples, *ainsi je vous envoie ; et comme on m'a persécuté, ainsi on vous persécutera.*

« Après toutes ces considérations, ne faut-il pas vider notre cœur de toute autre affection que de celle de nous conformer à Jésus-Christ, et de toute autre volonté que de celle de l'obéissance ? Il me semble que je vous y vois tous disposés, et j'espère que Dieu nous fera cette grâce. Oui, mon Dieu, je l'espère pour moi tout le premier, qui en ai tant de besoin, à cause de mes misères et de toutes mes attaches dont je me vois presque dans l'impuissance de me retirer, et qui me fait dire en ma vieillesse, comme David : *Seigneur, ayez pitié de moi*. Mais vous serez édifiés, mes Frères, si je vous dis qu'il y a céans des vieillards infirmes qui ont demandé d'être envoyés aux Indes, et qui l'ont demandé dans leurs infirmités mêmes qui n'étaient pas petites. D'où vient un tel courage ? c'est qu'ils ont le cœur libre, ils vont de cœur et d'affection en tous les lieux où Dieu veut être connu et adoré, et rien ne les arrête ici que sa sainte volonté. Et nous autres, mes Frères, tous autant que nous sommes ici, si nous n'étions point accrochés à quelques malheureuses ronces, chacun de nous dirait en son cœur : Mon Dieu, je me donne à vous pour être envoyé en tous les lieux de la terre où les supérieurs jugeront à propos que j'aille annoncer votre nom. Et quand j'y devrais mourir, je me disposerai d'y aller, sachant bien que mon salut est en l'obéissance, et l'obéissance en votre volonté. Quant à ceux qui ne sont pas dans cette préparation d'esprit, ils doivent s'étudier de bien connaître quelles sont les choses qui les attirent plutôt d'un côté que d'un autre, afin que, par le moyen de la mortification continuelle, intérieure et extérieure, ils parviennent, avec l'aide de Dieu, à la liberté de ses enfants, qui est la sainte indifférence. »

M. Vincent n'exhortaient pas seulement en général les siens à cette sainte indifférence, il y portait encore un chacun d'eux en particulier, dans les occasions qui s'en présentaient : « Vous savez, dit-il, écrivant à l'un d'eux, qu'entre les ouvriers dont il est parlé dans l'Évangile, quelques-uns furent appelés sur le tard, qui furent néanmoins récompensés au soir, comme ceux qui avaient travaillé dès le matin : ainsi mériterez-vous autant d'attendre en patience la volonté du maître, que de l'accomplir lorsqu'elle vous sera signifiée, puisque vous êtes prêt à tout, prêt à partir et prêt à demeurer. Dieu soit loué de cette sainte indifférence, qui vous rend un instrument très-propre pour les œuvres de Dieu. »

Il écrivit à un autre en ces termes : « Je rends grâces infinies à Dieu des dispositions qu'il vous donne, pour aller aux pays étrangers si l'on vous y envoie, et pour n'y pas aller et demeurer ici, si l'on vous y retient. La sainte indifférence pour toutes choses est l'état des parfaits, et la vôtre me donne espérance que Dieu sera glorifié en vous et par vous, comme je l'en prie de tout mon cœur ; et vous, Monsieur, de lui demander pour nous la grâce de nous abandonner entièrement à son adorable conduite. Nous le devons servir à son gré, et renoncer à notre choix tant à l'égard des lieux que des emplois : c'est assez que nous soyons à Dieu pour le vouloir être en la meilleure manière que le peuvent être ses meilleurs enfants, honorés du titre de serviteurs de l'Évangile par qui Notre-Seigneur se veut faire connaître et servir. Que nous importe comment et en quel lieu, pourvu que ce soit ainsi ? et assurément que cela sera, si nous le laissons faire.

« O Monsieur, dit-il à un autre, que la sainte indifférence est un bel ornement à un missionnaire, puisqu'elle le rend si agréable à Dieu, que Dieu préférera toujours celui-là à tous les autres ouvriers, dans lesquels il ne verra pas cette disposition d'indifférence pour accomplir ses desseins ! si une fois nous sommes dépouillés de toute propre volonté, nous serons pour lors en état de faire avec assurance la volonté de Dieu, en laquelle les anges trouvent toute leur félicité, et les hommes tout leur bonheur. »

Or, ce véritable serviteur de Dieu ne s'est pas contenté d'exhorter les autres à cette vertu, mais il l'a aussi pratiquée lui-même très-parfaitement, et a toujours témoigné en toutes sortes d'occasions qu'il avait un cœur tellement dégagé de tout ce qui n'était point Dieu, et si fortement attaché à toutes les volontés de Dieu, qu'on a pu facilement reconnaître qu'il avait atteint le plus haut degré de cette héroïque vertu. Nous en rapporterons ici seulement deux exemples, qui serviront comme d'échantillons pour juger de toutes ses saintes dispositions sur ce sujet.

Le premier est son indifférence à l'égard de ce qui touchait sa personne dans ses maladies, et particulièrement dans la dernière, dont il est mort. Ce saint homme approchant du terme de sa vie voyait bien et le disait lui-même qu'il s'en allait peu à peu, mais dans une si parfaite indifférence, que vivre ou mourir, souffrir ou être soulagé, lui était une même chose ; et jamais en santé ni en maladie, on n'a remarqué en lui aucune chose, non pas même une parole qui fût contraire à cette sainte disposition. Il était indifférent aux aliments et aux remèdes qu'on lui donnait ; et quoiqu'il représentât les choses qu'il croyait lui être nuisibles, il prenait néanmoins avec indifférence tout ce que les médecins lui ordonnaient, et paraissait aussi content des mauvais effets que produisaient quelquefois les remèdes comme de ceux qui lui étaient avantageux et profitables, ne regardant autre chose en tout ce qui lui arrivait ou qui pouvait lui arriver, que l'accomplissement du bon plaisir de Dieu, comme l'unique objet de ses désirs et de ses joies.

L'autre exemple est l'indifférence qu'il a pratiquée à l'égard de sa Congrégation ; ce que l'on doit estimer d'autant plus admirable en lui, que la conservation de ce saint œuvre lui était plus chère, et qu'il la préférait même à sa propre vie. La volonté de Dieu lui était pourtant incomparablement au-dessus de tout cela ; il ne souhaitait ni la conservation ni l'accroissement et le progrès de sa compagnie, qu'autant qu'il pouvait connaître que Dieu le voulait ainsi : en telle sorte qu'il n'eût pas fait un pas, ni dit une parole pour cet effet, sinon avec une entière dépendance de cette divine volonté.

Quelqu'un lui ayant un jour écrit qu'il ne devait pas espérer que jamais sa compagnie fît aucun progrès, ni qu'elle fût fournie de bons sujets, s'il ne mettait peine de s'établir dans les grandes villes, il lui répondit en ces termes : « Nous ne pouvions faire aucune avance pour nous établir en quelque lieu que ce soit, si nous voulons nous tenir dans les voies de Dieu et dans l'usage de la compagnie ; car jusqu'à présent sa Providence nous a appelés aux lieux où nous sommes, sans que nous l'ayons recherché directement ni indirectement. Or il ne se peut que cette résignation à Dieu, qui nous tient ainsi dans la dépendance de sa conduite, ne lui soit très-agréable, d'autant plus qu'elle détruit les sentiments humains qui, sous prétexte de zèle et de gloire de Dieu, font souvent entreprendre des desseins qu'il n'inspire pas et qu'il ne bénit point. Il sait ce qui nous est convenable, et il nous le donnera quand il sera temps, si nous nous abandonnons comme de véritables enfants à un si bon père. Certainement si nous étions persuadés de notre inutilité, nous n'aurions garde de nous ingérer en la moisson d'autrui avant qu'on nous y appelât, ni de prendre le devant pour nous préférer à d'autres ouvriers que peut-être Dieu y a destinés.

On lui proposa un jour une affaire très-avantageuse pour sa Congrégation; et comme l'un de ses prêtres le pressait d'y donner son consentement, il lui fit cette belle réponse : « Quant à cette affaire, lui dit-il, je pense que nous ferons bien de la laisser là pour cette heure; tant pour émousser la pointe des inclinations de la nature, qui voudrait que les choses avantageuses fussent promptement exécutées, que pour nous mettre dans la pratique de la sainte indifférence, et donner lieu à Notre-Seigneur de nous manifester ses volontés pendant que nous lui offrirons nos prières pour lui recommander la chose; et tenez pour certain que s'il lui plaît qu'elle se fasse, le retardement ne la gâtera point en aucune façon, et que moins il y aura du nôtre, et plus il y aura du sien. »

Il aimait tendrement et cordialement toutes les personnes de sa compagnie, et particulièrement ceux qu'il voyait travailler dignement et fructueusement dans la vigne du Seigneur; c'est pourquoi lorsque la mort lui en ravissait quelqu'un, cette perte lui était fort sensible. Néanmoins il pratiquait à leur égard cette admirable indifférence, ne voulant pas même demander à Dieu leur conservation, sinon sous cette condition, que ce fût son bon plaisir et sa plus grande gloire. Ce qu'il fit bien paraître en une occasion, en laquelle plusieurs bons ouvriers de sa Congrégation étant atteints de maladie, et un entre les autres qui lui était fort cher, pour les grands services qu'il rendait à Dieu dans son Église, et qui était en très-grand danger de sa vie, il les recommanda tous aux prières de sa communauté; et parlant en particulier de celui-ci : « Nous prierons Dieu, dit-il, qu'il ait agréable de le conserver, nous soumettant néanmoins entièrement à sa divine volonté : car nous devons croire, et il est vrai, que non-seulement sa maladie, mais aussi les maladies des autres, et enfin tout ce qui arrive à la compagnie, ne se fait que par sa sainte conduite, et pour l'avantage de la même compagnie. C'est pourquoi en priant Dieu de donner la santé aux infirmes et de subvenir aux autres nécessités, que ce soit toujours à condition que tel soit son bon plaisir et sa plus grande gloire. »

Une autre fois, parlant à ceux de sa même communauté de la mort d'une personne qui avait grande affection pour la compagnie : « Je ne doute pas, leur dit-il, que vous n'ayez été vivement touchés de la privation de cette personne, qui nous était si chère : mais Dieu soit loué, vous lui avez dit aussi qu'il a bien fait de nous l'ôter, et que vous ne voudriez pas qu'il en fût autrement, puisque tel a été son bon plaisir. »

Il fit surtout éclater d'une façon admirable cette parfaite indifférence, lorsque la peste qui ravageait la ville de Gênes, en l'année 1654, lui enleva presque en même temps cinq ou six des meilleurs ouvriers de sa compagnie. Voici de quelle façon il annonça cette perte à sa communauté : il venait de l'exhorter à se confier en Dieu, sur quelqu'autre sujet, et il prit de là occasion de déclarer cette triste nouvelle en disant : Oh! qu'il est bien vrai, Messieurs et mes Frères, que nous devons avoir une grande confiance en Dieu, et nous mettre entièrement entre ses mains, croyant que sa Providence dispose pour notre bien et pour notre avantage tout ce qu'elle veut, ou permet qu'il nous arrive! Oui, ce que Dieu nous donne et ce qu'il nous ôte est pour notre bien, puisque c'est pour son bon plaisir, et que son bon plaisir est notre prétention et notre bonheur. C'est dans cette vue que je vous ferai part d'une affliction qui nous est survenue, mais que je puis dire avec vérité, mes Frères, une des plus grandes qui nous pouvait arriver : c'est que nous avons perdu le grand appui et le principal support de notre maison de Gênes. Monsieur N., supérieur de cette maison-là, qui était un très-grand serviteur de Dieu, est mort, c'en est fait : mais ce n'est pas tout, le bon monsieur N., qui s'employait avec tant de joie au service des pestiférés, qui avait tant d'amour pour le prochain, tant de zèle et de ferveur pour procurer le salut des âmes, a été aussi enlevé par la peste. Un de nos prêtres italiens fort vertueux et bon missionnaire, comme j'ai appris, est semblablement mort. Monsieur N., qui était aussi un vrai serviteur de Dieu, très-bon missionnaire et grand en toutes vertus, est aussi mort. Monsieur N., que vous connaissez, qui ne cède en rien aux autres, est mort. Monsieur N., homme sage et pieux et exemplaire, est mort ; c'en est fait, Messieurs et mes Frères, la maladie contagieuse nous a enlevé tous ces braves ouvriers, Dieu les a retirés à lui. O Sauveur Jésus, quelle perte et quelle affliction! C'est maintenant que nous avons grand besoin de nous bien résigner à toutes les volontés de Dieu : car autrement que ferions-nous, que nous lamenter et attrister inutilement de la perte de ces grands zélateurs de la gloire de Dieu? Mais avec cette résignation, après avoir accordé quelques larmes au sentiment de cette séparation, nous nous élèverons à Dieu, nous le louerons et le bénirons de toutes ces pertes, puisqu'elles nous sont arrivées par la disposition de sa très-sainte volonté. Mais, Messieurs et mes Frères, pouvons-nous dire que nous perdons ceux que Dieu retire? Non, nous ne les perdons pas; et nous devons croire que la cendre de ces bons missionnaires servira comme de semence pour en produire d'autres. Tenez pour certain que Dieu ne retirera point de cette compagnie les grâces qu'il leur avait confiées, mais qu'il les donnera à ceux qui auront le zèle d'aller prendre leurs places. »

CHAPITRE VI.

SON ATTENTION CONTINUELLE A LA PRÉSENCE DE DIEU.

La grandeur et la perfection de l'amour que M. Vincent avait pour Dieu s'est fait connaître, non-seulement par sa soumission parfaite à toutes ses volontés, mais encore particulièrement par son attention continuelle à la présence de sa divine Majesté : car c'est le propre de l'amour que de faire désirer et rechercher la présence de la personne aimée, et de se plaire en sa compagnie, en sa vue et en ses entretiens. Or, l'application de M. Vincent à Dieu était telle (selon le témoignage qu'en a rendu un très-vertueux prêtre qui l'a particulièrement connu et observé durant plusieurs années), qu'il était facile de juger que son esprit était continuellement attentif à la présence de Dieu : on ne le voyait jamais dissipé pour quelques sortes d'affaires et occupations qui lui pussent arriver, mais toujours recueilli et présent à lui-même; et on a remarqué que pour l'ordinaire il ne rendait point de réponse à ce qu'on lui demandait, surtout si c'était quelque chose importante, sans faire quelque petite pause, pendant laquelle il élevait son esprit à Dieu pour implorer sa lumière et sa grâce, afin de ne dire ni faire aucune chose que selon sa volonté et pour sa plus grande gloire.

Ce même ecclésiastique a témoigné qu'il l'avait vu quelquefois les heures entières tenir les yeux collés sur un crucifix qu'il avait entre les mains; et qu'en diverses autres occasions, lorsqu'on lui apportait les nouvelles de quelques affaires fâcheuses, ou d'autres qui pouvaient lui donner quelque sujet de consolation, il paraissait en son visage une telle égalité d'esprit, qu'elle ne pouvait provenir sinon de cette application continuelle qu'il avait à Dieu. A ce propos on lui a souvent ouï dire « qu'il n'y avait pas grand'chose à espérer d'un homme qui n'aimait pas à s'entretenir avec Dieu; et que si on ne s'acquittait pas comme il fallait de ses emplois pour le service de Notre-Seigneur, c'était faute de se bien tenir à lui, et de lui demander le secours de la grâce avec une parfaite confiance. »

Quand il allait ou venait par la ville, c'était dans un grand recueillement, marchant en la présence de Dieu, le louant et le priant en son cœur ; et sur ses dernières années, lorsqu'il allait tout seul avec son compagnon dans le carrosse dont il avait été obligé de se servir, non-seulement il se tenait intérieurement recueilli, mais ordinairement il avait les yeux fermés, et le plus souvent il tirait sur lui le rideau, en sorte qu'il ne pouvait ni voir ni être vu de personne, pour se pouvoir mieux entretenir avec Dieu.

Il avait cette sainte coutume, que toutes les fois qu'il entendait sonner l'horloge, soit les heures, ou les quarts, à la maison ou à la ville, soit qu'il fût seul ou en compagnie, il se découvrait, et faisant un signe de croix élevait son esprit à Dieu. Il disait que cette pratique était très-propre pour renouveler en son esprit la présence de Dieu, et se ressouvenir des résolutions qu'on aurait prises le matin en l'oraison ; et pour cela il l'a introduite parmi ceux de sa compagnie, qui en usent selon que le temps et les lieux leur peuvent permettre.

Comme il connaissait par sa propre expérience les grâces et bénédictions renfermées dans ce recueillement intérieur et dans cette attention à la présence de Dieu, il y portait les autres autant qu'il le pouvait, pour les en rendre participants : pour cet effet il fit mettre en divers endroits du cloître de Saint-Lazare ces paroles écrites en gros caractère : *Dieu vous regarde*, afin que les siens et les autres personnes du dehors qui se trouveraient en la maison de Saint-Lazare fussent par ce moyen avertis, en allant et venant, de se souvenir de la présence de Dieu ; et il avait une telle estime pour cet exercice, qu'il disait que « s'il se trouvait une personne qui le sût bien pratiquer, et qui se rendît fidèle à suivre les attraits de cette vue de Dieu, elle parviendrait bientôt à un très-haut degré de sainteté. »

Il était fort intelligent à se servir des choses naturelles et sensibles pour s'élever à Dieu ; et pour cet effet, il ne s'arrêtait pas à l'écorce ni à la figure extérieure, ni même aux excellences particulières des êtres créés, mais il s'en servait seulement pour passer à la considération des perfections du Créateur. Quand il voyait des campagnes couvertes de blés, ou des arbres chargés de fruits, cela lui donnait sujet d'admirer cette abondance inépuisable de biens qui est en Dieu, ou bien de louer et bénir le soin paternel de sa Providence pour fournir la nourriture et pourvoir à la conservation de ses créatures. Lorsqu'il voyait des fleurs, ou quelqu'autre chose belle ou agréable, il en prenait occasion de penser à la perfection et beauté infinie de Dieu, et de dire en son cœur ces paroles qu'on a trouvées écrites de sa main : Qu'est-ce qu'il y a de comparable à la beauté de Dieu, qui est le principe de toute la beauté et perfection des créatures? N'est-ce pas de lui que les fleurs, les oiseaux, les astres, la lune et le soleil empruntent leur lustre et leur beauté? »

Il dit un jour à sa communauté qu'étant allé voir une personne malade et affligée d'un continuel mal de tête, elle souffrait cette incommodité avec une si grande patience, qu'il lui semblait voir sur son visage je ne sais quelle grâce, qui lui faisait connaître que Dieu résidait dans cette âme souffrante ; d'où il prit sujet de faire cette exclamation : « O l'heureux état que celui de souffrir pour l'amour de Dieu! Combien est-il agréable à ses yeux, puisque son propre Fils a voulu couronner les actions héroïques de sa sainte vie d'un excès de douleurs qui l'ont fait mourir? »

Il ajouta en cette même occasion que, s'étant trouvé quelques jours auparavant dans une chambre tout entourée de miroirs, en sorte qu'une mouche n'eût pas pu s'échapper sans qu'elle n'eût été vue, de quelque côté qu'elle eût tâché de s'envoler, cela lui donna sujet de dire en lui-même : « Si les hommes ont trouvé l'invention de représenter de la sorte tout ce qui se passe en un lieu, jusques au moindre mouvement des plus petites choses, à plus forte raison devons-nous croire qu'elles sont toutes représentées dans ce grand miroir de la Divinité, qui remplit tout et qui renferme tout par son immensité, et en qui les bienheureux voient toutes choses, et particulièrement les bonnes œuvres des âmes fidèles, et par conséquent tous leurs actes de patience, d'humilité, de conformité à la volonté de Dieu, et des autres vertus. »

Nous finirons ce chapitre par les paroles très-dignes de remarque qu'il dit un jour à sa communauté sur l'exercice de la présence de Dieu :

« La pensée de la présence de Dieu nous rendra familière la pratique de faire incessamment sa volonté : le souvenir de la divine présence s'établira peu à peu dans l'esprit, et par sa grâce se formera en habitude ; en sorte que nous serons enfin comme animés de cette divine présence. Combien pensez-vous, mes Frères, qu'il y a de personnes, même dans le monde, qui ne perdent presque point Dieu de vue? Je me rencontrai ces jours passés avec une qui faisait conscience d'avoir été trois fois le jour distraite de la pensée de Dieu : ces gens-là seront nos juges, qui nous condamneront devant la Majesté divine de l'oubli que nous avons pour elle, nous qui n'avons autre chose à faire qu'à l'aimer, et à lui témoigner notre amour par nos regards et par nos services. Prions Notre-Seigneur qu'il nous fasse la grâce de dire comme lui : *Cibus meus est, ut faciam voluntatem ejus qui misit me* : Ma nourriture et ma vie est de faire la volonté de Dieu. Supplions-le qu'il nous donne toujours une faim et une soif de cette justice. »

CHAPITRE VII.

SON ORAISON.

L'oraison étant comme une manne précieuse que Dieu a donnée à ses fidèles pour conserver et perfectionner la vie de leurs âmes, et comme une rosée céleste pour faire germer et croître dans leurs cœurs toutes sortes de vertus, il n'y a pas lieu de s'étonner si M. Vincent a fait toujours paraître une estime si particulière de ce saint exercice, et une si grande affection à le pratiquer et à le faire pratiquer aux autres.

Premièrement, il ne manquait jamais tous les matins d'employer une heure à faire oraison mentale, quelques affaires qu'il pût avoir, et en quelque lieu qu'il se rencontrât, et par préférence à toute autre bonne œuvre qui ne fût point d'obligation ou de nécessité. C'était pour consacrer à Dieu les prémices de la journée, et se disposer à passer saintement tout le reste : il la faisait dans l'église avec toute sa communauté, et quelquefois ne pouvant contenir tous les sentiments que le Saint-Esprit lui donnait, on l'entendait pousser avec ardeur des élans de son amour envers Dieu, et ses soupirs donnaient de la dévotion aux plus tièdes. Il a mis sa Congrégation dans l'usage de ce saint exercice, et voulait que tous les jours chacun s'y appliquât : il disait que les infirmes mêmes la pouvaient faire sans être incommodés, usant de la méthode qu'il leur enseignait, c'est à savoir, de s'y porter par les affections de la volonté, plus que par l'application de l'entendement, se tenant doucement en la présence de Dieu, et formant des actes réitérés de résignation, de conformité à la volonté divine, de contrition de ses péchés, de patience, de confiance en la divine bonté, de remerciment de ses bienfaits, d'amour de Dieu, et autres semblables.

Outre cette oraison réglée, il en faisait d'autres le jour et la nuit, selon le loisir qu'il en avait ; car à celles-ci il préférait les emplois de sa charge et le service du prochain ; se regardant comme un homme qui n'était pas à lui, qui ne pouvait disposer autrement de son temps, ni de sa personne, que selon les devoirs de l'état auquel Dieu l'avait appelé, qui l'obligeait, après le soin de sa propre perfection, de s'appliquer au service de l'Église, et de travailler à la sanctification des âmes : reconnaissant néanmoins qu'il ne pouvait réussir dans ce service ni dans ce travail que par le secours des grâces que l'on reçoit dans l'oraison ; dès qu'il trouvait quelque petit intervalle de temps libre dans ses travaux ou quelque interruption en son sommeil, il recourait aussitôt à ce saint exercice. Il avait outre cela une dévotion spéciale de faire ses prières en la présence du très-saint Sacrement, où il demeurait si recueilli, et dans une posture si dévote, que tous ceux qui le voyaient en étaient grandement édifiés.

Les maîtres de la vie spirituelle distinguent communément deux sortes d'oraison (nous entendons parler ici de celle qui se fait mentalement et par la seule opération de l'esprit) : l'une qu'ils appellent ordinaire, à laquelle tous peuvent s'appliquer, et qui se fait par la voie des considérations, des affections et résolutions ; l'autre est plus secrète, plus intime et plus sublime, à laquelle Dieu élève ceux qu'il lui plaît et quand il lui plaît ; et cette sorte d'oraison dépend plutôt de l'opération particulière du Saint-Esprit que de toute l'industrie et de tous les efforts de l'esprit humain. L'on n'a pas pu découvrir quelle était l'oraison de M. Vincent, ni si elle était ordinaire, ou extraordinaire, son humilité lui ayant toujours fait cacher les dons qu'il recevait de Dieu autant qu'il lui était possible ; mais quelle qu'elle ait été en particulier, nous pouvons dire, en général, qu'elle a été assurément très-parfaite, comme on le peut inférer avec raison des excellentes dispositions qu'il y apportait, et des grands fruits qu'il en retirait. Ce sont les deux marques par lesquelles il estimait qu'on pouvait solidement juger des qualités et de la perfection de l'exercice de l'oraison : car quoiqu'il respectât beaucoup les sentiments de quelques auteurs modernes touchant les excellences de cette manière d'oraison extraordinaire dont ils ont traité dans leurs livres, et qu'il avouât que les conduites de Dieu sur quelques âmes d'élite sont admirables, et ses voies incompréhensibles, il tenait pourtant la maxime du saint Apôtre de ne pas croire facilement à toute sorte d'esprits, mais de bien éprouver les esprits, s'ils sont de Dieu. Il avait encore appris du même que Satan se transforme souvent en ange de lumière, et qu'il trompe aussi bien par des apparences spécieuses, comme par de mauvaises suggestions ; et sa longue expérience en la conduite des âmes lui a fait dire quelquefois à des personnes de confiance qu'il y avait des manières d'oraison qui paraissaient fort élevées et fort parfaites, qui néanmoins portaient à faux. C'est pour cela qu'il conseillait ordinairement de suivre la voie la plus humble, et la plus basse, comme la plus assurée, jusqu'à ce que Dieu nous fît lui-même changer de route, et nous mît dans un autre sentier qui fût éclairé de sa lumière, pour nous faire après, ainsi que dit l'Écriture, arriver au jour parfait. Mais il estimait qu'il fallait que ce fût Dieu qui fît ce changement, et réputait à grande témérité, et à quelque sorte de présomption, et même d'illusion, de vouloir de soi-même se détourner du chemin ordinaire, et s'ingérer dans une voie inconnue, sous prétexte d'arriver à une plus grande perfection : parce que la perfection ne consiste pas dans la manière d'oraison que l'on peut suivre, mais dans la charité, laquelle peut être plus grande et plus fervente dans une âme qui fera son oraison selon la voie ordinaire que dans une autre qui, se flattant de ce qu'elle pense être dans une manière d'oraison plus élevée, négligera de travailler à la correction de ses vices et à l'acquisition des vertus qui lui sont nécessaires, et peut-être croupira toute sa vie en plusieurs notables imperfections.

Il voulait donc qu'on jugeât de la perfection et de la bonté de l'oraison par les dispositions qu'on y apportait, et par les fruits qu'on en retirait. Pour les dispositions, il disait qu'il n'en reconnaissait point de meilleures que l'humilité, la reconnaissance de son néant devant Dieu, la mortification des passions et des mouvements déréglés de la nature, la récollection intérieure, la droiture et simplicité de cœur, l'attention à la présence de Dieu, la dépendance entière de ses volontés, et les aspirations fréquentes vers sa bonté.

Mais s'il exhortait les autres à se mettre dans ces saintes dispositions, il s'y exerçait encore mieux lui-même, préparant ainsi continuellement son âme pour recevoir abondamment dans l'oraison les lumières et les grâces que Dieu y versait à pleines mains. Pour ce qui est des fruits qu'il recueillait dans son oraison, quoique les principaux et les plus excellents nous soient inconnus, son humilité les lui ayant toujours fait couvrir du voile du silence, il n'a pas pu néanmoins se contenir de telle sorte qu'il n'ait quelquefois paru, comme un autre Moïse, sinon tout lumineux, au moins tout ardent de ferveur et d'amour au sortir des communications qu'il avait eues avec sa divine Majesté ; et l'on pouvait aisément juger, par les paroles qu'il proférait de l'abondance de son cœur au sortir de ce saint exercice, quels étaient les effets qu'il avait produits dans son âme. Mais, outre cela, on peut dire avec vérité que toutes les actions de vertu qu'il a pratiquées durant le cours de sa vie, son humilité, sa patience, sa mortification, sa charité, et généralement tout ce qu'il a fait pour la gloire et pour le service de Dieu, ont été des fruits de son oraison.

Or, comme il connaissait par sa propre expérience combien profitable et salutaire était ce saint exercice de l'oraison mentale pour avancer dans la vie spirituelle et pour se perfectionner en toutes sortes de vertus, il avait aussi une affection toute particulière d'y porter les autres : c'était ce qu'il recommandait et faisait recommander avec plus d'instance pendant les exercices de l'ordination à ceux qui se préparaient pour recevoir ce grand sacrement, dans lequel il estimait qu'ils ne pourraient jamais réussir s'ils n'étaient hommes d'oraison. C'était aussi ce qu'il faisait pratiquer exactement à ceux qui venaient faire leurs retraites à Saint-Lazare, estimant qu'un des principaux fruits qu'on en devait remporter était de se bien former à faire l'oraison mentale, et de prendre une ferme résolution de se rendre fidèle à la faire tous les jours. C'était encore ce qu'il inculquait en diverses occasions dans les conférences des ecclésiastiques ; c'était ce qu'il inspirait aux Dames de la Charité dans leurs assemblées ; c'était enfin ce qu'il recommandait très-particulièrement et très-efficacement à ceux de sa Congrégation : car il voulait que les missionnaires fussent gens d'oraison, tant pour leur propre utilité spirituelle que pour être plus capables d'y élever et dresser les autres ; et il a toujours témoigné désirer avec ardeur qu'ils fissent progrès en ce saint exercice : « Donnez-moi, leur disait-il, un homme d'oraison, et il sera capable de tout ; il pourra dire avec le saint Apôtre : Je puis toutes choses en celui qui me soutient et qui me conforte. » Il ajoutait que « la Congrégation de la Mission subsisterait autant de temps que l'exercice de l'oraison y serait fidèlement pratiqué, parce que l'oraison était comme un rempart inexpugnable qui mettrait les missionnaires à couvert contre toutes sortes d'attaques ; qu'elle était un mystique arsenal, ou comme la tour de David, qui leur fournirait toutes sortes d'armes, non-seulement pour se défendre, mais aussi pour assaillir et mettre en déroute tous les ennemis de la gloire de Dieu et du salut des âmes. »

Il ne se contentait pas d'exhorter les siens à se rendre fidèles et affectionnés à ce saint exercice, il les y dressait encore lui-même ; et nonobstant la multitude innombrable d'affaires dont il était surchargé, il prenait la peine de leur faire répéter de temps en temps leurs oraisons, et pour l'ordinaire il les appelait deux fois la semaine pour faire part à la compagnie des lumières et des bons sentiments qu'ils avaient reçus en l'oraison, et à chaque fois il en faisait parler trois ou quatre, tant pour s'édifier mutuellement les uns les autres, que pour donner moyen aux nouveaux venus qui n'étaient pas encore entièrement formés à cet exercice, d'apprendre comme ils devaient s'y comporter.

Il était fort touché de ces répétitions d'oraison, et ne se lassait point de les entendre, y employant les heures entières ; et lorsqu'il faisait voyage en compagnie d'autres personnes laïques, il leur faisait trouver bon qu'on employât tous les jours quelque temps à faire un peu d'oraison, et qu'on s'entretînt après de bonnes pensées et des bons sentiments qu'on y avait reçus ; ce qui fermait la porte aux discours inutiles et l'ouvrait à de pieux entretiens par lesquels les fruits de l'oraison étaient rendus communs. Une dame de très-grande vertu ayant appris de M. Vincent cette pratique, la mit en usage parmi ses domestiques ; et elle lui raconta un jour qu'un de ses laquais, rapportant tout simplement les pensées qu'il avait eues en faisant son oraison, avait dit qu'ayant considéré comme Notre-Seigneur avait recommandé les pauvres, il avait cru qu'il devait faire quelque chose pour eux, et que, ne pouvant pas leur rien donner, il s'était résolu au moins de leur rendre quelque honneur, et de leur parler gracieusement quand ils s'adresseraient à lui, et même d'ôter son chapeau pour les saluer. M. Vincent s'est quelquefois servi de cet exemple pour montrer que les personnes de toutes sortes de conditions pouvaient s'exercer à faire la méditation ; que ceux qui s'y adonnent en deviennent meilleurs, et que Dieu inspire dans ce saint exercice les actions vertueuses dont on ne s'aviserait pas en un autre temps.

Il recommandait particulièrement l'exercice de l'oraison à ceux qui sont obligés de prêcher, de catéchiser et de vaquer à la conduite et direction des âmes. Voici comme il en témoigna un jour ses sentiments, écrivant à l'un de ses prêtres :

« L'oraison est un grand livre pour un prédicateur : c'est là que vous puiserez les vérités divines dans le Verbe éternel, qui en est la source, pour les répandre après parmi le peuple. Il est à souhaiter que les missionnaires s'affectionnent beaucoup à ce saint exercice de l'oraison, car, sans son secours, ils feront peu ou point de fruits, mais par son moyen ils se rendront capables de toucher les cœurs et de convertir les âmes. Je prie Notre-Seigneur qu'il vous confirme dans la pratique de cette vertu. »

Il conseillait surtout l'oraison affective et de pratique, c'est-à-dire celle en laquelle on s'exerce davantage à concevoir de saintes affections et à former de bonnes résolutions, qu'à s'entretenir sur de simples considérations auxquelles il ne jugeait pas qu'on dût s'arrêter sinon au défaut des lumières et des mouvements que le Saint-Esprit répand dans les cœurs; et pour mieux comprendre la différence de l'application de l'esprit qu'on fait dans l'oraison d'avec les mouvements de la grâce qu'on y recevait, il comparait l'âme à une galère qui vogue sur la mer avec les rames et les voiles, et disait que comme l'on n'avait point recours aux rames sinon quand le vent venait à manquer, et que lorsqu'il était favorable on naviguait et plus agréablement et plus vitement; de même qu'il fallait s'aider des considérations dans l'oraison, quand le Saint-Esprit ne nous faisait pas ressentir ses mouvements; mais lorsque ce vent céleste venait à souffler dans nos cœurs, qu'il fallait s'abandonner à ses conduites.

D'autres fois il comparait les sujets de méditation à des boutiques de marchands, et disait que comme il y a des boutiques où l'on ne trouve que d'une sorte de marchandise, et d'autres où l'on rencontre tout ce que l'on a de besoin, qu'il y a aussi des sujets de méditation qui ne nous instruisent que d'une vertu, et d'autres qui contiennent des trésors de toutes sortes de vertus : comme sont les mystères de la naissance, de la vie, de la mort et de la résurrection de Notre-Seigneur Jésus-Christ; que pour profiter de ces sujets de méditation il fallait adorer Notre-Seigneur en l'état auquel le mystère nous le représente, l'admirer, le louer et le remercier des grâces qu'il nous a méritées, lui représenter humblement nos misères et nos besoins, et lui demander les secours et les grâces nécessaires pour imiter et pratiquer les vertus qu'il nous y a enseignées.

Il encourageait ceux qui sentaient quelque sécheresse ou stérilité dans leurs oraisons à persévérer courageusement, à l'imitation de Notre-Seigneur, lequel, *factus in agoniâ, prolixiùs orabat*, continuait et prolongeait ses oraisons au plus fort de ses peines et de son agonie; il leur disait qu'il fallait reconnaître que l'oraison était un don de Dieu et qu'on devait lui demander avec instance la grâce de faire oraison, lui disant avec les Apôtres : *Domine, doce nos orare* : Seigneur, enseignez-nous comment nous devons faire pour vous prier; et attendre cette grâce de sa bonté, avec humilité et patience.

Donnant un jour aux siens quelques avis touchant l'oraison, il leur dit que « l'oraison était une prédication qu'on se faisait à soi-même pour se convaincre du besoin qu'on avait de recourir à Dieu et de coopérer avec sa grâce pour extirper les vices de notre âme et pour y planter les vertus; qu'il fallait dans l'oraison s'appliquer particulièrement à combattre la passion ou la mauvaise inclination qui nous gourmande, et tendre toujours à la mortifier : parce que lorsqu'on est venu à bout de celle-là, le reste suit aisément ; mais qu'il fallait tenir ferme dans ce combat ; qu'il était important d'aller doucement dans la manière d'agir, et ne pas se rompre la tête à force de s'appliquer et de vouloir subtiliser ; qu'il était expédient d'élever son esprit à Dieu et de l'écouter, parce qu'une de ses paroles fera plus que mille raisons et que toutes les spéculations de notre entendement ; qu'il souhaitait qu'on fût dans cette pratique d'oraison de s'élever de temps en temps à Dieu, et, se tenant dans une humble reconnaissance de son néant, attendre s'il lui plaît de parler à notre cœur, et nous dire quelque parole de vie éternelle ; qu'il n'y avait que ce que Dieu inspirait et qui venait de lui qui nous pût profiter ; que nous devions recevoir de Dieu pour donner au prochain, à l'exemple de Jésus-Christ, lequel, parlant de lui-même, disait qu'il n'enseignait aux autres que ce qu'il avait entendu et appris de son Père. »

Il avait cette sainte coutume de faire tous les ans sa retraite spirituelle de huit jours pour le moins, sans y manquer jamais, quelque pressantes affaires et occupations qu'il pût avoir. Et, pendant le temps de cette retraite, il laissait entièrement le soin de la maison et des affaires ordinaires pour ne vaquer qu'à l'oraison et au recueillement, à l'imitation de son divin Sauveur, lequel se retira ainsi au désert, pour donner cet exemple à ceux qui seraient employés à prêcher l'Évangile. Voici ce qu'il dit un jour à sa communauté touchant ces exercices spirituels, qui fait voir quels étaient les sentiments qu'il en avait, quoiqu'il ne parlât pas de soi, mais qu'il recommandât simplement aux prières de sa communauté quelques prêtres de sa compagnie qui les faisaient en ce temps. « Nous prierons Dieu, dit-il, pour ceux qui ont commencé leur retraite, afin qu'il lui plaise de les renouveler intérieurement et de les faire mourir à leur propre esprit, et leur donner le sien. Oui, une retraite bien faite est un entier renouvellement ; celui qui l'a faite comme il faut passe dans un autre état ; il n'est plus ce qu'il était, il devient un autre homme. Nous prierons Dieu qu'il lui plaise nous donner cet esprit de renouvellement, et que par le secours de sa grâce nous nous dépouillions du vieil Adam pour nous revêtir de Jésus-Christ, afin qu'en toutes choses nous accomplissions sa très-sainte volonté. »

SECTION UNIQUE.

RECUEIL DE QUELQUES AVERTISSEMENTS ET INSTRUCTIONS DE M. VINCENT SUR LE SUJET DE L'ORAISON.

L'Ecriture sainte, parlant du prophète Samuel, dit qu'il ne tombait pas une de ses paroles en terre [1] : et nous pouvons dire le même en quelque sens des paroles de M. Vincent, lesquelles étant animées de l'esprit de Dieu et assaisonnées de sa grâce, faisaient impression sur ceux qui les écoutaient, et en frappant l'oreille touchaient le cœur. C'est pour cette raison que nous avons estimé que le lecteur catholique recevrait consolation et édification, si nous insérions ici quelques avertissements et instructions qu'il a donnés en divers temps aux siens sur le sujet de l'oraison, et qui ont été soigneusement recueillis par quelques-uns d'entre eux. Et quoique ce bon serviteur de Dieu ait fait ces discours sur-le-champ, sans les avoir prémédités, selon les occasions qui se présentaient à sa charité, la simplicité néanmoins avec laquelle il parle comme un père qui instruit ses enfants, leur donnera une grâce particulière, et même fera que les âmes bien disposées en tireront un plus grand profit.

Parlant donc un jour à sa communauté sur ce sujet : « On connaît, dit-il, ceux qui font bien oraison, non-seulement en la manière de la rapporter, mais encore plus par leurs actions et par leurs déportements, par lesquels ils font paraître le fruit qu'ils en retirent : il en faut dire de même de ceux qui la font mal ; en sorte qu'il est aisé de voir que ceux-là s'avancent et que ceux-ci reculent. Or, pour tirer du profit de son oraison, il faut s'y préparer, et ceux-là manquent grandement qui négligent cette préparation et qui ne viennent faire oraison que par coutume et parce que les autres y vont : *Ante orationem præpara animam tuam*, dit le Sage ; avant que de te présenter à l'oraison, prépare ton âme ; car l'oraison est une élévation de l'esprit à Dieu, pour lui représenter nos nécessités, et pour implorer le secours de sa miséricorde et de sa grâce ; il est donc bien raisonnable qu'ayant à traiter avec si haute et si sublime Majesté, l'on pense un peu qu'est-ce qu'on va faire, devant qui est-ce qu'on va se présenter, qu'est-ce qu'on lui veut dire, quelle grâce on lui doit demander. Il arrive néanmoins souvent que la paresse et la lâcheté empêchent de penser à cela ; ou bien tout au contraire la précipitation et l'inconsidération nous en détournent ; ce qui fait que l'on tombe en ce défaut de préparation, à quoi il est nécessaire de remédier. Il faut encore prendre garde à notre imagination vagabonde et coureuse pour l'arrêter, et à la légèreté de notre pauvre esprit, pour le tenir en la présence de Dieu, sans pourtant faire un trop grand effort, car l'excès est toujours nuisible.

« L'oraison a trois parties, chacun en sait l'ordre et la méthode, il s'y faut tenir. Le sujet est d'une chose sensible ou insensible : si elle

---

[1] Crevit Samuel; et Dominus erat cum eo; et non cecidit ex omnibus verbis ejus in terram. 1 *Reg.*, cap. 5.

est sensible, comme un mystère, il faut se la représenter et faire attention à toutes ses parties et circonstances ; si la chose est insensible, comme si c'est une vertu, il faut considérer en quoi elle consiste, et quelles sont ses principales propriétés, comme aussi quelles sont ses marques, ses effets, et particulièrement quels sont ses actes et les moyens de la mettre en pratique. Il est bon aussi de rechercher les raisons qui nous portent à embrasser cette vertu, et nous arrêter aux motifs qui nous touchent davantage. Ils se peuvent tirer des saintes Ecritures ou bien des saints Pères ; et quand quelques passages de leurs écrits nous reviennent en la mémoire sur ce sujet pendant l'oraison, il est bon de les ruminer en son esprit ; mais il ne faut pas alors les rechercher, ni même s'appliquer à plusieurs de ces passages ; car à quoi sert d'arrêter sa pensée à un ramas de passages et de raisons, sinon peut-être à éclairer et subtiliser notre entendement ? ce qui est plutôt vaquer à l'étude que faire oraison.

« Quand on veut avoir du feu, l'on se sert d'un fusil, on le bat, et aussitôt que le feu s'est pris à la matière disposée, on allume de la chandelle ; et celui-là se rendrait ridicule qui ayant allumé sa chandelle continuerait de battre le fusil ; de même quand une âme est assez éclairée par les considérations, qu'est-il besoin d'en chercher d'autres, et de battre et de rebattre notre esprit pour multiplier les raisons et les pensées ? ne voyez-vous pas que c'est perdre le temps, et qu'alors il faut s'appliquer à enflammer la volonté, et à exciter ses affections par la beauté de la vertu et par la laideur du vice contraire ? ce qui n'est pas malaisé, puisque la volonté suit la lumière de l'entendement, et se porte à ce qui lui est proposé comme bon et désirable. Mais ce n'est pas encore assez : il ne suffit pas d'avoir de bonnes affections, il faut passer plus avant, et se porter aux résolutions de travailler tout de bon à l'avenir, pour l'acquisition de la vertu, se proposant de la mettre en la pratique et d'en faire des actes. C'est ici le point important et le fruit qu'on doit tirer de l'oraison ; c'est pourquoi il ne faut pas passer légèrement sur ses résolutions, mais les réitérer, et les bien mettre dans son cœur ; et même il est bon de prévoir les empêchements qui peuvent survenir, et les moyens qui peuvent aider pour en venir à cette pratique, et se proposer d'éviter les uns et d'embrasser les autres.

« Or, en cela, il n'est pas nécessaire ni souvent expédient d'avoir de grands sentiments de cette vertu que nous voulons employer, ni même de désirer d'avoir ces sentiments ; car le désir de se rendre sensibles les vertus, qui sont des qualités purement spirituelles, peut quelquefois nuire et faire peine à l'esprit, et la trop grande application de l'entendement échauffe le cerveau et cause des douleurs de tête ;

comme aussi les actes de la volonté trop souvent réitérés, ou trop violents, épuisent le cœur et l'affaiblissent ; il faut se modérer en toutes choses, et l'excès n'est jamais louable en quoi que ce puisse être, particulièrement dans l'oraison ; il faut agir modérément et suavement, et conserver surtout la paix de l'esprit et du cœur. »

Une autre fois expliquant la différence qu'il y a entre les pensées qui viennent de nous-mêmes et celles qui nous sont inspirées de Dieu : « Voyez, dit-il, la différence qu'il y a entre la lumière de Dieu et celle du soleil ; pendant la nuit notre feu nous éclaire, et par le moyen de sa lueur nous voyons les choses, mais nous ne les voyons qu'imparfaitement, nous n'en découvrons que la superficie, et cette lueur ne va pas plus avant : mais le soleil remplit et vivifie tout par sa lumière, il ne découvre pas seulement l'extérieur des choses, mais par une vertu secrète il pénètre au dedans, il les fait agir et les rend même fructueuses et fertiles, selon la qualité de leur nature. Or les pensées et les considérations qui viennent de notre entendement ne sont que des petits feux qui montrent seulement un peu le dehors des objets, et ne produisent rien davantage ; mais les lumières de la grâce que le soleil de justice répand dans nos âmes découvrent et pénètrent jusqu'au fond et au plus intime de notre cœur, qu'elles excitent et portent à faire des productions merveilleuses. Il faut donc demander à Dieu que ce soit lui-même qui nous éclaire et qui nous inspire ce qui lui est agréable. Toutes ces considérations hautes et recherchées ne sont point oraison ; ce sont plutôt quelquefois des surgeons de la superbe ; et il en va de même de ceux qui s'y arrêtent et qui s'y plaisent, comme d'un prédicateur lequel se pavanerait en ses beaux discours, qui prendrait toute sa complaisance à voir les assistants satisfaits de ce qu'il leur débite ; en quoi il est évident que ce ne serait pas le Saint-Esprit, mais plutôt l'esprit de superbe qui éclairerait son entendement, et qui pousserait au dehors toutes ces belles pensées ; ou pour mieux dire, ce serait le démon qui l'exciterait et qui le ferait parler de la sorte. Il en va de même en l'oraison lorsqu'on recherche de belles considérations, qu'on s'entretient en des pensées extraordinaires, particulièrement lorsque c'est pour les débiter au dehors en rapportant son oraison, afin que les autres en aient de l'estime : c'est là une espèce de blasphème ; c'est en quelque façon être idolâtre de son esprit ; car en traitant avec Dieu dans l'oraison, vous méditez de quoi satisfaire à votre superbe, vous employez ce saint temps à rechercher votre satisfaction, et à vous complaire dans cette belle estime de vos pensées ; vous sacrifiez à cette idole de la vanité.

« Ah ! mes Frères, gardons-nous bien de ces folies ; reconnaissons que nous sommes tous remplis de misères ; ne recherchons que ce qui nous peut davantage humilier, et nous porter à la pratique solide des vertus. Abaissons-nous toujours dans l'oraison jusqu'au néant, et dans nos répétitions d'oraison, disons humblement nos pensées ; et s'il s'en présente quelques-unes qui nous semblent belles, défions-nous beaucoup de nous-mêmes, et craignons que ce ne soit l'esprit de superbe qui les produise, ou le diable qui les inspire. C'est pourquoi nous devons toujours nous humilier profondément quand ces belles pensées nous viennent, soit en faisant oraison, soit en prêchant, soit dans la conversation avec les autres. Hélas ! le Fils de Dieu pouvait ravir tous les hommes par son éloquence toute divine, et il ne l'a pas voulu faire ; mais au contraire, en enseignant les vérités de son Évangile, il s'est toujours servi des expressions et paroles communes et familières ; il a toujours aimé d'être plutôt avili et méprisé que loué et estimé. Voyons donc, mes Frères, comment nous le pourrons imiter ; et pour cela retranchons ces pensées de superbe dans l'oraison et ailleurs ; suivons en tout les traces de l'humilité de Jésus-Christ ; usons de paroles simples, communes et familières, et quand Dieu le permettra ainsi, soyons bien aises qu'on ne tienne compte de ce que nous dirons, qu'on nous méprise, qu'on se moque de nous, et tenons pour certain que, sans une véritable et sincère humilité, il nous est impossible de profiter ni à nous ni aux autres. »

Quelqu'un de la communauté rapportant un jour son oraison, et ayant dit qu'il avait douté s'il devait prendre des résolutions, à cause de son infidélité à les mettre en pratique, M. Vincent prenant la parole et l'adressant à tous ceux qui étaient présents leur dit : « Pour avoir été infidèle à exécuter ses résolutions, il ne faut pas désister d'en prendre de nouvelles en toutes ses oraisons ; de même qu'encore qu'il ne paraisse point de profit de la nourriture qu'on prend, on ne laisse pas pour cela de manger : car c'est une des plus importantes parties, et même la plus importante de l'oraison, de faire de bonnes résolutions, et c'est à cela particulièrement qu'il faut s'arrêter, et non pas tant au raisonnement et au discours ; le principal fruit de l'oraison consiste à se bien résoudre, mais à se résoudre fortement, à bien fonder ses résolutions, s'en bien convaincre, se bien préparer à les exécuter, et prévoir les obstacles pour les surmonter ; ce n'est pas néanmoins encore tout, car enfin nos résolutions ne sont d'elles-mêmes que des actions physiques et morales ; et quoique nous fassions bien de les former en notre cœur, et de nous y affermir, nous devons néanmoins reconnaître que ce qu'elles ont de bon, leurs pratiques et leurs effets dépendent absolument de Dieu. Et d'où pensez-vous que provient le plus souvent que nous manquons à nos résolutions? C'est que nous nous y fions trop; nous nous assurons sur nos bons désirs, nous nous appuyons sur nos propres forces, et cela est cause que nous n'en tirons aucun fruit. C'est pourquoi, après que nous avons pris quelques résolutions en l'oraison, il faut beaucoup prier Dieu et invoquer instamment sa grâce avec une grande défiance de nous-mêmes, afin qu'il lui plaise nous communiquer les grâces nécessaires pour faire fructifier ces résolutions; et quoiqu'après cela nous venions encore à y manquer, non-seulement une ou deux fois, mais en plusieurs recontres et pendant un long temps, quand bien même nous n'en aurions pas mis une seule en exécution, il ne faut jamais laisser pour cela de les renouveler et de recourir à la miséricorde de Dieu et implorer les secours de sa grâce. Les fautes passées doivent bien nous humilier, mais non pas nous faire perdre courage; et en quelque faute que l'on tombe, il ne faut pas pour cela rien diminuer de la confiance que Dieu veut que nous ayons en lui, mais prendre toujours une nouvelle résolution de s'en relever et de se garder d'y retomber moyennant le secours de sa grâce que nous lui devons demander. Quoique les médecins ne voient aucun effet des remèdes qu'ils donnent à un malade, ils ne laissent pas pour cela de les continuer et réitérer, jusqu'à ce qu'ils y reconnaissent quelque espérance de vie. Si donc l'on continue ainsi d'appliquer des remèdes pour les maladies du corps, quoique longues et extrêmes, encore qu'on n'y voie aucun amendement, à plus forte raison doit-on faire le même pour les infirmités de nos âmes, dans lesquelles, quand il plaît à Dieu, la grâce opère de très-grandes merveilles. »

En une autre rencontre M. Vincent ayant pris sujet de parler sur ce qu'un des Frères de la compagnie suivait toujours tout simplement une même manière de faire son oraison, divisant le sujet en certains points : « Mon Frère, lui dit-il, vous avez bien fait de diviser votre oraison; néanmoins lorsque l'on prend quelque mystère pour sujet de la méditation, il n'est pas nécessaire ni expédient de s'arrêter à une vertu particulière, et de faire votre division ordinaire sur le sujet de cette vertu; mais il est plus à propos d'envisager l'histoire du mystère, et de faire attention à toutes ces circonstances, n'y en ayant aucunes, si petites et si communes qu'elles puissent être, dans lesquelles il n'y ait de grands trésors cachés, si nous savons bien les y chercher. Je le reconnus dernièrement dans une conférence de ces Messieurs qui s'assemblent céans : ils avaient pour sujet de leur entretien ce qu'il fallait faire pour employer saintement le temps du carême : c'était un sujet fort commun, dont ils avaient coutume de traiter tous les ans ; et cependant on dit de si bonnes choses, que tous les assistants en furent grandement touchés, et moi particulièrement ; et je puis dire en vérité que je n'ai point vu de conférence plus dévote que celle-là, ni qui eût fait plus d'impression sur les esprits : car bien qu'ils eussent plusieurs fois parlé du même sujet, il semblait que ce n'étaient plus les mêmes personnes qui parlaient, Dieu leur avait inspiré dans l'oraison tout un autre langage. Voilà, mes Frères, comme Dieu cache des trésors dans ces choses qui semblent si communes, et dans les moindres circonstances des vérités et des mystères de notre religion : ce sont comme de petits grains de sénevé, qui produisent de grands arbres, quand il plait à Notre-Seigneur y répandre sa bénédiction. »

Dans une autre occasion, parlant sur le même sujet de l'oraison : « Quelques-uns, dit-il, ont de belles pensées et de bons sentiments, mais ils ne se les appliquent pas à eux-mêmes, et ne font pas assez de réflexion sur leur état intérieur : et néanmoins on a souvent recommandé que lorsque Dieu communique quelques lumières ou quelques bons mouvements dans l'oraison, il les faut toujours faire servir à ses besoins particuliers ; il faut considérer ses propres défauts, les confesser et reconnaître devant Dieu, et quelquefois même s'en accuser devant la compagnie, pour s'en humilier et confondre davantage, et prendre une forte résolution de s'en corriger : ce qui ne se fait jamais sans quelque profit. Pendant qu'on répétait l'oraison je pensais en moi-même d'où pourrait provenir que quelques-uns fissent si peu de progrès en ce saint exercice de la méditation ; il y a sujet de craindre que la cause de ce mal ne soit qu'ils ne s'exercent pas assez en la mortification, et qu'ils donnent trop de liberté à leurs sens. Qu'on lise ce que les plus habiles maîtres de la vie spirituelle ont laissé par écrit touchant l'oraison, et on verra que tous unanimement ont tenu que la pratique de la mortification était absolument nécessaire pour bien faire ses oraisons, et que pour s'y bien disposer il faut non-seulement mortifier ses yeux, sa langue, ses oreilles et ses autres sens extérieurs, mais aussi les facultés de son âme, l'entendement, la mémoire et la volonté ; par ce moyen, la mortification disposera à bien faire l'oraison, et réciproquement l'oraison aidera à bien pratiquer la mortification. »

Un des Frères de la compagnie s'étant un jour mis à genoux devant les autres, pour demander pardon de ce que depuis quelque temps il ne faisait rien à l'oraison, et même qu'il avait peine de s'y appliquer : « Mon Frère, lui dit M. Vincent, Dieu permet quelquefois qu'on perde le goût qu'on ressentait, et l'attrait qu'on avait pour l'oraison, et même qu'on s'y déplaise. Mais c'est ordinairement un exercice qu'il nous envoie, et une épreuve qu'il veut faire de nous, pour laquelle il ne faut pas se désoler, ni se laisser aller au découragement : il y a de bonnes âmes qui sont quelquefois traitées de la sorte, comme plusieurs saints l'ont aussi été. Oui, je connais plusieurs personnes fort vertueuses qui n'ont que des dégoûts et des sécheresses en l'oraison ; mais comme elles sont bien fidèles à Dieu, elles en font un très-bon usage, ce qui ne contribue pas peu pour leur avancement en la vertu. Il est vrai que quand ces dégoûts et sécheresses arrivent à ceux qui commencent à s'adonner à l'oraison, il y a quelquefois sujet de craindre que cela ne provienne de quelque négligence de leur part ; et c'est à quoi, mon Frère, vous devez faire attention. »

Ensuite de cela, lui ayant demandé s'il n'avait point mal à la tête, et ce Frère ayant tout simplement répondu qu'oui, pour avoir voulu en sa dernière retraite se rendre les choses sensibles en l'oraison : « Il ne faut pas, mon Frère, lui répliqua-t-il, agir de la sorte, ni s'efforcer de se rendre sensible en l'oraison ce qui ne l'est pas de sa nature : car c'est l'amour-propre qui se recherche en cela. Nous devons agir par esprit de foi dans l'oraison, et considérer les mystères et les vertus que nous méditons dans cet esprit de foi, doucement, humblement, sans faire effort sur l'imagination, et appliquer plutôt la volonté pour les affections et résolutions, que l'entendement pour les connaissances. »

Un autre Frère, répétant son oraison, se plaignait qu'il n'avait point d'esprit pour bien faire cette action, et que des facultés de son âme il n'en avait qu'une dont il pût se servir, qui était la volonté, laquelle commençait dès la seule proposition du sujet, et sans user d'aucun raisonnement, à produire ses affections, tantôt remerciant Dieu, tantôt lui demandant miséricorde, et s'excitant à la confusion et au regret de ses péchés, ou bien le suppliant de lui donner quelque grâce pour imiter Notre-Seigneur en quelque vertu, et ensuite prenant quelques résolutions, etc. « Tenez-vous là, mon Frère, lui dit M. Vincent, et ne vous mettez pas en peine des applications de l'entendement, qui ne se font que pour exciter la volonté, puisque la vôtre, sans ces considérations, se porte ainsi aux affections et aux résolutions de pratiquer la vertu : Dieu vous fasse la grâce de continuer de la sorte, et de vous rendre de plus en plus fidèle à toutes ses volontés. »

CHAPITRE VIII.

SA DÉVOTION ET PIÉTÉ ENVERS DIEU.

La dévotion est une vertu par laquelle nous nous portons à toutes les choses qui regardent le culte et le service de Dieu, avec une affection toute singulière, et avec un désir de le glorifier et honorer qui n'a point d'autres bornes que celles qui lui sont prescrites par la charité. Et comme nous pouvons honorer et glorifier Dieu par l'exercice de toutes sortes de vertus, pour cette raison, saint Ambroise a fort bien dit, que la dévotion était le fondement des autres vertus [1] ; et saint Augustin assure que les vraies vertus ne se peuvent trouver, sinon en ceux qui ont une véritable dévotion et piété envers Dieu ?.

Comme donc M. Vincent a excellé en toutes sortes de vertus, ainsi que nous avons commencé à voir aux chapitres précédents, et que nous continuerons dans tous les suivants, il n'y a pas lieu de douter qu'il n'ait possédé celle-ci en un degré très-excellent, et qu'il n'ait été doué d'une dévotion sincère et parfaite pour tout ce qui concernait le culte et l'honneur de Dieu.

Et premièrement, la dévotion de ce saint homme était fondée sur une très-haute estime de la grandeur infinie de Dieu et sur un très-profond respect envers sa divine Majesté. Ses humiliations merveilleuses dans toutes les actions de religion, les termes remplis d'honneur et de respect qu'il employait quand il était question de parler de Dieu, et l'affection toute singulière avec laquelle il s'efforçait de répandre dans tous les esprits une très-grande estime et reconnaissance des grandeurs et des perfections de Dieu, ont été des marques évidentes de cette sainte disposition qu'il avait dans le cœur.

« Étudions-nous, mes Frères, dit-il un jour à sa communauté, à concevoir une grande, mais une très-grande estime de la majesté et de la sainteté de Dieu : si nous avions la vue de notre esprit assez forte pour pénétrer quelque peu dans l'immensité de sa souveraine excellence, ô Jésus, que nous en rapporterions de hauts sentiments ! Nous pourrions bien dire, comme saint Paul, que les yeux n'ont jamais vu, ni les oreilles ouï, ni l'esprit conçu rien qui lui soit com-

---

[1] Virtus devotionis est fundamentum cæterarum. *Ambr., lib.* 1, *de Abraham.*

[2] Veræ virtutes nisi in eis quibus inest vera pietas in Deum, inesse non possunt. *August.*, lib. 19, *de Civit., cap.* 4.

parable. C'est un abîme de perfections, un Être éternel, très-saint, très-pur, très-parfait et infiniment glorieux ; un bien infini qui comprend tous les biens, et qui est en soi incompréhensible. Or, cette connaissance que nous avons, que Dieu est infiniment élevé au-dessus de toutes connaissances et de tout entendement créé, nous doit suffire pour nous le faire estimer infiniment, pour nous anéantir en sa présence, et pour nous faire parler de sa Majesté suprême avec un grand sentiment de révérence et de soumission ; et à proportion que nous l'estimerons, nous l'aimerons aussi, et cet amour produira en nous un désir insatiable de reconnaître ses bienfaits, et de lui procurer de vrais adorateurs. »

Il avait une aversion incroyable contre l'orgueil, à cause que ce vice ravit à Dieu l'honneur qui lui est dû, et fait que les superbes se l'attribuent avec autant de témérité que d'injustice ; et pour cela il lui faisait une guerre continuelle, non-seulement en lui-même, mais en tous ceux qui étaient sous sa conduite : ce que nous verrons plus amplement, quand nous traiterons de son humilité. Nous rapporterons seulement ici quelques-uns de ses sentiments, qu'il écrivit un jour à un de ses prêtres, qui travaillait en mission : « Oh ! que je suis consolé, lui dit-il, de ce que vous me mandez que ce bon peuple fait bien son devoir ! car je ne saurais vous dire combien je craignais qu'il ne le fît pas. A Dieu seul en soit la gloire, et que ceux qui travaillent lui rendent fidèlement cette reconnaissance. Que si leurs petits travaux ont quelque succès, et s'ils produisent quelque bon effet, *à Domino factum est istud*, c'est Dieu qui l'a fait, et c'est à lui seul à qui il en faut rendre tout l'honneur. O Monsieur ! que celui-là apporterait un grand empêchement à la sanctification du nom de Dieu et à la justification des âmes, qui s'attribuerait l'un ou l'autre, ou qui penserait y avoir quelque part ! Plaise à la divine Bonté qu'il n'arrive jamais qu'aucun de la Mission admette en son esprit une telle pensée ; ce serait sans doute un grand sacrilége qu'il commettrait, et tout le corps de la Congrégation de la Mission se rendrait coupable du même crime, s'il se flattait de cette malheureuse opinion, que par ses emplois il convertit les peuples à Dieu, et qu'il est pour cela digne d'être estimé et considéré. O que je désire que nous gravions bien avant dans nos cœurs cette vérité : que ceux-là qui pensent être les auteurs de quelque bien, ou y avoir quelque part, et qui prennent quelque complaisance en cette pensée, perdent beaucoup plus qu'ils ne gagnent en ce même bien ! »

Mais c'était principalement en la célébration publique des divins Offices que la dévotion de ce grand serviteur de Dieu paraissait avec une édification toute singulière des assistants : lorsqu'il pouvait assister au chœur pour chanter ou psalmodier, il le faisait avec un grand recueillement d'esprit, en sorte qu'on le voyait comme tout ravi et élevé en Dieu. Il recommandait aussi souvent à ceux de sa communauté de s'acquitter de ce devoir envers Dieu avec respect et sentiment de piété, d'aller posément, tenir les yeux baissés ou arrêtés sur le bréviaire ou diurnal, sans regarder ni d'un côté ni d'autre ; et quoiqu'il eût un cœur tout rempli de mansuétude, il ne pouvait néanmoins souffrir les moindres fautes qui se commettaient dans les divins Offices ; comme au contraire il ne pouvait assez témoigner sa joie quand on faisait cette action en la manière qu'il convient.

Quand il devait célébrer l'Office solennellement, il avait un grand soin de se faire instruire de tout ce qu'il y avait de propre et particulier à observer, selon que requérait la solennité de la fête ; et en ses dernières années, il s'humiliait beaucoup de ce que ses incommodités ne lui permettaient pas de faire tout à fait les génuflexions qui sont prescrites par l'ordre de l'Église. Il aimait fort et recommandait la propreté dans les ornements sacrés, et surtout l'exactitude dans l'observation des rubriques ; et lorsqu'on manquait à quelqu'une, il voulait qu'on s'en humiliât beaucoup.

Sa dévotion ne paraissait pas seulement en la célébration publique des Offices divins, mais aussi en la récitation particulière qu'il en faisait toujours dans une posture humble et respectueuse, la tête nue et les genoux en terre, excepté les deux ou trois dernières années de sa vie, qu'il était obligé, à cause de ses grandes incommodités, de le réciter assis, ne le pouvant plus faire autrement.

Dieu lui avait donné une dévotion très-grande pour tous les mystères de notre religion, et particulièrement pour ceux de la très-sainte Trinité, de l'Incarnation du Fils de Dieu, et du très-saint Sacrement de l'autel. Pour ce qui est de celui de la très-sainte Trinité, comme il contient la première et principale des vérités qu'il faut croire et adorer, il avait une grande affection d'en procurer la connaissance et l'estime dans les âmes, et de l'enseigner et faire enseigner dans les missions. Il rendait tous les jours, avec une dévotion spéciale qu'il a inspirée à tous ceux de sa Congrégation, un particulier hommage le matin et le soir à ce très-adorable mystère. Il fit en sorte que N. S. P. le Pape, par la bulle de l'érection de la Congrégation de la Mission, obligea tous ceux qui en seraient d'honorer d'une manière toute particulière cet ineffable mystère et celui de l'Incarnation, en ayant fait même une règle expresse en ces termes :

« Nous tâcherons de nous acquitter de ce devoir avec un très-grand soin, et, si cela se peut, en toutes manières, mais principalement en faisant ces trois choses : 1° en produisant souvent du fond du cœur des actes de foi et de religion sur ces mystères ; 2° en offrant tous les jours en leur honneur quelques prières et bonnes œuvres, et en célébrant avec le plus de solennité et de dévotion qu'il nous sera possible leurs fêtes ; 3° en nous étudiant soigneusement à faire, soit par nos instructions, soit par nos exemples, que les peuples les connaissent, les honorent et les aient en grande vénération. »

Or, comme l'Église dans ses fêtes principales nous invite d'honorer plus particulièrement les mystères dont elle solennise la mémoire, c'était en ces jours-là que M. Vincent faisait paraître une dévotion tout extraordinaire : il y célébrait ordinairement la grand'messe, et officiait à vêpres ; mais avec une telle récollection, modestie et gravité, qu'il était aisé de connaître combien il était appliqué intérieurement à Dieu. Et quoique sa dévotion fût telle pour la célébration des grandes fêtes, elle ne paraissait pas moindre aux autres jours, pour toutes les actions qui concernaient le culte et l'honneur qu'il rendait à Dieu. Il se levait régulièrement à quatre heures (comme il a été dit), quoiqu'il se couchât toujours fort tard, et qu'il passât beaucoup de nuits sans pouvoir reposer plus de deux heures, comme il l'a quelquefois lui-même avoué ; et nonobstant cela, dès le premier signal il se levait avec une telle promptitude et ferveur, que le second coup de la cloche qu'on sonnait ne le trouvait jamais en la même posture que le premier : il ne manquait pas de rendre ensuite avec grande humilité ses premiers devoirs à Dieu. Voici ce qui a été trouvé écrit de sa propre main, qu'il a donné à une personne de très-grande qualité pour bien faire cette action :

« Étant levé, j'adorerai la Majesté de Dieu et lui rendrai grâces de la gloire qu'il possède, de celle qu'il a donnée à son Fils, à la sainte Vierge, aux saints anges, à mon bon ange gardien, à saint Jean-Baptiste, aux Apôtres, à saint Joseph et à tous les saints et saintes du paradis ; je le remercierai aussi des grâces qu'il a faites à la sainte Église, et en particulier de celles que j'ai reçues de lui, nommément, de ce qu'il m'a conservé durant la nuit. Je lui offrirai mes pensées, mes paroles et mes actions, en l'union de celles de Jésus-Christ, et je le prierai qu'il me garde de l'offenser, et qu'il me donne la grâce d'accomplir fidèlement tout ce qui lui sera le plus agréable. »

Après ces actes de religion et de reconnaissance, il faisait son lit, et puis il s'en allait à l'église devant le Saint-Sacrement, où, nonobstant l'incommodité de ses jambes enflées qu'il lui fallait bander tous les matins, il arrivait ordinairement avant la demi-heure, et plus tôt que beaucoup d'autres. Il témoignait une grande joie de voir tous les matins la communauté assemblée devant Notre-Seigneur, et il congratulait fort les plus diligents et les plus assidus, et avait peine quand il en voyait quelques-uns traîner après les autres.

La méditation étant achevée, il récitait tout haut les litanies du saint Nom de Jésus, avec une dévotion qu'on ne saurait expliquer; goûtant et savourant les épithètes d'honneur et de louange qu'il présentait à ce divin Sauveur, et répandant par ce moyen l'onction et le baume de ce sacré Nom dans les cœurs. Ensuite il allait faire sa préparation pour la sainte Messe avec un grand recueillement, y employant un temps raisonnable, sans en être détourné par la multitude des affaires qu'il avait, et assez souvent il se confessait. Voici ce qu'en a écrit en peu de mots un de ses prêtres : « J'ai eu la consolation de lui servir de confesseur pendant le séjour que j'ai fait à Paris ; j'ai connu plus particulièrement en cette occasion la sainteté et pureté de son âme, qui ne pouvait pas même souffrir l'apparence du péché. »

Il prononçait toutes les paroles de la sainte Messe fort intelligiblement, et d'une façon si dévote et si affectueuse, que l'on voyait bien que son cœur parlait avec sa bouche, ce qui donnait de grands sentiments de piété aux assistants : c'était d'un ton de voix médiocre et agréable, d'un air libre et dévot, qui n'était ni trop lent ni trop hâté, mais convenable à la sainteté de l'action ; on voyait pour lors particulièrement en lui deux choses qui se trouvent rarement en un même sujet, c'est à savoir une profonde humilité, et un port grave et majestueux. Aussi entrait-il dans l'esprit de Jésus-Christ, qui porte à ce sacrifice deux qualités différentes, l'une d'hostie et l'autre de sacrificateur : dans la vue de la première, M. Vincent s'abaissait intérieurement, comme un criminel coupable de mort devant son juge, et comme tout saisi de crainte il prononçait le *Confiteor* et ces autres paroles : *In spiritu humilitatis et in animo contrito*, etc. ; *Nobis quoque peccatoribus*, etc., *Domine, non sum dignus*, etc. ; et semblables, avec un très-grand sentiment de contrition et d'humilité. En qualité de sacrificateur, il offrait avec toute l'Église des prières et des louanges à Dieu, et tout ensemble les mérites et la personne même de Jésus-Christ sacrifié ; ce qu'il faisait dans un esprit de religion, de respect et d'amour envers Dieu.

« Ce n'est pas assez, disait-il un jour sur ce sujet à ses prêtres, que nous célébrions la Messe, mais nous devons aussi offrir ce sacrifice avec le plus de dévotion qu'il nous sera possible, selon la volonté du même Dieu ; nous conformant autant qu'il est en nous, avec sa grâce, à Jésus-Christ s'offrant lui-même, lorsqu'il était sur la terre, en sacrifice à son Père éternel. Efforçons-nous donc, Messieurs, d'offrir nos sacrifices à Dieu dans le même esprit que Notre-Seigneur a offert le sien, et autant parfaitement que notre pauvre et misérable nature le peut permettre. »

Un des plus anciens de sa compagnie a observé que la dévotion de M. Vincent était toute singulière en la célébration de la Messe, et qu'elle paraissait particulièrement lorsqu'il récitait le saint Évangile ; d'autres ont remarqué que, lorsqu'il rencontrait quelques paroles que Notre-Seigneur avait proférées, il les prononçait d'un ton de voix plus tendre et plus affectueux, ce qui donnait de la dévotion aux assistants qui l'écoutaient ; et on a diverses fois entendu des personnes, lesquelles ne le connaissant point, et ayant assisté à sa Messe, disaient entre elles comme par admiration : Mon Dieu, que voilà un prêtre qui dit bien la Messe ! il faut que ce soit un saint homme. D'autres ont dit qu'il leur semblait voir un ange à l'autel.

Quelques-uns ont encore observé que lorsqu'il lisait au saint Évangile quelques passages où Notre-Seigneur avait dit : *Amen, amen dico vobis*, c'est-à-dire, En vérité en vérité je vous le dis, il se rendait très-attentif aux paroles qui suivaient, comme étonné de cette double affirmation que le Dieu même de vérité employait ; et reconnaissant qu'il y avait du mystère, et que la chose était de grande importance, il témoignait par un ton de voix encore plus affectif et dévot la prompte soumission de son cœur. Il semblait sucer le sens des passages de l'Écriture comme un enfant le lait de sa mère, et en tirait la moelle et la substance pour en substanter et nourrir son âme : ce qui faisait qu'en toutes ses actions et paroles il paraissait tout rempli de l'esprit de Jésus-Christ.

Quand il se tournait vers le peuple, c'était avec un visage fort modeste et serein ; et par le geste qu'il faisait, ouvrant les mains et étendant ses bras, il donnait à connaître la dilatation de son cœur, et le grand désir qu'il avait que Jésus-Christ fût en chacun de ceux qui étaient présents.

Comme il reconnaissait le sacrifice de la Messe pour le centre de la dévotion chrétienne et pour le plus digne exercice de la piété des prêtres, il n'omettait jamais de la célébrer chaque jour, excepté les trois premiers de ses retraites annuelles, qu'il s'en abstenait, selon l'usage de sa compagnie ; afin de se conformer aux autres, lesquels emploient ordinairement ces premiers jours pour entrer dans un esprit de pénitence, repassant par leur mémoire leurs défauts et manquements passés, et pour cet effet ne s'approchent des saints autels qu'après leurs confessions annuelles ou générales. Hors ce temps-là, ce dévot serviteur de Jésus-Christ célébrait régulièrement tous les jours la sainte Messe, en quelque lieu qu'il se trouvât, à la ville ou aux champs, et même en voyage ; et il a donné pour règle aux prêtres de sa compagnie d'en faire de même. On ne sait point qu'il ait jamais manqué à la célébration de ce saint sacrifice tant qu'il a pu se tenir debout ; car ses indispositions ordinaires ne l'en empêchaient pas ; et souvent il allait à l'autel aussi bien qu'à l'oraison, avec la fièvre qu'il appelait ordinairement sa petite fiévrote.

Il ne se contentait pas de célébrer tous les jours la sainte Messe, il avait encore la dévotion de servir quelquefois lui-même les autres prêtres au saint autel. C'est ce qu'on lui a vu faire de son temps, quoiqu'il fût accablé d'affaires, même en sa vieillesse, ayant plus de soixante-quinze ans, lorsqu'il ne pouvait presque plus marcher sans bâton, ni se mettre à genoux qu'avec grand'peine, à cause de son mal de jambes. C'est en cet âge vénérable et en cet état d'infirmité qu'on a vu ce premier supérieur-général de la Congrégation de la Mission faire l'office de clerc, et aller servir un prêtre à l'autel, avec un respect et dévotion qui édifiait grandement les assistants.

Il recommandait aux clercs de sa compagnie de ne souffrir jamais, lorsqu'ils assistaient à quelque Messe, qu'elle fût servie par un laïque ; mais d'aller prendre un surplis, et de la servir eux-mêmes : « parce que, disait-il, les laïques n'ayant pas droit de le faire, qu'en cas de nécessité, c'est un sujet de honte à un ecclésiastique, qui a le caractère pour le service des autels, qu'en sa présence ceux qui ne l'ont pas fassent son office. »

SECTION I.

SA DÉVOTION PARTICULIÈRE ENVERS LE TRÈS-SAINT SACREMENT DE L'AUTEL.

Mais une des plus grandes et des plus particulières dévotions de M. Vincent a été envers la très-sainte Eucharistie, considérée non-seulement comme sacrifice, dont nous avons parlé en ce chapitre, mais aussi comme sacrement, sous les espèces duquel le Fils de Dieu se rend réellement présent dans nos églises, et accomplit d'une manière autant véritable que merveilleuse, la promesse qu'il a faite de demeurer avec nous jusqu'à la consommation des siècles.

Cette dévotion de M. Vincent s'est manifestée premièrement par le très-grand respect avec lequel il se comportait dans les églises où reposait ce sacrement très-adorable, et par l'affection très-grande qu'il avait pour ces saints lieux que Jésus-Christ honorait de sa présence. Voici ce qu'un personnage de très-grande vertu en a témoigné : « J'ai remarqué plusieurs fois, dit-il, lorsque M. Vincent était en prière devant le Saint-Sacrement, qu'on pouvait aisément reconnaître en son extérieur la véritable et sincère dévotion de son intérieur : il se tenait toujours prosterné à deux genoux, avec une contenance si humble, qu'il semblait qu'il se fût volontiers abaissé jusqu'au centre de la terre pour témoigner davantage son respect envers la majesté de celui qu'il reconnaissait présent. Et certes en considérant cette modestie respectueuse qui paraissait en son visage, on eût pu dire qu'il voyait de ses yeux Jésus-Christ : et la composition de son extérieur était si dévote et si religieuse, qu'elle était capable de réveiller la foi la plus endormie, et donner aux plus insensibles des sentiments de piété envers cet adorable mystère. »

Or ce n'était pas seulement en offrant ses prières qu'il faisait paraître son respect et sa dévotion envers ce très-saint Sacrement ; mais toutes les fois qu'il se trouvait dans les églises où il reposait pour quelque occasion que ce fût, il se tenait toujours dans une très-grande modestie ; et autant qu'il lui était possible, il évitait de parler à personne en ces saints lieux ; que s'il ne se trouvait en quelque nécessité de le faire, il tâchait de faire sortir hors de l'église ceux qui lui voulaient parler : ce qu'il observait aussi envers les personnes les plus qualifiées, et même envers les prélats, sans toutefois rien dire qui pût blesser le respect qui leur était dû.

L'affection particulière qu'il avait pour les lieux honorés de cette divine présence était telle, que les jours auxquels il n'était pas si fort embarrassé d'affaires ni obligé de sortir de la maison, on le voyait aller à l'église, où il demeurait devant le très-saint Sacrement tout le temps qu'il pouvait avoir libre, et quelquefois plusieurs heures. Il recourait surtout, comme un autre Moïse, à ce sacré tabernacle, dans la rencontre des affaires épineuses et difficiles, pour y consulter l'oracle de la vérité : et l'on a vu souvent, lorsqu'il recevait des lettres qu'il prévoyait contenir la nouvelle de quelque bon ou mauvais succès en chose importante, s'en aller derrière le grand autel de Saint-Lazare, et là mettant les genoux en terre, et ayant la tête nue, ouvrir et lire ses lettres en la présence de Notre-Seigneur : ce qu'il faisait aussi en tous les autres lieux où il se rencontrait. Et un jour, comme on lui eut présenté une lettre dans la cour du Palais à Paris, se doutant qu'elle lui annoncerait l'événement d'une affaire fort considérable pour la gloire de Dieu, quoique pour lors il fût fort incommodé de ses jambes, il ne laissa pas de monter l'escalier pour aller à la haute chapelle du Palais, où repose le très-saint Sacrement ; et l'ayant trouvée fermée, il se mit néanmoins à genoux à la porte, et en cet état il fit la lecture de sa lettre. Il en usait sans doute de la sorte pour protester plus parfaitement de sa soumission à toutes les dispositions de la volonté de Dieu qui lui seraient manifestées par ces lettres, et pour lui faire un sacrifice de tous les mouvements de joie, ou de tristesse, que les nouvelles qui y étaient contenues pourraient exciter en son âme.

Quand il sortait de la maison de Saint-Lazare, il allait premièrement se prosterner devant Notre-Seigneur en ce très-saint Sacrement, pour demander sa bénédiction ; et aussitôt qu'il était de retour, il allait derechef se présenter devant lui, comme pour lui rendre compte de ce qu'il avait fait à la ville, le remercier des grâces qu'il avait reçues, et s'humilier des manquements qu'il pouvait avoir commis : ce qu'il faisait non par manière d'acquit, mais avec un véritable sentiment de religion et de piété, se tenant chaque fois un temps assez long devant le très-saint Sacrement, avec une posture fort humble et dévote. Il a mis les siens dans cette pratique, disant qu'il était bien juste qu'on rendît ce devoir au maître de la maison.

Lorsqu'allant par la ville il rencontrait le Saint-Sacrement dans les rues, il se mettait aussitôt à genoux en quelqu'endroit qu'il se trouvât, et demeurait en cette humble posture autant de temps qu'il le pouvait voir ; si ce n'est qu'on le portât le long de son chemin, car en ce cas il le suivait tête nue, quoique de fort loin, ne pouvant le suivre de près à cause de la difficulté qu'il avait à marcher.

Dans ses voyages il avait cette sainte coutume, passant par les villages, si les églises se rencontraient ouvertes, de descendre de cheval pour aller visiter et adorer le très-saint Sacrement ; que si elles se trouvaient fermées, il y entrait en esprit et lui rendait intérieurement les mêmes devoirs : et lorsqu'il était arrivé aux lieux où il fallait s'arrêter pour dîner ou pour coucher, avant toute autre chose, il allait à l'église rendre ses respects et ses hommages au très-saint Sacrement.

Dans ses grandes maladies, lorsqu'il ne pouvait point marcher ni se soutenir pour célébrer la sainte Messe, il avait la dévotion de communier tous les jours, s'il ne survenait quelque empêchement insurmontable qui le privât de cette consolation ; et dans ses communions journalières il y apportait de si grandes dispositions, et témoignait un tel respect et une telle affection envers celui qu'il adorait et recevait en ce sacrement, qu'il semblait être comme transporté et ravi hors de lui-même. Sur ce sujet, parlant un jour aux siens des effets que ce divin sacrement opère en ceux qui le reçoivent avec les dispositions convenables, il leur dit : « Ne ressentez-vous pas, mes Frères, ne ressentez-vous pas ce feu divin brûler dans vos poitrines, quand vous avez reçu le corps adorable de Jésus-Christ dans la communion? » C'était de l'abondance de son cœur que sortaient ces paroles, qui faisaient assez connaître ce que par sa propre expérience il goûtait et ressentait en ses communions. C'était aussi ce qui le portait à exhorter un chacun de se bien disposer pour recevoir dignement et fréquemment la sainte communion du corps de Jésus-Christ : car il n'approuvait pas qu'on s'en éloignât sans grande raison ; et une personne de piété, qui prenait conseil de lui, s'étant une fois abstenue de recevoir ce sacrement, pour quelque peine intérieure qui lui était survenue, voici ce qu'il lui en écrivit le même jour dans un billet : « Vous avez un peu mal fait de vous être aujourd'hui retirée de la sainte communion pour la peine intérieure que vous avez ressentie : ne voyez-vous pas que c'est une tentation, et que vous donnez par ce moyen prise à l'ennemi de ce très-adorable sacrement? Pensez-vous devenir plus capable et mieux disposée de vous unir à Notre-Seigneur en vous éloignant de lui? Oh ! certes, si vous aviez cette pensée, vous vous tromperiez grandement, et ce serait une pure illusion. »

Une autre fois, parlant à ceux de sa communauté sur le même sujet, il leur dit « qu'ils devaient demander à Dieu qu'il lui plût leur donner le désir de communier souvent ; qu'il y avait sujet de gémir devant Dieu, et de s'attrister de ce qu'on voyait cette dévotion se refroidir parmi les chrétiens, et qu'en partie les opinions nouvelles en étaient la cause. » Sur quoi s'entretenant avec le supérieur d'une sainte compagnie et avec un autre qui était grand directeur des âmes, et leur ayant demandé s'ils voyaient maintenant autant de personnes que par le passé se présenter à leurs confessionnaux et fréquenter la sainte communion, ils lui avaient répondu « qu'il s'en fallait beaucoup, et que le nombre en était notablement diminué ; que l'Eucharistie était pourtant le pain quotidien que Notre-Seigneur voulait qu'on lui demandât, et que c'était la pratique des premiers chrétiens de communier tous les jours ; mais que ces nouveaux-venus en avaient détourné grand nombre de personnes ; que ce n'était pas merveille si on les écoutait, parce que la nature y trouvait son compte, et que ceux qui suivaient ses inclinations embrassaient volontiers ces nouvelles opinions qui semblaient les soulager, en les déchargeant du soin et de la peine qu'il y a de se mettre et de se maintenir dans les dispositions requises pour recevoir dignement et fréquemment la sainte communion. Il ajouta qu'il avait connu une dame de condition et de piété, laquelle ayant par le conseil de ses directeurs continué longtemps à communier les dimanches et jeudis de chaque semaine, et que s'étant mise depuis entre les mains d'un confesseur qui suivait cette nouvelle doctrine, par je ne sais quelle curiosité et affectation de plus grande perfection, il l'avait détournée de cette sainte pratique, ne la faisant communier au commencement qu'une fois en l'espace de huit jours ; puis il l'avait remise à la quinzaine, ensuite au mois, etc. ; et qu'après avoir demeuré huit mois dans ce relâchement, faisant un jour réflexion sur elle-même, elle s'était trouvée dans un état très-déplorable, toute pleine d'imperfections et sujette à commettre un grand nombre de fautes, à se plaire dans la vanité, à se laisser emporter à la colère, à l'impatience et à ses autres passions, et enfin tout autre qu'elle n'était avant cet éloignement de la sainte communion : de quoi étant extrêmement étonnée et touchée : O malheureuse ! dit-elle en pleurant, en quel état est-ce que je me trouve maintenant ? d'où est-ce que je suis déchue, et où est-ce qu'aboutiront tous ces désordres et emportements ? Mais d'où m'est arrivé un si malheureux changement ? C'est sans doute d'avoir quitté ma première conduite, et d'avoir écouté et suivi les conseils de ces nouveaux directeurs, qui sont bien pernicieux puis qu'ils produisent de si mauvais effets, comme je le connais par ma propre expérience. O mon Dieu qui m'ouvrez les yeux pour le reconnaître, donnez-moi la force de m'en dégager entièrement ! Après quoi s'étant séparée de ces nouveaux directeurs, et ayant renoncé à leurs dangereuses maximes qui l'avaient toute détraquée et presque perdue, elle se remit par des conseils plus salutaires dans ses premières pratiques ; et fréquentant comme auparavant les sacrements avec les dispositions requises, elle y trouva le repos de sa conscience et le remède pour tous ses défauts. »

M. Vincent s'est plusieurs fois servi de cet exemple pour faire mieux connaître par l'opposition de son contraire les grandes bénédictions qui se recueillaient par la fréquente et digne réception de ce très-saint sacrement, dans lequel Notre-Seigneur nous donne, non-seulement une abondance de grâces, mais aussi la source de toutes les grâces, qui n'est autre que lui-même. Et comme ce dévot serviteur de Jésus-Christ était touché d'un grand ressentiment de cet excès d'amour et de charité d'un Dieu envers ses créatures, il exhortait souvent les siens de lui rendre des actions de grâces toutes particulières d'un si incompréhensible bienfait, tâchant de reconnaître cette incomparable obligation par de fréquentes adorations, humiliations et glorifications envers le Fils de Dieu résidant en ce très-saint sacrement ; et en se confessant même incapables d'y satisfaire, prier les saints anges de leur aider à lui rendre ces justes reconnaissances.

Dans ce même sentiment il les avertissait de s'acquitter soigneusement de tous les devoirs extérieurs de révérence envers le très-saint Sacrement, reprenant ceux qu'il voyait y manquer ; en quoi il était si exact, que s'il s'apercevait que quelqu'un en passant devant le grand autel de l'église où il repose ne fît pas la génuflexion jusqu'en terre, ou qu'il la fît trop brusquement, il l'en avertissait en particulier, ou même en public quand il le jugeait expédient, disant qu'il ne fallait pas se présenter devant Dieu comme des marionnettes auxquelles on faisait faire des mouvements légers et des révérences sans âme et sans esprit ; et ayant un jour remarqué qu'un frère n'avait pas fait la génuflexion entière, il l'appela, et lui montra jusqu'où et de quelle façon il la fallait faire. Pour lui, il s'est toujours acquitté exactement de ce devoir et a fait cette génuflexion autant qu'il l'a pu et même au-delà, puisque souvent il avait besoin d'aide pour se relever ; et lorsque son grand âge et les fâcheuses incommodités de ses jambes ne lui permirent plus de la faire du tout, il en demandait pardon de fois à autre publiquement devant toute sa communauté, disant que ses péchés l'avaient privé de l'usage libre de ses genoux. Une fois entre autres, après avoir représenté avec son humilité ordinaire qu'il avait un grand regret de ce que son âge et ses infirmités l'empêchaient de faire cette génuflexion, il dit : « Si néanmoins je vois que la compagnie s'y relâche, je m'efforcerai de mettre le genou en terre, quoi qu'il m'en coûte, sauf à me relever le mieux que je pourrai en m'appuyant des mains sur la terre, pour donner par ce moyen l'exemple tel que je le dois ; car les fautes qui se commettent dans une communauté sont imputées au supérieur, et celles de la Congrégation en ce point sont de conséquence ; tant à cause qu'il s'agit d'un devoir de religion et d'une révérence extérieure qui marque le respect intérieur que nous rendons à Dieu, que parce que si nous sommes les premiers à y manquer, ne faisant qu'une petite ou demi-génuflexion, les ecclésiastiques de dehors qui viennent ici croiront qu'ils ne sont pas obligés d'en faire davantage ; et ceux de la compagnie qui viendront après nous, et qui se régleront sur nous, en feront encore moins ; et ainsi tout s'en ira en décadence : car si l'original est défectueux, que sera-ce des copies ? Je vous prie donc, Messieurs et mes Frères, d'y faire grande attention et de vous comporter en cette action de telle sorte que la révérence intérieure prévienne et accompagne toujours l'extérieur. Dieu veut être adoré en esprit et en vérité, et tous les véritables chrétiens doivent se comporter de la sorte, à l'exemple du Fils de Dieu, lequel se prosternant la face contre terre au Jardin des Olives, accompagna cette dévote posture d'une humiliation intérieure très-profonde, par respect à la majorité souveraine de son Père. »

Que s'il avait une telle affection pour faire en sorte qu'on ne manquât point à la moindre partie du respect, même extérieur, qui était dû à cet adorable sacrement, à plus forte raison peut-on croire que c'était avec un déplaisir extrême et une douleur très-sensible qu'il entendait les nouvelles qu'on lui a quelquefois rapportées des profanations et impiétés que l'insolence des soldats et des hérétiques avait commises, pendant le malheur des guerres, contre ce même sacrement. Il ne se peut dire combien il en était touché, quels ressentiments il en a eus, combien de larmes il a versées pour ce sujet, et combien de pénitences extraordinaires il a faites pour réparer autant qu'il était en lui ces injures et ces attentats commis contre la personne de Jésus-Christ. Mais, non content de ce qu'il pouvait faire par lui-même et des autres remèdes qu'il procurait par l'entremise des personnes charitables, envoyant des ciboires, des calices et d'autres semblables ornements aux églises qui avaient été pillées, il voulait encore que ceux de sa communauté fussent employés à ces mêmes réparations, les envoyant les uns après les autres faire des pèlerinages et visiter en esprit de pénitence les églises où ces profanations sacrilèges avaient été commises. Les prêtres y célébraient la sainte Messe, et les autres, tant clercs que laïques, communiaient. Après cela il leur ordonnait de faire des missions dans les villages et autres lieux où ces malheurs étaient arrivés, pour exciter le peuple à faire pénitence et à pratiquer d'autres œuvres de piété propres pour apaiser l'indignation de Dieu, et réparer en quelque façon les injures et offenses commises contre sa souveraine Majesté.

SECTION II.

SA DÉVOTION TOUTE SINGULIÈRE POUR IMITER JÉSUS-CHRIST, ET SE CONFORMER A SES EXEMPLES.

L'amour suppose la ressemblance ou bien la produit, et fait que l'aimant tâche de se transformer autant qu'il peut en la personne aimée et de lui devenir semblable pour lui plaire davantage, et rendre par ce moyen plus stable et plus parfaite l'union de leur amitié. C'est pour cela que le Fils de Dieu, voulant nous témoigner l'excès de son amour, a voulu se faire homme pour se rendre semblable à nous. C'est aussi pour la même raison que ceux qui aiment vraiment Jésus-Christ doivent autant qu'il est en eux, avec le secours de sa grâce, se rendre semblables à lui par l'imitation de ses divines vertus ; et plus cet amour est grand, plus aussi cette imitation doit-elle être parfaite et accomplie.

Nous avons vu en la section précédente la singulière dévotion que M. Vincent avait pour Notre-Seigneur Jésus-Christ au très-saint Sacrement de l'autel : la grandeur de son amour envers ce divin objet ne s'arrêtait pas seulement à lui rendre ses devoirs dans cet adorable mystère ; elle s'étendait encore à tous les états de sa vie mortelle et glorieuse, pour lui rendre en chacun de particuliers hommages, et surtout pour tâcher d'exprimer en soi-même les traits de ses admirables vertus, afin de se rendre semblable à lui. Il savait que le dessein du Père éternel dans l'incarnation de son Fils était non-seulement de nous donner un rédempteur pour nous tirer de l'esclavage du péché et de l'enfer, mais aussi de nous proposer un modèle accompli de toutes sortes de vertus pour nous y conformer : c'est pourquoi il prit une forte résolution de correspondre à ce dessein de Dieu, se proposant d'imiter soigneusement ce divin exemplaire et d'en former une parfaite copie dans son cœur. C'est ce qu'il a si fidèlement et si constamment pratiqué, que l'on peut dire avec vérité que sa vie n'a été autre chose qu'une parfaite expression de la vie de Jésus-Christ ; en sorte qu'il a vérifié en sa personne la parole de ce divin Sauveur : *Que le disciple serait parfait lorsqu'il se rendrait semblable à son maître.*

Or, pour ne nous étendre trop au long sur toutes les pratiques qu'il a faites de cette imitation du Fils de Dieu, à laquelle on pourrait rapporter toutes les actions de sa vie, nous nous arrêterons seulement à la considération de deux ou trois chefs que nous avons jugés dignes d'une remarque particulière.

Premièrement, M. Vincent s'est étudié d'imiter Jésus-Christ en sa manière de vie commune et cachée, qui ne paraissait avoir rien de singulier pour l'extérieur, et néanmoins était tout admirable, toute sainte et toute divine dans l'extérieur : car, à l'imitation de cet incomparable Maître, il a mené une vie basse et commune en apparence, ne faisant rien paraître en lui d'éclatant ni d'extraordinaire, et fuyant toute ostentation et singularité ; mais il pratiquait au dedans et dans le secret de son cœur des actions excellentes et vraiment héroïques de toutes sortes de vertus. Il n'a pas toujours été retiré en son particulier, ni toujours exposé en public, mais, suivant l'exemple de son divin prototype, il a fait un parfait mélange de la vie active et de la contemplative; il a été quelquefois dans la solitude avec Jésus-Christ, il l'a aussi quittée comme lui pour aller prêcher la pénitence, et pour s'employer à procurer la conversion des pécheurs et le salut des âmes.

Nous pouvons encore dire que Notre-Seigneur a pratiqué la vie cachée, non tant en se séparant de la conversation des hommes qu'en tenant couvert et ne leur manifestant pas ce qu'il avait de plus excellent et de plus divin : il pouvait se faire connaître et honorer en tous lieux comme le vrai Fils de Dieu ; il pouvait faire éclater les rayons de sa gloire aussi bien par toute la Judée comme sur la montagne du Thabor ; il n'a toutefois voulu paraître à l'extérieur que le fils d'un simple charpentier et un homme du commun. M. Vincent, à son exemple, faisait gloire de dire en toutes sortes de rencontres qu'il n'était que le fils d'un pauvre paysan, et recherchait de n'être tenu que pour un simple prêtre de village, cachant autant qu'il pouvait aux yeux des hommes les excellents dons de nature et de grâce qu'il avait reçus de Dieu, et qui le rendaient digne d'honneur et de vénération. Il avait fort bien étudié en théologie, et même, comme nous avons remarqué au premier livre, il avait été élevé aux degrés de la Faculté de théologie de Toulouse, et néanmoins il ne parlait de lui que comme d'un ignorant, et ne se qualifiait ordinairement qu'un pauvre écolier de quatrième. Il a fui les dignités avec plus de soin et d'affectation que les ambitieux ne les recherchent ; et en toutes sortes d'occasions il a singulièrement chéri et parfaitement imité cette vie commune et cachée de son divin Maître ; et comme il connaissait, par sa propre expérience, le trésor de grâces qui est caché dans ce mystique champ de l'Évangile, il invitait et exhortait les autres d'y participer. Voici quelques extraits de diverses lettres qu'il a écrites à une même personne qu'il conduisait par cette voie :

« Honorons toujours, lui dit-il, l'état inconnu du Fils de Dieu. C'est là notre centre, et c'est ce qu'il demande de nous pour le présent, et pour l'avenir, et pour toujours, si sa divine Majesté ne nous fait connaître en sa manière, qui ne peut tromper, qu'il veuille autre chose de nous. Honorons, dis-je, la vie commune que Notre-Seigneur a menée sur la terre, son humilité, son anéantissement, et la pratique qu'il a faite des plus excellentes vertus dans cette manière de vie. Mais honorons particulièrement ce divin Maître dans la modération de son agir. Non, il n'a pas voulu faire toujours tout ce qu'il a pu, pour nous apprendre à nous contenter, lorsqu'il n'est pas expédient de faire tout ce que nous pourrions faire, mais seulement ce qui est convenable à la charité et conforme aux ordres de la divine volonté.

« Oh ! que j'estime cette généreuse résolution que vous avez prise d'imiter la vie cachée de Notre-Seigneur ! Il paraît bien que cette pensée vient de Dieu, puisqu'elle est si éloignée des sentiments de la chair et du sang. Tenez pour certain que c'est là proprement l'assiette qui convient aux enfants de Dieu, et par conséquent demeurez-y ferme, et résistez courageusement à tous les sentiments contraires qui pourraient arriver. Assurez-vous que par ce moyen vous serez en l'état auquel Dieu vous demande, et que vous ferez incessamment sa sainte volonté, qui est la fin à laquelle nous tendons, et à laquelle ont tendu tous les saints. »

M. Vincent ne portait pas seulement les personnes particulières à cette sainte pratique, mais aussi tous ceux de sa compagnie en général, les exhortant souvent de se rendre vrais imitateurs de Jésus-Christ en sa vie commune et cachée. A ce sujet, leur expliquant un jour en quoi consistait le renoncement qu'on doit faire de soi-même, selon que Notre-Seigneur l'a ordonné à tous ceux qui le veulent suivre, entre six ou sept manières de le pratiquer qu'il leur enseigna, qui se rapportaient toutes aux exemples de ce divin Sauveur, il en proposa une tirée de la doctrine de saint Basile, qui est de renoncer aux pompes. Sur quoi il forma une objection, à laquelle il fit une réponse digne de lui, qui donne assez à connaître ce qu'il pratiquait lui-même, en leur déclarant ce qu'ils devaient faire. Voici ses paroles :

« Vous me direz peut-être : Nous ne sommes, Monsieur, que de pauvres prêtres, qui avons déjà renoncé à toutes les pompes du monde ; nous n'avons que de simples habits, des meubles fort chétifs, et rien qui ressente la vanité ou le luxe, dont on fait parade dans le monde : qu'est-il donc besoin de nous exhorter à renoncer aux pompes, dont nous sommes si éloignés ? O Messieurs et mes Frères, ne nous y trompons pas ! quoique nous ayons de pauvres habits et de pauvres meubles, nous pouvons avec cela avoir l'esprit pompeux. Et comment cela, me direz-vous ? C'est, par exemple, quand on s'étudie à faire de belles prédications ; quand on est bien aise que ce que l'on dit soit approuvé et estimé des autres ; quand on se réjouit d'entendre ses louanges, ou que l'on publie le bien que l'on a fait, ou même que l'on y prend quelque vaine complaisance : toutes ces choses sont des marques que l'on a l'esprit pompeux ; et pour le combattre et le terrasser, il est plus expédient quelquefois de faire moins bien une chose quant à l'extérieur, que de se complaire de l'avoir bien faite. Il faut avec cela prendre bien garde de ne donner aucune entrée en notre esprit à la vanité, mais renoncer aussi bien à toutes les pensées et à tous les sentiments qui nous en viennent intérieurement, comme aux applaudissements qui nous sont faits exrieurement. Il faut se donner à Dieu, mes Frères, pour s'éloigner de la propre estime et des louanges du monde, qui font la pompe de l'esprit. Et à ce propos, un prédicateur célèbre me disait ces jours passés que celui qui cherche, dans le ministère de la prédication, l'honneur et l'applaudissement du peuple, se livre à la tyrannie du public ; et pensant se rendre considérable par ses beaux discours, il se rend esclave d'une vaine et frivole réputation. Nous pouvons ajouter à cela que celui qui dans la prédication débite de belles et riches pensées avec un style pompeux, est directement opposé à l'esprit et aux maximes de Notre-Seigneur Jésus-Christ, qui a dit en son Évangile que *bienheureux sont les pauvres d'esprit :* en quoi cette sagesse éternelle nous montre combien les ouvriers évangéliques doivent soigneusement éviter l'éclat des actions et l'éloquence pompeuse des paroles, et prendre une manière d'agir et de parler humble, simple et commune, dont il a voulu lui-même nous donner l'exemple. Prenez garde, mes Frères, que c'est le démon qui nous suggère ces pensées de vouloir réussir, et qui fait que quelques-uns se persuadent que la manière de parler simplement, dont nous usons, est trop basse, et que par ce moyen nous laissons avilir en notre bouche la grandeur et la majesté des vérités chrétiennes. Tout cela n'est qu'une ruse du démon, dont vous devez soigneusement vous garder ; et, renonçant à toutes ces vanités, demeurer fidèlement et constamment dans la pratique de la simplicité et humilité de Notre-Seigneur Jésus-Christ, lequel pouvant donner un grand éclat à ses œuvres, et une souveraine vertu à ses paroles, ne l'a pas voulu faire ; et passant encore plus avant, pour confondre davantage notre superbe par ses abaissements admirables, il a voulu que ses disciples fissent beaucoup plus que lui. *Vous ferez,* leur disait-il, *ce que je fais, et vous en ferez encore bien davantage.* Mais pourquoi cela ? C'est, Messieurs, que Notre-Seigneur se veut laisser surmonter dans les actions publiques qui paraissent au dehors, pour exceller dans les humbles et dans les plus basses, dont les hommes ne connaissent point la valeur. Il veut les fruits de l'Évangile, et non pas les bruits du monde ; et pour cela il a plus fait par ses serviteurs que par lui-même : il a prêché seulement en quelques cantons de la Judée, et il a voulu que ses Apôtres aient annoncé son Évangile par toute la terre, et qu'ils aient éclairé tout le monde de la lumière de sa doctrine ; et ainsi ayant fait peu de choses extérieurement par lui-même, il a voulu que ses Apôtres et disciples, quoique pauvres, ignorants et grossiers, étant toutefois animés de son esprit et de sa vertu, en aient fait beaucoup davantage. Pourquoi cela ? Pour nous donner l'exemple d'une très-parfaite humilité. O Messieurs, que ne suivons-nous l'exemple de ce divin Maître? Que ne cédons-nous toujours l'avantage aux autres, et que ne choisissons-nous le pire et le plus humiliant pour nous, car assurément c'est le plus agréable et le plus honorable pour Notre-Seigneur, qui est tout ce que nous devons prétendre. Prenons donc aujourd'hui la résolution de le suivre, et de lui offrir ces petits sacrifices de notre amour-propre : comme, par exemple, si je fais une action publique, et que je la puisse pousser bien avant, je ne le ferai pas, j'en retrancherai telle et telle chose qui pourrait lui donner quelque lustre, et à moi quelque réputation ; de deux pensées qui pourront me venir en l'esprit, je produirai la moindre au dehors pour m'humilier, et je retiendrai la plus belle pour en faire un sacrifice à Dieu dans le secret de mon cœur. Enfin, c'est une vérité de l'Évangile que Notre-Seigneur ne se plaît rien tant que dans l'humilité du cœur, et dans la simplicité des paroles et des actions ; c'est là où son esprit réside, et en vain le cherche-t-on ailleurs. Si donc vous voulez le trouver, il faut renoncer à l'affection et au désir de paraître, à la pompe de l'esprit aussi bien qu'à celle du corps, et enfin à toutes les vanités et satisfactions de la vie. »

Ce fidèle imitateur de Jésus-Christ ne se contentait pas de se conformer en général à sa vie commune et cachée ; mais, outre cela, il s'étudiait de l'imiter, autant qu'il était en lui, en sa manière d'agir et de parler : voici le témoignage que le supérieur d'une de ses maisons en a rendu par écrit :

« L'amour que M. Vincent avait pour Notre-Seigneur faisait qu'il ne le perdait presque jamais de vue, marchant toujours en sa présence, et se conformant à lui en toutes ses actions, paroles et pensées ; car je puis dire avec vérité, et nous le savons tous, qu'il ne parlait presque jamais qu'il n'alléguât en même temps, ou quelque maxime, ou quelque action du Fils de Dieu ; tant il était rempli de son esprit, et conforme à ses conduites. J'ai souvent admiré comme il appliquait si bien et si à propos les paroles et les exemples de ce divin Sauveur, et cela en tout ce qu'il conseillait ou recommandait ; et j'ai ouï dire à l'un des plus anciens prêtres de notre Congrégation, c'est M. Portail, qui le connaissait et le pratiquait depuis plus de quarante-cinq ou cinquante ans, que M. Vincent était une image de Jésus-Christ des plus parfaites qu'il eût connues sur la terre, et qu'il ne lui avait jamais ouï dire ni vu faire aucune chose que par rapport à celui qui s'est proposé aux hommes pour exemple, et qui leur a dit : *Exemplum dedi vobis, ut quemadmodum ego feci, ita et vos faciatis.* C'est ce que le même M. Vincent nous excitait si sourent de faire. Dans les avis importants qu'il me donna de vive voix, quand il fut question de m'envoyer en cette maison où je suis, il me recommanda particulièrement, quand j'aurais à parler, ou à agir, de faire réflexion sur moi-même, et de me demander : Comment Notre-Seigneur eût-il parlé ou agi dans cette occasion ? De quelle façon dirait-il ceci, ou ferait-il cela ? O Seigneur, inspirez-moi ce que je dois dire ou ce que je dois faire, parce que de moi-même je ne puis rien sans vous. »

Un célèbre docteur demandant un jour à un prêtre de la Mission qui observait fort M. Vincent, quelle était sa propre et principale vertu, il lui repondit que « c'était l'imitation de Notre-Seigneur Jésus-Christ, parce qu'il l'avait toujours devant les yeux pour se conformer à lui ; c'était son livre et son miroir, dans lequel il se regardait en toutes rencontres ; et lorsqu'il se trouvait en quelque doute comment il devait faire une chose pour être parfaitement agréable à Dieu, il considérait aussitôt de quelle façon Notre-Seigneur s'était comporté en pareille rencontre, ou bien ce qu'il en avait dit, ou ce qu'il en avait signifié par ses maximes ; et sans hésiter, il suivait son exemple et sa parole ; et marchant à la faveur de cette divine lumière, il foulait aux pieds le propre jugement, le respect humain et la crainte qu'il eût pu ressentir que sa conduite ne fût improuvée par la licence de ceux qui s'efforcent de relâcher la sainte sévérité de l'Évangile, et d'accommoder la doctrine chrétienne à l'esprit du temps. *Car enfin*, disait-il quelquefois, *la prudence humaine se trompe et s'égare souvent du droit chemin ; mais les paroles de la Sagesse éternelle sont infaillibles, et ses conduites sont droites et assurées.* »

Or, comme il était fortement persuadé que le caractère de notre perfection, aussi bien que celui de notre prédestination, consiste en cette conformité avec le Fils de Dieu, et qu'il avait l'esprit rempli de cette importante vérité, il en parlait aussi fort souvent de l'abondance de son cœur : toutes ses réponses aux consultations qu'on lui faisait, et tous les conseils qu'il donnait, étaient fondés sur cette même vérité, et tendaient toujours à l'insinuer dans l'esprit d'un chacun ; de quoi pouvant rapporter ici une infinité d'exemples, nous en produirons seulement un, qui est très-digne de remarque.

Le feu roi, de glorieuse mémoire, ayant fait appeler M. Vincent pour l'assister en sa dernière maladie, et lui ayant demandé quelle était la meilleure préparation à la mort, il répondit à Sa Majesté que c'était de se conformer à Notre-Seigneur Jésus-Christ lorsqu'il se préparait à mourir, et que le saint Évangile nous apprenait qu'une des principales dispositions qu'il y avait apportées était une entière et parfaite soumission à la volonté de son Père céleste en lui disant : *Non mea voluntas, sed tua fiat* : que votre volonté soit faite et non pas la mienne ; à quoi le roi répliquant avec un sentiment digne d'un prince qui porte la qualité de très-chrétien : O Jésus ! dit-il, je le veux aussi de tout mon cœur ; oui, mon Dieu, je le dis et je le veux dire jusqu'au dernier soupir de ma vie, *fiat voluntas tua*, qu'il soit fait comme vous le voulez. Voilà comment M. Vincent avait toujours devant les yeux cet original de toute perfection et sainteté ; et non content de s'y conformer en toutes choses, il portait autant qu'il pouvait les autres à faire le même.

C'était là l'étude continuelle de ce saint homme que d'imiter Jésus-Christ et de se conformer à lui, non-seulement en sa manière d'agir et de parler extérieurement, mais aussi en toutes ses dispositions intérieures, en ses plus saints désirs et en ses plus parfaites intentions : en sorte qu'en tout et par tout il ne désirait et ne prétendait autre chose sinon ce que ce divin Sauveur avait désiré et prétendu, qui était que Dieu fût de plus en plus connu, honoré, aimé, servi et glorifié, et que sa très-sainte volonté fût entièrement et parfaitement accomplie ; se tenant à tous moments disposé de faire et de souffrir tout ce qu'il plairait à Dieu pour des fins si nobles et si justes ; étant toujours prêt à s'exposer aux travaux, aux fatigues, aux humiliations, aux peines et aux persécutions qu'il eût fallu subir et endurer pour ce sujet. De là provenait qu'il n'était jamais surpris d'aucun accident qui lui arrivât, pour fâcheux qu'il pût être, ni d'aucun mauvais traitement qu'on lui pût faire, étant préparé à l'imitation de son divin Maître, lorsqu'il était question de procurer l'accroissement de la gloire de Dieu, ou de se soumettre à ses volontés, de tout faire et de tout souffrir, même de se voir dépouillé de tout ce qu'il avait de plus cher dans le monde, jusqu'à voir sa propre Congrégation dissipée et détruite, si tel était le bon plaisir de sa divine Majesté. A ce sujet parlant quelquefois à ceux de sa communauté : « Je prie Dieu, leur disait-il, deux ou trois fois tous les jours qu'il nous anéantisse, si nous ne sommes utiles à son service. Et quoi, mes Frères, voudrions-nous être au monde sans plaire à Dieu, et sans procurer qu'il soit connu et aimé ? »

Il se conformait non-seulement aux désirs et aux intentions du Fils de Dieu, mais même à ses déplaisirs, à ses douleurs et à ses angoisses intérieures. O qui aurait pu pénétrer dans les secrets du cœur de ce fidèle et zélé imitateur de Jésus-Christ ! il l'aurait vu comme celui de son divin Maître, tout outré de douleur dans la vue des péchés innombrables qui se commettent contre Dieu ; tout rempli d'aversion contre les maximes du monde si opposées à celles de l'Évangile ; tout pénétré des sentiments de tristesse et d'affliction pour le progrès des hérésies et pour les plus grands dommages qui en arrivent à l'Église, et enfin vivement touché de compassion sur les misères temporelles et spirituelles des peuples, et le délaissement et abandon où se trouvent tant d'âmes plongées dans les ténèbres de l'ignorance ou de l'infidélité. Oh ! combien de fois a-t-il souhaité de mourir, et de donner son sang pour remédier à tous ces maux ! Mais sa vie n'ayant presque été qu'une mort continuelle par ses mortifications et souffrances, on peut dire aussi qu'elle a été comme un remède plus long et plus étendu dont Dieu a voulu se servir pour cet effet.

Il voulait que ses enfants entrassent dans ces mêmes sentiments, et qu'à l'imitation du même Jésus-Christ ils fussent tous des hosties vivantes, qui s'immolassent continuellement avec ce divin Sauveur pour le salut de tous les peuples. De quoi leur parlant un jour : « Qui voudra sauver sa vie, mes Frères, leur dit-il, la perdra : c'est Jésus-Christ qui nous le déclare et qui nous dit que l'on ne saurait faire un plus grand acte d'amour que de donner sa vie pour son ami ; et quoi ! pouvons-nous avoir un meilleur ami que Dieu, et ne devons-nous pas aimer tout ce qu'il aime, et tenir pour l'amour de lui notre prochain pour notre ami ? Ne serions-nous pas indignes de jouir de l'être que Dieu nous donne, si nous refusions de l'employer pour un si digne sujet ? Certes, reconnaissant que nous tenons notre vie de sa main libérale, nous ferions une injustice si nous refusions de l'employer et de la consumer, selon ses desseins, à l'imitation de son Fils Notre-Seigneur. »

Et leur parlant une autre fois sur le même sujet, il proféra ces paroles de l'abondance de son cœur :

« Qui dit un missionnaire, dit un homme appelé de Dieu pour sauver les âmes ; car notre fin est de travailler à leur salut, à l'imitation de Notre-Seigneur Jésus-Christ, qui est le seul véritable rédempteur, et qui a parfaitement rempli ce nom aimable de Jésus, c'est-à-dire Sauveur. Il est venu du ciel en terre pour en exercer l'office : il en a fait le sujet de sa vie et de sa mort, et il exerce incessamment cette qualité de Sauveur par la communication des mérites du sang qu'il a répandu. Pendant qu'il vivait sur la terre, il portait toutes ses pensées au salut des hommes, et il continue encore dans les mêmes sentiments, parce que c'est là où il trouve la volonté de son Père. Il est venu, et il vient tous les jours à nous pour cela, et par son exemple il nous a enseigné toutes les vertus convenables à la qualité de Sauveur. Donnons-nous donc à lui, afin qu'il continue d'exercer cette même qualité en nous et par nous. »

Enfin, parlant dans ce même esprit à tous ceux de sa Congrégation, dans l'épître qu'il leur adresse, et qu'il a mise au commencement de leurs règles ou constitutions : « Considérez, leur dit-il, ces règles et constitutions, non pas comme produites par l'esprit humain, mais plutôt comme inspirées de Dieu, de qui tout bien procède, et sans qui nous ne sommes pas capables de penser quelque chose de bon par nous-mêmes, comme venant de nous-mêmes. Car que trouverez-vous dans ces règles qui ne serve à vous exciter et enflammer, soit à la fuite des vices, ou à l'acquisition des vertus et à la pratique des maximes évangéliques? Et ç'a été pour cela que nous avons tâché, autant qu'il nous a été possible, de les puiser toutes de l'esprit de Jésus-Christ, et de les tirer des actions de sa vie, comme il est aisé à voir ; estimant que les personnes qui sont appelées à la continuation de la mission du même Sauveur, laquelle consiste particulièrement à évangéliser les pauvres, doivent entrer dans ses sentiments et ses maximes, être remplies de son même esprit et marcher sur ses mêmes pas. »

CHAPITRE IX.

SA DÉVOTION ENVERS LA TRÈS-SAINTE VIERGE, MÈRE DE DIEU, ET ENVERS LES AUTRES SAINTS.

Nous devons honorer, dit le grand saint Bernard, de toutes les plus intimes affections de notre cœur la très-sainte Vierge Marie ; parce que tel est le bon plaisir de celui qui a voulu que, par l'entremise de cette incomparable Vierge, nous eussions toutes sortes de faveurs et de grâces[1]. Ce n'est donc pas une invention de l'esprit humain, ni une production des sentiments de quelque dévotion particulière, mais un ordre établi par la volonté de Dieu, que nous rendions un honneur très-spécial à celle qu'il a voulu lui-même honorer jusqu'à ce point, que de la choisir pour être la mère de son propre Fils, et pour recevoir ensuite de ce divin Fils les devoirs d'une vraie et parfaite sujétion et obéissance.

[1] Totis medullis cordium, totis præcordiorum affectibus, Mariam veneremur : quia sic est voluntas ejus qui totum nos habere voluit per Mariam. *Bern. Homil. de aquæduct.*

Toute l'Église a toujours reconnu cette vérité, et a donné en tous les siècles des témoignages de son respect et de sa dévotion envers la très-sainte Mère de Dieu, par la célébration de ses fêtes, par la vénération de ses images, par les prières solennelles qu'elle lui a toujours offertes, et qu'elle continue de lui offrir tous les jours, par les hymnes et cantiques qu'elle chante à sa louange, et par tous les autres moyens que le Saint-Esprit lui a suggérés. Pour cet effet, tous les plus grands saints sont entrés dans ces mêmes sentiments d'une vénération et dévotion toute particulière envers cette Reine des anges et des hommes; et par conséquent, il y a grande raison de croire que M. Vincent, qui avait une telle affection de se conformer à toutes les volontés de Dieu, et de suivre fidèlement la conduite de son Église et les exemples des saints, se sera dignement acquitté de tous les devoirs de dévotion et de piété envers cette très-sainte Mère de Dieu. Aussi en a-t-il donné des preuves, et laissé des marques très-considérables.

Car en premier lieu, parmi les règlements qu'il a donnés à sa Congrégation, il a mis celui-ci comme l'un des principaux, et dont il recommandait fort particulièrement l'observance aux siens : « Nous tâcherons, leur dit-il, tous et un chacun, de nous acquitter parfaitement, Dieu aidant, du culte particulier que nous devons à la très-heureuse Vierge Marie, mère de Dieu : 1° en rendant tous les jours, et avec une dévotion particulière, quelques services à cette très-digne Mère de Dieu, notre très-pieuse dame et maîtresse; 2° en imitant autant que nous le pourrons ses vertus, et particulièrement son humilité et sa pureté; 3° en exhortant ardemment les autres, toutes les fois que nous en aurons la commodité et le pouvoir, à ce qu'ils lui rendent toujours un grand honneur et le service qu'elle mérite. »

Il a toujours recommandé et conseillé à un chacun d'avoir une spéciale dévotion à cette Reine du ciel; mais il l'a autant persuadé par son exemple que par ses paroles; car il jeûnait exactement les veilles de ses fêtes, et se préparait à les célébrer par plusieurs autres mortifications et bonnes œuvres; et par son exemple il a introduit cette sainte pratique parmi les siens. Il ne manquait pas d'officier solennellement les jours de ses fêtes; et il le faisait avec de tels sentiments de dévotion, que l'on pouvait aisément connaître quel était son cœur à l'égard de cette très-sainte Vierge; il avait aussi une dévotion particulière de célébrer la sainte Messe dans ses chapelles, et aux autels qui étaient dédiés en son honneur.

Comme il faisait l'ouverture des conférences et des assemblées où il se trouvait par l'invocation du Saint-Esprit, il les terminait aussi toujours par quelque antienne et oraison en l'honneur de cette très-sainte Mère de Dieu.

Il portait toujours un chapelet à sa ceinture, tant pour le dire souvent, comme il faisait, que pour faire par cette marque extérieure une profession ouverte de sa vénération et dévotion envers cette Reine du ciel, et se déclarer publiquement pour l'un de ses très-fidèles et très-dévots serviteurs.

En quelque lieu qu'il se trouvât, soit en sa maison, ou en d'autres de la ville, quoique ce fût en la compagnie des personnes considérables, aussitôt qu'il entendait sonner la Salutation Angélique, il se mettait à genoux (hors le temps pascal et les dimanches, qu'on la dit debout) pour lui offrir cette prière avec le respect convenable; et son exemple obligeait les autres à faire le même.

Il allait très-souvent visiter par dévotion les églises dédiées à Dieu sous l'invocation de cette bienheureuse Vierge; et pendant les guerres et les troubles de ce royaume, il portait les ecclésiastiques de la Conférence de Saint-Lazare à faire divers pèlerinages en ces mêmes églises, pour demander à Dieu, par l'entremise de cette Mère de miséricorde, la paix et tranquillité publique, et la réduction des sujets du roi à l'obéissance de Sa Majesté. Il conviait aussi les dames de la Compagnie de la Charité à faire de semblables pèlerinages en divers lieux dédiés en l'honneur de la même sainte Vierge, pour implorer par son moyen le secours de la divine bonté dans les calamités publiques; et lui-même allait en ces lieux-là pour y offrir le très-saint sacrifice de la Messe et les communier de sa main. Il alla même une fois exprès en pèlerinage en l'église de Chartres, afin d'obtenir par l'intercession de cette puissante Avocate les lumières nécessaires à un ecclésiastique nommé à un évêché, pour connaître la vocation de Dieu sur lui à ce sublime état, où il estimait qu'il pourrait rendre de très-grands services à l'Église, quoique ce vertueux ecclésiastique eût grande peine à s'y résoudre, par des sentiments d'une très-rare humilité.

La dévotion de ce saint homme envers la Mère de Dieu a paru aussi grandement par les prédications qu'il a faites en son honneur dans les missions où il a travaillé, et par la pratique qu'il a introduite parmi les siens de faire le même, et d'instruire soigneusement le peuple des obligations particulières que les chrétiens ont d'honorer, servir et invoquer cette très-sainte Mère de Dieu, et de recourir à elle en leurs besoins et nécessités. Enfin, le grand nombre des confréries qu'il a établies et fait établir de tous côtés pour honorer Notre-Seigneur par l'exercice de la charité envers les pauvres, et qu'il a mises sous la protection spéciale de sa très-sainte Mère, aussi bien que toutes les autres compagnies et assemblées de piété dont il a été l'auteur, sont des marques bien expresses, non-seulement de sa dévotion envers la très-sainte Vierge, mais aussi de l'affection et du zèle qu'il avait de la répandre dans tous les cœurs.

Ayant donc été animé de cet esprit, et s'étant toujours étudié de rendre tout l'honneur et tout le service qui lui a été possible à cette Reine des anges et des hommes, faut-il s'étonner si tous ses travaux et toutes ses saintes entreprises ont été favorisés de si bons succès, et accompagnés de tant de bénédictions, puisqu'il s'était mis d'une façon si particulière sous la puissante protection de la Mère de Dieu?

Comme M. Vincent savait fort bien, et l'enseignait souvent dans les missions, que l'honneur qu'on rend non-seulement à la très-sainte Mère de Dieu, mais aussi à tous les saints, retourne à ce divin Maître, dont ils sont les véritables serviteurs, il leur rendait en cette vue un grand honneur, et particulièrement aux Apôtres, comme à ceux qui avaient eu le bonheur d'approcher de plus près la personne du Fils de Dieu, et de puiser dans les fontaines du Sauveur cette eau qui rejaillit jusqu'à la vie éternelle; il les considérait et honorait comme les premiers et grands missionnaires qui avaient porté la lumière de l'Évangile par toute la terre, et travaillé avec de très-amples bénédictions à l'instruction et à la conversion des peuples. Entre les Apôtres il aimait et respectait particulièrement saint Pierre, comme celui qui avait aimé Jésus-Christ plus que tous les autres, et qui avait été par lui établi son premier vicaire sur la terre, et le chef et souverain pasteur de son Église. Il avait aussi une vénération et une dévotion très-spéciale pour saint Paul, comme pour celui qui était le maître et le docteur des Gentils, et qui avait plus travaillé que tous les autres; et comme il en portait le nom, il s'étudiait aussi d'en imiter les vertus.

Il a toujours fait paraître une dévotion singulière envers son saint ange gardien, et il n'entrait jamais dans sa chambre et n'en sortait point qu'il ne le saluât et ne lui rendît quelque honneur; il a introduit cette pieuse coutume parmi les siens, de faire le même à l'égard de leurs saints anges tutélaires lorsqu'ils entrent et sortent de leurs chambres.

Il était aussi fort dévot au glorieux martyr saint Vincent son patron; et ayant un jour appris qu'une personne de mérite et de piété avait des habitudes et connaissances en Espagne, il la pria d'employer son crédit pour avoir des mémoires de la tradition de ce royaume-là, touchant la vie et le martyre de ce bienheureux saint, plus amples que ne sont ceux qui se trouvent dans l'abrégé de son histoire. Il avait encore une vénération spéciale pour saint Vincent Ferrier, et on a remarqué qu'en plusieurs de ses retraites spirituelles il faisait sa lecture dans le livre que ce saint a composé, et par cette lecture il avait si bien imprimé dans son esprit ses actions les plus remarquables et ses plus saintes maximes, qu'il les rapportait souvent dans ses discours, et était encore plus soigneux de les mettre en pratique, imitant particulièrement le zèle que ce grand saint avait eu pour procurer la conversion des pécheurs et le salut des âmes.

Il honorait avec de grands sentiments de piété les reliques des saints; et parlant un jour à sa communauté sur le sujet d'une procession que Messieurs du chapitre de Notre-Dame de Paris ont accoutumé de faire à Saint-Lazare, en laquelle ils portent ordinairement les principales reliques qu'ils ont en leur église : « Nous nous mettrons, leur dit-il, en disposition de recevoir ces précieuses reliques, comme si c'étaient les saints mêmes dont elles sont les reliques qui nous fissent l'honneur de nous venir visiter ; et ainsi nous honorerons Dieu en ses saints, et nous le supplierons qu'il nous rende participants des grâces qu'il a si abondamment versées dans leurs âmes. »

Or, l'intention principale de M. Vincent dans la dévotion qu'il avait pour les anges et pour les saints, était d'honorer en eux les dons de Dieu et son Saint-Esprit, dont ils étaient les temples ; en sorte que l'honneur qu'il leur rendait et les prières qu'il leur offrait avaient Dieu pour principal objet et pour dernière fin ; et tous les devoirs de piété dont il s'acquittait envers eux n'étaient que des moyens pour rendre à sa divine Majesté une gloire plus étendue, et pour l'invoquer plus efficacement par leurs intercessions : suivant en cela les intentions de l'Eglise, auxquelles ce grand serviteur de Dieu s'étudiait toujours de conformer les siennes, se tenant fidèlement et constamment dans tous les sentiments de cette mère commune de tous les enfants de Dieu, et se soumettant en toutes choses à sa conduite qu'il reconnaissait toute sainte, comme lui étant inspirée par celui qui est l'Auteur de toute sainteté.

Que si la ferveur de la dévotion le portait à exhorter les autres d'entrer dans les mêmes sentiments dont il était animé, elle faisait aussi qu'il déplorait grandement la froideur et l'indévotion de la plupart des chrétiens de ce temps; et on l'a vu souvent les larmes aux yeux parler de la ferveur et de l'exactitude des Turcs pour les exercices de leur fausse religion, leurs assujettissements, leur silence, leur modestie et retenue dans leurs mosquées ; et sur cela il disait qu'il y avait grand sujet de craindre que ces pauvres infidèles ne fussent un jour nos juges, et qu'ils ne condamnassent devant Dieu notre tiédeur et notre indévotion.

Nous ne devons pas ici omettre la dévotion particulière qu'il avait de procurer le soulagement et la délivrance des âmes fidèles qui souffrent dans le purgatoire; il exhortait souvent les siens à ce devoir de piété, et disait qu'il fallait considérer ces chers défunts comme les membres vivants de Jésus-Christ, animés par sa grâce, et assurés de participer un jour à sa gloire ; et que pour cette considération nous étions obligés de les aimer, servir et assister de tout notre pouvoir. Pour cet effet il priait et offrait souvent le très-saint Sacrifice de la Messe à leur intention. Il faisait aussi prier et offrir le même Sacrifice pour eux par les autres prêtres de sa maison ; et le sacristain de Saint-Lazare a déclaré qu'il lui ordonnait fort souvent de faire dire des Messes pour les âmes du purgatoire qui y sont détenues depuis longtemps, et qui n'ont personne qui prie particulièrement pour elles. Il établit encore pour ce même sujet, dans toutes les maisons de sa Congrégation, cette sainte pratique de dire trois fois le jour en commun le *De profundis*, c'est à savoir après les deux examens particuliers qui se font devant les repas et aux prières du soir.

Finissons ce chapitre par le témoignage que deux ecclésiastiques très-vertueux ont rendu touchant la dévotion et piété qu'ils ont remarquée en la personne de M. Vincent. Voici ce que l'un d'eux en a donné par écrit :

« Quoique M. Vincent fût surchargé d'affaires, et qu'il eût à traiter presque continuellement avec des personnes si différentes, ce qui apporte d'ordinaire un grand empêchement à la dévotion, l'on peut dire néanmoins, puisque la dévotion n'est autre chose que la charité pratiquée avec affection et promptitude, qu'il avait toujours le cœur rempli de dévotion, puisqu'on le voyait accepter toutes les occasions qui se présentaient, quelque difficulté qu'il y eût, pour procurer l'avancement de la gloire de Dieu et le bien du prochain, et se porter avec tant de charité à secourir ceux qu'il voyait les plus abandonnés et dans les plus grands besoins. L'on peut même assurer qu'il avait tellement l'esprit de dévotion, qu'on ne pouvait converser avec lui sans en être touché, ni l'entendre parler de Dieu, comme il faisait, avec des termes toujours respectueux et affectifs, qu'on ne ressentît en soi quelque étincelle de cette ardeur sacrée que les paroles de Jésus-Christ ressuscité ont produite dans le cœur de ses deux disciples qui allaient en Emmaüs ; ce qui faisait bien voir que c'était le même Jésus-Christ qui animait ses paroles aussi bien que ses autres actions. »

L'autre n'en dit pas moins, ayant donné par écrit le témoignage suivant : « Pour ce qui est de la dévotion de M. Vincent, il ne fallait que le voir aux fonctions, soit du chœur ou de l'autel, ou dans les autres exercices de piété, et même dans ses actions ordinaires ; car sa posture, sa modestie, son recueillement étaient comme autant de crayons qui représentaient sa dévotion ; et ce qui est plus merveilleux, est que le ton, l'accent et même la seule inflexion de sa voix touchait les cœurs, et inspirait aux autres la dévotion dont il était rempli. Plusieurs de Messieurs les ecclésiastiques de la Conférence de Saint-Lazare ont avoué qu'ils venaient principalement à cette Conférence pour l'entendre parler, et qu'ils s'en retournaient contristés lorsque, par modestie, comme il arrivait quelquefois, il n'avait rien dit. »

CHAPITRE X.

SON ZÈLE POUR LA GLOIRE DE DIEU ET POUR LE SALUT DES AMES.

Quoique M. Vincent se soit étudié d'imiter parfaitement Jésus-Christ en la pratique de toutes sortes de vertus, c'est en celle-ci néanmoins qu'il a excellé d'une manière particulière, ayant exprimé en lui-même une vive image du zèle de ce divin Sauveur. Il pouvait bien dire aussi à son exemple que *le zèle de la maison de Dieu le dévorait*[1], et que sa vie se consumait dans les flammes de cet ardent désir de procurer la gloire de Dieu, puisqu'il l'excitait continuellement à entreprendre, à soutenir et à souffrir tout, soit pour empêcher que Dieu ne fût offensé, soit pour réparer les offenses commises contre sa divine Majesté, ou enfin pour procurer l'avancement de son honneur et de son service. Car comme nous enseigne fort bien saint Augustin répondant à la question qu'il s'était proposée à lui-même : « Qui est celui qui est dévoré par le zèle de la maison de Dieu ? C'est, dit ce saint docteur, celui qui désire ardemment d'empêcher que Dieu ne soit offensé ; et lequel, quand il voit quelque offense commise contre sa Majesté divine, ne se donne aucun repos, mais s'emploie de tout son pouvoir pour faire en sorte que cette offense soit réparée : que s'il ne le peut, il gémit dans son cœur, et ressent une grande peine de voir Dieu déshonoré[2]. »

[1] Zelus domûs tuæ comedit me. *Ps.* 68.
[2] Quis est qui comeditur zelo domûs Dei? Qui omnia quæ videt perversa satagit emendare, cupit corrigere, non quiescit; et si emendare non potest, tolerat et gemit. *August. in cap.* 3 *Joan.*

Voilà quel a été M. Vincent, comme on le peut assez connaître de tout ce qui a été rapporté dans les deux premiers livres de sa Vie et de ses œuvres ; car l'on peut dire avec vérité qu'il n'a pas vécu pour lui-même, mais uniquement pour Jésus-Christ, l'honneur et la gloire duquel lui étaient incomparablement plus chers que sa propre vie : et pour ce qui est de ses œuvres, elles peuvent bien servir de preuve de son zèle, puisque tout ce qu'il a fait et entrepris n'a été que pour détruire le péché et pour procurer que Dieu fût connu, servi, aimé et glorifié en tous lieux, par toutes sortes de personnes : c'est pour cela qu'il a tant travaillé dans les missions, établi tant de conférences et de séminaires, assemblé tant de compagnies, en un mot qu'il a fait et souffert tant de choses pendant sa vie, laquelle il a enfin consumée dans les flammes de son zèle.

Et pour en dire quelque chose de plus particulier, le zèle de ce grand serviteur de Dieu lui faisait surtout ressentir vivement les offenses qui se commettaient contre sa divine Majesté : il ne se peut dire combien il en était sensiblement touché, quels efforts il faisait pour empêcher ces offenses, et quelles pénitences il s'imposait pour les réparer après qu'elles étaient faites. Mais il s'affligeait outre mesure lorsqu'il apprenait que quelque misérable pécheur était mort dans son péché, et qu'une âme s'était perdue, voyant que cette perte était irréparable ; et lorsqu'il en parlait, et qu'il représentait combien valait une seule âme et ce qu'elle avait coûté à Jésus-Christ, ses paroles tiraient les larmes des yeux de ceux qui l'entendaient.

Or, pour empêcher cette perte des âmes qu'il voyait être si chères à ce divin Sauveur, il n'y avait rien qu'il ne voulût faire et souffrir ; et il exhortait les siens de concevoir et nourrir dans leurs cœurs ce même zèle dont il était animé. Voici en quels termes il leur parla un jour sur le sujet de ce que souffraient les missionnaires qui étaient à Gênes, au temps que la peste affligeait cette ville : « Ils souffrent, dit-il, comme il faut, par la grâce de Dieu, et en cela ils sont bienheureux de souffrir ; premièrement pour rendre service à Dieu, et puis pour procurer le salut des âmes. Or nous devons, Messieurs, avoir en nous une semblable disposition, et un même désir de souffrir pour Dieu et pour le prochain, et de nous consumer pour cela. Oui, Messieurs et mes Frères, il faut que nous soyons sans réserve à Dieu et au service du prochain : nous devons nous dépouiller pour le revêtir, donner nos vies pour procurer son salut, nous tenir toujours prêts de tout faire et de tout souffrir pour la charité, être disposés d'aller où il plaira à Dieu pour ce sujet, soit aux Indes ou en d'autres lieux encore plus éloignés, et enfin d'exposer volontiers nos vies pour procurer le bien spirituel de ce cher prochain et pour amplifier l'empire de Jésus-Christ dans les âmes. Et moi-même, quoique vieux et caduc comme je suis, je ne dois pas laisser de me tenir dans cette disposition, et même de m'en aller aux Indes pour y gagner des âmes à Dieu, encore que je dusse mourir par le chemin ; car ne pensez pas que Dieu demande de nous les forces et la bonne disposition du corps ; non, il ne demande que notre bonne volonté, et une véritable et sincère disposition d'embrasser toutes les occasions de le servir, même au péril de notre vie, entretenant dans nos cœurs un désir de la sacrifier pour Dieu, et, s'il le voulait ainsi, de souffrir le martyre ; et ce désir est quelquefois autant agréable à sa divine Majesté, que si on le souffrait en effet ; et même l'Église a un tel sentiment de cette disposition, qu'elle honore comme martyrs plusieurs Saints qui ont été seulement exilés pour la foi, et qui sont morts dans cet exil de leur mort naturelle. O que nos confrères qui travaillent dans les pays étrangers sont savants en cette science de souffrir ! les uns étant exposés aux dangers de la peste, en servant même les pestiférés ; les autres parmi les périls de la guerre ; les autres dans les incommodités de la faim ; et tous dans les mésaises, les travaux et les souffrances : mais nonobstant cela ils demeurent fermes et inébranlables dans le bien qu'ils ont entrepris. Reconnaissons, Messieurs, la grâce que Dieu fait à cette pauvre et chétive Congrégation, de se voir composée de telles personnes, et de tels membres si fidèles et si constants à souffrir pour le service et pour l'amour de sa divine Majesté. »

Ces paroles de M. Vincent font assez connaître le désir qui brûlait dans son cœur de sacrifier sa vie par le martyre, ou de l'aller consumer dans les travaux des missions : ce qu'il aurait exécuté, si les douleurs extrêmes de ses jambes et les autres incommodités dont il était continuellement travaillé le lui eussent pu permettre ; et, en effet, six ou sept ans avant sa mort, étant déjà âgé d'environ quatre-vingts ans, il alla encore en mission pendant le temps d'un Jubilé, et il y travailla avec un très-grand fruit et une merveilleuse édification de tous ceux qui voyaient ce saint vieillard dans un âge si avancé, et parmi tant d'incommodités, s'employer avec tant de zèle à catéchiser, prêcher, confesser, et vaquer à d'autres semblables exercices ; mais quoique son âge et ses indispositions presque continuelles, avec toutes les autres affaires importantes dont il était chargé, ne lui permissent pas de continuer ce saint exercice, il ne laissait pas pourtant d'en retenir toujours l'affection dans son cœur ; et un jour, écrivant à l'un des siens, et lui déclarant ses sentiments sur ce sujet : « O que bienheureux, lui dit-il, sont ceux qui se donnent à Dieu de la bonne sorte, pour faire ce que Jésus-Christ a fait et pour pratiquer à son exemple les vertus qu'il a pratiquées, la pauvreté, l'humilité, la patience, le zèle de la gloire de Dieu et du salut des âmes! Car ainsi ils deviennent les vrais disciples d'un tel maître : ils vivent purement de son esprit, et répandent avec l'odeur de sa vie le mérite de ses actions pour la sanctification des âmes, pour lesquelles il a voulu mourir. »

C'était dans ce même esprit et par ce même zèle qu'il exhortait et encourageait les siens dans les travaux où ils étaient engagés pour le service de Notre-Seigneur. Voici en quels termes il écrivit à l'un de ses prêtres qu'il avait envoyé en des lieux fort éloignés, où il y avait beaucoup à travailler et à souffrir pour le service de Notre-Seigneur : « O Monsieur, que j'ai de consolation de penser à vous qui êtes tout à Dieu, et à votre vocation qui est vraiment apostolique! Aimez donc cet heureux partage qui vous est échu, et qui doit attirer sur vous une infinité de grâces, pourvu que vous soyez bien fidèle à l'usage des premières. Vous aurez sans doute beaucoup à combattre, car l'esprit malin et la nature corrompue se ligueront ensemble pour s'opposer au bien que vous voulez faire; ils vous en feront paraître les difficultés plus grandes qu'elles ne sont, et feront leurs efforts pour vous persuader que la grâce vous manquera dans le besoin, afin de vous attrister et de vous abattre; ils susciteront des hommes qui vous contrediront et persécuteront, et peut-être que ce seront ceux-là mêmes que vous tenez pour vos meilleurs amis, et qui devraient vous soutenir et vous consoler. Si cela vous arrive, Monsieur, vous devez prendre courage et le considérer comme un bon signe; car vous aurez par ce moyen plus de rapport à Notre-Seigneur, lequel étant accablé de douleurs, s'est vu délaissé, renié et trahi par les siens, comme abandonné par son propre Père. O que bienheureux sont ceux qui portent amoureusement leur croix en suivant un tel maître! Souvenez-vous, Monsieur, et le croyez fermement, que quelque chose qui vous arrive, vous ne serez jamais tenté au-delà de vos forces, et que Dieu même sera votre appui et votre vertu, d'autant plus parfaitement que vous n'aurez ni refuge ni confiance qu'en lui seul. »

Et écrivant à un autre des siens qu'il avait engagé à une mission fort laborieuse et difficile : « Béni soit, lui dit-il, le Père de Notre-Seigneur Jésus-Christ, qui vous a si suavement et si fortement inspiré la mission que vous avez entreprise pour la propagation de la foi; et béni soit le même Seigneur qui non-seulement est venu au monde pour racheter les âmes que vous allez instruire, mais encore pour vous mériter les grâces qui vous sont nécessaires afin de procurer leur salut et le vôtre. Puis donc que ces grâces-là vous sont toutes préparées, et que le bon Dieu qui les donne ne désire rien tant que d'en faire largesse à ceux qui s'en veulent bien servir, à quoi tiendra-t-il que vous n'en soyez rempli, et que par leur vertu vous ne détruisiez en vous les restes du vieil homme, et dans ce peuple les ténèbres de l'ignorance et du péché? Je veux espérer que de votre côté vous n'y épargnerez ni les travaux, ni la santé, ni la vie; c'est pour cela que vous vous êtes donné à lui, et exposé au péril d'un long voyage; et partant il ne reste plus sinon que vous preniez une forte résolution de mettre tout de bon la main à l'œuvre. Or, pour bien commencer et pour bien réussir, souvenez-vous d'agir dans l'esprit de Notre-Seigneur, d'unir vos actions aux siennes, et de leur donner une fin toute noble et toute divine, les dédiant à sa plus grande gloire; moyennant quoi Dieu versera toute sorte de bénédictions sur vous et sur vos œuvres : mais il arrivera peut-être que vous ne les verrez pas, au moins dans toute leur étendue, car Dieu cache quelquefois à ses serviteurs les fruits de leurs travaux, pour des raisons très-justes; mais il ne laisse pas d'en faire réussir de très-grands. Un laboureur est longtemps avant de voir ceux de son labour, et quelquefois il ne voit point du tout la moisson abondante que sa semence a produite : cela même est arrivé à saint François Xavier, lequel n'a pas vu de son temps les fruits admirables que ses saints travaux ont produits après sa mort, ni les progrès merveilleux qu'ont eus les missions qu'il avait commencées. Cette considération doit tenir votre cœur fort au large et fort élevé en Dieu, dans la confiance que tout ira bien, quoiqu'il vous semble le contraire. »

Parlant un jour à ceux de sa communauté dans ce même esprit : « Voilà, leur dit-il, un beau champ que Dieu nous ouvre, tant à Madagascar qu'aux îles Hébrides et ailleurs. Prions Dieu qu'il embrase nos cœurs du désir de le servir; donnons-nous à lui pour en faire ce qu'il lui plaira. Saint Vincent Ferrier s'encourageait en la vue qu'il devait venir des prêtres, lesquels par la ferveur de leur zèle embraseraient toute la terre. Si nous ne méritons pas que Dieu nous fasse la grâce d'être ces prêtres-là, supplions-le qu'au moins il nous en fasse les images et les précurseurs : mais, quoi qu'il en soit, tenons pour certain que nous ne serons point véritables chrétiens jusqu'à ce que nous soyons prêts de tout perdre, et de donner même notre vie pour l'amour et pour la gloire de Jésus-Christ, nous résolvant avec le saint Apôtre de choisir plutôt les tourments et la mort même, que d'être séparés de la charité de ce divin Sauveur. »

Une autre fois ayant fait le récit à sa communauté de quelque persécution arrivée aux missionnaires qui étaient en Barbarie, il ajouta ensuite : « Qui sait si Dieu n'a point envoyé cet accident pour éprouver notre fidélité ? Les marchands laissent-ils d'aller sur mer pour les dangers qu'ils courent, et les soldats à la guerre à cause des plaies et de la mort même à laquelle ils s'exposent ? Et faut-il que nous laissions de faire notre office de secourir et de sauver les âmes pour les peines et pour les persécutions qui s'y rencontrent ? »

Il encourageait ainsi par l'ardeur de son zèle ceux de sa compagnie à continuer leurs travaux pour le service de Notre-Seigneur ; et comme son zèle était vraiment désintéressé, il ne se réjouissait pas seulement avec eux des bénédictions que Dieu donnait à leurs missions, dans lesquelles ils faisaient ce qu'il eût désiré faire lui-même, si son âge et ses infirmités ne l'en eussent empêché ; mais il concevait aussi une sainte joie du bien que faisaient les autres communautés, et des services qu'elles rendaient à l'Église. Voici ce qu'une personne de grande vertu en a témoigné :

« M. Vincent s'est toujours réjoui quand il entendait les grands fruits et progrès que faisaient les autres communautés ; et bien loin d'en concevoir aucune envie ni jalousie, il témoignait hautement l'estime qu'il en faisait ; il leur donnait de très-grandes louanges, et leur rendait dans les occasions toutes sortes de services et d'assistances. Il avait un zèle semblable à celui de Moïse, disant comme lui : *Utinam omnes prophetent,* et souhaitant que les grâces qu'il recevait de Dieu fussent communiquées aux autres. Et en effet qu'est ce qu'il n'a point fait, soit par lui-même, soit par autrui, pour renouveler cet esprit apostolique et ecclésiastique que nous voyons aujourd'hui refleurir dans l'Église ? Il a employé tout le monde pour ce sujet, la langue des uns, la bouche des autres, la faveur des grands, le soin des petits, les prières des gens de bien ; en un mot, son zèle n'a point eu de bornes ni de limites, et presque toutes sortes de personnes en ont ressenti les effets ; il n'y a pas jusqu'aux petits orphelins et aux pauvres vieillards qui ne le publient. »

Dans ce sentiment il parlait souvent avec estime et éloge des religieux de la sainte Compagnie de Jésus, louant Dieu des grandes choses qu'il a faites par eux en toutes les parties du monde, pour la propagation de l'Évangile et pour l'établissement du royaume de Jésus-Christ son Fils. Et un jour entre autres, parlant sur ce sujet à ceux de sa communauté, par un mouvement de ce même zèle accompagné de son humilité ordinaire, il leur dit : « Soyons, mes Frères, comme ce paysan qui portait les hardes de saint Ignace et de ses compagnons fatigués du chemin, et qui voyant qu'ils se mettaient à genoux lorsqu'ils étaient arrivés en quelque lieu pour s'y arrêter, il s'y mettait aussi; les voyant prier, il priait de même : et comme ces saints personnages lui eurent une fois demandé qu'est-ce qu'il faisait là, il leur répondit: Je prie Dieu qu'il fasse ce que vous lui demandez; je suis comme une pauvre bête qui ne saurais faire oraison, je le prie qu'il vous écoute; je voudrais lui dire ce que vous lui dites, mais je ne saurais, et ainsi je lui offre vos prières. O Messieurs et mes Frères ! nous devons nous considérer comme les porte-sacs de ces dignes ouvriers; comme de pauvres idiots qui ne savons rien dire et qui sommes le rebut des autres, et comme de pauvres petits glaneurs qui viennent après ces grands moissonneurs. Remercions Dieu de ce qu'il lui a plu agréer en cela nos petits services; offrons-lui avec nos petites poignées les grandes moissons des autres, et soyons toujours prêts à faire ce qui est en nous pour le service de Dieu et pour l'assistance du prochain. Si Dieu a donné une si belle lumière et fait une si grande grâce à ce pauvre paysan, que pour cela il a mérité qu'il fût parlé de lui dans l'histoire, espérons que faisant notre possible, comme il a fait, pour contibuer à ce que Dieu soit honoré et servi, sa divine bonté recevra en bonne part nos oblations et bénira nos petits travaux. »

Si M. Vincent a fait paraître en tant de manières l'ardeur de son zèle, il n'en a pas moins fait voir la force et la constance, persévérant dans les saintes entreprises que Dieu lui avait inspirées, nonobstant les difficultés, les oppositions, les pertes et toutes les autres plus fâcheuses traverses qui lui sont arrivées. Il est certain qu'entre toutes les missions auxquelles il s'est engagé, une des plus pénibles et des plus dommageables à sa Congrégation a été celle de l'île de Madagascar, dont nous avons amplement parlé au second livre; car nous avons vu comment cette mission lui a consumé plusieurs bons ouvriers; la plupart y sont morts peu de temps après leur arrivée, sans avoir pu y travailler ni faire le fruit qu'ils s'étaient proposé; d'autres ont fait naufrage au milieu de leur route; d'autres sont tombés entre les mains de ceux avec qui pour lors on était en guerre; enfin il semblait que les éléments et les hommes fussent opposés au dessein qu'il avait conçu de secourir et instruire ces pauvres insulaires. Et certes, après tant d'accidents et de pertes, une vertu moindre que celle de M. Vincent eût ployé sous le faix de tant de fâcheuses traverses, et eût abandonné cette bonne œuvre, sous prétexte de quelque sorte d'impossibilité; mais le courage et le zèle de ce saint homme se relevait comme la palme, lorsqu'il semblait devoir être accablé par tous ces funestes accidents ; plus il voyait d'opposition de la part des créatures, plus il témoignait de constance et de résolution à persévérer dans ses bonnes entreprises pour la gloire de Dieu; et tant s'en faut que ces pertes et ces oppositions le portassent au découragement, qu'au contraire il prenait de là sujet d'y animer davantage les siens ; de sorte qu'ils étaient encore plus affectionnés et plus disposés de s'en aller en ces mêmes lieux, nonobstant tous ces renversements qui donnaient sujet de craindre qu'il n'en arrivât de semblables. Voici ce qu'il écrivit à l'un de ses prêtres sur ce sujet : « L'homme propose et Dieu dispose des événements comme il lui plaît. Les mesures que nous avions prises pour la mission de Madagascar ont été tant de fois rompues qu'il semble que nous ne pouvons plus nous en rien promettre. J'estime néanmoins que nous devons toujours, pour notre égard, tendre à l'exécution de ce dessein, en tant qu'il concerne la gloire du Maître que nous servons, lequel donne souvent à la persévérance les succès qu'il a refusés aux premiers efforts, et qui se plaît à beaucoup éprouver ses ouvriers avant que de leur confier les œuvres plus fortes et plus difficiles, pour leur faire mériter par l'exercice de leur foi, de leur espérance et de leur amour, la grâce d'aller planter ces vertus dans les âmes qui en sont destituées. »

Et dans une autre lettre : « Nous avons, dit-il, pleuré la mort de nos chers défunts que la mission de Madagascar nous a enlevés, et je ne puis dissimuler que cette nouvelle nous a grandement affligés, et que nous avons grand sujet d'adorer en cette occasion surprenante les ressorts incompréhensibles de la conduite de Dieu. Cette affliction pourtant, non plus que toutes les autres pertes précédentes ni tous les accidents fâcheux qui sont arrivés depuis, n'ont pas été capables de rien rabattre de notre résolution à secourir ce pauvre peuple. »

En une autre occasion le supérieur de la maison de la mission de Marseille lui ayant représenté qu'il serait bien difficile de continuer les missions de Barbarie, et que tout le bien de sa Congrégation ne suffirait pas pour les entretenir et pour payer toutes les avanies que les Turcs faisaient souffrir à ses missionnaires, il lui répondit « qu'il ne pouvait se résoudre d'abandonner cette œuvre ; car, dit-il, si le salut d'une seule âme est d'une telle importance qu'on doive exposer sa vie temporelle pour le procurer, comment pourrions-nous en abandonner un si grand nombre pour la crainte de quelque dépense? Et quand il n'arriverait aucun autre bien de ces missions que de faire voir à cette terre barbare et maudite la beauté de notre religion, en y envoyant des hommes qui traversent des mers, qui quittent volontairement leur pays et leurs commodités, et s'exposent à mille sortes d'outrages pour aller consoler et secourir leurs frères affligés, j'estime que les hommes et l'argent seraient très-bien employés. »

Or, comme c'était le zèle qui inspirait à M. Vincent ce courage et cette force pour persévérer constamment dans ces saintes entreprises, aussi lui faisait-il ressentir une très-grande peine s'il en voyait quelques-uns parmi les siens qui se portassent lâchement, ou qui, écoutant trop les sentiments de la nature et le raisonnement de l'amour-propre, se laissassent ainsi aller au découragement, et y portassent quelquefois les autres. Voici l'extrait d'un discours qu'il fit un jour à sa compagnie sur ce sujet, avec lequel nous finirons ce chapitre :

« Il est impossible, leur dit-il, qu'un prêtre missionnaire qui vit lâchement réussisse dans sa condition, et fasse une fin heureuse ; car quel tort pensez-vous que font ces âmes lâches dans une compagnie ! Mais quel préjudice ne portent pas ces paresseux et à eux-mêmes et aux autres qu'ils découragent par leurs mauvais exemples et par leurs discours impertinents ? A quoi bon, disent-ils, tant de sortes d'emplois, tant de missions, de séminaires, de conférences, de retraites, d'assemblées et de voyages pour les pauvres ! Quand M. Vincent sera mort, on quittera bientôt tout cela ; car quel moyen de satisfaire à tant de sortes d'entreprises ? Où trouvera-t-on des missionnaires pour envoyer à Madagascar, aux îles Hébrides, en Barbarie, en Pologne, etc., et de l'argent pour fournir à toutes les dépenses de ces missions si éloignées et si onéreuses ? A quoi il faut répondre, que si la compagnie dans sa naissance, et dès son berceau, a eu le courage d'embrasser ces occasions de servir Dieu, et si les premiers que l'on y a envoyés se sont comportés avec tant de ferveur, n'avons-nous pas sujet d'en bien espérer quand elle se sera fortifiée et augmentée avec le temps ? Non, non, Messieurs, si Dieu présentait encore à la compagnie d'autres nouvelles occasions de le servir, nous ne manquerions pas de les entreprendre avec sa grâce : ces esprits lâches ne sont capables sinon de décourager les autres : c'est pourquoi vous devez vous donner de garde de telles personnes ; et quand vous les entendrez tenir ces discours, dites hardiment avec le saint Apôtre : *Jam nunc antichristi multi sunt in mundo*, il y a déjà des antechrists au monde, des antimissionnaires qui s'opposent aux desseins de Dieu. Hélas ! Messieurs, nous ne faisons encore que sentir écouler sur nous les premières grâces de notre vocation, qui néanmoins sont très-abondantes ; et nous avons sujet de craindre que, par notre lâcheté, nous ne nous rendions indignes de tant de bénédictions que Dieu a versées jusqu'à présent sur la compagnie, et de tant de saints emplois que sa providence lui a confiés, et que nous ne tombions dans l'état où nous voyons quelques communautés : ce qui serait le plus grand malheur qui pourrait nous arriver. »

Enfin, comme le zèle regarde, après la gloire de Dieu, la sanctification et le salut des âmes, pour faire encore mieux connaître la grandeur et l'étendue du zèle de M. Vincent, nous allons voir dans le chapitre suivant quelles ont été ses dispositions à l'égard de son prochain, et combien parfaite a été la charité qu'il avait pour eux.

CHAPITRE XI.

SA CHARITÉ POUR LE PROCHAIN EN GÉNÉRAL.

Après le grand commandement d'aimer Dieu de tout son cœur, celui d'aimer son prochain comme soi-même suit de si près et en est tellement inséparable, qu'on ne saurait parfaitement accomplir le premier si l'on manque au second ; et celui qui n'aimerait point son prochain ne pourrait pas dire qu'il eût un véritable amour pour Dieu, quelques sentiments de ferveur et de zèle pour sa gloire qu'il pensât avoir.

M. Vincent était bien persuadé de cette vérité, lorsqu'il disait que ce précepte d'aimer son prochain est si fort et a un tel privilége, que quiconque l'observe accomplit la loi de Dieu ; parce que tous les préceptes de cette loi se rapportent à cet amour du prochain, selon la doctrine du saint Apôtre, *qui diligit proximum, legem implevit*. Donnez-moi, disait-il, parlant un jour aux siens, une personne qui borne son amour en Dieu seul, une âme, si vous voulez, élevée en contemplation, laquelle trouvant du goût dans cette manière d'aimer Dieu qui lui paraît uniquement aimable, s'arrête à savourer cette source infinie de douceur, sans se mettre en aucune peine de son prochain ; et donnez-m'en une autre qui aime Dieu de tout son cœur, et qui aime aussi son prochain, quoique rude, grossier et imparfait, pour l'amour de Dieu, et qui s'emploie de tout son pouvoir pour le porter à Dieu : dites-moi, je vous prie, lequel de ces deux amours est le plus parfait et le moins intéressé ? Sans doute que c'est le second, lequel joignant l'amour de Dieu avec l'amour du prochain, ou, pour mieux dire, étendant l'amour de Dieu sur le prochain, et rapportant l'amour du prochain à Dieu, accomplit la loi plus parfaitement que le premier.

Et puis, appliquant cette doctrine à ceux de sa Congrégation : « Nous devons, leur disait-il, bien imprimer ces vérités dans nos âmes, pour conduire notre vie selon cet amour parfait, et pour en faire les œuvres, n'ayant personne au monde plus obligé à cela que nous le sommes, ni aucunes compagnies qui doivent être plus appliquées que la nôtre à l'exercice extérieur d'une vraie charité : car notre vocation est d'aller non en une seule paroisse ni en un seul diocèse, mais par toute la terre pour embraser les cœurs des hommes et pour y faire ce qu'a fait le Fils de Dieu, lequel a dit qu'il était venu apporter un feu sur la terre, afin d'enflammer les cœurs des hommes de son amour. Il est donc vrai que nous sommes envoyés non-seulement pour aimer Dieu, mais aussi pour le faire aimer. Il ne nous suffit pas d'aimer Dieu, si notre prochain ne l'aime aussi ; et nous ne saurions aimer notre prochain comme nous-mêmes, si nous ne lui procurons le bien que nous sommes obligés de nous vouloir à nous-mêmes, c'est à savoir l'amour divin qui nous unit à celui qui est notre souverain bien. Nous devons aimer notre prochain comme l'image de Dieu et l'objet de son amour, et faire en sorte que réciproquement les hommes aiment leur très-aimable Créateur, et qu'ils s'entr'aiment les uns les autres d'une charité mutuelle pour l'amour de Dieu, qui les a tant aimés que de livrer son propre Fils à la mort pour eux. Mais regardons, je vous prie, Messieurs, ce divin Sauveur comme le parfait exemplaire de la charité que nous devons avoir pour notre prochain. O Jésus, dites-nous, s'il vous plaît, qui est-ce qui vous a fait descendre du ciel pour venir souffrir la malédiction de la terre ? Quel excès d'amour vous a porté à vous humilier jusqu'à nous et jusqu'au supplice infâme de la croix ? Quel excès de charité vous a fait exposer à toutes nos misères, prendre la forme de pécheur, mener une vie souffrante et souffrir une mort honteuse ? Où est-ce que l'on trouvera une charité si admirable et si excessive ? Il n'y a que le Fils de Dieu qui en soit capable, et qui ait eu un tel amour pour ses créatures, que de quitter le trône de sa gloire pour venir prendre un corps sujet aux infirmités et misères de cette vie, et pour faire les étranges démarches qu'il a faites pour établir entre nous et parmi nous, par son exemple et par sa parole, la charité de Dieu et du prochain. Oui, c'est cet amour qui l'a crucifié et qui a produit cet ouvrage merveilleux de notre rédemption. O Messieurs, si nous avions une étincelle de ce feu sacré qui embrasait le cœur de Jésus-Christ, demeurerions-nous les bras croisés, et délaisserions-nous ceux que nous pouvons assister ? Non certes ; car la vraie charité ne saurait demeurer oisive ni nous permettre de voir nos frères et nos amis dans le besoin sans leur manifester notre amour ; et pour l'ordinaire les actions extérieures rendent témoignage de l'état intérieur. Ceux qui ont la vraie charité au dedans la font paraître au dehors ; c'est le propre du feu d'éclairer et d'échauffer, et c'est aussi le propre de l'amour de se communiquer. »

Dans ce même sentiment, parlant une autre fois à ceux de sa communauté, il disait que les missionnaires seraient bienheureux s'ils devenaient pauvres pour avoir exercé la charité envers les autres ; mais qu'ils ne devaient pas craindre de le devenir par cette voie, à moins que de se défier de la bonté de Notre Seigneur et de la vérité de sa parole : que si néanmoins, disait-il, Dieu permettait qu'ils fussent réduits à la nécessité d'aller servir de vicaires dans les villages pour trouver de quoi vivre, ou bien même que quelques-uns d'entre eux fussent obligés d'aller mendier leur pain ou de coucher au coin d'une haie tout déchirés et tout transis de froid, et qu'en cet état l'on vînt à demander à l'un d'eux : Pauvre prêtre de la mission, qui t'a réduit à cette extrémité ? quel bonheur, Messieurs, de pouvoir répondre, c'est la charité ! Oh ! que ce pauvre prêtre serait estimé devant Dieu et devant les anges !

Et à ce propos, les missionnaires qu'il avait envoyés à Alger pour l'assistance et consolation des pauvres esclaves se trouvant un jour en danger d'être contraints de payer une somme considérable pour un de ces esclaves dont ils s'étaient rendus caution, M. Vincent annonçant cette nouvelle aux siens, leur dit ces paroles dignes de remarque : « Ce qui se fait pour la charité, se fait pour Dieu ; et ce nous est un grand bonheur si nous sommes trouvés dignes d'employer ce que nous avons pour la charité, c'est-à-dire pour Dieu qui nous l'a donné, nous en remercierons et bénirons son infinie bonté. »

Or, la charité de M. Vincent était si parfaite, et son cœur était tellement rempli de l'onction de cette divine vertu, que l'on peut dire en quelque façon qu'elle embaumait ceux qui avaient le bien de converser avec lui ; en sorte que l'on pouvait connaître qu'il était du nombre de ceux dont parlait l'apôtre saint Paul quand il disait : *Christi bonus odor sumus in omni loco*, nous répandons en tous lieux la bonne odeur de Jésus-Christ ; sur quoi parlant un jour aux siens : « Chaque chose, leur dit-il, produit comme une espèce et image de soi-même, ainsi qu'on voit dans une glace de miroir qui représente les objets tels qu'ils sont ; un visage laid y paraît laid, et un beau y paraît beau : de même les bonnes ou mauvaises qualités se répandent au dehors, et surtout la charité, qui est d'elle-même communicative, produit la charité ; et un cœur vraiment embrasé et animé de cette vertu fait ressentir son ardeur, et tout ce qui est dans un homme charitable respire et prêche la charité. »

De plus, la charité de ce grand serviteur de Dieu n'était pas resserrée ni bornée, mais s'étendait universellement à toutes les créatures qui étaient capables d'en recevoir les effets ; elle lui faisait embrasser par affection tous les hommes, et conserver, autant qu'il était en lui, une union sincère et cordiale avec tout le monde. C'était cette vertu qui le tenait constamment uni et soumis au souverain Pasteur de l'Eglise, qui est N. S. P. le Pape, en la personne duquel il respectait et aimait Jésus-Christ, dont il tient la place sur la terre ; et lorsque le Saint-Siége apostolique était vacant par le décès de quelque pape, il ne cessait de prier Dieu et de le faire prier incessamment par les siens, afin qu'il plût à sa bonté en donner un qui fût selon son cœur ; et quand l'élection était canoniquement faite, il concevait un respect et une affection filiale envers celui qui était installé en cette sublime dignité ; et laissant à part les autres considérations humaines, il ne regardait en la personne du souverain Pontife que ce qui était de l'institution divine, et des ordres de la Providence et de la volonté de Dieu.

Cette même vertu lui inspirait des sentiments d'amour et de révérence envers tous les prélats de l'Église, comme nous verrons plus particulièrement en l'une des sections suivantes, et le portait à leur rendre toutes les complaisances et toutes les soumissions qu'il pouvait selon Dieu : il entrait dans leurs sentiments, il embrassait leurs intérêts et soutenait leur autorité ; il souhaitait et procurait de tout son pouvoir que leur clergé et leurs peuples eussent pour leurs personnes sacrées toute la vénération et toute la confiance que les enfants doivent à leurs pères, et qu'ils déférassent humblement et promptement à leurs ordres.

Il était aussi très-uni par la même vertu aux curés et aux autres pasteurs ; il les honorait et servait selon les occasions, tous en général et chacun d'eux en particulier. Il avait encore union avec tous les ordres et toutes les communautés religieuses aussi bien qu'avec les séculières, et communiquait selon les occasions avec les supérieurs et principaux de chaque communauté. Il avait pareillement une déférence merveilleuse pour toutes les personnes constituées en charge ou en dignité, soit ecclésiastique ou séculière ; en sorte que si quelqu'un n'avait pas agréables ses services, comme un seigneur en sa terre, un curé en sa paroisse, ou un évêque en son diocèse, il n'avait jamais recours à d'autres plus puissants pour les faire fléchir à ce qu'il désirait faire, quoique ce fût chose juste et raisonnable ; et il aimait mieux laisser un bien à faire que de le faire contre leur volonté.

Mais il a particulièrement fait profession ouverte d'une affection très-sincère et d'une fidélité inviolable au service du roi, jusqu'à exposer tout ce qui dépendait de lui, et même sa vie, pour soutenir les intérêts de Sa Majesté. C'est le témoignage qu'en rendit un jour un seigneur de la cour en présence de plusieurs autres à la reine-mère pendant sa régence, disant « qu'il connaissait peu de personnes attachées comme M. Vincent, d'une fidélité sincère, constante et désintéressée au service du roi et de l'État. Votre Majesté sait bien, dit-il, comme pendant les troubles de Paris il exposa sa maison au saccagement, et sa vie au péril de la perdre, pour conserver celle de votre chancelier, à qui il donna passage par Saint-Lazare pour aller trouver le roi à Pontoise, et comme il a encouru la disgrâce et la malveillance de plusieurs pour s'être rendu ferme et fidèle à l'exécution des pieux desseins de Votre Majesté, particulièrement dans l'administration des biens ecclésiastiques. Ce que la reine reconnut et déclara être véritable. »

Enfin, M. Vincent était ami de tous les bons, et avait des amis partout, dont il conservait et cultivait sincèrement l'amitié ; non pour être jamais à charge à personne, mais pour maintenir et fomenter cette sainte union que le Fils de Dieu a tant recommandée aux siens, et pour faire plutôt du bien que pour en recevoir ; aussi peut-on dire avec vérité que jamais avaricieux n'a ménagé plus soigneusement les occasions de conserver ou accroître ses biens, ni ambitieux celles d'acquérir de nouveaux honneurs, que M. Vincent celles de faire du bien à son prochain, par un véritable et sincère esprit de charité. Sur quoi il ne sera pas hors de propos de produire le témoignage des religieuses de la Visitation du premier monastère de Paris, qui ont été ses filles spirituelles l'espace de trente-cinq ans. Voici en quels termes elles en ont parlé : « Ce grand serviteur de Dieu, tout ardent de son amour, voulait que chacun en brûlât, et que la charité fût pratiquée en toutes les sortes qu'elles le pouvait être. Il ne pouvait souffrir que dans les communautés l'on ne se témoignât pas assez d'estime les uns aux autres, ou que l'on vînt à dire quelque chose qui fût au désavantage du prochain. Il disait qu'il craignait fort la désolation des communautés lorsque les personnes qui les composent ne se tiennent pas bien unies les unes aux autres ; ce qui n'arrive jamais que par le manquement d'estime, de support et de charité ; qu'il fallait que les religieuses se regardassent les unes les autres comme les épouses de Jésus-Christ, les temples du Saint-Esprit et les images vivantes de Dieu ; et que dans cette vue elles se portassent réciproquement un amour et un respect les unes aux autres : et pour cela (ajoutent ces vertueuses servantes de Dieu), il nous exhortait particulièrement à deux choses : la première, d'avoir recours à la bonté de Dieu, qui est tout amour et charité, pour lui demander part aux lumières et aux ardeurs divines de son esprit; la seconde, de concevoir un grand désir de notre amendement, et de travailler en effet à nous amender des défauts et manquements que nous pourrions commettre contre la vertu de charité ; faisant fidèlement sur ce sujet notre examen particulier, pour corriger et ôter de nos cœurs tout ce qui pourrait en quelque manière que ce fût altérer l'union que nous devions avoir avec Dieu, et entre nous-mêmes. »

Et une autre religieuse du même ordre, dont la vertu a répandu une très-bonne odeur dans le second monastère de Paris, a laissé en mourant ce témoignage de la charité qu'elle avait reconnue en M. Vincent : « L'on peut assurer, dit-elle, avec vérité, que ce saint homme a imité au plus près la vie de Notre-Seigneur Jésus-Christ, qui n'a été employée qu'à bien faire à un chacun pendant qu'il a été sur la terre : car, qui est-ce qui n'a point éprouvé la charité de M. Vincent dans ses nécessités, soit pour l'âme, ou pour le corps? Trouvera-t-on aucune personne affligée, laquelle, ayant eu recours à lui, s'en soit retirée jamais sans trouver quelque soulagement à ses maux? Mais y a-t-il eu quelqu'un qui ait pu refuser de prendre confiance en lui lorsqu'il a entrepris de lui parler et de le consoler? Et pour sa propre vie et les biens de sa Congrégation, à qui est-ce qu'on peut dire qu'ils sont, sinon à ceux qui en ont besoin ? »

Il y a encore une circonstance que nous ne devons pas omettre touchant la charité dont le cœur de M. Vincent était rempli : c'est qu'elle le portait non-seulement à soulager les indigences et les misères tant du corps que de l'âme, mais aussi à épargner et sauver, autant qu'il pouvait, l'honneur et la réputation d'autrui : et c'est une chose remarquable, qu'on ne l'a jamais entendu se plaindre de personne, quelques torts ou injures qu'il en eût reçus, et encore moins blâmer ou donner le tort à aucun quand il ne s'agissait que de ses seuls intérêts : au contraire, les absents avaient partout où il se rencontrait un avocat qui défendait toujours leur cause, et qui plaidait hautement en faveur de la charité ; en sorte que, disant toujours du bien de tous, autant qu'il le pouvait avec vérité, il ne disait et ne souffrait jamais qu'il fût dit en sa présence aucun mal de personne, et ne voulait pas même que l'on blâmât ou que l'on dît le moindre mal de ses propres ennemis.

SECTION I.

QUELQUES EXEMPLES REMARQUABLES DE LA CHARITÉ DE M. VINCENT.

Pour commencer à faire voir dans le particulier ce que nous venons de dire en général de la charité de M. Vincent, nous rapporterons dans cette première section quelques exemples de cette même vertu, que nous avons choisis entre un très-grand nombre d'autres dont la vie de ce grand serviteur de Dieu se trouve toute remplie.

Pendant les derniers troubles de ce royaume, les habitants de la ville de Montmirail se trouvant en grande peine pour la crainte qu'ils avaient du mauvais traitement des soldats, et ne sachant que faire pour sauver leurs biens, et pour mettre leurs personnes à couvert de leurs rapines et vexations, M. Vincent écrivit aux prêtres de sa Congrégation établis en ces quartiers-là de faire ce qu'ils pourraient pour aider et soulager ces gens : mais ces prêtres lui mandèrent qu'il y avait du danger pour eux-mêmes, et qu'en faisant cela ils courraient risque de se perdre. A quoi M. Vincent fit réponse : « qu'il fallait assister son prochain affligé, et que Dieu leur ayant donné les commodités qu'ils avaient, sa divine majesté avait droit de les leur ôter quand il lui plairait ; mais qu'ils soulageassent sans rien craindre cette pauvre ville en tout ce qu'ils pourraient. » Ce qu'ils firent, aidant ces pauvres habitants à sauver leurs biens de la main des gens de guerre, et retirant chez eux la plupart de leurs meubles, s'abandonnant ainsi à la providence de Dieu pour tout ce qui leur en pourrait arriver.

Les prêtres de la Congrégation de la Mission qui ont la direction d'un séminaire dans le ressort du parlement de Toulouse s'étant trouvés engagés en un procès considérable touchant les affaires de ce séminaire, M. le prince de Conti eut la bonté de s'entremettre pour le faire terminer ; et il fut d'avis que ces prêtres le missent en arbitrage en la ville de Toulouse. Or il arriva qu'un prélat qui prenait intérêt au bien de ce séminaire, et qui appuyait les prêtres de la Mission, n'approuva pas cet arbitrage et leur ordonna de le rompre, dont ils ne manquèrent pas de donner avis aussitôt à M. Vincent, et lui envoyèrent la lettre que ce prélat leur avait écrite à cette occasion. Sur quoi un de ses prêtres lui ayant dit qu'il la fallait faire voir à M. le prince de Conti qui était pour lors à Paris, afin qu'il connût que ce n'étaient pas les prêtres de la Mission qui voulaient rompre cet accommodement, M. Vincent lui répondit : « Non, Monsieur, cela retomberait sur ce bon prélat ; il ne le faut pas faire, car ce serait donner sujet à M. le prince de se plaindre de lui ; il vaut mieux que nous portions nous-mêmes ce reproche, et que toute la peine et confusion en tombe sur nous, plutôt que de faire aucune chose qui puisse préjudicier à notre prochain. »

Mais puisque le plus grand effet de la charité est d'exposer sa vie pour ceux que l'on aime, comme Notre-Seigneur nous le déclare dans l'Évangile, M. Vincent a bien fait voir qu'il possédait cette vertu au plus haut degré de sa perfection, ayant en plusieurs occasions exposé volontairement sa vie pour assister et sauver son prochain.

Quelque temps après que les prêtres de la Mission furent introduits à Saint-Lazare, Dieu permit que la maladie contagieuse infectât cette maison, et que M. le sous-prieur en fût atteint : ce que M. Vincent ayant su, il alla aussitôt le visiter pour le consoler, encourager et lui offrir tout ce qui dépendait de son service ; et s'approcha si près de lui, qu'il ressentit l'odeur de son haleine, et de bon cœur il y fût toujours demeuré si on le lui eût permis. Et en ce même temps un pauvre jeune garçon ayant été aussi frappé de cette maladie dans la maison de Saint-Lazare, et quelques-uns étant d'avis qu'on le fît porter à Saint-Louis, M. Vincent ne le voulut point permettre, mais le fit retenir et médicamenter à Saint-Lazare, et recommanda expressément à un des frères d'en prendre un soin particulier.

Passant un jour dans le faubourg Saint-Martin, il vit six ou sept soldats qui poursuivaient, les épées nues en leurs mains, un pauvre artisan pour le tuer ; ils l'avaient même déjà blessé, et selon toutes les apparences ce pauvre homme ne pouvait pas échapper à la mort : tout le monde s'enfuyait, voyant la furie de ces gens-là, de peur qu'en voulant délivrer l'innocent ils ne se missent eux-mêmes en danger : mais M. Vincent, ne craignant point d'exposer sa vie pour sauver celle de son prochain, et poussé de l'esprit de charité, s'en alla droit à ces soldats, se jetant au milieu de leurs épées, et faisant comme un bouclier de son corps pour parer les coups qu'ils voulaient tirer sur ce pauvre artisan, ce qui lui donna moyen de se sauver ; et ces soldats tout étonnés d'une telle charité s'arrêtèrent, et, s'étant enfin apaisés par ses remontrances, ils désistèrent de leur mauvais dessein.

Voici un autre exemple de cette même vertu, d'autant plus remarquable qu'il est plus rare, lequel est venu aux oreilles de diverses personnes, non-seulement de sa Congrégation, mais encore de dehors, et que le supérieur des prêtres de la Mission établis à Marseille a témoigné avoir appris de plusieurs autres en cette ville-là en la manière suivante :

M. Vincent, longtemps avant l'institution de sa Congrégation, fit une action de charité toute pareille à celle qui est rapportée de saint Paulin, lequel se vendit lui-même pour racheter de l'esclavage le fils d'une pauvre veuve ; car ayant un jour trouvé sur les galères un forçat qui avait été contraint par ce malheur d'abandonner sa femme et ses enfants dans une grande pauvreté, il fut tellement touché de compassion du misérable état où ils étaient réduits, qu'il se résolut de chercher et d'employer tous les moyens qu'il pourrait pour les consoler et soulager : et comme il n'en voyait aucun, il fut intérieurement poussé, par un mouvement extraordinaire de charité, de se mettre lui-même à la place de ce pauvre homme, pour lui donner moyen, en le tirant de cette captivité, d'aller assister sa famille affligée : il fit donc en sorte, par les adresses que sa charité lui suggéra, de faire agréer cet échange à ceux de qui cette affaire dépendait, et s'étant mis volontairement dans cet état de captivité, il y fut attaché de la même chaîne de ce pauvre homme, duquel il avait procuré la liberté ; mais au bout de quelque temps, la vertu singulière de ce charitable libérateur ayant été reconue dans cette rude épreuve, il en fut retiré. Plusieurs ont pensé depuis, non sans apparence de vérité, que l'enflure de ses pieds lui était venue du poids et de l'incommodité de cette chaîne que l'on attache aux pieds des forçats ; et un prêtre de sa Congrégation ayant pris de là un jour occasion de lui demander si ce que l'on disait de lui était véritable, qu'il s'était mis autrefois en la place d'un forçat, il détourna ce discours en souriant, sans donner aucune réponse à sa demande.

Quoique cette action de charité soit fort admirable, nous pouvons dire néanmoins, par des témoignages encore plus assurés, que M. Vincent a fait quelque chose plus avantageuse à la gloire de Dieu, employant son temps, ses soins, ses biens et sa vie, comme il a fait pour le service de tous les forçats, que d'avoir engagé sa liberté pour un seul : car connaissant par sa propre expérience leurs misères et leurs besoins, il leur a procuré des secours corporels et spirituels, en santé et en maladie, pour le présent et pour l'avenir, plus grands et plus étendus incomparablement qu'il n'aurait pu faire s'il était toujours demeuré attaché avec eux.

Mais on n'aura pas difficulté de croire qu'il ait été disposé d'engager sa liberté extérieure, et se réduire à l'esclavage comme saint Paulin pour la délivrance de son prochain, si l'on considère qu'il a passé encore plus outre, et qu'à l'imitation du grand apôtre saint Paul, il a bien voulu en quelque façon se rendre anathème pour ses frères. En voici un exemple très-remarquable, arrivé du temps que M. Vincent était aumônier de la reine Marguerite. Nous en tirerons le récit en partie d'un discours qu'il fit un jour à sa communauté, et en partie de ce que l'on en a appris après sa mort par le témoignage de personnes très-dignes de foi :

« J'ai connu, dit M. Vincent, un célèbre docteur, lequel avait longtemps défendu la foi catholique contre les hérétiques, en la qualité de théologal qu'il avait tenue dans un diocèse. La défunte reine Marguerite l'ayant appelé auprès de soi pour sa science et sa piété, il fut obligé de quitter ses emplois ; et comme il ne prêchait ni ne catéchisait plus, il se trouva assailli dans le repos où il était d'une rude tentation contre la foi : ce qui nous apprend en passant combien il est dangereux de se tenir dans l'oisiveté, soit du corps, soit de l'esprit : car comme une terre, quelque bonne qu'elle puisse être, si néanmoins elle est laissée quelque temps en friche, produit incontinent des chardons et des épines, aussi notre âme ne peut pas se tenir longtemps en repos et en oisiveté qu'elle ne ressente quelques passions ou tentations qui la portent au mal. Ce docteur donc, se voyant en ce fâcheux état, s'adressa à moi pour me déclarer qu'il était agité de tentations bien violentes contre la foi, et qu'il avait des pensées horribles de blasphème contre Jésus-Christ, et même de désespoir, jusque là qu'il se sentait poussé à se précipiter par une fenêtre; et il en fut réduit à une telle extrémité, qu'il fallut enfin l'exempter de réciter son bréviaire et de célébrer la sainte Messe, et même de faire aucune prière : d'autant que lorsqu'il commençait seulement à réciter son *Pater*, il lui semblait voir mille spectres qui le troublaient grandement ; et son imagination était si desséchée, et son esprit si épuisé à force de faire des actes de désaveu de ses tentations, qu'il ne pouvait plus en produire aucun. Étant donc dans ce pitoyable état, on lui conseilla cette pratique, qui était que toutes et quantes fois qu'il tournerait sa main ou l'un de ses doigts vers la ville de Rome, ou bien vers quelque église, il voudrait dire par ce mouvement et par cette action qu'il croyait tout ce que l'Église romaine croyait. Qu'arriva-t-il après tout cela ? Dieu eut enfin pitié de ce pauvre docteur, lequel, étant tombé malade, fut en un instant délivré de toutes ses tentations, le bandeau d'obscurité lui fut ôté tout d'un coup de dessus les yeux de son esprit ; il commença à voir toutes les vérités de la foi, mais avec tant de clarté qu'il lui semblait les sentir et les toucher au doigt : et enfin il mourut, rendant à Dieu des remerciements amoureux de ce qu'il avait permis qu'il tombât en ces tentations pour l'en relever avec tant d'avantage, et lui donner des sentiments si grands et si admirables des mystères de notre religion. »

Voilà ce qui a été recueilli d'un discours que M. Vincent fit un jour aux siens sur le sujet de la foi, dans lequel il ne dit rien du moyen dont il se servit pour délivrer ce docteur de la violence de ses tentations : mais on a su après sa mort que cela s'était fait par les prières et par l'oblation qu'il fit à Dieu de lui-même pour la délivrance de ce pauvre affligé. Voici de quelle façon le tout s'est passé, selon le témoignage qu'une personne très-digne en a donné par écrit, laquelle n'avait aucune connaissance du discours de M. Vincent ci-dessus rapporté :

« M. Vincent s'étant mis en devoir de consoler cet homme qui lui avait découvert ses peines d'esprit, lui conseilla de les désavouer, et de faire quelques bonnes œuvres pour obtenir la grâce d'en être délivré ; ensuite de cela, il arriva que cet homme tomba malade, et qu'en sa maladie l'esprit malin redoubla ses efforts pour le perdre. M. Vincent donc le voyant réduit en ce pitoyable état, et craignant avec sujet qu'il ne succombât enfin à la violence de ces tentations d'infidélité et de blasphème, et qu'il ne mourût empoisonné de cette haine implacable que le diable porte au Fils de Dieu, il se mit en oraison pour prier sa divine bonté qu'il lui plût délivrer ce malade de ce danger, et s'offrit à Dieu en esprit de pénitence pour porter en soi-même, sinon les mêmes peines, au moins tels effets de sa justice qu'il aurait agréable de lui faire souffrir ; imitant en ce point la charité de Jésus-Christ, qui s'est chargé de nos infirmités pour nous en guérir, et qui a satisfait aux peines que nous avions méritées. Dieu voulut par un secret de sa Providence prendre au mot le charitable M. Vincent, et exauçant sa prière, il délivra entièrement le malade de sa tentation, il rendit le calme à son esprit, il éclaircit sa foi obscurcie et troublée, et lui donna des sentiments de religion et de reconnaissance envers Notre-Seigneur Jésus-Christ, autant remplis de tendresse et de dévotion qu'il en eût jamais eu. Mais en même temps, ô conduite admirable de la divine Sagesse! Dieu permit que cette même tentation passât dans l'esprit de M. Vincent, qui s'en trouva dès lors vivement assailli. Il employa les prières et les mortifications pour s'en faire quitte, qui n'eurent d'autre effet que de lui faire souffrir ces fumées d'enfer avec patience et résignation, sans perdre pourtant l'espérance qu'enfin Dieu aurait pitié de lui. Cependant comme il reconnut que Dieu le voulait éprouver en permettant au diable de l'attaquer avec tant de violence, il fit deux choses : la première fut qu'il écrivit sa profession de foi dans un papier, qu'il appliqua sur son cœur comme un remède spécifique au mal qu'il sentait ; et faisant un désaveu général de toutes les pensées contraires à la foi, il fit un pacte avec Notre-

Seigneur que toutes les fois qu'il porterait la main sur son cœur et sur le papier, comme il faisait souvent, il entendait, par cette action et par ce mouvement de sa main, renoncer à la tentation, quoiqu'il ne prononçât de bouche aucune parole, et il élevait en même temps son cœur à Dieu, et divertissait doucement son esprit de sa peine, confondant ainsi le diable sans lui parler ni le regarder.

« Le second remède qu'il employa fut de faire le contraire de ce que la tentation lui suggérait, tâchant d'agir par foi, et de rendre honneur et service à Jésus-Christ; ce qu'il fit particulièrement en la visite et consolation des pauvres malades de l'hôpital de la Charité du faubourg Saint-Germain, où il demeurait pour lors. Cet exercice charitable, étant des plus méritoires du Christianisme, était aussi le plus propre pour témoigner à Notre-Seigneur avec quelle foi il croyait à ses paroles et à ses exemples, et avec quel amour il le voulait servir, puisqu'il a dit qu'il tenait à sa propre personne le service qu'on rendrait au moindre des siens. Dieu fit par ce moyen la grâce à M. Vincent de tirer un tel profit de cette tentation, que non-seulement il n'eut jamais occasion de se confesser d'aucune faute qu'il eût commise en cette matière-là; mais même ces remèdes dont il usa lui furent comme des sources d'innombrables biens qui sont ensuite découlés dans son âme.

« Enfin, trois ou quatre ans s'étant passés dans ce rude exercice, et M. Vincent gémissant toujours devant Dieu sous le poids très-fâcheux de ces tentations, et néanmoins tâchant de se fortifier de plus en plus contre le diable et de le confondre, il s'avisa un jour de prendre une résolution ferme et inviolable pour honorer davantage Jésus-Christ, et pour l'imiter plus parfaitement qu'il n'avait encore fait, qui fut de s'adonner toute sa vie pour son amour au service des pauvres. Il n'eut pas plutôt formé cette résolution dans son esprit que, par un effet merveilleux de la grâce, toutes ces suggestions du malin esprit se dissipèrent et s'évanouirent; son cœur, qui avait été depuis si longtemps dans l'oppression, se trouva remis dans une douce liberté, et son âme fut remplie d'une si abondante lumière, qu'il a avoué en diverses occasions qu'il lui semblait voir les vérités de la foi avec une lumière toute particulière. »

Voilà quelle fut la fin de cette tentation et le fruit de cette résolution, de laquelle on peut dire que Dieu a tiré depuis, par sa grâce, toutes les grandes œuvres qu'il a opérées par son serviteur, pour l'assistance et pour le salut d'une infinité de pauvres, et pour le plus grand bien de son Église.

Outre la personne qui a rendu ce témoignage, il y en a plusieurs autres de mérite et de vertu, encore vivantes, qui ont assuré la même chose, comme l'ayant apprise de M. Vincent même, qui leur avait déclaré en confiance ce qui s'était passé à son égard en cette occasion, pour les porter à se servir des mêmes remèdes, afin d'obtenir le soulagement et la guérison de pareilles peines d'esprit dont elles se trouvaient atteintes.

SECTION II.

SA CHARITÉ PARTICULIÈRE ENVERS LES PAUVRES.

Après avoir vu en général quelle était la charité de M. Vincent, et les exemples remarquables qu'il en a donnés en diverses rencontres, il nous la faut maintenant considérer plus en détail dans les sujets particuliers envers lesquels il l'a saintement exercée. Ceux qui se présentent les premiers sont les pauvres, qu'il a chéris avec un amour très-tendre, et pour lesquels il avait un cœur plus que paternel : et certainement si l'on veut faire attention sur toute sa vie, particulièrement depuis le temps qu'il s'est dédié au service des autels, l'on trouvera qu'elle n'a été presque autre chose qu'un exercice continuel de charité envers les pauvres, et que ses principales œuvres et ses entreprises plus signalées ont été pour les pauvres. C'est pour eux qu'il a procuré la fondation de divers hôpitaux ; c'est pour eux qu'il a établi les Confréries de la Charité en tant de lieux, et qu'il a institué la Compagnie des Filles de la Charité, auxquelles il a donné la qualité de servantes des pauvres ; c'est pour eux qu'il a fait tant d'assemblées, qu'il a obligé les siens d'entreprendre tant de voyages, et qu'il a employé ses soins, ses veilles, et tous les moyens dont il s'est pu aviser, pour contribuer à leur soulagement et à leur service. Enfin, l'on peut dire qu'il a institué la Congrégation de la Mission *pour évangéliser les pauvres,* et pour ce sujet il disait souvent à ses missionnaires : « Nous sommes les ministres des pauvres ; Dieu nous a choisis pour eux, c'est là notre capital, le reste n'est qu'accessoire. »

En effet, il semblait que la principale affaire de ce charitable prêtre était de s'employer pour les pauvres ; c'était là où il portait plus ordinairement ses pensées, et où tendaient ses principales affections : il portait les pauvres dans son cœur, il était vivement touché de leurs souffrances, et il avait une affection très-sensible lorsque, connaissant leurs nécessités et misères, il ne voyait aucun moyen de les pouvoir secourir.

Étant un jour tout saisi de douleur pour ce sujet, et parlant à l'un des siens qui l'accompagnait en ville, après quelques soupirs et exclamations sur la mauvaise saison, qui menaçait en ce temps-là les pauvres de famine et de mort : « Je suis en peine, lui dit-il, pour notre compagnie; mais, en vérité, elle ne me touche point à l'égal des pauvres : nous en serons quittes en allant demander du pain à nos autres maisons, si elles en ont, ou à servir de vicaires dans les paroisses; mais pour les pauvres, que feront-ils, et où est-ce qu'ils pourront aller? j'avoue que c'est là mon poids et ma douleur. On m'a dit qu'aux champs les pauvres gens disent que tandis qu'ils auront des fruits ils vivront, mais qu'après cela ils n'auront qu'à faire leurs fosses et s'enterrer tout vivants! O Dieu! quelle extrémité de misères! et le moyen d'y remédier? »

Une autre fois, parlant aux siens sur le sujet des mêmes pauvres, il fit ce raisonnement : « Dieu aime les pauvres, et par conséquent il aime ceux qui aiment les pauvres; car lorsqu'on aime bien quelqu'un, on a de l'affection pour ses amis et pour ses serviteurs. Or, la petite compagnie de la Mission tâche de s'appliquer avec affection à servir les pauvres, qui sont les bien-aimés de Dieu; et ainsi nous avons sujet d'espérer que, pour l'amour d'eux, Dieu nous aimera. Allons donc, mes Frères, et nous employons avec un nouvel amour à servir les pauvres, et même cherchons les plus pauvres et les plus abandonnés : reconnaissons devant Dieu que ce sont nos seigneurs et nos maîtres, et que nous sommes indignes de leur rendre nos petits services. »

Dans une autre rencontre, s'entretenant avec deux personnes ecclésiastiques de qualité, il leur dit une parole très-remarquable, et qui mérite de n'être pas mise en oubli; c'est à savoir, que « tous ceux qui aimeront les pauvres pendant leur vie n'auront aucune crainte de la mort; qu'il en avait vu l'expérience en plusieurs occasions, et que, pour cet effet, il avait coutume d'insinuer cette maxime dans l'esprit des personnes qu'il voyait travaillées des appréhensions de la mort, et prenait de là occasion de les exciter à l'amour des pauvres. » Et parlant en l'une de ses lettres du décès d'un vertueux prêtre, il confirme le même : « Sa mort, dit-il, a répondu à sa vie; il a eu un acquiescement continuel au bon plaisir de Dieu depuis le commencement de sa maladie jusqu'à la fin, sans avoir ressenti aucun mouvement, ni aucune pensée contraire. Il avait toujours beaucoup appréhendé la mort; mais comme il vit dès le commencement de sa maladie qu'il l'envisageait sans aucune crainte, et même avec plaisir, il me dit qu'assurément il en mourrait, parce, disait-il, qu'il qu'il m'avait ouï dire que Dieu ôte l'appréhension de la mort à ceux qui ont volontiers exercé la charité envers les pauvres, et qui ont été travaillés de cette crainte pendant leur vie. »

Or, cet amour que M. Vincent avait pour les pauvres opérait deux effets dans son cœur : l'un était un grand sentiment de compassion de leur indigence et de leur misère, car il avait le cœur extrêmement tendre à leur égard ; et l'on a remarqué que, lorsqu'en disant les litanies de Jésus il proférait ces paroles : *Jesu, pater pauperum*, c'était ordinairement d'un ton de voix qui témoignait l'attendrissement de son cœur ; et toutes les fois qu'on lui venait parler de quelque misère ou nécessité particulière, on le voyait soupirer en fermant les yeux, et haussant les épaules, comme un homme qui se sent pressé de douleur ; et son visage abattu faisait bien paraître que son cœur était navré de la compassion qu'il avait des souffrances des pauvres.

C'était dans ce sentiment que, parlant un jour aux siens sur le sujet de cette compassion : « Quand nous allons voir les pauvres, leur dit-il, nous devons entrer dans leurs sentiments pour souffrir avec eux, et nous mettre dans leurs sentiments pour souffrir avec eux, et nous mettre dans les dispositions de ce grand apôtre qui disait : *Omnibus omnia factus sum* : Je me suis fait tout à tous ; en sorte que ce ne soit point sur nous que tombe la plainte qu'a faite autrefois Notre-Seigneur par un prophète : *Sustinui qui simul mecum contristaretur, et non fuit* : J'ai attendu pour voir si quelqu'un ne compatirait point à mes souffrances, et il ne s'en est trouvé aucun ; et pour cela, il faut tâcher d'attendrir nos cœurs et de les rendre susceptibles des souffrances et des misères du prochain, et prier Dieu qu'il nous donne le véritable esprit de miséricorde, qui est le propre esprit de Dieu ; car, comme dit l'Église, c'est le propre de Dieu de faire miséricorde, et d'en donner l'esprit. Demandons donc à Dieu, mes Frères, qu'il nous donne cet esprit de compassion et de miséricorde, qu'il nous en remplisse, qu'il nous le conserve, en sorte que qui verra un missionnaire puisse dire : Voilà un homme plein de miséricorde. Pensons un peu combien nous avons besoin de miséricorde, nous qui devons l'exercer envers les autres, et porter la miséricorde en toutes sortes de lieux, et souffrir tout pour la miséricorde.

« Heureux nos confrères qui sont en Pologne, qui ont tant souffert pendant ces dernières guerres, et pendant la peste, et qui souffrent encore pour exercer la miséricorde corporelle et spirituelle, et pour soulager, assister et consoler les pauvres ! Heureux missionnaires, que ni les canons, ni le feu, ni les armes, ni la peste n'ont pu faire sortir de Varsovie, où la misère d'autrui les retenait ; qui ont persévéré, et qui persévèrent encore courageusement au milieu de tant de périls et de tant de souffrances pour la miséricorde ! Oh ! qu'ils sont heureux d'employer si bien ce moment de temps de notre vie pour la miséricorde ! Oui, ce moment, car toute notre vie n'est qu'un moment, qui s'envole et qui disparaît aussitôt. Hélas ! soixante et seize ans de vie que j'ai passés ne me paraissent à présent qu'un songe et qu'un moment, et il ne m'en reste plus rien, sinon le regret d'avoir si mal employé ce moment. Pensons quel déplaisir nous aurons à la mort, si nous ne nous servons de ce moment pour faire miséricorde. Soyons donc miséricordieux, mes Frères, et exerçons la miséricorde envers tous, en sorte que nous ne trouvions plus jamais un pauvre sans le consoler si nous le pouvons, ni un homme ignorant sans lui apprendre en peu de mots les choses qu'il faut qu'il croie et qu'il fasse pour son salut. O Sauveur ! ne permettez pas que nous abusions de notre vocation, et n'ôtez pas de cette compagnie l'esprit de miséricorde ; car que serait-ce de nous, si vous en retiriez votre miséricorde ? Donnez-nous-la donc, avec l'esprit de douceur et d'humilité. »

Et dans une autre occasion, parlant sur le même sujet, il dit « que le Fils de Dieu ne pouvant avoir des sentiments de compassion dans l'état de sa gloire qu'il possède de toute éternité dans le ciel, il a voulu se faire homme et se rendre notre Pontife, pour compatir à nos misères, et que pour régner avec lui dans le ciel, nous devons compatir comme lui à ses membres qui sont sur la terre ; que les missionnaires par-dessus tous les autres prêtres doivent être remplis de cet esprit de compassion, étant obligés par leur état et par leur vocation de servir les plus misérables, les plus abandonnés et les plus accablés de misères corporelles et spirituelles. Et premièrement, ils doivent être touchés au vif et affligés dans leurs cœurs des misères du prochain. Secondement, il faut que cette misère et compassion paraisse en leur extérieur et sur leur visage, à l'exemple de Notre-Seigneur qui pleura sur la ville de Jérusalem, à cause des calamités dont elle était menacée. Troisièmement, il faut employer des paroles compatissantes, qui fassent voir au prochain comme on entre dans les sentiments de ses intérêts et de ses souffrances. Enfin, il faut le secourir et assister autant que l'on peut dans ses nécessités et dans ses misères, et tâcher de l'en délivrer en tout ou en partie ; parce que la main doit être autant que faire se peut conforme au cœur. »

Voilà le second effet de cet amour qu'il avait pour les pauvres, qui était de les secourir et assister autant qu'il pouvait ; ce qu'il a toujours fait, s'étant rendu comme le proviseur général des pauvres en quelques lieux qu'ils fussent, même dans les pays les plus éloignés ; s'employant avec de très-grands soins pour subvenir à toutes leurs nécessités, et pour leur fournir la nourriture, le vêtement, le logement, et tous les autres besoins de la vie : c'est ce qui faisait que es personnes charitables envoyaient volontiers leurs aumônes à M. Vincent pour en faire la distribution aux pauvres, de quoi il s'acquittait en telle sorte qu'il en donnait toujours beaucoup plus qu'il n'en recevait.

C'est dans cette vue qu'un ecclésiastique de condition et de vertu qui demeure dans une communauté de Paris, ayant entre ses mains des sommes considérables pour être employées en aumônes, voulut s'adresser même après le décès de M. Vincent à la maison de Saint-Lazare, pour les faire porter et distribuer aux pauvres en des provinces éloignées ; et la raison pour laquelle il s'adressait aux prêtres de la Congrégation de la mission plutôt qu'à d'autres, « c'est, disait-il, parce que M. Vincent a été le vrai père des pauvres, et a eu esprit et grâce spéciale pour les secourir et assister ; et qu'il a laissé comme un précieux héritage ce même esprit et cette même grâce à ses enfants, qui ne manqueront pas de suivre les exemples et marcher sur les pas de leur très-digne père. »

Nous ne répéterons pas ici ce qui a été dit ailleurs, que dans les diverses inondations et débordements de la rivière de Seine, M. Vincent prit un soin particulier de faire cuire incessamment du pain à Saint-Lazare aux dépens du blé de sa communauté, et de l'envoyer par bateaux dans un village presque noyé nommé Genevilliers, à deux lieues de Paris, où les pauvres habitants étaient assiégés des eaux et de la faim, et réduits à la dernière extrémité, dans laquelle ils recevaient un secours très-opportun, et autant abondant qu'inespéré, par la charité de ce père nourricier des pauvres, qui leur envoyait porter cette aumône par deux frères de la maison de Saint-Lazare, non sans péril, pour en faire la distribution avec M. le vicaire, qui connaissait les besoins de chaque famille, et cela autant de temps que durait chaque débordement.

Il y a un très-grand nombre de semblables actions de charité que M. Vincent exerçait envers les pauvres dans leurs besoins, que nous passons sous silence ; mais nous ne devons pas en omettre une, laquelle aurait été ensevelie dans l'oubli, comme beaucoup d'autres qu'il cachait aux yeux des hommes, si l'on n'en avait recouvré depuis peu un certificat écrit et signé de sa main, qu'il fut obligé de donner pendant le temps de la guerre à ceux qui gardaient les portes de Paris, pour laisser sortir les vivres qu'il envoyait aux pauvres des champs sur une charrette de la maison de Saint-Lazare, parce que les gardes, voyant que cela continuait, voulurent s'assurer pas d'autres témoignages que celui du chartier d'où ces vivres venaient, et en quels lieux on les portait. Le certificat était conçu en ces termes :

« Je soussigné, supérieur de la Congrégation des prêtres de la Mission, certifie à tous ceux qu'il appartiendra que, sur l'avis que quelques personnes pieuses de cette ville m'ont donné que la moitié des habitants de Palaiseau étaient malades, et qu'il en mourait dix ou douze par jour, et sur la prière qu'elles m'ont faite d'envoyer quelques prêtres pour l'assistance corporelle et spirituelle de ce pauvre peuple affligé, à cause de la résidence de l'armée en ce lieu-là par l'espace de vingt jours; nous y avons envoyé quatre prêtres et un chirurgien pour assister ces pauvres gens, et que nous leur avons envoyé depuis la veille de la fête du Saint-Sacrement tous les jours (un ou deux exceptés) seize gros pains blancs, quinze pintes de vin, et hier de la viande ; et que lesdits prêtres de notre compagnie m'ayant mandé qu'il est nécessaire d'envoyer de la farine et un muid de vin pour l'assistance desdits pauvres malades et de ceux des villages circonvoisins, j'ai fait partir aujourd'hui une charrette à trois chevaux, chargée de quatre setiers de farine et deux demi-muids de vin, pour l'assistance desdits pauvres malades de Palaiseau et des villages circonvoisins. En foi de quoi j'ai écrit et signé la présente de ma main propre, à Saint-Lazare lès-Paris, le 5ᵉ jour de juin 1652. Signé, Vincent de Paul, supérieur, etc. »

Par cet écrit l'on peut voir jusqu'où se portait la charité de M. Vincent, lequel, au lieu d'un prêtre qu'on lui avait seulement demandé pour assister les pauvres malades de Palaiseau, en envoya quatre, avec un chirurgien ; et qu'en même temps qu'il pourvoyait au bien spirituel des âmes, il envoyait de quoi rétablir les pauvres atténués de faim, et de quoi soulager les malades qui manquaient de tout ; à quoi il employa sans aucun délai, et avec toute la diligence qui lui fut possible, les hommes, les provisions et les chevaux de sa communauté, jusqu'à ce qu'il eût procuré d'autres aumônes, en attendant lesquelles il n'épargna pas la bourse de sa même communauté, ayant envoyé jusqu'à six cent soixante et trois livres de son argent ; ce qui l'épuisa de telle sorte dans la disette où l'on était de toutes choses, qu'il se vit obligé de mander à madame la duchesse d'Aiguillon qu'il n'était plus en état de soutenir cette dépense, et qu'il la suppliait de faire au plus tôt une petite assemblée chez elle des Dames de la Charité, et de concerter avec elles ce qu'il y aurait à faire dans cette nécessité pressante : « Je viens, lui dit-il, dans la lettre qu'il lui écrivit sur ce sujet, de renvoyer le prêtre avec un Frère et cinquante livres ; la maladie est si maligne, que nos premiers quatre prêtres y sont tombés malades, et le Frère aussi qui les accompagnait. Il a fallu les ramener ici, et il y en a deux qui sont à l'extrémité. O

Madame, quelle moison à faire pour le ciel en ce temps où les misères sont si grandes à nos portes ! La venue du Fils de Dieu a été la ruine d'aucuns, et la rédemption de plusieurs, comme dit l'Evangile ; et nous pouvons dire en quelque façon la même chose de cette guerre, qu'elle sera la ruine de quantité de personnes, mais que Dieu s'en servira aussi pour opérer la grâce, la justification et la gloire de plusieurs autres, du nombre desquels nous avons sujet d'espérer que vous serez, comme j'en prie Notre-Seigneur. »

Cette charitable entremise de M. Vincent pour secourir les pauvres de Palaiseau servit d'occasion et donna commencement aux grandes charités qui s'exercèrent ensuite en la ville d'Étampes, et dans tous les autres lieux des environs de Paris, par les soins et par la coopération des Dames de l'assemblée de la Charité de Paris, et de quelques autres personnes de grande piété, qui se sont acquis par ces grandes œuvres un mérite dont la mémoire ne périra jamais.

Voilà un petit échantillon des effets de la charité de M. Vincent pour secourir les pauvres par toutes sortes d'assistances, auxquelles il contribuait autant qu'il pouvait, et souvent plus qu'il ne pouvait, et lorsqu'il était épuisé, et qu'il ne pouvait plus rien tirer d'ailleurs, son dernier recours était à la bonté et aux charités de la reine-mère, à laquelle bien qu'il ne voulût pas se rendre importun, reconnaissant assez combien Sa Majesté exerçait de libéralités pour toutes sortes d'œuvres de piété, néanmoins dans les grandes extrémités, c'était son refuge ordinaire de lui aller représenter avec confiance les pressants besoins des pauvres, et il ne se trouvait jamais déchu de son attente, cette charitable princesse ouvrant aussitôt la main, et encore plus le cœur pour les assister ; car lorsqu'elle avait de l'argent elle lui en donnait, et si l'argent lui manquait, elle lui donnait autre chose ; une fois entre les autres elle lui donna un diamant de la valeur de sept mille livres, et une autre fois un très-beau pendant d'oreilles qui fut vendu dix-huit mille livres par les Dames de l'assemblée de la Charité. Et quoique Sa Majesté, par un sentiment d'humilité chrétienne, eût prié M. Vincent de n'en parler à personne, il ne crut pas néanmoins être obligé de lui obéir en ce point ; mais il lui dit : « Madame, votre Majesté me pardonnera, s'il lui plaît, si je ne puis cacher une si belle action de charité ; il est bon, Madame, que tout Paris et même toute la France la connaisse, et je crois être obligé de la publier partout où je pourrai. »

Or, M. Vincent tenait cette maxime, dans les services et assistances qu'il rendait aux pauvres, d'étendre plus particulièrement ses soins envers ceux qui étaient les plus abandonnés ; et pour cette raison il s'appliquait avec une affection toute spéciale à pourvoir aux besoins des pauvres petits enfants trouvés, comme de ceux qui étaient les plus délaissés et les moins capables de s'aider; il avait un amour très-tendre pour ces pauvres petites innocentes créatures, et un amour non-seulement affectif, mais encore plus effectif. « N'est-ce pas le devoir des pères, disait-il un jour aux siens sur ce sujet, de pourvoir aux nécessités de leurs enfants? et puisque Dieu nous a substitués au lieu de ceux qui les ont engendrés, afin que nous prenions soin de leur conserver la vie, et de les faire élever et instruire en la connaissance des choses de leur salut, prenons bien garde de ne nous point relâcher dans une entreprise qui lui est si agréable; car si après que leurs mères dénaturées les ont ainsi exposés et abandonnés, nous venons à négliger le soin de leur nourriture et éducation, que deviendront-ils? pourrons-nous consentir de les voir périr tous, comme autrefois, dans cette grande ville de Paris? »

Une personne de vertu, qui connaissait particulièrement les peines que M. Vincent prenait pour la conservation de ces pauvres petites créatures, lors même que les dames les plus charitables qui en avaient pris le soin perdaient presque courage à cause de la grande dépense qu'il fallait soutenir, en a rendu le témoignage qui suit plusieurs années après sa mort: « Dieu sait combien de soupirs et de gémissements M. Vincent a poussés vers le ciel au sujet de ces pauvres petits enfants! quelles recommandations il a faites à sa compagnie de prier Dieu pour eux! quels moyens il a employés, et quelles voies il a tentées pour les faire nourrir à peu de frais, et quels soins il a pris de les envoyer visiter les années passées chez leurs nourrices en divers villages par les Filles de la Charité, et, cette année 1649, par un Frère de sa Congrégation, lequel a employé près de six semaines à faire cette visite. »

On lui rapporta un jour qu'un prêtre de sa compagnie avait dit que le soin qu'il prenait de ces enfants trouvés était la cause de la grande pauvreté de sa maison de Saint-Lazare, qui en était notablement incommodée pour le temporel, et se trouvait en danger d'être entièrement ruinée, à cause, disait-il, que les aumônes qu'on avait accoutumé de nous faire, sont diverties pour ces enfants, leurs besoins paraissant plus grands et plus pressants que les nôtres, et ceux qui font ces charités ne pouvant pas donner à eux et à nous tout ensemble. A quoi M. Vincent répondit: « Dieu lui pardonne cette faiblesse, qui le fait ainsi éloigner des sentiments de l'Evangile. Oh! quelle bassesse de foi de croire que, pour faire et procurer du bien à des enfants pauvres et abandonnés comme ceux-ci, Notre-Seigneur ait moins de bonté pour nous, lui qui promet de récompenser au centuple ce qu'on donnera pour lui. Puisque ce débonnaire Sauveur a dit à ses disciples : Laissez venir ces enfants à moi, pouvons-nous les rejeter ou abandonner lorsqu'ils viennent à nous, sans lui être contraires ? Quelle tendresse n'a-t-il point témoignée pour les petits enfants, jusqu'à les prendre entre ses bras, et les bénir de ses mains ? n'est-ce pas à leur occasion qu'il nous a donné une règle de salut, nous ordonnant de nous rendre semblables à des petits enfants, si nous voulons avoir entrée au royaume des cieux ? Or, avoir charité pour les enfants et prendre soin d'eux, c'est en quelque façon se faire enfant ; et pourvoir au besoin des enfants trouvés, c'est prendre la place de leurs pères et de leurs mères, ou plutôt celle de Dieu qui a dit que si la mère venait à oublier son enfant, que lui-même en prendrait soin, et qu'il ne le mettrait pas en oubli. Si Notre-Seigneur vivait encore parmi les hommes sur la terre, et qu'il vît des enfants abandonnés, penserions-nous qu'il voulût aussi les abandonner ? Ce serait sans doute faire injure à sa bonté infinie d'avoir une telle pensée ; et nous serions infidèles à sa grâce si, ayant été choisis par sa providence pour procurer la conservation corporelle et le bien spirituel de ces pauvres enfants trouvés, nous venions à nous en lasser et les abandonner à cause de la peine que nous y avons. »

SECTION III.

SES AUMÔNES.

Peut-être que le sujet dont nous allons traiter en cette section trouvera d'abord de la difficulté en quelques esprits, qui seront en peine de savoir comment le supérieur général d'une Congrégation, par son propre mouvement, et sans requérir le consentement de ceux de cette Congrégation, aura pu faire largesse aux pauvres des biens de la même Congrégation ; et encore plus comment M. Vincent, qui était si humble, si déférent et si grand amateur de la pauvreté évangélique, et qui même ne voulut pas, sans l'agrément exprès de sa communauté, comme nous avons vu au premier livre, donner un très-modique secours d'argent à son propre frère, qui était venu exprès de deux cents lieues loin pour le visiter, ce qu'il n'avait pu faire sans intéresser notablement les petites facultés de sa pauvre famille ; comment, dis-je, ce fidèle serviteur de Dieu a si souvent et si largement donné l'aumône à toutes sortes de pauvres aux dépens de sa même communauté, ainsi que nous verrons dans la suite de cette section.

Il est vrai que cela paraîtra d'abord un peu surprenant, et que ceux qui penseront en juger plus favorablement estimeront que cela s'est fait par un mouvement extraordinaire du Saint-Esprit, qui porte quelquefois les saints à des pratiques de vertu plus admirables qu'imitables. Mais quoique cela se puisse bien dire avec vérité sur ce sujet, et qu'il soit aisé de reconnaître en plusieurs rencontres de la vie de M. Vincent une conduite de Dieu tout extraordinaire, et des maximes autant opposées à la commune prudence des hommes qu'elles étaient conformes à la sagesse toute divine de Jésus-Christ, on peut néanmoins outre cela faire attention à diverses considérations sur lesquelles ce procédé de M. Vincent peut trouver un raisonnable et légitime appui.

Et premièrement, on doit considérer que M. Vincent était non-seulement le supérieur général, mais encore l'auteur, le fondateur et l'instituteur d'une nouvelle compagnie qui a pris naissance entre les bras de sa charité, et que l'on peut dire en quelque façon avoir demeuré durant le temps de sa vie, comme dans le berceau de son enfance. C'est lui qui après Dieu lui a donné l'être, la forme et consistance; qui a prescrit l'ordre qui se devait garder en toutes ses parties; qui a déterminé ses emplois et ses fonctions, et qui a élevé, instruit et perfectionné les sujets qui la composent, lesquels l'ont toujours regardé comme leur vrai père, et lui réciproquement les a considérés comme ses chers enfants, auxquels il pouvait dire à l'imitation du saint Apôtre : *Filioli quos iterum parturio donec Christus formetur in vobis.*

Cela étant de la sorte, il a bien pu, non pas comme supérieur général, mais seulement comme instituteur et père, disposer d'un bien qui lui était commun avec ses enfants, et dont il avait comme la garde-noble pendant la minorité de sa compagnie, et en disposer non pour lui, ni pour ses intérêts particuliers, mais pour les intérêts de Jésus-Christ, et pour le secours et le service de ses membres qui sont les pauvres. Que si quelque rigoureux censeur, nonobstant tout cela, voulait encore dire et soutenir qu'il devait requérir le consentement de ses enfants, on lui repondra qu'il n'a pas jugé nécessaire de le requérir, ni de les obliger à le déclarer de vive voix, parce qu'il le lisait dans leurs cœurs, l'union très-cordiale et très-intime qu'ils ont toujours eue avec un tel père n'ayant jamais dû souffrir entre eux et lui aucune diversité de sentiments : ils voulaient tout ce qu'il voulait ; et il ne voulait que des choses si bonnes, si saintes, et si conformes aux desseins et aux ordres de Dieu, que ce serait faire tort à leur vertu de croire qu'ils eussent eu la moindre pensée contraire.

Outre cela il était question, en ces premiers commencements d'une compagnie naissante, d'en établir non-seulement le temporel, mais encore plus le spirituel. Ce n'était pas assez d'en former le corps, mais il fallait aussi lui inspirer et communiquer l'esprit propre aux fins pour lesquelles elle était établie : or, comme l'une de ses principales fins, ainsi que nous avons vu, était d'évangéliser les pauvres, et de leur rendre tous les services et toutes les assistances convenables pour cet effet, il fallait l'élever dans un esprit de compassion, de tendresse et d'amour envers les pauvres ; et puisque le dessein de ce saint fondateur était que ceux de sa compagnie fussent dans une disposition continuelle d'exposer et sacrifier leur vie, autant qu'il en serait de besoin, pour procurer le salut des pauvres, il avait une juste raison de les disposer à faire volontiers une bonne part de leurs biens extérieurs aux mêmes pauvres, lors particulièrement que cette assistance pouvait aussi contribuer à leur bien spirituel.

Enfin, la condition du temps de la Congrégation de la Mission a vu dans ses commencements les calamités et misères qui ont inondé la plupart des provinces de ce royaume, et même de toute l'Europe ; l'extrême nécessité où les pauvres de la campagne et des villes aussi ont été réduits par le malheur des guerres et d'autres funestes accidents, ayant pressé le cœur charitable de M. Vincent de s'employer pour les secourir, et étant pour cela nécessaire d'exciter les personnes riches à la compassion et à la miséricorde, de leur persuader de faire des aumônes proportionnées aux besoins extrêmes d'une infinité de pauvres répandus de tous côtés, qui étaient sur le point de périr, ce prudent et fidèle serviteur de Jésus-Christ a très-bien reconnu qu'il fallait les exhorter plus par exemple que par paroles : et il est certain qu'il ne pouvait employer un plus puissant motif pour les porter à ces œuvres extraordinaires de charité, qui ont été pratiquées avec tant de bénédiction durant un si grand nombre d'années, qu'en commençant à faire le premier ce qu'il recommandait aux autres ; et en cela l'exemple des aumônes qu'il a faites a été d'autant plus efficace, que l'on voyait bien qu'elles allaient au-dessus de ses forces, et qu'il ôtait de sa bouche et de celles de ses enfants ce qu'il donnait aux pauvres : ce qui pourtant ne diminuait en aucune façon, mais plutôt augmentait l'affection et le désir que lui et les siens avaient de travailler, de s'employer et de se consumer pour l'assistance spirituelle des mêmes pauvres.

Cela donc étant supposé, voyons quelque petite partie des libéralités et des charités que ce vrai père des pauvres a exercées en leur endroit : je dis quelque petite partie, parce qu'il n'y a que Dieu seul qui connaisse le tout, l'humilité de son serviteur l'ayant toujours porté à cacher autant qu'il pouvait aux yeux des hommes ce qu'il faisait par le seul motif de son amour : il était bien éloigné des sentiments de ceux dont Jésus-Christ parle dans l'Évangile, qui sonnent de la trompette pour publier leurs aumônes, et qui emploient toutes sortes d'artifices pour se mettre en crédit, et se faire estimer, par quelques offices de charité qu'ils exercent envers les pauvres : il faisait au contraire tout son possible pour cacher ses aumônes, il n'en parlait jamais, et ne souffrait point qu'on en parlât. Et quoiqu'outre cela il fît encore plusieurs autres dépenses très-notables pour le service des pauvres, comme de fournir souvent aux frais des voyages que les siens entreprenaient, pour les aller secourir en des lieux fort éloignés, de payer tous les ports de lettres qui lui étaient adressées pour ce même sujet, tant des provinces éloignées que des pauvres esclaves d'Alger, de Tunis, de Biserte et autres lieux, ce qui se montait à des sommes fort considérables, il n'en a pourtant jamais voulu parler, ni faire entrer cette dépense en aucune considération, se contentant que Dieu la connût et l'eût agréable. Que s'il ne pouvait empêcher quelquefois que quelques-unes de ses charitables œuvres ne fussent connues, il les rabaissait et en diminuait l'estime, disant que c'étaient des gueux qui faisaient part de leurs haillons et de leurs bribes à d'autres gueux.

Il avait établi la Confrérie de la Charité dans la paroisse de Saint-Laurent : et parce que cette paroisse est située dans la seigneurie de Saint-Lazare, il donnait tous les ans libéralement et par pure charité deux cents livres pour subvenir à la dépense tant de cette Confrérie que des Filles de la Charité pour l'assistance des pauvres malades, et de plus il envoyait tous les vendredis de l'année deux ecclésiastiques de sa maison, pour les visiter et consoler dans leurs maladies.

Quand quelques pauvres mouraient dans le voisinage de Saint-Lazare, soit qu'ils fussent de sa connaissance ou qu'ils n'en fussent pas, il faisait donner des draps pour les ensevelir lorsqu'ils n'en avaient point : et ayant un jour fait enterrer honnêtement une pauvre femme à ses frais, il reçut ensuite son mari à Saint-Lazare, qui y fut malade assez longtemps; et fit encore la même charité à un autre pauvre homme, lequel enfin y mourut.

Ayant un jour rencontré dans la rue, auprès de Saint-Lazare, un pauvre homme presque nu, il lui fit donner aussitôt un habit : ce qui lui était assez ordinaire, et qu'il a souvent pratiqué à l'égard de plusieurs autres, faisant donner aux uns des souliers, aux autres des chapeaux, aux autres des chemises, et aux dépens de sa maison.

Il recevait tous les jours deux pauvres à Saint-Lazare, pour les faire dîner avec sa communauté, auxquels on donnait auparavant l'instruction spirituelle dont ils avaient besoin : et on a vu souvent ce véritable ami des pauvres, après les avoir salués avec grande affabilité, leur aider à monter les degrés du réfectoire, les faire placer au-dessus de lui, prendre soin de les faire bien servir et leur rendre lui-même plusieurs petits services.

Outre ces deux pauvres, il faisait encore distribuer tous les jours à de pauvres familles des portions de pain, de potage et de viande qu'elles envoyaient prendre à la porte de Saint-Lazare; et de tout temps il a fait faire en cette même maison de Saint-Lazare deux autres sortes d'aumônes ordinaires, sans compter les extraordinaires : l'une de pain ou d'argent, pour les pauvres passants à toutes les heures du jour; et l'autre de potage rempli de pain, que l'on distribuait trois fois par semaine, à une heure réglée, à tous les pauvres qui se présentaient, de quelque lieu qu'ils fussent. Outre cette aumône, on leur faisait encore chaque fois une instruction particulière sur quelque point du catéchisme, ou des devoirs de la vie chrétienne conformes à leur condition; et après leur avoir expliqué les principaux mystères que tous doivent savoir et croire, on leur parlait tantôt de la manière de bien prier Dieu, tantôt de ce qu'il faut faire pour vivre en bon pauvre, ou bien comment ils devaient souffrir avec patience leur pauvreté et affliction, et ainsi des autres sujets qui leur étaient propres et convenables, le tout suivant les ordres qui en étaient donnés par M. Vincent.

Les pauvres se trouvaient à centaines, en tout temps, à ces aumônes corporelles et spirituelles, et on en a vu quelquefois jusques à cinq et six cents. Il est vrai qu'il fit cesser cette distribution de potages deux ou trois ans avant son décès, à cause des défenses qui en furent faites, après l'établissement de l'Hôpital général, pour ôter la mendicité de Paris; et comme les pauvres s'en plaignaient, lui disant : Mon père, Dieu n'a-t-il pas commandé de faire l'aumône aux pauvres? Il leur répondit : Il est vrai, mes amis, mais il a commandé aussi d'obéir aux magistrats. Et néanmoins depuis cette défense, à l'occasion d'un rude hiver qui réduisit quantité de pauvres familles dans une extrême nécessité, il leur fit donner chaque jour du pain et du potage.

Pendant les troubles de Paris il fit faire la même distribution tous les jours à près de deux mille pauvres; ce qui causa une grande dépense à la maison de Saint-Lazare, laquelle en demeura encore plus endettée qu'elle n'était. Il fut en ce temps-là obligé de sortir de Paris, comme il a été dit au premier livre ; et quoiqu'on lui eût mandé les pillages, les dégâts et les pertes très-notables que souffrait alors cette maison par le logement de huit cents soldats et autres gardes qu'on y avait envoyés, sachant néanmoins la grande nécessité que souffraient les pauvres, il écrivit plusieurs fois à son assistant pour lui recommander que l'on continuât toujours ces aumônes de pain, employant jusqu'à trois setiers de blé chaque jour, sans avoir égard qu'il était pour lors extrêmement cher, et qu'on n'en pouvait même trouver dans Paris pour de l'argent : la charité de ce vrai père des pauvres passant par-dessus toutes ces considérations, qui eussent été capables d'en arrêter toute autre moindre que la sienne. Le frère boulanger de la maison, qui avait en sa charge le gouvernement des grains, a déclaré que, pendant l'espace de trois mois, il en avait employé dix muids en pain, qu'on distribua aux pauvres. En quoi il y a sujet d'admirer la conduite de la providence de Dieu ; car, à la fin de ces trois mois, qui fut environ la fête de Pâques, toute la provision de blé ayant été ainsi consommée, et la communauté réduite à n'avoir pas de pain pour sa subsistance, lorsqu'elle était sur le point de succomber à la nécessité, les affaires publiques s'accommodèrent, et les passages étant ouverts, on acheta du blé pour vivre, de l'argent qui fut emprunté ; et en cela l'on reconnut manifestement le soin que la bonté de Dieu prend de secourir dans leurs besoins ceux qui assistent les pauvres.

Voici le témoignage qu'a rendu sur ce sujet un très-vertueux ecclésiastique : « Pour faire voir, dit-il, le grand cœur de M. Vincent et son amour incomparable pour les pauvres, ayant appris ce qui s'était passé dans Saint-Lazare, et comme tout y avait été consumé, ou par le feu ou par la dissipation que les soldats en avaient faite, prévoyant par sa prudence à quelle extrémité seraient réduits les pauvres par le blocus de Paris et par la grande cherté des vivres, qui serait inévitable, il manda à feu M. Lambert, qui tenait sa place, qu'il donnât ordre que tous les jours on fît de grosses aumônes aux pauvres, et qu'à cet effet la maison empruntât seize ou vingt mille livres pour y subvenir : ce qui fut fidèlement exécuté ; en sorte que tous les jours on distribuait un grand nombre de pains, et deux ou trois grandes chaudières de potage aux pauvres, avec la même abondance et libéralité comme si le blé n'eût rien coûté à la maison. Ce qui fut continué durant plusieurs mois, et même après l'accroissement de ces troubles ; ce qu'ont depuis imité avec grande bénédiction diverses communautés et autres personnes riches. Et ce n'est pas une des moindres louanges dues à la charité saintement ingénieuse de M. Vincent pour le soulagement des pauvres dont il a toujours été le père nourricier, en tous lieux et en toutes occasions. »

Mais ce qui est encore digne de remarque est que ce charitable proviseur des pauvres donnait non-seulement les ordres nécessaires pour assister ceux qui venaient demander l'aumône à la porte de Saint-Lazare, mais de plus il envoyait chercher les pauvres réfugiés à Paris jusque dans leurs taudis et galetas, employant à cet effet un prêtre et un frère, qui allaient en ces lieux voir quels étaient leurs besoins pour les soulager et surtout les malades. Or, comme sa charité était sans mesure et sans bornes, il en étendait les soins sur toutes sortes de personnes, de quelque condition ou nation qu'elles fussent : c'est pourquoi ayant appris en ce temps-là qu'il y avait dans Paris quantité de pauvres catholiques hibernais bannis pour la foi, et réduits en grande misère, il appela un jour un des prêtres de sa Congrégation, Hibernais de naissance, et lui demanda ce qu'il pensait qu'on pourrait faire pour assister ces pauvres réfugiés d'Hibernie : « N'y aurait-il pas moyen, lui dit-il, de les assembler pour les consoler et pour les instruire ? Ils n'entendent pas notre langue, et je les vois comme abandonnés, ce qui me touche le cœur, et me donne un grand sentiment de compassion pour eux. » A quoi ce bon prêtre ayant répondu qu'il y ferait son possible ? « Dieu vous bénisse, répliqua M. Vincent; tenez, voilà dix pistoles; allez au nom de Dieu, et leur donnez la consolation que vous pourrez. » Il faut remarquer que cette assistance est différente de celle qu'il rendit à des ecclésiastiques du même pays d'Hibernie, dont il sera parlé ci-après.

Un bon garçon tailleur, s'étant retiré de Saint-Lazare en son pays, après avoir vu et expérimenté la grande charité de M. Vincent, prit la liberté, au bout de quelque temps, lorsque ce saint homme était le plus occupé dans les grandes affaires de la cour, de lui écrire une lettre pour le prier de lui envoyer un cent d'aiguilles de Paris; ce qu'il reçut en très-bonne part, et prit très-volontiers le soin de les faire acheter, et les lui envoyer, sans témoigner en aucune façon qu'il trouvât étrange que ce garçon se fût adressé si librement à lui pour des choses de si petite conséquence.

Retournant un jour de la ville, il trouva quelques pauvres femmes à la porte de Saint-Lazare, lesquelles lui ayant demandé l'aumône, il leur dit qu'il allait leur envoyer quelque chose; mais quand il fut entré, s'en étant oublié à cause de quelques affaires pressantes et importantes qui lui occupèrent l'esprit, comme on l'en eut fait ressouvenir, il leur porta lui-même l'aumône, et s'étant mis à genoux devant elles, leur demanda pardon de ce qu'il les avait oubliées.

Une pauvre femme ayant fait demander l'aumône à M. Vincent, il lui envoya un demi-écu ; mais, elle, lui ayant mandé que cela était peu eu égard à sa pauvreté, il lui envoya aussitôt encore un autre demi-écu ; et on lui a vu souvent faire des choses semblables.

Un pauvre charretier ayant perdu ses chevaux, eut recours à M. Vincent, pour le prier d'avoir pitié de lui, et lui faire quelque charité pour lui aider à réparer cette perte ; et aussitôt ce charitable aumônier lui fit donner cent livres.

Un fermier de la communauté de Saint-Lazare ne pouvant payer ce qu'il devait, M. Vincent lui fit encore donner de l'argent : et on ne saurait dire combien a été charitable son support pour tous les fermiers, tenanciers et débiteurs de sa communauté qui différaient à payer ; aimant mieux leur faire de nouvelles avances et se mettre en danger de tout perdre, que d'user d'aucune contrainte ou rigueur en leur endroit.

Un laboureur des champs qui tenait de longue main une ferme par bail d'emphytéose qui dépendait d'un hôpital, en fut dépossédé par arrêt ; ensuite de cela étant mort, et ayant laissé sa femme et ses enfants dans une grande pauvreté, M. Vincent, par pure charité, retira ses deux petits garçons en la maison de Saint-Lazare, où ils ont été nourris et entretenus près de dix ans, et y ont appris un métier pour gagner leur vie ; il contribua aussi en même temps pour faire subsister la pauvre veuve.

La réputation que M. Vincent s'était acquise d'être un homme fort charitable, a de tout temps attiré à Saint-Lazare un grand nombre de pauvres honteux de toute sorte de conditions, tant de Paris que d'ailleurs, dont quelques-uns ayant été dans l'honneur et dans les biens, venaient en confiance lui découvrir leurs nécessités ; les autres, ayant honte de lui demander, le priaient de leur prêter quelque argent, et il leur faisait donner à tous quelque chose, aux uns plus, aux autres moins, et souvent il épuisait jusqu'au dernier sou ; et lorsqu'il n'y avait plus rien dans la bourse de la maison, il envoyait chez mademoiselle Le Gras emprunter de l'argent, pour ne renvoyer ces pauvres honteux sans quelque consolation.

Il y en avait encore d'autres auxquels il faisait donner tous les mois quelque argent ; et un peu avant sa mort, il en vint un qui, ne pouvant lui parler à cause de sa maladie, dit qu'il y avait bien dix-sept ans qu'il venait quérir cette aumône, qui était de deux écus tous les mois, laquelle il faisait passer comme une rente qui lui était due.

Venant un jour des champs à Paris dans un carrosse, et ayant rencontré sur le chemin une pauvre personne toute pleine d'ulcères et autres incommodités qui faisaient horreur, il la fit monter dans le carrosse, et la mena jusqu'au lieu où elle voulait aller dans Paris. Il a fait souvent la même chose, particulièrement pendant l'hiver, lorsque revenant le soir à Saint-Lazare il rencontrait de pauvres vieillards ou autres personnes incommodées, auxquels il donnait place dans le carrosse, qu'il nommait par humilité son infamie; faisant cela par quelque sorte de compensation de ce qu'il s'estimait indigne de ce petit soulagement, et comme voulant en payer un tribut, et en faire part aux pauvres, avec lesquels il estimait que ce qu'il avait de bien et de soulagement leur devait être commun; tant il avait d'amour, de tendresse et de compassion pour eux.

Quand il voyait des pauves malades couchés le long des rues ou des chemins, il allait à eux, ou il y envoyait, pour savoir quel était leur mal et leur besoin, afin de leur procurer quelque soulagement; et lorsqu'il ne reconnaissait point de feintise en leur fait, et qu'ils étaient vraiment malades, il leur offrait de les mener à l'Hôtel-Dieu dans son carrosse; ou bien s'il n'avait point de carrosse, il les y faisait porter; et non content de payer les porteurs, il leur donnait encore quelque aumône.

Passant un jour dans une rue de Paris, il entendit un jeune enfant qui se lamentait, et ayant aussitôt fait arrêter le carrosse, il descendit, alla vers lui, pour lui demander quel mal il avait et pourquoi il pleurait de la sorte; et l'enfant lui ayant montré un mal qu'il avait à la main, il le mena lui-même chez un chirurgien, le fit panser en sa présence, paya le chirurgien et donna encore quelque argent à ce pauvre enfant.

Un vieux soldat qu'on appelait le Criblé, à cause de quantité de blessures qu'il avait reçues à la guerre, vint un jour à Saint-Lazare, sans y être connu de personne; et s'adressant librement à M. Vincent sur la confiance qu'il prenait en sa charité, dont il avait ouï parler, il lui demanda qu'il le souffrit dans sa maison pour quelques jours, ce qu'il lui accorda bien volontiers. Ce soldat étant un jour ou deux après tombé malade, M. Vincent le fit mettre dans une chambre à feu, où il fut entretenu et médicamenté l'espace de deux mois, et même lui donna un frère pour lui rendre tous les services nécessaires jusqu'à ce qu'il fût entièrement rétabli.

Voilà quelques petits échantillons des charités que ce saint homme exerçait envers les pauvres, dont on ne doit pas s'étonner, pouvant bien leur faire largesse des biens extérieurs, puisqu'il leur avait donné son cœur et qu'il était toujours prêt d'exposer sa vie pour procurer le bien de leurs âmes : ne désirant rien tant que de leur rendre toutes sortes de services pour l'amour de Jésus-Christ, qu'il honorait particulièrement en eux; les regardant comme les vives images de la charité incompréhensible qui avait porté ce divin Sauveur à se dépouiller de toutes ses richesses, en se faisant pauvre pour l'amour de nous, afin, comme dit le saint Apôtre, qu'il nous enrichît par sa pauvreté.

SECTION III.
SON AMOUR RESPECTUEUX ENVERS LES PRÉLATS DE L'ÉGLISE.

Nous avons déjà vu au second livre quelques-uns des services que M. Vincent a tâché de rendre à MM. les prélats en diverses rencontres; et nous avons encore touché quelque chose, au commencement de ce chapitre, du grand amour et du singulier respect qu'il a eu pour leurs personnes sacrées : mais il faut avouer que tout ce que nous en avons dit et tout ce que nous en pourrons dire est très-peu, en comparaison de ce qui en est en effet; et que nous n'avons point de paroles qui soient suffisantes pour exprimer quelle était la vénération, le respect et l'amour que M. Vincent avait pour les prélats de l'Église, qu'il reconnaissait et honorait comme les lieutenants de Jésus-Christ sur la terre, et les successeurs de ses apôtres : c'est pourquoi nous avons jugé ne pouvoir mieux faire en cette section que de l'entendre parler lui-même, et nous expliquer ses sentiments sur ce sujet : nous les tirerons de quelques lettres qui sont venues les premières sous la main, parmi un très-grand nombre d'autres qu'il a écrites en divers temps à plusieurs prélats, dont nous produirons seulement les extraits.

Un évêque de grand mérite, qui est maintenant devant Dieu, et qui avait été élevé à cette dignité par l'entremise de M. Vincent, lui ayant fait savoir les premiers fruits de ses travaux dans son église, il l'en congratula par ces paroles : « Qui est-ce qui ne reconnaîtra que c'est une bénédiction de Dieu bien manifeste sur le diocèse de N. de lui avoir donné un évêque qui porte la paix aux âmes en des lieux où depuis cent ans on n'avait point ouï parler ni d'évêques ni de visites : et après cela, Monseigneur, puis-je concevoir une estime assez grande de votre personne, ni vous rendre des respects assez profonds? Mais ne dois-je pas dire que vous êtes vraiment un évêque Dieu-donné, un prélat de grâce, et un homme tout apostolique, par qui Jésus-Christ s'est fait connaître aux peuples les plus désolés? Que son saint nom en soit à jamais béni, et vous conserve une longue suite d'années, pour être enfin récompensé d'une éternité de gloire, et reconnu dans le ciel parmi un très-grand nombre d'âmes bienheureuses qui auront eu entrée en ce séjour de gloire par votre moyen, et qui vous y reconnaîtront pour leur second sauveur après Jésus-Christ. »

Un autre évêque voulant quitter son diocèse, parce, dit-il, qu'il se reconnaissait incapable de le gouverner, pria M. Vincent par plusieurs fois de lui trouver un bon successeur. A quoi il lui répondit dans les termes suivants : « Vos lettres, Monseigneur, m'ont trouvé si plein de respect pour votre personne sacrée, et d'affection de vous obéir, que j'ose vous dire que j'ai presque sans cesse devant les yeux le commandement que vous m'avez fait ; et je ne rencontre guère la personne que vous savez, que je ne lui en dise quelque mot. Je sais néanmoins, Monseigneur, que vous êtes autant au-dessus de ce que vous pensez être, comme la montagne l'est de la vallée ; mais ne pouvant vous servir à votre gré, qu'en faisant ce que vous désirez, je tâcherai de le faire en cela, et en toute occasion. »

Écrivant à un autre prélat qui était dans le même dessein de quitter son évêché, à cause de quelque incommodité, et voulant l'en détourner, voici en quels termes il lui parle : « Je ne puis, Monseigneur, vous exprimer la douleur que je sens de votre indisposition ; Dieu, qui m'a donné à vous, vous fera, s'il lui plaît, connaître la tendresse qu'il a mise en moi pour tout ce qui vous touche. Ce qui me console est que votre maladie n'est pas sans remède, ni sans espérance de guérison. J'en ai ressenti quelque atteinte autrefois, ayant eu un doigt de la main tout à fait insensible, mais cela s'en alla dans quelque temps. Plaise à Dieu, Monseigneur, de vous conserver pour le bien de votre diocèse, au sujet duquel j'ai appris que vous aviez quelque pensée de le quitter ; mais si j'étais digne d'être écouté en vous exposant la mienne, je prendrais la liberté, Monseigneur, de vous dire qu'il me semble que vous feriez bien de laisser les choses comme elles sont, de peur que Dieu ne trouve pas son compte dans votre décharge. Car où rencontrerez-vous un homme qui marche sur vos pas, et qui approche de votre conduite? S'il s'en pouvait trouver quelqu'un, à la bonne heure ; mais je ne vois pas que cela soit à espérer, dans le temps où nous sommes. Et puis, Monseigneur, vous n'avez pas plus de difficultés en votre épiscopat, que saint Paul en a trouvé dans le sien, et néanmoins il en a soutenu le poids jusqu'à la mort ; et aucun des apôtres ne s'est dépouillé de son apostolat et n'en a quitté l'exercice et les fatigues que pour aller recevoir la couronne au ciel. Je serais un téméraire, Monseigneur, de vous proposer leurs exemples, si Dieu, qui vous a élevé à leur dignité suprême, ne vous invitait lui-même à les suivre, et si la liberté que je prends ne procédait du grand respect et de l'incomparable affection que Notre-Seigneur m'a donnée pour votre sacrée personne. »

Un très-bon prélat lui ayant proposé par lettre une vingtaine de difficultés notables, sur lesquelles il lui demandait son avis, il commença la réponse qu'il fit en ces termes : « Hélas ! Monseigneur, que faites-vous ? De communiquer tant d'affaires importantes à un pauvre ignorant comme je suis, abominable devant Dieu et devant les hommes, pour les innombrables péchés de ma vie passée, et pour tant de misères présentes, qui me rendent indigne de l'honneur que votre humilité me fait, et qui certes m'obligeraient de me taire si vous ne me commandiez de parler. Voici donc mes chétives pensées sur les points de vos deux lettres, que je vous propose avec tout le respect que je vous dois, et dans la simplicité de mon cœur. Je ne puis mieux commencer que par le remerciement que je présente à Dieu de toutes les grâces qu'il vous fait, le priant qu'il se glorifie lui-même des heureux succès de vos fonctions, auxquelles vous vaquez avec tant de zèle et d'assiduité, qu'il ne se peut rien davantage, etc.

« Je pense que vous n'aurez pas désagréable de savoir que M. l'abbé votre frère est allé faire une petite retraite chez nos prêtres de Richelieu. Le supérieur m'a mandé qu'il a fort édifié cette petite communauté par sa dévotion, sagesse et modestie, et que même il a trouvé tant de goût en ses exercices, qu'il leur a fait espérer d'aller passer les fêtes de Noël avec eux. Comme je sais, Monseigneur, que vous ne désirez rien tant que de voir vos proches se porter à Dieu, j'ai voulu vous faire part de cette consolation, qui n'a pas été petite pour moi, voyant qu'en même temps que vous travaillez à établir son service en votre diocèse, lui-même l'affermit et le perfectionne dans votre famille.

Répondant à un autre prélat qui lui avait proposé de semblables difficultés : « J'ai reçu la lettre, lui dit-il, que vous m'avez fait l'honneur de m'écrire. Je l'ai lue et relue, Monseigneur, non pour examiner les questions que vous me proposez, mais pour admirer le jugement que vous en faites, où il paraît quelque chose de plus que de l'esprit humain ; car il n'y a que l'esprit de Dieu, résidant en votre personne sacrée, qui puisse joindre la justice et la charité au point que vous vous proposez de les observer en cette affaire. Je n'ai donc qu'à remercier Dieu, comme je fais, Monseigneur, des saintes lumières qu'il vous a données, et de la confiance dont vous daignez honorer votre serviteur inutile. Les choses que vous me proposez sont si élevées au-dessus de moi, que je ne puis sans une grande confusion penser aux avis que vous me demandez : je ne laisse pas, Monseigneur, de vous obéir en vous disant, etc. »

M. Vincent voyant un très-bon prélat dans quelque procès en avait beaucoup de peine, à cause de l'affection qu'il lui portait; et ayant un jour essayé de le tirer de cette affaire par voie d'accommodement, il lui en écrivit et termina sa lettre par ces paroles : « Au nom de Dieu, Monseigneur, pardonnez-moi si je m'entremets en ces affaires ici, sans savoir si les ouvertures que j'ai faites vous agréeront. Il arrivera peut-être que vous en serez mal satisfait; mais il n'y a remède, puisque ce que j'en fais n'est que par un excès d'affection, de vous voir déchargé des soins et distractions que ces fâcheuses affaires vous peuvent causer, afin que vous puissiez vaquer avec plus de tranquillité d'esprit à la conduite et sanctification de votre diocèse; et pour cela j'offre souvent à Dieu mes chétives prières, etc. Mais il y a une chose, Monseigneur, qui m'afflige grandement, c'est que l'on vous a dépeint au conseil comme un prélat qui a grande facilité à plaider, en sorte que cette impression y est entrée fort avant dans les esprits. Pour moi, j'admire Notre-Seigneur Jésus-Christ qui a improuvé les procès, et qui néanmoins a bien voulu en avoir un et le perdre. Je ne doute pas, Monseigneur, que si vous en avez quelques-uns, ce n'est que pour soutenir et défendre sa cause : et de là vient que vous conservez une grande paix intérieure parmi toutes les contradictions du dehors, parce que vous ne regardez que Dieu et non pas le monde : vous cherchez uniquement de plaire à sa divine Majesté, sans vous soucier de ce que les hommes diront; dont je remercie sa divine bonté, parce que c'est une grâce qui ne se trouve que dans les âmes qui lui sont intimement unies. Mais je vous dois dire aussi, Monseigneur, que cette fâcheuse opinion du conseil pourra vous nuire en l'instance présente, et empêcher qu'on ne vous accorde ce que vous demandez. »

La proposition d'accommodement contenue en cette lettre n'ayant pas été agréable à ce bon prélat, M. Vincent ne se rebuta pas pour cela, mais il lui en écrivit derechef dans les termes suivants : « Je vous supplie très-humblement, Monseigneur, de me supporter encore cette fois, si j'ose vous faire l'ouverture d'un accommodement : je sais bien que vous ne doutez pas que c'est l'affection de mon pauvre cœur pour votre service qui me le fait désirer; mais vous pourriez trouver mauvais qu'étant si peu intelligent que je suis, et que connaissant que vous n'avez pas agréé la première proposition que je vous en ai faite, j'entreprenne de vous en faire une seconde : aussi ne le fais-je pas de moi-même, mais par l'ordre de monsieur votre rapporteur, lequel je suis allé voir depuis deux jours pour lui recommander votre cause, et lui déclarer les conduites admirables que Notre-Seigneur tient sur vous, Monseigneur, et par vous sur votre diocèse. A quoi il m'a répondu qu'il était votre très-humble serviteur, et une des personnes du monde qui vous estime et qui vous honore le plus, et que dans cet esprit il me priait de vous mander que, si vous le croyez, vous sortirez amiablement de tous ces différends. Il m'a apporté plusieurs raisons pour cela, et entre autres celle-ci, qu'il est de la bienséance, pour un si grand prélat que vous, de terminer les affaires par cette voie, surtout ayant affaire à votre clergé, où les esprits sont disposés à la révolte, et dans le dessein de vous tracasser toute votre vie. Et comme il voit l'air du conseil, il appréhende l'événement des poursuites, parce que plusieurs de ceux qui le composent, ne sachant pas la sainte vie que vous menez ni les droites intentions qui vous font agir de la sorte, pourront penser qu'il y a quelque chose de contraire au support et à la douceur convenable à votre dignité. Je vous supplie très-humblement, Monseigneur, d'excuser ma hardiesse, et de ne pas considérer ce que je vous représente comme venant de moi, mais de monsieur votre rapporteur, qui est l'un des plus sages du siècle et l'un des meilleurs juges du monde. Il y a plus de personnes chez lui que chez les premiers chefs de la justice, parce que chacun s'estime heureux de l'avoir pour rapporteur. Je prie Dieu qu'il ait agréable de redonner la paix à votre Église, et le repos à votre esprit. Vous savez le pouvoir que vous avez sur moi et l'affection singulière que Dieu m'a donnée pour votre service : si donc vous me jugez digne d'y contribuer quelque chose, sa divine bonté sait que je m'y emploierai de tout mon cœur.

Un saint prélat ayant pris la peine, pendant les exercices des ordinands, de leur faire lui-même un entretien tous les jours, M. Vincent l'en congratula dans ces termes : « Je vous remercie très-humblement, Monseigneur, de l'honneur que vous avez fait à votre séminaire de le consoler de votre chère présence et de vos instructions paternelles pendant l'ordination ; et je rends grâces à Dieu de la faveur qu'il a faite à ceux qui ont eu le bonheur de vous entendre, de voir en sa source l'esprit ecclésiastique ; j'espère qu'ils s'en souviendront toute leur vie et que le fruit en durera plusieurs siècles. Au reste, Monseigneur, j'ai reçu la lettre dont vous m'avez honoré avec joie, parce que c'est votre lettre ; et avec douleur, voyant ce qui s'est passé en votre synode : en quoi, Monseigneur, j'admire d'un côté la conduite de Dieu, qui exerce de la sorte la vertu d'un de ses plus grands serviteurs, et de l'autre le bon usage que Votre Grandeur fait de cet exercice. Je prie sa divine bonté qu'il vous fortifie de plus en plus dans cette épreuve, afin que par votre patience vous parveniez au but de vos saintes intentions, à la honte de ceux qui ont osé vous traverser. »

Quelques personnes ayant rendu un mauvais office auprès du roi à un évêque, comme s'il eût été peu soigneux de s'acquitter de sa charge, ce qui avait même obligé Sa Majesté de lui en faire plainte par une lettre de cachet qu'il lui écrivit, M. Vincent l'ayant su, et combien ce prélat en était affligé, il tâcha de le consoler par une de ses lettres, dans laquelle il lui parle en ces termes : « J'ai un sensible déplaisir, Monseigneur, de celui que vous avez reçu de la lettre qui vous a été écrite de la Cour, ainsi que l'on me l'a fait entendre, dont j'ai été grandement surpris. Je souhaiterais être en lieu où je pusse dire mes raisons pour votre justification : je vous prie de croire que je m'efforcerai de le faire lorsque Dieu m'en donnera les moyens ; de même que j'ai toujours tâché d'insinuer, en toutes rencontres et en tous lieux, la plénitude de l'estime et de la révérence que j'ai pour votre personne sacrée, qui fait de nouvelles impressions en moi toutes les fois que je considère la grâce que vous faites à vos pauvres missionnaires de les employer à l'instruction et au salut de vos peuples, et comme ils sont heureux et contents de travailler sous votre douce conduite. »

« Je rougis de honte, Monseigneur (dit-il, écrivant à un archevêque sur un autre sujet), toutes les fois que je lis la dernière lettre que vous m'avez fait l'honneur de m'écrire ; et même toutes les fois que j'y pense, voyant à quel point Votre Grandeur s'abaisse devant un pauvre porcher de naissance, et un misérable vieillard rempli de péchés ; et en même temps je ressens une grande peine de vous avoir donné sujet d'en venir là, quand j'ai pris la confiance de représenter à Votre Grandeur que nous étions hors d'état de lui donner les hommes qu'elle demande. Elle peut bien penser que ce n'a pas été par aucun défaut de respect ni de soumission pour toutes ses volontés, mais par une pure impuissance de lui obéir en cette occasion. Je la supplie très-humblement de nous donner six mois de terme : nous serions grandement consolés de vous donner plus tôt cette satisfaction, mais il ne plaît pas à Dieu que nous le puissions faire. Au nom de Dieu, Monseigneur, ayez la bonté d'excuser notre pauvreté, et réservez, s'il vous plaît, votre voyage de Paris pour une occasion plus importante. Ce me serait une bénédiction de Dieu de recevoir encore une fois celle de Votre Grandeur, mais j'aurais un regret inconcevable qu'elle vînt se fatiguer ici pour une affaire qui n'en serait pas plus avancée. Vous savez bien, Monseigneur, qu'il n'y a gens au monde plus disposés à recevoir vos commandements que nous le sommes, et moi particulièrement sur qui Dieu vous a donné un pouvoir souverain. »

En écrivant à un autre archevêque sur le sujet de quelques-uns de ses diocésains qui avaient été menés esclaves en Barbarie : « J'ai reçu votre lettre, Monseigneur (lui dit-il), avec le respect et la révérence que je dois à l'un des plus grands et des meilleurs prélats de ce royaume, et avec un très-grand désir d'obéir à tout ce qu'il vous plaira me commander. Je rends grâces à Dieu de la dévotion qu'il vous donne de délivrer vos pauvres diocésains qui sont en esclavage. Vous ferez une très-grande charité et une œuvre très-agréable à Dieu de les tirer d'un péril imminent de se perdre, et vous donnerez un bel exemple aux autres prélats, pour faire revenir en leur bercail leurs pauvres brebis égarées qui sont en grand nombre dans ce même danger ; et pour y coopérer de notre part et obéir à ce que vous désirez, nous enverrons très-volontiers quelques-uns de nos prêtres pour faire cette rédemption. J'écris aujourd'hui aux consuls de Tunis et d'Alger, et leur mande qu'ils nous envoient des passeports, afin qu'ils y puissent aller en sûreté, selon votre commandement. »

Comme M. Vincent était ravi de voir l'Église pourvue de bons et vertueux prélats, il craignait aussi que le zèle de quelques-uns n'avançât leur mort, et ne privât l'Église des services qu'ils lui rendaient ; c'est pourquoi il les exhortait dans les occasions de se ménager. Mais un vertueux évêque lui ayant fait réponse qu'il ne se voulait point épargner, et qu'il désirait mourir dans le travail, voici en quels termes ce saint prêtre se donne le tort de l'avoir prié de se conserver, et le congratule de son zèle et de sa ferveur dans les emplois de son ministère : « Il est vrai, Monseigneur, que j'ai désiré votre modération, mais c'est afin que votre travail dure et que l'excès dans lequel vous êtes continuellement ne prive sitôt votre diocèse et toute l'Église des biens incomparables que vous leur faites. Si ce désir n'est pas conforme aux mouvements que vous inspire votre zèle, je ne m'en étonne pas, parce que les sentiments humains dans lesquels je suis m'éloignent trop de cet état éminent où l'amour de Dieu vous élève. Je suis encore tout sensuel, et vous êtes au-dessus de la nature ; et je n'ai pas moins de sujet de me confondre de mes défauts que de rendre grâces à Dieu, comme je fais, des saintes dispositions qu'il vous donne. Je vous supplie très-humblement, Monseigneur, de lui en demander pour moi, non pas de semblables, mais une petite portion, ou seulement les miettes qui tombent de votre table. »

Avant que de finir ce chapitre, nous insérons ici une autre lettre très-digne de remarque que M. Vincent écrivit à un très-vertueux prélat, lequel, voyant la maladie contagieuse s'échauffer en divers endroits de son diocèse, avait eu mouvement d'aller lui-même en personne assister les pestiférés ; et néanmoins avant que de s'y engager, il en avait voulu demander conseil à M. Vincent, duquel il reçut la réponse suivante, qui contient divers avis, lesquels peuvent être fort utiles en pareilles occasions :

« Je ne saurais, Monseigneur, lui dit-il, vous exprimer l'affliction que j'ai de la maladie dont votre ville est menacée, ni la confusion que me donne la confiance dont il vous plaît m'honorer; je prie Dieu de tout mon cœur qu'il détourne ce fléau des peuples de votre diocèse, et qu'il me fasse digne de répondre en son esprit à votre commandement. Ma petite pensée donc, Monseigneur, est qu'un prélat qui se trouve en ce rencontre se doit tenir en état de pourvoir aux besoins spirituels et temporels de tout son diocèse pendant cette affliction publique, et de ne pas s'enfermer en un lieu, ni s'occuper en quelque emploi qui lui ôte le moyen de pourvoir aux autres ; d'autant qu'il n'est pas l'évêque de ce lieu-là seulement, mais il l'est de tout son diocèse, à la conduite duquel il doit si bien partager ses soins, qu'il ne les arrête pas à un lieu particulier, si ce n'est qu'il ne puisse pourvoir au salut des âmes de ce lieu-là par les curés ou par d'autres ecclésiastiques ; car en ce cas, je pense qu'il est obligé d'exposer sa vie pour leur salut, et de commettre à l'adorable providence de Dieu le soin du reste. C'est ainsi, Monseigneur, qu'un des plus grands prélats de ce royaume en use, c'est Monseigneur N., lequel a disposé ses curés à s'exposer pour le salut de leurs paroissiens ; et quand la maladie prend en un lieu, il s'y transporte pour voir si le curé est ferme en sa demeure, pour l'encourager en sa résolution, et enfin pour lui donner les conseils et les moyens convenables pour assister ses paroissiens : il fait cette visite sans s'exposer à celle des malades, et puis il s'en retourne chez lui dans la disposition de s'exposer, s'il ne pouvait pourvoir par d'autres aux besoins d'une paroisse. Que si saint Charles Borromée en a usé autrement, il y a apparence que ce fut par quelque inspiration particulière de Dieu, ou que la contagion n'était que dans la seule ville de Milan.

« Mais parce qu'il est difficile de faire en un grand diocèse ce qui se fait aisément dans un petit, il semble, Monseigneur, qu'il serait bon que vous eussiez agréable de visiter les quartiers où la maladie est présentement, pour encourager vos curés ; ou si quelque incommodité ou le danger d'être pris prisonnier en ce temps de guerre vous en empêchait, d'envoyer des archidiacres, ou à leur défaut quelques autres ecclésiastiques en ces quartiers-là pour la même fin ; et dès que vous saurez que la maladie a pris en quelque lieu, que vous envoyiez quelque ecclésiastique pour fortifier le curé, et pour donner quelque assistance corporelle aux pestiférés. La reine de Pologne ayant appris que la contagion avait pris à Cracovie, et que les maisons des pestiférés étaient fermées aussitôt qu'il y avait quelqu'un frappé de la maladie, et qu'ainsi les sains et les malades y souffraient la faim et le froid, elle se résolut d'y envoyer une somme notable par deux missionnaires, qui avaient ordre de pourvoir de nourriture aux maisons pestiférées, sans pourtant s'exposer. Il y avait quelques religieux qui s'exposaient pour l'administration des sacrements ; et par ce moyen, cette bonne reine a, sinon arrêté, pour le moins diminué de beaucoup les ravages que faisait cette maladie, et infiniment consolé cette ville-là, qui est même la capitale du royaume. Et pour ce que la ville de Varsovie, qui est maintenant le séjour des rois, a été frappée de la même maladie, un de nos prêtres me manda qu'elle donna le même ordre et la même assistance à cette ville-là par un prêtre et par un Frère de la Mission.

« Les pauvres gens de la campagne, affligés de peste, sont pour l'ordinaire abandonnés et en grande disette de nourriture ; et ce sera une chose digne de votre piété, Monseigneur, de pourvoir à cela, en envoyant des aumônes en tous ces lieux-là, et de les faire mettre entre les mains de bons curés, qui leur feront apporter du pain, du vin et quelque peu de viande, que ces pauvres gens iront prendre aux lieux et aux heures qui leur seront marqués : que si l'on n'est pas assuré de la probité du curé, il faudra donner cet ordre à quelqu'autre curé ou vicaire proche de là, ou à quelques bonnes gens laïques de la paroisse qui pourront faire cela ; il s'en trouve quelqu'un pour l'ordinaire en chaque lieu capable de cette charité, principalement quand il ne s'agit point de converser avec les pestiférés. J'espère, Monseigneur, que s'il plaît à Dieu de bénir cette bonne œuvre, Notre-Seigneur en retirera bien de la gloire ; vous, Monseigneur, de la consolation et en votre vie et en votre mort ; et vos diocésains, une grande édification ; mais pour faire cela il est absolument nécessaire de ne se pas enfermer.

« Vos missionnaires, Monseigneur, m'ont mandé que Notre-Seigneur leur fait la grâce de leur donner la disposition de s'exposer aux pestiférés les uns après les autres, soit à l'égard des malades de leur quartier, soit à l'égard du reste de la ville, selon que l'obéissance et les nécessités le requerront. Or, je leur écris, Monseigneur, qu'ils prennent cet ordre de vous ; et je vous supplie très-humblement de disposer de nous, selon que votre incomparable bonté le jugera à propos.

« Il y a quantité de religieux qui s'offrent pour l'ordinaire à assister les pestiférés, je ne doute point qu'il ne s'en trouve en votre ville, et peut-être, Monseigneur, en trouverez-vous assez pour cette bonne œuvre tant pour la ville que pour envoyer aux champs, au lieu de MM. les archidiacres et des prêtres dont j'ai parlé ci-dessus. Vous verrez, Monseigneur, par cet imprimé que je vous envoie, l'ordre que Monseigneur l'archevêque de Paris a mis dans ce diocèse pour remédier aux misères indicibles qui s'y trouvent; cela vous pourra donner quelque vue pour la manière de secourir vos pauvres diocésains. »

Ce bon prélat ayant reçu cette lettre, écrivit ces mots à M. Vincent : « Après vous avoir remercié de l'offre qu'il vous plaît me faire de vos prêtres, pour s'exposer en cas de besoin pour le service des pestiférés, je vous dirai que, comme ils travaillent utilement pour tout mon diocèse, je ne voudrais pas les exposer sans une extrême nécessité. Je suivrai vos avis en tout : je ne m'étais résolu de m'exposer qu'en tant que je connusse que c'était la volonté de Dieu. J'ai tout suspendu jusqu'à ce que j'ai vu dans votre lettre votre sentiment, et ainsi je n'y penserai plus, et je ferai ce que vous m'écrivez avec grand plaisir. »

SECTION V.

SA CHARITÉ ENVERS LES PRÊTRES ET AUTRES PERSONNES ECCLÉSIASTIQUES.

Pour connaître quelle a été la charité de M. Vincent envers les prêtres et autres personnes ecclésiastiques, il ne faut que jeter les yeux sur tout ce qu'il a fait pour procurer leur bien, dont il a été amplement parlé au premier et au second livre; et il ne serait point nécessaire d'en produire d'autres marques ni d'autres témoignages que les grands fruits qui ont réussi des exercices des ordinands, des conférences spirituelles, des retraites, des séminaires, et de toutes les autres saintes entreprises auxquelles ce grand serviteur de Dieu s'est appliqué, pour la réformation, sanctification et perfection de l'état ecclésiastique. Mais outre ces œuvres générales, il y en a beaucoup d'autres particulières qui méritent bien d'être rapportées, par lesquelles on pourra encore mieux connaître le respect et l'amour qu'il avait pour tous ceux qui sont employés dans le ministère de l'Église.

C'était dans ce sentiment qu'écrivant un jour au supérieur d'une de ses maisons, où il y avait un séminaire d'ecclésiastiques, il lui parla en ces termes : « Je salue avec affection et tendresse, lui dit-il, votre aimable cœur, et tous ceux de votre chère famille; et je prie Notre-Seigneur qu'il les bénisse si abondamment que la bénédiction en rejaillisse sur le séminaire, et que tous ces messieurs qui le composent, dans lesquels vous tâchez de mettre et de perfectionner l'esprit ecclésiastique, s'en trouvent à la fin remplis. Je ne vous les recommande pas, vous savez que c'est là le trésor de l'Église. »

Et parlant à un autre, dans une lettre qu'il lui écrivit sur le même sujet : « Oh ! que vous êtes heureux, lui dit-il, de servir à Notre-Seigneur d'instrument pour faire de bons prêtres, et d'un instrument tel que vous êtes, qui les éclairez et les échauffez en même temps ! en quoi vous faites l'office du Saint-Esprit, à qui seul appartient d'illuminer et d'enflammer les cœurs; ou plutôt, c'est cet Esprit saint et sanctifiant qui le fait par vous, car il est résidant et opérant en vous, non-seulement pour vous faire vivre de sa vie divine, mais encore pour établir sa même vie et ses opérations en ces messieurs appelés au plus haut ministère qui soit sur la terre, par lequel ils doivent exercer les deux grandes vertus de Jésus-Christ, c'est à savoir, la religion vers son Père et la charité vers les hommes. Voyez donc, Monsieur, s'il y a aucun emploi au monde plus nécessaire et plus désirable que le vôtre; pour moi, je n'en connais point, et je pense que Dieu n'a pas tant attendu à vous le faire voir, puisqu'il vous a donné l'affection pour vous y appliquer et la grâce pour y réussir. Humiliez-vous sans cesse, et vous confiez pleinement en Notre-Seigneur, afin qu'il vous fasse une même chose avec lui. »

M. Vincent faisait encore paraître sa charité envers l'état ecclésiastique par l'estime et par l'affection toute particulière qu'il avait pour les communautés ecclésiastiques qu'il voyait s'établir, et par le zèle avec lequel il procurait selon son pouvoir qu'il se fît en tous lieux de semblables établissements, lesquels il jugeait très-utiles et très-avantageux à l'Église. A ce sujet, ayant été instamment prié, par un vertueux ecclésiastique qui désirait établir une communauté de bons prêtres dans un sien bénéfice situé en Anjou, de lui envoyer quelques prêtres de la Mission pour l'aider à faire cet établissement, et se voyant dans l'impuissance de satisfaire à son désir, il lui écrivit la lettre suivante : « Il paraît bien, lui dit-il, que l'esprit de Dieu a répandu abondamment ses grâces en votre aimable cœur, et que le zèle et la charité y ont jeté de profondes racines, puisque rien n'est capable de vous rebuter du dessein que vous avez conçu de procurer la plus grande gloire de Dieu, pour le présent et pour l'avenir, dans votre bénéfice. Plaise à sa divine bonté, Monseigneur, de seconder vos saintes intentions, et de leur donner un heureux accomplissement. Je vous remercie de toutes les affections de mon âme de la patience que vous avez pour nous, qui n'aurions pu recevoir l'honneur et les biens que vous nous avez offerts, et qui n'aurions pu non plus répondre à votre attente. J'espère, Monsieur, que vous trouverez en d'autres la satisfaction entière. Je ne vois pourtant pas bien où vous pouvez vous adresser, parce que je doute si messieurs de Saint-Sulpice ou messieurs de Saint-Nicolas-du-Chardonnet voudront vous donner des prêtres. Ce sont deux saintes communautés qui font de grands biens dans l'Église, et qui étendent beaucoup les fruits de leurs travaux. Mais la première, ayant pour fin les séminaires, ne s'établit pour l'ordinaire que dans les villes principales; et la seconde, étant fort occupée dans un grand nombre de saints emplois auxquels elle s'applique pour le service de l'Église, ne pourra peut-être pas vous fournir si tôt les ouvriers que vous demandez. J'estime néanmoins que vous ferez bien de leur en faire la proposition, étant toutes deux plus propres et plus capables que nous pour commencer et perfectionner cette bonne œuvre que vous avez tant à cœur. »

Et écrivant à une dame de qualité pour lui persuader d'appliquer à un séminaire établi par messieurs de Saint-Sulpice le revenu d'une fondation faite par les seigneurs ses prédécesseurs pour dresser de bons ecclésiastiques, il lui parle en ces termes : « Si vous faites, Madame, cette application, vous devez tenir pour certain qu'elle sera exécutée en la manière que ces seigneurs ont désiré pour l'avancement de l'état ecclésiastique : et s'il vous plaît, pour cela, vous informer des biens qui se font à Saint-Sulpice, vous pourrez en espérer de semblables lorsque cette communauté sera établie en ce lieu-là, puisqu'elle est animée partout d'un même esprit, et qu'elle n'a qu'une seule prétention, qui est la gloire de Dieu. »

Mais ce n'a pas été par les seules paroles que M. Vincent a fait paraître l'affection qu'il avait tant pour les communautés que pour les particuliers du clergé, il l'a encore témoignée davantage par les œuvres, car il était toujours disposé d'accueillir, de consoler et de servir toutes sortes de personnes ecclésiastiques, selon leur condition et le besoin qu'ils pouvaient avoir ; et c'était assez de porter le caractère de la prêtrise, ou bien les marques extérieures de la cléricature, pour trouver un accès favorable auprès de ce bon serviteur de Dieu. Il s'appliquait avec une charité nonpareille à procurer de l'emploi aux prêtres qui n'en avaient point et qui recouraient à lui. Il moyennait que ceux qui en étaient capables fussent pourvus de cures et autres bénéfices, où ils pussent utilement travailler ; que les autres fussent mis aumôniers chez les évêques, et autres grands seigneurs; les autres, vicaires dans les paroisses des villes ou des villages; les autres, confesseurs ou chapelains chez les religieuses ou dans les hôpitaux. Il témoignait à tous les ecclésiastiques, jusqu'aux moindres, beaucoup d'estime et d'affection; il priait les siens de les aimer tous, et de ne parler jamais d'eux qu'en bonne part, surtout lorsqu'ils prêchaient au peuple : et il avait cela tellement à cœur, qu'il alla un jour exprès de Saint-Lazare en une paroisse éloignée de cinq ou six lieues, pour demander pardon aux ecclésiastiques du lieu de ce qu'un prêtre de sa compagnie, en prêchant, avait dit quelques paroles moins considérées qui leur avaient donné de la peine.

Quelqu'un a remarqué comme une action grandement louable et méritoire, qu'un jour M. Vincent ayant appris que quelque ecclésiastique était tombé dans le désordre, il fit tout ce qu'il put pour l'en retirer, et même prit le soin d'envoyer à Rome pour lui, et de le nourrir jusqu'à ce qu'il reçût son absolution; ensuite il le mit en état de pouvoir subsister le reste de ses jours.

Un autre prêtre ayant été repris et convaincu de quelque action sacrilége très-punissable, et ayant été mené à Saint-Lazare, M. Vincent lui parla avec tant de douceur et d'efficace, qu'il en fut vivement touché; et pour le mettre de plus en plus dans les dispositions telles qu'il convenait, il le retint à Saint-Lazare pendant quelques semaines, où il le fit nourrir et habiller, et fournir de toutes les choses nécessaires, et enfin lui obtint le pardon de son évêque.

Un autre ecclésiastique étant malade au séminaire des Bons-Enfants, et voulant être traité au-delà de ce que sa condition requérait, et même n'ayant pas le moyen de payer sa dépense, faisait grande peine à toute la maison, laquelle eût bien désiré en être déchargée; mais M. Vincent ne le voulut pas, et poussé de sa charité ordinaire, il prit soin de lui faire acheter aux dépens de la maison tout ce qu'il désirait, quoique cela coûtât fort cher et ne fût pas nécessaire, mais seulement pour le contenter.

Un autre prêtre se trouvant malade dans la même maison, et, tout au contraire du précédent, n'osant en demander, parce qu'il était pauvre, et même n'ayant pas le moyen de payer la dépense, il craignait d'être à charge à la maison, M. Vincent l'ayant su, l'alla visiter, et lui dit qu'il ne devait se mettre en aucune peine, et qu'il y avait dans la maison pour son service des calices et d'autres vaisseaux d'argent qu'il ferait très-volontiers vendre pour y subvenir, plutôt que de permettre qu'il manquât d'aucune chose qui lui fût nécessaire.

Un autre prêtre inconnu et malade s'étant présenté à M. Vincent pour lui demander quelque assistance, il le reçut avec grande charité, et le fit loger, traiter et médicamenter avec grand soin jusqu'à ce qu'il eût recouvré sa santé.

Un autre qui était allé faire retraite à Saint-Lazare, y étant tombé malade, et n'ayant à cause de sa pauvreté aucun lieu pour se retirer, M. Vincent en fit prendre tous les soins imaginables; et ce prêtre ayant après une longue maladie recouvré sa santé, il lui fit donner une soutane et un bréviaire, et plusieurs autres commodités, et outre cela dix écus pour l'aider quelque temps à subsister.

Un autre ecclésiastique ayant été reçu à Saint-Lazare pour y coucher une nuit, quoiqu'il fût inconnu et qu'il y fût venu en fort mauvais équipage, s'en alla le lendemain sans dire adieu, et emporta une soutane et un manteau long qu'il y avait dérobés : quelqu'un le voulant faire suivre, M. Vincent l'empêcha, disant qu'il y avait apparence que ces choses lui étaient bien nécessaires, puisqu'il avait été réduit à cette extrémité que de les emporter, et qu'il fallait plutôt lui en porter d'autres que de lui demander celles qu'il avait prises.

Un autre pauvre prêtre étant obligé de faire un voyage, et n'ayant aucun moyen pour en faire la dépense, ni même pour avoir l'équipage nécessaire, M. Vincent, auquel il s'adressa, lui fit donner tout ce dont il avait besoin, jusqu'à des bottes, et outre cela vingt écus.

Un autre bon prêtre a lui-même rendu ce témoignage, qu'étant venu de son pays pour quelques affaires en la ville de Paris, où il n'avait aucune connaissance, il fut obligé de se loger dans un cabaret ; ce que M. Vincent ayant su, il l'envoya quérir, et le fit loger et nourrir charitablement aux dépens de la maison de Saint-Lazare, dans un lieu de piété, où il demeura près d'un mois, et jusqu'à ce que ses affaires fussent achevées.

Un bon curé du diocèse de Tours ayant un procès à Paris, qu'il était obligé de poursuivre pour l'honneur de son caractère, qui avait été notablement offensé en sa personne, s'adressa à M. Vincent, comme au refuge le plus assuré de toutes les personnes ecclésiastiques, lui écrivant qu'il ne pouvait venir à Paris, ni même y entretenir un solliciteur, s'il ne lui donnait quelque assistance : à quoi M. Vincent répondit qu'il envoyât telle personne qui lui plairait, et qu'il le déchagerait de la dépense : ce qu'il exécuta depuis, comme il lui avait promis, ayant fait loger et nourrir son homme dans Paris, aux dépens de la maison de Saint-Lazare, pendant plus d'une année que dura la poursuite de cette affaire, laquelle fut enfin terminée à l'avantage de ce curé, qui était un fort honnête homme.

Ce grand amateur du sacerdoce de Jésus-Christ a souvent remédié au déréglement de plusieurs prêtres par la charité qu'il a exercée en leur endroit, les détournant des occasions prochaines du péché et pourvoyant à leur retraite et à leur subsistance : il a même entretenu pendant plusieurs années, aux dépens de la maison de Saint-Lazare, un religieux italien, lequel ayant l'esprit un peu troublé, semait en divers lieux une mauvaise doctrine.

Un prêtre de Paris, qui confessait une communauté de religieuses, étant tombé malade, M. Vincent pria trois ecclésiastiques de grande piété de suppléer à sa place durant son infirmité, qui dura trois ans entiers, afin que ce bon ecclésiastique pût recevoir les salaires, comme s'il eût été en santé.

Un prêtre venait d'un lieu fort éloigné de temps en temps, pour demander quelque charité à M. Vincent, afin de l'aider à vivre en son pays qui était désolé : le procureur de la maison, qui en avait de la peine, représenta à M. Vincent qu'il fallait dire à ce prêtre qu'il ne revînt plus, et qu'on lui enverrait l'aumône : à quoi M. Vincent fit cette réponse : Il est dit, *Non alligabis os bovi trituranti* ; voulant faire entendre par ces paroles qu'il désirait qu'on laissât ce pauvre prêtre en la liberté de revenir toutes les fois qu'il voudrait, et de demander lorsqu'il aurait besoin d'assistance.

Enfin, le bon accueil et la grande charité qu'il faisait à tous les ecclésiastiques, conviait tous les pauvres prêtres de recourir à lui comme à leur père, avec grande confiance ; et comme il en aborde à Paris de tous côtés, tant français qu'étrangers, il ne passait aucun jour qu'il n'en vînt quelqu'un, pour implorer son secours, et qui n'en remportât quelque aumône. Mais entre tous il a exercé singulièrement sa charité envers les pauvres prêtres Hibernois exilés de leur pays, et réfugiés en France au sujet de la religion : il procurait non-seulement que les personnes de charité de sa connaissance leur distribuassent quelques aumônes, mais il leur faisait aussi bonne part de celles de sa maison ; et l'on a même vu des quittances de quelques-uns d'entre eux de ce qu'ils recevaient tous les mois de M. Vincent, lequel leur avait fait espérer par charité certaines sommes de temps en temps. Il a fait subsister pendant plusieurs années dans Paris un pauvre prêtre Hibernois aveugle, avec un garçon pour le conduire, tant par ses bienfaits que par les recommandations qu'il en faisait aux uns et aux autres ; et outre l'argent qu'il lui donnait ou qu'il procurait qu'on lui donnât, il le faisait dîner avec son garçon toutes les fois qu'il venait à Saint-Lazare, ce qui arrivait bien souvent. De plus, voyant dans Paris plusieurs ecclésiastiques de ce même pays d'Hibernie, qui faisaient leurs études, et n'avaient pourtant aucun moyen d'y subsister, il les envoyait en d'autres provinces, les adressant à des personnes de sa connaissance, pour les faire étudier à moindres frais; et outre cela, il leur donnait de quoi faire leur voyage.

Cette charité de M. Vincent ne s'est pas seulement étendue sur les pauvres ecclésiastiques qui venaient à lui, mais encore sur ceux qui n'y pouvaient pas venir, tels qu'ont été plusieurs pauvres curés et autres prêtres qui résidaient dans les provinces ruinées, auxquels il a non-seulement envoyé des prêtres missionnaires pour les secourir dans leurs plus grands besoins, mais il leur a fait encore distribuer durant plusieurs années toutes les choses nécessaires pour le service divin, et pour le saint sacrifice de la Messe, dont leurs églises étaient dépourvues, comme il a été dit ailleurs. Il faisait de plus fournir aux sains et aux malades des habits et des soutanes, et de quoi vivre et subsister : pour cet effet il recueillait et leur faisait porter avec grand soin les aumônes des personnes charitables, y contribuant aussi toujours notablement de son côté. A ce propos il arriva un jour qu'un prêtre de la Mission, voyageant dans la Champagne pour d'autres affaires, rencontra entrant dans un bourg le curé du lieu, lequel lui demanda qui il était; et ayant su par sa réponse qu'il était prêtre de la Congrégation de la Mission, à ce mot il se jeta à son col et l'embrassa avec grande affection devant tout le monde; puis l'ayant conduit en sa maison, il lui fit le récit des grands biens spirituels et corporels que tout ce pays-là avait reçus de la charité de M. Vincent, et lui en particulier : pour preuve de quoi, lui montrant la soutane dont il était couvert, il dit : *Et hac me veste contexit*; exprimant ainsi l'obligation qu'il lui en avait, par les mêmes paroles que Notre-Seigneur dit autrefois à saint Martin, pour lui témoigner combien il avait eu agréable l'aumône qu'il avait faite de son vêtement à un pauvre.

Nous pouvons avec grande raison joindre à ces exemples de la charité de M. Vincent envers les ecclésiastiques, ses sentiments à l'égard des religieux. Il avait pour eux un respect et un amour tout singuliers, et il le faisait bien paraître lorsque quelques-uns d'eux le venaient visiter à Saint-Lazare; car il les recevait comme des anges du ciel, se prosternant souvent à leurs pieds pour demander leur bénédiction, qu'il obligeait plusieurs par son humilité de lui donner, ne voulant point se lever qu'il ne l'eût reçue. Il exerçait encore envers eux dans les occasions une charitable hospitalité, leur faisant toute sorte de bons traitements. Il voulait aussi que les siens se comportassent de la même façon en leur endroit; et à ce sujet il leur recommandait souvent d'estimer et de respecter tous les ordres et toutes les communautés religieuses, et de ne donner jamais entrée en leurs esprits à aucune envie, jalousie, ou autre disposition contraire à l'humilité et à la charité de Jésus-Christ; mais d'en parler toujours avec témoignage d'estime et d'affection: en un mot, il voulait que sa Congrégation fût telle, comme il dit un jour, qu'elle ne trouvât jamais rien à redire aux autres communautés, et qu'elle fît profession ouverte de trouver bon ce qu'elles font: et répondant un jour à l'un de ses prêtres qui l'avait prié de lui mander comment il devait agir à l'égard de quelques religieux qui pensaient avoir raison de le contrarier: « Vous me demandez, lui dit-il, comment vous devez vous comporter envers ces bons religieux qui vous contrarient: à quoi je réponds que vous devez tâcher de les servir, si les occasions s'en présentent, et leur témoigner aux rencontres que vous en avez une vraie et sincère volonté; les aller visiter quelquefois; ne prendre jamais parti contre eux; ne vous intéresser en leurs affaires que pour les défendre en charité; parler d'eux en bonne part; et ne rien dire en chaire, ni en discours particuliers, qui puisse leur causer la moindre peine; et enfin leur faire et leur procurer tout le bien que vous pourrez, en paroles et en effets, quoiqu'ils ne vous rendent pas le réciproque. Voilà ce que je souhaite que nous fassions tous, et que nous nous mettions en devoir de les honorer et servir en toutes sortes d'occasions. »

M. Vincent a fait encore paraître sa charité envers les religieux, par les conseils salutaires qu'il leur a donnés lorsqu'ils ont eu recours à lui, comme plusieurs d'entre eux ont fait en diverses occasions; et entre les autres, un religieux d'un très-saint ordre, voulant en sortir sous un bon prétexte, pour entrer dans un autre, désira auparavant savoir le sentiment de M. Vincent, comme d'un homme qu'il estimait très-charitable et très-éclairé, duquel il reçut cette réponse:

« J'ai vu votre lettre, mon Révérend Père, avec respect et certes avec confusion, de ce que vous vous adressez au plus sensuel et au moins spirituel des hommes, et reconnu tel d'un chacun. Je ne laisserai pas néanmoins de vous dire mes petites pensées sur ce que vous me proposez, non pas par manière d'avis, mais par la pure condescendance que Notre-Seigneur veut que nous rendions à notre prochain. J'ai été consolé de voir les attraits que vous avez à l'union parfaite avec Notre-Seigneur; votre fidèle correspondance pour cela, et les caresses dont sa divine bonté vous a souvent prévenu; les grandes difficultés et contradictions que vous avez rencontrées dans les divers états par lesquels vous avez passé, enfin le singulier amour que vous avez pour cette grande maîtresse de la vie spirituelle, sainte Thérèse.

« Or, encore que tout cela soit ainsi, je pense néanmoins, mon Révérend Père, qu'il y a plus de sûreté pour vous de demeurer dans la vie commune de votre saint ordre et de vous soumettre entièrement à la direction de votre supérieur, que de passer à un autre, quoique saint. Premièrement, parce que c'est une maxime, que le religieux doit aspirer à s'animer de l'esprit de son ordre, car autrement il n'en aurait que l'habit; et comme votre saint ordre est reconnu des plus parfaits de l'Église, vous avez une plus grande obligation d'y persévérer, et de travailler pour en prendre l'esprit, en pratiquant les choses qui vous y peuvent faire entrer. Secondement, c'est une autre maxime que l'esprit de Notre-Seigneur agit doucement et suavement, et celui de la nature et du malin esprit, au contraire, âprement et aigrement. Or il paraît, par tout ce que vous me dites, que votre manière d'agir est âpre et aigre, et qu'elle vous fait tenir avec trop d'arrêt et d'attache à vos sentiments contre ceux de vos supérieurs, à quoi même votre complexion naturelle vous porte. Selon cela, mon Révérend Père, je pense que vous devez vous donner de nouveau à Notre-Seigneur pour renoncer à votre propre esprit, et pour accomplir sa très-sainte volonté dans l'état auquel vous avez été appelé par sa providence. »

Un autre religieux, docteur en théologie, n'étant pas content de sa religion, voulait en porter ses plaintes à Rome, et ayant pour cet effet imploré l'entremise de M. Vincent, voici quelle fut la réponse qu'il en reçut : « Je compatis, mon Révérend Père, lui dit-il, à vos peines, et je prie Notre-Seigneur qu'il vous en délivre, ou qu'il vous donne la force de les porter; comme vous les endurez pour une bonne cause, vous devez vous consoler d'être du nombre de ces bienheureux qui souffrent pour la justice. Prenez patience, mon Révérend Père, et la prenez en Notre-Seigneur, qui se plaît à vous exercer ; il fera que la religion où il vous a mis, qui est comme un vaisseau agité, vous conduira heureusement au port. Je ne puis recommander à Dieu, selon votre souhait, la pensée que vous avez de passer dans un autre ordre, parce qu'il me semble que ce n'est pas sa volonté. Il y a des croix partout, et votre âge avancé vous doit faire éviter celles que vous trouveriez en changeant d'état. Quant à l'aide que vous désirez de moi pour procurer le règlement dont il s'agit, c'est une mer à boire; c'est pourquoi je vous supplie très-humblement de me dispenser de faire présenter à Rome vos propositions. »

Cette même charité que M. Vincent avait pour l'état religieux le portait encore à prendre soin des religieuses qu'il voyait vaguer hors de leur monastère pour quelque cause que ce fût, s'employant avec grande affection pour moyenner leur retour chez elles, ou bien, si cela ne se pouvait, pour leur procurer retraite en quelque autre monastère. Voici ce qu'il écrivit un jour à une abbesse sur ce sujet : « Je prends la confiance, Madame, de m'employer envers vous, afin qu'il vous plaise recevoir en votre abbaye une de vos religieuses, qui se dit prieure de N., et qui, ne pouvant demeurer en son prieuré à cause des misères du temps, demeure exposée à la nécessité, et sa condition à la censure et à la risée du monde et des gens de guerre. Peut-être, Madame, avez-vous des raisons pour ne la reprendre pas ; au moins ai-je cru que vous en feriez difficulté : néanmoins, je ne laisse pas de vous en écrire, la charité m'obligeant de rendre cet office à une personne de cette sorte, qui fait espérer qu'elle vous donnera satisfaction, et qui donne sujet de craindre que, demeurant hors de son centre, j'entends hors de son monastère, elle ne soit ni en repos ni en assurance. Que si vous n'agréez qu'elle y retourne, je vous supplie très-humblement de me mander si, du moins, vous contribuerez quelque chose pour sa subsistance, en cas que l'on trouve à la mettre en pension en cette ville pour quelque temps. Au nom de Dieu, Madame, ne trouvez pas mauvais que je vous fasse cette proposition. »

S'il fallait ici rapporter en particulier tous les autres témoignages d'estime et d'affection et tous les services que M. Vincent a rendus aux religieux et aux religieuses, on en pourrait composer un volume. Il suffira de dire qu'il ne s'est présenté aucune occasion de les assister et servir qu'il n'ait très-volontiers embrassée ; qu'il n'y a presque aucun acte ou office de charité qu'il n'ait exercé en leur endroit ; et qu'il a toujours et en toutes rencontres fait profession ouverte de les chérir, honorer, secourir, servir et protéger autant qu'il lui a été possible ; couvrant leurs défauts, publiant leurs vertus, élevant leur état, et, par une charitable humilité, d'autant plus excellente qu'on en voit moins d'exemples, ravalant toujours et par paroles et par effets sa compagnie au-dessous de toutes les autres, pour leur donner plus de lustre, et voulant que les siens se reconnussent et se comportassent comme le moindre de tous.

SECTION VI.

SA CHARITÉ ENVERS LES SIENS.

La charité de M. Vincent étant parfaite au point que nous avons vu dans les sections précédentes, on ne peut pas douter qu'elle n'ait été bien ordonnée, puisque l'ordre est tellement nécessaire pour la perfection de cette vertu, qu'une charité mal ordonnée ne mérite pas le nom de charité, et n'en retient plus qu'une fausse apparence. Or, selon la doctrine de saint Thomas et des autres théologiens, l'ordre de la charité requiert qu'on ait un amour spécial pour ceux qui nous appartiennent de plus près, et auxquels la divine Providence nous a conjoints par un lien plus étroit : et par conséquent M. Vincent, ayant une union si intime avec ceux que Dieu lui avait donnés pour ses chers enfants selon l'esprit, et desquels il pouvait bien dire, comme le saint Apôtre, qu'il les avait engendrés par l'Evangile en Jésus-Christ, ne pouvait qu'il ne les portât dans son cœur, et qu'il ne les aimât très-tendrement, mais d'un amour d'autant plus parfait, qu'il avait plus de rapport à celui que Jésus-Christ avait pour ses apôtres et disciples.

Premièrement, à l'imitation de ce divin prototype, il leur a témoigné cet amour en les instruisant, excitant, encourageant, consolant, et leur rendant tous les offices de charité que de tels enfants pouvaient attendre d'un tel père. Pour cet effet il leur parlait souvent avec des discours pleins de ferveur et animés de l'esprit de Jésus-Christ, non-seulement dans leurs assemblées ordinaires et réglées, mais encore en toutes sortes de rencontres ; prenant sujet de leur dire quelques mots d'édification, tantôt après l'oraison ou bien à l'occasion de quelques lettres qu'il avait reçues, ou de quelque bon ou mauvais succès dont on lui avait donné avis, ou de quelques affaires qu'il recommandait à leurs prières ; et ainsi, comme un bon et sage père de famille, il leur distribuait libéralement, dans les temps qu'il jugeait plus à propos, le pain des âmes, qui est la parole de Dieu. Il ne s'acquittait pas seulement de cet office de charité envers ceux de sa compagnie en général, mais aussi à l'endroit d'un chacun en particulier, parlant tantôt à l'un et tantôt à l'autre, selon la connaissance qu'il avait de leurs besoins, soit pour les encourager dans leurs difficultés, soit pour les consoler dans leurs peines ou pour les avertir dans leurs manquements, ou pour leur donner conseil en leurs doutes, ou enfin pour les instruire et leur enseigner les moyens les plus propres pour s'avancer dans le chemin de la perfection ; et lorsqu'il était absent, il leur écrivait sur ces mêmes sujets, et se donnait la peine, parmi cette grande multitude et diversité de très-pressantes et importantes affaires dont il était continuellement accablé, de les avertir, instruire, exhorter, consoler et encourager par ses lettres, qui sont presque innombrables, et qui font assez connaître quelle a été sa charité envers tous les siens.

Et comme une des principales et des plus importantes leçons que Jésus-Christ ait faites à ses disciples a été de s'entr'aimer saintement les uns les autres, c'est aussi celle que son serviteur Vincent de Paul a le plus souvent répétée à ses enfants, et sur laquelle il leur a fait quantité d'entretiens, et même leur en a laissé un écrit de sa main, ce qu'il n'a fait sur aucune autre matière. Il leur a dit, entre plusieurs autres choses sur le sujet de cette vertu de la charité fraternelle, « qu'elle était une marque de leur prédestination, puisque c'est par elle que l'on est reconnu véritable disciple de Jésus-Christ; » et un jour qu'on célébrait la fête de saint Jean l'Evangéliste, exhortant les siens à s'entr'aimer par les paroles de cet apôtre de la Mission : *Filioli, diligite alterutrum*, il dit que « la Congrégation durerait autant de temps que la charité y durerait. » Il prononça quantité de malédictions contre celui qui détruirait la charité et qui serait ainsi cause de la ruine de la compagnie, ou seulement de quelque déchet de perfection, c'est-à-dire, qui, par sa faute, ferait qu'elle fût moins parfaite.

Il leur disait encore que « la charité est l'âme des vertus et le paradis des communautés; que la maison de Saint-Lazare serait un paradis, si la charité s'y trouvait; que le paradis n'était autre chose qu'amour, union et charité; que le bonheur principal de la vie éternelle consistait à aimer; que dans le ciel les bienheureux étaient incessamment appliqués à l'amour béatifique, et qu'enfin il n'y avait rien de plus désirable que de vivre avec ceux qu'on aime et de qui on est aimé. »

Il leur disait aussi que « l'amour chrétien qui est formé dans les cœurs par la charité est non-seulement au-dessus de l'amour d'inclination et de celui qui est produit par l'appétit sensitif, qui est ordinairement plus nuisible qu'utile, mais encore au-dessus de l'amour raisonnable; que cet amour chrétien est un amour par lequel on s'aime les uns les autres en Dieu, selon Dieu et pour Dieu : c'est un amour qui fait que l'on s'entr'aime pour la même fin pour laquelle Dieu aime les hommes, qui est pour les faire des saints en ce monde et des bienheureux en l'autre; et que pour cela cet amour fait regarder Dieu, et ne regarder autre chose que Dieu en chacun de ceux qu'on aime. »

Il ajoutait que « celui qui voudrait vivre dans une communauté, ns support et sans charité, serait, à la vue de tant d'humeurs et actions discordantes aux siennes, comme un vaisseau sans ancre sans gouvernail, qui voguerait au milieu des rochers, au gré des ıdes et des vents qui le pousseraient de tous côtés et le feraient fracasser. »

Enfin il disait que « les missionnaires ne se devaient pas seulement entr'aimer par une sainte affection intérieure, et la faire araître simplement par leurs paroles, mais qu'ils la devaient témoigner par leurs œuvres et par de bons effets, s'entr'aidant volontiers ins cet esprit les uns les autres en leurs emplois, et être toujours isposés au soulagement de leurs confrères. Il souhaitait ardemment ıe Dieu inspirât cette charité dans les cœurs de tous ceux de sa ongrégation, d'autant que, disait-il, *par ce support mutuel les forts utiendront les faibles, et l'œuvre de Dieu s'accomplira.* »

Et parce que la détraction est la capitale ennemie de la charité, et ue ce vice se fourre même quelquefois parmi les compagnies les plus intes, ce charitable père des missionnaires combattait ce vice à ou:ance, pour empêcher qu'il n'approchât de ses enfants, lesquels il xhortait souvent de veiller et de se tenir sur leurs gardes, pour empêcher qu'il n'eût aucune entrée parmi eux. Il le comparait à un loup arnassier qui désole et détruit la bergerie où il entre; assurant |u'un des plus grands maux qui puissent arriver à une compagnie st lorsqu'il s'y trouve des gens qui médisent, murmurent, et qui ı'étant jamais contents trouvent à redire à tout. Il disait encore que :elui qui prête l'oreille au médisant n'est pas plus innocent que celui]ui profère la médisance, comme enseignent les saints Pères. Et pour)rémunir les siens contre ce vice qu'il avait en une extrême horreur, l leur faisait faire de temps en temps diverses conférences sur ce :ujet, leur représentant toutes les occasions et tentations qui pourraient les y porter : une fois, entre les autres, il fit répéter cette même conférence sept vendredis de suite, ayant voulu que tous ceux de sa communauté parlassent les uns après les autres sur ce sujet; et en même temps il fit recueillir les motifs et les moyens que chacun rapportait pour bannir la médisance de sa compagnie; et lui-même, au bout de sept semaines que durèrent ces conférences, les termina par un discours fort pressant.

Or, ce n'a pas été seulement par les paroles, mais encore plus par les effets que M. Vincent a fait voir quelle était sa charité envers les siens; leur témoignant en toutes sortes de rencontres une ouverture de cœur et des tendresses toutes paternelles, et les traitant tous jusqu'au moindre comme ses enfants, avec une affection toute cordiale, dont il désirait qu'ils fussent bien persuadés. Lorsqu'ils allaient lui parler, soit pour leurs nécessités particulières ou pour d'autres sujets, il les accueillait toujours avec une grande affabilité, et quittait toute autre chose pour les écouter ; ou, s'il ne le pouvait à l'heure même, il leur marquait le temps auquel ils pourraient revenir, et leur donnait tout loisir et toute confiance de lui découvrir leurs désirs, leurs peines, leurs mauvaises inclinations et même leurs fautes : les écoutant avec un témoignage d'affection, comme un médecin son malade, et leur répondant selon leurs besoins et leur attente, et toujours avec fruit et bénédiction ; car il avait une grâce particulière de ne renvoyer personne mécontent, mais de consoler et édifier un chacun. Il usait pour cela d'une condescendance merveilleuse, se faisant tout à tous, et s'accommodant à leurs dispositions, jusqu'à imiter assez souvent le langage de leur pays, parlant tantôt picard avec celui qui était de Picardie, tantôt gascon avec un autre de la province de Guienne, quelquefois basque avec un Basque, et d'autres fois proférant quelques mots allemands avec les Allemands. Mais quoiqu'il en usât de la sorte pour gagner les cœurs de ceux avec qui il traitait, il savait bien toutefois joindre en temps et en lieu à cette familière cordialité les témoignages de l'estime qu'il faisait d'eux, leur donnant en leur absence les louanges que méritait leur vertu, et parlant toujours, même des moindres d'entre eux, avec honneur. A ce sujet répondant un jour à la demande que lui faisait le père d'un des frères de sa communauté touchant son fils : *Il vaut mieux que moi,* lui dit-il, *et que beaucoup d'autres faits comme moi.* Et dans une autre occasion il dit à l'un des siens, lequel par tentation voulait se retirer de sa compagnie, que s'il en sortait, il recevrait autant de déplaisir de cette séparation que si on lui coupait un bras ou une jambe. Et on lui a vu dire en diverses occasions, parlant à ceux de sa communauté, qu'il aimait leur vocation plus que sa propre vie, et que lorsque quelqu'un se retirait de la compagnie, il en ressentait autant de douleur que si on lui eût déchiré les entrailles.

Il se mit un jour à genoux et demeura près de deux heures en cette posture, les larmes aux yeux, aux pieds d'un prêtre de sa compagnie, le conjurant, au nom et pour l'amour de Notre-Seigneur Jésus-Christ, de ne pas succomber à quelque tentation qu'il ressentait : « Non, lui dit-il, je ne me relèverai point que vous ne m'accordiez ce que je vous demande pour vous-même, et je veux être pour le moins aussi fort envers vous que le démon. »

Quand il voyait quelqu'un travaillé de quelque peine d'esprit, il faisait son possible pour l'en délivrer ou au moins pour le soulager et consoler, jusqu'à lui dire quelque parole de gaîté pour le divertir, ou le mener en sa chambre pour lui témoigner plus de cordialité, ou lui donner quelque exercice convenable et propre pour son soulagement.

Un serviteur de la maison, qui n'était point du corps de la Congrégation, et pour lequel néanmoins M. Vincent avait une charité et affection particulière, ayant un jour maltraité de paroles un des Frères de la communauté, il lui fit donner aussitôt son congé, sans jamais le vouloir reprendre, quoiqu'on lui représentât qu'il était un très-bon serviteur, et même en quelque façon nécessaire à la maison; disant, pour sa raison, qu'il ne pouvait souffrir que les domestiques gourmandassent les Frères : ce qui n'empêcha pas toutefois qu'il ne trouvât bientôt condition, par le bon témoignage qu'il rendit de lui.

Un Frère étant un jour allé trouver M. Vincent en sa chambre, pour se plaindre à lui de ce qu'il avait été un peu rudement traité par un des officiers de la maison, ce charitable père le reçut avec grande douceur et bonté, et lui dit : « Vous avez bien fait de m'en avertir, j'y mettrai ordre : venez toujours à moi, mon Frère, quand vous aurez quelque déplaisir, car vous savez combien je vous aime. » Ces agréables paroles, au rapport de ce Frère, dissipèrent entièrement toute l'amertume de son cœur, et lui donnèrent sujet d'admirer la charité d'un si bon supérieur.

Un autre s'étant adressé à lui pour lui demander quelques avis dans ses doutes, et témoignant de la crainte de lui être importun : Non, mon Frère, lui dit-il, ne craignez en aucune façon que je me trouve chargé ou importuné de vos demandes, et sachez, pour une bonne fois, qu'une personne que Dieu a destinée pour en aider quelque autre ne se trouve non plus surchargée des assistances et éclaircissements qu'elle lui demande, que le ferait un père à l'égard de son enfant. »

Et écrivant à un prêtre de sa Compagnie, qui craignait que la connaissance qu'il lui avait donnée de ses peines et tentations ne diminuât la bonne opinion qu'il avait de lui, il lui parla en ces termes: « Ayant vu la pensée, lui dit-il, que vous avez eue que vos peines m'avaient ôté quelque chose de l'estime que j'ai toujours faite de vous, je me suis proposé en même temps de vous assurer que cela n'est pas. Je sais que ces ennuis qui arrivent quelquefois au plus vertueux, et que ces désirs que l'on ressent pour changer, sont des exercices que Dieu donne même aux saints pour les sanctifier davantage; et que sa Providence paternelle éprouve souvent de la sorte ceux qu'il aime le plus, et les conduit par des voies difficiles et épineuses, pour leur faire mériter les grâces extraordinaires qu'il a dessein de leur donner. Tant s'en faut donc que pour cela j'aie conçu la moindre pensée à votre désavantage, qu'au contraire je vous regarde comme plus fidèle à Dieu, en tant que vous tenez bon contre toutes ces tentations, et que, pour tout le travail que vous en ressentez, vous ne rabattez rien de vos exercices ordinaires; et qu'enfin après nous les avoir proposées, vous avez acquiescé à la réponse que je vous ai faite. »

Il arriva un jour qu'un prêtre de la Congrégation, rendant compte de son intérieur à M. Vincent, lui dit entre autres choses qu'il avait eu des pensées d'aversion et d'indignation contre lui. A ces paroles ce charitable père se levant l'embrassa tendrement, le congratulant de cette franchise toute filiale, et lui dit : « Si je ne vous avais déjà donné mon cœur, je vous le donnerais tout à cette heure. »

Un autre l'étant allé trouver en sa chambre, tout triste et résolu de quitter la Compagnie, et lui ayant dit qu'il désirait absolument s'en retourner en son pays, M. Vincent se mit à sourire et le regardant avec grande douceur et bénignité, lui dit : « Quand est ce que vous partirez, Monsieur? Est-ce à pied ou à cheval que vous voulez faire ce voyage? » Ce prêtre, qui parlait sérieusement, et qui s'attendait à quelque forte réprimande, fut tout surpris de cette réponse que M. Vincent lui fit exprès de la sorte, pour le divertir de sa tentation, de laquelle en effet il fut entièrement délivré.

Un autre de ses prêtres, qui travaillait en une province éloignée, lui ayant mandé que le Frère qui était avec lui voulait se retirer : « Je me suis toujours bien douté, lui répondit-il, que ce bon Frère serait tenté du démon de fainéantise, et il se peut souvenir que je l'en ai averti : je vous prie de l'aider et de l'encourager à repousser cette attaque; mais faites-le doucement, et plutôt par voie de persuasion que de conviction, comme vous savez que nous avons coutume de faire; parce que ceux qui ont ces maladies d'esprit ont plus de besoin d'être traités et, s'il faut dire ainsi, choyés doucement et charitablement que ceux qui ont des maladies en leurs corps.

Un autre Frère lui ayant plusieurs fois écrit pour lui demander permission de se retirer de la Compagnie, il lui fit toutes les fois réponse avec des paroles qui témoignaient son amour paternel pour le retenir et pour l'encourager : nous ne rapporterons ici que la conclusion de la dernière lettre, pour preuve de la tendresse de son cœur envers les siens : « Non, mon cher Frère, lui dit-il, je ne saurais consentir à votre sortie, pour cette raison que ce n'est pas la volonté de Dieu, et qu'il y aurait du péril pour votre âme qui m'est bien chère. Que si vous ne me voulez pas croire, au moins je vous prie de ne point sortir de la Compagnie que par la même porte par laquelle vous y êtes entré, et cette porte n'est autre que la retraite spirituelle, que je vous prie de faire avant que de vous résoudre à une affaire de si grande importance. Choisissez l'une de nos trois maisons les plus proches du lieu où vous êtes, et croyez que vous serez très-bien reçu partout. La bonté de votre cœur a gagné toutes les affections des miens, et ces affections n'ont autre but que la gloire de Dieu et votre sanctification. Vous le croyez ainsi, comme je le sais bien, et vous savez aussi que je suis tout vôtre en l'amour de Notre-Seigneur. »

Lorsqu'il envoyait quelqu'un des siens en une des maisons de sa compagnie, il le recommandait toujours au supérieur, le priant d'en avoir soin, et disait pour l'ordinaire : « J'espère qu'il aura beaucoup de confiance en vous quand il verra la bonté, le support et la charité que Notre-Seigneur vous a donnés pour ceux qu'il commet à votre conduite. »

Voici avec quels sentiments d'un cœur vraiment paternel il écrivit à l'un des siens, lequel avait beaucoup donné à Dieu pour correspondre fidèlement à ses desseins, dans un pays fort éloigné : « Après les vraies et extraordinaires marques, lui dit-il, que Dieu a mises en vous de votre vocation pour le salut de ce peuple-là, je vous y embrasse en esprit, avec tout le sentiment de joie et de tendresse que mérite une âme que Dieu a choisie entre tant et tant d'autres qui habitent sur la terre, pour en attirer un grand nombre dans le ciel, comme la vôtre, laquelle a tout quitté pour cette fin. Et certes, qui n'aimerait cette chère âme ainsi détachée des créatures, de ses intérêts et de son propre corps, qu'elle anime seulement pour le faire servir aux desseins de Dieu, lequel est sa fin et son unique prétention? Mais qui n'aurait soin de ménager les forces de ce corps, qui certes a éclairé les aveugles, et a donné la vie aux morts? C'est ce qui me fait vous prier, Monsieur, de le regarder comme un instrument de Dieu pour le salut de plusieurs, et de le conserver en cette vue. »

Il écrivit une autre fois avec les mêmes sentiments d'amour et de tendresse à plusieurs de ses prêtres qui travaillaient ensemble sous un climat fort éloigné, pour les exhorter de ménager leur santé. « Vous savez, leur dit-il, que votre santé sera en danger sous ce nouveau climat, jusqu'à ce que vous y soyez un peu accoutumés ; c'est pourquoi je vous avertis que vous ne vous exposiez point au soleil, et que vous ne vous appliquiez pendant quelque temps à autre chose sinon à l'étude de la langue; faites état que vous êtes devenus enfants, et que vous apprenez à parler, et dans cet esprit laissez-vous gouverner par M. N., qui vous tiendra lieu de père, ou à son défaut par M. N. Je vous prie de les regarder en Notre-Seigneur, et Notre-Seigneur en eux. Et quand bien vous seriez privés de l'un et de l'autre, vous ne le serez pas de l'assistance particulière de Dieu, lequel a dit que si la mère venait à oublier l'enfant sorti de son ventre, il en prendrait lui-même le soin. Combien plus devez-vous croire qu'il aura de bonté pour vous, mes chers Messieurs, et qu'il prendra plaisir de vous élever, de vous défendre et de vous pourvoir, vous qui vous êtes abandonnés à lui, et qui avez établi toute votre confiance en sa protection et en sa vertu! Or sus, Messieurs, entr'aimez-vous, et vous aidez les uns les autres; supportez-vous et vous unissez dans l'esprit de Dieu, qui vous a choisis pour ce grand dessein, et qui vous conservera pour son accomplissement. »

M. Vincent avait cette coutume de se mettre à genoux pour embrasser ceux qu'il envoyait travailler dans les missions, ou qui en revenaient, et il prenait un soin particulier que rien ne leur manquât. Mais surtout sa charité lui donnait des sentiments d'un amour particulier envers les infirmes : il s'informait cordialement de l'état de leur santé, et leur indiquait souvent lui-même les remèdes pour leur soulagement ; et quand le mal le requérait, il ne manquait point de faire venir le médecin, ou bien il conviait et priait ceux qui le pouvaient commodément faire d'aller chez lui pour le consulter. Il recommandait aussi aux infirmiers d'avoir un grand soin des malades, et aux supérieurs des maisons de n'épargner ni peine ni dépense pour les soulager ; et on lui a souvent ouï dire qu'il faudrait plutôt vendre les vaisseaux sacrés que de permettre qu'aucune chose nécessaire leur manquât; et tant s'en faut qu'il estimât que les infirmes fussent à charge à la Compagnie, qu'au contraire il disait que c'était une bénédiction pour les maisons où il s'en trouvait. Outre tous ces soins, il ne manquait pas de les recommander à Dieu, et aux prières de la communauté. Il allait autant qu'il pouvait visiter et consoler ceux des maisons où il se trouvait, et s'informait d'eux-mêmes quel soin on en avait, et si rien ne leur manquait, ne pouvant souffrir parmi les siens aucun défaut de charité ou de tendresse de cœur.

Voici ce qu'un de ses prêtres a écrit à ce sujet : « J'ai éprouvé moi-même, dit-il, la charité qu'il avait pour les malades, pendant deux grandes maladies que j'ai eues en la maison de Saint-Lazare; et Dieu m'eût fait une grande grâce s'il m'eût alors retiré de ce monde, car il me semble que je m'étais disposé à la mort, par les secours et prières de M. Vincent, qui me fit la charité de me visiter plusieurs fois. Il ne voulait pas qu'il manquât rien aux malades, parce, disait-il, qu'ils méritaient plus par leurs souffrances que les autres par leur travail. Je lui ai souvent ouï dire qu'il faudrait vendre jusqu'aux calices pour les assister ; et quand il les venait voir, il s'informait secrètement d'eux du soin qu'on en avait. Il soulageait leur mal par la compassion qu'il leur portait et qu'il leur témoignait ; et quand ils étaient convalescents, il les réjouissait par le récit de quelques histoires agréables, dont il tirait ensuite quelque instruction. »

Or, comme sa charité était bien ordonnée, il voulait que les malades fussent tellement soulagés et traités pour le corps, qu'il n'en arrivât pourtant aucun déchet au bien spirituel de leurs âmes ; c'est pourquoi il avertissait doucement et paternellement ceux dont la maladie n'était pas si pressante, et qui pouvaient sans incommodité vaquer à quelques-uns de leurs exercices spirituels, de ne les pas omettre, « de peur, disait-il, que l'infirmité du corps ne passât jusque dans l'âme, et ne la rendît tiède et immortifiée. »

Enfin, il avait un soin si cordial pour contribuer ce qu'il pouvait, non-seulement au soulagement et à la guérison des malades, mais aussi à la conservation de ceux qui étaient en santé, qu'ayant appris qu'un missionnaire qui travaillait en Champagne à l'assistance des pauvres, priait qu'on lui envoyât entre autres choses une calotte, et ne s'en étant pour lors trouvé aucune dans la maison, ce charitable père ôta la sienne de dessus sa tête, et dit au Frère qui lui avait fait ce rapport de la lui envoyer ; et comme on lui représenta qu'on pourrait en aller acheter quelqu'une à la ville pour lui envoyer une autre fois : « Non, mon Frère, répliqua-t-il, il ne faut pas le faire attendre, car il peut en être pressé. Envoyez-lui, je vous prie, présentement la nôtre avec le reste de ce qu'il demande. »

Et non content de témoigner, en toutes les manières qu'il pouvait, son amour et sa cordialité envers les siens, pour leur en donner encore des marques plus expresses, il l'étendait jusqu'aux personnes qui leur appartenaient ; et quand il apprenait que quelque affliction était arrivée aux parents des Prêtres ou des Frères de sa compagnie, il voulait que les autres y compatissent, et s'intéressassent pour leur soulagement et pour leur consolation ; et lui-même, étant le premier touché du sentiment de leurs peines, tâchait d'y remédier en la meilleure manière qu'il pouvait. « Nous prierons Dieu, disait-il à ceux de sa communauté, pour la famille d'un tel, qui a fait une telle perte ; nous devons prendre part aux sentiments que notre Frère en peut avoir, et nous rendre ce devoir les uns aux autres. » Quelquefois, selon les besoins, il ajoutait : « Je prie les prêtres qui n'ont point d'obligation particulière d'offrir la Messe pour tous ceux de cette famille affligée; et moi tout le premier, j'offre à Dieu de bon cœur pour eux la sainte Messe que je m'en vais célébrer, et je prie nos Frères de communier à cette même intention. » Mais outre le secours des prières qu'il faisait pour les parents de ceux de sa compagnie, il leur donnait encore tous les soulagements qu'il pouvait lorsqu'ils étaient réduits à quelque nécessité.

SECTION VII.
SA CHARITÉ ENVERS SES ENNEMIS.

C'est ici que la charité chrétienne triomphe de tous les sentiments de la nature, et que la grâce de Jésus-Christ érige un trophée aux maximes de son saint Évangile, en abolissant et détruisant celles du monde; c'est enfin la plus assurée marque de l'adoption divine et le propre caractère des véritables enfants de ce Père céleste, qui fait luire son soleil sur les mauvais aussi bien que sur les bons, et qui envoie ses rosées et ses pluies aussi bien sur les terres des pécheurs que sur celles des justes.

M. Vincent s'étant toujours acquitté si dignement et si saintement de tous les autres devoirs de la charité, n'a pas voulu manquer à celui-ci; mais il s'y est porté avec une effusion d'autant plus grande, que Notre-Seigneur Jésus-Christ l'a plus expressément recommandé dans son Évangile.

Nous avons dit ailleurs que ce grand serviteur de Dieu s'était toujours comporté avec tant de respect et de soumission envers les grands, de condescendance et de charité envers les petits, et de justice et déférence envers toutes sortes de personnes, qu'on n'a peut-être jamais vu un homme plus employé que lui à des œuvres publiques, et par conséquent plus exposé à la censure, aux reproches et à la calomnie, et qui en ait pourtant moins rencontré que lui. Il n'en a pas été néanmoins exempt, la divine Providence le permettant ainsi pour lui donner occasion de se conformer plus parfaitement, en ce point aussi bien qu'en tous les autres, à son divin Maître, qui a souffert tant d'outrages et de mauvais traitements, et qui n'a pas voulu que ce sien serviteur fût exclu du nombre de ces bienheureux qui souffrent pour la justice.

Il y a deux sujets principaux qui lui ont pu susciter des adversaires et des ennemis: le premier a été l'emploi qu'il a eu à la cour touchant la distribution des bénéfices; car, d'un côté, il ne pouvait en aucune façon consentir à ce qu'il voyait n'être pas selon la justice, et d'ailleurs il ne lui était pas possible de satisfaire au désir d'un très-

— 311 —

grand nombre de demandeurs, s'en trouvant quelquefois jusqu'à douze ou quinze qui recherchaient avec ardeur un même bénéfice. De sorte que ceux qui ne pouvaient obtenir ce qu'ils demandaient se plaignaient pour la plupart hautement de lui en tous lieux, et lui imposaient souvent des choses très-fausses ; de quoi il bénissait Dieu, et ne laissait pas pour cela de les saluer dans les rencontres et de leur témoigner respect et désir de les servir ; et quand l'occasion s'en présentait, il le faisait encore plus volontiers qu'auparavant.

Le second sujet qui lui a suscité des adversaires a été le charge de supérieur d'une compagnie, laquelle étant obligée d'avoir quelque bien pour vivre, il était aussi tenu de veiller à la conservation de ce bien consacré au service de Dieu, en étant comme le dépositaire, et non le propriétaire, et particulièrement des droits seigneuriaux de la maison de Saint-Lazare et de ses autres intérêts, lesquels il a dû en conscience défendre et maintenir, ainsi qu'un bénéficier ceux de son bénéfice. Il a donc été contraint en cette qualité de résister quelquefois aux entreprises ou prétentions injustes des hommes, après avoir vainement tenté les voies d'accommodement ; et ces différends ont servi de prétexte aux parties adverses de médire de lui et de le mépriser, et à lui de matière pour faire en leur faveur la même prière que fit Notre-Seigneur en croix pour ses ennemis.

Nous allons maintenant rapporter quelques exemples de la manière dont ce bon serviteur de Dieu s'est comporté envers ceux qui l'ont maltraité, ou qui ont fait quelque tort à sa compagnie.

Un seigneur de grande condition n'ayant pu obtenir un bénéfice à cause de la fermeté que M. Vincent avait fait paraître dans le conseil, ne jugeant pas en conscience que la personne qu'il proposait en fût capable, et ayant ramené tous les avis au sien ; quelques jours après, comme M. Vincent entrait dans le Louvre, ce seigneur le traita des dernières injures devant tout le monde, sans que jamais il s'en plaignît à personne : la reine toutefois l'ayant su par d'autres, fit commandement à celui qui l'avait ainsi maltraité de se retirer. Mais M. Vincent ne le put jamais souffrir, de sorte qu'il ne voulut plus agir que ce seigneur ne fût rappelé ; ce que la reine accorda enfin à ses instantes prières. Voilà un trait de charité envers un ennemi, lequel à peine il aurait pu se résoudre de faire pour le meilleur de ses amis. En voici un autre où la charité et l'humilité se rencontrent également.

Retournant un jour de la ville à Saint-Lazare, il rencontra dans le faubourg Saint-Denis une personne, laquelle, sur ce qu'il avait l'honneur d'approcher la reine et les premiers ministres d'Etat, lui reprocha publiquement qu'il était la cause des misères du temps, et des subsides et impôts dont le peuple était chargé. Ce saint prêtre, qui avait coutume, par sentiment d'humilité, d'imputer à ses péchés les afflictions publiques, voulant profiter de cette contumélie, descend de cheval, se met à genoux dans la rue, avoue qu'il est un misérable pécheur, et demande pardon à Dieu et à cet homme du sujet qu'il pouvait lui avoir donné de lui faire cet avertissement. Cet homme fut si confus et si repentant de sa témérité, voyant ce vénérabl prêtre humilié de la sorte, qu'il le vint trouver le lendemain à Saint-Lazare pour lui en demander pardon ; et M. Vincent l'ayant accueilli comme un bon ami, lui persuada de demeurer six ou sept jours en cette maison, prenant cette occasion pour lui faire une retraite spirituelle et une bonne confession générale, faisant ainsi triompher la charité après l'humilité.

Il était ennemi des rancunes, et tellement amateur de l'union chrétienne, que non-seulement il ne gardait nulle aigreur pour personne, mais il ne pouvait souffrir que personne eût quelque chose sur le cœur contre lui, quoique sans sujet, qu'il ne fît son possible pour la lui ôter charitablement. C'est pourquoi s'étant aperçu qu'une personne de qualité qui lui avait toujours témoigné de l'affection était dans quelque refroidissement, sans qu'il en sût la cause; après avoir remarqué cela plusieurs fois, il s'en alla le trouver exprès, et d'un visage riant lui dit : « Monsieur, je suis assez misérable pour vous avoir donné quelque mécontentement sans en avoir eu aucun dessein; mais ne sachant pas en quoi, je viens vous supplier de me le dire, afin que, s'il y a de ma faute, je tâche de la réparer. » Ce seigneur, bien édifié de cette franchise, lui découvrit sa peine, lui disant : « Il est vrai, monsieur Vincent, que votre conduite m'a un peu déplu en telle occasion. » M. Vincent le voyant préoccupé de fausses persuasions, fit par sa charité ce que le soleil fait par sa lumière, car il dissipa à même temps les ombres de son esprit, et adoucit l'amertume de son cœur; en sorte que dès cette heure ce seigneur l'aima plus que jamais.

Une autre fois comme il s'habillait en la chapelle du collége des Bons-Enfants pour dire la sainte Messe, il se souvint qu'un religieux de Paris lui avait témoigné avoir quelque aversion contre lui ; aussitôt il se déshabilla, quittant les ornements, et s'en alla le trouver, lui demandant pardon du sujet de déplaisir qu'il pouvait lui avoir donné, l'assurant qu'il estimait et honorait parfaitement sa personne et son ordre : ce qu'ayant fait, il s'en retourna célébrer la sainte Messe.

Un jour, ayant su qu'un certain supérieur d'une communauté religieuse, considérable dans Paris, avait témoigné quelque mécontentement de son procédé en quelque affaire, il s'en alla aussitôt le trouver, se jeta à ses pieds, et lui demanda pardon, comme s'il l'eût offensé; dont n'ayant toutefois reçu que du mépris et des paroles fort aigres, sans le pouvoir adoucir, il fut contraint de se retirer de la sorte, bien joyeux d'avoir souffert ce rebut pour l'amour de son bon maître. Au bout de quelque temps, comme on eut besoin d'emprunter des ornements pour la chapelle du collège des Bons-Enfants, quelqu'un demanda à M. Vincent si l'on irait vers ce supérieur pour lui en demander : « Oui, dit M. Vincent, allez le prier de ma part qu'il vous les prête. » Ceux qui l'entendirent parler de la sorte en furent fort étonnés; néanmoins ce message ayant été fait à ce supérieur, il répondit avec admiration : « Quoi! M. Vincent ne se souvient pas de ce que je lui ai dit? Est-ce là le ressentiment qu'il en a? Ah! Messieurs, ajouta-t-il, il y a quelque chose de Dieu ici : c'est maintenant que je reconnais que M. Vincent est conduit de l'esprit de Dieu. » Et en même temps, après avoir donné ces ornements, ce bon religieux, touché d'un tel exemple, s'en alla à Saint-Lazare rendre visite à M. Vincent, qui le reçut avec une joie incroyable de part et d'autre.

On lui écrivit une fois de Marseille qu'un religieux avait parlé au désavantage de sa Congrégation en chose de conséquence; en quoi il avait d'autant plus de tort, qu'il en avait reçu de très bons offices. Voici la réponse qu'il fit sur cela : « Les paroles qui ont échappé à ce révérend Père nous donnent sujet de nous réjouir de n'avoir pas donné lieu à ses calomnies, et d'en remercier Dieu. Bienheureux serons-nous s'il nous trouve dignes de souffrir pour la justice, et s'il nous fait la grâce d'aimer la confusion et de rendre le bien pour le mal. »

La Congrégation des prêtres de la Mission ayant fait supplier N. S. P. le pape Alexandre VII, au commencement de son pontificat, pour la confirmation de quelque chose très-importante qui regardait la conservation de son institut, le supérieur de la maison de Rome manda à M. Vincent que quelques personnes puissantes sollicitaient contre ce dessein. Lorsqu'il eut lu cette lettre, il dit à l'un des siens qui était avec lui : « J'apprends par cette lettre que tels (qu'il nomma) nous sont contraires ; mais quand bien ils m'auraient arraché les yeux, je ne laisserai pas de les aimer, respecter et servir toute ma vie ; et j'espère que Dieu me fera cette grâce. » C'est ce qu'il a fait en effet, prenant toujours leur parti, défendant leur réputation contre les médisants, publiant leurs vertus, prisant et louant grandement les fruits de leurs travaux, et leur rendant en général et en particulier tous les bons offices, déférences et soumissions imaginables.

Plusieurs ecclésiastiques étrangers, réfugiés à Paris à cause de la persécution qui se trouvait dans leur pays, étant en grande nécessité spirituelle et corporelle, M. Vincent pria un prêtre de sa Congrégation qui était natif du même pays, et connu de la plupart d'entre eux, de s'employer envers eux, afin de les résoudre à s'assembler certains jours de la semaine pour traiter ensemble des vertus, et s'instruire des choses qu'ils devaient savoir et pratiquer pour bien vivre selon leur condition, et cela dans le dessein de leur procurer ensuite de l'emploi, et de les retirer par ce moyen de la disette et de l'oisiveté : « Nous pourrons même, lui dit-il, trouver moyen de les assister, quand ils s'assembleront de la sorte, parce qu'on les verra en disposition de se rendre plus utiles et exemplaires qu'ils ne sont ; je vous prie, Monsieur, de travailler à cela. » Ce prêtre lui répondit : « Monsieur, vous savez que par vos ordres ces assemblées se sont ci-devant commencées, et même continuées durant quelque temps ; mais comme ce sont des esprits difficiles, divisés entre eux, ainsi que le sont les provinces de leur pays, cette bonne œuvre cessa. Ils entrèrent en défiance et jalousie les uns des autres ; et quoique vous leur ayez fait et procuré beaucoup d'autres biens, ils se sont aussi défiés de vous, Monsieur ; ils s'en sont plaints, et ont été si inconsidérés que de vous dire eux-mêmes et faire écrire de Rome de ne vous plus mêler en aucune façon de leurs personnes, ni de leurs affaires. Or il semble, Monsieur, que leur ingratitude mérite que vous ne leur fassiez plus aucun bien. O Monsieur ! que dites-vous ? repartit M. Vincent, c'est pour cela qu'il le faut faire. » Et des paroles, M. Vincent passa aux effets, ayant toujours tâché de leur faire tout le bien qu'il a pu en toute sorte de rencontres.

Il fut une fois prié par une personne qui avait un procès à Paris de vouloir recommander son bon droit à quelqu'un de ses juges : il s'en excusa sur ce qu'il n'était pas une personne assez considérable pour cela : il ne laissa pourtant pas de le faire par occasion, quoique pour l'ordinaire il ne voulût point employer ses recommandations pour personne en ces sortes d'affaires. Quelque temps après, celui qui lui avait fait cette prière, pensant avoir perdu son procès, vint le retrouver derechef, se plaignant avec des paroles injurieuses de ce qu'il n'avait pas voulu, comme il croyait, le recommander. Ce que M. Vincent supporta non-seulement avec mansuétude, mais même lui demanda pardon à genoux de l'occasion qu'il lui pouvait avoir donnée de se fâcher ainsi contre lui. Il se trouva cependant qu'on avait donné une fausse alarme à ce pauvre homme, et que son procès était gagné : ce qui l'obligea de revenir à Saint-Lazare demander pardon à M. Vincent de ce que, mal informé du succès de son affaire, le ressentiment lui avait fait ouvrir la bouche aux plaintes et aux reproches.

Quelques soldats ayant trouvé à l'écart dans l'étendue de la seigneurie de Saint-Lazare deux jeunes clercs de la maison, qu'on avait envoyés hors du faubourg, ils leur ôtèrent leurs manteaux : ce qui étant aperçu par quelques personnes du quartier, ils coururent après eux, et emmenèrent deux prisonniers dans les prisons du bailliage, où M. Vincent les fit bien nourrir, et les envoya visiter, et enfin procura qu'ils fissent une confession générale, après laquelle ayant promis de ne plus dérober, il les fit mettre hors de prison sans les punir, comme ils l'avaient bien mérité, et comme il était en son pouvoir de le faire s'il l'eût voulu.

On a surpris de fois à autre des hommes le larcin en main, qui dérobaient les biens de la maison de Saint-Lazare et des fermes qui en dépendent, tantôt sciant et enlevant de nuit le blé de leurs terres, tantôt coupant les chênes de leurs bois, tantôt cueillant et ravageant les fruits des arbres, tantôt les herbes ou autres choses ; et comme on les voulait mettre en prison pour les faire châtier, M. Vincent avait tant de peine à y consentir, que souvent il ne le voulait pas permettre ; et quand ils y étaient, il les en faisait sortir ; et passant encore plus avant, il les excusait, les recevait dans la maison, les faisait manger au réfectoire, et quelquefois même il leur a donné de l'argent. Il est arrivé quantité de cas semblables qui ont toujours donné lieu à ce charitable prêtre, non-seulement de pardonner à ces malfaiteurs, mais aussi de leur faire du bien. « Ce sont de pauvres gens, dit-il, qui me font pitié. »

En l'année 1654, un jeune homme d'Allemagne, luthérien, ayant fait abjuration de son hérésie à Paris, peut-être afin de trouver plus d'assistance parmi les catholiques, fut adressé à M. Vincent par la supérieure d'un monastère de religieuses où il fréquentait, et d'où il tirait quelque subsistance. Cette mère le recommanda à M. Vincent comme un sujet de bonne espérance, qui pourrait devenir quelque jour bon missionnaire s'il était admis au nombre de ses enfants. M. Vincent l'ayant fait recevoir en sa maison de Saint-Lazare pour la retraite spirituelle de huit jours, il se glissa dans quelque chambre, où il prit un manteau long, et une soutane dont il se revêtit ; et emportant encore d'autres choses de la communauté, il sortit par la porte de l'église et s'en alla au faubourg Saint-Germain trouver le ministre Drelincourt, et lui dit qu'il était de la Mission, et qu'il se venait jeter entre ses bras pour faire profession de sa religion. Ce ministre le voyant avec un habit ecclésiastique, le mena de rue en rue pour faire voir qu'il avait fait une grande conquête, en attirant un missionnaire. Il le fit voir dans les principales maisons des huguenots, tant pour montrer les fruits de son ministère que pour confirmer ce jeune homme en sa résolution par leurs caresses et leurs bienfaits. Comme ils se promenaient ainsi, le sieur des Isles, qui travaille avec grand zèle aux controverses, les ayant rencontrés, et voyant un ecclésiastique se promener avec le ministre, il se douta de quelque chose, et les suivit jusqu'à la première maison, où étant entré avec eux, il laissa monter le ministre, et demeura en bas avec ce jeune homme, duquel il s'informa quelle affaire il avait avec M. le ministre. Ce fantôme de missionnaire, croyant parler à un huguenot, lui dit sa sortie de Saint-Lazare, et le dessein qu'il avait ; sur cela le sieur des Isles étant sorti, fit si bien avec M. le curé de Saint-Sulpice, qu'on se saisit de ce scandaleux, qui profanait ainsi l'habit et le nom de missionnaire, et l'ayant fait mener dans les prisons du Châtelet, il en avertit aussitôt M. Vincent, lequel ne manqua pas d'être pressé par diverses personnes de solliciter les juges pour faire punir ce jeune homme du larcin qu'il avait commis, et du scandale qu'il avait donné. Mais ce charitable prêtre les ayant remerciés, les assura qu'il ferait ce qu'il faudrait ; et en effet il envoya vers les juges, non toutefois pour demander justice, mais plutôt miséricorde pour ce pauvre criminel ; et lui-même prit la peine d'aller voir M. le procureur du roi et M. le lieutenant criminel, pour les informer de la part de sa Congrégation qu'elle ne prétendait rien contre ce jeune homme, qu'elle lui pardonnait le tort et la confusion qu'elle en avait reçus ; et quant à lui, qu'il les suppliait très-humblement d'ordonner qu'il fût mis en liberté, que c'était le propre de Dieu de pardonner, et que sa divine Majesté aurait fort agréable s'il renvoyait absous ce pauvre étranger, qui n'était coupable que d'une légèreté de jeunesse : ce qui édifia grandement ces Messieurs. Et certes M. Vincent fit voir clairement en cette occasion qu'il était trop bien établi dans les maximes de Notre-Seigneur pour agir d'une autre manière que ce divin Sauveur, lequel n'a pas seulement témoigné de paroles qu'il était venu au monde pour sauver les pécheurs, et non pour les condamner ou punir, mais encore par effets, délivrant la femme adultère, et se comportant avec tant d'amour envers toute sorte de pécheurs et même envers le traître Judas.

En l'année 1655, un autre jeune homme ayant été reçu en la Congrégation de la Mission, s'en retira quelque temps après, contre l'avis le M. Vincent, qui prévoyait que plusieurs seraient scandalisés de sa sortie. Il s'en alla prendre les armes parmi les compagnies des gardes suisses, qu'il déserta aussi bientôt après, mais non pas à si bon marché qu'il était sorti de la Mission : car, étant appréhendé comme déserteur d'armée, et pour quelque autre faute notable, il fut mis en prison, et ensuite condamné d'avoir la tête tranchée. Ce jeune homme qui savait quelle était la charité de M. Vincent, eut recours à lui en cette extrémité, et aussitôt ce charitable serviteur de Dieu, qui avait pour maxime de rendre toujours le bien pour le mal, oubliant le mépris qu'il avait fait de son conseil et de sa Congrégation, s'entremit très-volontiers pour lui sauver la vie, en demandant sa grâce, laquelle il obtint.

Un pauvre lui demandant à la porte de Saint-Lazare s'il voulait qu'il lui dît ce qu'on disait de lui, il lui répondit : « Oui, mon ami, dites. C'est, ajouta-t-il, mon père, qu'on vous injurie par Paris, parce qu'on croit que vous êtes cause que l'on met les pauvres au grand hôpital. » A quoi M. Vincent répliqua avec sa douceur ordinaire : « Bien, mon ami, je m'en vais prier Dieu pour eux. »

M. Vincent fit bien paraître encore sa charité envers ceux qui le maltraitaient, et son désintéressement des biens de la terre, en une perte considérable, et la plus grande que sa Compagnie ait faite de son vivant ; car elle était bien de cinquante mille livres en plusieurs chefs. Voici ce qu'il en écrivit à une personne qualifiée de Paris, très-intime ami de la maison, en ces termes :

« Monsieur, les bons amis se font part du bien et du mal qui leur arrive, et comme vous êtes l'un des meilleurs que nous ayons au monde, je ne puis que je vous communique la perte que nous avons faite de l'affaire que vous savez, non toutefois comme un mal qui nous soit avenu, mais comme une grâce que Dieu nous a faite, afin que vous ayez agréable de nous aider à l'en remercier. J'appelle grâce de Dieu les afflictions qu'il envoie, surtout celles qui sont bien reçues. Or, sa bonté infinie nous ayant disposés à ce dépouillement avant qu'il fût ordonné, elle nous a fait aussi acquiescer à cet accident avec une entière résignation, et j'ose dire avec tant de joie que s'il nous avait été favorable. Ceci semblerait un paradoxe à qui ne serait pas versé comme vous, Monsieur, aux affaires du ciel, et qui ne saurait pas que la conformité au bon plaisir de Dieu, dans les adversités, est un plus grand bien que tous les avantages temporels. Je vous supplie très-humblement d'agréer que je verse ainsi dans votre cœur les sentiments du mien. »

Or, ce qui est plus admirable en cette perte, c'est l'affection, la charité et le respect que M. Vincent a rendus aux personnes particulières qui étaient les auteurs de tout cet accident fâcheux, rendant en toute rencontre le bien pour le mal, l'honneur pour le déshonneur, le bon traitement pour le mauvais, et enfin montrant par des bontés toutes spéciales combien il voulait, ainsi qu'il dit lui-même en cette occasion, observer ce que le Saint-Esprit a dit, qui est de jeter des charbons ardents sur la tête de nos adversaires.

CHAPITRE XII.

SA DOUCEUR.

« La charité est en sa perfection, dit le bienheureux François de Sales, lorsqu'elle est non-seulement patiente, mais outre cela douce et débonnaire, » la douceur étant comme la fleur de cette divine vertu, qui relève d'autant plus par son excellence, qu'il y a plus de difficulté à réprimer les saillies de la nature, qui se couvre souvent du manteau du zèle pour se laisser aller plus librement aux emportements de ses passions.

M. Vincent était d'un naturel bilieux et d'un esprit vif, et par conséquent fort sujet à la colère; néanmoins il a tellement dompté cette passion avec le secours de la grâce, par la pratique de la vertu contraire, qui est la douceur, que tant s'en faut qu'elle lui fît commettre aucune faute, que même il ne paraissait presque pas qu'il en ressentît les premières atteintes. Il est vrai que du temps qu'il était chez madame la générale des galères (comme lui-même l'a avoué à des personnes de confiance), il se laissait quelquefois un peu aller à son tempérament bilieux et mélancolique; de quoi cette bonne dame était parfois en peine, pensant qu'il eût quelque mécontentement en sa maison: mais comme il vit depuis que Dieu l'appelait à vivre en communauté, et que dans cet état il aurait affaire à toutes sortes de personnes de différentes complexions : « Je m'adressai, dit-il, à Dieu, et le priai instamment de me changer cette humeur sèche et rebutante, et de me donner un esprit doux et bénin : et par la grâce de Notre-Seigneur, avec un peu d'attention que j'ai faite à réprimer les bouillons de la nature, j'ai un peu quitté mon humeur noire. »

Or, quoique M. Vincent ne parlât jamais de soi que lorsqu'il le jugeait nécessaire, ou grandement utile pour l'édification de ceux avec esquels il s'entretenait, son humilité néanmoins était telle, que souvent il en faisait après excuse, craignant d'avoir scandalisé en quelque façon ceux auxquels il avait ainsi parlé.

C'est donc de cette façon que M. Vincent s'est changé, et qu'il a travaillé, avec le secours de la grâce divine, pour acquérir cette vertu de douceur qu'il reconnaissait et confessait n'avoir point par nature, mais l'avoir obtenue de Dieu par la prière et par l'exercice : « Aussi, disait-il un jour, parlant à sa communauté, l'on voit quelquefois des personnes qui semblent être douées d'une grande douceur, laquelle pourtant n'est bien souvent qu'un effet de leur naturel modéré; mais ils n'ont pas la douceur chrétienne, dont le propre exercice est de réprimer et étouffer les saillies du vice contraire. On n'est pas chaste pour ne point ressentir de mouvements déshonnêtes, mais bien lorsqu'en les sentant on leur résiste. Nous avons céans un exemple de la vraie douceur; je le dis, parce que la personne n'est pas présente, et que vous pouvez tous vous apercevoir de son naturel sec et aride : c'est monsieur N., et vous pouvez bien juger s'il y a deux personnes au monde rudes et rébarbatives comme lui et moi; et cependant on voit cet homme se vaincre jusque là qu'on peut dire vraiment qu'il n'est plus ce qu'il était : et qui a fait cela? c'est la vertu de douceur à laquelle il travaille, pendant que moi, misérable, je demeure sec comme une ronce. Je vous prie, Messieurs, de ne point arrêter vos yeux sur les mauvais exemples que je vous donne, mais plutôt je vous exhorte, pour me servir des termes du saint Apôtre, de marcher dignement et avec toute douceur et débonnaireté en l'état auquel vous avez été appelés de Dieu. »

Mais ce n'est pas assez d'avoir acquis une vertu, il la faut conserver et cultiver; et pour cela, il est nécessaire de s'y bien exercer, d'en faire souvent des actes, et de la mettre soigneusement en pratique. C'est ce que ce fidèle serviteur de Dieu a fait, comme il l'a enseigné aux siens, auxquels il ne disait rien qu'il n'eût mis le premier en exécution. Voici un petit abrégé de quelques avis qu'il leur donnait sur ce sujet, et qu'il pratiquait encore mieux lui-même :

« En premier lieu, il disait que pour n'être point surpris des occasions dans lesquelles on pourrait manquer contre la douceur, il fallait les prévoir, et se représenter les sujets qui pouvaient vraisemblablement exciter à la colère, et former en son esprit par avance les actes de douceur qu'on se propose de pratiquer en toutes occasions.

« Secondement, qu'il fallait détester le vice de la colère en tant qu'il déplaît à Dieu, sans pour cela se fâcher, ou s'aigrir contre soi-même de s'y voir sujet, d'autant qu'il faut haïr ce vice et aimer la vertu contraire, non parce que celui-là nous déplaît et que celle-ci nous agrée, mais uniquement pour l'amour de Dieu, auquel cette vertu plaît et ce vice déplaît : et si nous faisons ainsi, la douleur que nous concevrons des fautes commises contre cette vertu sera douce et tranquille.

« Troisièmement, que lorsqu'on se sentait ému de colère il était expédient de cesser d'agir, et même de parler, et surtout de se déterminer, jusqu'à ce que les émotions de cette passion fussent accoisées, parce que, disait-il, les actions faites dans cette agitation, n'étant pas pleinement dirigées par la raison, qui est troublée et obscurcie par la passion, quoique d'ailleurs elles semblent bonnes, ne peuvent pourtant jamais être parfaites.

« Quatrièmement, il ajoutait que pendant cette émotion il fallait faire effort sur soi-même pour empêcher qu'il n'en parût aucune marque sur le visage, qui est l'image de l'âme, mais le retenir et réformer par la douceur chrétienne : ce qui n'est point, disait-il, contre la simplicité, parce qu'on le fait, non pour paraître autre qu'on n'est pas, mais par un désir sincère que la vertu de douceur, qui est en la partie supérieure de l'âme, s'écoule sur le visage, sur la langue et sur les actions extérieures, pour plaire à Dieu, et au prochain pour l'amour de Dieu.

« Cinquièmement enfin, qu'il fallait surtout en ce temps-là s'étudier à retenir sa langue, et malgré tous les bouillons de la colère, et toutes les saillies du zèle qu'on pense avoir, ne dire que des paroles douces et agréables, pour gagner les hommes à Dieu. Il ne faut quelquefois, disait-il, qu'une parole douce pour convertir un endurci ; et au contraire une parole rude est capable de désoler une âme, et de lui causer une amertume qui pourrait lui être très-nuisible. A ce propos on lui a ouï dire en diverses rencontres qu'il n'avait usé que trois fois en sa vie de paroles de rudesse pour reprendre et corriger les autres, croyant avoir quelque raison d'en user de la sorte, et qu'il s'en était toujours depuis repenti, parce que cela lui avait fort mal réussi, et qu'au contraire il avait toujours obtenu par la douceur ce qu'il avait désiré. »

Il faisait néanmoins une grande différence entre la véritable vertu de douceur et celle qui n'en a que l'apparence ; car la fausse douceur est molle, lâche, indulgente ; mais la véritable douceur n'est point opposée à la fermeté dans le bien, à laquelle même elle est plutôt toujours jointe, par cette connexion qui se trouve entre les vraies vertus ; et à ce sujet il disait « qu'il n'y avait point de personnes plus constantes et plus fermes dans le bien que ceux qui sont doux et

débonnaires ; comme au contraire ceux qui se laissent emporter à la colère et aux passions de l'appétit irascible, sont ordinairement fort inconstants, parce qu'ils n'agissent que par boutades et par emportements : ce sont comme des torrents, qui n'ont de la force et de l'impétuosité que dans leurs débordements, lesquels tarissent aussitôt qu'ils sont écoulés ; au lieu que les rivières, qui représentent les personnes débonnaires, vont sans bruit, avec tranquillité, et ne tarissent jamais. » Aussi était-ce une de ses grandes maximes, qu'encore qu'il fallût tenir ferme pour la fin qu'on se propose dans les bonnes entreprises, il était néanmoins expédient d'user de douceur dans les moyens qu'on employait ; alléguant à ce propos ce que dit le Sage des conduites de la sagesse de Dieu, qui atteint fortement à ses fins, et toutefois dispose suavement les moyens pour y parvenir [1].
Il rapportait à ce sujet l'exemple du bienheureux François de Sales, évêque de Genève, qu'il disait avoir été le plus doux et le plus débonnaire qu'il ait jamais connu ; et que la première fois qu'il le vit, il avait reconnu en son abord, en la sérénité de son visage, en sa manière de converser et de parler, une image bien expresse de la douceur de Notre-Seigneur Jésus-Christ qui lui avait gagné le cœur. » L'on peut dire aussi avec vérité que M. Vincent a su bien profiter de l'exemple de ce bienheureux prélat ; car, à son imitation, on remarquait en lui un abord ouvert, une douceur et affabilité merveilleuse, et des paroles toujours obligeantes envers toutes sortes de personnes. Parlant un jour sur ce sujet aux siens : « Nous avons, leur dit-il, d'autant plus besoin de l'affabilité, que nous sommes plus obligés par notre vocation de converser souvent ensemble, et avec le prochain ; et que cette conversation est plus difficile, soit entre nous, en tant que nous sommes ou de divers pays, ou de complexions et humeurs fort différentes ; soit avec le prochain, duquel il y a souvent beaucoup à supporter : et c'est la vertu d'affabilité qui lève ces difficultés, et qui étant comme l'âme d'une bonne conversation, la rend non-seulement utile, mais aussi agréable : elle fait que l'on se comporte dans la conversation avec bienséance, et avec condescendance les uns envers les autres ; et comme c'est la charité qui nous unit ensemble, ainsi que les membres d'un même corps, c'est aussi l'affabilité qui perfectionne cette union. »

Mais il recommandait particulièrement aux siens de pratiquer cette vertu envers les pauvres gens de la campagne : Parce qu'autrement, disait-il, ils se rebutent et n'osent approcher de nous, croyant que nous sommes trop sévères, ou trop grands seigneurs pour

[1] Attingit a fine ad finem fortiter, et disponit omnia suaviter. *Sap.*, 8.

eux. Mais quand on les traite affablement et cordialement, ils conçoivent d'autres sentiments pour nous, et sont mieux disposés à profiter du bien que nous leur voulons faire. Or, comme Dieu nous a destinés pour les servir, nous le devons faire en la manière qui leur est la plus profitable, et par conséquent les traiter avec grande affabilité, et prendre cet avertissement du Sage, comme s'adressant à un chacun de nous en particulier : *Congregationi pauperum affabilem te facito ;* Rendez-vous affable à l'assemblée des pauvres. »

Or, quoique M. Vincent fût grandement affable en ses paroles, il n'était pas pourtant flatteur, mais au contraire il blâmait fort ceux-là qui se servaient des paroles d'affabilité pour s'insinuer par un esprit de flatterie dans l'affection des autres : « Soyons affables, disait-il aux siens, mais jamais flatteurs ; car il n'y a rien de si vil ni de si indigne d'un cœur chrétien que la flatterie ; un homme vraiment vertueux n'a rien tant en horreur que ce vice. »

Il tenait encore pour une autre maxime de cette vertu, de ne contester jamais contre personne, non pas même contre les vicieux, quand on était obligé de les reprendre ; mais il voulait qu'on se servît toujours de paroles douces et affables, selon que la prudence et la charité le requéraient. Par ce même principe il défendait aux siens d'entrer en des altercations ou aigreurs quand il était question de conférer avec les hérétiques, parce qu'on les gagne bien plus tôt par une douce et amiable remontrance ; et lui-même, en ayant un jour converti trois en un voyage qu'il fit à Beauvais, déclara depuis que la douceur qu'il avait exercée envers eux avait plus contribué à leur conversion que tout le reste de leur conférence : « Quand on dispute, disait il, contre quelqu'un, la contestation dont l'un use en son endroit lui fait bien voir qu'on veut emporter le dessus ; c'est pourquoi il se prépare à la résistance, plutôt qu'à la reconnaissance de la vérité : de sorte que, par ce débat, au lieu de faire quelque ouverture à son esprit, on ferme ordinairement la porte de son cœur ; comme au contraire la douceur et l'affabilité la lui ouvrent. Nous avons sur cela un bel exemple en la personne du bienheureux François de Sales, lequel, quoiqu'il fût très-savant dans les controverses, convertissait néanmoins les hérétiques plutôt par sa douceur que par sa doctrine. A ce sujet, Mgr. le cardinal du Perron disait qu'il se faisait fort, à la vérité, de convaincre les hérétiques, mais qu'il n'appartenait qu'à Mgr l'évêque de Genève de les convertir : « Souvenez-vous bien, Messieurs, ajoutait M. Vincent, des paroles de saint Paul à ce grand missionnaire saint Timothée : *Servum Domini non oportet litigare;* qu'il ne fallait point qu'un serviteur de Jésus-Christ usât de contestations ou de disputes : et je puis bien vous dire que je n'ai jamais vu ni su qu'aucun hérétique ait été converti par la force de la dispute, ni par la subtilité des arguments, mais bien par la douceur, tant il est vrai que cette vertu a de force pour gagner les hommes à Dieu. »

Mais la douceur de M. Vincent excellait surtout dans les corrections et répréhensions qu'il était obligé de faire, dans lesquelles il agissait avec une telle modération et douceur d'esprit, et parlait d'une manière si suave, et néanmoins si efficace, que les cœurs les plus durs en étaient amollis, et ne pouvaient résister à la force de sa douceur. Nous en produirons seulement ici un exemple, qui fera voir quelle était non-seulement la douceur, mais aussi la prudence de ce sage et charitable supérieur quand il était question de reprendre ou corriger quelqu'un des siens. Il fut un jour averti qu'un prêtre de sa Congrégation ne s'appliquait pas assez au travail des missions, quoiqu'il le pût bien faire, et que lorsqu'il y travaillait, il traitait le peuple dans ses prédications avec un peu de rudesse : sur quoi il lui écrivit une lettre pour l'exhorter à se rendre plus assidu aux missions, et plus doux envers les pauvres gens des champs : ce qu'il fit d'une manière aussi suave que prudente et énergique ; lui faisant cet avertissement, sans témoigner aucune mésestime de sa personne, ni lui faire connaître l'avis qu'on lui avait donné de son défaut :

« Je vous écris, lui dit-il, pour vous demander de vos nouvelles, et vous en donner des nôtres. Comment vous portez-vous après tant de travaux ? Combien de missions avez-vous faites ? Trouvez-vous le peuple disposé à faire un bon usage de vos exercices, et en tirer le fruit et le profit qui est à désirer ? Je serai consolé d'apprendre ces choses dans le détail. J'ai de bonnes relations des autres missions de la Compagnie, dans toutes lesquelles on travaille avec fruit et satisfaction, grâce à Dieu. Il n'y a pas jusques à M. N. qui ne soit en campagne depuis neuf mois, travaillant aux missions presque sans cesse ; c'est une chose merveilleuse de voir les forces que Dieu lui donne, et les biens qu'il fait, qui sont extraordinaires, comme je l'apprends de tous côtés : MM. les grands-vicaires me l'ont mandé, et d'autres me l'ont dit ou écrit, et même des religieux voisins des lieux où il travaille. On attribue cet heureux succès au soin qu'il prend de gagner les pauvres gens par douceur et par bonté ; ce qui m'a fait résoudre de recommander plus que jamais à la Compagnie de s'adonner de plus en plus à la pratique de ces vertus. Si Dieu a donné quelque bénédiction à nos premières missions, on a remarqué que c'était pour avoir agi amiablement, humblement et sincèrement envers toutes sortes de personnes ; et s'il a plu à Dieu de se servir du plus misérable pour la conversion de quelques hérétiques, ils ont avoué eux-mêmes que c'était par la patience et par la cordialité qu'il avait eues pour eux. Les forçats même avec lesquels j'ai demeuré ne se gagnent pas autrement; lorsqu'il m'est arrivé de leur parler sèchement, j'ai tout gâté; et au contraire lorsque je les ai loués de leur résignation, que je les ai plaints en leurs souffrances, que je leur ai dit qu'ils étaient heureux de faire leur purgatoire en ce monde, que j'ai baisé leurs chaînes, compati à leurs douleurs, et témoigné affliction pour leurs disgrâces, c'est alors qu'ils m'ont écouté, qu'ils ont donné gloire à Dieu, et qu'ils se sont mis en état de salut. Je vous prie, Monsieur, de m'aider à rendre grâces à Dieu de cela, et à lui demander qu'il ait agréable de mettre tous les missionnaires dans cet usage de traiter doucement, humblement et charitablement le prochain, en public et en particulier, et même les pécheurs et les endurcis, sans jamais user d'invectives, de reproches ou de paroles rudes contre personne. Je ne doute pas, Monsieur, que vous ne tâchiez de votre côté d'éviter cette mauvaise façon de servir les âmes, qui au lieu de les attirer les aigrit et les en éloigne. Notre-Seigneur Jésus-Christ est la suavité éternelle des hommes et des anges, et c'est par cette même vertu que nous devons faire en sorte d'aller à lui en y conduisant les autres. »

SECTION I.
CONTINUATION DU MÊME SUJET.

Cette grande douceur dont M. Vincent usait dans les corrections et répréhensions provenait de ce qu'il était fortement persuadé d'une maxime qu'il avait apprise du grand saint Grégoire, c'est à savoir, que les fautes du prochain nous devaient plutôt exciter à la pitié qu'à la colère, et que la véritable justice portait plutôt à la compassion qu'à l'indignation envers les pécheurs[1]. Sur quoi ce saint homme disait souvent, « qu'il ne fallait pas s'étonner de voir faire des manquements aux autres, parce que, comme le propre des ronces et des chardons était de porter des piquants, ainsi dans l'état de la nature corrompue le propre de l'homme était de faillir, puisqu'il était conçu et naissait dans le péché, et que le juste même, selon le sentiment de Salomon, tombait sept fois, c'est-à-dire, plusieurs fois le jour. Il ajoutait que l'esprit de l'homme avait ses sortes d'intempéries et de maladies comme le corps; et qu'au lieu de s'en troubler et de s'en décourager, il devait, en reconnaissant sa condition misérable, s'en

[1] Vera justitia compassionem habet, non dedignationem. *Gregor.*

humilier, pour dire à Dieu, comme David après son péché : *Bonum mihi quia humiliasti me, ut discam justificationes tuas*; Il m'est bon que vous m'ayez humilié, afin que j'apprenne vos justifications : qu'il fallait se supporter soi-même dans ses faiblesses et imperfections, et néanmoins travailler à s'en relever. »

Cette connaissance donc qu'il avait de la misère commune des hommes le faisait agir avec compassion et douceur envers les pécheurs, et même couvrir leurs défauts avec une prudence et une charité merveilleuses. Il disait que, « s'il était défendu de juger mal d'autrui, il était encore moins licite d'en parler, étant le propre de la charité, comme dit le saint Apôtre, de couvrir la multitude des péchés; et sur ce sujet il alléguait cette parole du Sage : *Audisti verbum adversus proximum tuum? commoriatur in te*. Avez-vous entendu quelque discours contre votre prochain? étouffez-le et le faites mourir en vous. » Il louait aussi souvent cette vertu en la personne de Madame la générale des galères, laquelle, par une tendresse et pureté de conscience, ne parlait jamais, et ne pouvait souffrir qu'en sa présence on s'entretînt des défauts d'autrui.

Quelques-uns étant sortis de la Compagnie de la Mission par tentation ou autrement, il y en avait d'autres qui s'en étonnaient, et même en murmuraient n'en sachant pas la cause; parce que M. Vincent tenait cette maxime, de ne faire jamais aucune plainte de ceux qui sortaient, et de ne rien dire des causes de leur sortie. Mais au contraire, quand l'occasion s'en présentait et qu'il le pouvait avec vérité, il parlait à leur avantage; et même dans les occasions il leur rendait toutes sortes de bons offices, quoiqu'il connût bien la mauvaise disposition de quelques-uns à son égard : et plusieurs de ceux qui ont persévéré dans la Compagnie, tant des premiers qui ont commencé l'Institut que des autres qui sont venus depuis, ont avoué qu'après Dieu ils avaient obligation de leur persévérance à la douceur et au support charitable de M. Vincent à leur égard.

Or, quoiqu'il corrigeât les défauts du prochain sans les flatter, c'était néanmoins toujours en les excusant et diminuant autant qu'il pouvait; et il y procédait avec un tel témoignage d'estime et d'affection pour ceux qui avaient failli, que tant s'en faut que sa correction leur causât aucun abattement d'esprit, qu'au contraire elle relevait leur courage, augmentait leur confiance en Dieu, et leur donnait ordinairement une grande édification, voyant que par une charité merveilleuse il s'humiliait le premier.

Nous insérons ici fort à propos sur ce sujet les extraits de quelques lettres qui feront connaître encore mieux quels étaient ses sentiments touchant la douceur qu'il fallait mêler dans la correction, et le grand soin qu'il prenait d'établir un support mutuel parmi ceux de sa Congrégation.

« Je loue Dieu, dit-il, écrivant au supérieur d'une de ses maisons, de ce que vous êtes allé vous-même expédier les choses que M. N. vous avait refusé de faire ; vous avez bien fait d'en user ainsi, plutôt que de le presser ; car il y a des personnes bonnes et vertueuses qui craignent Dieu, et ne voudraient pas l'offenser, lesquelles ne laissent pas de tomber en certaines faiblesses ; et quand il s'en présente de telles, il les faut supporter, et non pas se raidir contre. Puisque Dieu donne bénédiction à ce sien serviteur dans le Tribunal, je pense que vous ferez bien de le laisser agir selon son esprit, et de donner quelque chose en cette occasion en ses petites volontés, puisque, grâce à Dieu, il n'en a point de mauvaises. Pour ce qui est de l'autre prêtre dont vous me parlez, la parole qui lui est échappée est peut-être une saillie de la nature plutôt qu'une indisposition de l'esprit. Les plus sages disent quelquefois des choses, étant préoccupés de quelque passion, de quoi néanmoins ils se repentent bientôt après. Il y en a d'autres qui témoignent quelquefois leurs aversions et leurs sentiments, tant à l'égard des personnes que des emplois, et qui pourtant ne laissent pas de bien faire. Tant y a, Monsieur, avec quelques personnes que nous soyons, il y a toujours à souffrir, mais aussi à mériter. J'espère que celui-là dont je viens de vous parler se pourra gagner, pourvu qu'on le supporte charitablement, qu'on l'avertisse avec douceur et prudence, et qu'on prie Dieu pour lui, comme je fais pour votre famille, etc. »

Ecrivant sur un semblable sujet à un autre supérieur : « Le prêtre, lui dit-il, dont vous me parlez, est un homme de bien ; il se porte à la vertu, et il était en bonne réputation dans le monde avant qu'il fût reçu dans la Compagnie. Que si maintenant qu'il est parmi nous il a l'esprit inquiet, s'il s'embarrasse de quelque soin temporel et de l'affection des parents, et si enfin il fait quelque peine à ceux qui sont avec lui, il le faut supporter avec douceur ; s'il n'avait ces défauts, il en aurait d'autres ; et si vous n'aviez rien à souffrir, votre charité n'aurait pas beaucoup d'exercice, ni votre conduite assez de rapport à celle de Notre-Seigneur, qui a bien voulu avoir des disciples grossiers et sujets à divers manquements, pour avoir occasion, en pratiquant la douceur et le support, de nous montrer par son exemple comme doivent agir ceux qui sont en charge. Je vous prie, Monsieur, de vous régler sur ce saint modèle, qui vous apprendra non-seulement à supporter vos confrères, mais aussi la manière de les aider à se défaire de leurs imperfections. Il ne faut pas négliger le mal par une tolérance trop lâche, mais il faut aussi tâcher d'y remédier avec douceur. »

Il écrivit encore sur le même sujet à un troisième, qui travaillait avec un autre prêtre de la Compagnie dans un diocèse éloigné. Voici en quels termes : « J'espère de la bonté de Notre-Seigneur qu'il donnera sa bénédiction à vos emplois, si la cordialité et le support est entre vous deux; et je vous prie, au nom de Dieu, Monsieur, que ce soit là votre grand exercice. Et parce que vous êtes le plus ancien et le supérieur, supportez tout avec douceur de celui qui est avec vous; je dis tout, en sorte que vous, déposant en vous-même la supériorité, vous vous ajustiez à lui dans un esprit de charité. C'est là le moyen par lequel Notre-Seigneur a gagné et perfectionné ses apôtres, et celui aussi par lequel seul vous viendrez à bout de ce bon prêtre. Selon cela, donnez un peu d'espace à son humeur, ne lui contredisez jamais à l'heure même que vous croyez en avoir sujet, mais avertissez-le quelque temps après, humblement et cordialement; et surtout comportez-vous de telle façon, qu'il ne paraisse aucune division entre vous et lui; car vous êtes là, comme sur un théâtre, exposés à la vue de toutes sortes de personnes, dans l'esprit desquelles un seul acte d'aigreur qu'on verrait en vous serait capable de tout gâter. J'espère que vous ferez usage de ces avis que je vous donne, et que Dieu se servira d'un million d'actes de vertus que vous pratiquerez, comme de base et de fondement du bien qu'il veut faire par vous. »

Enfin il ne recommandait rien tant, par ses lettres et de vive voix, aux supérieurs et aux particuliers de ses maisons, que la douceur et le support réciproque comme une source de paix, et un lien de perfection qui unit les cœurs. Quand les supérieurs de quelques-unes des maisons de sa compagnie demandaient d'être déchargés de quelque infirme qui ne pouvait plus travailler, il leur représentait qu'étant devenu infirme en leur maison, il était juste qu'il y demeurât, afin qu'elle eût occasion de pratiquer en son endroit le support et la charité; que s'ils demandaient le changement de quelqu'un à cause de ses défauts, il leur disait qu'il le fallait supporter, qu'il n'y avait personne qui n'en eût, et que celui qu'on enverrait en sa place en aurait peut-être de plus grands.

Quand les officiers ou autres des siens manquaient à suivre ses ordres, comme il est arrivé quelquefois, faisant autrement qu'il ne leur avait prescrit, même jusqu'à plusieurs fois, il ne leur disait autre chose, sinon : « Monsieur, ou mon Frère, peut-être que si vous aviez fait cela en la manière que je vous ai prié, Dieu y aurait donné sa bénédiction. » D'autres fois il n'en disait rien, voulant que son silence et sa patience servît de correction ; si ce n'était dans les choses de quelque conséquence, à quoi il fût nécessaire de pourvoir, ou en cas de désobéissance formelle, s'il en remarquait quelqu'une.

Mais surtout il se comportait avec une douceur et un support merveilleux envers les infirmes, ou du corps ou de l'esprit ; il n'en faisait jamais aucune plainte, et ne témoignait point qu'il s'en trouvât chargé ; mais se mettant à leur place, par une semblable condescendance, il leur faisait les mêmes traitements qu'il eût voulu recevoir s'il eût été dans les mêmes infirmités. Nous remarquerons seulement ici qu'entre ceux qu'on admettait à l'épreuve dans sa Congrégation, il s'en est trouvé de tout temps quelques-uns qui avaient des incommodités pour lesquelles, selon les apparences, ils ne pouvaient être reçus au corps de la Compagnie ; mais nonobstant cela, M. Vincent ne laissait pas d'essayer de les remettre, leur faisant prendre des remèdes, leur donnant du repos, et employant les autres moyens qu'il jugeait propres pour cet effet. Et quoique plusieurs lui représentassent qu'il les fallait renvoyer, lui, au contraire, disait qu'il fallait attendre et les supporter : et en effet, après avoir quelquefois bien attendu, quelques-uns ont été guéris, et ont depuis rendu de bons services à Dieu dans la Compagnie.

Que s'il exerçait une si charitable douceur envers ceux qui n'étaient que dans la probation pour être incorporés à sa Congrégation, il en usait encore bien davantage à l'égard des autres qui y étaient déjà reçus ; car tant s'en faut qu'il en renvoyât aucun pour quelque infirmité que ce fût, que même il ne voulait pas permettre qu'aucun s'en retirât de lui-même sous ce prétexte ; considérant les infirmes comme autant de sujets qui attiraient les bénédictions du Ciel sur sa Compagnie. Voici ce qu'il écrivit un jour à un prêtre de sa Congrégation qui, pour n'avoir pas de santé, avait quelque pensée de s'en retirer : « Ne craignez point, lui dit-il, d'être en aucune façon à charge à la Compagnie à cause de vos infirmités, et croyez que vous ne le serez jamais pour ce sujet : car par la grâce de Dieu, elle ne se trouve point chargée des infirmes ; au contraire, ce lui est une bénédiction d'en avoir. » Voilà les sentiments et la pratique de M. Vincent sur ce point, et c'est ainsi que sa Compagnie en use dans le même esprit, ne renvoyant aucun de ses sujets pour infirmité.

Il traitait encore avec une douceur toute particulière les Frères de sa Congrégation qui étaient les plus grossiers et les moins utiles, ne voulant point les renvoyer pour leur rusticité ou peu d'utilité à la maison ; il les faisait même parler dans les conférences et colloques spirituels de la communauté, pour leur ouvrir l'esprit; et quoique leurs discours fussent quelquefois trop longs, ennuyeux, et hors du sujet, il les laissait pourtant tout dire ce qu'ils voulaient sans jamais les interrompre, et sans jamais leur témoigner qu'il n'approuvât pas ce qu'ils avaient dit; si ce n'est qu'ils eussent avancé quelque chose fausse ou erronée, qui eût besoin de correction; car alors il les redressait paternellement, et avec grande douceur, pour ne les contrister où décourager, interprétant en bien ce qu'ils avaient dit, ou les excusant adroitement, leur faisant néanmoins assez remarquer en quoi ils s'étaient trompés.

La douceur de sa charité passait encore plus avant, et supportait non-seulement les défauts naturels du corps ou de l'esprit, mais même ceux qui se commettaient contre les mœurs : car il s'en est trouvé de temps en temps quelques-uns dans sa Congrégation, aussi bien que dans les autres communautés, qui, s'étant relâchés dans le chemin de la vertu, y faisaient plus de mal que de bien par leurs murmures, médisances et autres déréglements, qui étaient connus des autres de sa Compagnie; on s'étonnait que M. Vincent ne les mît point dehors, on le pressait même de le faire; mais ce charitable et débonnaire supérieur les supportait avec une douceur, une charité et une patience incroyables, pour leur donner loisir de se reconnaître, employant cependant tous les moyens qu'il jugeait propres pour remédier à leurs indispositions.

Le supérieur d'une des maisons de sa compagnie se trouvant bien d'avoir été déchargé de quelques personnes lâches et d'une humeur difficile, écrivit à M. Vincent qu'il serait à propos de purger la Compagnie de telles gens. Voici la réponse qu'il lui fit, qui est très-remarquable, sur le sujet que nous traitons : « Je suis de votre avis, lui dit-il, touchant le personnage dont vous m'écrivez. Je ne crois pas qu'il revienne de l'état où il est; au contraire, je crains qu'il ne fasse beaucoup de peine à cette maison ici où nous l'avons fait venir; et non-seulement je le crains, mais je commence à l'expérimenter, et je vous avoue que lui et deux autres nous ont donné beaucoup d'exercice : l'un est dehors, après l'avoir supporté autant qu'il nous a été possible, et il serait expédient que les autres en fussent bien loin, ce serait faire justice à la Compagnie que de retrancher ces membres gangrenés, et la prudence même semble le requérir; mais parce qu'il faut donner lieu à toutes les vertus, nous exerçons maintenant le support, la douceur, la longanimité et la charité, dans le désir de leur amendement : nous appliquons des remèdes au mal, employant les menaces, les prières, les avertissements, et tout cela sans espérance d'autre bien que de celui qu'il plaira à Dieu y opérer par [sa] grâce. Notre-Seigneur ne rejeta pas saint Pierre pour l'avoir ren[ié] trois fois, ni même Judas, quoiqu'il prévît bien qu'il mourra[it] en son péché : ainsi j'estime que sa divine bonté aura bien agréab[le] que la Compagnie étende sa charité sur ces discoles, pour ne ri[en] omettre ni épargner qui les puisse gagner à Dieu : ce n'est pas qu'e[n] fin il n'en faille venir au retranchement, s'ils ne se changent. »

Quelques âmes timorées et embarrassées de scrupules, qui re[n-] daient leur conduite très-pénible et en quelque façon insupportabl[e,] ont aussi exercé souvent la charité de M. Vincent, et lui ont bie[n] fourni de quoi pratiquer la douceur et le support ; et parmi les sie[ns] mêmes il s'en est trouvé qui durant plusieurs années, pour des scr[u-] pules fondés sur des sujets de néant, étaient incessamment à lui do[n-] ner de la peine par leurs importunités continuelles, dont pourta[nt] il ne se plaignait point et ne les rebutait nullement, mais les suppo[r-] tait et même s'étudiait à les recueillir gracieusement, pour ne le[ur] donner aucun sujet de découragement ou de tristesse ; et en quelq[ue] compagnie qu'il fût, il se levait aussitôt qu'il les voyait veni[r] et leur allait parler dans quelque coin du lieu où il se trouvait : [et] quoiqu'ils retournassent vers lui plusieurs fois pour le même suje[t,] s'en étant trouvé quelques-uns qui sont venus l'interrompre tro[is] et quatre fois en une heure, il les recevait toujours avec la mê[me] sérénité de visage, les écoutait avec une égale patience, et leur répo[n-] dait avec la même douceur. Voici le témoignage qu'un de ces espri[ts] malades a rendu sur ce sujet : « M. Vincent, dit-il, a toujours eu u[n] très-grand support pour moi, et m'a traité avec grande douce[ur] pendant mes peines d'esprit. J'allais l'interrompre continuellemen[t,] même lorsqu'il se disposait à célébrer la Messe ou à réciter son offic[e,] et quand j'avais eu sa réponse, je sortais, et puis je retournais enco[re] au même temps pour lui parler, et ainsi consécutivement plusieu[rs] fois de suite : ce qui a duré longtemps, sans que j'aie remarqué qu'[il] m'ait dit aucune parole rude ; au contraire, il me répondait toujou[rs] avec grande douceur, sans me rebuter, ce qu'il eût pu faire juste[-] ment, vu la continuation de mes importunités : et même après m'a[-] voir dit ce que j'avais à faire, voyant que je tombais en de nouveau[x] doutes, il a pris la peine de m'écrire de sa propre main ce qu'il m'a[-] vait dit, pour me le mieux faire retenir, et même, pour cet effet, il m[e] priait de le lire tout haut en sa présence. Et enfin à quelque heure qu[e] je l'allasse trouver, quoique ce fût souvent fort tard et fort avan[t] dans la nuit, ou même d'autres fois lorsqu'il était engagé en de[s] compagnies pour des affaires, il me recevait toujours avec une égal[e] bonté, m'écoutait et me répondait avec une douceur et une charité que je ne puis expliquer. »

Un autre a encore déclaré qu'il avait bien souvent exercé la patience et la charité de M. Vincent, l'obligeant de répéter plusieurs fois ce qu'il lui avait dit : ce que néanmoins ce charitable supérieur faisait bien volontiers, sans lui en témoigner aucune peine, répétant plusieurs fois et autant qu'il le désirait la même chose qu'il lui avait dite, et la lui expliquant plus distinctement, et même avec plus de plaisir la dernière fois que la première. Une fois entre les autres qu'il était occupé en quelque affaire avec des personnes considérables, il appela un frère pour dire quelque chose ; mais ce frère ne la concevant pas bien, la lui fit répéter plus de quatre fois sans que M. Vincent lui en témoignât le moindre signe d'impatience, faisant cette répétition la cinquième fois avec la même douceur et tranquillité d'esprit que la première, témoignant avec un visage riant y prendre plutôt plaisir qu'y ressentir aucune peine.

SECTION II.

PAROLES REMARQUABLES DE M. VINCENT TOUCHANT LA DOUCEUR QU'ON DOIT PRATIQUER ENVERS LE PROCHAIN.

Elles ont été recueillies d'un discours que ce saint homme fit un jour aux siens sur le sujet de cette vertu.

« La douceur et l'humilité, leur dit-il, sont deux sœurs germaines qui s'accordent fort bien ensemble. Nous avons pour règle de les étudier soigneusement en Jésus-Christ, qui nous dit : Apprenez de moi que je suis doux et humble de cœur. C'est donc une leçon du Fils de Dieu : Apprenez de moi. O mon Sauveur, quelle parole ! mais quel bonheur d'être vos écoliers, et d'apprendre cette leçon si courte et si excellente, qu'elle nous rend tels que vous êtes ? N'aurez-vous pas la même autorité sur nous qu'ont eue autrefois les philosophes sur leurs sectateurs, lesquels s'attachaient si étroitement à leurs sentences, que c'était assez de dire : Le maître l'a dit, pour ne s'en départir jamais ?

« Si donc les philosophes par leurs raisonnements s'acquéraient tant de créance sur leurs disciples dans les choses humaines, combien plus, mes Frères, la Sagesse éternelle mérite-t-elle d'être crue et suivie dans les choses divines ! Que lui répondrions-nous à ce moment, s'il nous demandait compte de toutes les leçons qu'il nous a faites ? Que lui dirons-nous à la mort, quand il nous reprochera de les avoir si mal apprises ? Apprenez de moi, dit-il, d'être doux. Si

c'était un saint Paul ou un saint Pierre, qui par lui-même nous exho[r-]
tât à apprendre de lui la douceur, nous pourrions nous en excuse[r ;]
mais c'est un Dieu fait homme, qui est venu nous montrer comme[il]
faut que nous soyons faits pour être agréables à son Père : c'est [le]
Maître des maîtres qui nous enseigne d'être doux. Donnez-nous pa[rt,]
mon Seigneur, à votre grande douceur : nous vous en prions p[ar]
cette même douceur qui ne peut rien refuser.

« La douceur a plusieurs actes qui se réduisent à trois principaux[,]
et le premier de ces actes a deux offices, dont l'un est de réprimer [le]
mouvement de la colère, les saillies de ce feu qui monte au visage[,]
qui trouble l'âme, qui fait qu'on n'est plus ce qu'on était, et qu'u[n]
visage serein change de couleur, et devient noirâtre, ou tout en[-]
flammé. Que fait la douceur ? Elle arrête ce changement ; elle em[-]
pêche celui qui la possède de se laisser aller à ces mauvais effets. [Il]
ne laisse pourtant pas de sentir le mouvement de la passion ; mai[s]
il tient ferme, afin qu'elle ne l'emporte. Il lui pourra arriver quel[-]
que ternissure au visage, mais il se remet bientôt. Au reste il ne fau[t]
pas s'étonner de nous voir combattus ; les mouvements de la natur[e]
préviennent ceux de la grâce, mais ceux-ci les surmontent. Il ne fau[t]
pas nous étonner des attaques, mais demander grâce pour les vaincre[,]
étant assurés qu'encore que nous sentions quelque révolte en nou[s]
contraire à la douceur, elle a cette propriété de réprimer. Voilà don[c]
le premier office du premier acte, qui est beau à merveilles, et s[i]
beau qu'il empêche la laideur du vice de se montrer : c'est un cer[-]
tain ressort dans les esprits et dans les âmes, qui non-seulement tem[-]
père l'ardeur de la colère, mais qui en étouffe les moindres senti[-]
ments.

« L'autre office de ce premier acte de la douceur consiste en c[e]
qu'étant parfois expédient qu'on témoigne de la colère, qu'on re[-]
prenne, qu'on châtie, il fait néanmoins que les âmes qui ont cett[e]
vertu de douceur ne font pas les choses par emportement de la na[-]
ture, mais parce qu'elles pensent qu'il les faut faire : comme le Fil[s]
de Dieu qui appela saint Pierre Satan, qui disait aux Juifs : Alle[z]
hypocrites ! non une fois, mais plusieurs, ce mot étant répété dix o[u]
douze fois dans un seul chapitre ; en d'autres rencontres il chassa le[s]
vendeurs du temple, renversa les tables, et fit d'autres signes d'u[n]
homme courroucé. Étaient-ce des emportements de colère ? Non, il
avait cette douceur au suprême degré. En nous, cette vertu fait qu'on
est maître de sa passion ; mais en Notre-Seigneur, qui n'avait que
des propassions, elles lui faisait non-seulement avancer ou retarder
les actes de la colère, selon qu'il était expédient. Si donc il se mon[-]

it sévère en certaines occasions, lui qui était doux et bénin, c'était pour corriger les personnes à qui il parlait, pour donner la chasse au péché, et ôter les scandales ; c'était pour édifier les âmes, et pour nous donner instruction. Oh! qu'un supérieur qui agirait de la sorte ferait un grand fruit! Ses corrections seraient bien reçues, parce qu'elles seraient faites par raison, et non par humeur. Quand il reprendrait avec vigueur, ce ne serait jamais par emportement, mais toujours pour le bien de la personne avertie. Comme Notre-Seigneur doit être notre modèle en quelque condition que nous soyons, ceux qui conduisent doivent regarder comme il a gouverné, et se régler sur lui. Or il gouvernait par amour ; et si quelquefois il promettait la récompense, d'autres fois aussi il proposait le châtiment : il faut faire de même, mais toujours par le principe de l'amour. On est pour lors en l'état où le prophète désirait que Dieu fût quand il disait : *Domine, ne in furore tuo arguas me* : il semblait à ce pauvre roi que Dieu fût en colère contre lui, et pour cela il le prie de ne le châtier pas en sa fureur. Tous les hommes en sont logés là, nul ne veut être corrigé par colère. C'est une faveur accordée à peu de personnes de n'en point sentir les premières émotions, comme j'ai dit ; mais l'homme doux en revient aussitôt, il maîtrise la colère et la vengeance, en sorte que rien n'en procède qui ne soit appliqué par l'amour. Voilà donc le premier acte de la douceur, qui est de réprimer les mouvements contraires dès qu'on les ressent, soit en arrêtant tout-à-fait la colère, soit en l'employant si bien dans la nécessité, qu'elle ne soit nullement séparée de la douceur. C'est pourquoi, Messieurs, maintenant que nous en parlons, proposons-nous, toutes les fois qu'il nous viendra quelque occasion de nous fâcher, d'arrêter tout court cet appétit, pour nous recolliger et nous élever à Dieu, lui disant : Seigneur qui me voyez assailli de cette tentation, délivrez-moi du mal qu'elle me suggère.

« Le second acte de la douceur est d'avoir une grande affabilité, cordialité et sérénité de visage envers les personnes qui nous abordent, en sorte qu'on leur soit à consolation. De là vient que quelques-uns avec une façon riante et agréable contentent tout le monde; Dieu les ayant prévenus de cette grâce, par laquelle ils semblent vous offrir leur cœur, et vous demander le vôtre ; au lieu que d'autres se présentent avec une mine resserrée, triste et désagréable, ce qui est contre la douceur. Selon cela, un vrai missionnaire fera bien de se composer affablement, et de s'étudier à un abord si cordial et amiable, que par ces signes de sa bonté il donne consolation et confiance à tous ceux qui l'approchent. Vous voyez que cette douce insinuation gagne les cœurs et les attire, selon cette parole de Notre-Seigneur : Que les débonnaires posséderont la terre ; et au contraire on a fait cette remarque des personnes de condition qui sont dans l'emploi, que quand elles sont graves et froides un chacun les craint et les fuit.

« Et comme nous devons être employés auprès des pauvres gens des champs, de Messieurs les ordinands, des exercitants, et de toutes sortes de personnes, il n'est pas possible que nous produisions de bons fruits si nous sommes comme des terres sèches, qui ne portent que des chardons ; il faut quelque attrait, et un extérieur qui plaise, pour ne rebuter personne.

» Je fus consolé, il y a trois ou quatre jours, de la joie qui me parut en quelqu'un qui sortait de céans, où il avait remarqué, disait-il, un abord doux, une ouverture de cœur, et une certaine simplicité charmante (ce sont ses termes), qui l'avaient grandement touché.

Isaïe dit de Notre-Seigneur : *Butyrum et mel comedet, ut sciat reprobare malum, et eligere bonum* : Il mangera du beurre et du miel, afin qu'il sache réprouver le mal, et choisir le bien. Ce discernement des choses n'est donné, je pense, qu'aux âmes qui ont de la douceur ; car comme la colère est une passion qui trouble la raison, il faut que ce soit la vertu contraire qui donne le discernement et la lumière à la même raison.

« Le troisième acte de la douceur est, quand on a reçu un déplaisir de quelqu'un, de n'y point arrêter son esprit, de n'en rien témoigner, ou bien de dire en l'excusant : Il n'y pensait pas, il l'a fait par précipitation, un premier mouvement l'a emporté ; enfin, détourner sa pensée de l'offense prétendue. Quand une personne dit des choses fâcheuses à ces esprits doux pour les aigrir, ils n'ouvrent pas la bouche pour lui répondre, et ne font pas semblant de l'entendre.

« On raconte d'un chancelier de France que, sortant un jour du conseil, un homme qui avait perdu son procès lui dit qu'il était un méchant juge pour lui avoir ôté son bien, et ruiné sa famille par l'arrêt qui avait été donné, l'appelant au jugement de Dieu, et le menaçant de son châtiment ; et que dans une telle rencontre ce seigneur s'en alla sans dire un mot et sans regarder ni d'un côté ni d'autre. Si ce fut par la douceur chrétienne, ou par quelque autre principe qu'il supporta cette indignité, je m'en rapporte ; mais quoi qu'il en soit, nous devons entrer dans une grande confusion de nous emporter quelquefois pour des vétilles, considérant que le premier chef de la justice du royaume souffre le reproche honteux que lui fait publiquement un plaideur, sans lui en témoigner aucun ressentiment ; chose certes admirable dans le rang qu'il tenait, où il ne manquait pas de

…ns humaines, non plus que de moyens faciles pour punir une … témérité.

Mais votre exemple, ô mon Sauveur ! n'aura-t-il pas plus de pou- … sur nous ? vous verrons-nous pratiquer une douceur incompa- …le envers les plus criminels, sans nous efforcer de devenir doux ? …uand serons-nous touchés des exemples et des semonces que nous …vons en votre école ?

La douceur ne nous fait pas seulement excuser les affronts et les …tements injustes que nous recevons : elle veut même qu'on traite …cement ceux qui nous les font, par des paroles amiables ; et s'ils …aient à nous outrager jusqu'à nous donner un soufflet, qu'on le …ffre pour Dieu ; et c'est une vertu qui fait cet effet-là. Oui, un ser- …eur de Dieu qui la possède bien, quand on use de main-mise sur …, il offre à Dieu ce rude traitement et demeure en paix.

« Si le Fils de Dieu était si débonnaire en sa conversation, combien …s a-t-il fait éclater sa douceur en sa passion ! Ç'a été jusqu'à un point, que de ne proférer aucune parole fâcheuse contre ces déi- …es qui le couvraient d'injures et de crachats, et qui se riaient de …douleurs. *Mon ami,* dit-il à Judas, qui le livrait à ses ennemis. …va même au-devant de ce traître avec cette douce parole, *mon ami.* …traita tout le reste du même air : *Qui cherchez vous ?* leur dit-il, … *voici.* Méditons tout cela, Messieurs, nous trouverons des actes …odigieux de douceur, qui surpassent l'entendement humain. O Jé- …s, mon Dieu ! quel exemple pour nous, qui avons entrepris de vous …iter ! Quelle leçon pour ceux qui ne veulent rien souffrir ; ou s'ils …uffrent, qui s'inquiètent et s'aigrissent !

« Après cela ne devons-nous pas nous affectionner à cette vertu de …uceur, par laquelle non-seulement Dieu nous fera la grâce de ré- …imer les mouvements de la colère, de nous comporter gracieuse- …ent envers le prochain, et de rendre bien pour mal ; mais encore … souffrir paisiblement les afflictions, les blessures, les tourments …la mort même que les hommes nous pourraient causer. Faites-nous … grâce, mon Sauveur, de profiter des peines que vous avez endurées …vec tant d'amour et de douceur ; plusieurs en ont profité par votre …onté, et peut-être que je suis seul ici qui n'ai pas encore commencé … être tout ensemble et doux et souffrant.

CHAPITRE XIII.

SON HUMILITÉ.

C'est une vérité prononcée par la bouche du Fils de Dieu, que celui qui s'élève sera humilié, et au contraire que celui qui s'humilie sera exalté : la conduite de la divine Providence nous en fait voir tous les jours des preuves, et nous oblige par conséquent de reconnaître ce qu'a dit un grand docteur de l'Église, qu'il n'y a rien qui nous rende si agréable aux yeux de Dieu, ni si recommandable envers les hommes, que lorsqu'étant vraiment grands par le mérite d'une vie sainte et vertueuse, nous nous rendons petits par les sentiments d'une sincère humilité [1].

Cela s'est vérifié en la personne de M. Vincent, lequel a été exalté par les grandes choses que Dieu a faites en lui et par lui, d'autant qu'il s'est humilié; et plus il s'est profondément abaissé, Dieu a pris soin de l'élever davantage, et de répandre plus abondamment ses bénédictions sur lui et sur toutes ses saintes entreprises.

Il est vrai que l'on peut dire de ce saint homme, après sa mort, ce que plusieurs qui l'ont le plus approché et observé ont dit de lui durant sa vie, qu'il n'a jamais été bien connu au monde tel qu'il était en effet, quelque estime qu'on ait eue de lui; car bien qu'il ait toujours passé pour un homme fort humble, l'opinion commune toutefois n'a jamais regardé son humilité comme la disposition principale qui a attiré sur lui toutes les grâces et bénédictions dont il a été comblé et comme le fondement et la racine de toutes les grandes œuvres qu'il a faites. Ceux qui en ont jugé plus favorablement ont estimé que c'était son zèle qui le portait à les entreprendre, et que sa prudence les lui faisait conduire heureusement à chef : mais quoique ces deux vertus fussent excellentes en lui, et qu'elles aient beaucoup contribué aux grands biens qu'il a opérés, il faut néanmoins avouer que c'est sa profonde humilité qui a attiré sur lui cette plénitude de lumières et de grâces par la vertu desquelles tout a prospéré entre ses mains et sous sa conduite. Mais pour parler encore mieux, nous pouvons dire que son zèle le portait à s'humilier sans cesse, et que sa

[1] Nihil est quod nos ita aut hominibus acceptos, aut Deo gratos faciat, quam si vitæ merito magni, humilitate infimi simus. *Hieron. ad Celan.*

prudence consistait à suivre simplement les maximes et les exemples du Fils de Dieu, et à s'abandonner aveuglément aux conduites de son divin Esprit : se tenant toujours dans cette humble disposition de cœur, de se réputer incapable d'aucun bien et dénué de toute vertu et de toute force ; et dans ce sentiment il répétait sans cesse intérieurement cette leçon d'humilité qu'il avait apprise de son divin Maître, disant en son cœur : « Je ne suis pas un homme, mais un pauvre ver qui rampe sur la terre, et qui ne sait où il va, mais qui cherche seulement à se cacher en vous, ô mon Dieu, qui êtes tout mon désir. Je suis un pauvre aveugle qui ne saurait avancer un pas dans le bien, si vous ne me tendez la main de votre miséricorde pour me conduire. »

Voilà quels étaient les sentiments de Vincent de Paul, lequel, à l'exemple du saint Apôtre son patron, ne se trouvait point dans une meilleure disposition de correspondre et de coopérer aux desseins de Dieu, sinon lorsqu'étant abattu par terre dans les profonds abaissements de son humilité, et fermant les yeux à toutes les considérations humaines, il s'abandonnait aux volontés de son divin Maître, lui disant en son cœur, comme ce grand Apôtre : « Seigneur, que voulez-vous que je fasse ? » Dans cette dépendance il n'entreprenait jamais rien par soi-même ; et il a fallu que la divine Providence l'ait engagé aux œuvres qu'il a faites, ou par l'autorité de ceux qu'il regardait comme ses supérieurs, ou par les conseils et persuasions des personnes dont il respectait la vertu, ou enfin par la nécessité des occasions qui lui faisaient connaître la volonté de Dieu, laquelle il faisait toujours profession de suivre, et qu'il ne voulait jamais prévenir. C'est pourquoi lorsqu'il parlait de la plus grande de ses œuvres, qui est l'établissement de sa Congrégation, il disait toujours hautement « que c'était Dieu seul qui avait appelé en sa compagnie ceux qui y avaient été reçus, et qu'il n'avait jamais ouvert la bouche pour en attirer aucun ; que lui-même ne s'était pas fait missionnaire par son choix, mais qu'il y avait été engagé, sans presque le connaître, par la conduite de la volonté de Dieu ; que c'était Dieu seul qui était l'auteur de tout ce qui se faisait de bien dans la Mission, de toutes les fonctions et pratiques des missionnaires, et généralement de toutes les bonnes œuvres dans lesquelles ils sont employés : toutes ces choses ayant été commencées sans qu'il y pensât, et sans qu'il sût ce que Dieu prétendait faire. »

Or, pour déclarer plus en particulier quelle a été l'humilité de ce grand serviteur de Dieu, quoique cela soit fort difficile, puisqu'il s'est toujours étudié de tenir cette vertu cachée, non-seulement aux autres, mais encore à lui-même, nous nous efforcerons néanmoins d'en tracer ici quelque léger crayon, dont nous empruntons les traits, soit de ce que nous avons vu et connu en lui ou entendu de sa propre bouche, soit de ce que nous en avons appris par les témoignages irréprochables des personnes de très-grande piété.

Nous avons déjà dit qu'encore que Dieu ait voulu se servir de M. Vincent pour des choses très-grandes, il se réputait néanmoins incapable des moindres, et même que, passant outre, il se croyait plus propre à détruire qu'à édifier : car se reconnaissant enfant d'Adam, il se défiait entièrement de lui-même, comme d'un homme pervers qui sentait en soi la pente commune pour le mal, et l'impuissance pour le bien, que tous les descendants de ce premier ont hérité de sa désobéissance. C'était pour cela qu'il avait conçu un très-grand mépris de soi-même ; qu'il fuyait l'honneur et la louange comme une peste ; qu'il ne se justifiait jamais lorsqu'il était repris, mais se mettait du côté de celui qui le reprenait, se donnait le tort, quoiqu'il ne l'eût pas ; qu'il condamnait ses moindres imperfections avec plus de rigueur que d'autres n'auraient fait leurs plus gros péchés ; et que, sans user d'aucune excuse, il faisait passer ses plus légers défauts d'entendement et de mémoire pour des bêtises : c'est enfin pour cela qu'il n'osait et ne voulait s'ingérer en quelque chose que ce fût, et était même plus content que Dieu fît le bien par d'autres que par lui-même.

C'était dans ce même esprit qu'il s'étudiait à cacher, autant qu'il pouvait, toutes les grâces particulières qu'il recevait de Dieu, n'en ayant découvert aucune que lorsqu'il ne la pouvait couvrir sans manquer à la charité du prochain, ou à quelque autre nécessité qui l'y obligeait : et il avait pris une telle habitude de se cacher lui-même, et tout ce qu'il faisait de bien, que ceux de sa compagnie ne savaient qu'une partie de tant de saintes œuvres qu'il entreprenait, et de tant de charité qu'il exerçait spirituellement et corporellement envers toutes sortes de personnes : et il n'y a point de doute que plusieurs des siens seront étonnés d'en lire un grand nombre en cet ouvrage dont ils n'ont jamais eu aucune connaissance.

Mais non content de se cacher, et les grands biens qu'il faisait, il tâchait en toutes sortes de rencontres de s'abaisser, et de s'avilir et rendre méprisable, autant qu'il pouvait, devant les autres, pour honorer et imiter les abaissements et avilissements du Fils de Dieu, lequel étant la splendeur de la gloire de son Père, et la figure de sa substance, a bien voulu se rendre l'opprobre des hommes et l'abjection du peuple. Pour cela il parlait volontiers des choses qui pouvaient le faire mépriser, et fuyait avec horreur tout ce qui pouvait directement ou indirectement tendre à son honneur et à sa louange. Quand il vint à Paris, il ne dit point qu'il s'appelait de Paul, craignant que ce nom ne donnât sujet de penser qu'il était de quelque famille considérable ; mais il se fit appeler seulement M. Vincent de son nom de baptême, comme qui dirait M. Pierre ou M. Jacques; et quoiqu'il fût licencié en théologie, il ne se disait pourtant qu'un pauvre écolier de quatrième : et l'on a remarqué que, par ses paroles et par ses actions, il tâchait toujours dans toutes les occasions de se rendre méprisable, et de passer pour un homme de néant : et lorsqu'il lui arrivait quelque sujet de confusion, il l'embrassait très-volontiers, et en témoignait autant de joie comme s'il eût trouvé quelque grand trésor.

Il qualifiait sa Congrégation de petite, et très-petite, et chétive Compagnie, et n'a point voulu que ceux qui en étaient allassent prêcher et faire des missions dans les grandes villes, mais seulement dans les villages, et tout au plus dans les petites villes, pour évangéliser et instruire les pauvres gens des champs, et cela dans la vue que cet emploi est ordinairement le plus méprisé. Il voulait que dans toutes les rencontres sa Compagnie fût regardée comme la moindre et la dernière de toutes les autres : et ayant une fois été obligé d'envoyer quelques-uns de la maison de Saint-Lazare pour assister à une assemblée générale de ville, entre autres choses qu'il recommanda à l'un des principaux prêtres de sa communauté qu'il y envoya avec un compagnon, ce fut qu'il eût à prendre la dernière place de tous ceux du clergé, comme il fit.

Il ne pouvait souffrir qu'on dît aucune chose à la louange de sa Congrégation, qu'il appelait toujours pauvre et chétive Compagnie, disant qu'il ne demandait à Dieu, sinon qu'il eût agréable de lui donner la vertu d'humilité : et parlant un jour sur ce sujet aux siens : « N'est-ce pas une chose étrange, leur dit-il, que l'on conçoit bien que les particuliers d'une compagnie, comme Pierre, Jean et Jacques, doivent fuir l'honneur et aimer le mépris : mais la Compagnie, dit-on, et la communauté doit acquérir et conserver de l'estime et de l'honneur dans le monde? Car, je vous prie, comment se pourra-t-il faire que Pierre, Jean et Jacques puissent vraiment et sincèrement aimer et chercher le mépris, et que néanmoins la compagnie qui n'est composée que de Pierre, Jean et Jacques, et autres particuliers, doive aimer et rechercher l'honneur? Il faut certainement reconnaître et confesser que ces deux choses sont incompatibles; et partant, tous les missionnaires doivent être contents, non-seulement quand ils se trouveront dans quelque occasion d'abjection ou de mépris pour leur particulier, mais aussi quand on méprisera leur compagnie : car pour lors ce sera une marque qu'ils seront véritablement humbles. »

Au reste, son humilité était tellement sincère, qu'on la pouvait en quelque façon lire sur son front sur ses yeux et sur toute la posture de son corps, et reconnaître par son extérieur que ses humiliations et abaissements venaient du fond de son cœur, où cette vertu était si profondément gravée, qu'il croyait ne mériter pas l'usage d'aucunes créatures, non pas même de celles qui servent à conserver la vie, et encore moins des autres qui peuvent être utiles ou nécessaires pour avancer la gloire de Dieu. C'est dans ce sentiment de son indignité que non-seulement il ne demandait rien pour soi, mais qu'il était toujours prêt de se dépouiller de tout ce qu'il avait à sa disposition : et l'on ne doit pas s'étonner de ce qu'on dit qu'il a refusé les plus grandes dignités ecclésiastiques qu'on lui a présentées, puisqu'il s'estimait indigne des moindres choses.

Or, quoique son humilité fût telle que nous venons de dire, elle ne laissait pas d'être constante et généreuse lorsqu'il était question de soutenir les intérêts de Dieu ou de son Église : car c'était en ces occasions-là qu'il faisait paraître que l'humilité, comme a fort bien enseigné le Docteur angélique, n'est point contraire à la magnanimité, mais plutôt que la magnanimité est perfectionnée par l'humilité, laquelle lui donne un fondement solide, faisant qu'elle s'appuie uniquement sur Dieu, et néanmoins la retient dans une juste médiocrité, empêchant qu'elle ne s'élève plus qu'il ne faut, et qu'elle ne donne aucun lieu à la vanité.

Parlant un jour sur ce sujet aux siens, il leur dit que l'humilité s'accordait fort bien avec la générosité et grandeur de courage ; pour preuve de quoi il leur rapporta l'exemple de saint Louis, qui était si humble que de servir lui-même les pauvres, et aller dans les hôpitaux rechercher ceux qui avaient les maux les plus infects et les plus horribles, pour les panser de ses propres mains : et cependant c'était un des plus généreux et des plus vaillants rois qui aient porté la couronne en France, comme il l'a bien fait voir par les signalées victoires qu'il remportait sur les Albigeois, et dans les deux voyages qu'il entreprit au Levant pour combattre contre les infidèles. D'où il concluait qu'il fallait demander à Dieu la générosité fondée sur l'humilité.

SECTION I.

QUELQUES AUTRES ACTIONS PLUS PARTICULIÈRES D'HUMILITÉ PRATIQUÉES PAR M. VINCENT.

C'est avec grande raison qu'un très-vertueux ecclésiastique qui a connu fort particulièrement M. Vincent a dit, parlant de lui, qu'il ne s'est jamais trouvé aucun ambitieux sur la terre qui ait plus de passion de s'élever, de se faire estimer, et de parvenir au comble des honneurs, que cet humble serviteur de Dieu avait d'affection de s'abaisser, de se rendre abject et méprisable, et d'embrasser les dernières humiliations et confusions ; car il est vrai qu'il semblait avoir fait son trésor de cette vertu, ménageant soigneusement toutes les occasions qui se présentaient pour la pratiquer, et prenant sujet de s'humilier en toutes sortes de rencontres.

Outre ce que nous en avons déjà dit en ce chapitre, nous en rapporterons encore dans cette section d'autres pratiques plus particulières.

Il était bien éloigné de faire parade des dons et des talents qu'il avait reçus de Dieu, puisqu'au contraire il s'étudiait, autant qu'il lui était possible, comme il a déjà été dit, de les cacher ; et lorsqu'il était obligé de les faire paraître pour les employer au service de Dieu et du prochain, il ne produisait que les moindres. Voici sa maxime sur ce sujet, qui est d'autant plus digne d'être estimée qu'elle est plus rare parmi les hommes ; et quoique nous l'ayons déjà rapportée ailleurs, nous ne laisserons pas de la répéter ici, parce qu'elle mérite d'être connue, et plus encore d'être suivie et pratiquée d'un chacun :

« Si je fais une action publique, disait-il, et que je la puisse pousser bien avant, je ne le ferai pas ; mais j'en retrancherai telle et telle chose qui pourrait lui donner quelque lustre, et à moi quelque réputation. De deux pensées qui me viennent en l'esprit pour parler sur quelque sujet, quand la charité ne m'obligera point de faire autrement, je produirai la moindre au dehors, afin de m'humilier, et retiendrai la plus belle pour la sacrifier à Dieu dans le secret de mon cœur. Car Notre-Seigneur ne se met et ne se plaît que dans l'humilité de cœur, et dans la simplicité des paroles et des actions. »

Quand il était obligé de parler des œuvres que Dieu avait faites par lui, ou des bénédictions qu'il avait versées sur sa conduite, il le faisait toujours au nom de sa Congrégation, et non pas au sien ; disant que « Dieu s'était servi de la compagnie pour telle ou telle chose ; que son infinie bonté avait fait ou confié à la compagnie telle ou telle grâce. » Et ordinairement dans les choses qu'il se proposait de faire pour quelque bonne fin, il parlait en pluriel, disant, par exemple : « Nous tâcherons de remédier à un tel besoin, ou de procurer un tel bien; nous vous enverrons un tel secours. » Parlant de la sorte par esprit d'humilité, comme ne voulant agir par soi-même, ni dire, par exemple : « Je remédierai, je procurerai, j'enverrai; » ou user de semblables termes dont se servent ordinairement ceux qui ont quelque pouvoir et autorité. Il disait bien : « Je vous prie, je vous remercie, je vous demande pardon, je suis cause que ces choses ne vont pas comme elles devraient, ou qu'un tel désordre est arrivé; » parce que ces sortes d'expressions sont en quelque façon humiliantes, et qu'il voulait toujours réserver pour lui tout ce qui pouvait porter quelque abaissement ou quelque abjection.

Outre cela il avait une adresse merveilleuse pour attribuer aux autres le bien qu'il faisait, et détourner la louange qu'on lui voulait donner pour la porter sur quelque autre; et comme s'il n'y eût eu aucune part, il renvoyait toute l'estime et tout l'honneur du bien qu'il avait fait, à Dieu et au prochain. Que s'il y avait de l'excès en lui, c'était de s'étendre trop dans les louanges des autres, et dans le mépris de soi-même : car en effet, lorsqu'il parlait de soi, c'était en des termes si humiliants, qu'on avait quelquefois peine à les entendre.

Répondant à une personne de grande piété qui s'était recommandée à ses prières : « Je vous offrirai à Dieu, lui dit-il, puisque vous me l'ordonnez, mais j'ai besoin du secours des bonnes âmes, plus qu'aucune personne du monde, pour les grandes misères qui accablent la mienne, et qui me font regarder l'opinion qu'on a de moi, comme un châtiment de mon hypocrisie, laquelle me fait passer pour autre que je ne suis. »

Un très-digne prélat voyant M. Vincent s'humilier en toutes choses, ne put s'empêcher de lui dire qu'il était un parfait chrétien : sur quoi cet humble serviteur de Dieu s'écria : « O Monsieur! que dites-vous? moi un parfait chrétien! On me doit plutôt tenir pour un damné, et pour le plus grand pécheur de l'univers. »

Quelqu'un nouvellement entré en la Congrégation de la Mission parlant un jour dans une conférence en présence de M. Vincent, dit qu'il avait une grande confusion de profiter si peu des bons exemples qu'il lui donnait, et des merveilles qu'il voyait en lui : M. Vincent laissa passer ces paroles, pour ne l'interrompre; mais après la conférence il lui fit cet avertissement en public : « Monsieur, nous avons cette pratique parmi nous de ne louer jamais personne en sa présence. Il est vrai que je suis une merveille, mais une merveille de malice, plus méchant que le démon, lequel n'a pas tant mérité d'être en enfer que moi : ce que je ne dis pas par exagération, mais selon les véritables sentiments que j'en ai. »

Un personnage fort attaché au Jansénisme l'ayant une fois entretenu de ses erreurs pour les lui persuader, et n'ayant pu en venir à bout, se mit à lui faire des reproches, et, tout ému de colère, lui dit qu'il était un vrai ignorant, et qu'il s'étonnait comme sa Congrégation le pouvait souffrir pour supérieur général. A quoi M. Vincent répondit en s'humiliant qu'il s'en étonnait encore plus que lui, « parce, dit-il, que je suis encore plus ignorant que vous ne pensez. »

Ayant un jour consolé et fortifié un étudiant de sa Congrégation qui était tenté du désespoir, et ayant répondu à quelque difficulté qui lui venait souvent en l'esprit contre l'espérance, qu'il l'exhortait d'avoir en Dieu, il ajouta : « Si le diable vous remet en l'esprit cette mauvaise pensée, servez-vous de cette réponse que je vous viens de faire, et dites à ce malheureux tentateur que ç'a été Vincent, un ignorant, un quatrième, qui vous a dit cela. »

Un prêtre de la Congrégation ayant écrit à M. Vincent que le supérieur qu'il avait envoyé en la maison où il demeurait n'était pas assez civilisé pour ce lieu-là, M. Vincent lui faisant réponse, après avoir dit beaucoup de bien de ce supérieur, qui était un homme vertueux, ajoute ces mots : « Et moi, comment suis-je fait ? et comment est-ce qu'on m'a souffert jusqu'à cette heure dans l'emploi que j'ai, qui suis le plus rustique, le plus ridicule et le plus sot de tous les hommes parmi les gens de condition, avec lesquels je ne saurais dire six paroles de suite qu'il ne paraisse que je n'ai point d'esprit ni de jugement ; mais qui pis est, que je n'ai aucune vertu qui approche de la personne dont est question ?

C'était sa coutume en toutes rencontres, et devant toutes sortes de personnes, même de la plus haute qualité, surtout quand on témoignait quelque estime de lui, et qu'on lui voulait rendre quelque honneur, de dire et publier qu'il n'était que le fils d'un paysan, et qu'il avait gardé les troupeaux : ce qu'il prenait aussi plaisir de déclarer aux pauvres, afin qu'ils le considérassent comme ayant été de leur condition. Sur ce sujet, il arriva un jour qu'un homme de village étant venu à Saint-Lazare demander M. Vincent, et le portier lui ayant dit qu'il était empêché pour lors avec quelques seigneurs ; ce bonhomme répliqua : « Ce n'est donc plus M. Vincent, parce que lui-même m'a dit qu'il n'était que le fils d'un simple paysan comme moi ? »

Accompagnant un jour un ecclésiastique à la porte de Saint-Lazare, une pauvre femme se mit à crier, lui disant : « Monseigneur, donnez-moi l'aumône. » A quoi M. Vincent lui répondit : « O ma pauvre femme! vous me connaissez bien mal, car je ne suis qu'un porcher, et le fils d'un pauvre villageois. » Une autre l'ayant encore rencontré à la porte, comme il conduisait quelques personnes de condition, et pour le convier de lui donner l'aumône plus volontiers, lui ayant dit qu'elle avait été servante de madame sa mère, il lui répondit aussitôt devant tous ceux qui étaient présents : « Ma bonne femme, vous me prenez pour un autre; ma mère n'a jamais eu de servante, ayant elle-même servi, et étant la femme, et moi le fils d'un paysan. »

Un jeune homme, parent d'un prêtre de sa Compagnie, faisant par respect difficulté de s'asseoir auprès de lui et de se couvrir, il lui dit : « Pourquoi, Monsieur, faites-vous tant de difficulté et de cérémonie à l'endroit d'un pauvre porcher et du fils d'un pauvre paysan tel que je suis! » De quoi le jeune homme fut fort surpris.

Ayant rendu visite à un homme de condition, lequel par honneur voulait le reconduire à la porte, il fit ce qu'il put pour l'en détourner, et entre autres choses lui dit : « Savez-vous bien, Monsieur, que je ne suis que le fils d'un pauvre villageois, et que pendant ma jeunesse j'ai gardé les troupeaux dans les champs? » A quoi ce seigneur, qui était homme d'esprit, répondit qu'un des grands rois du monde, qui était David, avait aussi été tiré de la conduite des troupeaux qu'il gardait; et M. Vincent parut comme tout confus et tout abattu de cette réponse.

Dans les assemblées de piété où il se trouvait, son humilité le portait toujours à déférer aux sentiments des autres, et à les préférer aux siens, quoique meilleurs; et un jour, dans l'assemblée des Dames de la Charité de Paris, où il présidait, comme on délibérait sur quelques affaires assez importantes pour l'assistance des pauvres, l'une des dames de la compagnie s'étant aperçue que M. Vincent, selon son humilité ordinaire, suivait plutôt les sentiments de celles qui opinaient que les siens propres, elle en eut de la peine, et ne put s'empêcher de lui reprocher doucement qu'il ne tenait pas assez ferme pour faire valoir ses avis, bien qu'ils fussent les meilleurs; à quoi il fit cette réponse digne de son humilité : « A Dieu ne plaise, Madame, que mes chétives pensées prévalent sur celles des autres : je suis bien aise que le bon Dieu fasse ses affaires sans moi, qui ne suis qu'un misérable. »

L'affection qu'il avait pour cette vertu d'humilité, et les trésors de grâces qu'il trouvait dans sa pratique, le portaient à faire part à sa Compagnie de tous ces abaissements qu'il recherchait : c'est pourquoi il en parlait ordinairement avec des termes humiliants. Dans cet esprit, répondant un jour à un prêtre qui demandait d'être reçu dans sa Compagnie, laquelle il lui témoignait préférer à toutes les autres, reconnaissant que c'était le meilleur chemin pour aller au ciel : « C'est la bonté que vous avez pour nous, lui dit-il, qui vous fait penser de la sorte; mais il est vrai que les autres communautés sont toutes saintes, et que nous sommes des misérables, et plus misérables que les misérables. »

Il dit à un autre, qui demandait la même chose : « Quoi, Monsieur, vous voulez être missionnaire? Et comment avez-vous jeté les yeux sur notre petite Compagnie? car nous ne sommes que de pauvres gens. » Celui-ci a depuis avoué qu'il fut grandement édifié de cette humilité de M. Vincent, lequel rabaissait ainsi l'estime de sa Compagnie devant ceux même qui la recherchaient et qui en demandaient l'entrée.

Mais non content de parler de la sorte, il a toujours tâché par ses exemples d'insinuer cet esprit d'humilité dans sa compagnie, dès ses premiers commencements. Lorsqu'il demeurait encore au collége des Bons-Enfants, il s'est mis plusieurs fois à genoux devant sept ou huit prêtres qui la composaient, déclarant en leur présence les péchés les plus griefs de sa vie passée; de quoi ils furent grandement touchés, admirant la force de la grâce en leur supérieur, par laquelle il renonçait si courageusement à cette inclination naturelle que tous les hommes ont de cacher leurs infirmités, et tâchait, en leur découvrant les siennes, de détruire en eux tous les sentiments d'estime qu'ils pouvaient avoir pour lui. Il avait encore cette coutume, tous les ans au jour de son baptême, de se mettre à genoux devant sa communauté, et demander pardon à Dieu de tous les péchés qu'il avait commis depuis tant d'années que sa bonté le souffrait sur la terre, priant la Compagnie de lui pardonner tous les sujets de scandale qu'il pouvait avoir donnés, et de prier Dieu qu'il lui fît miséricorde.

Outre cela, quand il pensait lui être arrivé quelque chose qui ne fût pas tout à fait de bon exemple à la même compagnie, il ne manquait pas à chaque fois de s'en humilier, et de lui en demander pardon; ce qu'il faisait même pour des choses secrètes, comme pour des mouvements d'impatience qui n'avaient point paru au dehors pour quelques paroles moins douces dites à quelque particulier, et pour les moindres manquements faits par inadvertance.

Ayant un jour recommandé à un des Frères de la maison de donner le gîte à un pauvre passant, et ce Frère s'en excusant avec beaucoup de répliques et d'oppositions, M. Vincent crut lui devoir parler, avec fermeté, pour l'obliger à se soumettre ; mais après, son humilité lui en donnant quelque remords intérieurs, il s'en alla mettre à genoux au milieu d'une allée du jardin, où étaient quelques anciens prêtres de sa communauté, leur disant qu'il demandait pardon à la Compagnie du scandale qu'il donnait tous les jours, et qu'il venait encore tout récemmment de donner en parlant avec rudesse à un Frère de la basse-cour. Un des prêtres qui fut présent à cette action d'humilité, après en avoir rendu témoignage, ajoute : « Cela peut avoir été connu d'un chacun, mais ce que j'ai vu tout seul est que le même soir, entrant selon mon ordinaire dans la chambre de M. Vincent, après l'examen général, je le trouvai qui baisait les pieds de ce Frère. »

Ce n'est pas seulement en cette occasion, mais en une infinité d'autres, qu'on l'a vu se jeter aux pieds de ses inférieurs, même des moindres de la maison, dont nous rapporterons seulement quelques exemples.

Croyant avoir donné une fois sujet de peine à un Frère, pour lui avoir dit, peut-être d'un ton un peu ferme, qu'il se fallait donner patience pour résoudre ce qu'il lui avait proposé, il ne voulut point célébrer la Messe qu'il ne se fût humilié devant ce Frère ; et ne l'ayant point trouvé à la cuisine, il l'alla chercher à la cave, où il lui demanda pardon de l'avoir contristé.

Se trouvant un jour de jeûne dans une pauvre hôtellerie, en quelque voyage qu'il faisait, et ayant demandé un peu d'huile pour manger de la morue sèche qu'on lui avait présentée pour son dîner, son humilité lui fit craindre que cela n'eût causé quelque mauvaise édification à celui qui l'accompagnait : c'est pourquoi il se mit à genoux devant lui, pour lui en demander pardon.

Un autre jour faisant voyage avec trois de ses prêtres, il les entretint, pour les divertir, de quelque chose qui lui était autrefois arrivé ; mais comme ils l'écoutaient avec attention, ils furent bien étonnés lorsqu'au milieu de son discours il frappa sa poitrine, disant qu'il était un misérable, tout rempli de superbe et d'orgueil, et qu'il ne faisait que parler de soi-même ; de sorte qu'aussitôt il fallut changer de sujet d'entretien ; et dès qu'ils furent arrivés au lieu où ils devaient arrêter, il ne manqua pas de leur demander pardon à genoux du scandale qu'il leur avait donné en parlant de soi-même.

Étant malade à Richelieu, en l'année 1649, on lui envoya de Paris le Frère infirmier de Saint-Lazare, pour en avoir plus de soin, parce qu'il connaissait mieux de quelle façon il le fallait traiter. Il lui fit un très-bon accueil, et lui témoigna beaucoup d'affection à son ordi-

…aire ; néanmoins lui ayant dit qu'il était marri qu'on lui eût donné …ant de peine de venir de si loin pour une carcasse, il crut depuis qu'il …e l'avait pas reçu avec assez de cordialité, et lui en demanda pardon … genoux, non-seulement à Richelieu, mais encore étant de retour à …aint-Lazare, en présence de son assistant, auquel parlant sur ce sujet : « Savez-vous bien, Monsieur, lui dit-il, que ce bon Frère étant venu … Richelieu pour moi, je ne lui épanchai point mon cœur, comme j'a-…ais accoutumé ? et c'est de quoi je lui demande très-humblement par-…on en votre présence, et je vous prie de prier Dieu pour moi, afin …u'il me fasse la grâce de ne plus commettre de semblables fautes. »

Ayant une fois été visité par son neveu, lequel était venu exprès ;our cela de la ville d'Acqs à Paris, le portier du collége des Bons-Enfants, où il demeurait pour lors, l'ayant averti que son neveu demandait de le voir, il ressentit le premier mouvement de quelque peine pour son arrivée, et dit qu'on le lui amenât en sa chambre ; néanmoins son humilité lui fit aussitôt changer de sentiment, et prendre résolution d'aller lui-même le recevoir en bas. Voici en quels termes M. de Saint-Martin, chanoine de la ville d'Acqs, qui demeurait pour lors en ce collége, en rendit témoignage :

« Je ne puis passer sous silence, dit-il, un acte de vertu de M. Vincent, dont je suis témoin, à l'occasion d'un sien neveu. C'est qu'ayant donné charge à l'un des siens de l'aller prendre dans la rue où il était, habillé à la mode des paysans de ce pays, pour le mener à sa chambre, ce bon serviteur de Dieu eut un mouvement extraordinaire de se surmonter, comme il fit ; car, descendant de sa chambre, il alla lui-même jusqu'à la rue, où ayant trouvé son neveu, il l'embrassa, le baisa, et le prit par la main, et l'ayant conduit dans la cour, fit descendre tous les Messieurs de sa Compagnie, auxquels il dit que c'était là le plus honnête homme de sa famille, et les lui fit saluer tous. Il lui fit faire la même civilité aux personnes de condition qui le venaient visiter ; et aux premiers exercices spirituels qu'il fit après, il s'accusa publiquement en pleine assemblée d'avoir eu quelque honte à l'arrivée de son neveu, et de l'avoir voulu faire monter secrètement en sa chambre, parce qu'il était paysan et mal habillé. »

Il passa encore plus avant dans cette pratique d'humiliation aux premiers exercices des ordinands qui se firent à Saint-Lazare ; car entretenant ceux qui devaient recevoir les ordres sur la vocation à l'état ecclésiastique, il mêla parmi son discours plusieurs choses humiliantes de sa vie passée ; et pour se confondre davantage, il ajouta qu'un de ses parents avait été condamné aux galères : ce qu'il a répété en plusieurs autres occasions, quoique cet homme ne fût son parent que de fort loin, et tout au plus au quatrième degré.

Que s'il était si affectionné à se procurer lui-même des humiliations, il ne l'était pas moins à les recevoir lorsqu'elles lui venaient de la part du prochain. Un des principaux magistrats du parlement ayant dit un jour dans la grand'chambre, que les missionnaires de Saint-Lazare ne faisaient plus guère de missions, cela fut rapporté à M. Vincent, qui fut étonné de ce discours; et l'ayant dit à quelqu'un des siens, celui-ci lui répondit que ce magistrat parlait sans savoir, et qu'il y avait longtemps que leur Compagnie n'avait travaillé à tant de missions qu'elle faisait en ce même temps, et qu'elle avait fait l'année précédente; ajoutant qu'il serait à propos de le faire savoir à ce magistrat, lequel autrement, étant ainsi mal informé, pourrait continuer à décrier la compagnie. A quoi M. Vincent répliqua : « Il le faut laisser faire, je ne me justifierai jamais que par les œuvres. »

Étant une autre fois arrivé qu'une des maisons de la Congrégation reçut une humiliation très-notable, sans qu'il y eût pourtant aucun péché, M. Vincent, au lieu de s'en affliger, en témoigna de la joie, et exhorta sa communauté d'en remercier Dieu de bon cœur, et de lui demander la grâce de faire un bon usage de cette abjection : « Car, disait-il, c'est un bonheur d'être traité en la manière que Notre-Seigneur l'a été. » Et pour établir de plus en plus l'esprit d'humilité dans sa compagnie, il proposa pour sujet d'oraison à sa communauté, une fois tous les mois pendant plusieurs années, la méditation de l'orgueil, pour lui en faire concevoir plus d'horreur, et disait que « la Compagnie ne subsisterait jamais sans la vertu d'humilité; que lorsque cette vertu manquait en quelque compagnie chacun pensait à son établissement particulier, et que de là provenaient les partialités, le schisme et la rupture; que si les missionnaires avaient à demander quelque chose à Dieu, c'était l'humiliation, et qu'ils devaient s'attrister et pleurer lorsqu'ils recevaient des applaudissements, puisque Notre-Seigneur avait dit : *Væ cùm benedixerint vobis homines !* malheur à vous quand les hommes vous applaudiront ! »

Mais c'est principalement dans les emplois de la cour que l'humilité de M. Vincent a paru avec d'autant plus de force, qu'elle était plus opposée aux honneurs qui lui étaient rendus par quelques-uns, et que sa vertu et bonne conduite méritait de tous. Au commencement qu'il fut appelé au conseil, avec feu M. le prince de Condé et quelques autres seigneurs, comme ce bon prince le voulut obliger de s'asseoir auprès d'eux, il lui dit : « Monseigneur, ce m'est trop d'honneur que Votre Altesse me souffre en sa présence, moi qui ne suis que le fils d'un pauvre porcher. » Sur quoi M. le prince lui répondit par le vers du poète : *Moribus et vitâ nobilitatur homo;* ajoutant : « Ce n'est pas d'aujourd'hui que nous connaissons votre mérite. » Il lui proposa ensuite dans l'entretien quelques points de controverse, auxquels M. Vincent répondit sur-le-champ avec telle satisfaction de ce prince, qu'il lui dit : « Hé quoi, M. Vincent, vous dites à un chacun et vous prêchez partout que vous êtes un ignorant, et cependant vous résolvez en deux mots l'une des plus grandes difficultés que nous ayons avec les religionnaires. » Il lui proposa encore quelques autres difficultés sur le droit canonique, auxquelles M. Vincent ayant répondu avec pareille satisfaction de ce prince, il lui dit qu'il reconnaissait bien que c'était avec grande raison qu'il avait été choisi de Sa Majesté pour l'aider de son conseil en ce qui regardait les bénéfices et autres affaires ecclésiastiques.

Or, quoique cet emploi si important et si honorable, et l'accès qu'il avait auprès de la reine-mère pendant sa régence, le rendît fort considérable, on a pourtant remarqué qu'il n'a jamais porté de soutane neuve allant au Louvre, et qu'il n'a point paru autrement habillé devant les grands de la cour que lorsqu'il allait instruire et prêcher les paysans de la campagne, se tenant également partout dans une très-simple et humble bienséance.

Parlant un jour de l'emploi qu'il avait à la cour, il dit : « Je demande à Dieu que je sois tenu pour un insensé, comme je le suis, afin qu'on ne m'emploie plus dans cette sorte de commission, et que j'aie plus de loisir de faire pénitence, et donne moins de mauvais exemples que je fais à notre petite compagnie. » Aussi est-il vrai que cet emploi lui pesait extrêmement, non pas faute d'affection envers Sa Majesté, pour le service de laquelle il eût très-volontiers exposé sa vie, mais à cause des honneurs attachés à ces emplois. Il embrassait au contraire les confusions avec amour, et souffrait avec joie les calomnies qui lui arrivaient, dont il louait Dieu, sans qu'on l'ait jamais ouï se justifier, et encore moins se plaindre ; et bien loin d'en avoir aucun ressentiment, il s'humiliait même devant ceux qui l'offensaient, et leur demandait pardon : c'est ce qu'on lui a vu faire à l'égard d'une personne de condition qui le traitait avec grand mépris, et envers un jeune gentilhomme qui lui avait dit, par un emportement de son âge, qu'il était un vieux fou, devant lequel il se mit aussitôt à genoux, lui demandant pardon de l'occasion qu'il pouvait lui avoir donnée de lui dire telles paroles.

Ayant une autre fois empêché que le roi ne donnât un évêché à une personne qu'il savait n'être pas propre pour la conduite d'un diocèse, ses parents, qui étaient puissants, en eurent un très-grand ressentiment qu'ils firent bien paraitre, inventant contre lui une calomnie à laquelle ils ajoutèrent diverses circonstances pour la rendre plus croyable, et pour la mieux débiter à la cour : ce qui étant venu jusqu'aux oreilles de la reine, dès aussitôt qu'elle vit M. Vincent, elle lui demanda en riant s'il savait bien ce qu'on disait de lui, et qu'on l'accusait d'une telle chose. A quoi il répondit sans se troubler ni altérer : « Madame, je suis un grand pécheur. » Et comme Sa Majesté lui eut reparti qu'il devait se justifier, il répliqua : « L'on en a bien dit d'autres contre Notre-Seigneur, et il ne s'est jamais justifié. »

Pendant ce même temps qu'il était employé à la cour, un de ses amis l'avertit qu'un ecclésiastique, qui mourut bientôt après, faisait courir un bruit par la ville, et même avait rapporté à une personne des plus qualifiées de Paris, que M. Vincent avait fait donner un bénéfice à quelqu'un, moyennant une bibliothèque et une somme considérable d'argent. Ce bon serviteur de Dieu fut à la vérité un peu ému d'abord de cette noire calomnie, et il prit la plume, comme il l'a depuis déclaré, à dessein d'en écrire à quelqu'un pour se justifier ; mais comme il commençait à former les premières lettres, rentrant en soi-même, et se reprenant de ce qu'il voulait faire : « O misérable ! dit-il, à quoi penses-tu ? Quoi ! tu te veux justifier ! et voilà que nous venons d'apprendre qu'un chrétien faussement accusé à Tunis a demeuré trois jours dans les tourments, et enfin est mort sans proférer une parole de plainte, quoiqu'il fût innocent du crime qu'on lui avait imposé : et pour toi, tu te veux excuser ! Oh ! non, il n'en sera pas ainsi ; » et en même temps il quitta la plume, et n'écrivit point, ni ne se mit en aucun devoir de se justifier.

Enfin son humilité prenant toujours de nouveaux accroissements, il s'avisa d'un autre moyen tout extraordinaire pour la pratiquer. Ayant fait venir à Paris, en l'année 1641, quelques-uns des plus anciens et des principaux de sa Congrégation, pour délibérer de plusieurs affaires importantes, il leur représenta, après quelques conférences, les fautes de sa conduite, son incapacité pour le gouvernement, et la nécessité qu'il y avait de donner quelque autre chef à la compagnie. « Vous voilà assemblés, leur dit-il ; je remets la charge de supérieur général entre vos mains, faites au nom de Dieu élection d'un autre d'entre vous pour être supérieur. » Et là-dessus il sortit de la chambre et s'en alla dans une petite chapelle qui regarde l'église, où il se mit en prières devant le Saint-Sacrement. Les prêtres assemblés étant fort surpris d'une telle proposition, et ne voyant aucun lieu d'en délibérer, envoyèrent quelques-uns d'entre eux pour le prier de revenir ; et après l'avoir longtemps cherché, ils le trouvèrent à genoux en cette chapelle, tourné vers le grand autel de l'église. Ils lui dirent que personne d'entre eux ne pouvait consentir à faire ce qu'il désirait, et le prièrent et pressèrent de retourner pour traiter des autres affaires qui restaient à résoudre ; mais il s'en excusa, et leur fit de nouvelles instances pour cette élection, disant qu'il était déposé, et qu'ils devaient en choisir quelque autre pour remplir cette charge. Ce qui ayant été rapporté aux autres qui étaient dans la chambre, ils en sortirent tous, et vinrent en corps le conjurer de continuer dans la conduite de leur Compagnie; lui disant enfin : « C'est vous-même que nous élisons pour notre supérieur général ; et tant que Dieu vous conservera sur la terre, nous n'en aurons point d'autre. » Il fit ce qu'il put pour s'en défendre, mais après toutes ses résistances, connaissant la volonté de Dieu, il baissa la tête, et soumit ses épaules à cette charge; ce qu'il fit néanmoins en telle sorte, que retenant pour soi tout ce qu'il y avait de pénible, il en refusait autant qu'il lui était possible tous les avantages et tous les honneurs. C'était dans cet esprit d'humilité qu'il ne prenait jamais la qualité de supérieur général de sa Congrégation, sinon dans les actes publics ou lettres patentes, lorsque cela était absolument nécessaire ; et partout ailleurs il se qualifiait dans ses souscriptions : *Indigne prêtre de la Congrégation de la Mission*, ou *indigne supérieur*. Il écrivit même à quelques-uns de ses prêtres qu'au commencement des lettres qu'ils lui adresseraient ils ne laissassent d'espace en blanc qu'autant qu'ils en voyaient en celles qu'il leur écrivait, ayant peine à recevoir plus d'honneur de ses inférieurs qu'il ne leur en rendait lui-même. Et à ce propos, un des anciens prêtres de sa Congrégation ayant recommandé un jour à la communauté de Saint-Lazare que l'on rendît à M. Vincent quelque civilité particulière, ainsi que le requérait sa qualité de père commun et de supérieur général, et que lorsqu'on le rencontrerait on s'arrêtât un peu pour lui faire une inclination ou révérence pendant qu'il passerait, M. Vincent, s'en étant aperçu, s'en plaignit comme si on lui eût fait tort, et ne voulut plus qu'on en usât de la sorte. Et lui ayant été représenté qu'on le pratiquait ainsi en la plupart des communautés : « Je le sais bien, dit-il, et il faut respecter les raisons qu'elles ont de le faire ; mais j'en ai de plus fortes pour ne le point souffrir à mon égard, qui ne dois pas être comparé au moindre des hommes, puisque je suis le pire. »

La chaire où il avait coutume de se placer dans le chœur de l'église de Saint-Lazare lorsqu'il officiait, ayant été élevée au-dessus des autres, il la fit défaire, disant que ce siége était propre pour servir à nosseigneurs les évêques, et non pas à un misérable prêtre, tel qu'il était.

Il prenait toujours pour soi dans ce même esprit d'humilité les moindres ornements de l'église ; et la reine-mère, par sa piété ordinaire, ayant fait présent à la sacristie de Saint-Lazare de quelques parements de toile d'argent, à la naissance du roi, Sa Majesté les envoya fort à propos pour servir aux fêtes de Noël : mais M. Vincent, qui selon sa coutume devait officier à cette solennité, voyant qu'on lui avait préparé ces riches ornements, en demanda de communs ; et quelque raison qu'on lui apportât pour lui persuader de s'en servir, on ne put vaincre son humilité, n'ayant pas le cœur, disait-il, de se revêtir le premier d'un tel ornement : de sorte qu'on fut obligé de lui en donner un de camelot, et le diacre et le sous-diacre en prirent de semblables pour garder l'uniformité.

Il souffrait avec peine qu'on lui rendît quelques petits services, et qu'on l'aidât en des choses qu'il ne pouvait faire seul, à cause de son âge et de ses indispositions : et il en faisait des remerciments si humbles, qu'il payait bien avec usure le peu d'assistance qu'on lui rendait. Mais, au contraire, il était ravi quand il pouvait servir les autres, soit au réfectoire, ou même dans la cuisine, et jusque dans les moindres offices. Son humilité même est allée quelquefois jusques à cet excès, que de demander la bénédiction à ses inférieurs. Voici ce qu'il témoigna un jour sur ce sujet écrivant à l'un de ses prêtres, lui parlant d'un autre qui était dangereusement malade : « Hélas! Monsieur, que je suis affligé de l'état de notre cher malade! O quelle perte pour la Compagnie, si Dieu le retirait de cette vie! mais pourtant que sa très-sainte et adorable volonté soit faite à jamais. S'il est encore en vie, je vous prie de l'embrasser de ma part, de lui dire ma douleur, de me recommander à ses prières, et de lui demander sa bénédiction pour toute la Compagnie, et pour moi qui la lui demande prosterné en esprit à ses pieds. »

Il ne faut pas s'étonner s'il agissait de la sorte, vu les bas sentiments qu'il avait de lui-même, s'estimant et se publiant en toutes rencontres indigne de la qualité de supérieur général et du caractère de prêtrise : et il a dit plusieurs fois que s'il ne l'eût pas encore reçu, ayant la connaissance telle qu'il avait de son indignité, il ne pourrait jamais se résoudre de le recevoir, et qu'il choisirait plutôt la condition d'un Frère de la Compagnie, ou de bien simple laboureur, tel qu'était son père. Quoiqu'il s'acquittât très-dignement de tous les devoirs et de toutes les fonctions du sacerdoce, sa grande humilité néanmoins avait fait de si fortes impressions sur son esprit, que bien loin de présumer quelque chose de son mérite, qu'il se considérait au contraire comme un empêchement au bien, et craignait d'être responsable devant Dieu des hérésies, des désordres et des calamités publiques, parce qu'il ne les détournait pas autant qu'il croyait être obligé de faire en qualité de prêtre : c'est ce qu'il a témoigné en plusieurs rencontres, et qu'il a même écrit à monsieur de Saint-Martin, chanoine d'Acqs, son ancien ami. Nous rapporterons ici sa lettre, parce qu'elle est fort considérable, tant pour les bas sentiments qu'il témoigne de soi-même que pour la haute estime qu'il avait de l'état sacerdotal :

« Je vous remercie, lui dit-il, du soin que vous prenez de mon petit neveu, duquel je vous dirai, Monsieur, que je n'ai jamais désiré qu'il fût ecclésiastique, et encore moins ai-je eu la pensée de le faire élever pour ce dessein, cette condition étant la plus sublime qui soit sur la terre, et celle-là même que Notre-Seigneur y a voulu prendre et exercer. Pour moi, si j'avais su ce que c'était, quand j'eus la témérité d'y entrer, comme je l'ai su depuis, j'aurais mieux aimé labourer la terre que de m'engager à un état si redoutable : c'est ce que j'ai témoigné plus de cent fois aux pauvres gens de la campagne, lorsque, pour les encourager à vivre contents et en gens de bien, je leur ai dit que je les estimais heureux en leur condition ; et en effet, plus je deviens vieux, et plus je me confirme dans ce sentiment, parce que je découvre tous les jours l'éloignement où je suis de la perfection en laquelle je devrais être. Certes, Monsieur, les prêtres de ce temps ont un grand sujet de craindre les jugements de Dieu, puisqu'outre leurs propres péchés, il leur fera rendre compte de ceux des peuples, parce qu'ils n'ont pas tâché de satisfaire pour eux à sa justice irritée, ainsi qu'ils y sont obligés ; et, qui pis est, il leur imputera la cause des châtiments qu'il leur envoie, d'autant qu'ils ne s'opposent pas comme il faut aux fléaux qui affligent l'Église, tels que sont la peste, la guerre, la famine et les hérésies qui l'attaquent de tous côtés. Disons plus, Monsieur, que c'est de la mauvaise vie des ecclésiastiques que sont venus tous les désordres qui ont désolé cette sainte Épouse du Sauveur, et qui l'ont si fort défigurée, qu'à peine est-elle reconnaissable. Que diraient maintenant de nous ces anciens Pères qui l'ont vue en sa première beauté, s'ils voyaient l'impiété et les profanations que nous y voyons, eux qui ont estimé qu'il y avait fort peu de prêtres sauvés, quoique de leur temps ils fussent en leur plus grande ferveur ?

« Toutes ces choses, Monsieur, me font juger qu'il est plus convenable à ce pauvre enfant de s'adonner à la profession de son père que d'en entreprendre une si haute et si difficile qu'est la nôtre, dans laquelle la perte semble inévitable pour les personnes qui osent y entrer sans être appelées ; et comme je ne vois pas qu'il le soit par aucune marque assurée, je vous supplie de lui conseiller de travailler pour gagner sa vie et de l'exhorter à la crainte de Dieu, afin qu'il se rende digne de sa miséricorde en ce monde et en l'autre. C'est le meilleur avis que je lui puisse donner. Je vous prie de vous informer de M. N. de ce que l'on dit dans une conférence qui fut faite céans, lorsqu'il y était, au sujet d'un curé de Bretagne qui a fait un livre où il a mis que les prêtres, vivant comme font aujourd'hui la plupart, sont les plus grands ennemis qu'ait l'Église de Dieu. Si tous étaient comme vous et lui, cette proposition ne se trouverait pas véritable. »

SECTION II.

DES SENTIMENTS DE M. VINCENT TOUCHANT LA VERTU D'HUMILITÉ.

Quoique M. Vincent prît occasion de s'humilier en toutes rencontres, comme nous avons dit dans ce chapitre, et qu'on puisse bien dire que toute sorte de choses lui servaient de matière pour pratiquer l'humilité, il avait néanmoins deux principaux motifs, qui étaient comme les deux pivots sur lesquels roulaient tous les sentiments qu'il avait de cette vertu et toutes les pratiques qu'il en faisait et conseillait aux autres.

Le premier était la grande connaissance et les vues toutes singulières qu'il avait des infinies perfections de Dieu et des défauts des créatures, qui lui donnaient sujet de tenir pour injustice de ne se pas humilier toujours et en toutes choses, attendu la condition misérable de l'homme et la grandeur et sainteté infinie de Dieu. Voici en quels termes il en parla un jour aux siens : « En vérité, Messieurs et mes Frères, si un chacun de nous veut s'étudier à se bien connaître, il trouvera qu'il est très-juste et très-raisonnable de se mépriser soi-même. Car si d'un côté nous considérons sérieusement la corruption de notre nature, la légèreté de notre esprit, les ténèbres de notre entendement, le déréglement de notre volonté et l'impureté de nos affections ; et d'ailleurs si nous pesons bien au poids du sanctuaire nos œuvres et nos productions, nous trouverons que le tout est très-digne de mépris. Mais quoi ? me direz-vous, mettez-vous de ce nombre les prédications que nous avons faites, les confessions que nous avons entendues, les soins et les peines que nous avons pris pour le prochain, et pour le service de Notre-Seigneur ? Oui, Messieurs, si l'on repasse sur les meilleures actions, on trouvera qu'en la plupart on s'y est mal conduit quant à la manière et souvent quant à la fin ; et que de quelque façon qu'on les regarde, il y peut avoir du mal autant que du bien : car, dites-moi, je vous prie, que peut-on attendre de la faiblesse de l'homme? qu'est-ce que peut produire le néant? et que peut le péché? et qu'avons-nous de nous-mêmes autre chose, sinon le néant et le péché ? Tenons donc pour certain qu'en tout et partout nous sommes dignes de rebut, et toujours très-méprisables à cause de l'opposition que nous avons par nous-mêmes à la sainteté et aux autres perfections de Dieu, à la vie de Jésus-Christ et aux opérations de sa grâce; et ce qui nous persuade davantage cette vérité est la pente naturelle et continuelle que nous avons au mal, notre impuissance au bien, et l'expérience que nous avons tous que, lors même que nous pensons avoir bien réussi en quelque action, ou bien rencontré en nos avis, il arrive tout le contraire, et Dieu permet souvent que nous sommes méprisés. Si donc nous nous étudions à nous bien connaître, nous trouverons qu'en tout ce que nous pensons, disons et faisons, soit en la substance, ou dans les circonstances, nous sommes pleins et environnés de sujets de confusion et de mépris; et si nous ne voulons point nous flatter, nous nous verrons nonseulement plus méchants que les autres hommes, mais pires en quelque façon que les démons de l'enfer ; car si ces malheureux esprits avaient en leur disposition les grâces et les moyens qui nous sont donnés pour devenir meilleurs, ils en feraient mille et mille fois plus d'usage que nous n'en faisons pas. »

Le second motif était l'exemple et les paroles de Jésus-Christ qu'il avait toujours en vue, et qu'il exposait aux yeux d'un chacun. Rapportant un jour sur ce sujet, dans un discours qu'il fit aux siens, ces paroles de Jésus-Christ : « Apprenez de moi que je suis humble de cœur ; » et ces autres : « Celui qui s'humiliera sera exalté, et celui qui s'élèvera sera abaissé ; » il ajouta ce qui suit : « Qu'est-ce que la vie de ce divin Sauveur, sinon une humiliation continuelle, active et passive? Il l'a tellement aimée, qu'il ne l'a jamais quittée sur la terre pendant sa vie ; et même après sa mort il a voulu que l'Eglise nous ait représenté sa personne divine par la figure d'un crucifix, afin de paraître à nos yeux dans un état d'ignominie, comme ayant été pendu pour nous ainsi qu'un criminel, et comme ayant souffert la mort la plus honteuse et la plus infâme qu'on ait pu s'imaginer. Pourquoi cela? C'est parce qu'il connaissait l'excellence des humiliations, et la malice du péché contraire, qui non-seulement aggrave les autres péchés, mais qui rend vicieuses les œuvres qui de soi ne sont pas mauvaises, et qui peut infecter et corrompre celles qui sont bonnes, même les plus saintes. »

M. Vincent ayant l'esprit et le cœur rempli de ces deux grands et puissants motifs de l'humilité, il ne faut pas s'étonner si en toutes rencontres il témoignait tant d'estime pour cette vertu, et s'il s'efforçait de la planter bien avant dans les cœurs de toutes sortes de personnes, particulièrement de ses chers enfants, afin qu'elle y pût jeter de profondes racines. Voici en quels termes il leur en parla un jour :

« L'humilité est une vertu si ample, si difficile et si nécessaire, que nous n'y saurions assez penser : c'est la vertu de Jésus-Christ, la vertu de sa sainte Mère, la vertu des plus grands saints, et enfin c'est la vertu des missionnaires. Mais que dis-je? je me reprends, je souhaiterais que nous l'eussions ; et quand j'ai dit que c'était la vertu des missionnaires, j'entends que c'est la vertu dont ils ont plus de besoin, et dont ils doivent avoir un très-ardent désir : car cette chétive Compagnie, qui est la dernière de toutes, ne doit être fondée que sur l'humilité, comme sur sa vertu propre ; autrement nous ne ferons jamais rien qui vaille, ni au dedans ni au dehors ; et sans l'humilité nous ne devons attendre aucun avancement pour nous, ni aucun profit envers le prochain. O Sauveur ! donnez-nous donc cette sainte vertu, qui nous est propre, que vous avez apportée au monde, et que vous chérissez avec tant d'affection ; et vous, Messieurs, sachez que celui qui veut être un véritable missionnaire doit travailler sans cesse à acquérir cette vertu, et à s'y perfectionner ; et surtout se donner de garde de toutes les pensées d'orgueil, d'ambition et de vanité, comme des plus grands ennemis qu'il puisse avoir ; leur courir sus aussitôt qu'ils paraissent, pour les exterminer, et veiller soigneusement pour ne leur donner aucune entrée. Oui, je le dis derechef, que si nous sommes véritables missionnaires, chacun de nous en son particulier doit être bien aise qu'on nous tienne pour des esprits pauvres et chétifs, pour des gens sans vertu, qu'on nous traite comme des ignorants, qu'on nous injurie et méprise, qu'on nous reproche nos défauts, et qu'on nous publie comme insupportables pour nos misères et imperfections. Je passe encore plus avant, et je dis que nous devons être bien aises qu'on dise de notre Congrégation en général qu'elle est inutile à l'Église, qu'elle est composée de pauvres gens, qu'elle réussit mal en tout ce qu'elle entreprend, que ses emplois de la campagne sont sans fruit, les séminaires sans grâce, les ordinations sans ordre. Oui, si nous avons le véritable esprit de Jésus-Christ, nous devons agréer d'être réputés tels que je viens de dire. Mais, répliquera quelqu'un, Monsieur, qu'est-ce que vous nous dites? *Durus est hic sermo.* Il est vrai, je vous l'avoue, que cela est dur à la nature, et qu'il lui est bien difficile de se persuader qu'elle a mal fait, et encore plus de souffrir qu'on le croie, et qu'on le lui reproche : mais aussi cela est bien facile à comprendre à une âme qui possède la vraie humilité, et qui se connaît telle qu'elle est ; et tant s'en faut qu'elle s'en attriste, qu'au contraire elle s'en réjouit, et est très-contente de voir que par ses humiliations et par sa petitesse, Dieu soit exalté et glorifié. Je sais bien que Notre-Seigneur fait la grâce à plusieurs de la Compagnie d'aller à tire-d'ailes à cette vertu, et d'animer leurs actions du désir de leur propre anéantissement et de l'affection de se cacher et de se confondre : mais il faut demander à Dieu qu'il fasse la même grâce à tous les autres, afin que nous n'ayons point d'autres prétentions que de nous abaisser et anéantir pour l'amour et pour la gloire de Dieu, et qu'enfin la vertu propre de la Mission soit l'humilité. Pour vous y affectionner davantage, remarquez ce que je vais vous dire, qui est que si jamais vous avez ouï raconter par des personnes du dehors quelque bien qui ait été fait par la Compagnie, vous trouverez que c'est parce qu'il leur a paru en elle quelque petite image d'humilité, et qu'elles lui ont vu pratiquer quelques actions basses et abjectes, comme d'instruire les paysans et de servir les pauvres ; de même, si vous voyez les ordinands sortir de leurs exercices édifiés de la maison, si vous y prenez bien garde, vous reconnaîtrez que c'est parce qu'ils y ont remarqué une manière d'agir humble et simple, qui est une nouveauté pour eux, et un charme et attrait pour tout le monde. Je sais qu'en la dernière ordination, un ecclésiastique qui était céans aux exercices a exprimé dans un écrit qu'il a laissé par mégarde les grands sentiments de piété qu'il remportait de céans, pour quelque teinture d'humilité qu'il y avait aperçue. »

Une autre fois parlant de cette même vertu aux siens : « Faites attention, leur dit-il, à la recommandation que Notre-Seigneur nous en a faite par ces paroles : Apprenez de moi que je suis humble de cœur ; et le suppliez de vous en donner l'intelligence. Que si tant est qu'il nous enflamme seulement du désir des humiliations, ce sera bien assez, quoique nous n'ayons pas la connaissance de cette vertu telle que Notre-Seigneur, qui savait le rapport qu'elle a aux perfections de Dieu son père, et à la vileté de l'homme pécheur. Il est vrai que nous ne verrons jamais cela que fort obscurément pendant cette vie ; mais nous devons néanmoins avoir confiance parmi ces ténèbres, que si notre cœur s'affectionne aux humiliations, Dieu nous donnera l'humilité, nous la conservera, et l'accroîtra en nous, par les actes qu'il nous en fera faire : car un acte de vertu bien fait dispose pour en produire un autre ; et le premier degré d'humilité sert pour monter au second, et le second au troisième, et ainsi des autres. Souvenez-vous, Messieurs et mes Frères, que Jésus-Christ, parlant du publicain humilié, a dit que sa prière avait été exaucée; que s'il a rendu ce témoignage d'un homme qui avait été méchant toute sa vie, que ne devons-nous pas espérer, si nous sommes vraiment humbles? Au contraire, qu'est-il arrivé du pharisien? C'était un homme séparé du reste du peuple par sa condition, qui était comme une espèce de religion parmi les Juifs, dans laquelle il priait, il jeûnait et faisait beaucoup d'autres bonnes œuvres, nonobstant lesquelles il ne laisse pas d'être réprouvé de Dieu; et pourquoi cela? Parce qu'il regardait ses bonnes œuvres avec complaisance, et qu'il s'en donnait de la vanité comme s'il les eût faites par sa propre vertu. Voilà donc un juste et un pécheur devant le trône de Dieu; et parce que ce juste est sans humilité, il est rejeté et réprouvé avec ses bonnes œuvres; et ce qui paraissait de vertueux en lui devient vice; au contraire, voilà un pécheur lequel, reconnaissant sa misère et touché d'un vrai ressentiment d'humilité, se tient à la porte du temple, frappe sa poitrine, et n'ose lever les yeux au ciel; et par cette humble disposition de son cœur, quoiqu'il fût entré dans ce temple coupable de plusieurs péchés, il en sort néanmoins justifié, et une seule humiliation lui a été un moyen de salut. En quoi nous pouvons reconnaître que l'humilité, quand elle est véritable, introduit en l'âme les autres vertus, et qu'en s'humiliant profondément et sincèrement, de pécheur qu'on était, on devient juste. Oui, quand bien nous serions des scélérats, si nous recourons à l'humilité, elle nous fera devenir justes; et au contraire, quoique nous fussions comme des anges, et que nous excellassions dans les plus grandes vertus, si toutefois nous sommes dépourvus d'humilité, ces vertus n'ayant point de fondement ne peuvent subsister; et étant ainsi détruites, faute d'humilité, nous devenons semblables aux damnés qui n'en ont aucune. Retenons donc bien cette vérité, Messieurs, et qu'un chacun de nous la grave bien avant dans son cœur, et qu'il dise parlant à soi-même : Quoique j'eusse toutes les vertus, si toutefois je n'ai pas l'humilité, je me trompe; et pensant être vertueux, je ne suis qu'un superbe pharisien, et un missionnaire abominable. O Sauveur Jésus-Christ, répandez sur nos esprits ces divines lumières dont votre sainte âme était remplie, et qui vous ont fait préférer la contumélie à la louange! Embrasez nos cœurs de ces affections saintes qui brûlaient et consumaient le vôtre, et qui vous ont fait chercher la gloire de votre Père céleste dans votre propre confusion. Faites par votre grâce que nous commencions dès maintenant à rejeter tout ce qui ne va pas à votre honneur et à notre mépris, tout ce qui ressent la vanité, l'ostentation et la propre estime. Que nous renoncions une bonne fois pour toutes à l'applaudissement des hommes abusés et trompeurs, et à la vaine imagination du bon succès de nos œuvres; enfin, mon Sauveur, que nous apprenions d'être véritablement humbles de cœur par votre grâce et par votre exemple. »

Un matin, au sortir de la méditation, ayant demandé à l'un des siens, en présence de la communauté assemblée, quelles pensées il avait eues en sa méditation, et celui-ci ayant répondu qu'il en avait passé une partie en quelque peine d'esprit, alors prenant sujet de parler à toute la Compagnie, il lui dit : « C'est une bonne pratique de venir au détail des choses humiliantes, quand la prudence permet qu'on les déclare tout haut, à cause du profit qu'on en tire, se surmontant soi-même dans la répugnance qu'on ressent à découvrir et à manifester ce que le superbe voudrait tenir caché. Saint Augustin a lui-même publié les péchés secrets de sa jeunesse, en ayant composé un livre, afin que toute la terre sût toutes les impertinences de ses erreurs et les excès de ses débauches. Et ce vaisseau d'élection, saint Paul, ce grand apôtre qui a été ravi jusqu'au ciel, n'a-t-il pas avoué qu'il avait persécuté l'Église? Il l'a même couché par écrit, afin que jusqu'à la consommation des siècles on sût qu'il avait été un persécuteur. Certes, si on n'est bien attentif sur soi-même, et si on ne se fait quelque violence pour déclarer ses misères et ses défauts, on ne dira que les choses qui peuvent faire estimer, et on cachera celles qui donnent de la confusion; c'est ce que nous avons hérité de notre premier père Adam, lequel, après avoir offensé Dieu, s'alla cacher.

« J'ai fait diverses fois la visite en quelques maisons de religieuses, et j'ai souvent demandé à plusieurs d'entre elles pour quelle vertu elles avaient plus d'estime et d'attrait; je le demandais même à celles que je savais avoir plus d'éloignement des humiliations; mais à peine, entre vingt, en ai-je trouvé une qui ne me dît que c'était pour l'humilité, tant il est vrai que chacun trouve cette vertu belle et aimable. D'où vient donc qu'il y en a si peu qui l'embrassent, et encore moins qui la possèdent? C'est qu'on se contente de la considérer, et on ne prend pas la peine de l'acquérir : elle est ravissante dans la spéculation, mais dans la pratique elle a un visage désagréable à la nature; et ses exercices nous déplaisent, parce qu'ils nous portent à choisir toujours le plus bas lieu, à nous mettre au-dessous des autres et même des moindres, à souffrir les calomnies, chercher le mépris, aimer l'abjection, qui sont choses pour lesquelles naturellement nous avons de l'aversion. Et partant il est nécessaire que nous passions par-dessus cette répugnance, et que chacun se fasse quelque effort pour venir à l'exercice actuel de cette vertu, autrement nous ne l'acquerrons jamais. Je sais bien que, par la grâce de Dieu, il y en a parmi nous qui pratiquent cette divine vertu, et qui non-seulement n'ont aucune bonne opinion, ni de leurs talents, ni de leur science, ni de leur vertu; mais qui s'estiment très-misérables, et qui veulent être reconnus pour tels, et qui se placent au-dessous de toutes les créatures : et il faut que je confesse que je ne vois jamais ces personnes qu'elles ne me jettent de la confusion dans l'âme; car elles me font un reproche secret de l'orgueil qui est en moi, abominable que je suis! mais pour ces âmes, elles sont toujours contentes, et leur joie rejaillit jusque sur leur face, parce que le Saint-Esprit, qui réside en elles, les comble de paix, en sorte qu'il n'y a rien qui soit capable de les troubler. Si on les contredit, elles acquiescent; si on les calomnie, elles le souffrent; si on les oublie, elles pensent qu'on a raison; si on les surcharge d'occupations, elles travaillent volontiers; et pour difficile que soit une chose commandée, elles s'y appliquent de bon cœur, se confiant en la vertu de la sainte obéissance; les tentations qui leur arrivent ne servent qu'à les affermir davantage dans l'humilité, et à les faire recourir à Dieu, et les rendre ainsi victorieuses du diable : de sorte qu'elles n'ont aucun ennemi à combattre que le seul orgueil, qui ne nous donne jamais de trêve pendant cette vie, mais qui attaque même les plus grands saints qui sont sur la terre, en diverses manières, portant les uns à se complaire vainement dans le bien qu'ils ont fait, et les autres dans la science qu'ils ont acquise; ceux-ci à présumer qu'ils sont les plus éclairés, et ceux-là à se croire les meilleurs et les plus fermes. C'est pourquoi nous avons grand sujet de prier Dieu qu'il lui plaise nous garantir et préserver de ce pernicieux vice, qui est d'autant plus à craindre que nous y avons tous une inclination naturelle : et puis nous devons nous tenir sur nos gardes, et faire le contraire de ce à quoi la nature corrompue nous veut porter : si elle nous élève, abaissons-nous; si elle nous excite aux désirs de l'estime de nous-mêmes, pensons à notre faiblesse; si au désir de paraître, cachons ce qui nous peut faire remarquer, et préférons les actions basses et viles à celles qui ont de l'éclat et qui sont honorables. Enfin, recourons souvent à l'amour de notre abjection, qui est un refuge assuré pour nous mettre à couvert de semblables agitations, que cette pente malheureuse que nous avons à l'orgueil nous suscite incessamment : prions Notre-Seigneur qu'il ait agréable de nous attirer après lui par le mérite des humiliations adorables de sa vie et de sa mort. Offrons-lui, chacun pour soi, et solidairement les uns pour les autres, toutes celles que nous pourrons pratiquer, et portons-nous à cet exercice par le seul motif de l'honorer et de nous confondre. »

Une autre fois, parlant aux mêmes sur le sujet de ce qui s'était dit dans une conférence : « Ces Messieurs les ecclésiastiques qui s'assemblent ici, leur dit-il, prirent pour sujet de leur entretien, mardi dernier, ce que chacun d'eux avait remarqué des vertus de feu M. l'abbé Olier, qui était de leur Compagnie ; et entre autres choses que l'on dit, une des plus considérables fut que ce grand serviteur de Dieu tendait ordinairement à s'avilir par ses paroles, et qu'entre toutes les vertus il s'étudiait particulièrement à pratiquer l'humilité. Or, pendant qu'on parlait, je considérais les tableaux de ces saints personnages qui sont en notre salle, et je disais en moi-même : Seigneur, mon Dieu, si nous pouvions bien pénétrer les vérités chrétiennes comme ils ont fait, et nous conformer à cette connaissance, oh ! que nous agirions bien d'une autre manière que nous ne faisons pas ! Par exemple, m'étant arrêté sur le portrait du bienheureux évêque de Genève, je pensais que si nous regardions les choses du monde du même œil qu'il les regardait, si nous en parlions avec le sentiment qu'il en parlait, et si nos oreilles n'étaient ouvertes qu'aux vérités éternelles non plus que les siennes, la vanité n'aurait garde d'occuper nos sens et nos esprits.

« Mais surtout, Messieurs, si nous considérons bien ce beau tableau que nous avons devant les yeux, cet admirable original de l'humilité, Notre-Seigneur Jésus-Christ, se pourrait-il faire que nous donnassions entrée en nos esprits à aucune bonne opinion de nous-mêmes, nous voyant si fort éloignés de ses prodigieux abaissements ? Serions-nous si téméraires que de nous préférer aux autres, voyant qu'il a été postposé à un meurtrier ? Aurions-nous quelque crainte d'être reconnus pour misérables, voyant l'innocent traité comme un malfaiteur, et mourir entre deux criminels comme le plus coupable ? Prions Dieu, Messieurs, qu'il nous préserve de cet aveuglement ; demandons-lui la grâce de tendre toujours en bas ; confessons devant lui et devant les hommes que nous ne sommes de nous-mêmes que péché, qu'ignorance et que malice : souhaitons qu'on le croie, qu'on le dise et qu'on nous en méprise. Enfin ne perdons aucune occasion de nous anéantir par cette sainte vertu. Mais ce n'est pas encore assez de s'y affectionner et de s'y résoudre, comme plusieurs le font, il faut se faire violence pour venir à la pratique des actes, et c'est ce qu'on ne fait pas assez. »

Un prêtre de la Mission travaillant dans l'Artois, d'où il était originaire, fit imprimer de son propre mouvement un petit abrégé de l'Institut de la Congrégation de la Mission ; ce qui ayant été su par M. Vincent, il en fut fort touché, voyant que cela était fort opposé à cet esprit d'humilité qu'il s'étudiait et s'efforçait en toutes manières d'inspirer à tous les sujets de sa Compagnie. C'est pourquoi il lui écrivit en ces termes : « Si je suis consolé d'un côté, apprenant que vous êtes de retour à Arras, je suis fort affligé de l'autre, voyant l'impression qui a été faite en ces quartiers-là de l'abrégé de notre Institut : j'en ai une douleur si sensible, que je ne puis vous l'exprimer, parce que c'est une chose fort opposée à l'humilité de publier ce que nous sommes et ce que nous faisons ; c'est aller contre l'exemple de Notre-Seigneur, qui n'a pas voulu que, pendant le temps qu'il a été sur la terre, on ait écrit ses paroles ni ses œuvres. S'il y a quelque bien en nous et en notre manière de vivre, il est de Dieu, et c'est à lui de le manifester s'il le juge expédient. Mais quant à nous, qui sommes de pauvres gens ignorants et pécheurs, nous devons nous cacher comme inutiles à tout bien, et comme indignes qu'on pense à nous. C'est pour cela, Monsieur, que Dieu m'a fait la grâce de tenir ferme jusqu'à présent pour ne point consentir qu'on fît imprimer aucune chose qui fît connaître et estimer la Compagnie, quoique j'en aie été fort pressé, particulièrement au sujet de quelque relation venue de Madagascar, de Barbarie, et des îles Hébrides ; et encore moins aurais-je permis l'impression d'une chose qui regarde l'essence et l'esprit, la naissance et le progrès, les fonctions et la fin de notre institut. Et plût à Dieu, Monsieur, qu'elle fût encore à faire ! mais puisqu'il n'y a plus de remède, j'en demeure là. Je vous prie seulement de ne plus jamais rien faire qui regarde la Compagnie sans m'en avertir auparavant. »

Ce serviteur de Dieu vraiment humble ne se pouvait lasser de répéter et d'inculquer à sa Compagnie ces belles leçons de l'humilité. Voici comme il leur parla dans une autre rencontre : « Dieu ne nous a pas envoyés pour avoir des charges et des emplois honorables, ni pour agir ou parler avec pompe et avec autorité ; mais pour servir et évangéliser les pauvres, et faire les autres exercices de notre institut d'une façon humble, douce et familière : c'est pourquoi nous pouvons nous appliquer ce que saint Jean Chysostome a dit en une de ses homélies, que tant que nous demeurerons brebis par une véritable et sincère humilité, non-seulement nous ne serons pas dévorés des loups, mais nous les convertirons même en brebis ; et au contraire dès le moment que nous sortirons de cette humilité et simplicité qui est le propre de notre institut, nous perdrons la grâce qui y est attachée, et nous n'en trouverons aucune dans les actions éclatantes; et certes, n'est-il pas juste qu'un missionnaire qui s'est rendu digne dans sa petite profession de la bénédiction du Ciel, et de l'approbation et estime des hommes, soit privé de l'une et de l'autre, lorsqu'il se laisse aller aux œuvres qui se ressentent de l'esprit du monde, par l'éclat qu'on y recherche, et qui sont opposées à l'esprit de sa condition? N'y a-t-il pas sujet de craindre qu'il ne s'évanouisse dans le grand jour, et qu'il ne tombe dans le déréglement, conformément à ce qui se dit du serviteur devenu maître, qu'il est devenu en même temps fier et insupportable? Feu Mgr le cardinal de Bérulle, ce grand serviteur de Dieu, avait coutume de dire qu'il était bon de se tenir bas, que les moindres conditions étaient les plus assurées, et qu'il y avait je ne sais quelle malignité dans les conditions hautes et relevées; que c'était pour cela que les saints avaient toujours fui les dignités, et que Notre-Seigneur, pour nous convaincre par son exemple aussi bien que par sa parole, avait dit en parlant de lui-même qu'il était venu au monde pour servir, et non pour être servi. »

Il tenait pour maxime que l'humilité était la racine de la charité, et que plus une personne était humble, plus aussi se rendait-elle charitable envers le prochain. A ce sujet, parlant un jour aux siens, il leur dit : « Depuis soixante-sept ans que Dieu me souffre sur la terre, j'ai pensé et repensé plusieurs fois aux moyens les plus propres pour acquérir et conserver l'union et la charité avec Dieu et avec le prochain; mais je n'en ai point trouvé de meilleur ni de plus efficace que la sainte humilité, de s'abaisser toujours au-dessous de tous les autres, ne juger mal de personne, et s'estimer le moindre et le pire de tous. Car c'est l'amour-propre et l'orgueil qui nous aveugle, et qui nous porte à soutenir nos sentiments contre ceux de notre prochain. »

Il disait une autre fois : « que nous ne devions jamais jeter les yeux ni les arrêter sur ce qu'il y a de bien en nous, mais nous étudier de connaître ce qu'il y a de mal et de défectueux ; et que c'était là un grand moyen pour conserver l'humilité. Il ajoutait que ni le don de convertir les âmes, ni tous les autres talents extérieurs qui étaient en nous, n'étaient point pour nous, que nous n'en étions que les portefaix, et qu'avec tout cela on pouvait bien se damner ; et partant que personne ne devait se flatter, ni se complaire en soi-même, ni en concevoir aucune propre estime, voyant que Dieu opère de grandes choses par son moyen ; mais qu'il devait d'autant plus s'humilier, et se reconnaître pour un chétif instrument dont Dieu daigne se servir, ainsi qu'il fit de la verge de Moïse, laquelle faisait des prodiges et des miracles, et n'était pourtant qu'une chétive verge et une frêle baguette. »

CHAPITRE XIV.

SON OBÉISSANCE.

Nous ne saurions mieux commencer ce chapitre de l'obéissance de M. Vincent qu'en rapportant les sentiments qu'il avait de cette vertu, lesquels il a déclarés en plusieurs rencontres, mais particulièrement dans les avis salutaires qu'il a donnés sur ce sujet à ses chères filles les religieuses du premier monastère de la Visitation de cette ville de Paris.

« Elles ont témoigné que ce grand serviteur de Dieu, qui a été leur premier père spirituel, entre toutes les vertus, leur recommandait souvent celle de l'obéissance, et de l'exactitude à la régularité, jusques aux moindres observances ; qu'il avait une affection toute particulière pour bien établir ces vertus d'obéissance et d'exactitude dans leur communauté, et leur disait que ces deux vertus-là étaient celles qui, étant pratiquées avec persévérance, faisaient la religion ; que pour s'y exciter, il était utile d'en conférer familièrement ensemble, et de s'entretenir sur leur excellence et leur beauté ; qu'il était nécessaire de s'y affectionner, dans la vue du plaisir que Dieu prend dans les âmes religieuses qui s'y rendent fidèles, et parce que celui qui est leur divin Époux aimait tellement ces vertus, que le moindre retardement à l'obéissance lui était désagréable ; qu'une âme vraiment religieuse ayant voué cette vertu en face de l'Église doit se rendre soigneuse d'accomplir ce qu'elle a promis, et que si on se relâche en une petite chose, on se relâchera bientôt en une plus grande ; que tout le bien de la créature consistait en l'accomplissement de la volonté de Dieu, et que cette volonté se trouvait particulièrement en la fidèle pratique de l'obéissance, et en l'exacte observance des règles de l'institut ; qu'on ne pouvait rendre un service plus véritable à Dieu qu'en pratiquant l'obéissance, par laquelle il accomplit ses desseins sur nous, que sa pure gloire s'y trouve avec l'anéantissement de l'amour-propre et de tous ses intérêts, qui est ce à quoi nous devons principalement prétendre, et que cette pratique mettait l'âme dans la vraie et parfaite liberté des enfants de Dieu.

« Il recommandait fort de renoncer à son propre jugement, et de le mortifier, pour le soumettre à celui des supérieurs, et disait que l'obéissance ne consistait pas seulement à faire présentement ce qu'on nous ordonne, mais à se tenir dans une entière disposition de faire tout ce qu'on nous pourrait commander en toutes sortes d'occasions : qu'il fallait regarder ses supérieurs comme tenant la place de Jésus-Christ sur la terre, et leur rendre en cette considération un très-grand respect : que de murmurer contre eux était une espèce d'apostasie intérieure : car comme l'apostasie extérieure se commet en quittant l'habit et la religion et se désunissant de son corps, aussi l'apostasie intérieure se fait quand on se désunit des supérieurs, leur contredisant en son esprit, et s'attachant à des sentiments particuliers et contraires aux leurs ; ce qui est le plus grand de tous les maux qui arrivent dans les communautés, et que l'âme religieuse évitait ce malheur quand elle se tenait dans une sainte indifférence, et se laissait conduire à ses supérieurs.

« Il disait encore, sur ce sujet de l'obéissance, qu'il fallait, pour fondement de la vraie soumission qu'on doit avoir dans une communauté, considérer attentivement les choses suivantes :

« 1. La qualité des supérieurs, qui tiennent sur la terre la place de Jésus-Christ à notre égard.

« 2. La peine qu'ils ont, et la sollicitude qu'ils prennent pour nous conduire à la perfection ; passant quelquefois les nuits entières en veilles, et ayant souvent le cœur plein d'angoisses, pendant que les inférieurs jouissent à leur aise de la paix et de la tranquillité que leur apporte le soin et le travail de ceux qui les conduisent ; dont la peine est d'autant plus grande qu'ils ont plus de sujet d'appréhender le compte qu'ils sont obligés d'en rendre à Dieu.

« 3. La récompense promise aux âmes vraiment obéissantes, même dès cette vie ; car outre les grâces que mérite cette vertu, Dieu se plaît à faire la volonté de ceux qui pour l'amour de lui soumettent leur volonté à leurs supérieurs.

« 4. La punition que doivent appréhender ceux qui ne veulent pas obéir, dont Dieu a fait voir un exemple bien terrible dans le châtiment que sa justice a exercé sur Coré, Dathan et Abiron, pour avoir méprisé Moïse leur supérieur et pour avoir par ce mépris offensé grièvement Dieu, qui a dit, parlant aux supérieurs, que sa providence a établis dans son Église : Celui qui vous écoute m'écoute, et celui qui vous méprise me méprise.

« 5. L'exemple de l'obéissance que Jésus-Christ est venu donner aux hommes, ayant mieux aimé mourir que de manquer à obéir : et certes ce serait une dureté de cœur bien grande de voir un Dieu obéissant jusqu'à la mort pour notre salut, et nous chétifs et misérables créatures, refuser de nous assujettir pour l'amour de lui.

« Il ajoutait que, pour pratiquer parfaitement cette vertu, il fallait obéir :

« 1. Volontairement, faisant ployer notre volonté sous la volonté des supérieurs ;

« 2. Simplement, pour l'amour de Dieu, et sans jamais permettre à notre entendement de rechercher ou examiner pourquoi nos supérieurs ordonnent telle ou telle chose ;

« 3. Promptement, sans user d'aucun retardement, quand il est question d'exécuter ce qui est commandé ;

« 4. Humblement, sans prétendre ni désirer de tirer aucune louange ou estime de l'obéissance qu'on rend ;

« 5. Courageusement, ne désistant pas, et ne s'arrêtant pour les difficultés, mais les surmontant avec force et générosité ;

« 6. Gaiement, exécutant ce qui est commandé avec agrément, et sans témoigner aucune répugnance ;

« 7. Avec persévérance, à l'imitation de Jésus-Christ, qui s'est rendu obéissant jusques à la mort. »

Or il ne faut pas considérer ce que M. Vincent disait ou enseignait comme des leçons d'un maître ou des exhortations d'un prédicateur, qui ne fait pas quelquefois ce qu'il enseigne aux autres ; mais comme de pures expressions des sentiments les plus sincères de son cœur, et comme de véritables témoignages de ce qu'il pratiquait lui-même touchant cette vertu, laquelle il persuadait aux autres aussi bien par ses exemples que par ses paroles.

Et premièrement, la grande vertu de M. Vincent était de se tenir continuellement dans une entière et absolue dépendance de Dieu, et de se soumettre fidèlement et parfaitement à tout ce qu'il voyait lui être agréable ; de sorte que l'on peut véritablement dire que Dieu a trouvé en lui un homme selon son cœur, qui était toujours prêt et disposé à faire toutes ses volontés, comme nous avons vu amplement dans les chapitres précédents.

Dans cette sainte disposition, lorsqu'il vint de Rome à Paris, une des premières choses qu'il y fit fut de prendre un directeur spirituel, afin qu'en suivant ses avis et conseils, il pût obéir à Dieu et répondre à ses desseins. Ce directeur fut le R. P. de Bérulle, qui depuis a été cardinal de la sainte Église ; et par la soumission qu'il rendait à sa conduite, il accepta quelque temps après la cure de Clichy, et entra ensuite dans la maison de Gondy, pour être aumônier de monsieur le général des galères et de madame sa femme, et précepteur de messieurs ses enfants ; et enfin Madame désirant le prendre pour son confesseur et pour directeur de son âme, il n'y voulut point consentir que par obéissance ; et il fallut que cette vertueuse dame eût recours à monsieur de Bérulle pour le lui ordonner. C'est ainsi que, ne voulant rien faire par soi-même, il se tenait toujours soumis aux ordres de Dieu.

Mais non content d'obéir à Dieu, il s'est encore assujetti, suivant la parole du saint Apôtre, à toute créature humaine pour l'amour de Dieu, principalement aux puissances spirituelles et temporelles, aussi bien dans les choses fâcheuses et humiliantes qu'en celles qui étaient faciles et honorables.

Il obéissait surtout à N. S. P. le Pape, gaiement et sans réplique ; car le considérant comme le vicaire de Jésus-Christ et le souverain pasteur de son Église, il lui était soumis de tout son jugement et de toute son affection.

Ce fut par le seul motif d'obéissance qu'il accepta la charge de supérieur général de sa Congrégation, le pape Urbain VIII la lui ayant imposée par la même bulle par laquelle Sa Sainteté avait approuvé l'institut de la Mission.

Il portait tous les missionnaires soumis à sa conduite à rendre comme lui une parfaite obéissance au Saint-Siége, les mettant dans la pratique de cette règle qu'il leur a laissée par écrit en ces termes : « Nous obéirons exactement à tous nos supérieurs, et à chacun d'iceux, les regardant en Notre Seigneur, et Notre-Seigneur en eux ; principalement à N. S. P. le Pape, auquel nous obéirons avec tout le respect, la fidélité et la sincérité possible. »

Nous avons fait voir ailleurs la plénitude d'estime et de vénération que M. Vincent a eue pour MM. les évêques : et maintenant nous dirons un mot de la parfaite soumission qu'il a toujours eue pour eux, et de l'obéissance entière qu'il a voulu que ceux de sa Congrégation leur rendissent, en ce qui concerne les fonctions de leur institut. Car quoique le Saint-Siége ait jugé nécessaire d'ordonner, en approuvant la Congrégation de la Mission, que le supérieur général prît le soin et la direction des sujets qui la composent, tant pour l'intérieur, c'est-à-dire pour la conduite de leurs âmes et leur avancement en la pratique des vertus conformes à leur vocation, que pour l'extérieur, qui regarde l'observance des règles de la Congrégation, les ordres domestiques, l'administration du temporel, et la disposition des personnes pour les lieux et pour les emplois : afin qu'étant membres d'un même corps, ils puissent par ce moyen conserver dans la diversité des diocèses où ils se trouvent le même esprit et la même conduite que Dieu a inspirée à leur instituteur ; outre qu'il est très-expédient que le supérieur général, qui a une connaissance plus particulière des talents et dispositions de ses inférieurs, puisse les envoyer en chaque maison, ou les en rappeler, et les appliquer aux emplois de l'institut et autres choses qui touchent le bon ordre de la Congrégation. Néanmoins, quant aux mêmes fonctions qui regardent l'assistance du prochain, M. Vincent a désiré et procuré que le Saint-Siége ait tellement soumis sa Congrégation à MM. les évêques, que les missionnaires n'en pussent faire aucune de leur institut, telles que sont les missions, les exercices de l'ordination, les conférences des Ecclésiastiques, les retraites spirituelles et la conduite des séminaires, que sous l'autorité et avec l'agrément et la permission des ordinaires. C'est ce qu'il a toujours observé lui-même et fait observer aux siens, à la satisfaction de MM. les évêques dans les diocèses desquels ils ont travaillé et travaillent encore avec la même soumission et obéissance, de laquelle ils sont bien résolus de ne se départir jamais, avec la grâce de Dieu.

Il accepta, environ l'an 1622, longtemps avant l'érection de sa Congrégation, la direction des religieuses de la Visitation de Sainte-Marie de la ville de Paris, tant pour obéir au bienheureux François de Sales, leur fondateur et instituteur, qui l'en pria, qu'à Monseigneur de Paris, qui le lui ordonna ; en quoi il a bien fait voir sa fidélité à l'obéissance : car, ayant été chargé de soins et de travaux extraordinaires depuis l'établissement de sa Compagnie et ses divers engagements dans les grandes affaires de piété ; et le nombre de ces bonnes religieuses, qui remplissaient trois monastères dans Paris, et un dehors, s'étant fort accru, et demandant par conséquent beaucoup de temps et d'application, il tâcha plusieurs fois de se décharger de leur conduite, et la quitta entièrement une fois ; de sorte que, quelque instance qu'on lui fit par lettres, et par l'entremise de personnes de grande condition, il ne put jamais se résoudre à la reprendre, et n'y acquiesça enfin que pour obéir à Monseigneur l'archevêque de Paris, qui l'y engagea derechef. Néanmoins, pour donner moyen à ceux de sa Compagnie de s'employer entièrement aux fonctions qui leur sont propres, il jugea qu'il était nécessaire de les éloigner de la conduite et fréquentation des religieuses, et à cet effet il leur a laissé pour règle de s'abstenir entièrement de les diriger, ayant reconnu par sa propre expérience combien cet emploi était incompatible avec leurs fonctions, et peu convenable à leur état.

Il voulait outre cela que tous les siens rendissent obéissance aux curés lorsqu'ils faisaient mission dans leurs paroisses, et leur recommandait expressément de n'y rien faire et, comme il disait, ne pas même remuer une paille qu'avec leur agrément. Sur quoi écrivant à une personne de dehors, il lui dit entre autres choses : « Nous avons pour maxime de travailler au service du public, sous le bon plaisir de MM. les curés, et de n'aller jamais contre leurs sentiments ; et à l'entrée et sortie de chaque mission, nous prenons leur bénédiction en esprit de dépendance. »

C'est ce qu'il pratiquait lui-même avec une merveilleuse humilité ; et quoiqu'il fût envoyé avec les siens par les évêques, avec plein pouvoir pour travailler dans les paroisses de leurs diocèses, il ne voulait toutefois rien faire qu'avec le consentement et sous le bon plaisir des curés : ce qu'il observait inviolablement, aussi bien dans le plus petit village, comme dans les autres lieux plus considérables. Ce qu'il a toujours fait pratiquer aux siens, et c'est aussi ce qu'ils continuent de faire.

Quant à l'obéissance qui est due aux rois et aux princes souverains, il déclara un jour aux siens les sentiments qu'il en avait ; et après leur avoir démontré de quelle façon les premiers chrétiens se soumettaient aux empereurs, et révéraient leur puissance temporelle, il ajouta les paroles suivantes : « Nous devons, mes Frères, à leur exemple, rendre toujours une fidèle et simple obéissance aux rois, sans jamais nous plaindre d'eux, ni murmurer pour quelque sujet que ce puisse être : et quand bien il serait question de perdre nos biens et nos vies, donnons-les dans cet esprit d'obéissance, plutôt que de contrevenir à leurs volontés quand la volonté de Dieu ne s'y oppose pas : car les rois nous représentent sur la terre la puissance souveraine de Dieu. »

Et pour faire voir quelle était l'exactitude de M. Vincent à obéir au roi, même dans les choses les plus petites, nous en rapporterons ici un exemple, qui est d'autant plus considérable, que le sujet en est moins important, et qu'il se trouve peu de personnes qui voulussent s'assujettir jusqu'à un tel point. Un Frère de la maison de Saint-Lazare ayant trouvé dans l'enclos de cette maison des œufs de perdrix, il les prit et les fit couver à une poule ; et les perdreaux étant éclos et devenus plus grands, il les porta dans une cage à M. Vincent, pensant lui donner quelque sujet de divertissement : mais lui, faisant quelque réflexion sur les ordonnances du roi qui défendaient la chasse, dit à ce bon Frère, sans lui déclarer son intention : « Allons voir si ces petits oiseaux savent bien marcher. » Étant sorti de la chambre et ayant traversé avec ce Frère la basse-cour, il entra dans le clos où sont les terres de labour, et là il fit ouvrir la cage, et mit en liberté ces petits perdreaux, prenant plaisir de les voir courir pour se sauver ; mais ayant remarqué que le Frère était un peu mortifié d'avoir perdu toute sa peine, il lui dit : « Sachez, mon Frère, que nous devons obéir au roi, lequel ayant défendu la chasse, n'entend pas qu'on prenne les œufs non plus que le gibier ; et que nous ne saurions désobéir au prince en ces choses temporelles, sans déplaire à Dieu. »

Mais ce n'était pas assez à M. Vincent de pratiquer l'obéissance envers ceux qui lui étaient supérieurs, il l'étendait encore envers toutes sortes de personnes, et portait les siens à faire le semblable : « Notre obéissance, leur disait-il, ne doit pas se borner seulement à ceux qui ont droit de nous commander, mais elle doit passer plus avant ; car nous nous garderons bien de manquer à l'obéissance qui est d'obligation, si, comme saint Pierre le commande, nous nous soumettons à toute créature humaine pour l'amour de Dieu. Faisons-le donc, et considérons tous les autres comme nos supérieurs, et pour cela mettons-nous au-dessous d'eux ; et plus bas même que les plus petits, et les prévenons par déférence, par condescendance, et par toutes sortes de services. Oh ! que ce serait une belle chose, s'il plaisait à Dieu nous bien établir dans cette pratique ! »

Il exhortait les siens à la pratique de cette condescendance mutuelle, qui est une espèce d'obéissance, par comparaison des membres d'un corps, qui s'accommodent et condescendent les uns aux autres pour leur bien et conservation commune, en sorte que ce que l'un fait, l'autre l'approuve et y coopère autant qu'il peut. « Ainsi, dit-il, dans une communauté il faut que tous ceux qui la composent et qui en sont comme les membres, usent de condescendance les uns envers les autres ; et dans cette disposition, les savants doivent condescendre à l'infirmité des ignorants, aux choses où il n'y a point d'erreur et de péché ; les prudents et les sages doivent condescendre aux humbles et aux simples : *non alta sapientes, sed humilibus consentientes*. Et par cette même condescendance nous devons non-seulement approuver les sentiments des autres dans les choses bonnes et indifférentes, mais même les préférer aux nôtres, croyant que les autres ont des lumières et des qualités naturelles ou surnaturelles plus grandes et plus excellentes que nous : mais il faut se donner bien de garde d'user de condescendance dans les choses mauvaises, parce que ce ne serait pas une vertu, mais un grand défaut, qui proviendrait ou du libertinage d'esprit, ou bien de quelque lâcheté et pusillanimité. »

Il pratiquait en effet ce qu'il disait, car on a remarqué qu'il se rendait fort condescendant aux volontés d'un chacun dans les choses indifférentes, et même à ceux qui avaient quelque faiblesse d'esprit ; tenant pour maxime qu'il était plus expédient de s'accommoder à la volonté des autres que de suivre ses propres sentiments : et il en était venu jusque là, comme témoigne un vertueux ecclésiastique qui l'a connu et observé pendant plusieurs années, que de condescendre aux désirs de toutes sortes de personnes, et suivre les avis des moindres dans les choses indifférentes : ce n'est pas qu'il ne sût connaître les affaires beaucoup mieux qu'un autre, sa longue expérience en toutes choses, jointe aux lumières qu'il recevait de Dieu, lui donnant moyen de pénétrer et de discerner en toutes sortes de rencontres ce qui était le plus expédient de faire ; mais il en usait ainsi pour ne pas perdre le mérite de la soumission et de l'obéissance lorsqu'il se présentait occasion de la pratiquer.

Il exerçait encore cette même vertu en cédant volontiers aux opinions des autres, lorsqu'il le pouvait faire sans préjudice de la vérité et de la charité ; et on n'a jamais remarqué qu'il ait contredit ou contesté, bien que souvent on traitât avec lui des questions difficiles, et sur lesquelles il y avait matière de dispute ; mais il déférait aux avis des autres, ou bien il se taisait après avoir humblement allégué ses raisons. Il est bien vrai que lorsqu'il y allait de l'intérêt du service ou de la gloire de Dieu, il était ferme et inébranlable jusqu'à un tel point, qu'on l'a vu persister des années entières à refuser certaines choses qu'on lui demandait, parce qu'il ne jugeait pas les pouvoir accorder selon Dieu ; et sa grande maxime sur ce sujet était celle-ci : « Tant de condescendance que vous voudrez, pourvu que Dieu n'y soit point offensé. » Mais quand l'intérêt de la gloire de Dieu, ou de la charité du prochain, ou de la prudence chrétienne, l'obligeait à refuser quelque chose, il le faisait de si bonne grâce, et avec tant de douceur et d'humilité, qu'un de ses refus était mieux reçu que n'eût été quelquefois la faveur ou le bienfait qu'on eût obtenu d'un autre.

Dans cet esprit d'obéissance et de condescendance, il écrivit un jour sur le sujet de quelque difficulté arrivée dans une mission, à celui qui en était le directeur, de suivre plutôt l'avis d'un autre que le sien propre, l'exhortant d'acquiescer toujours volontiers aux avis d'autrui : sur quoi il lui allégua saint Vincent Ferrier, qui met cette pratique comme un moyen de perfection et de sainteté.

Ce fut dans ce même esprit de condescendance qu'il consentit de traiter d'une ferme qu'on offrit à la communauté de Saint-Lazare, mais sous une pension viagère si grosse, qu'il ne jugeait pas devoir accepter cette offre, ni s'y engager; et en effet il y résista deux ans durant : ceux néanmoins à qui cette ferme appartenait, ayant un grand désir d'être assurés pour toute leur vie de cette grosse pension, firent en sorte qu'ils gagnèrent l'esprit de feu M. le prieur de Saint-Lazare, pour lequel M. Vincent avait une condescendance merveilleuse ; et ce bon prieur, pensant bien faire, le pria et pressa tellement, que, par pure condescendance à sa volonté, il souscrivit au contrat, de l'avis néanmoins de son conseil, qui l'assura qu'il le pouvait faire sans aucun risque ; et s'étant obligé à cette pension, il la paya fidèlement à ces personnes jusqu'à leur mort; après laquelle on intenta procès, et l'on fit perdre cette ferme aux prêtres de la Mission, et presque tout l'argent qu'ils avaient avancé, sans que M. Vincent voulût se servir des moyens qu'on lui fournissait pour se pourvoir contre l'arrêt, de peur de manquer tant soit peu à la soumission qu'il estimait devoir rendre à ses juges ; aimant mieux perdre la ferme et l'argent que le mérite de l'obéissance.

Il fit encore paraître une autre fois son exactitude et son zèle pour cette même vertu, dans une occasion en laquelle il semblait pouvoir facilement s'en dispenser. Ayant reçu commandement de la reine-mère de faire la mission à Fontainebleau, il y envoya des prêtres de sa communauté, lesquels contre leur attente y trouvèrent un religieux qui y prêchait en ce même temps. Ils ne laissèrent pas pour cela de commencer la mission, pour obéir à Sa Majesté ; cessant néanmoins leurs exercices aux heures que ce bon religieux devait prêcher, afin que le peuple eût toute liberté de se trouver à ses sermons : mais les habitants de ce lieu ayant ouï les instructions familières de la Mission, et y prenant plus de goût qu'aux prédications de ce bon Père, cela fut cause qu'il n'avait qu'un fort petit nombre d'auditeurs à ses prédications, l'église au contraire se trouvant toute remplie de peuple lorsque les missionnaires faisaient les prédications et les instructions du catéchisme ; de quoi ce prédicateur eut quelque jalousie, en sorte qu'il ne put s'empêcher d'en témoigner sa peine. Cela mit les prêtres de la Mission en doute de ce qu'ils devaient faire, considérant d'un côté la maxime de M. Vincent, qui était de condescendre et de céder en telles occasions ; et craignant aussi, d'un autre, de manquer aux ordres que la reine avait donnés de faire la mission : c'est pourquoi ils en écrivirent à M. Vincent pour savoir ce qu'ils devaient faire : mais lui, voyant qu'il s'agissait d'un point d'obéissance, il le jugea d'une telle conséquence, qu'il envoya en diligence un homme exprès vers Sa Majesté, qui était pour lors allée par dévotion à Notre-Dame de Chartres, avec une lettre par laquelle il lui exposait la rencontre du prédicateur stationnaire, et l'usage des prêtres de la Mission en tel cas, qui était de se retirer ; suppliant très-humblement Sa Majesté d'agréer qu'il les rappelât : ce que la reine lui ayant accordé, il envoya les missionnaires travailler en d'autres lieux, pour ne pas interrompre ce bon religieux et pour lui condescendre.

Or, comme M. Vincent était exact à la pratique de l'obéissance, il exigeait aussi une semblable exactitude de la part des siens, et ne pouvait supporter en eux le moindre défaut contre cette vertu ; car il voulait qu'elle fût en vigueur dans toute sa Compagnie, comme une des plus importantes pour son bien ; et quand quelqu'un y manquait, il savait fort bien l'en relever. Voici ce qu'il fit un jour sur ce sujet à l'égard d'un des plus anciens et des plus réguliers de ses prêtres, auquel il avait recommandé un soir de reposer le lendemain, parce qu'il l'avait fait veiller fort tard, et croyait qu'il avait besoin de ce soulagement. Ce bon missionnaire néanmoins, qui était fort exact à faire tous les jours son oraison à l'heure ordinaire de la communauté, se leva pour se trouver avec les autres à cet exercice, ne s'étant point persuadé que la recommandation qui lui avait été faite par M. Vincent le dût engager si étroitement qu'il ne lui fût permis de se lever à son ordinaire ; mais M. Vincent, qui faisait grand cas de l'obéissance, lui en fit la correction dans l'église en présence de tous les autres, au sortir de l'oraison ; le faisant tenir fort longtemps à genoux, quoiqu'il fût des plus anciens, et que M. Vincent eût avoué que c'était la première faute contre l'obéissance en laquelle il le surprenait : louant à la vérité son zèle et son exactitude d'un côté, mais blâmant de l'autre sa ferveur inconsidérée en ce qu'il avait fait. Il dit ensuite de très-belles choses de la vertu d'obéissance, et rapporta, outre l'exemple de Saül et de Jonathas, quelque point remarquable de l'histoire de France qui venait fort à propos, pour faire mieux voir aux siens l'importance de cette vertu.

CHAPITRE XV.

SA SIMPLICITÉ.

La simplicité est d'autant plus estimable entre ceux qui font profession de suivre les maximes de Jésus-Christ, qu'elle est moins estimée parmi les sectateurs de la vaine et fausse sagesse du monde : c'est cette vertu qui nous découvre les sentiers de la vraie justice, et qui nous fait marcher par des voies droites qui conduisent au royaume de Dieu, ou, pour parler encore mieux avec saint Grégoire : « La simplicité est comme un jour serein de l'âme chrétienne, qui n'est point troublé ni obscurci par les nuages de la fraude, ni du mensonge, ni de l'envie, ni par les déguisements et artifices ; mais qui emprunte sa lumière de la vérité même, et qui est éclairé des splendeurs de la présence de Dieu [1]. »

Or, cette vertu a été tant estimée par les plus grands saints de l'Église, que saint Ambroise, dans l'oraison funèbre qu'il fit à la louange de saint Satyre son frère, la met au rang des principales vertus, et dit que ce grand personnage, quoique d'ailleurs d'une condition fort illustre dans le monde, avait néanmoins un tel amour pour cette vertu, qu'il semblait être devenu comme un enfant en simplicité, la faisant paraître en ses mœurs et en ses actions, et toute sa vie étant un parfait miroir d'innocence [2].

Nous pouvons donner la même louange à saint Vincent de Paul, avec d'autant plus de raison, qu'ayant vécu dans un siècle très-corrompu, et s'étant trouvé engagé fort avant dans le commerce du monde, et même parmi les grands de la cour, il a néanmoins toujours conservé une parfaite innocence, droiture et simplicité de vie ; en sorte que son cœur a été comme une mère perle, laquelle, quoiqu'environnée et couverte des eaux de la mer, n'en reçoit pourtant aucune goutte, et ne se nourrit que de la rosée du ciel.

Saint Bernard avait grand sujet de dire que c'est une chose bien rare que l'humilité conservée parmi les honneurs [3] ; mais nous pouvons ajouter avec raison qu'il est autant et peut-être encore plus rare de trouver une vraie simplicité de cœur, qui se maintienne en sa droiture et pureté, parmi les tracas et les intrigues des affaires et du commerce du monde. C'est pourtant ce qu'on a vu et admiré en la personne de ce grand serviteur de Dieu, qui a paru comme un lis en candeur et simplicité parmi les épines et les ronces dont le monde est tout couvert.

Il disait que « la simplicité nous fait aller droit à Dieu, et droit

---

[1] Cordis simplicitas velut dies est, quam fraus non obnubilat, non obtenebrat mendacium, non obscurat invidia, non obfuscat dolus, quam lux veritatis illuminat, et præsentiæ divinæ claritas illustrat. *Greg. in Psal. 4. Pœnitent.*

[2] Simplicitatem adeo coluit, ut conversus in puerum, simplicitate ætatis illius innoxiæ, perfectæ virtutis effigie et quodam innocentium morum speculo reluceret. *Ambros. Orat. de obitu Satyri fratris.*

[3] Rara virtus humilitas honorata. *Bernard.*

à la vérité, sans faste, sans biaisement ni déguisement, et sans aucune vue de propre intérêt et de respect humain ; » et il pratiquait parfaitement ce qu'il disait, en sorte qu'il y a sujet de croire que cette vertu de simplicité, qu'il possédait en un très-excellent degré, a grandement contribué aux heureux succès de ses saintes entreprises, attirant sur lui la bénédiction de Dieu et l'approbation des hommes ; parce qu'il n'y a rien qui plaise tant à Dieu, et qui gagne davantage l'affection de toutes sortes de personnes, que la droiture et simplicité dans le cœur, dans la vie et dans les paroles.

Or, comme il avait une estime particulière pour cette vertu, il tâchait aussi de l'insinuer dans l'esprit des siens, auxquels parlant un jour sur ce que Jésus-Christ recommandait à ses disciples, d'être simples comme des colombes, il leur dit : « Ce divin Sauveur, envoyant ses Apôtres pour prêcher son Évangile par tout le monde, leur recommande particulièrement cette vertu de simplicité, comme une des plus importantes et nécessaires pour attirer en eux les grâces du ciel et pour disposer les cœurs des habitants de la terre à les écouter et à les croire. Or, ce n'est pas seulement à ses Apôtres qu'il parlait, mais généralement à tous ceux que sa Providence destinait pour travailler à la prédication de l'Évangile et à l'instruction et conversion des âmes ; et par conséquent c'est à nous que Jésus-Christ parlait, et qu'il recommandait cette vertu de simplicité, laquelle est si agréable à Dieu : *cum simplicibus sermocinatio ejus*. Pensez, mes Frères, quelle consolation et quel bonheur pour ceux qui sont du nombre de ces véritables simples, lesquels sont assurés par la parole de Dieu que son bon plaisir est de demeurer et de s'entretenir avec eux.

« Notre-Seigneur nous fait encore bien connaître combien la simplicité lui est agréable, par ces paroles qu'il adresse à Dieu son Père : *Confiteor tibi, Pater, quia abscondisti hæc à sapientibus et prudentibus, et revelasti ea parvulis*. Je reconnais mon Père, et je vous en remercie, que la doctrine que j'ai apprise de vous et que je répands parmi les hommes n'est connue que des petits et des simples, et que vous permettez que les sages et les prudents du monde ne l'entendent pas, et que le sens et l'esprit de cette divine doctrine leur soit caché. Certainement si nous faisons réflexion sur ces paroles, elles doivent nous épouvanter, nous, dis-je, qui courons après la science, comme si tout notre bonheur en dépendait. Ce n'est pas qu'un prêtre et qu'un missionnaire ne doive avoir de la science, mais autant qu'il est requis pour satisfaire à son ministère, et non pas pour contenter son ambition et sa curiosité : il faut étudier et acquérir de la science, mais avec sobriété, comme dit le saint Apôtre. Il y en a d'autres qui affectent l'intelligence des affaires, et qui veulent passer pour gens de mise, pour adroits et capables en toutes choses : c'est à ceux-là encore que Dieu ôte la pénétration des vérités et des vertus chrétiennes, aussi bien qu'à tous les savants et entendus dans la science du monde. Et à qui est-ce donc qu'il donne l'intelligence de ses vérités et de sa doctrine ? C'est aux simples, aux bonnes gens, et plus ordinairement même au pauvre peuple ; comme il se vérifie par la différence qu'on remarque entre la foi des pauvres gens des champs, et celle des personnes dans le grand monde ; car je puis dire que l'expérience depuis longtemps m'a fait connaître que la foi vive et pratique, et l'esprit de la vraie religion, se trouve plus ordinairement parmi les pauvres et parmi les simples. Dieu se plaît de les enrichir d'une foi vive : ils croient et ils goûtent ces paroles de vie éternelle que Jésus-Christ nous a laissées dans son Évangile : on les voit ordinairement porter avec patience leurs maladies, leurs disettes et leurs autres afflictions sans murmurer, et même sans se plaindre que peu et rarement. D'où vient cela ? c'est que Dieu se plaît de répandre et de faire abonder en eux le don de la foi, et les autres grâces qu'il refuse aux riches et aux sages du monde.

» Ajoutons à cela que tout le monde aime les personnes simples et candides, qui n'usent point de finesse ni de tromperie, qui vont bonnement, et qui parlent sincèrement, en sorte que leur bouche s'accorde toujours avec leur cœur. Ils sont estimés et aimés en tous lieux, et même à la Cour quand il s'y en trouve, et dans les compagnies réglées chacun leur porte affection et prend confiance en eux ; mais ce qui est remarquable, est que ceux-là même qui n'ont point la candeur et la simplicité en leurs paroles ni en leur esprit, ne laissent pas de l'aimer dans les autres. Tâchons donc, mes Frères, de nous rendre aimables aux yeux de Dieu par cette vertu, laquelle par sa miséricorde nous voyons reluire en plusieurs de la petite Compagnie, qui par leur exemple nous invitent de les estimer.

« Or, pour bien connaître l'excellence de cette vertu, il faut savoir qu'elle nous approche de Dieu, et qu'elle nous rend semblables à Dieu, dans la conformité qu'elle nous fait avoir avec lui, en tant qu'il est un être très-simple, et qu'il a une essence très-pure qui n'admet aucune composition : si bien que ce que Dieu est par son essence, c'est cela même que nous devons tâcher d'être par cette vertu, autant que notre faiblesse et misère en est capable. Il faut avoir un cœur simple, un esprit simple, une intention simple, une opération simple ; parler simplement, agir bonnement, sans user d'aucun déguisement ni artifice, ne regardant que Dieu, auquel nous désirons plaire.

« La simplicité donc comprend non-seulement la vérité et la pueté d'intention, mais elle a encore une certaine propriété d'éloigner de nous toute tromperie, ruse et duplicité. Et comme c'est principalement dans les paroles que cette vertu se fait paraître, elle nous oblige de déclarer les choses par notre langue comme nous les avons dans le cœur, parlant et déclarant simplement ce que nous avons à dire, et avec une pure intention de plaire à Dieu. Ce n'est pas toutefois que la simplicité nous oblige de découvrir toutes nos pensées; car cette vertu est discrète, et n'est jamais contraire à la prudence, qui nous fait discerner ce qui est bon à dire d'avec ce qui ne l'est pas, et nous fait connaître quand il se faut taire, aussi bien que quand il faut parler. Si j'avance, par exemple, un propos qui soit bon en sa substance et en toutes ses circonstances, je le dois exprimer tout simplement; mais si, parmi les choses bonnes que j'ai à dire, il se rencontre quelque circonstance vicieuse ou inutile, alors il la faut retrancher, et généralement l'on ne doit jamais dire les choses que l'on sait lorsqu'elles vont contre Dieu ou contre le prochain, ou qu'elles tendent à notre propre recommandation, ou à quelque propre commodité sensuelle ou temporelle; car ce serait en même temps pécher contre plusieurs autres vertus.

« Pour ce qui est de la simplicité qui regarde les actions, elle a cela de propre qu'elle fait agir bonnement, droitement, et toujours en la vue de Dieu, soit dans les affaires, ou dans les emplois et exercices de piété, à l'exclusion de toute sorte d'hypocrisie, d'artifice et de vaine prétention. Une personne, par exemple, qui fait un présent à quelque autre, feignant que c'est par affection, et néanmoins elle fait ce présent afin que l'autre lui donne autre chose de plus grande valeur; quoique selon le monde cela semble permis, c'est toutefois contre la vertu de simplicité, qui ne peut souffrir qu'on témoigne une chose et qu'on en regarde une autre : car comme cette vertu nous fait parler selon nos sentiments intérieurs, elle nous fait agir de même dans une franchise et droiture chrétienne, et le tout pour Dieu, qui est l'unique fin qu'elle prétend : d'où il faut inférer que cette vertu de simplicité n'est pas dans les personnes qui par respect humain veulent paraître autres qu'elles ne sont; qui font des actions bonnes extérieurement pour être estimées vertueuses; qui ont quantité de livres superflus pour paraître savantes; qui s'étudient à bien prêcher, pour avoir des applaudissements et des louanges, et enfin qui ont d'autres vues dans leurs exercices et pratiques de piété. Or je vous demande, mes Frères, si cette vertu de simplicité n'est pas belle et désirable, et s'il n'est pas juste et raisonnable de se garder avec grand soin de tous ces déguisements et artifices de paroles et d'actions? Mais pour l'acquérir il la faut pratiquer, et ce sera par les fréquents actes de la vertu de simplicité que nous deviendrons vraiment simples, avec le secours de la grâce de Dieu, que nous devons souvent lui demander. »

Nous avons rapporté un peu au long ce discours que M. Vincent a fait aux siens sur le sujet de cette vertu, parce que nous avons cru ne pouvoir mieux représenter sa simplicité que par ses propres paroles : car il était lui-même tel qu'il voulait persuader aux autres de devenir; et celui qui entendait ses paroles pouvait connaître son cœur, qu'il portait toujours sur ses lèvres. De sorte que l'on peut dire avec vérité qu'il possédait cette vertu en un tel degré, par le secours de la grâce de Notre-Seigneur, que les puissances de son âme en étaient toutes remplies, et que tout ce qu'il disait et faisait provenait de cette source, conformant toujours son extérieur à son intérieur, et ses actions à ses intentions, qui tendaient toutes à ce qui était de plus parfait. A ce propos il disait que « de faire paraître des choses bonnes au dehors, et être tout autre au dedans, c'était faire comme les Pharisiens hypocrites, et imiter le démon qui se transforme en ange de lumière. » Et c'était une de ses maximes que « comme la prudence de la chair et l'hypocrisie régnaient particulièrement en ce siècle corrompu, au grand préjudice de l'esprit du christianisme, l'on ne pouvait aussi mieux les combattre et les surmonter que par une véritable et sincère simplicité. »

Sa fidélité à la pratique de cette vertu s'est fait voir en toutes rencontres, jusqu'aux moindres choses. Et entre plusieurs exemples, l'on a souvent remarqué que la grande quantité et diversité d'affaires auxquelles il était continuellement appliqué, lui en faisant oublier de fois à autre quelques petites, comme de parler à quelqu'un, de répondre à quelque lettre, ou de faire quelque autre chose qu'on lui avait recommandée, il aimait mieux franchement avouer ses défauts, quoiqu'il en dût arriver de la confusion, que de les couvrir par quelque excuse ou artifice d'esprit ; et il disait qu'il s'était toujours bien trouvé de déclarer les choses comme elles étaient, parce que Dieu y donne sa bénédiction. Sur quoi il dit encore une fois ces paroles remarquables : « Dieu est très-simple, ou plutôt il est la simplicité même ; et partant, où est la simplicité, là aussi Dieu se rencontre ; et comme a dit le Sage, celui qui marche simplement marche avec assurance ; comme, au contraire, ceux qui usent de cautèles et de duplicité sont dans une appréhension continuelle que leur finesse ne soit découverte, et qu'étant surpris dans leurs déguisements on ne veuille plus se fier à eux. »

Envoyant un jour un de ses prêtres dans une certaine province, où selon le bruit commun on usait de finesse, il lui donna cet excellent avis : « Vous allez dans un pays où l'on dit que les habitants sont pour la plupart fins et rusés : or, si cela est, le meilleur moyen de leur profiter est d'agir avec eux dans une grande simplicité; car les maximes de l'Évangile sont entièrement opposées aux façons de faire du monde : et comme vous allez pour le service de Notre-Seigneur, vous devez aussi vous comporter selon votre esprit, qui est un esprit de droiture et de simplicité. » Ce fut dans ce même esprit que quelque temps après, comme on eut fait en cette province l'établissement d'une maison de sa Congrégation, il y envoya pour premier supérieur un prêtre en qui reluisait une grande simplicité.

Or, comme il portait les siens, autant qu'il était en lui, à cette vertu de simplicité, il ne pouvait souffrir en eux, soit en leurs paroles ou en leurs actions, aucune chose qui lui fût contraire, ou même qui semblât s'éloigner tant soit peu de la seule vue de Dieu, qu'il voulait qu'ils regardassent en toutes choses, sans arrêter leur pensée ni leur affection aux créatures. Voici ce qu'il répondit sur ce sujet à l'un de ses prêtres qui lui mandait par une lettre qu'il lui avait donné son cœur : « Je vous remercie de votre lettre et de votre cher présent. Votre cœur est trop bon pour être mis en si mauvaises mains que les miennes; et je sais bien aussi que vous ne me le donnez que pour le remettre à Notre-Seigneur, auquel il appartient, et à l'amour duquel vous voulez qu'il tende incessamment. Que cet aimable cœur donc soit uniquement dès cette heure à Jésus-Christ, et qu'il y soit pleinement, et toujours, dans le temps et dans l'éternité. Demandez-lui, je vous prie, qu'il me donne part à la candeur et à la simplicité de votre cœur, qui sont des vertus dont j'ai un très-grand besoin, et dont l'excellence est incompréhensible. »

Et écrivant à un autre des siens qui témoignait agir par quelque vue d'intérêt ou de respect humain : « Vous avez sagement fait, lui dit-il, de vous mettre bien avec les personnes que vous me nommez ; mais de dire que c'est afin qu'ils nous soutiennent et qu'ils nous défendent, c'est un motif bien bas et bien éloigné de l'esprit de Jésus-Christ, selon lequel nous devons regarder Dieu purement, et faire servir toutes choses à l'amour que nous lui devons; et vous, au contraire, ayant en vue nos intérêts, vous voulez employer l'amitié de ces personnes pour conserver notre réputation, qui est une chose vaine si elle n'est fondée sur la vertu, et si elle n'est établie sur un tel fondement. Pourquoi craignez-vous? Vous m'écrivez encore une autre chose qui ne ressent pas moins son respect humain, c'est à savoir, que quand dans vos lettres vous me dites du bien de quelques personnes, je fasse en sorte que leurs amis le sachent, afin qu'ils leur en donnent connaissance. Hélas! Monsieur, à quoi vous amusez-vous? où est la simplicité d'un missionnaire, qui doit aller droit à Dieu? Si vous ne reconnaissez pas du bien en ces personnes, n'en dites point; mais si vous en trouvez, parlez-en pour honorer Dieu en elles, parce que tout bien procède de lui. Notre-Seigneur reprit un homme qui l'appela bon, parce qu'il ne le faisait pas à bonne intention : mais combien plus aurait-il sujet de vous reprendre, si vous louez les hommes pécheurs par complaisance, pour vous mettre bien auprès d'eux, ou pour quelque autre fin grossière et imparfaite, quoique cette fin en ait une autre qui soit bonne? car je suis assuré que vous ne cherchez à vous procurer l'estime et l'affection d'aucun que pour avancer la gloire de Dieu; mais souvenez-vous que la duplicité ne plaît point à Dieu, et que pour être véritablement simples, nous ne devons considérer que lui. »

Mais si M. Vincent portait ainsi les siens à pratiquer la vertu de simplicité en toutes sortes d'occasions, il les exhortait plus particulièrement de la faire paraître dans les prédications et instructions qu'ils faisaient aux peuples. A ce sujet, leur parlant un jour de ce désir de louange et d'estime qui se mêle souvent dans l'esprit de plusieurs prédicateurs, il leur dit : « L'on veut éclater et faire parler de soi; l'on aime d'être loué et d'entendre que l'on dise que nous réussissons bien, et que nous faisons merveilles : voilà ce monstre, et ce serpent infernal, qui se cache sous de beaux prétextes, et qui infecte de son venin mortel le cœur de ceux qui lui donnent entrée. O maudit orgueil, que tu détruis et corromps de biens, et que tu causes de maux! Tu fais qu'on se prêche soi-même, et non pas Jésus-Christ, et qu'au lieu d'édifier, on détruit et on ruine. J'ai aujourd'hui été présent à l'entretien qu'un prélat a fait aux ordinands; après lequel étant allé dans sa chambre, je lui ai dit : « Monseigneur, vous m'avez aujourd'hui converti. A quoi m'ayant répondu : Comment cela? C'est, lui ai-je répliqué, que vous avez déclaré tout ce que vous avez dit si bonnement et si simplement, que cela m'a semblé fort touchant, et je n'ai pu que je n'en aie loué Dieu. Ah! Monsieur, m'a-t-il dit, je dois vous confesser avec la même simplicité que j'aurais bien pu dire quelque autre chose de plus poli et de plus relevé; mais j'aurais offensé Dieu, si je l'avais fait. » Voilà, Messieurs, quels ont été les sentiments de ce prélat, dans lesquels doivent entrer tous ceux qui cherchent vraiment Dieu, et qui désirent procurer le salut des âmes; et faisant ainsi, je vous puis assurer que Dieu ne manquera point de bénir ce que vous direz, et de donner force et vertu à vos paroles. Oui, Dieu sera avec vous, et opérera par vous, car il se plaît avec les simples, il les assiste, et il bénit leurs travaux et leurs entreprises : au contraire, ce serait une impiété de croire que Dieu veuille favoriser ou assister une personne qui cherche la gloire des hommes, et qui se repaît de vanité, comme font tous ceux qui se prêchent eux-mêmes, et qui dans leurs prédications ne parlent point avec simplicité ni avec humilité ; car pourrait-on dire que Dieu veuille aider un homme à se perdre? C'est ce qui ne peut entrer dans la pensée d'un chrétien. Oh! que si vous saviez combien c'est un grand mal que de s'ingérer dans l'office de prédicateur pour prêcher autrement que Jésus-Christ n'a prêché, et autrement que ses Apôtres et que plusieurs grands saints et serviteurs de Dieu n'ont prêché, et ne prêchent encore à présent, vous en auriez horreur! Dieu sait que jusqu'à trois fois, pendant trois jours consécutifs, je me suis prosterné à genoux devant un prêtre qui était pour lors de la Compagnie, et qui n'en est plus, pour le prier avec toute l'instance qui m'a été possible de vouloir prêcher et parler tout simplement, et de suivre les mémoires qu'on lui avait donnés, sans avoir jamais pu gagner cela sur lui. Il faisait les entretiens de l'ordination, dont il ne remporta aucun fruit; et tout ce bel amas de pensées et de périodes choisies s'en alla en fumée, car en effet ce n'est point le faste des paroles qui profite aux âmes, mais la simplicité et l'humilité, qui attire et qui porte dans les cœurs la grâce de Jésus-Christ. Et si nous voulons reconnaître et confesser la vérité, qui est-ce, je vous prie, qui attire en ce lieu ces messieurs les ordinands, ces théologiens, ces bacheliers et licenciés de Sorbonne et de Navarre? Ce n'est pas la science ni la doctrine qu'on leur débite; car ils en ont plus que nous; mais c'est l'humilité et la simplicité avec laquelle nous nous étudions, par la miséricorde de Dieu, d'agir envers eux. Ils viennent ici seulement pour apprendre la vertu, et dès lors qu'ils ne la verront plus reluire parmi nous, ils se retireront de nous. C'est pourquoi nous devons souhaiter et demander à Dieu qu'il lui plaise faire la grâce à toute la Compagnie, et à chacun de nous en particulier, d'agir simplement et bonnement, et de prêcher les vérités de l'Évangile en la manière que Notre-Seigneur les a enseignées, en sorte que tout le monde les entende, et que chacun puisse profiter de tout ce que nous dirons. »

Nous finirons ce chapitre par le témoignage que le supérieur d'une des maisons de la Mission a rendu touchant cette vertu de simplicité qui régnait dans le cœur de ce saint homme, et qui reluisait dans ses actions et dans ses paroles. « Comme M. Vincent, dit-il, parlait d'une manière humble et simple, quoique très-forte et très-efficace, aussi nous recommandait-il très-particulièrement cette humilité et simplicité dans ses discours publics et particuliers; voulant qu'on en bannît entièrement le faste et tout ce qui peut ressentir l'esprit ou la vanité du monde; et pour nous le mieux persuader, entre plusieurs autres raisons qu'il en apportait, il disait que, comme les beautés naturelles ont bien plus d'attraits que les artificielles et fardées, de même les discours simples et communs sont mieux reçus et trouvent une plus favorable entrée dans les esprits que ceux qui sont affectés et artificieusement polis. Le désir qu'il avait de mon avancement lui a fait prendre le soin de me façonner en toutes choses; et le grand nombre de mes imperfections m'ont donné cet avantage de recevoir de lui plusieurs avis et salutaires instructions. Je me souviens que pendant mes études de théologie il faisait prêcher tous ceux de sa maison qui travaillaient à acquérir cette divine science; et comme mon jour fut venu, et que j'eus débité en sa présence tout ce que j'avais préparé, avec beaucoup d'étude et de soin, croyant avoir fait merveille, il mit dès le soir mon discours sur le tapis, et en fit faire l'anatomie par plus de vingt personnes que j'honorais comme mes maîtres; et il conclut ensuite, avec une charité qui me relevait le courage, qu'il fallait que je m'étudiasse à prêcher comme Jésus-Christ avait fait; que ce divin Sauveur pouvait, s'il eût voulu, dire des merveilles de nos plus relevés mystères, avec des conceptions et des termes qui leur fussent proportionnés, étant lui-même le Verbe et la sagesse du Père éternel, et que néanmoins nous savions de quelle manière il avait prêché, simplement et humblement, pour s'accommoder au peuple, et nous donner le modèle et la façon de sa sainte parole. »

CHAPITRE XVI.

SA PRUDENCE.

Nous joignons ici la prudence à la simplicité, parce que Notre-Seigneur Jésus-Christ les a mises ensemble dans son Évangile, lorsqu'il instruisit ses Apôtres, et en leur personne tous les fidèles, particulièrement ceux qui devaient être employés à la conduite des autres [1] : parce que ces deux vertus ont une telle connexion ensem-

[1] Estote, inquit Christus, prudentes sicut serpentes, et simplices sicut columbæ. Hæc enim duo ita connexa sunt ad invicem, ut unum sine altero parum aut nihil omnino proficiat. *August. serm. 4 ad Frat. in Eremo.*

ole, que l'une sans l'autre, comme dit saint Augustin, n'est peu ou point du tout profitable : car la simplicité sans prudence passe pour folie, et la prudence sans la simplicité dégénère en astuce et finesse[1] : et comme il est indigne d'un chrétien d'user de tromperie, il ne lui est pas aussi convenable ni expédient de se laisser surprendre et séduire par les artifices des méchants[2]. C'est ce que M. Vincent savait fort bien, et ce qu'il a excellemment pratiqué, ayant uni en son âme ces deux vertus dans un très-haut degré de perfection.

Nous avons déjà vu au chapitre précédent quelque crayon de sa simplicité; nous considérerons en celui-ci quelques traits de sa prudence.

Entre les autres vertus de ce fidèle serviteur de Dieu, celle-ci a paru avec tant d'éclat, qu'il a passé dans l'estime commune pour l'un des plus sages et des plus avisés de son temps. C'est ce qui faisait qu'on recourait à lui de tous côtés pour le conseil, qu'on le priait de se trouver aux assemblées où il fallait délibérer des choses les plus considérables touchant la religion et la piété, et que l'on voyait presque tous les jours aborder à Saint-Lazare des personnes de toutes sortes de condition, qui venaient exprès pour recevoir ses avis dans leurs doutes et difficultés[3]. MM. les nonces Bagni et Piccolomini lui ont fait l'honneur de venir plusieurs fois conférer avec lui sur divers sujets importants au bien de l'Église. Quantité d'ecclésiastiques, curés, chanoines, abbés, et même divers prélats de grand mérite, l'ont très-souvent consulté par écrit, lorsqu'ils ne le pouvaient faire de vive voix. Plusieurs religieux aussi se sont adressés à lui pour prendre son conseil touchant les réformes et autres principales affaires de leurs ordres. Diverses personnes séculières de condition et de vertu, qui d'ailleurs étaient estimées des plus sages et des plus sensées de la ville de Paris, n'ont point fait difficulté de venir à Saint-Lazare rechercher ses avis. Enfin l'on peut dire avec vérité que de son temps il ne s'est guère traité d'affaires de piété dans Paris, qui fussent de quelque conséquence, auxquelles il n'ait eu part, et souvent même aussi en celles qui se traitaient dans les autres provinces, sur lesquelles il était consulté par lettres.

Et certes ce n'était pas sans raison qu'on avait conçu cette estime de M. Vincent; car outre qu'il avait un esprit fort éclairé et capable

---

[1] Simplicitas enim sine prudentiâ stultitia reputatur, et prudentia sine simplicitate ad astutiam vergit. *Idem, ibid.*
[2] Christus Dominus valde inutile judicavit, si aut simplicitati prudentia, aut prudentiæ simplicitas desit. *Gregor. lib. I Moral. cap. 2.*
[3] Non multùm distat in vitio, vel decipere posse, vel decipi Christianum. *Hieron. epist. 13. ad Paulin de Instit. Mon.*

de grandes choses, comme il a été remarqué au premier livre, il avait encore reçu de Dieu diverses lumières et grâces particulières qui donnaient un merveilleux surcroît à sa prudence acquise, et qui attiraient la bénédiction du Ciel sur les conseils qu'il donnait à ceux qui avaient recours à lui.

Mais avant que de produire des exemples plus particuliers de sa prudence, il ne sera pas hors de propos que nous l'entendions parler lui-même de cette vertu, et nous en tracer les traits, tels que le Saint-Esprit les avait formés dans son âme. C'est dans un entretien qu'il fit un jour aux siens sur ce sujet, où il leur parla de la prudence en ces termes : « C'est le propre de cette vertu de régler et de conduire les paroles et les actions : c'est elle qui fait parler sagement et à propos, et qui fait qu'on s'entretient avec circonspection et jugement des choses bonnes en leur nature et en leurs circonstances, et qui fait supprimer et retenir dans le silence celles qui vont contre Dieu, ou qui nuisent au prochain, ou qui tendent à la propre louange, ou à quelque autre mauvaise fin. Cette même vertu nous fait agir avec considération, maturité, et par un bon motif, en tout ce que nous faisons, non-seulement quant à la substance de l'action, mais aussi quant aux circonstances; en sorte que le prudent agit comme il faut, quand il faut, et pour la fin qu'il faut; l'imprudent, au contraire, ne prend pas la manière, ni le temps, ni les motifs convenables, et c'est là son défaut; au lieu que le prudent, agissant discrètement, fait toutes choses avec poids, nombre et mesure.

« La prudence et simplicité tendent à même fin, qui est de bien parler et de bien faire dans la vue de Dieu; et comme l'une ne peut être sans l'autre, Notre-Seigneur les a recommandées toutes deux ensemble. Je sais bien qu'on trouvera de la différence entre ces deux vertus, par distinction de raisonnement; mais en vérité elles ont une très-grande liaison, et pour leur substance, et pour leur objet. Pour ce qui est de la prudence de la chair et du monde, comme elle a pour son but et pour sa fin la recherche des honneurs, des plaisirs et des richesses, aussi est-elle entièrement opposée à la prudence et simplicité chrétiennes, qui nous éloignent de ses biens trompeurs, pour nous faire embrasser les bien solides et perdurables, et qui sont comme deux bonnes sœurs inséparables, et tellement nécessaires pour notre avancement spirituel, que celui qui saurait s'en servir comme il faut amasserait sans doute de grands trésors de grâces et de mérites. Notre-Seigneur les a pratiquées toutes excellemment en diverses rencontres, et particulièrement lorsqu'on lui amena cette pauvre femme adultère pour la condamner; car ne voulant pas faire l'office de ce juge en cette occasion, et la voulant délivrer : *Que celui d'entre vous*, dit-il aux Juifs, *qui est sans péché, lui jette la première pierre*. En quoi il a excellemment pratiqué ces deux vertus : la simplicité, dans le dessein miséricordieux qu'il avait de sauver cette pauvre créature, et de faire la volonté de son Père; et la prudence, dans le moyen qu'il employa pour faire réussir ce bon dessein. De même quand les Pharisiens le tentèrent, lui demandant s'il était licite de payer le tribut à César : car d'un côté il voulait maintenir l'honneur de son Père et ne faire aucun préjudice à son peuple, et de l'autre il ne voulait pas s'opposer aux droits de César, ni aussi donner sujet à ses ennemis de dire qu'il favorisait les exactions et monopoles; qu'est-ce donc qu'il leur répondra pour ne rien dire mal à propos, et pour éviter toute surprise? Il demande qu'on lui montre la monnaie du tribut; et apprenant de la bouche même de ceux qui la lui faisaient voir que c'était l'image de César qui était gravée dessus, il leur dit : *Rendez donc à César ce qui appartient à César, et à Dieu ce qui appartient à Dieu*. La simplicité parait en cette réponse, par le rapport qu'elle a avec l'intention que Jésus-Christ avait dans le cœur de faire rendre au Roi du ciel et à celui de la terre l'honneur qui leur convient; et la prudence s'y rencontre aussi, lui faisant éviter sagement le piége que ces méchants lui tendaient pour le surprendre.

« C'est donc le propre de la prudence de régler les paroles et les actions; mais elle a encore outre cela un autre office, qui est de choisir les moyens propres pour parvenir à la fin qu'on se propose, laquelle n'étant autre que d'aller à Dieu, elle prend les voies les plus droites et les plus assurées pour nous y conduire. Nous ne parlons pas ici de la prudence politique et mondaine, laquelle ne tendant qu'à des succès temporels, et quelquefois injustes, ne se sert aussi que de moyens humains fort douteux et fort incertains; mais nous parlons de cette sainte prudence que Notre-Seigneur conseille dans l'Évangile, qui nous fait choisir les moyens propres pour arriver à la fin qu'il nous propose, laquelle étant toute divine, il faut que ces moyens y aient du rapport et de la proportion. Or nous pouvons choisir les moyens proportionnés à la fin que nous nous proposons, en deux manières : ou par notre seul raisonnement, qui est souvent bien faible, ou bien par les maximes de la foi que Jésus-Christ nous a enseignées, qui sont toujours infaillibles, et que nous pouvons employer sans aucune crainte de nous tromper : c'est pourquoi la vraie prudence assujettit notre raisonnement à ces maximes, et nous donne pour règle inviolable de juger toujours de toutes choses comme Notre-Seigneur en a jugé ; en sorte que dans les occasions nous nous demandions à nous-mêmes : Comment est-ce que Notre-Seigneur a jugé de telle ou telle chose ? Comment s'est-il comporté en telle ou telle rencontre ? Qu'a-t-il dit et qu'a-t-il fait sur tels et tels sujets ? Et qu'ainsi nous ajustions toute notre conduite selon ses maximes et ses exemples. Prenons donc cette résolution, Messieurs, et marchons en assurance dans ce chemin royal dans lequel Jésus-Christ sera notre guide et conducteur ; et souvenons-nous de ce qu'il a dit, que *le ciel et la terre passeront, mais que ses paroles et ses vérités ne passeront jamais*. Bénissons Notre-Seigneur, mes Frères, et tâchons de penser et de juger comme lui et de faire ce qu'il a recommandé par ses paroles et par ses exemples. Entrons en son esprit, pour entrer en ses opérations, car ce n'est pas tout de faire le bien, mais il le faut bien faire, à l'imitation de Notre-Seigneur, duquel il est dit : *Bené omnia fecit*, qu'il a bien fait toutes choses. Non, ce n'est pas assez de jeûner, d'observer les règles, de s'occuper aux fonctions de la Mission ; mais il le faut faire dans l'esprit de Jésus-Christ, c'est-à-dire avec perfection, pour les fins et les circonstances que lui-même les a faites. La prudence chrétienne donc consiste à juger, parler et opérer, comme la sagesse éternelle de Dieu revêtue de notre faible chair a jugé, parlé et opéré. »

Voilà quels étaient les sentiments de M. Vincent touchant la vertu de prudence, et voici quel a été l'usage qu'il en a fait. Premièrement, lorsqu'il était question de délibérer de quelque affaire, ou de donner quelque conseil ou résolution, avant que d'ouvrir la bouche pour parler, et même avant que de s'appliquer à penser aux choses qu'on lui proposait, il élevait toujours son esprit à Dieu, pour implorer sa lumière et sa grâce : on lui voyait ordinairement alors élever les yeux au ciel, et puis les tenir quelque temps fermés, comme consultant Dieu en lui-même avant que de répondre : que s'il s'agissait de quelque affaire de conséquence, il voulait qu'on prît du temps pour la recommander à Dieu, et pour invoquer le secours du Saint-Esprit : et comme il s'appuyait uniquement sur la Sagesse divine, et non sur sa prudence particulière, aussi recevait-il du ciel des grâces et des lumières qui lui faisaient quelquefois découvrir des choses que le seul esprit humain n'eût jamais su pénétrer. Il disait à ce propos que « là où la prudence humaine déchéait et ne voyait goutte, là commençait à poindre la lumière de la Sagesse divine. »

Un certain personnage lui demandant conseil s'il devait se retirer d'un emploi, afin qu'il pût vaquer avec plus de soin à son salut, il lui répondit qu'il ne devait point écouter cette pensée, et que ce n'était qu'une tentation. Ayant été encore importuné, par trois diverses fois, de la même personne, pour sortir de son emploi, il lui repartit toujours que c'était une tentation, et que s'il voulait se donner un peu de patience, et y résister avec un peu de courage, il en sortirait victorieux. Et en effet, ayant suivi son conseil, il a reconnu et avoué depuis que c'était l'esprit malin qui le tentait; auquel ayant résisté, et s'étant soumis au sentiment de M. Vincent, toutes ses peines s'étaient évanouies.

Une dame de condition ayant embrassé un état de vie contre le sentiment de M. Vincent, fut obligée quelques mois après de l'abandonner, et reconnut bien qu'elle eût beaucoup mieux fait de s'arrêter aux avis d'un homme si sage et si éclairé.

Sa prudence allait jusqu'à une prévoyance toute singulière des choses qui devaient arriver; de sorte que lorsqu'on lui proposait quelque affaire qui paraissait bonne, utile, et même en quelque façon nécessaire, son esprit perçait dans l'avenir, et en prévoyait les suites et les inconvénients. C'est ce qui a paru en plusieurs occasions, dans lesquelles il a fait connaître la force de son esprit et les lumières dont il était éclairé; et là où les autres ne voyaient aucune difficulté, sa prudence lui en faisait prévoir plusieurs, et juger par avance ce qui était le plus expédient de faire ou de ne pas faire.

SECTION UNIQUE.

CONTINUATION DU MÊME SUJET.

Nous avons déjà remarqué que M. Vincent tenait cette maxime, lorsqu'on lui demandait conseil sur quelque affaire, de ne rien précipiter, pesant mûrement toutes les circonstances de la chose sur laquelle il fallait délibérer : pour cet effet, quand il n'y avait rien qui pressât, il prenait ordinairement du temps afin d'y penser devant Dieu plus à loisir, et pour y apporter une plus attentive considération, dont voici quelques exemples, entre plusieurs autres.

Une personne de sa connaissance souhaitant fort qu'un jeune avocat eût entrée dans une grande maison, pour en avoir l'intendance et pour en négocier les affaires, pria M. Vincent, qui y pouvait beaucoup, de s'employer pour cela; à quoi il répondit : « Nous y penserons, mais avant que d'y travailler nous garderons le silence un mois entier sur cette affaire, pour écouter Dieu, et pour honorer le silence que Notre-Seigneur a gardé si souvent sur la terre. » Il voulut ainsi réprimer l'ardeur qui paraissait en cette personne, et l'empressement qu'elle témoignait avoir sur cette affaire, et consulter la volonté de

Dieu. Mais après avoir différé quatre ou cinq mois, il fit en sorte que cet avocat fût reçu dans cet emploi. En quoi sa manière d'agir était fort opposée à la procédure ordinaire du monde, qui veut promptement et sans aucun délai employer toutes sortes de moyens, et remuer ciel et terre, comme l'on dit, pour faire réussir ses desseins.

Lorsqu'il fut question de donner des règles à sa Congrégation, sans lesquelles il savait bien qu'elle ne pouvait subsister, quoique son cœur fût grandement pressé de mettre la dernière main à un ouvrage qui lui était cher, comme la chose néanmoins était d'une extrême conséquence, il attendit trente-trois ans avant que de les donner; les faisant cependant pratiquer par ceux de sa Compagnie : ayant ainsi jugé, par une maxime de très-haute prudence, que pour rendre ces règles non-seulement parfaites, autant que cela dépendait de lui, mais encore stables et de durée, il fallait commencer à les pratiquer avant que de les écrire, et faire en sorte qu'elles fussent gravées dans les cœurs de tous les siens, avant même qu'elles fussent tracées sur le papier.

Il était extrêmement retenu et circonspect en ses paroles, non-seulement pour ne rien dire ni répondre qui pût causer aucun ombrage ou défiance, ou qui donnât sujet de peine à personne, mais même pour ne rien avancer qui ne fût mûrement considéré et digéré en son esprit; et il y a sujet de croire que c'est pour cela qu'il parlait peu, et fort posément.

Il disait « que c'était un effet de prudence et de sagesse, non-seulement de parler bien et de dire de bonnes choses, mais aussi de les dire à propos, en sorte qu'elles fussent bien reçues, et qu'elles profitassent à ceux à qui l'on parlait : que Notre-Seigneur en avait donné l'exemple en plusieurs rencontres, et particulièrement lorsque, parlant à la Samaritaine, il prit occasion de l'eau qu'elle venait puiser pour lui parler de la grâce, et lui inspirer le désir d'une parfaite conversion. »

Allant par la campagne, et rencontrant un jeune prêtre de village qui lui était inconnu, et qui tenait un livre à la main, sa prudence et sa charité lui firent prononcer ces paroles en le saluant : « O Monsieur! que voilà qui est bien de vous entretenir ainsi avec Notre-Seigneur par cette bonne lecture! vous m'édifiez beaucoup, et votre exemple montre bien comme il se faut entretenir de bonnes pensées. » M. Vincent ne savait pas si ce livre que tenait cet ecclésiastique était bon ou mauvais; néanmoins par un trait de prudence et de charité tout ensemble, supposant qu'il fût bon, il voulut employer ces paroles en le congratulant, pour lui persuader par cette gracieuse approbation de faire quelque bonne lecture.

Un curé célèbre de Paris, ayant dessein de prendre pour vicaire un ecclésiastique, lequel, après avoir demeuré quelque temps dans la Congrégation de la Mission, en était sorti, écrivit à M. Vincent, le priant de lui faire savoir pour quel sujet il était sorti de sa Compagnie, comment il s'y était comporté, et s'il jugeait qu'il fût propre pour l'emploi auquel il le destinait. M. Vincent se trouva en peine touchant ce qu'il devait répondre ; car il ne voulait pas nuire à cet ecclésiastique, duquel néanmoins il savait les défauts, pour lesquels il ne jugeait pas qu'il pût réussir dans la condition de vicaire ; il ne voulait pas aussi tromper le curé, ni lui faire croire les choses autrement qu'elles étaient ; c'est pourquoi, pour ne tomber ni en l'un ni en l'autre de ces inconvénients, sa prudence lui suggéra un moyen, qui fut de faire la réponse suivante au curé : « Je ne connais pas assez, Monsieur, l'ecclésiastique duquel vous m'écrivez, pour vous en pouvoir rendre aucun témoignage, quoiqu'il ait demeuré assez longtemps parmi nous. » Un prêtre ancien de la Compagnie était présent lorsque M. Vincent dictait cette réponse ; et comme il n'en pénétrait pas le secret, il l'interrompit pour lui dire que ce curé aurait sujet de s'étonner s'il lui mandait qu'il ne connaissait pas assez un prêtre qui avait demeuré un temps notable dans sa Compagnie et sous sa conduite. A quoi il repartit : « Je vois bien cela ; mais puis-je mieux faire que Notre-Seigneur, qui dit des réprouvés qui ont prophétisé en son nom qu'il ne les connaît pas ? ce qui s'entend d'une connaissance d'approbation. Trouvez donc bon que je suive son exemple et sa façon de parler. »

Comme il n'avait point d'autre vue en la distribution des bénéfices, pendant le temps qu'il fut employé dans les conseils de Sa Majesté, sinon de procurer le plus grand bien de l'Eglise, il n'usait point aussi d'autres artifices pour les faire donner à ceux qu'il en jugeait les plus dignes, que de représenter leur vertu et leur mérite, avec les avantages qui en arriveraient au service de Dieu et au bien du public, sans jamais diminuer la bonne opinion qu'on pouvait avoir des autres prétendants, pour ne leur faire aucun tort. En quoi il était obligé d'user d'une très-grande prudence et circonspection en ses paroles, pour soutenir l'intérêt de l'Église, et ne blesser ni la vérité ni la charité.

Mais surtout il faisait paraître une merveilleuse prudence quand il était obligé d'avertir ou de reprendre quelqu'un, en telle sorte qu'il n'en fût point contristé ni aigri, et qu'il fît un bon usage de l'avertissement ou de la correction qui lui était faite. Voici comme il se comporta sur ce sujet en quelques rencontres, d'où l'on pourra juger des autres.

Ayant un jour appris de bonne part qu'un ecclésiastique savant et grand prédicateur, qui le venait souvent voir pour quelque dessein, n'avait pas de bons sentiments de la foi; et en ayant d'ailleurs quelque conjecture plus que probable, il usa d'une adresse non moins prudente que charitable dans la correction fraternelle qu'il lui fit, en la manière suivante, selon le récit qu'il en a lui-même rédigé sous un nom emprunté :

« Considérant devant Dieu, dit-il, ce que je devais faire en cette rencontre, je pensai que, selon la règle de l'Évangile, je devais dire la chose à Damasus en secret, et par manière de parabole. Traitant donc un jour familièrement avec lui, je lui dis : Monsieur, comme vous êtes un grand prédicateur, j'ai un conseil à vous demander touchant une chose qui nous arrive à nous autres missionnaires, quand nous allons travailler à la campagne, où nous trouvons quelquefois des personnes qui ne croient pas aux vérités de notre religion; et nous sommes en peine de quelle façon nous devons agir pour les leur persuader; c'est pourquoi je vous prie de me dire ce que vous jugez que nous puissions faire en ces rencontres pour les porter à croire les choses de la foi. A quoi Damasus me répondit avec quelque émotion : Pourquoi me demandez-vous cela? Je lui répliquai : C'est, Monsieur, que les pauvres s'adressent aux riches pour quelque assistance et charité; et comme nous sommes de pauvres ignorants, nous ne savons pas de quelle façon faut traiter les choses divines, et nous nous adressons à vous pour vous prier de nous instruire sur cela. Damasus, s'étant remis tout aussitôt, me répondit qu'il voudrait enseigner les vérités chrétiennes, premièrement par la sainte Écriture; secondement, par les Pères; troisièmement, par quelque raisonnement; quatrièmement, par le commun consentement des peuples catholiques des siècles passés; cinquièmement, par tant de martyrs qui avaient répandu leur sang pour la confession de ces mêmes vérités; sixièmement, par tous les miracles que Dieu avait faits en leur confirmation. Après qu'il eut achevé, je lui dis que cela était fort bien, et je le priai de mettre toutes ces choses par écrit tout simplement et sans façon, et de me les envoyer; ce qu'il fit deux ou trois jours après, me les ayant apportées lui-même; de quoi je le remerciai, lui disant : Je vous suis bien obligé, et je reçois une joie particulière de vous voir dans ces bons sentiments, et de les apprendre de vous-même; car outre le profit que j'en tirerai pour mon usage particulier, cela me servira même pour votre justification. Vous aurez peut-être peine de croire ce que je vais vous dire, qui est néanmoins très-véritable; c'est qu'il y a des personnes qui sont persuadées, et qui disent que vous n'avez point de bons sentiments touchant les choses de la foi : voyez donc, Monsieur, d'achever ce que vous avez si bien commencé; et après avoir si dignement soutenu votre foi par votre écrit, donnez-vous à Dieu pour vivre, d'une manière non-seulement éloignée de l'apparence de ce qu'on dit de vous, mais aussi qui puisse être à édification au public. Je lui ajoutai que, d'autant plus qu'une personne était de grande condition, comme lui, elle était aussi plus obligée de s'adonner à la vertu; que c'était pour cette raison que ceux qui ont écrit la vie de saint Charles Borromée disaient que la vertu était d'autant plus vertu qu'elle se trouvait dans une personne de plus grande qualité; et qu'il en était comme d'une pierre précieuse, laquelle avait un éclat plus brillant étant enchâssée dans quelque bague d'or, que si cette bague n'était que de plomb. Ce que Damasus ayant approuvé, et témoigné que dorénavant il voulait en user de la sorte, il se retira, et me laissa fort satisfait de le voir dans une si bonne résolution. »

Etant un jour en la compagnie de plusieurs personnes de grande condition, il arriva qu'un d'entre eux, par une vicieuse habitude qu'il avait contractée depuis longtemps, s'échappa de dire « que le diable l'emportât, » et quelques autres semblables imprécations : ce que M. Vincent ayant entendu, il s'approcha aussitôt de lui, et l'embrassant de bonne grâce, lui dit en souriant : « Et moi, Monsieur, je vous retiens pour Dieu. » Ce qui édifia beaucoup toute la compagnie, et servit d'une correction douce et efficace à celui qui se laissait emporter à proférer ces paroles; en sorte que, confessant qu'il avait tort, il promit de s'abstenir de semblables façons de parler.

Un vertueux ecclésiastique a témoigné qu'il lui vit faire un jour une semblable action, quoiqu'en un sujet fort différent, à l'égard d'un grand prélat qu'il rencontra dans la rue, auquel, après quelque civilité, il dit fort gracieusement : « Monseigneur, je vous prie de vous ressouvenir de la bague. » A quoi ce prélat répondit en riant : « Ah! Monsieur, vous m'y prenez. » Cet ecclésiastique, qui était présent, lui ayant demandé l'explication de cette bague, il lui dit « que ce bon prélat, qui lui témoignait beaucoup d'amitié, lui avait plusieurs fois protesté que jamais il ne changerait son épouse, c'est-à-dire son église, pour une autre, quelque belle et riche qu'elle pût être; » lui montrant à cet effet la bague qu'il portait à la main droite, et ajoutant ces paroles du Psalmiste : *Oblivioni detur dextera mea, si non meminero tui;* et il est à remarquer que pour lors l'on parlait d'un riche archevêché pour ce même prélat. Il se trouve dans le cours de la vie de M. Vincent un nombre presque innombrable d'autres actions semblables à celle-ci, lesquelles, bien qu'il les fît comme en riant, partaient néanmoins d'une très-grande prudence, et produisaient ordinairement de très-bons effets.

C'était encore un effet de sa prudence d'user d'une telle circonspection en ses paroles, qu'il ne contristait jamais personne, et ne renvoyait jamais aucun mécontent d'auprès de lui. « Pour mon particulier, dit le supérieur d'une de ses maisons, je n'ai jamais eu l'honneur de l'approcher, que je n'en aie retiré toute la satisfaction que je pouvais prétendre, soit qu'il m'accordât ou qu'il me refusât ce que je lui demandais; et même la veille du jour que je partis de Paris pour aller où il m'envoyait, je demeurai avec lui assez longtemps, pendant lequel plusieurs personnes vinrent lui parler, et j'admirai, comme j'avais toujours fait, de quelle manière il renvoyait un chacun content. On lui vint demander deux choses entre plusieurs autres : la première fut la délivrance d'un criminel qui avait fait un meurtre sur le grand chemin de Saint-Denis dans le détroit de la juridiction de Saint-Lazare. Il reçut fort cordialement un ecclésiastique qui lui en vint parler, et lui témoigna toute la bienveillance possible; mais comme la chose ne dépendait pas absolument de lui, il lui fit connaître quelle était la conduite de Dieu dans les effets de sa justice, aussi bien que dans ceux de sa miséricorde, et qu'il fallait respecter les uns aussi bien que les autres; il lui parla ensuite des circonstances du meurtre qui avait été commis, et de la justice des châtiments que Dieu avait établis pour de semblables crimes; ce qu'il fit avec tant de grâce, que cet honnête ecclésiastique se retira content, n'ayant rien à répliquer à ce qu'il venait d'entendre. La seconde chose fut qu'un séculier vint lui demander de l'argent à emprunter; sur quoi M. Vincent lui fit mille excuses de ce que la maison n'était pas en état d'en pouvoir prêter, et qu'il était bien marri de ne pouvoir le servir en cette occasion, et lui parla enfin avec tant de douceur et de prudence, que son refus n'eut aucun mauvais effet dans l'esprit de ce séculier, lequel se retira fort content. »

Dans le voyage qu'il fit en l'année 1649 il visita plusieurs de ses maisons, et entre les autres un séminaire qui avait été établi dans une ville épiscopale dont le siége était vacant : il est vrai qu'il y avait un évêque nouvellement nommé qui n'avait pas encore ses bulles, auquel M. Vincent avait été contraire en sa promotion à cet évêché, de quoi ce prélat avait fait de grandes plaintes. Or s'étant trouvé en cette ville-là, contre l'attente de M. Vincent, il se mit à penser de quelle façon il se comporterait envers lui : « Car, disait-il, si je le vais saluer, vraisemblablement il en sera surpris, et peut-être ému et touché; de lui envoyer demander s'il aura ma visite agréable, je ne sais pas comment il recevra ce compliment; de n'y aller et de n'y envoyer pas, ce bon seigneur aurait raison de s'indigner contre moi, et c'est ce qu'il faut éviter. Que ferai-je donc ? » Voici ce que la prudente humilité de ce sage prêtre lui suggéra dans cette rencontre. Il envoya vers ce prélat le supérieur de la maison avec un autre prêtre, pour lui dire qu'il venait d'arriver en son diocèse, qu'il n'osait y faire aucun séjour sans sa permission, et qu'il le suppliait très-humblement d'agréer qu'il demeurât sept ou huit jours chez les prêtres de la Mission. Cet humble compliment fut fort bien reçu de ce prélat, et il en eut une telle satisfaction, qu'il lui manda qu'il consentait très-volontiers qu'il y demeurât autant de temps qu'il voudrait, et que s'il n'eût eu une maison en cette ville-là il lui eût offert la sienne. M. Vincent voulut prendre sujet d'une réponse si obligeante d'aller remercier ce prélat, et lui rendre ses respects, pour tâcher de l'adoucir entièrement ; mais il ne lui en donna pas le loisir, étant parti le même jour inopinément pour s'en aller en quelque autre lieu.

Or M. Vincent tenait cette grande maxime en toutes ses délibérations, conseils et résolutions, de consulter toujours et avant toute autre chose l'oracle de la divine vérité, c'est-à-dire de voir et considérer ce que Notre-Seigneur avait dit et avait fait qui eût quelque rapport à la chose dont il était question, pour se conformer à ses exemples et se soumettre à ses enseignements ; c'était comme la fontaine d'où il puisait tous les plus sages conseils qu'il donnait aux autres, et toutes les plus saintes résolutions qu'il prenait pour lui-même : après quoi il ne faut pas s'étonner s'il agissait avec une si grande prudence, et s'il réussissait avec tant de bénédiction, puisqu'il allait à la source de la sagesse même, qui est la parole divine incarnée, et que l'on pouvait bien dire que, selon le souhait du sage, cette divine sagesse l'assistait, le conduisait, et opérait avec lui en toutes ses entreprises. A ce propos, demandant un jour avis à un de ses prêtres sur un doute où il se trouva, et ce prêtre lui ayant dit qu'il fallait faire la chose, à cause des suites fâcheuses qui lui arriveraient s'il ne la faisait pas ; M. Vincent le reprit, lui disant qu'il ne fallait pas tant prendre garde aux suites comme à la substance de la chose et au rapport qu'elle pouvait avoir avec les paroles et les exemples de Jésus-Christ.

Dans la même vue de se conformer à ce divin exemplaire, il tenait cette autre maxime, de faire toute chose à petit bruit, sans faste et sans éclat ; choisissant les œuvres et les voies les plus humbles aussi bien que les plus charitables, pour ne pas exciter l'envie, ni la contradiction des hommes ; et quand le démon en a suscité quelques-unes, il n'a point employé d'autres armes pour les surmonter, que l'humilité, la patience, la pénitence et la prière ; ne s'étant jamais voulu défendre ni justifier pour repousser la médisance et la calomnie, ni se servir d'aucune force ni autorité temporelle pour réussir dans ses bons desseins : jugeant prudemment que par ce moyen il triompherait de cet ennemi, comme il a fait.

Enfin, M. Vincent a fait paraître la pureté et la solidité de sa prudence et de sa sagesse en ce qu'il a toujours cherché de suivre et d'accomplir en toutes choses la très-sainte volonté de Dieu, par préférence à tout le reste, et sans avoir aucun égard aux intérêts temporels, qu'il méprisait et foulait aux pieds quand il s'agissait des intérêts du service et de la gloire de Jésus-Christ. C'était le grand et l'unique principe sur lequel il fondait ses résolutions, et par lequel il exécutait fidèlement et constamment ce qu'il avait résolu ; préférant souverainement et incomparablement la volonté de Dieu et ce qui regardait sa gloire et son service à toute autre chose, sans en excepter aucune.

Pour conclusion de ce chapitre, nous rapporterons ici le témoignage qu'un très-vertueux ecclésiastique a donné par écrit touchant la prudente et sage conduite de M. Vincent, principalement dans ses réponses à ceux qui le consultaient et qui lui demandaient ses avis ; car voici l'ordre qu'il tenait, selon que cet ecclésiastique a dit l'avoir souvent remarqué :

« Premièrement, et avant toute chose, il élevait son esprit à Dieu pour implorer son assistance, conviant ordinairement ceux qui venaient lui demander conseil de faire le même ; et par une courte et fervente prière qu'il faisait avec eux, il demandait lumière et grâce pour connaître la volonté de Dieu dans les choses dont il fallait délibérer. Secondement, il écoutait fort attentivement ce qu'on lui proposait, le considérant et pesant à loisir, et, s'il le jugeait nécessaire, il en demandait de plus grands éclaircissements, pour en connaître mieux toutes les circonstances. Troisièmement, il ne précipitait jamais son avis ; et même, si le mérite de la chose le requérait, il demandait du temps pour y penser, exhortant de la recommander cependant à Dieu. Quatrièmement, il était bien aise qu'on prît conseil des autres, et lui-même le demandait bien volontiers, t déférait toujours, autant que la justice et la charité le lui pouvaient permettre, aux avis d'autrui, qu'il suivait plus volontiers que les siens propres. Cinquièmement enfin, lorsqu'il était obligé de proposer ses sentiments, il le faisait d'une manière si judicieuse, et néanmoins si humble, qu'en faisant voir ce qu'il estimait de plus expédient, il laissait à la personne à se déterminer elle-même ; disant par cet exemple : Il y a telle et telle raison qui semble convier à prendre une telle résolution ; ou bien si on le pressait absolument de déterminer et dire son avis, il le proposait d'un même style, disant : Il me semble qu'il serait bon, ou qu'il serait plus expédient de faire une telle chose, ou de se comporter d'une telle façon. Après quoi il observait deux choses : l'une, de tenir sous le sceau du secret les affaires sur lesquelles on le consultait, sans en parler jamais, sinon avec l'agrément de la personne qui l'avait consulté, et pour quelque évidente nécessité ou utilité ; l'autre, de demeurer constant dans les résolutions qu'il avait prises : car après qu'il avait une fois connu la volonté de Dieu, il ne variait plus, mais il tenait pour maxime qu'il en fallait venir à l'exécution, et se garder du vice de l'inconstance, qui est fort opposé à la véritable prudence, et qui ruine les plus saintes et les plus solides résolutions. »

CHAPITRE XVII.

SA JUSTICE ET SA GRATITUDE.

Nous ne prenons pas ici le mot de justice au sens que les saintes Écritures l'emploient quelquefois, pour signifier la grâce qui justifie et sanctifie les âmes, ou l'état de justice et de sainteté : mais nous entendons une vertu particulière, et l'une des plus excellentes entre la morale, laquelle, comme enseigne saint Ambroise, rend à chacun ce qui lui appartient, et qui non-seulement ne s'attribue pas le bien d'autrui, mais même abandonne ses plus légitimes intérêts quand l'équité commune le requiert pour conserver ceux de son prochain [1]. Et c'est en ce sens que nous pouvons vraiment dire que M. Vincent a possédé cette vertu à un degré très-excellent, et qu'il a su la réduire parfaitement en pratique dans toutes les occasions qui se sont présentées.

[1] Justitia, quæ jus suum cuique tribuit, alienum non vindicat, utilitatem propriam negligit, ut communem æquitatem custodiat. *Ambr. de Offic., lib.* 1, *c.* 24.

Il avait souvent dans la pensée et dans la bouche cette parole de Jésus-Christ : « Rendez à Dieu ce qui appartient à Dieu, et à César ce qui appartient à César. » Et, selon cette divine règle, il a soigneusement rendu à Dieu tous les devoirs de religion auxquels il était obligé en qualité d'homme raisonnable, de chrétien, de prêtre et de missionnaire. Il a semblablement rendu à son prochain en général, et à chacun en particulier, selon son rang et sa condition, tout ce que la justice pouvait désirer de lui, sans se détourner jamais en aucune façon du droit sentier de cette vertu. Sur ce sujet, il disait souvent aux siens, particulièrement dans les consultations qu'il faisait avec eux : « Messieurs, ayons égard aux intérêts d'autrui comme aux nôtres ; allons droit, agissons loyalement et équitablement. » Et il avait une telle affection de s'acquitter des moindres obligations de la justice, qu'il croyait les devoir préférer à toutes les autres. Ce fut dans ce sentiment qu'écrivant à une personne de confiance, il lui dit : « Souvenez-vous particulièrement de prier Dieu pour moi, qui, me trouvant hier obligé en même temps d'accomplir une promesse que j'avais faite, ou d'exercer une action de charité à l'égard d'une personne qui nous peut faire beaucoup de bien ou beaucoup de mal, et ne pouvant satisfaire à l'un et à l'autre, j'ai laissé l'acte de charité pour accomplir ma promesse, dont cette personne est restée fort malcontente : mais je n'en suis pas tant fâché comme de ce que j'ai, ce me semble, trop suivi mon inclination en faisant cette action de justice. »

Il prenait un grand soin que la communauté satisfît promptement à ce qu'elle devait, et avait peine que ceux à qui l'on devait quelque chose fussent obligés de venir le demander ; et quand ces personnes s'adressaient à lui, il les priait de ne point se donner la peine de revenir, promettant de leur envoyer en leur maison l'argent qui leur était dû. L'on a vu aussi diverses fois que lorsqu'on lui apportait des lettres de change qu'il devait acquitter, il prenait un mémoire de la demeure de ceux auxquels il fallait faire le paiement ; et aussitôt que le temps était expiré, il envoyait exprès quelqu'un de la maison pour leur porter l'argent : et comme on lui représentait qu'il fallait attendre qu'ils vinssent, ou envoyassent quérir leur argent, sans se mettre en peine de le leur faire porter, il témoignait n'approuver pas un tel procédé, estimant qu'il n'était pas juste de leur donner la peine de revenir pour demander une chose qui leur était légitimement due.

Un jour le cocher, reculant son carrosse près la porte Saint-Denis, renversa quelques pains de la boutique d'un boulanger, dont un ou deux furent un peu salis de la boue; aussitôt M. Vincent se montra juste, que, craignant que ces pains en fussent peut-être moins vendus, il les fit payer au boulanger au prix qu'il voulut et les fit apporter à Saint-Lazare.

Une autre fois le même cocher reculant contre une grande porte cochère, qui était fermée par dedans avec une vieille barre de bois demi-pourrie, cette barre se rompit fort facilement. Or personne ne demeurait pour lors en cette maison, qu'un homme pour la garder, qui pouvait fermer cette porte d'une autre manière; néanmoins, M. Vincent, de son mouvement, envoya le Frère qui l'accompagnait quérir le menuisier pour faire une barre toute neuve, laquelle il paya, et elle coûta quatre fois plus que l'autre ne valait.

S'il croyait avoir contristé quelqu'un par quelque parole ou action qu'il n'estimât pas tout à fait juste, il ne manquait pas non plus de lui en faire satisfaction.

Le gouverneur d'une ville considérable le pria un jour de lui rendre un bon office à la cour, et l'assura qu'il soutiendrait les missionnaires de la même ville contre plusieurs personnes puissantes qui s'opposaient à leur établissement et qui faisaient contre eux leurs efforts au parlement. M. Vincent lui fit réponse que s'il pouvait le servir, il le ferait; mais qu'il le suppliait de laisser l'affaire des prêtres de la Mission entre les mains de Dieu et de la justice pour en juger; ne désirant point être en aucun lieu par la faveur ni par l'autorité des hommes.

Dans les procès un peu considérables que sa Compagnie était obligée d'avoir, il allait ou envoyait quelquefois voir les juges, non tant pour leur recommander la cause de sa Compagnie que pour les prier de n'avoir égard qu'à la justice. Et l'on pouvait bien dire de lui, qu'il était le solliciteur de la justice, et non pas de ses intérêts. Il n'était ni pour ni contre personne; mais il sollicitait également pour le demandeur et pour le défendeur; parce qu'il ne demandait autre chose sinon qu'il fût rendu à chacun ce qui se trouverait lui appartenir; il avait même peine de s'en mêler. Et comme un jour un Frère de la maison de Saint-Lazare qui en faisait les affaires lui représenta, au sujet d'un procès qui était prêt à juger, qu'il était à propos qu'il allât voir ses juges pour leur recommander le droit de la Compagnie, il témoigna répugnance à cela, disant qu'il fallait laisser faire la providence de Dieu et la justice, et qu'il ne croyait pas que les recommandations fissent beaucoup, surtout à l'égard de certaines personnes, et que lui-même, lorsqu'il était employé à pourvoir aux bénéfices, n'avait aucun égard aux recommandations qu'on lui faisait, mais qu'il regardait si la chose demandée était juste et à la plus grande gloire de Dieu, et qu'en cette vue il l'appuyait sans s'arrêter aux sollicitations.

Une autre fois il dit au même Frère qu'il fallait avoir pour maxime, lorsque l'on consultait une affaire, d'alléguer toujours tout ce qui faisait pour la partie adverse, sans en rien omettre, de même que si elle était présente pour déduire ses raisons et se défendre, et que c'était ainsi qu'il fallait faire en matière de consultation.

Les missionnaires qui ont quelque bien dans les provinces où ils sont établis ont beaucoup à souffrir de la part des fermiers et autres personnes qui leur doivent, lesquels, sachant qu'ils ne sont pas pour les maltraiter, abusent de leur patience, et étant faits à la chicane du pays, ne se soucient pas beaucoup de plaider devant leurs juges naturels. Pour cela les supérieurs de quelques maisons de la Congrégation ont souvent importuné M. Vincent de leur obtenir un *committimus*, afin d'intimider ces personnes qui ne veulent se réduire à la raison; mais cet homme de Dieu les a ordinairement divertis de cette pensée, leur disant qu'ils fissent comme ils pourraient. Il avait même peine que la maison de Saint-Lazare, qui a ses causes commises aux requêtes de l'Hôtel et aux requêtes du Palais à Paris, fît assigner ceux qui étaient éloignés, particulièrement s'ils étaient pauvres, à cause que cela leur coûterait davantage de venir plaider à Paris. « Cela est-il juste, disait-il, de faire venir ces pauvres gens-là plaider si loin? »

Etant le chef de la seigneurie de Saint-Lazare, où il y a justice haute, moyenne et basse, il donnait les offices *gratis*. Et pour cela il choisissait des hommes capables et gens de bien qui n'y pensaient pas, les préférant à d'autres qui briguaient ces charges et qui étaient puissamment recommandés : aussi a-t-il laissé cette justice très-bien administrée à la gloire de Dieu, et au contentement et satisfaction des justiciables.

Nous joindrons ici la vertu de gratitude à celle de justice, puisque, selon la doctrine de saint Thomas, elle lui est particulièrement annexée, et que ce serait manquer à l'un des plus justes devoirs du chrétien que de se rendre ingrat ou méconnaissant des bienfaits reçus, soit à l'égard de Dieu, qui est la première et principale source; soit à l'égard du prochain, dont la divine bonté se sert quelquefois comme d'un canal pour faire découler sur nous diverses sortes de biens. Or, M. Vincent était autant éloigné de ce vice que son cœur se sentait porté par son inclination naturelle, et encore plus par le mouvement de la grâce, à la vertu de gratitude et de reconnaissance, tant envers Dieu, qu'envers le prochain,

Il disait sur ce sujet qu'il n'y avait rien qui eût tant d'efficace pour gagner le cœur de Dieu que de lui offrir un cœur reconnaissant de ses dons et de ses bienfaits ; et dans ce sentiment, il avait coutume de remercier Dieu souvent de tous les biens que sa bonté infinie communique incessamment à toutes sortes de créatures, et qu'il a communiqués dès le commencement du monde, comme aussi de toutes les bonnes œuvres et actions de vertu qui ont été pratiquées par le mouvement de sa grâce, et il conviait les autres à faire le même. Et descendant plus au particulier, il invitait souvent les siens à rendre à Dieu de très-fréquentes actions de grâces pour la protection et pour le progrès que Dieu donnait à son Église et aux principales parties dont elle est composée, surtout aux prélats, pasteurs et autres ouvriers ecclésiastiques qui travaillent pour sa conservation et son avancement. Il avait aussi grand soin de remercier Dieu de tous les fruits que faisaient dans l'Eglise les compagnies et congrégations bien réglées. Et pour ce qui regardait la sienne, on ne saurait assez expliquer avec quels sentiments de reconnaissance il remerciait la divine bonté pour toutes les bénédictions qu'elle versait sur chacune des fonctions auxquelles les siens s'appliquent, comme sur les missions, les exercices des ordinands, les retraites, les conférences, les séminaires, et autres services qu'ils rendent à l'Eglise. Il remerciait encore souvent la divine bonté pour les assistances qu'on rendait aux pauvres, pour la promotion des bons ecclésiastiques aux charges et dignités de l'Eglise, pour les heureux succès que Dieu donnait aux bons desseins du roi, pour les victoires remportées, soit par Sa Majesté, soit par les autres princes et Etats chrétiens sur les infidèles, hérétiques et schismatiques, et généralement pour tous les événements avantageux à la gloire de Dieu et au bien de la religion catholique. C'étaient là les plus ordinaires sujets de ses reconnaissances envers Dieu, lesquelles lui semblant trop chétives, il invitait toutes les personnes de piété et les communautés entières, et principalement la sienne, d'en louer et glorifier Dieu avec lui, et d'offrir leurs sacrifices et prières à cette intention.

On lui a souvent ouï dire « qu'il fallait employer autant de temps à remercier Dieu de ses bienfaits comme l'on en employait pour les lui demander ; » et se plaignait avec un très-grand ressentiment de l'ingratitude extrême des hommes envers Dieu, rapportant sur ce sujet la plainte que Jésus-Christ même en a faite dans l'Évangile, lorsqu'ayant guéri dix lépreux, il n'y en eut qu'un qui se rendit reconnaissant de ce bienfait : et pour cela il exhortait incessamment les siens à la pratique de cette vertu de gratitude et reconnaissance, dont le défaut, comme il disait, nous rend indignes de recevoir aucune faveur de Dieu et des hommes.

On ne sait pas de quelle grâce particulière à son égard il remerciait Dieu, parce qu'il n'en parlait jamais, son humilité lui faisant tenir les dons qu'il recevait de Dieu sous le sceau du silence ; mais il avait cette coutume, tous les ans, au jour de son baptême, de prier ceux de sa communauté de lui aider à remercier Dieu de ce qu'il y avait tant d'années que sa bonté le supportait sur la terre : nous pouvons juger de la reconnaissance qu'il avait pour les hommes, qui était inconcevable, quelle pouvait être celle qu'il avait pour Dieu ; et cela d'autant plus que, recevant les bienfaits des hommes comme lui étant départis de la main libérale de Dieu, son intention était de lui rapporter les remerciements qu'il rendait aux hommes.

Pour ce qui est de sa gratitude envers les hommes, elle était si grande, qu'il en rendait des témoignages particuliers, non-seulement pour les bienfaits signalés et les services considérables qu'il recevait, mais même pour les moindres choses que l'on faisait pour lui ; ce qui provenait de sa profonde humilité, qui lui faisait croire que rien ne lui était dû, et que chacun lui faisait plus d'honneur et de grâce qu'il ne méritait, en sorte qu'il trouvait sujet de remerciement en des choses où les personnes les plus reconnaissantes n'en eussent pu apercevoir. Dans cet esprit de gratitude il disait à ceux qui l'approchaient, quoique ce ne fût que par manière de visite, ou pour lui rendre le moindre devoir, aux uns : « Je vous remercie de ce que vous ne méprisez point la vieillesse ; » à d'autres : « de ce que vous supportez un misérable pécheur ; » à quelque autre : « de ce que vous m'avez enseigné une chose que je ne savais pas ; » ou bien : « de la patience que vous avez exercée à m'entendre ; » ou : « de me souffrir en votre présence ; » ou : « de la charité que Dieu vous donne pour moi, etc. » Et il faisait ces remerciements jusqu'aux moindres des Frères, et même à celui qui était plus ordinairement auprès de sa personne dans ses maladies, le remerciant des plus petits services, comme de lui allumer une lampe, lui apporter un livre, ouvrir ou fermer une porte, etc., témoignant faire état des moindres choses, et de les recevoir avec esprit de reconnaissance, ce qui faisait qu'un chacun prenait plaisir à lui rendre quelque sorte de service.

Il en usait de même dans les voyages pour les moindres assistances qu'on lui rendait, comme de lui aider à monter à cheval, ou autres semblables, dont il faisait plusieurs remerciements avec grande cordialité et d'une manière fort gracieuse, même aux enfants, ajoutant souvent aux paroles quelque rétribution ; et il était si exact en cette reconnaissance, que si celui qui l'accompagnait dans ses voyages ne remerciait pas assez, ou le faisait froidement, il l'en avertissait comme d'une faute.

Ce vénérable prêtre, qui en toutes choses imitait Notre-Seigneur, l'a imité particulièrement en ceci, de tenir fait à sa personne ce qui était fait au moindre des siens ; et pour cela il remerciait et récompensait ceux qui rendaient quelque bon office au Frère qui avait le bonheur de l'accompagner, comme de ceux qui étaient faits à lui-même.

Nous avons dit ailleurs que M. Vincent faisant voyage tomba dans l'eau auprès de Durtal, en allant du Mans à Angers, et qu'un prêtre de sa Congrégation, qui pour lors se rencontra avec lui, se jeta aussitôt dans l'eau pour l'en retirer. Or il arriva depuis que ce prêtre s'étant beaucoup relâché de sa première ferveur, et n'étant plus guère à bon exemple, quitta enfin la Mission pour s'en aller en son pays, contre l'avis de M. Vincent, qui lui avait dit que ce dessein était une tentation du diable, pour lui faire perdre sa vocation : comme en effet Dieu lui retira tout à fait l'esprit qu'il avait eu au commencement, et l'abandonna au sien propre ; de sorte que, bien loin d'exécuter les beaux projets qu'il avait faits, il se trouva saisi d'ennuis, environné de difficultés et pressé des ennemis de son salut.

Au bout d'un an ou environ, qu'il fut en cet état, il ouvrit les yeux pour connaître son malheur spirituel, quoique d'ailleurs il fût assez à son aise pour le temporel ; il commença à reconnaître que M. Vincent avait eu raison de le détourner de ce voyage, et qu'il avait eu grand tort d'être sorti de la Compagnie, où Dieu l'avait appelé. Il fit comme l'enfant prodigue, se proposant de retourner à son père : il lui écrit pour cet effet lettre sur lettre, lui demande pardon de son égarement, et le prie de le recevoir en quelqu'une de ses maisons ; à quoi M. Vincent ne fit point de réponse. Ce prêtre redouble ses lettres et lui mande ouvertement qu'il est perdu s'il ne lui prête sa main secourable. M. Vincent, ne jugeant pas à propos pour le bien de sa Congrégation que cet homme y retournât, lui fit connaître que ses déportements passés ne donnaient sujet d'espérer grande satisfaction de sa conduite, et tint ferme à ne le point recevoir. Enfin ce prêtre s'avisa de gagner M. Vincent par l'endroit le plus sensible de son cœur, qui fut sa reconnaissance, sachant que c'était une de ses grandes vertus. Il vint donc frapper à cette porte avec ces paroles : « Monsieur, je vous ai une fois sauvé la vie du corps, sauvez-moi celle de l'âme. » Aussitôt ce supérieur reconnaissant, voyant sa persévérance, et espérant qu'il ferait mieux, lui écrivit qu'il s'en vînt droit à Saint-Lazare, où il serait reçu à bras ouverts. Ce prêtre ayant eu cette bonne réponse, tout joyeux d'avoir trouvé grâce dans l'esprit de M. Vincent, se disposait au départ, lorsque Dieu lui envoya une maladie de laquelle il mourut.

Après que M. Vincent fut hors de l'eau où il était tombé comme nous venons de le dire, il entra dans une maisonnette qu'il rencontra; c'était le logis d'un homme fort pauvre, auquel il témoigna autant de reconnaissance de l'avoir reçu chez lui pour y sécher ses habits comme il en aurait rendu à un gentilhomme qui l'aurait accueilli dans son château; et après ce remerciement il le paya fort bien, et au-delà de ce qu'il lui fallait : mais ce ne fut pas tout, cet homme lui ayant dit qu'il était fort incommodé d'une descente, M. Vincent lui fit espérer qu'il lui enverrait un bandage qui le soulagerait fort. Et en effet, quoiqu'il ne retournât à Paris que trois ou quatre mois après, il n'oublia pas pourtant de le faire acheter dès qu'il fut arrivé, et de l'envoyer à ce pauvre paysan, avec une lettre qu'il lui écrivit pour le remercier derechef de l'avoir reçu dans son logis; et ce qui est remarquable, n'ayant point de voie assurée pour lui faire tenir cela, il ne fit point de difficulté d'employer une dame de grande qualité, maréchale de France, à qui ce lieu-là appartenait, lui écrivant exprès pour la supplier de faire rendre ce bandage et sa lettre à cet homme incommodé, lui marquant l'endroit de sa demeure.

Il avait même de la reconnaissance pour ceux qui n'en attendaient aucune de lui : par exemple, envers les peuples qui labourent et cultivent les terres, et qui par là donnent moyen au clergé et à la noblesse de vivre selon leur condition. Voici comme il exprima un jour son sentiment à sa communauté sur ce sujet : « Dieu nous sert ici de pourvoyeur, il nous fournit tous nos besoins, et plus que nos besoins; il nous donne la suffisance et au-delà. Je ne sais si nous pensons assez à l'en remercier : nous vivons du patrimoine de Jésus-Christ, de la sueur des pauvres gens : nous devrions penser quand nous allons au réfectoire : Ai-je gagné la nourriture que je m'en vais prendre ? J'ai souvent cette pensée, qui me fait entrer en confusion : Misérable, as-tu gagné le pain que tu vas manger, ce pain et ces commodités qui te viennent du travail des peuples ? Au moins si nous ne le gagnons pas comme ils font, prions Dieu pour eux, et qu'il ne se passe jour que nous ne les offrions à Notre-Seigneur, afin qu'il lui plaise leur faire la grâce de faire un bon usage de leurs peines et de leurs souffrances, et un jour de leur donner sa gloire. »

Il était si reconnaissant, que quand il avait reçu assistance ou faveur de quelqu'un pour sa Compagnie, il ne manquait pas de le publier partout, et de l'appeler protecteur, bienfaiteur, et lui donner d'autres semblables titres obligeants ; exhortant ses enfants de le recommander à Notre-Seigneur, et lui témoignant toujours aux rencontres le souvenir de ce bienfait.

Un prêtre de la Mission étant mort en Lorraine dans une maison des Révérends Pères Jésuites, qui le firent enterrer honorablement, M. Vincent fit faire pour cela une conférence à sa communauté sur la reconnaissance, afin d'exciter ses enfants à prier Dieu pour ces bons Pères, et pour lui demander la grâce et les occasions de reconnaître ce bienfait, comme il l'a reconnu en son particulier dans toutes les manières possibles, prenant toujours le parti de cette sainte compagnie lorsqu'il s'est élevé des persécutions contre elle, tâchant d'en détourner les calomnies, et publiant les vertus qu'elle pratique et les grands biens qu'elle fait.

Il a pourvu à la nourriture d'une pauvre femme depuis vingt-cinq ou trente ans, et fait payer le louage de sa chambre proche le collége des Bons-Enfants, à cause qu'elle avait servi un ou deux pestiférés de la maison de Saint-Lazare au commencement que les missionnaires y furent établis.

S'entretenant un jour en particulier avec un prêtre de sa Congrégation, et ayant dit quelque parole de louange d'une personne pour quelque bonne action qu'elle avait faite, faisant réflexion sur cette louange qu'il venait de donner, il dit : « J'ai deux choses en moi : la reconnaissance, et que je ne me puis empêcher de louer le bien. » Il est vrai aussi qu'il avait ces deux choses bien avant dans le cœur, de l'abondance duquel sa bouche parla en cette occasion contre son ordinaire, ne parlant jamais de soi à son avantage sans une très-grande nécessité.

Il avait surtout une très-grande reconnaissance envers les fondateurs des maisons de sa Congrégation ; en sorte qu'il ne mettait point de bornes dans tous les témoignages de gratitude qu'il pouvait leur rendre. Écrivant sur ce sujet à l'un de ses prêtres : « Nous ne saurions, lui dit-il, avoir jamais assez de reconnaissance ni de gratitude pour nos fondateurs. Dieu nous a fait la grâce ces jours passés d'offrir au fondateur d'une de nos maisons le bien qu'il nous a donné, parce que je pensais qu'il en avait besoin ; et il me semble que s'il l'eût accepté, j'en aurais reçu une très-sensible consolation ; et je crois qu'en ce cas la divine bonté se rendrait elle-même notre fondatrice, et que rien ne nous manquerait. Mais quand bien même cela n'arriverait pas, quel bonheur serait-ce, Monsieur, de nous appauvrir pour accommoder celui qui nous aurait fait du bien ? Dieu nous a déjà fait la grâce d'en user une fois de la sorte, ayant effectivement rendu à un bienfaiteur ce qu'il nous avait donné ; et toutes les fois que j'y pense, j'en ai une consolation que je ne puis exprimer. »

Cette lettre était du mois de septembre de l'an 1654, et l'année suivante il en écrivit une autre à un bienfaiteur de sa Compagnie, offrant de lui rendre ce qu'il lui avait donné, parce qu'il croyait qu'il en pourrait avoir besoin. « Je vous supplie, lui dit-il, d'user du bien de notre Compagnie comme du vôtre ; nous sommes prêts de vendre tout ce que nous avons pour vous, et jusques à nos calices : en quoi nous ferons ce que les saints canons ordonnent, qui est de rendre à notre fondateur en son besoin ce qu'il nous a donné en son abondance. Et ce que je vous dis, Monsieur, n'est point par cérémonie, mais cela en la vue de Dieu, et comme je le sens au fond de mon cœur. »

M. Vincent a bien fait voir la vérité de ces paroles en plusieurs autres rencontres ; car ayant été informé de quelque besoin pressant où se trouvait un bienfaiteur de sa Compagnie, il lui fit présenter deux cents pistoles pour le secourir, lesquelles néanmoins il refusa, craignant de causer trop d'incommodité à lui et aux siens.

Une autre fois il emprunta trois cents pistoles pour les offrir à un des fondateurs de sa Compagnie qui se trouvait dans le besoin ; mais cette personne sachant bien qu'il ne pouvait faire cela sans incommoder beaucoup sa communauté, ne les voulut jamais prendre, quelque instance qu'on lui en fît.

Une personne de grande piété ayant légué par testament quelque somme d'argent à sa Congrégation pour employer en œuvres conformes à son institut, M. Vincent en ayant été averti fit assembler les officiers et quelques anciens de sa communauté, et l'un d'entre eux ayant dit qu'il croyait qu'il y aurait beaucoup de charges, et qu'il n'en viendrait rien dans la bourse du procureur de la maison, à cause que la même personne avait déjà fait quelque fondation fort onéreuse, M. Vincent entendant ces paroles ferma les yeux, et puis les ouvrit regardant vers le ciel, et dit : « Encore que la chose fût de la sorte que vous le dites (posons le cas qu'elle soit ainsi), c'est toujours beaucoup nous donner que de nous donner moyen de servir Dieu et de le faire connaître ; et partant nous ne devrions pas laisser pour cela d'en être beaucoup reconnaissants, et de prier Dieu pour lui comme pour notre bienfaiteur. Nous voyons que l'Église même a eu tant de reconnaissance envers les bienfaiteurs, qu'elle s'est relâchée pour eux, accordant aux laïques le droit de patronage, comme l'on voit en plusieurs endroits ; quoique ce droit ne devrait appartenir qu'à l'Eglise. Pourquoi en a-t-elle usé ainsi? sinon par un témoignage de gratitude envers ses bienfaiteurs?

Il avait tant de reconnaissance pour feu M. le prieur de Saint-Lazare, et pour les religieux qui avaient substitué les missionnaires en leur place dans cette maison, qu'il priait Dieu avec instance de leur appliquer, autant qu'il se pouvait, le mérite des petits travaux de sa Compagnie, et de les faire participants du fruit des bonnes œuvres qui se feraient en conséquence de leur bienfait. Il leur témoignait d'ailleurs tant de gratitude, que jamais il ne leur refusait rien de ce qu'il pouvait en conscience leur accorder. Il leur portait un grand respect, et leur rendait une singulière déférence, non par mine ni par manière de compliment, mais par un vrai sentiment de reconnaissance, dont il rendait témoignage en tous lieux, aussi bien en leur absence qu'en leur présence.

Nous n'aurions jamais fait si nous voulions rapporter tous les exemples qu'il a donnés de sa reconnaissance. Nous nous contenterons de ce que nous en avons dit, et nous finirons ce chapitre par le témoignage qu'un prêtre de sa Congrégation en a donné en ce peu de paroles : « La reconnaissance de M. Vincent envers nos bienfaiteurs était tout extraordinaire. J'ai été témoin des actes de cette vertu qu'il a pratiquée envers feu M. Le Bon, ancien prieur de Saint-Lazare. Il le nommait notre Père ; il le visitait souvent ; et lorsqu'il revenait de quelque voyage, la première chose qu'il faisait après avoir adoré le Saint-Sacrement à l'église, était d'aller saluer ce bon prieur. Je fus ravi, un jour que je m'y rencontrai, de voir les respects qu'il lui rendit, et les asurances qu'il lui donna du souvenir qu'il conservait très-chèrement tant de sa personne que de la charité qu'il avait eue pour la Congrégation de la Mission. Il l'assista à la mort avec une charité très-particulière ; et ayant fait venir toute la communauté dans sa chambre pour recevoir sa bénédiction, il la lui demanda au nom de tous, d'une manière qui me toucha sensiblement, aussi bien que toutes les autres choses qu'il fit et dit en cette occasion, qui témoignaient sa grande reconnaissance en son endroit. Je lui ai entendu dire, parlant de la vertu de gratitude, qu'il nous fallait réjouir quand la providence de Dieu nous présentait les occasions de faire quelque acte signalé de cette vertu, qui lui est si agréable, comme il l'a fait connaître par les sacrifices d'action de grâces qu'il avait établis en l'ancienne loi, et par celui de l'Eucharistie dans la loi nouvelle qui s'appelle ainsi, non-seulement parce qu'il contient l'Auteur de la grâce, mais aussi parce que Notre-Seigneur en l'instituant rendit grâces à son Père, et nous obligea de l'offrir de même en action de grâces des bienfaits innombrables que nous avons reçus, et que nous recevons continuellement de sa bonté. »

CHAPITRE XVIII.

SON PARFAIT DÉGAGEMENT DES BIENS DE CETTE VIE; ET SON AMOUR POUR LA PAUVRETÉ.

« Oh! que c'est une grande vertu, dit saint Ambroise, de mépriser les biens de la terre! Mais que cette vertu est rare, et qu'il y en a peu dans le monde qui la mettent en pratique [1]! » En effet, il y en a très-peu qui aient le courage d'arracher entièrement de leurs cœurs cette malheureuse convoitise, que l'Écriture-Sainte appelle la racine de tous maux, et qui puissent véritablement dire avec le saint Apôtre : Voilà, Seigneur, que nous avons tout quitté pour vous suivre, et pour vous servir. Heureux vraiment celui-là lequel, comme dit le Sage, n'a point permis à son cœur de courir après l'or ni après l'argent, et qui n'a point mis ses espérances dans les trésors de la terre : où est-ce que nous le verrons, pour lui donner les louanges qu'il a méritées, parce qu'il a fait des merveilles en sa vie [2] ?

Il ne serait pas nécessaire d'employer ici un plus long discours pour faire remarquer cette vertueuse disposition en la personne de M. Vincent, puisque l'histoire de sa vie et le récit de ses grandes et saintes actions en fournissent des preuves très-évidentes. Non, il ne faut pas s'étonner s'il a possédé les vertus en un si éminent degré, puisqu'il a si généreusement méprisé les richesses [3].

Nous ne répéterons pas ici ce qui a été dit, au premier livre, de la manière que ce véritable amateur de la pauvreté de Jésus-Christ s'est comporté dans toutes les occasions où il s'agissait de son intérêt et de celui de sa Compagnie : soit lorsqu'il fut question de la fondation de monsieur le général des galères et de madame sa femme, qu'il fit

[1] Quàm magnum est contemnere divitias! sed quàm rarum hoc ipsum est! *Ambros. serm. 8 in Psal.* 118.

[2] Beatus vir qui post aurum non abiit nec speravit in pecuniâ et thesauris. Quis est hic, et laudabimus eum? fecit enim mirabilia in vitâ suâ.

[3] Ne mireris possessorem virtutum : anteà se professus est abrenuntiatorem divitiarum. *Ambros. serm.* 26, *de verbis Apost.*

premièrement offrir à diverses communautés, et qu'il n'accepta enfin que quand il vit qu'il ne la pouvait refuser sans manquer à ce que Dieu voulait de lui ; soit lorsqu'on lui voulut donner la maison et le prieuré de Saint-Lazare, qu'il refusa absolument, et persista un an entier en ce refus, nonobstant les pressantes instances que lui en faisait monsieur le prieur, qui fut plus de trente fois le trouver au collége des Bons-Enfants pour ce sujet, sans pouvoir rien gagner sur son esprit, sinon lorsque, par l'avis de personnes sages et vertueuses, il fut convaincu que Dieu voulait qu'il rendît service en ce lieu-là.

Certainement ces deux actions seules suffiraient pour faire connaître combien son cœur était dégagé de l'affection des richesses et des biens de la terre, et combien grand était son amour pour la pauvreté : mais outre cela, il l'a encore fait voir en une infinité d'autres rencontres ; et l'on peut dire sans exagération que jamais avaricieux n'a recherché avec tant d'ardeur les occasions de s'enrichir que M. Vincent a fait celles de pratiquer et d'embrasser la pauvreté, ayant toujours témoigné, soit dans ses paroles, soit par ses actions, le grand amour qu'il avait pour cette vertu.

On lui a ouï dire sur ce sujet qu'encore qu'il eût eu raison de prendre quelque soin de son établissement particulier avant que Dieu l'eût appelé à la Mission, il ressentait néanmoins je ne sais quel mouvement secret dans son cœur, qui le portait au désir de n'avoir rien en propre, et de vivre en communauté ; et aussitôt qu'il a commencé à vivre de la sorte, il a commencé aussi à mettre en pratique l'amour qu'il avait pour la pauvreté en toutes les manières qu'il s'est pu aviser.

Et premièrement, il n'a jamais voulu avoir pour lui de chambre où il y eût une cheminée, quelque incommodité qu'il ressentît, même dans son âge plus avancé, sinon quatre ou cinq ans avant sa mort, que toute sa communauté, voyant ses continuelles et fâcheuses infirmités, l'y contraignit en quelque façon par les prières et instances qu'elle lui en fit : de sorte que jusqu'à l'âge de quatre-vingts ans il n'a point voulu avoir d'autre retraite que dans une petite chambre, sans lambris, sans natte, et sans autres meubles qu'une simple table de bois sans tapis, avec deux chaises de paille, et une chétive couchette qui n'était garnie que d'une paillasse, avec une couverture et un traversin. Et comme un jour qu'il avait la fièvre on y eut mis un petit pavillon, il l'ôta lui-même depuis, et ne voulut point le souffrir ; et non content de cela, il fit encore ôter de sa chambre quelques images qu'un des Frères de la maison y avait mises en divers temps, et n'en voulut retenir qu'une seule, disant que c'était contre la pauvreté d'en avoir plusieurs. Lorsqu'on faisait la visite des chambres, il voulait qu'on visitât la sienne, aussi bien que les autres, pour en ôter tout ce qui serait superflu. De plus, quelqu'un ayant mis une petite pièce d'une vieille tapisserie à la porte de la chambre basse, où il demeurait pendant le jour pour y recevoir les personnes de dehors, et cela à cause d'un vent fort froid qui entrait par cette porte, aussitôt néanmoins qu'il s'en fut aperçu, il la fit ôter.

Il allait prendre ordinairement sa réfection dans ce même esprit de pauvreté, disant souvent en lui-même : « Ah ! misérable ! tu n'as pas gagné le pain que tu manges. » Et quand il pouvait attraper des morceaux restés aux autres, il les prenait pour les manger et pour en faire son repas.

On a remarqué, sur le sujet de cet amour qu'il avait pour la pauvreté, qu'il aimait à être nourri et vêtu pauvrement, et qu'il était ravi quand quelque chose lui manquait, soit pour le vivre ou pour le vêtement, et les autres commodités nécessaires ; pour cela il portait ordinairement ses soutanes fort usées, et même rapiécées, et ses habits de dessus fort pauvres, et quelquefois tout rompus. Un seigneur de marque, qui le visita un jour, lui voyant une soutane tout usée avec des pièces aux manches, en fut si touché, qu'étant sorti d'avec lui, et se trouvant dans une bonne compagnie, il dit que la pauvreté et la propreté de M. Vincent l'avaient grandement édifié.

Lorsqu'il allait au Louvre pour parler à la reine, ou pour assister au conseil, c'était toujours avec ses habits ordinaires, pauvres et grossiers, sans jamais en vouloir prendre d'autres. Et un jour M. le cardinal Mazarin, le prenant par sa ceinture qui était toute déchirée, le fit considérer à toute la compagnie, et dit en riant : Voyez comme M. Vincent vient habillé à la cour, et la belle ceinture qu'il porte. »

Si quelqu'un de la maison lui représentait que son collet était tout déchiré, et qu'il en devait prendre un autre, ou bien que son chapeau était trop vieux, il tournait cela en raillerie, disant : « O mon Frère, c'est tout ce que le roi peut faire que d'avoir un collet qui ne soit pas rompu, et de porter un chapeau neuf. »

Quand il avait besoin de se chauffer en hiver, il ne voulait point qu'on mît sinon fort peu de bois au feu, craignant de faire le moindre dégât du bien de la maison, disant que c'était le bien de Dieu et le bien des pauvres, dont nous n'étions que dispensateurs, et non pas seigneurs, et dont par conséquent il faudrait rendre un compte exact devant Dieu, aussi bien que de tout le reste ; qu'il fallait employer le nécessaire, et jamais au-delà.

Il s'est trouvé plusieurs fois à la campagne sans argent; et pressé du besoin de manger, il était ravi d'aller chez quelque pauvre laboureur demander un morceau de pain pour l'amour de Dieu ; ce qui lui est arrivé particulièrement revenant un jour fort tard à jeun de Saint-Germain à Paris.

L'amour qu'il avait pour la pauvreté lui faisait pratiquer cette vertu, même jusqu'aux ornements de l'église de Saint-Lazare, dans lesquels il voulait que la sainte pauvreté parût, les ayant fait faire de simple camelot, tant pour l'usage ordinaire des prêtres de sa communauté que pour la décoration des autels, à la réserve des fêtes solennelles. Il eut même bien de la peine de ce que les menuisiers de la maison avaient fait un petit balustre pour séparer une chapelle de l'église de Saint-Lazare d'avec la nef, parce qu'il y avait trop d'enjolivements ; et pour ce sujet il empêcha durant plusieurs années qu'on posât ce balustre en son lieu, et ne le permit enfin que pour la pure nécessité.

Cela n'empêchait pas néanmoins qu'il ne fût libéral, et en quelque façon saintement prodigue, lorsqu'il s'agissait de faire quelque chose pour la gloire de Dieu et le salut des âmes : car alors il n'épargnait rien, et l'argent lui était comme du fumier, et même il ne faisait aucune difficulté de s'endetter notablement, quand il était nécessaire pour les intérêts du service de Dieu, ou pour le bien spirituel du prochain.

Or comme son cœur était rempli de l'amour de cette vertu de pauvreté, dont il connaissait la valeur et l'excellence, il tâchait aussi d'y porter les siens, et d'inspirer ce même esprit dans toute sa Compagnie. Sur quoi parlant un jour à ceux de sa communauté, il leur dit : « Vous devez savoir, Messieurs, que cette vertu de pauvreté est le fondement de cette Congrégation de la Mission : cette langue qui vous parle n'a jamais, par la grâce de Dieu, demandé aucune chose de toutes celles que la Compagnie possède maintenant; et quand il ne tiendrait qu'à faire un pas, ou à prononcer une seule parole, pour faire que la même Compagnie s'établît dans les provinces et dans les grandes villes, et se multipliât en nombre et en emplois considérables, je ne la voudrais pas prononcer, et j'espère que Notre-Seigneur me ferait la grâce de ne la point dire. C'est la disposition en laquelle je suis, et de laisser faire la providence de Dieu. »

Témoignant une fois la crainte qu'il avait que l'affection de la pauvreté ne vînt quelque jour à se ralentir parmi les siens, il leur dit : « Hélas! que deviendra cette Compagnie si l'attache aux biens du monde s'y met? que deviendra-t-elle, si elle donne l'entrée à cette convoitise des biens, que l'Apôtre dit être la racine de tous maux? Quelques grands saints ont dit que la pauvreté était le nœud des religions : nous ne sommes pas à la vérité religieux, n'ayant pas été trouvé expédient que nous le fussions, et nous ne sommes pas aussi dignes de l'être, bien que nous vivions en commun; mais il n'est pas moins véritable, et nous le pouvons dire aussi, que la pauvreté est le nœud des communautés, et particulièrement de la nôtre : c'est le nœud qui, la déliant de toutes les choses de la terre, l'attache parfaitement à Dieu. O Sauveur! donnez-nous cette vertu qui nous attache inséparablement à votre service, en sorte que nous ne veuillons et ne cherchions plus désormais que vous seul et votre pure gloire. »

Et une autre fois, pressé intérieurement de ce grand amour qu'il avait pour la pauvreté, et du désir de transmettre ce même esprit dans sa Congrégation, il invectiva fort contre l'esprit contraire, jusqu'à donner sa malédiction par trois fois à ceux de sa Compagnie qui se laisseraient aller aux sentiments du propre intérêt et au désir d'amasser des biens, leur disant : « Malheur, malheur, Messieurs et mes Frères, oui, malheur au missionnaire qui voudra s'attacher aux biens périssables de cette vie : car il y sera pris, il demeurera piqué de ces épines et arrêté dans ces liens; et si ce malheur arrivait à la Compagnie, qu'est-ce qu'on y dirait après cela, et comment est-ce qu'on y vivrait? L'on dirait : Nous avons tant de mille livres de revenu, il nous faut demeurer en repos. Pourquoi aller courir par des villages? pourquoi tant travailler? laissons là les pauvres gens des champs, que leurs curés en aient soin si bon leur semble; vivons doucement sans nous mettre tant en peine. Voilà comment l'oisiveté suivra l'esprit d'avarice, on ne s'occupera plus qu'à conserver et augmenter ses biens temporels, et à chercher ses propres satisfactions; et alors on pourra dire adieu à tous les exercices de la Mission, et à la Mission même, car il n'y en aura plus. Il ne faut que lire les histoires, et on trouvera une infinité d'exemples qui feront voir que les richesses et l'abondance des biens temporels ont causé la perte, non-seulement de plusieurs personnes ecclésiastiques, mais aussi des communautés et des ordres entiers, pour n'avoir pas été fidèles à leur premier esprit de pauvreté. »

L'un de ses prêtres lui représentant un jour la pauvreté de sa maison, il lui demanda : « Que faites-vous, Monsieur, quand vous manquez ainsi de ce qui est nécessaire pour la communauté? Avez-vous recours à Dieu? — Oui quelquefois, répondit le prêtre. — Hé bien, lui répliqua-t-il, voilà la pauvreté, elle nous fait penser à Dieu, et élever notre cœur vers lui : au lieu que si nous étions accommodés, nous oublierions peut-être Dieu. Et c'est pour cela que j'ai une grande joie de ce que la pauvreté volontaire et réelle est en pratique en toutes nos maisons. Il y a une grâce cachée sous cette pauvreté que nous ne connaissons pas. — Mais, lui repart ce prêtre, vous procurez du bien aux autres, et vous laissez là les vôtres? — Je prie Dieu, lui dit M. Vincent, qu'il vous pardonne ces paroles : je vois bien que vous les avez dites tout simplement; mais sachez que nous ne serons jamais plus riches que lorsque nous serons semblables à Jésus-Christ. »

Un prêtre missionnaire ayant accepté quelque bien, qui avait été donné à la Congrégation de la Mission par un ecclésiastique de singulière piété, pour faire un nouvel établissement, M. Vincent lui écrivit en ces termes : « Ces bienfaits sont des grâces d'autant plus grandes qu'elles étaient moins attendues, et que nous les avons moins méritées. Vous avez fait selon le bon plaisir de Dieu et selon notre maxime, d'avoir laissé agir la providence de Dieu sans y contribuer aucune autre chose que votre seul acquiescement : voilà comme toutes nos maisons se sont établies, et ce que la Compagnie doit observer inviolablement. »

Écrivant un jour sur ce même sujet au supérieur d'une de ses maisons, il lui dit : « La proposition que vous me faites de la recherche du prieuré que vous me nommez est contraire à la maxime et à l'usage qui est entre nous, de ne rechercher aucun bien ni établissement, directement ni indirectement : la Providence seule nous a appelés en tous ceux que nous avons, par les personnes mêmes qui avaient droit à la chose; et si la Compagnie m'en croit, elle se conservera inviolablement dans cette retenue. »

Un autre de ses prêtres lui ayant écrit pour savoir s'il devait accepter deux bénéfices qu'on lui offrait en son pays, dans le dessein de les faire tomber au pouvoir de la Compagnie, il l'en remercia en ces termes : « Je vous en remercie d'autant plus, que votre intention n'est autre, sinon de faire que par ce moyen Dieu soit davantage honoré et le peuple assisté. Ce sont des effets de votre zèle que Dieu ne laissera pas sans récompense. Mais je vous dirai pour réponse, Monsieur, que nous ne devons point désirer d'autres biens ni d'autres emplois à la Compagnie que ceux qu'il plaira à Dieu lui donner par lui-même sans nous; je veux dire sans que nous allions au-devant; et je vous prie de vous en tenir à cela. »

Mais son parfait dégagement des biens de ce monde n'a jamais paru mieux que lorsqu'ayant été appelé par la reine régente au conseil des affaires ecclésiastiques, où il avait part à la disposition de tous les bénéfices de France qui étaient à la nomination du roi, il n'en a pourtant jamais demandé ni proposé aucun pour la Compagnie, ni pour ses plus proches parents, quoique pauvres, ni pour ses amis en qualité d'amis : au contraire, l'on sait que plusieurs l'ayant sollicité de produire quelqu'un de ses parents et de leur procurer quelque bénéfice, il n'en a voulu rien faire, et a mieux aimé qu'ils fussent laboureurs et gagnassent leur vie à la sueur de leur corps; non par défaut d'affection envers eux, mais par un désintéressement d'autant plus admirable, qu'il s'en trouve très-peu et presque point d'exemple aujourd'hui parmi les hommes. Il était libéral et officieux envers tous les autres, mais envers les siens très-modéré et très-retenu, jusqu'à un tel point que ses meilleurs amis en étaient étonnés. Aussi lui a-t-on ouï dire qu'à même temps qu'il fut appelé à cet emploi de la cour, il prit devant Dieu une ferme résolution de ne se jamais servir du pouvoir, ni des occasions que cet emploi lui pourrait fournir, pour favoriser aucun des siens, ni pour avancer sa Congrégation : ce qu'il a si bien et si fidèlement pratiqué, qu'il est certain que sa Congrégation y a plus perdu que gagné selon le monde.

Un des principaux magistrats de ce royaume, homme de grande autorité, ayant demandé une abbaye au roi, pendant que M. Vincent était employé dans le conseil des affaires ecclésiastiques, pour un de ses enfants qui n'avait pas les qualités requises, lui fit dire par un prêtre de sa Congrégation qu'il le priait de lui faire accorder cette abbaye et qu'il lui promettait de faire en sorte, sans qu'il fût nécessaire qu'aucun des siens s'en mêlât, que la maison de Saint-Lazare rentrerait dans la possession de plusieurs beaux droits et revenus qui en avaient été aliénés et perdus, et qu'il savait bien les moyens de les faire recouvrer; qu'au reste M. Vincent ne devait pas perdre l'occasion d'accommoder sa Compagnie pendant qu'il était en faveur, puisque le moyen s'en présentait, et que d'autres communautés qu'il nomma en usaient de la sorte. Cela ayant été rapporté à M. Vincent, il dit : « Pour tous les biens de la terre je ne ferai jamais rien contre Dieu, ni contre ma conscience. La Compagnie ne périra point par la pauvreté; mais plutôt si la pauvreté lui manque, je crains qu'elle ne vienne à périr. »

Et non-seulement M. Vincent n'a rien demandé pour sa Congrégation, non plus que pour ses parents et amis; mais lorsqu'on a voulu ôter à sa Compagnie ce qu'elle possédait, il s'y est comporté avec tant d'indifférence à l'événement, que même plusieurs des juges s'en étonnaient, et ne pouvaient s'empêcher de dire qu'il fallait que M. Vincent fût un homme de l'autre monde, puisqu'il avait si peu d'attache aux choses de celui-ci. En effet, lorsqu'il fut troublé en sa possession du prieuré de Saint-Lazare, il fut dans le doute s'il n'était pas mieux de l'abandonner à une communauté qui la lui voulait ôter, que de soutenir son droit en plaidant : néanmoins ayant pris conseil d'un grand serviteur de Dieu, qui lui dit qu'il s'agissait en cette affaire du service de Dieu plutôt que de son intérêt particulier, et que par conséquent il devait la défendre, et non pas l'abandonner, il se résolut de plaider par déférence à cet avis ; mais il demeura toujours autant disposé en lui-même à quitter cette possession qu'à la retenir, si la justice en eût ainsi ordonné.

Il en usa de même lorsque sa Compagnie fut inquiétée sur le sujet de la maison du Saint-Esprit de la ville de Toul ; ayant été plusieurs fois sur le point de tout abandonner, et de rappeler les missionnaires qui y étaient résidents. Ce qu'il eût exécuté, s'il n'en eût été détourné par une personne de vertu et de confiance, aux avis de laquelle il crut devoir plutôt déférer qu'à ses propres sentiments.

Une autre fois il se résolut effectivement de rappeler les missionnaires établis dans quelque diocèse, et même il manda au supérieur de quelle façon il se devait comporter en quittant cet établissement : « Après avoir rendu compte, lui dit-il, à messieurs les grands-vicaires, et retiré une décharge des choses que vous avez reçues par inventaire, et que vous remettrez entre leurs mains, vous prendrez gracieusement congé d'eux, sans dire aucune parole de plainte, ni aussi de témoignage d'être bien aise de sortir de ce lieu-là ; et vous prierez Dieu qu'il bénisse la ville et tout le diocèse : surtout je vous prie de ne rien dire en chaire, ni ailleurs, qui témoigne aucun mécontentement. Vous prendrez la bénédiction de ces messieurs, et la ferez prendre par toute la petite famille ; et la demanderez en même temps pour moi, qui souhaite me prosterner en esprit avec vous à leurs pieds. »

Quoique M. Vincent eût alors pris cette résolution, Dieu ne permit pas toutefois qu'elle eût son effet, parce que les affaires changèrent de face, si bien que cet établissement a subsisté.

Que s'il était tellement détaché des établissements des maisons pour sa Congrégation, il ne l'était pas moins de ceux des Filles de la Charité, de la compagnie desquelles il était instituteur. Il a envoyé de ces Filles aux villes, bourgs et villages où on les a demandées pour servir les malades des paroisses et des hôpitaux, même avec cette condition, qu'il leur serait permis de les renvoyer quand il leur plairait, ce qui est une manière d'agir bien désintéressée, et presque sans exemple. Et sur ce sujet, ayant eu avis que les administrateurs de l'hôpital de la ville de Nantes voulaient renvoyer les Filles de la Charité, qui y servaient les malades, pour mettre en leur place les religieuses hospitalières, il leur écrivit aussitôt qu'il avait ouï dire beaucoup de bien de ces religieuses hospitalières, et que si c'était leur dessein de les établir à Nantes et de congédier les Filles de la Charité, qu'il les priait très-humblement de le faire sans aucune difficulté. Ayant écrit cette lettre, il l'envoya tout ouverte à mademoiselle Le Gras, supérieure de ces bonnes Filles de la Charité, pour la lui faire voir, et lui manda qu'il en fallait user de la sorte, et n'avoir aucune peine de ce renvoi : « Car c'est ainsi, disait-il, que Notre-Seigneur en userait s'il était encore vivant sur la terre. L'esprit du Christianisme veut que nous entrions dans les sentiments d'autrui, et Dieu tirera sa gloire de ce changement, si nous le laissons faire. » Il dit de plus à celui qui porta cette lettre et ces paroles à cette bonne demoiselle, qu'un jour une des deux Filles de la Charité qui servaient les pauvres malade dans une des principales paroisses de Paris, qu'il nomma, se maria, du consentement même de M. le curé, sur ce qu'elle lui promit de continuer le service des malades lorsqu'elle serait mariée, comme elle avait fait étant fille ; et sans autre formalité M. le curé renvoya l'autre sœur à mademoiselle Le Gras, à laquelle M. Vincent dit alors sur ce sujet qu'il ne s'en fallait pas seulement plaindre, mais adorer Dieu et le bénir de sa conduite, l'assurant que tout irait bien. Et en effet cette nouvelle mariée, ne trouvant pas dans son mariage la grâce de sa première vocation, quitta bientôt le soin et le service des malades; et alors M. le curé se vit obligé de recourir à M. Vincent, pour lui demander deux autres sœurs de la Charité, lesquelles il lui fit donner, et dit ensuite ces belles paroles : Oh! qui pourrait ainsi tourner à toute main, qu'il ferait beaucoup ! car tant que la providence de Dieu nous trouvera souples à toutes ses conduites, les choses réussiront à sa plus grande gloire, qui est ce que nous devons uniquement prétendre. »

Mais ce dégagement des biens extérieurs et cet amour que M. Vincent avait pour la pauvreté s'est fait encore paraître d'une manière étonnante dans la rencontre de la perte d'un procès touchant une ferme qui avait été donnée à la communauté de Saint-Lazare, à la charge d'une rente viagère, et qu'il n'avait même acceptée que pour contenter un bienfaiteur de la Compagnie, qui l'en avait prié et pressé instamment de la part des possesseurs. Il arriva donc, après plusieurs avances et améliorations faites en cette ferme, que la communauté de Saint-Lazare fut évincée de sa possession, sans qu'on lui ordonnât aucun remboursement de tout ce qu'elle avait déboursé pour mettre cette ferme en bon état : en quoi elle souffrit un très-grand dommage et une perte de la valeur de près de cinquante mille livres. M. Vincent annonça cette perte à ceux de sa communauté, et leur rapportant qu'aussitôt après que l'arrêt fut rendu un des juges l'était venu trouver pour lui persuader de se pourvoir par requête civile, il lui dit sur ce sujet : « O mon Dieu ! nous n'avons garde de le faire ! Vous avez vous-même, ô Seigneur, prononcé l'arrêt ! il sera, s'il vous plaît, irrévocable ; et pour n'en différer l'exécution, nous faisons dès à présent un sacrifice de ce bien à votre divine Majesté. Et je vous prie, Messieurs et mes Frères, accompagnons-le d'un sacrifice de louange : bénissons ce souverain Juge des vivants et des morts de nous avoir visités au jour de la tribulation. Rendons-lui grâces infinies d'avoir non-seulement retiré notre affection des biens de la terre, mais de ce qu'en effet il nous a dépouillés de ceux que nous avions, et qu'il nous fait la grâce d'aimer ce dépouillement. Je veux croire que nous avons tous de la joie de la privation de ce temporel ; car puisque Notre-Seigneur dit en l'Apocalypse : *Ego quos amo castigo*, ne faut-il pas que nous aimions les châtiments, comme des marques de son amour ? Ce n'est pas encore assez de les aimer, il s'en faut réjouir. O mon Dieu, qui nous fera cette grâce ? vous êtes la source de toute joie, et hors de vous il n'y en a point de véritable : c'est donc à vous que nous la demandons. Oui, Messieurs, réjouissons-nous de ce qu'il semble que Dieu nous a trouvés dignes de souffrir. Mais comment peut-on se réjouir des souffrances, vu que naturellement elles déplaisent, et on les fuit ? C'est en la matière qu'on se plaît dans les remèdes ; on sait bien que les médecines sont amères, et que les plus douces font bondir le cœur même avant qu'on les prenne ; on ne laisse pas néanmoins de les avaler gaiement, et pourquoi ? Parce qu'on aime la santé, laquelle on espère de conserver, ou de recouvrer par les purgations. Ainsi les afflictions, qui d'elles-mêmes sont désagréables, contribuent néanmoins au bon état d'une âme et d'une compagnie : c'est par elles que Dieu la purifie, comme l'or par le feu. Notre-Seigneur, au jardin des Olives, ne sentant que des angoisses, et sur la croix que des douleurs, qui furent si excessives, qu'il semblait que, dans l'abandon où il était de tout secours humain, il fût aussi abandonné de son Père : cependant dans ces effrois de la mort, et dans ces excès de sa passion, il se réjouit de faire la volonté de son Père ; et pour rigoureuse qu'elle soit, il la préfère à toutes les joies du monde, elle est sa viande et ses délices.

Mes Frères, ce doit être aussi notre allégresse que de voir accomplir en nous son bon plaisir par les humiliations, les pertes et les peines qui nous arrivent : *Aspicientes*, dit saint Paul, *in auctorem Fidei, et consummatorem Jesum, qui proposito sibi gaudio, sustinuit crucem, confusione contemptâ*. Les premiers chrétiens étaient dans ces sentiments, selon le témoignage du même Apôtre : *Rapinam bonorum vestrorum cum gaudio suscepistis*. Pourquoi ne nous réjouirions-nous pas aujourd'hui avec eux de la perte de notre bien? O mes Frères! que Dieu prend grand plaisir de nous voir ici assemblés pour cela, de nous voir entretenir de cela, et de nous voir exciter à cette joie! D'une part, nous sommes faits un spectacle au monde, dans l'opprobre et la honte de cet arrêt, qui nous publie, ce semble, comme injustes détenteurs du bien d'autrui : *Spectaculum facti sumus mundo, et Angelis, et hominibus. Opprobriis et tribulationibus spectaculum facti*. Mais d'un autre côté : *Omne gaudium existimate, Fratres mei, cum in tentationes varias incideritis*. Estimez, mes Frères, que toute joie vous est arrivée, quand vous serez tombés en diverses tentations et tribulations : estimons donc que nous avons beaucoup gagné en perdant ; car Dieu nous a ôté, avec cette ferme, la satisfaction que nous avions de l'avoir, et celle que nous aurions eue d'y aller quelquefois ; et cette récréation, pour être conforme aux sens, nous aurait été comme un doux venin qui tue, comme un couteau qui blesse, et comme un feu qui brûle et qui détruit. Nous voilà délivrés, par la miséricorde de Dieu, de ce danger ; et étant plus exposés aux besoins temporels, sa divine bonté nous veut aussi élever à une plus grande confiance en sa providence, et nous obliger à nous y abandonner tout à fait pour les nécessités de cette vie, aussi bien que pour les grâces du salut. Oh! s'il plaisait à Dieu que cette perte temporelle fût récompensée d'une augmentation de confiance en sa providence, d'abandonnement à sa conduite, d'un plus grnad détachement des choses de la terre, et de renoncement à nous-mêmes, ô mon Dieu, ô mes Frères! que nous serions heureux! J'ose espérer de sa bonté paternelle, qui fait tout pour le mieux, qu'elle nous fera cette grâce.

« Quels sont donc les fruits que nous devons tirer de tout ceci? Le premier sera d'offrir à Dieu tout ce qui nous reste de biens et de consolations, tant pour le corps que pour l'esprit ; de nous offrir à lui nous-mêmes en général et en particulier, mais de la bonne sorte, afin qu'il dispose absolument de nos personnes et de tout ce que nous avons, selon sa très-sainte volonté ; en sorte que nous soyons toujours prêts de tout quitter pour embrasser les incommodités, les ignominies et les afflictions qui nous arrivent ; et par ce moyen suivre Jésus-Christ en sa pauvreté, en son humilité et en sa patience.

« Le second est de ne jamais plaider, quelque droit que nous ayons ; ou si nous y sommes forcés, que ce soit seulement après avoir tenté toutes les voies imaginables pour nous accorder, à moins que le bon droit fût tout clair et évident ; car, qui se fie au jugement des hommes est souvent trompé. Nous pratiquerons le conseil de Notre-Seigneur, qui dit : Si on te veut ôter la robe, donne encore la tunique. Dieu fasse la grâce à la Compagnie de la mettre en cet usage ; il faut espérer que si elle est fidèle pour s'y établir, et ferme pour ne s'en départir jamais, sa divine bonté la bénira ; et que si on lui ôte d'un côté, il lui donnera de l'autre. »

Quantité de personnes de grande piété, et très-expérimentées dans les affaires, de qui M. Vincent avait pris avis lorsqu'il traita de cette ferme, et encore depuis durant l'agitation du différend, pour ne rien faire mal à propos, voyant que le succès avait été si contraire, le pressèrent fort de s'en relever par une requête civile, l'assurant que le jugement n'en pourrait être que favorable : mais ils ne purent l'obliger de faire autre chose que de consulter seulement en secret un fameux avocat de la cour, qui s'était trouvé présent au rapport et à la discussion de ce procès ; et après cette consultation il écrivit la lettre suivante à feu monsieur des Bordes, auditeur en la chambre des comptes à Paris, ancien ami de sa Compagnie, très-honnête homme et très-intelligent, qui voulait aussi l'engager à cette requête civile. Cette lettre est du 22 décembre 1658.

« Monsieur, nous avons envoyé à monsieur N... nos pièces. Il me mande qu'il les a vues exactement, et trouve que nous serons bien fondés à nous pourvoir par requête civile. Il veut lui-même plaider notre cause, et se promet de l'emporter : et quoiqu'il aime l'argent, toutefois il n'en veut point pour cette affaire. Il passe plus avant, Monsieur, et dit que si nous perdons il nous dédommagera d'ailleurs pour cette perte.

« Mais nous ne pouvons nous résoudre à cette poursuite : 1° parce qu'un grand nombre d'avocats que nous avons consultés conjointement et séparément, avant l'arrêt qui nous a évincés de la ferme, nous ont toujours assuré que notre droit était infaillible, particulièrement messieurs Défita et L'Hôte, qui l'ont examiné à fond : le premier, parce qu'il devait plaider pour nous, si le procès n'eût été appointé ; et le second, pour avoir travaillé à nos écritures ; et tous deux nous ont dit, aussi bien que M. N., qu'il n'y avait rien à craindre. Et cependant la Cour nous a dépouillés de cette ferme comme si nous l'avions dérobée : tant il est vrai que les opinions sont diverses, et qu'il ne faut jamais s'appuyer sur le jugement des hommes.

« 2° Une de nos pratiques dans les missions étant d'accorder les différends du peuple, il est à craindre que si la Compagnie s'opiniâtrait à une nouvelle contestation par cette requête civile, qui est le refuge des grands chicaneurs, Dieu ne nous ôtât la grâce de travailler aux accommodements.

« 3° Nous ferions un grand scandale, après un arrêt si solennel, de plaider pour le détruire : on nous blâmerait de trop d'attache au bien, qui est le reproche qu'on fait aux ecclésiastiques ; et nous faisant tympaniser dans le Palais, nous ferions tort aux autres communautés, et serions cause que nos amis seraient scandalisés en nous.

« Enfin, Monsieur, pour vous dire tout, j'ai grande peine, pour les raisons que vous pouvez penser, d'aller contre le conseil de Notre-Seigneur, qui ne veut pas que ceux qui ont entrepris de le suivre plaident ; et si nous l'avons déjà fait, c'est que je ne pouvais pas en conscience abandonner un bien si légitimement acquis et un bien de communauté dont je n'avais que l'administration, sans faire mon possible pour le conserver ; mais à présent que Dieu m'a déchargé de cette obligation par un arrêt souverain qui a rendu mes soins inutiles, je pense, Monsieur, que nous en devons demeurer là.

« Je vous supplie très-humblement, Monsieur, vous qui avez l'esprit tout rempli des maximes chrétiennes, de considérer toutes ces raisons, et de nous permettre de nous y tenir. »

Voilà comment ce véritable serviteur de Dieu fit paraître son dégagement entier des biens de ce monde, embrassant généreusement une si grande perte, et employant ses raisonnements pour y faire acquiescer sa Compagnie, et même ses amis : quoiqu'en effet il soit très-assuré qu'il eût pu recouvrer ce bien perdu s'il eût voulu laisser agir l'avocat qui lui en donnait toute assurance, et lequel était si fort persuadé qu'on était bien fondé à se pourvoir par requête civile, qu'il fit offre de la poursuivre lui seul, de la plaider, et d'en faire tous les frais, et même voulut donner assurance de payer non-seulement le juge, mais aussi de donner la valeur de la ferme en question au profit de la maison : et l'on peut dire que cette offre était telle, qu'il n'y avait que M. Vincent qui seul fût capable de la refuser, et lequel, pour raison de ce refus, disait qu'il estimait que les juges qui avaient donné l'arrêt étaient gens de bien ; et que s'ils avaient mal jugé, il devait penser que la providence de Dieu l'avait ainsi ordonné, et qu'il ne pouvait mieux faire que d'acquiescer à ses ordres.

Le procureur au parlement, qui était employé aux affaires de la maison de Saint-Lazare, étant mort depuis, a laissé par écrit l'admiration où il était d'un tel désintéressement ; ajoutant qu'il avait encore admiré la conduite de M. Vincent en toutes les autres affaires qui regardaient sa profession, et dont il avait eu connaissance, lesquelles ce saint homme n'avait jamais entreprises avec chaleur ni empressement ; soit en nom, comme supérieur ; soit en son celui de sa communauté, en demandant ou en défendant, quelque évidence qu'il y eût dans son droit, et quelque apparence d'injustice qu'il y eût aux prétentions des autres ; et qu'au contraire, quelque avantage qu'il y eût contre ses parties, par sentence ou arrêt, il était toujours porté et disposé d'entendre l'accommodement ; qu'il se souvenait qu'en diverses rencontres il avait fait différer l'exécution de plusieurs arrêts portant condamnation de sommes considérables, disant pour raison qu'il eût été fâché que, les exécutant, cela eût causé la ruine de quelque famille ; et qu'en effet en ayant différé longtemps l'exécution, de peur d'incommoder notablement ceux qui étaient condamnés, ils se sont trouvés enfin inutiles.

CHAPITRE XIX.

SA MORTIFICATION.

« Il n'y a rien de plus grand ni de plus relevé en la vie du chrétien (comme dit saint Ambroise) que d'exercer son âme dans la pratique des vertus ; et pour cet effet, mortifier sa chair et la réduire en servitude, afin qu'elle apprenne à se soumettre, et qu'elle se rende docile à la conduite de la raison : en sorte que, nonobstant les travaux et les difficultés qu'elle peut ressentir dans cet exercice, elle ne laisse pas de se porter courageusement à l'exécution des bons désirs et des saintes résolutions qu'elle aura conçues dans son cœur [1]. »

Et certes ce n'est pas sans raison que ce saint docteur a parlé de la sorte : car, puisque, selon le sentiment du sage, *c'est une chose bien glorieuse que de suivre le Seigneur* [2], et que le premier pas qu'il faut faire pour marcher à sa suite, comme lui-même le déclare

---

[1] Nihil in vitâ christianâ excelsius aut magnificentius, quàm exercere mentem, subigere carnem, et in servitutem redigere, ut obediat imperio, consiliis obtemperet, ut in adeundis laboribus impigrè exequatur propositum animi ac voluntatem. Ambr. *lib.* 1 de *Offic.*, c. 36.
[2] Gloria magna est sequi Dominum. *Eccli.* 23.

dans l'Évangile, c'est de renoncer à soi-même, et de porter sa croix ; il s'ensuit que le chrétien doit regarder l'abnégation et la mortification comme un titre de noblesse, et comme une marque qu'on a l'honneur d'appartenir à Jésus-Christ et d'être de sa suite. Or M. Vincent ayant toujours fait une profession particulière de suivre ce divin Sauveur, et de marcher sur les traces de ses exemples (comme il a été dit en l'un des chapitres précédents), il n'y a pas lieu de douter qu'il n'ait été honoré de ses plus chères livrées, et que, selon la parole de l'Apôtre, il n'ait porté en son corps la mortification de Jésus-Christ : en sorte que sa vie n'a été presque qu'un sacrifice continuel de son corps et de tous ses sens, de son âme et de ses puissances, et enfin de tous les désirs et mouvements de son cœur ; et c'est de l'abondance de ce cœur parfaitement mortifié que, s'entretenant un jour avec les siens sur ces paroles de Jésus-Christ dans l'Évangile : « *Si quelqu'un veut venir après moi, qu'il renonce à soi-même, et qu'il porte sa croix.* » C'est là, leur dit-il, le conseil que Notre-Seigneur donne à ceux qui se présentent à lui pour le suivre ; il leur déclare que la première démarche qu'ils doivent faire est de renoncer à eux-mêmes, et ensuite de porter leur croix ; et puis persévérer constamment en l'un et en l'autre jusqu'à la fin. Mais nous pouvons bien appliquer à ce sujet ce que ce divin Sauveur a dit en une autre occasion : *Non omnes capiunt verbum istud.* Et qu'il y en a peu qui se donnent à Jésus-Christ pour le suivre sous ces conditions ! De là est venu que de tant de milliers de personnes qui le suivaient pour l'entendre, presque tous l'ont abandonné et se sont retirés, parce qu'ils ne le suivaient pas préparés de la sorte que Notre-Seigneur leur disait qu'il le fallait être, et qu'ils n'étaie t pas dans la disposition de se mortifier et de porter leur croix.

« C'est donc une nécessité à quiconque veut être disciple de ce divin Maître, de renoncer à son propre jugement, à sa volonté, à ses sens, à ses passions, etc. Par le jugement on entend la science, l'intelligence et le raisonnement. Oh! quel avantage à un chrétien des ou- mettre ses lumières et sa raison pour l'amour de Dieu ! Qu'est-ce que cela, sinon suivre et imiter Jésus-Christ, et lui faire un sacrifice de son propre jugement? Par exemple, on met une question en avant ; chacun en dit son avis : or, pour renoncer à soi-même en une telle occasion, il ne faut pas refuser d'en dire ce q 'on en pense ; mais il faut se tenir dans la disposition de soumettre son jugement et sa raison, en sorte que l'on suive volontiers, et même que l'on préfère le jugement d'autrui au sien propre.

« Pour ce qui est de renoncer à sa propre volonté, Notre-Seigneur nous en a donné l'exemple pendant tout le cours de sa vie et jusqu'à sa mort, s'étant continuellement étudié de faire, non sa volonté, mais celle de son Père, et d'accomplir en toutes choses ce qu'il reconnaissait lui être agréable : *Quæ placita sunt ei facio semper*. Oh ! que s'il plaisait à Dieu nous prévenir de tant de grâces, que nous demeurassions toujours dans l'accomplissement de sa volonté, obéissants à ses commandements, aux règles de notre état, et aux ordres de l'obéissance, nous serions alors les vrais disciples de son Fils; mais tant que nous serons attachés à notre propre volonté, nous n'aurons point de disposition pour le suivre, ni de mérite à porter nos peines, ni de part avec lui.

« Nous devons encore mortifier nos sens, et veiller continuellement sur eux pour les assujettir à Dieu. Oh! que la curiosité de voir et d'écouter est dangereuse, et qu'elle a de force pour détourner notre esprit de Dieu ! Que nous devons beaucoup prier Notre-Seigneur afin qu'il nous fasse la grâce de renoncer à cette curiosité, qui a été la cause de la perte de nos premiers parents !

« Il y a encore une certaine passion qui domine en plusieurs, à laquelle il nous faut bien renoncer : c'est ce désir immodéré de conserver sa santé et de se bien porter, et ce soin excessif de faire le possible et l'impossible pour la conservation de son individu ; car cette sollicitude immodérée et cette crainte de souffrir quelque incommodité qu'on voit en quelques-uns, qui mettent tout leur esprit et toute leur attention au soin de leur chétive vie, sont de grands empêchements au service de Dieu, qui leur ôtent la liberté de suivre Jésus-Christ. O Messieurs et mes Frères, nous sommes disciples de ce divin Sauveur, et cependant il nous trouve comme des esclaves enchaînés ! à quoi ? à un peu de santé, à un remède imaginaire, à une infirmerie où rien ne manque, à une maison qui nous plaît, à une promenade qui nous divertit, à un repos qui ressent la paresse. Mais, dira quelqu'un, le médecin m'a conseillé de ne m'appliquer pas tant, d'aller prendre l'air, de changer de séjour. O misère et faiblesse ! les grands quittent-ils leur demeure ordinaire parce qu'ils sont quelquefois indisposés? un évêque abandonne-t-il son diocèse? un gouverneur, sa place? un bourgeois, sa ville? un marchand, sa maison? les rois même font-ils cela? Rarement, et quand ils sont malades, ils demeurent au lieu où ils se trouvent. Le feu roi se trouva malade à Saint-Germain-en-Laye, et il y demeura quatre ou cinq mois sans se faire porter ailleurs, jusqu'à ce qu'il y mourût d'une mort vraiment chrétienne, et digne d'un roi très-chrétien. »

Et dans une autre occasion parlant sur le même sujet : « La sensualité, dit-il, se trouve partout, et non-seulement dans la recherche de l'estime du monde, des richesses et des plaisirs, mais aussi dans les dévotions, dans les actions les plus saintes, dans les livres, dans les images; en un mot, elle se fourre partout. O mon Sauveur, faites-nous la grâce de nous défaire de nous-mêmes! faites, s'il vous plaît, que nous nous haïssions, afin de vous aimer plus parfaitement, vous qui êtes la source de toute vertu et perfection, et l'ennemi mortel de la sensualité : donnez-nous cet esprit de mortification, et la grâce de résister toujours à cet amour-propre, qui est la racine de toutes nos sensualités. »

Jusqu'ici sont les paroles de M. Vincent, que nous avons rapportées comme des fidèles expressions, non-seulement des pensées de son esprit, mais encore plus des affections et dispositions de son cœur touchant cette vertu de mortification, que l'on peut dire avoir été une de celles qu'il a le plus universellement et le plus constamment pratiquées pendant tout le cours de sa vie, et jusqu'au dernier soupir. Il est vrai qu'il ne faisait pas paraître au dehors une vie fort austère, estimant qu'une vie commune en apparence était la plus convenable pour réussir au service des peuples et des ecclésiastiques, auquel Dieu l'avait destiné, étant aussi la plus rapportante à la vie de Jésus-Christ et des saints Apôtres, sur le modèle de laquelle il voulait élever les missionnaires de sa Congrégation. Et par conséquent il se croyait obligé de leur en donner l'exemple, se conformant à eux pour l'extérieur d'une vie bien réglée, qui n'est ni trop étroite, ni trop douce, ni trop rigoureuse. Mais en son particulier il se traitait fort âprement, faisant souffrir son corps en diverses manières, et mortifiant sans cesse son intérieur, pour tenir l'un et l'autre parfaitement soumis aux volontés de Dieu, et cela d'une manière d'autant plus excellente et plus sainte qu'elle paraissait moins aux yeux des hommes : en quoi il s'est rendu semblable à ce grain de froment dont Jésus-Christ parle dans l'Évangile, lequel, plus il est caché et enfoncé en terre, plus aussi il pousse ses tiges et multiplie son fruit.

Et premièrement, il a mortifié cet amour de l'honneur et de la propre estime, qui est si naturel à tous les hommes, et qui leur fait cacher avec tant de soin tout ce qui peut leur causer le moindre mépris; car ce saint prêtre, réprimant cette inclination naturelle, ne laissait échapper aucune occasion de s'humilier, en parlant de sa basse naissance et de la pauvre condition de ses parents, qu'il ne l'embrassât bien volontiers. Voici ce qu'il écrivit en l'année 1633 à l'un de ses prêtres : « O Monsieur, que nous sommes heureux de ce que nous honorons la parenté pauvre de Notre-Seigneur, par la nôtre pauvre et chétive! Je disais avec consolation ces jours passés, en prêchant en une communauté, que je suis le fils d'un pauvre laboureur, et en une autre compagnie, que j'ai gardé les pourceaux. Croiriez-vous bien, Monsieur, que je crains d'en avoir de la vaine satisfaction, à cause de la peine que la nature en souffre? Il est vrai que le diable est bien fin et rusé : mais certes celui-là l'est encore plus que lui qui se tient honoré de la pauvre condition de l'enfant de Bethléem et de celle de ses saints parents. »

M. Vincent a aussi mortifié l'affection qu'il avait pour ses parents; car ayant un très-bon naturel, il aimait tendrement les siens, ainsi que lui-même l'a avoué; et néanmoins il a su fort bien mortifier cette affection et en faire un sacrifice à Jésus-Christ. A ce sujet, parlant un jour à sa communauté de l'éloignement des parents ordonné par ce divin Sauveur à ceux qui le veulent suivre, il leur dit que, « plusieurs qui sont retournés en leur pays sont entrés dans les intérêts de leur famille, et dans leurs sentiments de tristesse et de joie, et qu'ils s'y sont embarrassés comme les mouches qui tombent dans les toiles d'une araignée d'où elles ne se peuvent tirer.

« Je m'appellerai moi-même à témoin, leur dit-il, de cette vérité. Du temps que j'étais encore chez M. le général des galères, et avant le premier établissement de notre Compagnie, il arriva que les galères étant à Bordeaux, il m'envoya là pour faire mission aux pauvres forçats. Ce que je fis par le moyen des religieux de la ville de divers ordres, deux en chaque galère. Or avant que de partir de Paris pour ce voyage, je m'ouvris à deux amis de l'ordre que j'en avais reçu, à qui je dis : Messieurs, je m'en vais travailler proche le lieu d'où je suis ; je ne sais si je ferai bien d'aller faire un tour chez nous. Tous deux me le conseillèrent : Allez-y, Monsieur, me dirent-ils, votre présence consolera vos proches, vous leur parlerez de Dieu, etc. La raison que j'avais d'en douter est que j'avais vu plusieurs bons ecclésiastiques qui avaient fait merveilles quelque temps, éloignés de leur pays; et j'avais remarqué qu'étant allés voir leurs parents, ils en étaient revenus tout changés, et demeuraient inutiles au public; ils s'adonnaient entièrement aux affaires de leurs familles, toutes leurs pensées allaient à cela, où auparavant ils ne s'occupaient qu'aux œuvres qui regardaient le service de Dieu, et éloignées du sang et de la nature. J'ai peur, disais-je, de m'attacher de même aux parents. Et en effet ayant passé huit ou dix jours avec eux à les informer des voies de leur salut et à les éloigner du désir d'avoir des biens, jusqu'à leur dire qu'ils n'attendissent rien de moi ; que quand j'aurais des coffres d'or et d'argent, je ne leur donnerais rien, parce qu'un ecclésiastique qui a quelque chose, il le doit à Dieu et aux pauvres : le jour que je partis j'eus tant de douleur de quitter mes pauvres parents, que je ne fis que pleurer tout le long du chemin et pleurer quasi sans cesse. A ces larmes succéda la pensée de les aider, et de les mettre en meilleur état ; de donner à tel ceci, à telle cela : mon esprit attendri leur partageait ainsi ce que j'avais et ce que je n'avais pas. Je le dis, à ma confusion, et je le dis, parce que peut-être Dieu permit cela pour me faire mieux connaître l'importance du conseil évangélique dont nous parlons. Je fus trois mois dans cette passion importune d'avancer mes frères et mes sœurs : c'était le poids continuel de mon pauvre esprit. Parmi cela, quand je me trouvais un peu libre, je priais Dieu qu'il eût agréable de me délivrer de cette tentation : et je l'en priai tant, qu'enfin il eut pitié de moi ; il m'ôta ces tendresses pour mes parents ; et quoiqu'ils aient été depuis à l'aumône et le soient encore, il m'a fait la grâce de les commettre à sa providence, et de les estimer plus heureux que s'ils avaient été bien accommodés.

« Je dis cela à la Compagnie, parce qu'il y a quelque chose de grand en cette pratique tant recommandée en l'Évangile, lequel exclut du nombre des disciples de Jésus-Christ tous ceux qui ne haïssent père et mère, frères et sœurs, et que, suivant cela, notre règle nous exhorte de renoncer à l'affection immodérée des parents. Prions Dieu pour eux ; et si nous les pouvons servir en charité, faisons-le ; mais tenons ferme contre la nature, qui, ayant toujours son inclination de ce côté-là, nous détournera, si elle peut, de l'école de Jésus-Christ. Tenons ferme. »

Un prêtre de la Congrégation, qui était en Gascogne, alla voir de son mouvement les parents de M. Vincent, auquel il raconta, lorsqu'il fut de retour à Paris, l'état où il les avait trouvés, et entre autres choses il lui dit que « la simplicité, la piété, et la charité de ses parents était louable, mais qu'ils n'avaient pour vivre qu'à mesure qu'ils travaillaient. Hélas ! dit M. Vincent, ne sont-ils pas bienheureux ? et peuvent-ils être mieux que dans un état où ils exécutent la sentence de Dieu, qui porte que l'homme doit gagner son pain à la sueur de son visage ? »

La pauvreté n'a pas été le seul exercice de la vertu de ces bonnes gens, ils furent un jour diffamés au dernier degré dans un parlement célèbre où quelques amis de M. Vincent voulurent détourner la poursuite qu'on voulait faire contre eux ; mais il leur fit cette réponse : « N'est-il pas raisonnable, Messieurs, que la justice se fasse, pour satisfaire à celle de Dieu, afin qu'en punissant les délinquants miséricordieusement en cette vie, il n'exerce les rigueurs de sa justice sur eux en l'autre monde ? » Or, les juges ayant découvert que cette accusation n'était qu'une pure calomnie et fourberie, M. Vincent se rendit protecteur de ceux qui les avaient accusés, et trouva moyen de les délivrer des châtiments qu'ils avaient mérités. C'est ce que j'ai appris, dit le même prêtre, au lieu de la naissance de M. Vincent ; et voici un extrait de la lettre que j'ai lue qu'il écrivit à ses parents sur ce sujet :

« Ce n'est pas sans une conduite bien particulière de la Providence que vous avez été diffamés ; Dieu l'a ainsi permis pour sa gloire, et pour votre bien : pour sa gloire, afin que vous soyez conformes à son Fils, qui a été calomnié au point qu'on l'appelait séducteur, ambitieux et possédé du démon ; pour votre bien, afin de satisfaire à la justice de Dieu pour d'autres péchés que vous pouvez avoir commis, et que vous ne connaissez pas peut-être, mais que Dieu connaît. »

Un homme qui était en quelque façon parent de M. Vincent, quoiqu'il ne portât pas le même nom, ayant été condamné aux galères, obtint des lettres de révision de procès pour se justifier, et pour être rétabli dans ses droits civils, contre la partie qui le poursuivait. Il fit adresser ces lettres au parlement de Paris, dans la pensée que le crédit de M. Vincent lui servirait beaucoup : mais ce fidèle serviteur de Dieu lui écrivit plusieurs lettres pour le conjurer, au nom de Notre-Seigneur, de relâcher une partie de ses prétentions, afin de se mettre en repos par un prompt accord. « Oseriez-vous, dit-il, refuser cela à tant de personnes qui s'en mêlent pour votre bien ? Je ne le crois pas : aussi votre âge et vos incommodités vous mettent hors d'état de soutenir les fatigues et les dépenses d'un si grand procès ; et si vous aviez quelque espérance en mon secours, je vous déclare que je ne vous en donnerais aucun. J'aime mieux contribuer à votre salut en vous conseillant cet accommodement pour vous disposer à la mort, que de vous voir consumer tout vivant dans les embarras d'une longue et douteuse poursuite : j'espère que vous penserez sérieusement à tout ceci. » Cet homme s'étant opiniâtré à plaider, M. Vincent a toujours persévéré à lui déclarer qu'il ne l'assisterait point, et n'a jamais voulu le recevoir en sa maison, ni le tirer de la pauvreté où il a été.

Un sien neveu vint un jour exprès à Paris, dans l'espérance d'en recevoir quelque secours pour se mettre à son aise. Il le reçut cordialement, mais il ne lui donna que pour s'en retourner à pied, comme il était venu, le renvoyant avec dix écus seulement pour faire environ cent quatre-vingts lieues; encore demanda-t-il ces dix écus par aumône à madame la marquise de Maignelay; et c'est la seule assistance qu'il a demandée pour ses parents.

Environ l'année 1650, feu M. du Fresne, intime ami de M. Vincent, dont on a parlé au premier livre, lui donna mille francs pour eux. Il ne les refusa pas; mais au lieu de les destiner à leur soulagement temporel, estimant qu'ils pouvaient vivre de leur travail, il se proposa de les faire servir à leur salut et avancement spirituel, et à celui de beaucoup d'autres, en leur faisant faire quelques missions; à quoi il fit consentir le bienfaiteur. Il garda cet argent deux ou trois ans, attendant toujours l'occasion d'envoyer quelques missionnaires en ce pays-là. Les divisions du royaume étant survenues en l'année 1652, la Guienne se trouva fort affligée des armées, et les parents de M. Vincent furent par malheur dépouillés de toutes choses, et quelques-uns même moururent par la cruauté des soldats. Ce fut ensuite de cela qu'il disait que ses parents étaient à l'aumône, sans pourtant en dire la cause. Ayant appris ces fâcheuses nouvelles, il n'en témoigna aucune affliction particulière; au contraire, il entra dans de très-grands sentiments d'admiration et de reconnaissance envers la bonté de Dieu, d'avoir par sa conduite adorable retardé l'emploi de cette somme de mille livres, afin d'en aider ces pauvres gens dans leur extrême nécessité. Il fut plusieurs jours et plusieurs semaines qu'il ne pouvait se lasser de louer Dieu, et de le remercier de cette spéciale providence. Il ne voulut pas néanmoins faire l'application de cet argent par soi-même; il consulta les principaux de sa Compagnie, et par leur avis il l'envoya en diligence à son pays, et l'adressa à monsieur de Saint-Martin, chanoine d'Acqs, auquel il en laissa l'entière dispensation, se remettant à lui pour donner à chacun des siens ce qu'il jugerait à propos. Il lui recommanda seulement de tâcher à les mettre en état de gagner leur vie par ce secours, comme il fit, achetant à l'un une paire de bœufs pour labourer; faisant relever le petit logis à celui-ci; dégageant à celui-là un morceau de terre, et donnant des outils et des habits aux autres pour travailler. Il ne pouvait pas faire beaucoup avec si peu de chose à tant de pauvres gens ruinés.

Voilà toutes les richesses que M. Vincent a envoyées à ses parents, quoiqu'il lui eût été très-facile de les mettre à leur aise et les avancer selon le monde, s'il eût voulu se servir des occasions et du pouvoir qu'il en a eu. Il a représenté mille fois le besoin des peuples de plusieurs provinces, et de quantité de familles en particulier, à des personnes riches et charitables qui ont accouru à leur secours; mais de son pays et de ses parents, il n'en a jamais ouvert la bouche. Ne faut-il pas être tout-à-fait mort à la chair et au sang pour en user de la sorte?

A ce propos, étant un jour pressé de faire quelque bien à ses parents par une personne de sa Congrégation, qui savait qu'ils étaient dans le besoin, il lui dit : « Pensez-vous que je n'aime pas mes parents? J'ai pour eux tous les sentiments de tendresse et d'affection qu'un autre peut avoir pour les siens ; et cet amour naturel me sollicite assez de les assister : mais je dois agir selon les mouvements de la grâce, et non de la nature, et penser aux pauvres plus abandonnés, sans m'arrêter aux liens de l'amitié ni de la parenté. »

M. Vincent non-seulement n'a pas remué sa langue ni son pied pour tirer aucun de ses parents de leur bassesse et pauvreté, mais il a empêché que d'autres l'aient fait. Il s'est trouvé des personnes de condition et de piété, même quelques prélats, qui ont voulu, à sa considération, faire étudier quelques-uns de ses neveux, et en prendre soin pour les élever à l'état ecclésiastique, ou à quelque autre condition honnête : à quoi il répondit « qu'il fallait prendre garde de ne pas détourner de ces enfants les desseins que Dieu avait sur eux ; et qu'à son avis il valait mieux les laisser dans la condition de leur père, la condition de laboureur étant entre toutes une des plus innocentes et des plus propres pour se sauver. »

Il a encore passé plus avant, et ressentant en lui-même un grand désir d'établir des prêtres de sa Congrégation dans son pays, pour y rendre les mêmes services qu'ils faisaient dans les autres lieux, et néanmoins craignant qu'il n'y eût en cela quelque mélange d'amour-propre et d'affection naturelle envers les siens, il examina devant Dieu ce sentiment, et il se reprit, se disant à soi-même : « Misérable ! à quoi penses-tu? tous les pays ne te doivent-ils pas être indifférents, et toutes les âmes n'ont-elles pas également coûté au Fils de Dieu? Pourquoi donc te portes-tu à secourir plutôt les uns que les autres? » Tant y a que pour mortifier ce désir, craignant qu'il ne procédât plutôt d'un sentiment de la nature que d'un mouvement de la grâce, il se résolut de ne jamais faire de lui-même un pas, ni dire une parole pour procurer cet établissement. On peut juger, de tout ce que nous venons de dire, combien M. Vincent avait mortifié l'amour naturel de son pays et de ses parents.

On dit communément que, comme du mouvement bien compassé de l'aiguille d'un cadran, il est aisé de connaître l'ajustement des roues et autres pièces qui composent l'horloge, qu'aussi de la bonne conduite de la langue, on peut juger du bon état de tout le reste de l'intérieur, puisque les affections et passions du cœur sont comme les maîtres ressorts qui lui donnent ordinairement le mouvement, et qui forment et animent ses paroles. Et certes, quand nous n'aurions point d'autres preuves de la mortification intérieure de M. Vincent, que cet empire absolu qu'il avait sur la conduite de sa langue, cela suffirait pour nous faire connaître qu'il a possédé cette vertu en un très-haut degré de perfection, puisque, selon la doctrine de l'apôtre saint Jacques, « celui qui ne pèche point en sa langue peut être appelé homme parfait. » Il s'était rendu tellement maître de cette partie, que le même Apôtre appelle indomptable, qu'il ne lui échappait point ou très-peu de paroles inutiles et superflues, et jamais de celles qui ressentent la médisance, la vanterie, la vanité, la flatterie, le mépris, la moquerie, l'impatience, ou autres semblables saillies d'une passion émue et déréglée. Il se possédait si parfaitement, que même dans la chaleur des discours qu'il faisait en public, ou dans les compagnies, quoiqu'il n'eût pas prévu ce qu'il avait à dire, il ne disait pourtant jamais rien d'inconsidéré; et il lui est souvent arrivé qu'ouvrant la bouche pour dire quelque chose d'extraordinaire qui lui venait sur l'heure en sa pensée, il s'arrêtait tout court, comme se recueillant en lui-même, et considérant devant Dieu s'il était expédient de le dire; et puis il continuait à parler, non selon l'inclination qu'il pouvait ressentir, mais selon qu'il voyait être plus agréable à Dieu, et plus conforme au mouvement de sa grâce.

Quand, pour l'entretenir ou pour lui donner quelque satisfaction, on lui rapportait quelque nouveauté ou quelque autre chose extraordinaire qu'il savait déjà, il l'écoutait avec attention, sans témoigner qu'il en eût aucune connaissance, tant pour mortifier l'amour-propre, qui est toujours bien aise de faire paraître qu'il n'ignore pas ce que les autres savent, que pour ne priver ceux qui lui parlaient de la satisfaction qu'ils pouvaient ressentir de lui avoir appris quelque chose de nouveau.

Mais surtout il savait bien retenir sa langue, et lui imposer un rigoureux silence, lorsqu'on lui faisait des reproches, ou que par des emportements on le chargeait d'outrages et d'injures : car quoique dans ces occasions la nature désire ardemment de se justifier, et de repousser l'injure qui lui est faite ; néanmoins, à l'imitation de son divin Maître, il se recueillait en lui-même, et mettait toute sa force dans le silence et dans la patience, bénissant en son cœur ceux qui le maudissaient, et priant pour ceux qui l'outrageaient.

Il était obligé, comme chef d'une Congrégation déjà beaucoup étendue, de pourvoir à tous ses besoins; et n'ayant pas souvent tout ce qui était nécessaire pour y subvenir, il en avait tous les jours la tête rompue ; et pour un surcroit de peine, on lui mandait ou rapportait souvent de fâcheuses nouvelles des pertes notables qui étaient causées par divers accidents sur les biens et sur les fermes de la compagnie ; ce qui le mettait encore plus dans l'impuissance de subvenir aux grandes charges qu'il lui fallait porter : or en toutes ces rencontres, qui sont extrêmement pressantes pour porter la langue aux plaintes et aux murmures, il réprimait tellement ces premiers mouvements de la douleur, et mortifiait si bien les ressentiments qu'il en avait, qu'il supportait avec une admirable égalité d'esprit, et même avec action de grâces, ces accidents fâcheux et surprenants, sans dire autre chose, sinon : « Dieu soit loué : Dieu soit béni : il faut nous soumettre à son bon plaisir, et agréer tout ce qu'il lui plaît nous envoyer. »

Il a encore fait connaître combien il était mortifié en sa langue, et quel empire il avait acquis sur cette partie si malaisée à conduire, en ce que, s'étant présenté une infinité d'occasions qui l'invitaient, et même qui semblaient l'obliger de parler de son esclavage de Tunis, étant une chose douce à la nature de raconter les périls et les accidents plus fâcheux desquels on s'est heureusement dégagé, et particulièrement lorsque cela fait connaître quelque vertu qui est en nous, et que le succès peut tourner à notre propre louange; néanmoins c'est une chose merveilleuse, qu'en quelque rencontre que ce fût, on ne lui a jamais ouï dire un seul mot de son esclavage, ni de ce qu'il avait fait ou dit pour convertir celui qui le tenait captif, et pour se sauver avec lui des mains des infidèles. Et quoiqu'il ait été obligé de parler assez souvent aux siens des esclaves qui sont en Barbarie, pour les exhorter d'aller leur rendre quelque assistance, ou aux personnes de dehors pour les porter à contribuer de leurs biens au secours et à la délivrance de ces pauvres esclaves, il n'a pourtant jamais parlé de lui, ni de ce qui lui était arrivé en ces lieux-là, car il ne le pouvait faire sans découvrir quelque chose qui eût tourné à sa louange. Il parlait volontiers des sujets d'humiliation qui lui étaient arrivés, mais jamais de ce qui pouvait directement ou indirectement donner sujet de le faire estimer. Or il est certain qu'il n'eût pu acquérir un tel empire sur sa langue, s'il ne se fût rendu maître absolu de ses sentiments et de ses mouvements intérieurs, par une continuelle pratique de la mortification. Il l'estimait aussi d'une telle nécessité, non-seulement pour la perfection, mais même pour le salut, que pour l'exprimer il disait quelquefois, « que si une personne qui aurait déjà comme un pied dans le ciel, venait à quitter l'exercice de cette vertu dans l'intervalle du temps qu'il faudrait pour y mettre l'autre, elle serait en péril de se perdre. »

C'est le sujet par lequel il a toujours tâché d'inspirer à ceux de sa Compagnie un esprit de mortification intérieure, un grand dénûment et détachement de toutes choses, et une mort universelle à tous les sens, à tous les mouvements de la nature, à tout intérêt particulier, à tout amour-propre et recherche de soi-même, pour ne vivre que de la vie de l'esprit. « Tenons ferme (leur disait-il sur ce sujet), tenons ferme contre notre nature : car si nous lui donnons une fois pied sur nous, elle en prendra quatre ; et tenons pour assuré que la mesure de notre avancement en la vie spirituelle se doit prendre du progrès que nous faisons en la vertu de mortification, laquelle est particulièrement nécessaire à ceux qui doivent travailler pour le salut des âmes ; car c'est en vain que nous prêchons la pénitence aux autres, si nous en sommes vides, et s'il n'en paraît rien en nos actions et déportements. »

SECTION UNIQUE.

CONTINUATION DU MÊME SUJET.

Pour ce qui est de la mortification extérieure de M. Vincent, l'on peut dire avec vérité qu'elle allait d'un pas égal avec l'intérieure, c'est-à-dire qu'il la pratiquait parfaitement, et presque sans aucun relâche : car il a toujours traité son corps avec une très-grande rigueur, jusqu'au temps de son extrême vieillesse, et même dans ses plus grandes infirmités ; et outre ses pénitences et mortifications ordinaires, dont nous parlerons ci-après, il embrassait et recherchait toutes les occasions qu'il pouvait rencontrer de faire souffrir son corps, dont nous avons vu divers exemples au premier livre, et particulièrement en sa manière de vie pendant tout le voyage qu'il fit en l'année 1649, âgé de plus de soixante-dix ans, où les abstinences, les veilles, la violence du froid et toutes les autres incommodités auxquelles il s'exposa lui causèrent cette grande et fâcheuse maladie qui lui survint à Richelieu. Sur ce sujet il disait que « l'on pouvait pratiquer la mortification en toutes sortes de rencontres, tenant son corps dans quelque posture qui lui soit pénible, sans pourtant blesser la modestie ; privant ses sens extérieurs des choses qui leur pourraient donner quelque satisfaction, en souffrant volontiers les intempéries et incommodités de l'air. » C'est ce qu'il savait fort bien pratiquer lui-même, étant bien aise d'en trouver les occasions ; et on a souvent pris garde que durant les plus grandes rigueurs de l'hiver, il exposait ses mains au froid, qui en paraissaient quelquefois toutes noirâtres ; et les autres parties de son corps participaient à cette même incommodité, ne voulant point prendre d'autres chaussures ni d'autres vêtements pour l'hiver que pour l'été.

Durant les grandes nécessités et extrêmes misères de la Lorraine, il disait fort souvent : « Voici le temps de la pénitence, puisque Dieu afflige son peuple. N'est-ce pas à nous autres prêtres d'être au pied des autels pour pleurer leurs péchés ? Cela est d'obligation ; mais de plus, ne devons-nous pas retrancher quelque chose de notre ordinaire pour leur soulagement ? » Comme en effet pendant les trois ou quatre premières années de cette désolation, il réduisit sa communauté de Saint-Lazare à ne manger que du pain bis ; et auparavant pendant le siége de Corbie, au commencement des guerres entre les deux couronnes de France et d'Espagne, il fit retrancher une petite entrée de table que l'on avait donnée jusqu'alors, qui n'a pas été rétablie depuis. « N'est-il pas juste, disait-il, que nous retranchions quelque chose, pour compatir et participer aux misères publiques ?

Ayant retiré une demoiselle du danger de perdre son honneur, il la mit en lieu d'assurance, et par charité il pourvut pendant deux ans à tout ce qui lui était nécessaire, étant résolu de continuer, et lui disant qu'on faisait tout ce qu'on pouvait pour son bien, que cela la devait contenter, et qu'elle se gardât bien de s'exposer à offenser Dieu : mais au bout de ce temps ayant été séduite par quelques mauvais esprits, elle s'en alla ailleurs ; et comme on vint dire après à M. Vincent qu'elle s'était perdue misérablement, il répondit : « Il me semble que nous avons fait tout ce que nous avons pu pour empêcher ce malheur ; reste à prier Dieu, et à faire pénitence pour elle ! Oh ! il faut qu'il m'en coûte ! »

L'infirmier de la maison de Saint-Lazare a dit que quoique les maladies de M. Vincent fussent fréquentes dès le commencement de l'institution de sa Compagnie, même depuis qu'elle fut établie à Saint-Lazare, et que deux fois l'année il fût attaqué de la fièvre quarte, néanmoins il ne demandait rien pour son soulagement, et ne laissait pas de travailler ; et bien qu'il eût eu plusieurs fois les jambes enflées extraordinairement, il ne laissait pas de marcher à pied : ce qu'il a continué jusqu'à ce que l'impuissance l'a contraint de se servir d'un cheval.

Il arrivait souvent que par infirmité, ou par quelque autre empêchement, il se trouvait pendant la journée attaqué et presque accablé de sommeil ; mais au lieu de réparer ce défaut par quelque peu de repos, il en prenait souvent occasion de se mortifier, se tenant debout, ou se mettant en quelque posture contrainte, et se faisant d'autres violences pour s'empêcher de dormir. L'on a remarqué qu'il n'a jamais rien rabattu de ses veilles pour son grand âge, se levant toujours à l'heure ordinaire de la communauté, quoiqu'il fût le dernier couché ; et avec cela, on le voyait des premiers à l'église en quelque temps que ce fût, où il se tenait à genoux sur la terre pendant l'oraison, sans jamais avoir voulu permettre qu'on lui mît une natte sous ses genoux : et pour l'ordinaire il passait tous les matins plus de trois heures, en partie dans l'église, même durant la rigueur des plus rudes hivers, pour y faire son oraison et pour y célébrer la sainte Messe ; et en partie dans la sacristie, pour y faire ses préparation et actions de grâces avant et après la célébration de la Messe. Il est bien vrai qu'il n'avait pas sujet d'aimer beaucoup le lit, puis qu'il ne couchait que sur une rude paillasse, sans matelas et sans rideau ni tour de lit, et dans une chambre sans feu : ce qu'il a pratiqué toute sa vie, même dans ses plus grandes infirmités, à la réserve des trois ou quatre dernières années qu'on l'obligea de prendre une petite chambre où il y avait une cheminée, parce qu'il avait besoin de feu pour panser ses jambes ; et depuis il souffrit qu'on lui mit un petit rideau autour de son lit, continuant néanmoins toujours de coucher seulement sur la paille.

Enfin, il était tellement ennemi de son corps, que feu M. le cardinal de La Rochefoucauld, connaissant sa manière de vie, lui manda un jour qu'il le priait de se modérer en ses pénitences et austérités pour conserver sa santé et sa vie, Dieu voulant se servir de lui pour le bien de son Église.

Pour ce qui est de la mortification de ses sens, il la pratiquait presque continuellement, et en toutes sortes d'occasions. Lorsqu'il allait par la ville, ou qu'il faisait voyage, au lieu d'égayer sa vue sur les champs ou sur la diversité des objets qu'il rencontrait, il tenait ordinairement ses yeux arrêtés sur un crucifix qu'il portait, ou il les tenait fermés, pour ne voir que Dieu.

Passant un soir d'un corps de logis de Saint-Lazare à un autre, il aperçut en l'air des fusées et autres feux artificiels volants, qui étaient des effets d'une réjouissance publique de la ville de Paris ; mais aussitôt il en détourna ses yeux, et passa outre en disant : Dieu soit béni.

On ne lui a jamais vu cueillir une fleur ni en porter aucune, pour se récréer par son odeur ; mais au contraire, quand il se rencontrait en quelque lieu où il y avait des senteurs mauvaises, comme dans les hôpitaux, ou chez les pauvres malades, le désir qu'il avait de se mortifier lui faisait trouver agréable cette incommodité.

Comme il n'employait sa langue que pour louer Dieu, recommander la vertu, combattre le vice, instruire, édifier et consoler le prochain; aussi n'ouvrait-il ses oreilles qu'aux discours qui tendaient au bien, ayant peine d'en entendre d'autres; et il évitait, autant qu'il pouvait, d'écouter des choses inutiles, et de prêter l'oreille à tout ce qui pouvait délecter l'ouïe, et qui ne nourrissait point l'âme.

Pour le goût, il l'avait tellement mortifié, qu'il ne témoignait jamais à quelle sorte de viande il avait plus d'appétit : il semblait même aller à regret prendre sa réfection, ne le faisant que pour satisfaire à la nécessité, et y gardant toute la bienséance, mangeant les choses qui lui étaient présentées, en la vue de Dieu et avec beaucoup de modestie : à quoi il avait tellement habitué les siens par son exemple, que plusieurs externes de toutes sortes de conditions qui ont mangé en son réfectoire, en ont été grandement édifiés, comme ils l'ont déclaré eux-mêmes, admirant que dans une action qui de soi semble porter à la dissolution, on y gardât une telle récollection et une si grande modestie et retenue.

Il ne sortait jamais de table sans s'être mortifié en quelque chose, soit au boire, soit au manger, ainsi qu'il recommandait aux autres de faire. Et il était si peu attaché à ce qu'il prenait pour sa nourriture, qu'un jour étant retourné fort tard de la ville, et le cuisinier s'étant déjà retiré, on lui présenta par mégarde deux œufs tout crus qu'on trouva dans la cuisine auprès du feu, pensant qu'ils fussent cuits, lesquels il prit sans faire semblant de s'en apercevoir, bien loin de s'en plaindre, ou de les renvoyer pour les faire cuire. Et on n'aurait jamais su cela, si le cuisinier n'eût demandé le lendemain au Frère qui était demeuré pour attendre M. Vincent, s'il avait fait cuire les œufs qu'il avait laissés auprès du feu? A quoi il répondit non, d'autant qu'il croyait qu'ils fussent déjà cuits. Et parce que dans son extrême vieillesse on le pressait de prendre les matins quelque bouillon, comme l'un de ses prêtres faisait grande instance un jour pour lui en faire prendre un qu'il lui présentait : « Vous me tentez, Monsieur, lui dit-il ; n'est-ce point le démon qui vous porte à me persuader de nourrir ainsi ce misérable corps et cette chétive carcasse? Cela est-il juste? Dieu vous le pardonne. » Il consentit néanmoins depuis ce temps-là de prendre le matin, par forme de médecine, un certain bouillon fait exprès, non avec de la viande, mais avec de la chicorée sauvage fort amère, et un peu d'orge mondé, sans graisse, ni beurre, ni huile. Et en un mot, il se traitait si mal pour sa nourriture, qu'il est arrivé plusieurs fois que, pour en avoir pris trop peu, il tombait la nuit en défaillance par le besoin de manger, et qu'on était obligé de lui porter un morceau de pain sec, parce qu'il ne voulait point autre chose, pour subvenir à la simple nécessité.

Pour ce qui est des autres austérités et mortifications extérieures dont il usait, il les a toujours cachées autant qu'il a pu ; mais l'on s'est néanmoins bien aperçu qu'il exerçait de très-grandes rigueurs sur son corps : le Frère qui lui rendait service pendant sa maladie a trouvé quelquefois dans sa chambre des cilices, des haires, des bracelets et ceintures de cuivre à pointes, qu'il tenait cachées, et dont il se servait souvent ; et outre cela, il prenait tous les jours une rude discipline en se levant : ce qu'un de la Compagnie, qui avait sa chambre près de la sienne, dont elle n'était séparée qu'avec des ais de sapin, a témoigné avoir ouï chaque jour l'espace de douze ans ou environ. Mais non content de cette discipline ordinaire et réglée, il en faisait souvent d'extraordinaires pour diverses occasions : comme une fois, entre plusieurs autres, qu'on lui rapporta quelque espèce de désordre arrivé dans une maison de sa Congrégation, il prit pour ce sujet durant huit jours deux fois la discipline chaque nuit ; et ensuite s'étant appliqué aux moyens d'y remédier, il y réussit fort heureusement ; ce que lui-même déclara depuis à une personne de confiance, lui alléguant pour raison que ses péchés étaient cause du mal qui était arrivé, et qu'il était juste qu'il en fît pénitence.

Nous finirons ce chapitre par les sentiments qu'il témoigna un jour à sa communauté sur le sujet de la croix et des mortifications : « Notre-Seigneur, leur dit-il, a tant aimé l'état d'affliction et de souffrance, qu'il a voulu y passer : et il s'est fait homme pour avoir moyen de souffrir. Tous les saints ont embrassé ce même état, et ceux à qui Notre-Seigneur n'a pas envoyé de grandes maladies ont eux-mêmes cherché les occasions d'affliger leur corps, et de le faire souffrir par manière de châtiment : témoin saint Paul, qui disait parlant de lui-même : *Castigo corpus meum, et in servitutem redigo* : Je châtie mon corps, et je le réduis en servitude : c'est aussi ce que nous devons faire, nous autres qui sommes en parfaite santé, nous châtier nous-mêmes, et nous affliger, en vue des péchés que nous avons commis, et de ceux qui se commettent dans le monde contre la divine Majesté. Mais quoi ! l'homme est si chétif et si misérable, que non-seulement il ne se châtie pas soi-même, mais il souffre bien souvent avec impatience l'état de maladie et d'affliction dans lequel il plaît à Dieu de le mettre, quoique ce soit pour son bien. »

CHAPITRE XX.

SA CHASTETÉ.

M. Vincent portant ainsi en son corps la mortification de Jésus-Christ, la vie du même Jésus-Christ, selon la parole du saint Apôtre, s'est aussi manifestée en lui, par une pureté tout angélique, et une chasteté à l'épreuve de tout ce qui lui pouvait être contraire, comme il a bien fait paraître en sa manière de converser, lorsqu'il y était obligé, avec des personnes de l'autre sexe et de tout âge, s'y étant toujours comporté de telle sorte qu'il n'a jamais donné la moindre occasion à la calomnie, mais plutôt un sujet d'édification à un chacun.

Or comme il connaissait bien de quelle importance était cette vertu, et combien elle était nécessaire à ceux qui étaient obligés de s'employer au bien spirituel des autres, et de traiter souvent avec le prochain, tels que sont les missionnaires, aussi leur donnait-il divers avis salutaires sur ce sujet : il leur disait entre autres choses que « ce n'est pas assez aux missionnaires d'exceller en cette vertu, mais qu'ils doivent encore faire tout leur possible, et se comporter de telle sorte que personne n'ait sujet de concevoir à leur égard le moindre soupçon du vice contraire : parce que ce soupçon, quoique très-mal fondé, nuisant à leur réputation, serait plus préjudiciable à leurs saints emplois que tous les autres crimes qu'on pourrait faussement leur imposer. Selon cela, ajoutait-il, ne nous contentons pas d'user des moyens ordinaires pour prévenir ce mal, mais employons-y les extraordinaires si besoin est, comme de s'abstenir parfois de faire des actions qui d'ailleurs seraient licites, et même bonnes et saintes, telles que sont d'aller visiter les pauvres malades, lorsque, au jugement de ceux qui nous conduisent, ces choses pourraient donner quelque lieu à ces soupçons. »

Un prêtre qui faisait les fonctions curiales dans une paroisse lui proposa un jour sur cette matière une question qui fait voir d'un côté la naïveté de ce bon prêtre, et de l'autre l'exactitude de M. Vincent : il lui demanda s'il était à propos de toucher le pouls d'une fille ou d'une femme fort malade, pour voir si elle était proche de la mort, afin de lui donner le dernier sacrement, ou pour dire les prières de la recommandation de l'âme. A quoi il répondit « qu'il fallait bien se donner de garde d'user de cette pratique, et que le malin esprit se pouvait bien servir de ce prétexte pour tenter le vivant et la mourante même; que le diable en ce passage fait flèche de tout bois pour attraper une âme, que la vigueur de l'esprit peut rester, quoique celle du corps soit affaiblie : qu'il se souvînt de l'exemple de ce saint qui étant malade ne voulut point que sa femme le touchât, après l'avoir quittée par un mutuel consentement, criant avec ce qui lui restait de voix qu'il y avait encore du feu sous la cendre; qu'au reste s'il voulait connaître les symptômes d'une prochaine séparation de l'âme d'avec le corps, qu'il priât quelque chirurgien ou autre personne qui se trouverait là de lui rendre cet office, y ayant moins de danger; ou bien qu'il s'informât du médecin ce qu'il en pensait : mais, quoi qu'il arrivât, qu'il ne se hasardât jamais de toucher ni fille ni femme sous quelque prétexte que ce fût. » Il était rigoureux en cette matière, quoique condescendant en toute autre chose.

Il écrivit un jour à un Frère de sa Congrégation de s'abstenir de fréquenter une personne de l'autre sexe, quoiqu'à bonne intention, « parce, dit-il, qu'en tels entretiens particuliers s'il n'y a pas du mal il y a toujours sujet d'y en penser, et que d'ailleurs le moyen de conserver la pureté est d'éviter les occasions qui la peuvent flétrir. »

Un autre Frère, souffrant des tentations contre la chasteté à cause de la vue des objets qui se présentaient à lui allant et venant pour les affaires de la maison, eut en pensée, pour se rédimer de ces peines d'esprit, de sortir de la Congrégation de la Mission, et de se faire religieux solitaire; et en ayant écrit à M. Vincent, voici la réponse qu'il lui fit : « D'un côté, j'ai reçu consolation de votre lettre, voyant votre candeur à découvrir ce qui se passe en vous; mais, d'un autre, elle m'a donné la même peine que saint Bernard reçut autrefois d'un sien religieux qui, sous prétexte d'une plus grande régularité, voulait quitter sa vocation pour passer à un autre ordre, quoique ce saint abbé lui dît que c'était une tentation, et que l'esprit malin ne demandait pas mieux que ce changement, sachant bien que s'il le pouvait ôter du premier état il lui serait facile de le tirer du second, et après de le précipiter dans le désordre de la vie, comme il arriva. Ce que je vous puis dire, mon cher Frère, est que si vous n'êtes pas continent en la Mission, vous ne le serez point en lieu du monde, et de cela je vous en assure. Prenez garde qu'il n'y ait quelque légèreté dans le désir que vous avez de changer; et en ce cas, le remède, après la prière, qui est nécessaire en tous nos besoins, serait de considérer qu'il n'y a condition sur la terre en laquelle il n'arrive des dégoûts, et parfois des désirs de passer en d'autres : et après cette considération estimez que, Dieu vous ayant appelé en la Compagnie où vous êtes, il y a vraisemblablement attaché la grâce de votre salut, laquelle il vous refuserait ailleurs, où il ne vous appelle pas. Le second remède contre les tentations de la chair est de fuir la communication et la vue des personnes qui les excitent, et de les communiquer aussitôt à votre directeur, lequel vous donnera d'autres remèdes. Celui que je vous conseille encore est de vous confier fort en Notre-Seigneur et en l'assistance de l'Immaculée Vierge sa Mère, à qui je vous recommanderai souvent, etc. »

Une personne de piété ayant écrit une lettre trop tendre et trop affectueuse à une autre personne qui était sous la direction de M. Vincent, celle-ci l'envoya à ce sage directeur, qui après l'avoir vue, lui manda : « Je veux croire que cette personne qui vous a écrit si tendrement n'y pense pas de mal ; mais si faut-il avouer que sa lettre est capable de donner quelque atteinte à un cœur qui y aurait quelque disposition, et serait moins fort que le vôtre. Plaise à Notre-Seigneur nous garder de la fréquentation d'une personne qui peut donner quelque petite altération à notre esprit. »

Selon cela M. Vincent a donné pour règle à ses enfants de s'abstenir entièrement de parler et d'écrire aux femmes et filles en termes trop affectifs, quoique ce fût en matière de dévotion : et lui-même était extrêmement réservé sur ce point ; il parlait et écrivait bonnement et respectueusement à tout le monde, mais jamais trop amiablement ni mollement aux personnes de l'autre sexe ; et, qui plus est, il évitait d'user de termes, quoique honnêtes, qui fussent capables de donner la moindre mauvaise pensée à qui que ce fût qu'il parlât : le mot chasteté même était trop expressif pour lui, il le prononçait rarement pour ne faire penser à son contraire ; il se servait de celui de pureté, qui est plus étendu ; et s'il était obligé de parler de quelque femme ou fille débauchée, pour remédier à son désordre, c'était pour l'ordinaire sous un autre nom que celui de fille ou de femme, comme de pauvre créature ; et il faisait entendre sa faute par des termes fort généraux, tels que sont sa faiblesse, son malheur. En un mot, il ne se peut dire quel était l'éloignement qu'il avait de toutes les choses qui portaient quelque ombre ou quelque image de déshonnêteté.

La pudeur de son cœur rejaillissait sur tout son visage, et réglait si parfaitement sa langue, que ses paroles, procédant d'une source très-pure, faisaient évidemment connaître que la chasteté lui était extrêmement précieuse. C'est pourquoi, selon la règle qu'il a donnée à ses enfants, il apportait toutes les précautions imaginables pour la conserver. Nous avons déjà vu combien il matait son corps par l'excès du travail et par sa pénitence continuelle ; quelles étaient ses humiliations, et combien grande sa tempérance au boire et au manger. Il trempait si fort son vin, qu'une personne de piété et très-digne de foi, qui l'a remarqué, s'est étonnée souvent qu'un vieillard comme lui se soit passé d'en boire si peu, même en l'âge de quatre-vingts ans et plus.

Il tenait tous ses sens dans une grande retenue, particulièrement la vue, ne regardant ni légèrement, ni curieusement, ni hors de propos, ni d'un regard fixe les personnes de l'autre sexe ; il ne leur parlait point seul à seule, mais à la vue d'autres personnes, ou la porte ouverte.

Il n'allait jamais voir les dames de son assemblée en leurs maisons sans nécessité, non pas même mademoiselle Le Gras, supérieure des Filles de la Charité qu'il a instituées. Voici ce qu'il lui écrivit un jour sur ce sujet pendant qu'elle demeurait au village de la Chapelle, à un quart de lieue de Paris : « Je dois aller tantôt à la Chapelle ; s'il est besoin que j'aille chez vous, vous me le manderez, s'il vous plaît ; je suis bien aise de n'y aller point autrement, selon la résolution que nous en avons prise dès le commencement. » Et par une autre lettre écrite en un temps où cette demoiselle était malade : « Si vous désirez que j'aie le bien de vous voir en votre maladie, mandez-le-moi : je me suis imposé la loi de ne vous aller voir sans être mandé pour chose nécessaire ou fort utile. »

Il était pourtant obligé de parler quelquefois à cette vertueuse demoiselle et à ses filles en particulier, et de conférer de leur conscience, comme lorsqu'elles faisaient leurs retraites annuelles, et en d'autres occasions, en étant l'instituteur et le père ; mais il l'en fallait prier et presser plusieurs fois auparavant, et il n'y allait que le moins et le plus tard qu'il pouvait. Il faisait entrer son compagnon dans la même chambre où il entrait, et ne voulait point qu'il en sortît avant lui, le faisant seulement retirer un peu à l'écart. Il voulait toujours des témoins quand il parlait à qui que ce fût de ce sexe, afin de se rendre par ce moyen impossible l'occasion du péché, et de mettre sa vertu hors des atteintes de la médisance en ce point, auquel les esprits faibles et malins soupçonnent facilement, et en quoi la calomnie ternit davantage la réputation des plus gens de bien : c'est pourquoi Notre-Seigneur n'a pas permis que, lorsqu'on lui a faussement reproché d'autres crimes, on ait osé toucher à sa virginale pureté, qui était plus brillante que la lumière du soleil.

M. Vincent s'entremit un jour pour mettre la paix dans une famille de Paris, où le mari et la femme étaient en divorce ; la femme, encore jeune et bien faite, étant hors la maison du mari, exposée au danger. Comme M. Vincent parlait à elle au parloir de Saint-Lazare, le Frère qui était auprès de lui, pour ne pas entendre ce qu'ils disaient, sortit et tira la porte sur soi ; ce que M. Vincent ayant aperçu, il l'appela aussitôt, et lui dit de laisser la porte ouverte, ce qu'il fit. Il en usait toujours de même lorsqu'il était obligé de parler à des personnes de ce sexe.

Il alla un jour en ville pour parler à une dame de médiocre condition, séparée aussi de biens et d'habitation d'avec son mari, pour quelque affaire qui requérait un long discours ; mais l'ayant trouvée encore au lit, il lui parla de cette affaire à la vue de plusieurs personnes si brièvement et en si peu de mots, que son compagnon qui était présent, et qui avait connaissance particulière de l'affaire, en fut tout étonné, et même édifié, voyant bien qu'il avait ainsi tranché court à cause qu'elle était au lit, quoiqu'il fût pour lors âgé de plus de soixante-dix ans.

L'affection toute singulière qu'il avait pour cette vertu, l'a porté en tout temps à retirer quantité de filles et de femmes des occasions du vice contraire. Premièrement, dans les missions, les séparant et les éloignant des personnes qui les incitaient au mal.

Secondement, dans les provinces désolées par les guerres, faisant assister d'habits et de nourriture celles que la nécessité mettait en péril de s'abandonner, particulièrement en Lorraine ; d'où même il fit venir à Paris plusieurs troupes de filles bien faites qui étaient les plus exposées à la cajolerie des gens de guerre ; et, par l'entremise des Dames de la Charité, il les fit mettre en condition, et autant qu'il se pouvait chez des personnes de connaissance et de piété.

Troisièmement, par le moyen de mademoiselle Poulaillon, qui, non-seulement était du nombre des Dames de la Charité de Paris, mais qui était en outre sous la direction particulière de M. Vincent, et laquelle, par ses avis, sa conduite et son assistance, a retiré un grand nombre d'honnêtes filles du péril de se perdre, ce qui est connu de tout Paris. Cette vertueuse demoiselle vint voir un jour M. Vincent, accompagnée d'une de ces filles âgée de quatorze ou quinze ans, qui était fort belle, à qui M. Vincent dit « qu'elle était beaucoup obligée à Dieu de l'avoir mise dans une maison de piété et entre les mains d'une personne si charitable, qui prenait soin de son honneur et de son salut ; qu'elle en devait être fort reconnaissante, et beaucoup estimer le bonheur qu'elle avait d'être ainsi à couvert ; qu'elle usât bien de cette grâce, et que Notre-Seigneur lui en ferait d'autres, parce qu'il aime les vierges, et qu'il veut en être toujours accompagné partout où il va ; de quoi elle se devait réjouir. »

Quatrièmement, par le moyen de mademoiselle Le Gras, sa fille spirituelle, ayant fait en tout temps recevoir chez elle plusieurs filles et femmes sollicitées au mal, ou en danger d'y tomber, afin de les en tirer, de leur donner quelques avis, et leur faire faire la retraite spirituelle en attendant qu'on les pût mettre en un lieu de sûreté.

Nous avons vu ailleurs ce qu'il a fait en faveur des filles de Sainte-Madeleine. Un bourgeois de Paris a rendu encore ce témoignage que M. Vincent lui avait dit, peu avant sa mort, qu'il eût bien désiré qu'il y eût un hôpital à Paris pour y renfermer les femmes et les filles abandonnées, surtout celles qui s'emploient à débaucher les autres. Ils en parlèrent ensemble diverses fois ; et quoique M. Vincent vît de grandes difficultés en l'exécution de ce dessein, il avait néanmoins donné quelque commencement au projet de cette sainte œuvre avec quelques autres personnes de piété ; et il y a apparence que s'il eût encore vécu quelque temps, son zèle pour la chasteté en serait venu à bout, comme il a fait de tant d'autres œuvres où il a mis la main. Depuis sa mort, les mêmes personnes qui contribuaient avec lui à ce bon dessein l'ont tellement avancé, qu'il est sur le point d'être enfin achevé.

CHAPITRE XXI.

SON ÉGALITÉ D'ESPRIT.

L'égalité d'esprit est une des marques les plus assurées, ou plutôt un des plus excellents fruits de la parfaite mortification ; par le moyen de laquelle on acquiert un tel empire, non-seulement sur ses sens extérieurs, mais aussi sur tous les mouvements intérieurs de son âme, que tout ce qui se passe au dehors, et tout ce qu'on peut ressentir au dedans, n'est point capable d'apporter aucun trouble à celui qui s'est rendu possesseur de cette vertu : de sorte qu'en la partie supérieure de son âme il jouit d'une continuelle tranquillité, et demeure toujours dans une paisible possession de soi-même ; et quelques accidents qui lui puissent arriver, en quelques rencontres d'affaires qu'il se puisse trouver, et quoi qu'on lui puisse dire ou faire, rien toutefois ne le peut altérer ni ébranler : on voit toujours reluire une même sérénité en son visage, et une même retenue en toutes ses actions et en toutes ses paroles ; sa voix ne change pas seulement de ton, et son cœur, demeurant toujours dans une même assiette, conserve tout le reste de son intérieur dans une constante égalité, qui se fait même connaître à l'extérieur.

Voilà un petit crayon, quoique bien imparfait, de l'état auquel M. Vincent était parvenu, ou plutôt auquel il avait été élevé par la pratique de toutes les vertus, dont il a été parlé dans les chapitres précédents, et particulièrement de la mortification qui semblait lui avoir parfaitement assujetti tous les mouvements de ses passions, en sorte qu'il n'en recevait aucun trouble ni altération, retenant toujours son esprit dans une sainte égalité, qui se faisait connaître même sur son visage et sur toute la composition de son extérieur.

Or, cette constance et égalité d'esprit de M. Vincent s'est rendue remarquable : premièrement, dans sa manière de vie toujours humble et portée à la piété et à la charité, sans avoir jamais été interrompue par aucun désordre de jeunesse, ni par le relâchement au progrès de la vertu, non pas même dans le déclin de son âge, et dans sa caducité. Il allait toujours son train ordinaire dans les actions spirituelles et dans la voie de la perfection, marchant droit à la suite de Notre-Seigneur, et portant les siens à la pratique des maximes de l'Évangile et des règles de leur état, dont il leur donnait l'exemple en tous lieux et en tous temps, dans la tribulation et dans la consolation, dans la santé et dans la maladie, dans les grandes froidures et dans les excessives chaleurs, parce que toutes ces choses lui étaient égales devant Dieu : ce qui se peut dire de même de tout le reste. L'on a souvent remarqué qu'en quelques affaires qu'il fût occupé, et même dans la plus grande presse et foule des importunités dont il était quelquefois accablé, si néanmoins quelqu'un venait pour l'interrompre et lui parler, il l'écoutait, et lui répondait avec autant de présence d'esprit et de tranquillité comme s'il n'eût eu aucune autre affaire, ce qui était une marque bien évidente de cette égalité en laquelle il maintenait son esprit. Elle s'est encore fait paraître plus merveilleuse dans la constance avec laquelle il a persévéré en toutes ses entreprises et occupations de piété ; s'étant incessamment appliqué au service des pauvres, à l'instruction des peuples, et aux moyens de perfectionner l'état ecclésiastique, sans jamais désister de ce qu'il avait une fois bien commencé : il n'a point délaissé une chose pour en commencer une autre, et entre tant de grandes œuvres qu'il a entreprises, il n'en a abandonné aucune avant le temps ;

mais il les a toutes soutenues et poursuivies jusques au bout, et avec une égalité d'esprit et une contenance merveilleuse, nonobstant les contradictions, traverses et persécutions, qui affermissaient son courage au lieu de l'ébranler.

Mais ce qui est d'autant plus admirable qu'il est plus rare parmi les hommes, est que M. Vincent a conservé cette égalité d'esprit parmi toutes les inégalités d'emplois et d'affaires, et même dans tous les engagements qu'il a eus dans les conseils de Leurs Majestés ; et cet air de cour qui est si pénétrant, qu'il ne se trouve presque aucun esprit, quelque fort qu'il puisse être, qui n'en ressente quelque altération, n'a jamais fait aucune impression sur celui de M. Vincent, lequel était aussi tranquille et recueilli parmi la foule des courtisans comme en la compagnie des missionnaires, aussi humble dans la communication avec les grands comme dans la conversation avec les petits : en sorte que tous les emplois qu'il a eus dans les conseils, pendant plusieurs années, ne lui ont rien fait diminuer de ses exercices ordinaires, ni de son respect et de son affabilité envers un chacun. Ce que considérant un jour un très-vertueux prélat qui l'était venu visiter à Saint-Lazare, et admirant particulièrement une si grande humilité dans un homme élevé à des emplois si honorables et si importants, et qui d'ailleurs était supérieur général d'une Congrégation et instituteur de plusieurs Compagnies, il ne put s'empêcher de dire : « M. Vincent est toujours M. Vincent, » c'est-à-dire aussi humble, aussi affable et aussi prompt à servir un chacun, qu'il était avant que d'être employé aux affaires de la cour ; faisant mentir le proverbe qui dit que les honneurs changent les mœurs.

Il a fait encore particulièrement paraître cette égalité d'esprit dans les grandes pertes qui lui sont arrivées des biens qui lui étaient nécessaires pour la subsistance de ceux de sa Congrégation, et pour le service de Dieu : et comme plusieurs maisons de la Mission avaient la plus grande partie de leur établissement assigné sur divers domaines du roi, comme sur les aides, coches, carrosses et autres semblables, on lui venait souvent dire qu'on en avait retranché un quartier, quelquefois deux quartiers, et quelquefois toute une année : et pendant les guerres, on lui apportait quelquefois la nouvelle qu'une ferme avait été pillée, que les chevaux et autres bestiaux avaient été enlevés, ou bien qu'il était arrivé quelques autres pertes ou fâcheux accidents ; et en toutes ces rencontres on ne lui entendait dire autre chose, sinon : « Dieu soit loué, il faut nous soumettre à sa volonté et agréer tout ce qu'il lui plaira nous envoyer. » Et la plus grande plainte qu'il ait jamais faite fut de dire : « Je pense qu'enfin nous serons contraints d'aller vicarier par les villages, si Dieu n'a pitié de nous. »

Mais son égalité d'esprit s'est fait voir particulièrement dans la rencontre de la perte de cette ferme dont il a été parlé au chapitre dix-huit ; car comme on lui en eut apporté la nouvelle, la première parole qu'il dit fut celle-ci : *Béni soit Dieu !* ce qu'il répéta cinq ou six fois, et en même temps s'en alla à l'église, où il demeura quelque temps à genoux devant le Saint-Sacrement. Or ce qui rend cette égalité d'esprit plus admirable en cette rencontre, est qu'il ne s'attendait nullement à cette perte, après le sentiment de huit avocats des plus fameux du parlement de Paris, lesquels avaient été consultés sur ce sujet, qui tous unanimement avaient trouvé que le droit de la maison de Saint-Lazare était bien fondé et même le tenaient pour infaillible.

M. Vincent fit encore voir quelle était son égalité d'esprit, lorsqu'il apprit la nouvelle du naufrage des vaisseaux que feu M. le maréchal de la Meilleraie envoyait en l'île de Madagascar, dans lesquels il y avait plusieurs missionnaires, et quantité de hardes, de meubles, de livres, et de quoi subsister pendant plusieurs années, toutes lesquelles choses périrent, à la réserve des enfants de ce charitable père, qui furent préservés par une spéciale protection de Dieu : et néanmoins toutes ces pertes et fâcheux accidents ne furent point capables d'ébranler son esprit, ni de lui faire changer la résolution de soutenir cette grande et importante entreprise ; mais au contraire il semble que cela ne servit que pour augmenter son courage, ayant envoyé en cette même île, par les vaisseaux qui partirent depuis, un plus grand nombre de missionnaires qu'il n'avait fait par les précédents.

Cette même égalité d'esprit a été aussi fort remarquable en lui dans la perte de plusieurs très-bons sujets de sa Congrégation, qui ont été consumés par les travaux où il les avait engagés pour le service de Dieu : car lorsqu'il apprenait la nouvelle de leur mort, quoique d'abord il en parût sensiblement touché, néanmoins recueillant aussitôt son esprit, et l'élevant vers Dieu, il se conformait au bon plaisir de sa divine Majesté, et demeurait ainsi dans son égalité ordinaire.

Voici ce qu'il écrivit un jour à un de ses prêtres sur ce sujet : « Vous n'avez donc pas su, lui dit-il, les pertes que nous avons faites ? ô Monsieur, qu'elles sont grandes ! non-seulement pour la quantité des hommes que Dieu nous a ôtés, au nombre de dix ou onze ; mais pour la qualité de leurs personnes, étant tous prêtres et des meilleurs ouvriers de la Compagnie : aussi sont-ils tous morts en servant actuellement le prochain, et d'une manière toute sainte et extraordinaire. Ce sont Messieurs, etc., desquels il y en a six qui sont morts de peste à Gênes en servant les pestiférés, sans parler d'un Frère; et les autres ont donné leur vie temporelle pour procurer l'éternelle aux insulaires de Madagascar et des Hébrides. Ce sont autant de missionnaires que nous avons au ciel; il n'y a pas lieu d'en douter, puisqu'ils se sont tous consumés pour la charité, et qu'il n'y en a pas une plus grande que de donner sa vie pour son prochain, ainsi que Jésus-Christ même l'a dit et pratiqué. Que Dieu soit donc glorifié, Monsieur, de la gloire qu'il a donnée à nos confrères, comme nous avons sujet de le croire, et qu'à jamais son bon plaisir soit la paix et le calme de nos cœurs affligés. Je ne vous dis pas quelle a été notre douleur en recevant ces fâcheuses nouvelles, qui sont venues presque toutes en même temps; il me serait impossible de vous l'exprimer : vous pourrez juger par la peine que vous en ressentirez, vous qui aimez tendrement la Compagnie, que nous n'en pouvions pas recevoir une plus grande sans en demeurer accablés. » Voilà ses sentiments douloureux sur la mort de ses plus chers enfants; mais ceux qui ont vu sa douce et ferme tranquillité dans ces accidents disent qu'elle était incomparable, et qu'elle donnait une merveilleuse édification.

L'égalité d'esprit de cet homme de Dieu fut un jour éprouvée par une grande affliction et par une grande joie qui le saisirent subitement l'une après l'autre, sans que presque personne s'en aperçut que ceux auxquels il le déclara par nécessité. Il envoya sur la fin de l'an 1659 quatre prêtres et un Frère pour la mission de Madagascar: étant arrivés à Nantes, ils apprirent que l'embarquement se devait faire à la Rochelle, où ils s'en allèrent, les uns par terre, et les autres par mer. M. Étienne, qui était le supérieur, voulut aller par mer, et prit le Frère avec lui pour conduire leurs hardes. La barque sur laquelle ils étaient fut durant douze ou quinze jours dans une continuelle agitation, et toujours sur le point de périr, n'ayant plus de mât, de voiles ni de vivres; cependant on la tenait pour perdue, et on le manda ainsi à M. Vincent, de Nantes et de la Rochelle; et peu après, cette mauvaise nouvelle fut confirmée par deux jeunes hommes qui étaient dans la barque, et qui au milieu de l'orage, voyant qu'ils allaient échouer sur un banc de sable, sautèrent dans le petit esquif, sur lequel ils arrivèrent seuls à la Rochelle, où ils assurèrent avoir vu abîmer la barque : ce que même l'un d'eux, qui était à Paris, écrivit à Madame Sauvé, sa mère, laquelle envoya sa lettre à M. Vincent. Il avait des raisons très-particulières pour regretter dans cette conjoncture la perte de ce supérieur par-dessus toute autre perte ; et en effet cette nouvelle lui causa une douleur inconcevable : mais tant s'en faut qu'il se laissât aller aux plaintes et aux exclamations, ou qu'il donnât aucun signe de tristesse, que même il cacha cet accident à sa communauté, et défendit à trois personnes qui le savaient d'en parler à qui que ce fût, parce qu'il voulait prendre son temps pour la préparer à cette grande affliction, comme il avait coutume de faire pour de moindres pertes, afin de tenir les esprits si résignés qu'ils ne se laissassent emporter aux mouvements déréglés de la mer orageuse de cette vie ; désirant qu'ils eussent tous la même égalité qu'il avait. Après cela il disposa incontinent et en secret un autre prêtre pour aller prendre la place de celui qu'il croyait mort : et pendant que celui-ci dînait pour partir, et que M. Vincent écrivait une lettre à ces autres prêtres qui étaient à la Rochelle, pour leur dire qu'il leur envoyait un autre supérieur, voici qu'on lui apporta de la poste plusieurs paquets de lettres, entre lesquels il s'en trouva deux dont la suscription semblait être de la main de M. Étienne qu'il tenait pour mort. Il ouvrit ces lettres, et regardant le seing, il trouva que c'était lui-même qui les avait écrites, l'une de Bayonne, et l'autre de Bordeaux, pour lui dire que sa barque était arrivée à Saint-Jean-de-Luz toute délabrée ; qu'ils avaient été tous conservés comme par miracle, et qu'il s'en venait en poste avec le Frère droit à la Rochelle, pour y arriver avant le départ du navire. Il n'y a que Dieu qui sache la consolation que ce charitable père reçut de ces lettres : il les lut en présence de son assistant, et de celui qui écrivait sous lui, qui avaient su la mauvaise nouvelle, et lesquels admirèrent de le voir passer subitement d'une extrémité à une autre, et d'un état de peine à un sujet de joie, sans aucun signe extérieur de transport ni de changement, non plus de son esprit que de son visage. Il remercia Dieu, le loua et le bénit de la vie comme de la mort.

Voilà comme la volonté de Dieu lui était toujours égale, sous quelque couleur qu'elle lui apparût : c'est ce qu'il a fait connaître à ses enfants en une infinité de rencontres : et voici une règle qu'il s'était prescrite pour lui et pour eux, afin de s'attacher partout et en toutes choses à cette divine volonté : « Pour ce qui est des choses, dit-il, qui nous arrivent inopinément, comme sont les afflictions ou consolations, soit corporelles, soit spirituelles, nous les devons recevoir toutes avec égalité d'esprit, comme venant de la main paternelle de Notre-Seigneur. »

Voici dans quel esprit M. Vincent reçut en l'année 1660, sept mois avant sa mort, la séparation de son cher compagnon M. Portail, exprimée dans une lettre qu'il écrivit dès lors à un des siens : « Il a plu à Dieu, dit-il, nous priver du bon M. Portail. Il décéda le quatrième de ce mois : il avait toujours appréhendé la mort; mais la voyant approcher, il l'a envisagée avec paix et résignation, et il m'a dit plusieurs fois que je l'ai visité qu'il ne lui restait aucune impression de sa crainte passée. Il a fini comme il a vécu, dans le bon usage des souffrances, dans la pratique des vertus et le désir de se consumer, comme Notre-Seigneur, en l'accomplissement de la volonté de Dieu. Il a été l'un des deux premiers qui ont travaillé aux missions, et il a toujours contribué aux autres emplois de la Compagnie, à laquelle il a rendu de notables services en toutes les manières; en sorte qu'elle aurait beaucoup perdu en sa personne, si Dieu ne disposait de toutes choses pour le mieux, et ne nous faisait trouver notre bien en cela même où nous pensons recevoir du dommage. Il y a sujet d'espérer que ce sien serviteur nous sera plus utile au ciel qu'il n'eût été sur la terre. Lors de son trépas, mademoiselle Le Gras était aussi à l'extrémité, et nous pensions qu'elle s'en irait devant lui; mais elle vit encore, Dieu n'a pas voulu nous accabler d'une double affliction. »

Il est à remarquer que cette double affliction lui arriva un mois après, et ensuite celle de la mort de M. l'abbé de Chandenier, qu'il estimait, honorait et chérissait grandement. On sait que toutes ces pertes lui ont été les plus sensibles; mais pourtant il n'en perdit point la tranquillité de son esprit, ni la sérénité de son visage, pour peu que ce fût.

Non-seulement il souffrait sans émotion d'être dépouillé des biens et des personnes les plus utiles à sa Congrégation, mais encore de perdre son honneur, sa santé et sa propre vie.

Il se possédait en un tel point, que quand on lui disait des paroles piquantes, des injures et des calomnies, comme cela lui est arrivé souvent, il se tenait toujours égal, ne répondant point autrement qu'à son ordinaire, sans aigreur ni changement; ce que quelques personnes qui étaient présentes ont admiré en diverses rencontres, avouant qu'elles en ressentaient elles-mêmes quelque émotion, quoique ces injures ou contumélies ne les touchassent en rien.

Revenant un jour de la ville pendant la seconde guerre de Paris, et étant près de passer la porte pour venir à Saint-Lazare, il fut arrêté par les bourgeois qui les gardaient, lesquels témoignèrent lui vouloir faire insulte; et quelqu'un même menaça de le tuer, lui faisant mettre pied à terre : il ne laissa pas pourtant de leur parler avec sa civilité et sa modération ordinaire, sans s'étonner de leurs menaces; et ces gens-là, voyant sa candeur, le laissèrent passer :

mais cela lui donna sujet d'envoyer chez M. le duc d'Orléans demander un passeport pour entrer et sortir librement, lequel lui fut accordé aussitôt.

Il s'est trouvé dans plusieurs périls de mort, particulièrement quand il fit le voyage de Bretagne, ayant couru deux fois le danger évident d'être noyé, et une fois d'être assassiné : néanmoins on n'a jamais remarqué en lui aucune altération d'esprit, ni même de visage.

Quelque douleur qu'il ait endurée en ses maladies, quelque longueur qu'aient eue ses incommodités, et quelque retardement que les affaires en reçussent, on ne s'est point aperçu qu'il s'en soit aucunement inquiété ni troublé : il demeurait dans sa profonde paix et dans sa constante égalité d'esprit, dont la douceur de ses paroles et la sérénité de son visage dans les attaques les plus fâcheuses étaient de fidèles témoins : et il eût même donné sujet de penser qu'il ne souffrait pas beaucoup, et qu'il était comme insensible, si d'ailleurs on ne l'eût vu diminuer et s'affaiblir, particulièrement avant sa mort, auquel temps il se trouva si accablé de divers maux, que lui-même se voyait mourir, ainsi qu'il le disait, sans qu'on vît pourtant d'autre changement en son corps que celui de sa faiblesse et destruction : car il demeura toujours assis sur sa chaise, vêtu à son ordinaire, et appliqué aux affaires comme devant. L'on vit encore moins changer son esprit, qui parut toujours doux et tranquille jusqu'au dernier soupir : en sorte qu'il y a lieu de douter s'il s'est jamais vu une égalité plus entière, plus éprouvée et plus constante que celle de ce grand serviteur de Dieu.

CHAPITRE XXII.

SA FORCE A SOUTENIR LE BIEN ET A S'OPPOSER AU MAL, ET SA PATIENCE A SUPPORTER LES AFFLICTIONS ET LES PEINES.

Le grand apôtre saint Paul a bien fait connaître quel était son courage et sa force pour demeurer constant et fidèle dans l'amour de son divin Maître, lorsqu'il a comme défié tout ce qu'il y avait de terrible et de redoutable dans la nature : « Qui est-ce, dit-il, qui nous séparera de la charité de Jésus-Christ ? Sera-ce la tribulation, ou l'angoisse, ou la faim, ou la nudité, ou le péril, ou la persécution, ou le glaive [1] ? » Car c'est le propre de cette vertu de mépriser tout ce que les hommes craignent le plus ; et comme a dit saint Ambroise : « C'est la force qui entreprend une guerre irréconciliable contre les vices, qui se rend invincible aux travaux, demeure sans crainte au milieu des périls, rejette les voluptés, et se raidit contre tous les alléchements du monde [2]. »

Vincent de Paul a toujours marché sur les vestiges de ce grand Apôtre, duquel comme il tenait à grand honneur de porter le nom, aussi s'est-il rendu parfait imitateur de ses vertus, et particulièrement de celle-ci, en laquelle il a toujours excellé ; et ceux qui l'ont connu savent que ni les promesses, ni les menaces, ni les espérances, ni les terreurs, ni les calomnies n'ont pu jamais ébranler sa fermeté dans le bien. Il est vrai qu'il avait un singulier respect pour toutes les personnes élevées en autorité au-dessus de lui : il rendait une très-grande déférence à leurs sentiments, il se soumettait à toutes leurs volontés, quand il le pouvait faire sans blesser sa conscience ; mais lorsqu'il s'agissait des intérêts du service ou de la gloire de Dieu et que l'on tâchait de le détourner de ce que Dieu voulait de lui, ou de le porter à ce que Dieu ne voulait pas, il n'y avait aucune considération ni persuasion qui le pût ébranler.

Quelle constance et force d'esprit n'a-t-il point fait paraître (comme parle un très-vertueux ecclésiastique dans un témoignage qu'il en a donné par écrit) quand il a été question de recevoir des affronts et des injures, plutôt que de consentir à la moindre chose qui fût contre la justice ou contre la droiture ? Et pendant le temps qu'il a été employé dans les conseils de conscience, avec quelle fermeté s'est-il opposé aux desseins des plus puissants, lorsqu'ils prétendaient obtenir des biens de l'Église ou des bénéfices par des voies qu'il n'estimait pas légitimes, ou pour des personnes qu'il ne jugeait pas capables ?

Un magistrat des plus considérables d'une cour souveraine l'ayant un jour rencontré dans les rues, voulut lui persuader de faire quelque chose pour ses intérêts particuliers, qu'il ne croyait pas juste devant Dieu ; c'est pourquoi il s'en excusa le plus honnêtement qu'il lui fut possible, et ne put jamais être fléchi, quelque instance que l'autre lui fit : de quoi étant fort indigné, il se laissa transporter au mouvement de sa colère, et le traita fort mal de paroles : ce que

---

[1] Quis nos separabit à charitate Christi? tribulatio? an angustia? an fames? an nuditas? an periculum? an persecutio? an gladius? *Rom.*, 8.

[2] Fortitudo contemptrix est timendorum, etc. Fortitudo inexpiabili prælio adversus vitia omnia decertat; invicta ad labores, intrepida ad pericula, dura adversus illecebras, rigidior adversus voluptates. *Amb. lib.* 1 *Offic., cap.* 35.

M. Vincent souffrit avec grande tranquillité, et sans s'émouvoir en aucune façon, ne lui disant autre chose sinon : « Monsieur, vous tâchez, comme je crois, de faire dignement votre charge, et moi je dois tâcher de faire la mienne. »

Une dame de grande condition le sollicitant pour avoir l'expédition d'un bénéfice qu'elle prétendait obtenir du roi pour un de ses enfants, M. Vincent, qui savait que cela ne se pouvait faire avec justice, la pria de l'excuser s'il ne pouvait pas en cela faire ce qu'elle désirait : sur quoi cette dame se laissant emporter à sa passion, lui dit qu'elle saurait bien obtenir ces expéditions par une autre voie; qu'elle lui faisait trop honneur de s'adresser à lui pour ce sujet, et qu'il ne savait pas encore de quelle façon il fallait traiter les dames de sa qualité. A quoi M. Vincent ne voulut point répliquer, demeurant dans le silence, et souffrant bien volontiers ces reproches injurieux, plutôt que de consentir à quelque chose qui fût contre son devoir.

Il fit le même envers une autre dame de semblable condition, qui voulait l'engager en quelque affaire qu'il n'estimait pas juste, lui disant avec sa modestie ordinaire : « Madame, nos règles et ma conscience ne me permettent pas de vous obéir en cela ; c'est pourquoi je vous supplie très-humblement de m'excuser. » Mais cette dame ne pouvant digérer ce refus, ni retenir le mouvement de sa passion, lui dit plusieurs injures qu'il souffrit avec sa patience et tranquillité accoutumées.

Il a témoigné la même force et fermeté pour ne permettre aux dames séculières l'entrée dans les monastères des religieuses dont il était le supérieur, lorsqu'il ne voyait point de cause légitime de leur accorder cette permission ; ce qu'il a même refusé à des princesses qui l'en avaient fort pressé, et lesquelles n'ayant pu le fléchir en ce point en ont été fort mal contentes, le tenant pour un homme incivil et grossier, lui faisant même ressentir en quelques rencontres leur indignation, et quelques-unes en ayant gardé leur ressentiment contre lui jusqu'à sa mort, sans que rien l'ait pu fléchir pour ployer à leurs volontés, qu'il n'estimait pas justes.

Mais si dans ces rencontres, et autres semblables qui ont été fort fréquentes, M. Vincent s'est rendu victorieux de tous les vains respects du monde, qui ébranlent quelquefois les plus grands courages, l'on peut dire qu'il s'est en quelque façon surmonté lui-même en ce que nous allons rapporter. Il a été remarqué en l'un des chapitres précédents que ce saint homme avait un cœur fort porté à la gratitude et reconnaissance, et qu'il conservait bien chèrement le souvenir des obligations qu'il avait à ses bienfaiteurs ; en sorte qu'il ne pouvait presque leur rien refuser. Or, entre ceux-là, M. le bon prieur de Saint-Lazare tenait un des premiers rangs, et M. Vincent, qui se reconnaissait son obligé d'une manière toute spéciale, avait pour lui des tendresses et des déférences qui ne se peuvent concevoir. Voici néanmoins une rencontre dans laquelle il fut obligé de lui refuser une chose qu'il lui demandait instamment. Une abbesse de naissance fort illustre ayant été enfermée pour des fautes scandaleuses, par ordre de la reine alors régente, et par les avis de M. Vincent, M. le prieur de Saint-Lazare, qui avait des obligations fort particulières à cette abbesse, fut employé par elle pour lui procurer son élargissement; ce qu'il tâcha de faire de tout son pouvoir, qui était comme absolu sur l'esprit de M. Vincent, en tout ce qui n'allait point contre le service de Dieu. C'est pourquoi il le pria et pressa avec de très-grandes instances de faire mettre cette abbesse en liberté, cela lui étant très-facile : mais M. Vincent lui répondit franchement qu'il ne le pouvait faire sans trahir sa conscience, et par conséquent qu'il le suppliait très-humblement de l'en excuser. De quoi ce bon prieur étant fort sensiblement touché : « Est-ce ainsi, lui dit-il, que vous me traitez, après vous avoir mis ma maison entre les mains? Est-ce comme cela que vous reconnaissez le bien que je vous ai fait, pour vous accommoder et toute votre compagnie? » « Il est vrai, répliqua M. Vincent, que vous nous avez comblés d'honneurs et de biens, et que nous vous avons les mêmes obligations que les enfants ont à leur père; mais ayez agréable, Monsieur, de reprendre le tout, puisque, selon votre jugement, nous ne le méritons pas. » A ces paroles ce bon prieur se tut, et se retira témoignant être fort mal content : néanmoins, peu de jours après, ayant été mieux informé qu'il n'était des déportements scandaleux de cette dame, et reconnaissant la justice du procédé de M. Vincent, il le fut trouver, et s'étant mis à genoux devant lui, lequel s'y mit aussi en même temps, il lui fit excuse de ce qu'il lui avait dit, et le pria de ne rien relâcher en sa considération de la pénitence de cette abbesse, ayant reconnu que cela se faisait pour son bien, et qu'il avait eu tort de solliciter pour la faire mettre en liberté. Voilà quel fut le fruit de la fermeté de M. Vincent, et comment Dieu justifia sa conduite en cette rencontre.

Nous ne répéterons point ici ce qui a été remarqué ailleurs touchant la force et constance qu'il a fait paraître pour soutenir les saintes œuvres qu'il avait commencées, nonobstant les difficultés presque insurmontables qui s'y rencontraient, et qui faisaient perdre courage aux personnes qui avaient témoigné plus de zèle pour les entreprendre. Nous avons vu comme il soutint l'entreprise de l'éducation des enfants trouvés, lorsque les Dames de la Charité de Paris étaient presque résolues de l'abandonner, de peur de succomber sous le faix d'une dépense qui semblait excéder de beaucoup leurs forces : en quoi il réussit très-heureusement, leur ayant parlé dans une assemblée d'une manière si efficace et si remplie de l'esprit de Dieu, qu'elle leur releva le courage, et leur fit espérer contre l'espérance même, s'étant résolues à continuer cette bonne œuvre à quelque prix que ce fût, ainsi qu'elles ont toujours fait depuis.

Que si ce fidèle serviteur de Dieu a témoigné tant de force et de constance à soutenir le bien et à s'opposer au mal, il n'a pas moins fait paraître de patience lorsqu'il a plu à Dieu de l'éprouver par les afflictions et par les croix qu'il lui a souvent envoyées, comme des gages assurés de son amour. C'était cette vertu de patience, laquelle, au milieu des plus fâcheuses tempêtes et des plus violents orages qui se sont élevés de son temps, conservait dans le fond de son cœur un calme et une tranquillité qui ne pouvaient être troublés par aucun accident, quelque triste et funeste qu'il fût : c'était encore cette même vertu, laquelle faisait qu'il possédait son âme et qu'il était maître de ses sentiments à la rencontre des peines, contradictions et persécutions les plus rudes qui lui pussent arriver, sans qu'il sortît jamais de sa bouche aucune parole qui fît paraître la moindre impatience ou émotion de son esprit.

Faisant voyage en Bretagne, il fut obligé un dimanche au soir de loger dans un village en une hôtellerie fort pauvre, où à peine il avait fermé l'œil pour se reposer, étant fatigué du chemin, que voici arriver une troupe de paysans qui se mirent à faire la débauche toute la nuit dans un lieu proche de sa chambre, où même quelques-uns d'eux entrèrent et firent un étrange bruit ; de quoi pourtant il ne fit aucune plainte : au contraire, le lendemain matin il témoigna plus de satisfaction et de reconnaissance envers son hôte, quoiqu'il eût ressenti beaucoup d'incommodité en sa maison, que s'il en eût reçu le meilleur traitement du monde, et outre cela il y fit largesse de quantité de beaux *Agnus* qu'on lui avait donnés longtemps auparavant. Ce que le missionnaire qui l'accompagnait en ce voyage, et auquel il les avait donnés en garde, admira, d'autant plus qu'il ne lui en avait vu donner aucun dans les autres lieux où il avait reçu toute sorte de courtoisie, et trouvé des enfants bien faits et trouvé des serviteurs fort officieux, auxquels il avait fait le catéchisme, de même qu'à ces pauvres gens : ce qui lui fit croire avec sujet que M. Vincent en usait de la sorte parce qu'ils étaient bien pauvres, et qu'ils avaient donné de l'exercice à sa patience.

Une autre fois ayant été assigné par-devant un conseiller de la grand'chambre du Parlement de Paris, en reconnaissance de certaines écritures, à la requête d'un particulier qui avait assez mal à propos intenté procès contre la communauté de Saint-Lazare ; cet homme, qui était d'un naturel violent, s'emporta avec excès sans aucun respect de ce magistrat, ni du lieu où il était, et proféra des injures et des calomnies très-atroces contre l'honneur et la réputation de M. Vincent ; lequel n'en fit paraître aucune émotion, témoignant plutôt avoir pitié de la faute que ce particulier commettait en la présence de son juge : et comme son procureur, qui était présent, voulut prendre la parole pour demander réparation d'honneur, M. Vincent l'empêcha, et excusa autant qu'il put l'action de ce particulier : et c'est ce même procureur du parlement, qui était fort homme de bien, lequel en a rendu témoignage avec admiration d'une telle patience qui lui semblait fort extraordinaire, parce qu'il n'en voyait guère de semblables pratiques : mais ceux qui ont approché M. Vincent ont remarqué que ces exercices de patience lui étaient assez ordinaires, et lui en ont vu souvent produire des actes en diverses rencontres, et endurer les affronts, les injures et les contumélies, avec une grande paix et humilité.

Or, ce n'était pas seulement dans les grandes occasions dans lesquelles l'esprit est ordinairement plus présent à lui-même, que M. Vincent a fait paraître sa grande patience ; mais aussi dans les fréquentes rencontres des importunités, empressements, demandes indiscrètes, répliques mal digérées, et autres manquements journaliers commis à son égard, tant par des inférieurs que par d'autres, on ne lui a jamais vu donner le moindre signe d'impatience, ni même proférer une seule parole d'un ton plus haut ; au contraire, c'était en ces occasions-là qu'il agissait et parlait avec plus de douceur et de tranquillité.

Lorsqu'il arrivait des pertes dans les biens temporels de sa Congrégation, quoiqu'elles fussent quelquefois fort notables, il les souffrait non-seulement avec patience, mais aussi avec joie. Et comme on lui eut dit un jour que ce qui était le plus fâcheux dans une perte considérable arrivée à la communauté de Saint-Lazare, était que cela donnerait sujet à plusieurs de concevoir quelque mésestime de sa Compagnie, et peut-être de parler mal de lui, il répondit que c'était là le bon, et qu'ils auraient par ce moyen une occasion plus avantageuse de pratiquer la vertu.

Mais il ne faut pas s'étonner s'il ne se laissait point abattre à la tristesse dans toutes ces fâcheuses rencontres, puisqu'il témoignait même quelquefois s'ennuyer de ce que Dieu, comme il lui semblait, n'exerçait pas assez sa Compagnie par les afflictions : « Je me suis arrêté, dit-il un jour sur ce sujet, à penser depuis quelque temps, et même bien souvent, sur ce que la Compagnie ne souffrait rien, que tout lui réussissait, et qu'elle était en quelque prospérité ; disons mieux, qu'elle était bénie de Dieu en toutes les manières, sans ressentir ni traverses ni fâcheries. Je commençais à me défier de cette bonasse, sachant que le propre de Dieu est d'exercer ceux qui le servent, et de châtier ceux qu'il aime. *Quem enim diligit Dominus, castigat.* Je me souvenais de ce qui est rapporté de saint Ambroise, que faisant voyage il se trouva dans une maison où il apprit du maître qu'il ne savait ce que c'était qu'affliction ; et que sur cela ce saint prélat, éclairé des lumières du ciel, jugea que cette maison traitée si doucement était proche de sa ruine. « Sortons d'ici, dit-il, la colère de Dieu va tomber sur cette maison ; » comme en effet il n'en fut pas sitôt dehors, que la foudre la mettant à bas, enveloppa dans sa ruine tous ceux qui étaient dedans.

« D'un autre côté, je voyais plusieurs Compagnies agitées de temps en temps, particulièrement une des plus grandes et des plus saintes qui soient en l'Église, laquelle se trouve parfois comme en consternation, et qui même souffre présentement une persécution horrible ; et je disais : Voilà comme Dieu traite les Saints, et comme il nous traiterait si nous étions bien forts en la vertu : mais connaissant notre faiblesse, il nous élève et nourrit de lait, comme de petits enfants, et fait que tout nous réussit, sans quasi que nous nous en mêlions. J'avais donc raison dans ces considérations de craindre que nous ne fussions pas agréables à Dieu, ni dignes de souffrir quelque chose pour son amour, puisqu'il en détournait les afflictions et les touches, qui mettent à l'épreuve ses serviteurs. Il nous est bien arrivé quelques naufrages aux embarquements faits pour Madagascar, et encore Dieu nous en a tirés : et en l'année 1649, les gens de guerre nous causèrent dommage de quarante-deux mille livres de compte fait : mais cette perte ne nous fut pas particulière, tout le monde se ressentit des troubles publics ; le mal fut commun, et nous ne fûmes pas traités autrement que les autres. Mais béni soit Dieu, mes Frères, de ce que maintenant il a plu à sa providence adorable nous dépouiller d'une terre qu'on vient de nous ôter. La perte est considérable pour la Compagnie, mais bien considérable. Entrons dans le sentiment de Job, quand il disait : Dieu m'avait donné ces biens, il me les a ôtés : son saint nom soit béni. Ne regardons pas cette privation comme venant d'un jugement humain ; mais disons que c'est Dieu qui nous a jugés, et humilions-nous sous la main qui nous frappe, comme David qui disait : *Obmutui, et non aperui os meum, quoniam tu fecisti.* Je me suis tu, Seigneur, parce que c'est vous qui l'avez fait. Adorons sa justice, et estimons qu'il nous a fait miséricorde de nous traiter ainsi ; il l'a fait pour notre bien : *Benè omnia fecit*, rapporte saint Marc, il a tout bien fait.

C'était dans ces sentiments très-parfaits et élevés que M. Vincent portait avec une patience héroïque, non-seulement la perte des biens, mais aussi celle des personnes qui lui étaient les plus chères, et dont la séparation ne lui pouvait être que très-sensible. Ce fut dans cette disposition qu'ayant perdu un des anciens prêtres missionnaires, auquel il avait une confiance très-particulière, et qu'il considérait comme l'une des principales colonnes de sa Congrégation ; et en même temps se voyant en danger d'en perdre un autre qui était malade à l'extrémité, il écrivit ces paroles à une personne de confiance : « Par la grâce de Dieu, j'en ai mon cœur en paix, dans la vue que c'est le bon plaisir de Dieu : il est vrai qu'il me vient parfois quelque crainte que mes péchés n'en soient la cause ; mais reconnaissant en cela même le bon plaisir de Dieu, je l'agrée de très-bon cœur. »

Un de ses prêtres lui déclarant un jour les peines qu'il avait en la conduite d'une maison de la Compagnie : « Ah ! Monsieur, lui dit-il, voudriez-vous bien être à vous sans souffrir ? et ne vaudrait-il pas mieux avoir un démon dans le corps, que d'être sans aucune croix ? Oui, car en cet état le démon ne nuirait point à l'âme ; mais n'ayant rien à souffrir, ni l'âme ni le corps ne seraient pas conformes à Jésus-Christ souffrant ; et cependant cette conformité est la marque de notre prédestination : partant ne vous étonnez point de vos peines, puisque le Fils de Dieu les a choisies pour notre salut. »

Il dit à un autre qui souffrait pour la justice : « Votre cœur n'est-il pas bien consolé de voir qu'il a été trouvé digne devant Dieu de souffrir en le servant ? Certainement vous lui en devez un remercîment particulier, et vous êtes obligé de lui demander la grâce d'en faire un bon usage. »

Ayant une autre fois appris qu'une vertueuse abbesse trouvait de grandes difficultés et contradictions pour mettre l'ordre qu'elle voulait établir dans son abbaye, il donna conseil à un bon ecclésiastique de faire ce qu'il pourrait pour l'encourager dans son entreprise, et lui dire « que les souffrances dans l'établissement d'un bien attiraient les grâces nécessaires pour y réussir. »

Le diable ayant un jour suscité un orage contre quelques missionnaires pour empêcher le fruit d'une mission à laquelle ils travaillaient, M. Vincent en écrivit au supérieur en ces termes : « Béni soit

Dieu des difficultés qu'il lui plait que vous rencontriez. Il faut bien en cette occasion honorer celles que le Fils de Dieu a ressenties sur la terre. O Monsieur, qu'elles étaient bien plus grandes! puisque pour l'aversion qu'on avait de lui et de sa doctrine, on lui interdisait l'entrée des lieux, et qu'enfin on lui a ôté la vie. C'est à ces rencontres qu'il disposait ses disciples lorsqu'il leur dit qu'on se moquerait d'eux, qu'on les bafouerait, qu'on les maltraiterait; que les pères se rendraient parties contre leurs enfants, et que les enfants persécuteraient leurs pères. Profitons donc, Monsieur, de ces rencontres, et souffrons comme ces saints Apôtres ont souffert les contradictions qui nous surviendront au service de Dieu. Mais plutôt réjouissons-nous-en comme d'un grand bien quand elles nous arriveront, et commençons en cette occasion à en faire l'usage tel que les Apôtres en ont fait, à l'exemple de leur chef Notre-Seigneur. Si nous nous comportons de la sorte, assurez-vous que les mêmes moyens par lesquels le diable vous a voulu combattre vous serviront pour l'abattre; que vous réjouirez tout le ciel, et les bonnes âmes de la terre qui le verront, ou qui l'entendront; que ceux-là même auxquels vous avez à faire vous béniront enfin, et vous reconnaîtront comme coopérateur de leur salut. Mais quoi! *Hoc genus dæmoniorum non ejicitur nisi in oratione et patientiâ.* La sainte modestie et récollection intérieure qui se pratique dans la Compagnie, vous pourra aussi servir; et il sera bon encore de vous informer d'où peut provenir l'aversion que ce peuple témoigne envers les missionnaires, afin de s'abstenir de ce qui peut y avoir donné occasion, et même de faire le contraire, s'il est expédient; et lorsque vous en serez informé, je vous prie de m'en donner avis. »

Écrivant une autre fois à quelqu'un qui se plaignait de quelque personne, il lui dit ces paroles : « Je crois bien que celui que vous me nommez vous a donné sujet de peine, et je suis marri qu'il se soit échappé de la sorte. Vous ne devez pourtant pas regarder son procédé comme venant de lui, mais plutôt comme une épreuve que Dieu veut faire de votre patience ; et cette vertu sera d'autant plus vertu en vous que vous êtes naturellement plus vif au ressentiment et que vous avez donné moins de sujet à l'offense que vous avez reçue. Témoignez donc que vous êtes un véritable enfant de Jésus-Christ, et que ce n'est pas en vain que vous avez tant de fois médité ses souffrances ; mais que vous avez appris de vous vaincre, en souffrant les choses qui vous font davantage soulever le cœur. »

Enfin, Monsieur, dit-il à un autre, il faut aller à Dieu, *per infamiam et bonam famam*; et sa divine bonté nous fait miséricorde quand il lui plait permettre que nous tombions dans le blâme et dans le mépris public. Je ne doute pas que vous n'ayez reçu en patience la confusion qui vous revient de ce qui s'est passé. Si la gloire du monde n'est qu'une fumée, le contraire est bien solide quand il est pris comme il faut, et j'espère qu'il nous reviendra un grand bien de cette humiliation. Dieu nous en fasse la grâce, et veuille nous en envoyer tant d'autres que par icelles nous puissions mériter de lui être plus agréables. »

Or, ce qui établissait si fort M. Vincent en cette vertu de patience, était la ferme foi qu'il avait de ces deux vérités : l'une, que les maux de peine ne nous arrivent que par la volonté de Dieu, selon ce que dit un prophète : *Non est malum in civitate, quod non fecerit Dominus*; l'autre que Dieu ne permettait jamais que nous fussions affligés ou tentés au-dessus de nos forces, mais qu'il nous aidait par sa grâce pour nous en faire retirer du profit et de l'avantage, comme le saint Apôtre nous le témoigne par ces paroles : *Fidelis Deus est, qui non patietur vos tentari supra id quod potestis, sed faciet etiam cum tentatione proventum, ut possitis sustinere*. Étant bien persuadé de ces vérités, il disait « que l'état d'affliction et de peine n'était pas un état qui fût mauvais; que Dieu nous y mettait pour nous exercer en la vertu de patience, et pour nous apprendre la compassion envers les autres; lui-même ayant voulu éprouver cet état, afin que nous eussions un Pontife qui pût compatir à nos misères, et nous encourager par son exemple à la pratique de cette vertu. »

Il ajoutait « qu'une des marques plus certaines que Dieu a de grands desseins sur une personne est quand il lui envoie désolations sur désolations, et peines sur peines : que le vrai temps pour reconnaître le profit spirituel d'une âme était celui de la tentation et tribulation; parce que tel qu'on est en ces épreuves, tel on se trouve ordinairement après; et qu'en un seul jour de tentation nous pouvions acquérir plus des mérites qu'en plusieurs autres de tranquillité. » Il disait encore « que l'eau croupissante qui devient bourbeuse et infecte représente une âme qui est toujours dans le repos; et qu'au contraire, les âmes exercées par la tentation sont comme les rivières qui coulent parmi les cailloux et les rochers, dont les eaux en sont plus belles et plus douces. »

La plénitude qu'il avait de cette vertu lui donnait une grâce particulière pour la communiquer aux autres, et pour les porter au bon usage des souffrances. Voici en quels termes il écrivit un jour à une âme affligée pour la consoler et fortifier : « Je compatis sensiblement à vos peines, lui dit-il, qui sont longues et diverses : c'est une croix étendue qui embrasse votre esprit et votre corps ; mais elle vous élève au-dessus de la terre, et c'est ce qui me console. Vous devez aussi vous consoler beaucoup de vous voir traitée comme Notre-Seigneur a été traité, et honorée des mêmes marques par lesquelles il nous a témoigné son amour. Ses souffrances étaient intérieures et extérieures, et les intérieures ont été continuelles, et sans comparaison plus grandes que les autres. Mais pourquoi pensez-vous qu'il vous exerce de la sorte ? C'est pour la même fin qu'il a voulu lui-même souffrir, savoir, pour vous purger de vos péchés, et vous honorer de ses vertus, afin que le nom de son Père soit sanctifié en vous. Demeurez donc en paix, et ayez une parfaite confiance en sa bonté. Ne vous arrêtez point au sentiment contraire ; défiez-vous de vos propres sentiments, et croyez plutôt à ce que je vous dis et à la connaissance que j'ai de vous qu'à tout ce que vous pourriez penser et ressentir. Vous avez tout sujet de vous réjouir en Dieu, et de tout espérer de lui par Notre-Seigneur qui habite en vous : et après la recommandation qu'il vous a faite de renoncer à vous-même, je ne vois aucune chose que vous avez sujet d'appréhender, non pas même le péché, qui est le seul mal que nous devons craindre ; parce que dans l'état de religion que vous ayez embrassé, vous faites pénitence du passé ; et que pour l'avenir, vous avez une trop grande horreur de tout ce qui pourrait déplaire à Dieu. »

CHAPITRE XXIII.

SA PATIENCE DANS LES MALADIES.

L'esprit malin connaissant combien est grande la faiblesse de notre chair, et combien périlleux et violents sont les assauts que les hommes ressentent de ce côté-là, par les douleurs et par les maladies, disait avec raison que l'homme exposera volontiers ses autres biens extérieurs pour sauver sa vie, et pour s'exempter des douleurs et des maladies qui sont les avant-courriers de la mort. Et quoiqu'il eût en vain attaqué la patience du saint patriarche Job par la perte de ses biens et de ses enfants, il se promettait encore de le vaincre si Dieu lui permettait de l'affliger en son corps par les maladies et par les douleurs ; et ce fut aussi en ce dernier choc que ce saint homme fit éclater davantage sa vertu, supportant cette dure épreuve, non-seulement avec patience, mais même avec une parfaite soumission au bon plaisir de Dieu, auquel il rendait des bénédictions et des louanges avec autant plus d'affection, que ses douleurs étaient plus sensibles et ses peines plus violentes.

On peut dire avec vérité que cette épreuve des douleurs et des maladies a été celle qui a donné le dernier accomplissement à la patience de M. Vincent, et qui a couronné toutes ses autres vertus. C'est aussi pour cet effet, qu'encore que son corps parût assez robuste, et que son tempérament, qui était fort bon, joint à sa manière de vie fort réglée, dût produire en lui une longue et parfaite santé, Dieu a voulu toutefois qu'il ait été souvent exercé par diverses et fréquentes maladies. Cela pouvait provenir, ou des grandes peines et incommodités qu'il avait souffertes dans son esclavage, ou de la violence qu'il se faisait continuellement à lui-même, ou des travaux et fatigues des missions auxquelles il s'est employé durant une longue suite d'années, ou enfin de son application continuelle aux grandes affaires de charité et de piété, qui étaient souvent fort épineuses et difficiles. Mais de quelque cause que cela soit provenu, il est certain que ce saint homme, par une conduite particulière de la divine Providence, a presque toujours été dans l'exercice des infirmités, soit par des fluxions qui l'incommodaient en diverses parties de son corps, soit par des fièvres dont il était souvent attaqué, ou par des chutes et blessures très-fâcheuses qui lui sont quelquefois arrivées, et enfin par l'enflure et les autres incommodités continuelles de ses jambes. Néanmoins quelques maladies dont il fût atteint, et quelques douleurs qu'il ressentit, il conservait toujours une paix et une liberté d'esprit si grande, qu'on n'eût pas dit qu'il eût souffert aucun mal, si l'abattement de son corps n'eût fait voir le contraire.

Écrivant un jour sur le sujet de ses souffrances à une personne de confiance toute particulière, il lui en témoigna ses sentiments en ces termes : « Je vous ai caché autant que j'ai pu mon état, et n'ai pas voulu vous faire savoir mon incommodité, de peur de vous contrister ; mais, ô bon Dieu ! jusques à quand serons-nous si tendres que de ne nous oser dire le bonheur que nous avons d'être visités de Dieu ? Plaise à Notre-Seigneur de nous rendre plus forts, et de nous faire trouver notre bon plaisir dans le sien ! »

Diverses personnes de sa maison, et même du dehors, l'ayant vu dans quelques-unes de ses souffrances, étaient dans l'étonnement de la patience et de la tranquillité qui paraissait en lui, au milieu des plus violentes douleurs qu'il souffrait en ses jambes, par les fluxions âcres et mordicantes qui tombaient et croupissaient sur les jointures des genoux et des pieds, et qui dans les derniers mois de sa vie coulaient de fois à autre en telle abondance, qu'il en avait les pieds tout baignés et les bas tout trempés, et même la terre en était toute mouillée. En cet état il ne pouvait plus se lever de sa chaise, ni presque se remuer; et quoiqu'il fût toujours dans la douleur, et sans aucun repos de nuit et de jour, il ne sortait pas néanmoins de sa bouche une seule parole de plainte; son visage retenait la même douceur et affabilité qu'il avait en santé, et son esprit exerçait continuellement une patience tout héroïque.

« Plus il avançait en âge, dit un très-vertueux ecclésiastique qui l'a particulièrement connu, et plus son corps s'appesantissait, et ses incommodités augmentaient, jusque là que quelques mois avant son heureuse fin il se vit privé de la célébration de la sainte Messe, qui faisait auparavant toute sa joie et toute sa consolation. Il était réduit à demeurer dans une chaise par sa caducité, et par les grandes et continuelles douleurs qu'il ressentait; et toutefois, parmi ses souffrances, il voyait et recevait toutes sortes de personnes du dehors et du dedans : il donnait ordre aux affaires de sa maison et de toute sa Congrégation, répondant à tous venants avec autant de grâce et de sérénité d'esprit que s'il n'eût ressenti aucun mal, la même affabilité et douceur ayant toujours paru sur son visage jusqu'à sa mort. »

Il arriva un jour qu'un de ses prêtres se rencontrant dans sa chambre lorsqu'on lui accommodait et pansait ses jambes enflées et ulcérées, et le voyant beaucoup souffrir, touché de son mal, il lui dit : « O! Monsieur, que vos douleurs sont fâcheuses! » A quoi M. Vincent répondit : « Quoi? appelez-vous fâcheux l'ouvrage de Dieu, et ce qu'il ordonne, en faisant souffrir un misérable pécheur, tel que je suis? Dieu vous pardonne, Monsieur, ce que vous venez de dire; car on ne parle pas de la sorte dans le langage de Jésus-Christ. N'est-il pas juste que le coupable souffre, et ne sommes-nous pas plus à Dieu qu'à nous-mêmes?

Une autre fois ce même prêtre lui disant qu'il semblait que ces douleurs croissaient de jour à autre : « Il est vrai, lui répondit-il, que depuis la plante des pieds jusqu'au sommet de la tête je les sens augmenter. Mais, hélas ! quel compte aurai-je à rendre au tribunal de Dieu, devant qui j'ai bientôt à comparaître, si je n'en fais pas un bon usage ? »

Il ne faut pas s'étonner si ce grand serviteur de Dieu avait de tels sentiments, et s'il parlait de la sorte parmi ses plus pressantes douleurs, car il avait fait depuis longtemps une bonne provision de patience, et il avait rempli son esprit et son cœur des plus parfaites maximes de cette vertu, pour les pratiquer en toutes sortes d'occasions, et particulièrement dans ses maladies. Voici ce qu'il en écrivit un jour à un des siens qui était dans cet exercice d'infirmité : « Il est vrai, lui dit-il, que la maladie nous fait voir ce que nous sommes beaucoup mieux que la santé, et que c'est dans les souffrances que l'impatience et la mélancolie attaquent les plus résolus : mais comme elles n'endommagent que les plus faibles, vous en avez plutôt profité qu'elles ne vous ont nui, parce que Notre-Seigneur vous a fortifié en la pratique de son bon plaisir : et cette force paraît en la proposition que vous avez faite de les combattre avec courage ; et j'espère qu'elle paraîtra encore mieux dans les victoires que vous remporterez, en souffrant désormais pour l'amour de Dieu, non-seulement avec patience, mais aussi avec joie et gaîté. »

Et parlant un jour à ceux de sa communauté sur ce même sujet : « Il faut avouer, leur dit-il, que l'état de maladie est un état fâcheux et presque insupportable à la nature ; et néanmoins c'est un des plus puissants moyens dont Dieu se serve pour nous remettre dans notre devoir, pour nous détacher des affections du péché, et pour nous remplir de ses dons et de ses grâces. O Sauveur, qui avez tant souffert, et qui êtes mort pour nous racheter et pour nous montrer combien cet état de douleur pouvait glorifier Dieu et servir à notre sanctification, faites-nous, s'il vous plaît, connaître le grand bien et le grand trésor qui est caché sous cet état de maladie : c'est par là, Messieurs, que les âmes se purgent, et que celles qui n'ont point de vertu ont un moyen efficace d'en acquérir. On ne saurait trouver un état plus propre pour la pratique : c'est en la maladie que la foi s'exerce merveilleusement ; l'espérance y reluit avec éclat ; la résignation, l'amour de Dieu et toutes les vertus y trouvent une ample matière de s'exercer. C'est là où l'on connaît ce que chacun porte, et ce qu'il est : c'est la jauge avec laquelle vous pouvez sonder, et savoir le plus assurément quelle est la vertu d'un chacun, s'il en a beaucoup, si peu, ou point du tout. On ne remarque jamais mieux quel est l'homme que dans l'infirmerie ; voilà la plus sûre épreuve qu'on ait pour reconnaître le plus vertueux et ceux qui le sont moins : ce qui nous fait voir combien il est important que nous soyons bien établis dans la manière de nous comporter comme il faut dans les maladies. Oh ! si nous savions faire comme un bon serviteur de Dieu, qui, étant dans son lit malade, en fit un trône de mérite et de gloire ! Il s'investit des saints mystères de notre religion ; au ciel du lit, il mit l'image de la très-sainte Trinité ; au chevet, celle de l'Incarnation ; d'un côté, la Circoncision ; d'un autre, le Saint-Sacrement ; aux pieds, le Crucifiement ; et ainsi, de quelque côté qu'il se tournât, à droite ou à gauche, qu'il levât les yeux en haut ou en bas, il se trouvait toujours environné de ces divins mystères, et comme entouré en plein de Dieu. Belle lumière, Messieurs, belle lumière ! si Dieu nous faisait cette grâce, que nous serions heureux ! Nous avons sujet de louer Dieu de ce que, par sa bonté et miséricorde, il y a dans la Compagnie des infirmes et des malades qui font de leurs langueurs et leurs souffrances un théâtre de patience, où ils font paraître dans leur éclat toutes les vertus ; nous remercions Dieu de nous avoir donné de telles personnes. J'ai déjà dit beaucoup de fois, et ne puis m'empêcher de le dire, que nous devons estimer que les personnes affligées de maladie dans la Compagnie sont la bénédiction de la même Compagnie.

« Considérons que les infirmités et les afflictions viennent de la part de Dieu. La mort, la vie, la santé, la maladie, tout cela vient par l'ordre de sa providence ; et de quelque manière que ce soit, toujours pour le bien et le salut de l'homme : et cependant il y en a qui souffrent bien souvent avec beaucoup d'impatience leurs afflictions, et c'est une grande faute. D'autres se laissent aller au désir de changer de lieu, d'aller ici, d'aller là, en cette maison, en cette province, en son pays, sous prétexte que l'air y est meilleur. Et qu'est-ce que cela ? ce sont gens attachés à eux-mêmes, esprit de fillettes, personnes qui ne veulent rien souffrir, comme si les infirmités corporelles étaient des maux qu'il faille fuir : fuir l'état où il plaît à Dieu de nous mettre, c'est fuir son bonheur. Oui, la souffrance est un état de bonheur, et sanctifiant les âmes.

» J'ai vu un homme qui ne savait ni lire ni écrire, qu'on nommait Frère Antoine, dont le portrait est en notre salle : il avait l'esprit de Dieu en abondance. Il appelait un chacun son frère ; si c'était une femme, sa sœur ; et même quand il parlait à la reine, il l'appelait sa sœur. Chacun le voulait voir. On lui demandait un jour : Mais, mon Frère, comment faites-vous à l'égard des maladies qui vous arrivent ? comment vous y comportez-vous ? que faites-vous pour en faire usage ? Je les reçois, dit-il, comme un exercice que Dieu m'envoie : par exemple, si la fièvre m'arrive, je lui dis : Or sus, ma sœur la maladie, ou bien, ma sœur la fièvre, vous venez de la part de Dieu, soyez la bienvenue ; et ensuite je souffre que Dieu fasse sa volonté en moi. Voilà, Messieurs et mes Frères, comme il en usait. Et c'est ainsi qu'ont coutume d'en user les serviteurs de Jésus-Christ, les amateurs de la croix. Cela n'empêche pas qu'ils usent des remèdes ordonnés pour le soulagement et la guérison de chaque maladie : et en cela même c'est faire honneur à Dieu qui a créé les plantes, et qui leur a donné la vertu qu'elles ont ; mais d'avoir tant de tendresse sur soi, se délicater pour le moindre mal qui nous arrive, c'est de quoi nous devons nous défaire ; oui, nous faire quittes de cet esprit si tendre sur nous-mêmes. »

CHAPITRE XXIV.

LA CONDUITE DE M. VINCENT.

Quoique la conduite de M. Vincent paraisse assez dans tout ce qui a été rapporté de sa vie et de ses vertus, et que l'on puisse reconnaître par les choses qui ont été dites combien ce serviteur prudent et fidèle s'est conduit droitement et saintement en toutes ses voies; néanmoins, comme cela est répandu généralement sur tout cet ouvrage, nous avons pensé que, pour la plus grande édification et satisfaction du lecteur chrétien, il était expédient de recueillir dans un chapitre particulier ce qui a été jugé plus digne de remarque sur ce sujet.

Et premièrement, si l'on considère quelle a été la fin que M. Vincent s'est proposée, soit à l'égard des autres, ou de lui-même, elle n'a été autre que la plus grande gloire de Dieu et l'accomplissement de sa très-sainte volonté ; c'était là l'unique but auquel ce bon serviteur de Dieu a toujours visé en tous ses desseins et en toutes ses entreprises ; c'était là où tendaient toutes ses pensées, tous ses désirs et toutes ses intentions ; et enfin c'était là qu'il s'efforçait de porter les autres par ses avis, conseils, exhortations, et par toutes les assistances spirituelles et temporelles qu'il leur rendait ; il ne prétendait en tout et partout, sinon que le nom de Dieu fût sanctifié, son royaume augmenté, et sa volonté accomplie en la terre comme au ciel : voilà où son esprit regardait, et où son cœur aspirait incessamment.

Or, pour parvenir à cette fin, le moyen principal et le plus universel qu'il a employé a été de conformer entièrement sa conduite à celle de Notre-Seigneur Jésus-Christ ; ayant très-sagement jugé qu'il ne pouvait marcher ni conduire les autres par une voie plus droite ni plus assurée que par celle que celui qui est le Verbe et la sagesse de Dieu même lui avait tracée par ses exemples et par ses paroles, lesquelles pour cet effet il avait toujours présentes en son esprit, pour se mouler et former en tout ce qu'il disait et faisait sur cet original de toute vertu et sainteté. Il avait son saint Évangile gravé dans son cœur, et il le portait en sa main comme une belle lumière pour se conduire ; en sorte qu'il pouvait dire avec le prophète : « Votre parole, mon Dieu, est comme un clair flambeau pour éclairer mes pas, et pour me faire connaître le chemin que je dois tenir pour aller à vous. »

Cheminant donc à la faveur de cette divine clarté, il s'est proposé avant toute autre chose de travailler avec le secours de la grâce à son propre salut et à sa propre perfection, par l'imitation des vertus de son divin Maître. Il avait appris de son Évangile qu'il ne servirait de rien à l'homme de gagner tout le monde s'il venait à perdre son âme, et que la règle la plus juste et la plus assurée de l'amour que nous devions à notre prochain était le véritable amour que nous étions obligés d'avoir pour nous-mêmes.

Après ces premiers soins qui regardaient son salut et sa perfection, il a jugé qu'il ne pouvait mieux faire que de se conformer à son divin Sauveur, en se donnant entièrement pour procurer le salut et la sanctification des âmes qu'il avait rachetées au prix de son sang et de sa mort : et c'est pour cela qu'il n'a épargné ni son temps, ni ses peines, ni sa vie qu'il a consumée dans les divers emplois de charité, dont il a été amplement parlé dans toutes les trois parties de cet ouvrage ; mais il s'y est comporté avec une conduite si parfaite et si sainte, qu'il a bien paru qu'elle venait de Dieu, et que le Saint-Esprit en était l'auteur et le directeur : ce qui se connaîtra encore mieux par la considération des excellentes qualités et propriétés de cette conduite.

Car en premier lieu elle a toujours été accompagnée d'une très-grande humilité, qui était comme la première et la plus fidèle conseillère de M. Vincent ; lequel, bien qu'il eût un esprit fort capable et fort éclairé, se défiait néanmoins toujours de ses propres pensées : et pour ce sujet il recourait à Dieu en toutes sortes d'affaires, pour lui demander lumière et assistance ; après quoi il recherchait encore et recevait bien volontiers le conseil des autres, même de ses inférieurs, et il exhortait souvent les siens de se comporter de la sorte dans les affaires.

Voici ce qu'il écrivit un jour sur ce sujet au supérieur d'une des maisons de sa Congrégation : « Tant s'en faut, lui dit-il, qu'il soit mauvais de prendre avis des autres, qu'au contraire il est expédient et même nécessaire de le faire, quand la chose dont il s'agit est de considération, ou lorsque nous ne pouvons seuls nous bien déterminer. Pour ce qui est des affaires temporelles, on prend conseil de quelques avocats ou d'autres personnes du dehors qui soient intelligentes; et pour celles qui regardent le dedans de la maison, on confère avec les officiers destinés pour cela, et aussi avec quelques autres de la communauté, quand on le juge à propos. Pour moi, je confère souvent même avec nos Frères, et je prends leurs avis sur les choses qui regardent leurs offices : et quand cela se fait avec les précautions requises, l'autorité de Dieu, qui réside dans les supérieurs, n'en reçoit aucun détriment; mais au contraire le bon ordre qui s'en ensuit la rend plus digne d'amour et de respect. Je vous prie d'en user ainsi, et de vous souvenir que lorsqu'il s'agit de changements ou d'affaires extraordinaires, on les propose au supérieur général. »

Et dans une autre rencontre, exhortant un autre supérieur d'en user de la même façon : Vivez entre vous, lui dit-il, cordialement et simplement; en sorte qu'en vous voyant ensemble, on ne puisse pas juger qui est celui qui porte la qualité de supérieur. Ne résolvez rien qui soit tant soit peu considérable dans les affaires sans prendre leurs avis, et particulièrement de votre assistant. Pour moi, j'assemble les miens quand il faut résoudre quelque difficulté de conduite, qui regarde les choses spirituelles ou ecclésiastiques. Et quand il s'agit des affaires temporelles j'en confère aussi avec ceux qui en prennent le soin. Je demande même l'avis des Frères en ce qui touche le ménage, et leurs offices, à cause de la connaissance qu'ils en ont. Cela aide beaucoup le supérieur à se déterminer, et Dieu bénit davantage les résolutions qu'il prend ensuite. C'est pourquoi je vous prie de vous servir de ce moyen pour bien réussir en votre charge. »

Or, après avoir pris conseil et arrêté de la sorte ce qu'il fallait faire, il était ferme et constant dans l'exécution, et n'écoutait plus les pensées contraires qui lui pouvaient venir en l'esprit. « Depuis que nous avons recommandé quelque affaire à Dieu, dit-il un jour à quelques-uns des siens sur ce sujet, et que nous avons pris conseil, nous devons nous tenir fermes à ce qui a été résolu; rejetant comme tentation tout ce qui nous pourrait venir contre, avec cette confiance que Dieu ne l'aura point désagréable et qu'il ne nous en reprendra point, pouvant lui dire pour une légitime excuse : Seigneur, je vous ai recommandé l'affaire, et j'ai pris conseil, qui est tout ce que je pouvais faire pour connaître votre volonté. L'exemple du pape Clément VIII fait fort bien à ce propos. On lui avait proposé une affaire de grande importance, qui regardait tout un royaume. On avait députe vers lui plusieurs courriers, et un an s'était passé sans qu'il y eût voulu entendre, quoi qu'on lui eût pu représenter. Il recommandait cependant la chose à Dieu, et il en conférait avec ceux auxquels il avait plus de confiance, et qu'il estimait les plus capables et les plus éclairés : enfin, après plusieurs consultations, il prit une résolution avantageuse pour l'Église. Et néanmoins, ensuite de cela, il eut un songe dans lequel il lui semblait que Notre-Seigneur lui apparaissait avec un visage sévère, lui reprochant ce qu'il avait fait, et le menaçant de l'en punir. A son réveil, étant fort effrayé d'une telle vision, il déclara la chose au cardinal Tolet, lequel, ayant considéré le tout devant Dieu, lui dit qu'il ne s'en devait mettre en aucune peine, que ce n'était qu'une illusion du diable, et qu'il n'avait aucun sujet de craindre, puisqu'il avait recommandé l'affaire à Dieu, et pris conseil, qui était tout ce qu'il pouvait faire ; et ce bon pape s'étant arrêté à cet avis ne ressentit plus aucune peine sur ce sujet. »

Quoique M. Vincent se servît ainsi des lumières et des avis des autres, il ne se croyait pas pour cela dispensé d'employer de son côté toute l'attention et vigilance possible pour détourner le mal, et procurer le bien de ceux qui étaient sous sa conduite. Il avait toujours l'œil ouvert pour connaître ce qui se passait parmi les siens, et pour ordonner, disposer, et pourvoir à tout ce qui pouvait être requis de ses soins : mais il se comportait en cela avec une très-grande prudence et circonspection, qui était une autre propriété de sa conduite en laquelle il a particulièrement excellé. Tous ceux qui l'ont connu ont pu remarquer combien il était sage et considéré en tout ce qu'il disait et faisait, principalement quand il était question de la direction et conduite des autres, ou lorsqu'il était obligé de dire son avis sur quelque affaire : car il était fort retenu et circonspect en ses paroles, ne déterminant point pour l'ordinaire absolument les choses par lui-même, mais proposant simplement ses pensées, comme les soumettant en quelque façon au jugement de ceux qui lui demandaient conseil. « Il me semble, disait-il, que l'on pourrait prendre cette affaire de cette manière; » ou : « Peut-être ferions-nous bien d'agir de cette sorte; » ou : « Si vous trouviez bon de vous servir de ce moyen, il y a sujet de croire que Dieu le bénirait; » et autres semblables termes, dont il se servait ordinairement pour proposer ses sentiments, évitant les paroles trop fortes et les manières de s'exprimer qui pouvaient ressentir l'esprit de suffisance, ou la présomption d'avoir bien rencontré dans ses avis. Il ne disait jamais absolument : « Je vous conseille de faire telle et telle chose; » et fort rarement : « C'est là mon avis, ou mon sentiment; » mais simplement et humblement : « Voilà ma pensée; » ou bien : « Voilà ce qui m'en semble. » Néanmoins lorsqu'il avançait quelque proposition, ou quelque avis, dont la résolution fût expressément contenue dans les maximes du saint Évangile, en ce cas-là il n'hésitait point, mais il s'en tenait absolument à cet oracle de vérité.

Il tenait pour maxime qu'il y avait à craindre qu'un avis donné sur-le-champ ne fût plutôt de son propre esprit particulier que de l'esprit de Dieu; et il estimait qu'il le fallait toujours consulter avant que de parler ou de répondre. Il est bien vrai qu'il y a certaines occasions où l'on ne peut pas différer de donner son avis sur quelque affaire pressante, et de répondre sur-le-champ à ceux qui le demandent; et M. Vincent en a quelquefois usé de la sorte, quoique rarement, en chose d'importance : mais outre qu'il ne le faisait jamais sans élever son esprit à Dieu, et lui demander intérieurement lumière et assistance, il ne donnait pour l'ordinaire aucune résolution qu'il ne l'appuyât sur quelque passage de l'Écriture sainte, ou sur quelque action du Fils de Dieu rapportante au sujet sur lequel il était consulté.

Ayant besoin de faire choix d'une personne propre et capable pour exercer le consulat de Tunis en Barbarie, il jeta les yeux sur M. Husson, avocat au parlement de Paris, qui demeurait pour lors à Montmirail en Brie, lequel avait pour cet emploi toutes les bonnes qualités qu'on pouvait souhaiter : il lui proposa la pensée qu'il en avait, par une lettre en laquelle il lui exposa amplement le pour et le contre, sans le lui persuader autrement, laissant à sa liberté de se résoudre. « Or, pour connaître ce que Dieu voulait de moi, dit cet avocat, je m'en allai trouver M. Vincent. Ma plus grande peine naissait de l'appréhension que j'avais de quitter Montmirail trop légèrement, ou d'y demeurer trop opiniâtrément. Et pour éviter l'un et l'autre de ces dangers, il fallait être certain de ce que Dieu demandait. J'avais donc recours à M. Vincent pour me déterminer : lui de sa part souhaitait fort que je prisse résolution par un autre conseil que le sien. Mais comme j'insistai à ne prendre résolution que de lui, voici enfin de quelle manière il me parla, le jour de Pâques 1653 : J'ai offert à Notre-Seigneur, me dit-il, en célébrant la sainte Messe, vos peines, vos gémissements et vos larmes; et moi-même, après la consécration, je me suis jeté à ses pieds, le priant de m'éclairer. Cela fait, j'ai considéré attentivement ce que j'eusse voulu à l'heure de ma mort vous avoir conseillé de faire; et il m'a semblé que si j'eusse eu à mourir au même instant, j'eusse été consolé de vous avoir dit d'aller à Tunis pour les biens que vous y pouvez faire, et eusse eu au contraire un extrême regret de vous en avoir dissuadé. Voilà sincèrement ma pensée. Vous pouvez toutefois ou aller, ou ne pas aller. »

« J'avoue, poursuit le même avocat, que ce procédé si désintéressé me fit voir clairement que Dieu me parlait par sa bouche. Et lui se montra si peu attaché à son sentiment et à l'avis qu'il m'avait donné, que la chose fut encore mise en délibération : et il n'assista à la résolution qui m'en fut donnée, qu'à cause que je l'en suppliai fort instamment. »

Il ne voulait point destiner par soi-même les missionnaires qu'il envoyait aux pays éloignés : il ne prenait que ceux qui avaient eu auparavant mouvement de Dieu et disposition intérieure pour ces missions extraordinaires, et qui avaient même demandé plusieurs fois d'y aller; jugeant prudemment qu'un homme appelé de Dieu fait plus de fruit que beaucoup d'autres qui n'ont pas une pure vocation.

A cette prudence et circonspection dont il usait dans sa conduite, il joignait la force et la fermeté pour maintenir l'exactitude et la régularité. Il disait sur ce sujet que les personnes qui avaient charge des autres devaient tenir ferme dans les observances, et se donner surtout de garde d'être cause du relâchement par le défaut de fermeté ou d'exactitude; et qu'entre tout ce qui peut faire déchoir les communautés de leur bon état, il n'avait rien vu qui fût plus dangereux que lorsqu'elles étaient gouvernées par des supérieurs ou autres officiers trop mols, et qui désiraient complaire aux autres et se faire aimer. Il ajoutait que, comme les mauvais succès d'une guerre s'attribuent ordinairement au général de l'armée, ainsi les défauts d'une compagnie venaient ordinairement des manquements du supérieur; et qu'au contraire le bon état des membres dépendait de la bonne conduite du chef ; qu'il avait vu une communauté des plus régulières qui fussent dans l'Église déchoir en moins de quatre ans par la nonchalance et lâcheté d'un supérieur. D'où il concluait par ces paroles : « Si donc tout le bien d'une communauté dépend des supérieurs, certainement on doit bien prier Dieu pour eux, comme étant chargés, et ayant à rendre compte de tous ceux qui sont sous leur conduite. »

Quelques personnes de différentes dispositions, dont les unes étaient moins réglées, et les autres fort exactes et vertueuses, s'étant trouvées dans une même maison, il écrivit au supérieur, qui se plaignait de tous, la lettre qui suit : « Je suis affligé avec vous, et non sans raison, du procédé du prêtre et du Frère dont m'écrivez : Dieu leur fasse la grâce d'ouvrir les yeux pour voir le danger où ils sont de suivre ainsi les mouvements de la nature rebelle, qui ne s'accorde jamais avec l'esprit de Jésus-Christ. Oh! qu'il est difficile, dit l'Écriture, que ceux qui tombent, après avoir été éclairés, se relèvent! Certes ils ont grand sujet de craindre de s'égarer malheureusement s'ils quittent la voie où Dieu les a mis : car comment feront-ils leur devoir dans le monde, s'ils ne le font pas en la condition où ils sont, y étant aidés par tant de grâces de Dieu, et de secours spirituels et temporels, qu'ils n'auront pas hors de leur vocation? Il ne faut pas néanmoins s'étonner de voir ainsi des esprits qui chancellent et s'échappent ; il s'en rencontre dans les plus saintes compagnies ; et Dieu le permet pour montrer aux hommes la misère de l'homme, et pour donner sujet de crainte aux plus fermes et plus résolus ; c'est aussi pour exercer les bons, et pour faire pratiquer aux uns et aux autres diverses vertus. Vous me mandez, à l'occasion de ces deux personnes déréglées et mécontentes, que la vertu de messieurs N. N. est un peu à charge aux autres, et je le crois ; mais c'est à ceux qui ont moins de régularité, et de vigilance pour leur propre avancement, et celui de leurs frères. Oui, Monsieur, leur zèle et leur exactitude font de la peine à ceux qui n'en ont pas, parce que leur ferveur condamne leur lâcheté. J'avoue que la vertu a deux vices à ses côtés, le défaut et l'excès ; mais l'excès est louable en comparaison du défaut, et doit être plus supporté. Ces deux bons missionnaires portant leur vertu à un degré où les autres ne peuvent atteindre, ceux-ci s'imaginent qu'il y a de l'excès, et devant Dieu il n'y en a pas. Ils trouvent à redire à leur manière d'agir, parce qu'ils n'ont pas le courage de les imiter. Dieu nous fasse la grâce de trouver tout bon en Notre-Seigneur de ce qui n'est pas mauvais. »

Il écrivit encore à un de ses prêtres qui étaient en mission, en ces termes : « Vous aurez soin, Monsieur, de la direction de ceux qui sont en votre compagnie, et je prie Notre-Seigneur qu'il vous donne part à son esprit et à sa conduite. Entreprenez donc cette sainte œuvre dans cet esprit ; honorez la prudence, la prévoyance, la douceur et l'exactitude de Notre-Seigneur. Vous ferez beaucoup si vous faites observer le réglement comme il faut, parce que c'est ce qui attire la bénédiction de Dieu sur tout le reste. Commencez donc par l'exactitude aux heures du lever et du coucher, à l'oraison, à l'Office divin, aux autres exercices. O Monsieur, que l'habitude formée de ces choses est un riche trésor, et que le contraire tire d'inconvénients après soi ! Pourquoi donc ne mettrez-vous pas peine à vous acquitter de ces devoirs pour Dieu, puisque nous voyons que les personnes du monde observent pour la plupart si exactement l'ordre qu'elles se sont proposé dans leurs affaires? On voit rarement les gens de justice manquer à se lever, à aller au Palais et en revenir aux heures qui leur sont ordinaires; non plus que les marchands à ouvrir et fermer leurs boutiques : il n'y a que nous autres, ecclésiastiques qui sommes si amateurs de nos aises, que nous ne marchons que selon le mouvement de nos inclinations. »

M. Vincent ne recommandait pas seulement l'exacte observance du réglement dans les maisons de sa Congrégation, et dans les missions où les siens travaillaient; mais il voulait encore qu'ils fussent gardés autant qu'il était possible dans les voyages qu'ils faisaient; de quoi la plupart de ses prêtres peuvent bien rendre témoignage. Nous rapporterons seulement ici ce que l'un d'eux a déclaré sur ce sujet par écrit en ces termes : « Ayant reçu ordre de M. Vincent pour aller avec un autre prêtre de la Compagnie en une province éloignée, il nous retint fort longtemps tous deux dans sa chambre, la veille de notre départ sur le soir, nous avertissant de ce que nous avions à faire pendant le voyage, qui devait être de onze ou douze jours, en compagnie du messager de Toulouse, qui menait avec lui bon nombre de personnes de toute condition. Entre plusieurs autres choses, il nous en recommanda particulièrement quatre : la première, de ne manquer jamais à faire l'oraison mentale, même à cheval, si nous n'avions pas le temps de la faire autrement; la seconde, de célébrer tous les jours la sainte Messe autant que faire se pourrait; la troisième, de mortifier les yeux par la campagne, et particulièrement dans les villes, et la bouche aussi par la sobriété dans les repas parmi les gens du monde ; la quatrième, de faire le catéchisme aux serviteurs et servantes des hôtelleries, et surtout aux pauvres. »

Quoique sa conduite fût exacte jusqu'aux moindres choses, et qu'il se montrât ferme pour maintenir cette exactitude, il accompagnait toutefois cette fermeté d'une grande douceur et suavité, imitant en cela la conduite de Dieu même, lequel, comme dit le Sage, « atteint fortement à ses fins, et dispose suavement toutes choses pour y parvenir. » C'est de quoi le supérieur d'une maison de la Congrégation a rendu le témoignage suivant en ces termes :

« M. Vincent était très-rigoureux à soi-même, et fort exact, mais plein de douceur et de charité pour les autres, lesquels il tâchait de contenter en tout ce qu'il pouvait raisonnablement. Lui ayant demandé un jour permission d'aller à la ville, il me la refusa, bien qu'avec peine, et me dit (quoique je ne dusse point exiger d'excuse de sa part, sa seule volonté me tenant lieu de loi) que c'était parce que plusieurs autres étaient sortis, et que je pouvais être utile à la maison. Néanmoins, comme il crut m'avoir mortifié, à cause que je lui avais témoigné quelque empressement, il m'envoya quérir le lendemain, et me pria d'aller en ville, où je désirais ; car c'était son ordinaire de se servir toujours de paroles fort obligeantes, n'employant point le mot de commandement, ni autres semblables, qui fissent paraître son pouvoir et son autorité ; mais usant de prières, et disant : Je vous prie, Monsieur, ou mon Frère, de faire ceci ou cela, etc. »

Il avait cette coutume de faire venir en sa chambre ceux qu'il envoyait en mission ou en voyage, le soir avant leur départ ; et là il leur parlait en véritable père, et à leur retour il les recevait à bras ouverts avec une cordiale affection. Voici ce que l'un d'eux en a dit, et tous les autres pourraient dire le même : « Je ne puis assez admirer la charité et bonté de ce grand cœur. Quand j'allais en voyage, ou que j'en revenais, je me trouvais comme tout embaumé de ses embrassements, et du cordial accueil qu'il me faisait. Ses paroles, toutes pleines d'une certaine onction spirituelle, étaient si suaves, et néanmoins si efficaces, qu'il faisait faire tout ce qu'il voulait sans aucune contrainte. »

Lorsqu'il était obligé de refuser quelque chose, il voulait qu'on s'en aperçût, sans qu'il fût obligé de le déclarer ouvertement, de peur de faire peine. Quelqu'un des siens l'ayant une fois pressé de consentir à quelque chose qu'il lui proposait, et qu'il ne trouvait pas à propos, il lui répondit en ces termes : « Je vous prie de m'en faire ressouvenir une autre fois. »

Écrivant à un autre qui portait avec peine le départ de quelqu'un qui travaillait avec lui : « Je ne doute pas, lui dit-il, que la séparation de ce cher compagnon et de ce fidèle ami ne vous soit sensible : mais souvenez-vous, Monsieur, que Notre-Seigneur se sépara de sa propre mère, et que ses disciples, que le Saint-Esprit avait si parfaitement unis, se séparèrent les uns des autres pour le service de leur divin Maître. »

Un supérieur se plaignant à lui des difficultés qu'il trouvait en sa charge, et de la peine qu'il avait à contenter ceux du dedans et du dehors, il lui écrivit en ces termes : « Je compatis aux peines que vous souffrez ; mais vous ne devez pas vous étonner des difficultés, et encore moins vous laisser abattre : car on en rencontre partout ; c'est assez que deux hommes demeurent ensemble, pour se donner de l'exercice ; et quand bien vous demeureriez seul, vous seriez à charge à vous-même, et vous trouveriez en vous de quoi exercer votre patience : tant il est vrai que notre misérable vie est pleine de croix. Je loue Dieu du bon usage que vous faites des vôtres, comme je me le persuade. J'ai trop reconnu de sagesse et de douceur en votre esprit, pour qu'elle vous manque en ces rencontres fâcheuses. Si vous ne contentez pas tout le monde, il ne faut pas pour cela vous mettre en peine ; car Notre-Seigneur lui-même ne l'a pas fait : combien s'en est-il trouvé, et combien s'en trouvera-t-il encore, qui ont trouvé à redire à ses paroles et à ses actions ? »

Il avait aussi cette coutume de pressentir les dispositions des siens pour les emplois difficiles, et pour les lieux éloignés où il avait dessein de les envoyer pour le service de Dieu. « Je vous écris, dit-il à un de ses prêtres, pour savoir l'état de votre santé, et quel mouvement Dieu vous donnera sur la proposition que je m'en vais vous faire. On nous appelle à N. pour un établissement, et dans le dessein d'y envoyer quatre ou cinq missionnaires, nous avons jeté les yeux sur vous pour en prendre la conduite. C'est pourquoi, Monsieur, il ne reste sinon de vous élever à Dieu, pour écouter ce qu'il vous dira sur ce sujet, et je vous prie de me mander aussitôt votre disposition, tant du corps que de l'esprit, pour cette sainte entreprise, suppliant Notre-Seigneur qu'il nous fasse à tous la grâce de répondre toujours, et en tous lieux, à son adorable volonté. »

Il agissait à peu près de même envers ceux qui étaient présents, mais toujours différemment, selon la disposition et le naturel d'un chacun : et pour l'ordinaire il les prenait d'une manière toute gaie et toute cordiale. En voici un exemple. Voulant un jour envoyer un de ses missionnaires à Rome, il lui demanda s'il était homme à faire un grand voyage pour le service de Dieu, sans lui dire en quel lieu. A quoi il répondit qu'il y était disposé. « Mais c'est hors du royaume, » ajouta M. Vincent. « Il n'importe, » répliqua l'autre. « Mais il faut passer la mer, » dit-il encore. « Ce m'est tout un, répondit le missionnaire, d'aller par terre ou par mer. » « Mais il y a douze cents quarts de lieue loin, » dit encore M. Vincent en souriant, le préparant ainsi gaiement à faire ce voyage ; et il en usait de même pour l'ordinaire envers tous les siens, quoique sous d'autres termes, pour les disposer plus suavement à faire les choses que Dieu demandait d'eux pour son service.

SECTION I.

CONTINUATION DU MÊME SUJET.

La conduite de M. Vincent étant telle que nous avons vu en ce chapitre, voici l'ordre qu'il y tenait. Premièrement, il travaillait à détruire le péché, et tous les défauts et déréglements dans les personnes et dans les maisons dépendantes de sa conduite. Pour cela il obligeait ceux qui voulaient être admis en sa Congrégation d'entrer dans un séminaire interne, établi exprès, comme dans une école de vertu, pour extirper les vices et les mauvaises inclinations, par la pratique de l'humilité, de la mortification, de l'obéissance, de l'oraison, et des autres exercices de la vie spirituelle ; et après y avoir demeuré le temps nécessaire, s'il y en avait quelques-uns qui eussent besoin d'étudier en théologie, ou même en philosophie, il les y appliquait : mais craignant que l'acquisition de ces sciences ne vînt à ralentir leur première ferveur, ou que le désir immodéré de savoir et la curiosité ne se mêlât dans leurs études, voici les avis remarquables qu'il leur donnait :

« Le passage du séminaire aux études, disait-il, est un passage très-dangereux, auquel plusieurs font naufrage ; et s'il y a aucun temps auquel on doive prendre garde à soi, c'est celui des études : car il est très-périlleux de passer d'une extrémité à l'autre ; comme le verre qui passe de la chaleur du fourneau en un lieu trop froid court risque de se casser : et par ainsi il importe grandement de se maintenir dans sa première ferveur, pour conserver la grâce que l'on a reçue, et pour empêcher la nature de prendre le dessus. Si à chaque fois que nous éclairons notre entendement, nous tâchons aussi d'échauffer notre volonté, assurons-nous que l'étude nous servira d'un moyen pour aller à Dieu, et tenons pour une maxime indubitable qu'à proportion que nous travaillerons à la perfection de notre intérieur, nous nous rendrons plus capables de produire du fruit envers le prochain. C'est pourquoi, en étudiant pour servir les âmes, il faut avoir soin de remplir la sienne de piété, aussi bien que de science, et pour cet effet lire des livres bons et utiles, et s'abstenir de la lecture de ceux qui ne servent qu'à contenter la curiosité : car la curiosité est la peste de la vie spirituelle, et c'est par la curiosité de nos premiers parents que la mort, la peste, la guerre, la famine et les autres misères sont entrées dans le monde ; et par conséquent nous devons nous en donner de garde comme d'une racine de toutes sortes de maux.

Il ne bannissait pas seulement de sa Compagnie la curiosité, mais il en voulait aussi exclure la sensualité. « Malheur, disait-il, à celui qui cherche ses satisfactions ! Malheur à celui qui fuit les croix ! car il en trouvera de si pesantes qu'elles l'accableront. Celui qui fait peu d'état des mortifications extérieures, disant que les intérieures sont beaucoup plus parfaites, fait assez connaître qu'il n'est point mortifié, ni intérieurement ni extérieurement. »

« J'ai remarqué, disait-il en une autre rencontre, en la plupart de ceux qui font banqueroute à leur vocation, du relâchement en deux choses : la première est le lever du matin, auxquels ils ne sont point exacts ; et la seconde, l'immodestie des cheveux, les laissant trop croître, et se portant insensiblement à d'autres semblables vanités. »

A ce propos il voulait que tous les ecclésiastiques de sa Congrégation portassent les cheveux fort courts ; et quand il les voyait à quelqu'un couvrir tant soit peu le collet, il y portait sa main, et les lui tirait un peu en riant, lui faisant entendre par ce signe qu'il se souvînt de les faire couper : ou bien, il le lui disait en paroles expresses, même en présence des autres, parce que ce défaut est visible à un chacun.

Comme il savait que parmi les personnes spirituelles, et surtout dans les communautés, il y avait certains vices qui étaient plus à craindre que les autres, particulièrement l'émulation et la médisance, pour en donner plus d'horreur aux siens, il leur disait entre autres choses que « les traits de l'envie et de la détraction outrepercent premièrement le cœur de Jésus-Christ, avant que d'atteindre les personnes à qui l'on en veut. »

Il employait encore un autre moyen pour bannir les vices et les déréglements des maisons, et des personnes qui étaient sous sa conduite ; c'était la correction fraternelle : mais il assaisonnait ce moyen, qui d'ailleurs est un peu amer au goût de la nature, avec tant de douceur et de grâce, qu'il a vérifié en lui la parole du Sage, qui dit que « les blessures de celui qui aime sont meilleures et plus désirables que les baisers trompeurs de l'ennemi [1].

Pour cet effet il ne faisait pas ordinairement les corrections sur-le-champ, et jamais par un mouvement de nature ; mais toujours par esprit de charité, après y avoir pensé devant Dieu, et considéré les dispositions de celui qu'il voulait corriger, et les moyens de lui rendre la correction utile et salutaire. Dans cet esprit, ayant une fois à faire quelque avertissement à une personne assez fautive et assez difficile à recevoir correction, il fit trois jours de suite son oraison mentale sur ce sujet, pour demander à Dieu plus de lumière, afin de mieux connaître de quelle façon il devait agir.

Lorsqu'il faisait quelque avertissement, c'était toujours avec une grande bonté, et néanmoins avec fermeté, mêlant ensemble l'huile

---

[1] Meliora sunt vulnera diligentis quàm fraudulenta oscula odientis. *Prov.*, 29.

et le vin, à l'exemple du bon Samaritain, et d'ordinaire il y procédait de la sorte :

En premier lieu, il témoignait quelque estime de la personne qu'il voulait avertir, et même la louait de quelque bonne qualité qu'il reconnaissait en elle, et par ce moyen il s'insinuait dans son cœur ; ensuite, il lui faisait voir sa faute dans toute son étendue, exagérant, autant qu'il était nécessaire, les circonstances de la personne, du lieu, du temps et autres semblables ; puis il y apportait le remède : et pour le faire recevoir plus volontiers, il se mettait toujours de la partie, et selon que l'espèce de la faute le requérait, il disait : « Monsieur, ou mon Frère, nous avons vous, et moi, besoin de travailler à acquérir l'humilité, de nous exercer à la patience, de pratiquer l'exactitude, » et ainsi des autres vertus qu'il voulait recommander.

Il prenait garde, autant qu'il était en lui, de rendre son avertissement non-seulement utile, mais aussi en quelque façon agréable à celui qu'il voulait corriger : surtout il usait de toutes les précautions possibles pour ne découvrir jamais qui était celui qui lui avait donné avis de sa faute ; et il eût plutôt omis d'avertir le coupable que de lui donner sujet de se défier de quelqu'un : tant il était persuadé que la paix et l'union dans les communautés était préférable à tout autre bien.

Parlant un jour aux siens pour les éloigner du désir des charges, il leur dit entre autres choses : « Que celui qui conduit les autres est responsable de leurs manquements, s'il ne les en avertit quand il faut, et dans l'esprit d'humilité, de douceur, et de charité. Que la première fois qu'on avertissait quelqu'un, il fallait le faire avec grande douceur et bonté, et prendre bien son temps ; la seconde, avec un peu plus de sévérité et plus de gravité, qui fût néanmoins accompagnée de douceur, se servant de prières et de remontrances charitables ; et enfin la troisième, avec zèle et fermeté, témoignant même au défaillant ce qu'on sera obligé de faire pour dernier remède. »

Voulant un jour faire quelque correction à un des siens, il lui demanda auparavant s'il aurait agréable qu'il lui fît un avertissement ; à quoi l'autre répondit qu'il y était disposé, et cette manière d'agir lui gagna tellement le cœur, et lui demeura si fort dans l'esprit qu'il a depuis assuré qu'elle eut grand effet sur lui, et que rarement est-il depuis venu à retomber dans cette faute, qu'il ne se soit souvenu de la précaution de cet avertissement que ce sage supérieur lui avait fait avec tant de bonté.

Un missionnaire étant pour le service de Dieu dans un emploi asse dangereux pour lui, et fort difficile pour les personnes avec lesquelles il avait à traiter, M. Vincent lui prescrivit prudemment ce qu'il avait à faire et à ne pas faire. Mais au lieu de s'arrêter à cela, il passa outre plusieurs fois; et Dieu permit que, pour avoir fait ces fautes, il s'en trouva en peine. Sur quoi M. Vincent lui fit une paternelle correction, lui faisant voir par l'expérience même les inconvénients qui arrivent d'aller contre les ordres de ses supérieurs; et puis il finit sa lettre en ces termes : « Je vous supplie, Monsieur, agréez la simplicité avec laquelle je vous parle, et ne vous en attristez pas, s'il vous plaît; mais faites comme ces bons pilotes qui, se trouvant agités de la tempête, redoublent de courage, et tournent la pointe de leurs vaisseaux contre les flots de la mer les plus furieux qui semblent s'élever pour les engloutir. »

Le supérieur d'une maison n'exécutant pas un ordre que M. Vincent lui avait plusieurs fois réitéré, qui était d'envoyer un prêtre en une autre maison, il se vit obligé de le presser, et tout ensemble de lui faire connaître sa faute; ce qu'il fit, mais de la plus douce manière qu'il était possible; car, au lieu de lui écrire qu'en lui résistant il résistait à l'obéissance, il lui dit seulement ces mots : « Il me semble, Monsieur, que j'entrevois dans votre retardement l'ombre de la désobéissance. »

Il corrigeait avec une douce force ceux qu'il surprenait en quelque défaut, et quand ils s'en humiliaient, il les en congratulait, prenant cette humiliation pour un bon signe; et jamais il ne leur reprochait ni remettait devant les yeux une faute dont ils s'étaient déjà humiliés.

Un supérieur d'une des maisons de sa Congrégation, pensant qu'on avait écrit à son désavantage à M. Vincent, le pria de l'avertir de ses manquements; mais M. Vincent, voyant qu'il soupçonnait quelqu'un sans sujet, l'en avertit d'une manière extrêmement douce : « Vous pouvez penser, dit-il, que si j'avais quelque correction à vous faire, je vous la ferais tout simplement : mais grâce à Dieu, vous marchez de bon pied, et votre conduite me paraît bien bonne. A ce propos, je vous dirai que je ne me ressouviens pas qu'on m'ait fait aucun rapport de vous contraire à cela. Et quand on le ferait, je vous connais trop bien pour craindre que l'on m'en fasse accroire. Selon cela, vous devez vous garder du soupçon, autant que vous pourrez, et aller droit à Dieu. »

Voici comme il avertit un supérieur qui s'était plaint à lui du déportement d'un inférieur qui lui parlait avec peu de respect, et l'avait choqué en quelque rencontre. La lettre est toute de sa main, et des plus remarquables, contenant de bons avis pour la conduite

« Je participe à la peine que vous a donné sujet d'avoir celui duquel vous m'écrivez. Je veux croire qu'il a fait cela bonnement, mais j'estime, quand il aura fait réflexion sur toutes les circonstances qui se passèrent en cette rencontre, qu'il verra bien qu'il n'a faut pas retourner souvent; et que vous aussi, Monsieur, reconnaîtrez que c'est un petit exercice que Notre-Seigneur vous a envoyé, pour vous façonner à la bonne conduite des personnes qui vous sont commises. Cela vous fera comme entrevoir combien grande a été la bonté de Notre-Seigneur à supporter ses Apôtres et ses disciples, lorsqu'il était sur la terre, et combien il a eu à souffrir des bons et des mauvais. Cela même vous fera voir que les supériorités ont leurs épines, comme les autres conditions, et que les supérieurs qui veulent bien faire leur devoir de parole et d'exemple ont beaucoup à souffrir de leurs inférieurs, non-seulement des disciples, mais encore des meilleurs. Suivant cela, Monsieur, donnons-nous à Dieu pour le servir en cette qualité, sans prétention d'aucune satisfaction du côté des hommes. Notre-Seigneur nous en donnera assez si nous travaillons comme il faut à nous rendre plus exacts à l'observance des règles et à l'acquisition des vertus propres aux vrais missionnaires, surtout à celles de l'humilité et de la mortification. Et me semble, Monsieur, que vous ferez bien de dire à ce bon prêtre lorsqu'il vous fera sa communication, ou en quelque autre rencontre, que vous le priez qu'il vous avertisse de vos manquements puisque dans l'emploi où vous êtes, il ne se peut que vous ne fassiez bien des fautes, non-seulement en qualité de supérieur, mais aussi en celle de missionnaire et de chrétien ; qu'il ne se rebute pas, encore que la nature d'abord semble pâlir ou rougir, ou qu'il vous échappe quelque parole d'impatience ; c'est ce qui arrive pour l'ordinaire dans le premier mouvement aux plus grands saints ; l'animalité toujours vivante en l'homme prévenant ainsi la raison, laquelle, aidée de grâce, tire des avantages indicibles des avertissements qu'on nous fait. Il me semble, Monsieur, que vous ferez bien aussi de déclarer de temps en temps à votre famille que non-seulement vous trouvez bon d'être averti par celui de votre maison qui est destiné pour vous faire cette charité, mais que vous auriez peine s'il ne vous avertissait pas, et s'il s'abstenait d'écrire au supérieur général, selon l'usage de toutes les Compagnies bien réglées : et vous les assurerez que vous ne verrez point les lettres qu'ils m'écriront, ni celles que leur écrirai. Oh ! Monsieur, que la misère humaine est grande, et patience nécessaire aux supérieurs ! Je finis en me recommandant vos prières, que je vous prie d'offrir à Dieu, afin qu'il me pardonne les fautes incomparables que je commets tous les jours dans la qualité que j'ai, qui en suis le plus indigne de tous les hommes, et pire que Judas envers Notre-Seigneur. »

Un autre supérieur, peu satisfait de quelques-uns de ceux qu'il avait en charge, ayant écrit à M. Vincent qu'il aimerait mieux conduire des bêtes que des hommes, ce saint homme lui fit une réponse aussi judicieuse que cette expression était indiscrète : « Ce que vous me mandez, lui dit-il, souffre explication : car ce que vous dites est vrai en ceux qui veulent que tout ploie sous eux ; que rien ne leur résiste ; que tout aille selon leur sens ; qu'on leur obéisse sans réplique ni retardement, et, par manière de dire, qu'on les adore : mais cela n'est pas en ceux qui aiment la contradiction et le mépris ; qui se regardent serviteurs des autres ; qui conduisent en la vue de la conduite de Notre-Seigneur, lequel supportait de sa compagnie la rusticité, l'émulation, le peu de foi, etc., et qui disait qu'il était venu pour servir, et non pour être servi. Je sais, Monsieur, que, grâce à Dieu, ce même Seigneur vous fait agir avec humilité, support, douceur et patience, et que vous n'avez usé de ce terme que pour mieux exprimer votre peine, et me persuader votre décharge. Aussi tâcherons-nous d'envoyer quelqu'un à votre place. »

Ce supérieur, qui était un bon serviteur de Dieu, trouva cette réponse de son père si à propos, qu'il lui repartit : « J'ai admiré et j'admire votre réponse aussi belle qu'énergique ; je la chéris, je la respecte, je me l'applique, etc. » M. Vincent l'ayant envoyé relever de charge, lui écrivit ces mots : « Nous envoyons un tel en votre place, après les instances que vous nous en avez faites : j'espère que la famille verra en vos exemples la soumission et la confiance que chacun doit à son supérieur. » Il lui mandait cela, parce qu'il devait encore demeurer en la même maison. Et il est à remarquer que, retirant de charge les supérieurs, il les laissait assez souvent inférieurs dans la même famille, pour les exercer à une plus parfaite humilité et obéissance.

Un prêtre de la Mission, régent dans un séminaire, qui était fort pieux et zélé, qui avait naturellement un esprit un peu aigre, et pour cela ne traitait pas les séminaristes avec toute la douceur convenable, donna sujet à M. Vincent de lui écrire la lettre suivante : « Je vois, lui dit-il, ce que vous me mandez, plus que les choses même que je vois ; et j'ai trop de preuves de votre affection à procurer le bien du séminaire pour la révoquer en doute. Cela fait que je suspens mon jugement sur les plaintes que l'on m'a faites de votre conduite trop sèche, jusqu'à ce que vous m'ayez vous-même mandé ce qui en est. Cependant, je vous prie de faire réflexion sur votre façon d'agir, et de vous donner à Dieu pour corriger avec sa grâce ce que vous y trouverez de mal gracieux : car outre que sa divine Majesté en est offensée, quoique vous ayez une bonne intention, il en arrive encor d'autres inconvénients. Le premier est que ces messieurs qui sortent mal contents du séminaire peuvent se dégoûter de la vertu, tomber dans le vice, et se perdre pour être sortis trop tôt de cette sainte école, faute d'y avoir été traités doucement. Le second est qu'ils décrient le séminaire, et empêchent que d'autres n'y entrent, qui sans cela y viendraient, et y recevraient les instructions et les grâces convenables à leur vocation. Et en troisième lieu, le mauvais prédicament d'une maison particulière tombe sur la petite Compagnie, laquelle perdant une partie de sa bonne odeur, reçoit un notable préjudice au progrès de ses fonctions, et voit diminuer le bien qu'il a plu à Dieu faire par elle.

« Si vous dites que vous n'avez point remarqué ces défauts en vous, c'est un signe que vous avez bien peu d'humilité : car si vous en aviez autant que Notre-Seigneur en demande d'un prêtre de la Mission, vous vous réputeriez le plus imparfait de tous, et vous vous estimeriez coupable de ces choses, et attribueriez à quelque secret aveuglement de ne pas voir ce que les autres voient, surtout depuis que vous avez été averti. Et à propos d'avertissement, on m'a encore mandé que vous avez peine à souffrir qu'on vous en fasse. Si cela est, ô Monsieur ! que votre état est à craindre, et qu'il est éloigné de celui de saints, qui se sont avilis devant le monde, et réjouis quand on leur a montré les petites taches qui étaient en eux ! C'est mal imiter le Saint des Saints, Jésus-Christ, qui a permis qu'on lui ait reproché publiquement le mal qu'il n'avait pas fait, et qui n'a pas dit un mot pour se mettre à couvert de cette confusion. Apprenons de lui, Monsieur, à être doux et humbles de cœur. Ce sont les vertus que vous et moi lui devons demander incessamment, auxquelles nous devons faire attention particulière, pour ne nous pas laisser emporter aux passions contraires, qui détruisent d'une main l'édifice spirituel que l'autre bâtit. Plaise à ce même Seigneur de nous éclairer de son esprit, pour voir les ténèbres du nôtre, et pour le soumettre à ceux qu'il a proposés pour nous conduire, et de nous animer de sa douceur infinie, afin qu'elle se répande sur nos paroles et sur nos actions, pour être agréables et utiles au prochain. »

Parlant un jour à sa communauté sur le même sujet, et lui donnant un avertissement de très-grande importance, avec son humilité orditaire : « Je déclare, dit-il, que ceux qui remarquent des défauts qui vont à la ruine et au dérèglement de la Compagnie, et qui n'en avertissent pas, sont coupables de la ruine et du déréglement de la même Compagnie. Suivant cela, je dois trouver bon d'être moi-même averti ; en sorte que si je ne me corrigeais pas de quelque défaut scandaleux qui apportât désordre et destruction à la Congrégation, ou bien si j'enseignais ou soutenais quelque chose contraire à la doctrine de l'Église, la Congrégation rassemblée devrait me déposer, et puis chasser. »

Une autre fois répondant à un supérieur d'une de ses maisons touchant les avertissements qu'il pensait être obligé de faire devant la communauté : « En deux ou trois cas, lui dit-il, l'on doit avertir la communauté de la faute d'un seul : premièrement, quand le mal est si invétéré en celui qui en est coupable, que l'on juge qu'un avertissement particulier lui serait inutile ; et c'est pour cette raison que Notre-Seigneur avertit Judas en la présence des autres Apôtres, en termes couverts, disant qu'un de ceux qui mettaient la main au plat avec lui le devait trahir. Secondement, quand ce sont des esprits faibles qui ne peuvent porter une correction, pour douce qu'elle soit, bien qu'au reste ils soient bons : car avec cette bonté qu'ils ont, une recommandation en général, sans les nommer, leur suffit pour les redresser. Et en troisième lieu, lorsqu'il y a danger que d'autres se laissent aller à la même faute, si on la reprend. Hors de ces cas j'estime que l'avertissement se doit faire à la personne seule.

» Quant aux fautes qui se commettent à l'égard du supérieur, il est bien vrai qu'il en doit avertir l'inférieur ; mais en observant deux ou trois choses : premièrement, que ce ne soit jamais sur-le-champ sans quelque nécessité particulière ; secondement, que ce soit doucement et à propos ; troisièmement, que ce soit par forme de raisonnement, lui représentant les inconvénients de sa faute, et cela d'une telle manière qu'il puisse connaître que le supérieur ne lui fait pas cet avertissement par humeur ni parce que la chose le regarde, mais pour son bien et pour celui de la communauté. »

M. Vincent ne se contentait pas de remédier au vice et aux défauts de ses maisons et des personnes qui étaient sous sa conduite, mais il faisait tous ses efforts pour y établir la perfection et la plus exacte régularité. Pour cela, le premier et le plus efficace moyen qu'il y employait était le bon exemple qu'il y donnait lui-même, se rendant imitateur de son divin Maître, lequel, comme dit le saint Évangile, commença premièrement à faire, et puis se mit à enseigner. Et en effet, ce sage et zélé supérieur était si exact aux exercices de sa communauté, et particulièrement à l'oraison du matin, qu'il se levait comme les autres à quatre heures, quoiqu'il eût fort peu reposé la nuit, pour avoir été incommodé de la fièvre, ou pour quelque autre empêchement; et de plus, les jours auxquels il devait être saigné, ou prendre médecine, et le lendemain de ces jours-là, même en sa vieillesse, il ne se donnait aucun relâche, et ne laissait pas de se trouver à l'oraison avec les autres. On ne saurait croire combien les exemples de ferveur et d'exactitude de ce charitable père avaient de force sur ses enfants pour les porter à faire le même à son imitation, et l'on peut dire que son exemple a été l'une des causes les plus efficaces de ce bel ordre qu'on a toujours vu et admiré dans la maison de Saint-Lazare depuis que les prêtres de la Mission y ont été établis, et qui a donné tant d'édification aux personnes du dehors. Il voulait aussi que les supérieurs fussent toujours les plus exacts à observer le réglement, et qu'ils se trouvassent des premiers aux exercices de la communauté, autant que leur santé et leurs occupations le pourraient permettre. Il disait sur ce sujet, parlant des prêtres de sa Congrégation, « que ceux qui n'étaient point dans cette exactitude, particulièrement à se lever le matin, et à faire leur oraison au lieu et au temps que les autres la font, quoiqu'ils eussent d'ailleurs beaucoup de talent et de capacité pour la conduite, n'étaient pourtant point propres pour être supérieurs des maisons, ni directeurs des séminaires. » Et il ajoutait « que quand il s'agit d'établir des supérieurs, on doit bien prendre garde si ceux qu'on choisit pour ces offices sont réguliers et exemplaires, parce qu'autrement il leur manquerait une des principales qualités requises en ceux qui sont chargés de la conduite des autres. »

Voici ce qu'il écrivit un jour sur ce même sujet au supérieur d'un séminaire, pour lui faire connaître de quelle façon il se devait comporter envers les ecclésiastiques qui étaient sous sa charge : « Je loue Dieu, lui dit-il, du nombre des ecclésiastiques que M. l'évêque de N. vous envoie : vous n'en manquerez pas si vous prenez la peine de les élever dans le véritable esprit de leur condition, qui consiste particulièrement en la vie intérieure, et en la pratique de l'oraison et des vertus; car ce n'est pas assez de leur montrer le chant, les cérémonies, et un peu de morale; le principal est de les former à la solide piété et dévotion. Et pour cela, Monsieur, nous en devons être les premiers remplis, car il serait presque inutile de leur en donner l'instruction, et non pas l'exemple. Nous devons être des bassins remplis, pour faire écouler nos eaux sans nous épuiser; et nous devons posséder cet esprit dont nous voulons qu'ils soient animés : car nul ne peut donner ce qu'il n'a pas. Demandons-le donc bien à Notre-Seigneur, et donnons-nous à lui, pour nous étudier à conformer notre conduite et nos actions aux siennes : alors votre séminaire répandra une suavité dedans et dehors le diocèse, qui le fera multiplier en nombre et en bénédictions ; et au contraire, ce serait un grand empêchement à ce bien-là de vouloir agir en maîtres envers ceux qui sont sous notre charge, ou de les négliger, ou mal édifier : ce qui arriverait, si nous voulions trop nous polir et nous ajuster, nous bien traiter, nous faire considérer et honorer, nous divertir, nous épargner, et nous communiquer par trop au dehors. Il faut être ferme, et non pas rude dans la conduite, et éviter une douceur fade qui ne sert à rien. Nous apprendrons de Notre-Seigneur comme la nôtre doit être toujours accompagnée d'humilité et de grâce, pour lui attirer les cœurs, et n'en dégoûter aucun. »

Ecrivant à un autre supérieur, il lui dit : « Ma grande espérance est que vous contribuerez beaucoup, avec la grâce de Dieu, à sauver ces peuples, et que vos exemples serviront à vos confrères pour s'affectionner à cette bonne œuvre, et pour s'y appliquer aux lieux, aux temps et en la manière qui leur sera prescrite par vous, qui consulterez Dieu comme un autre Moïse, et qui recevrez la loi de lui pour la donner à ceux que vous conduirez. Souvenez-vous que la conduite de ce saint patriarche était douce, patiente, supportante, humble et charitable ; et qu'en celle de Notre-Seigneur ces vertus ont paru en leur perfection, afin que nous nous y conformions. »

Le supérieur d'une de ses maisons lui ayant écrit pour lui demander que sa charge fût remise à un autre, il lui fit cette réponse : « Pour la décharge, lui dit-il, que vous demandez, je vous prie de n'y pas penser, mais d'espérer que sous les cendres de cette humilité qui vous fait désirer de vous soumettre à un autre, est caché l'esprit de Notre-Seigneur, qui sera lui-même la direction de votre conduite, votre force en votre faiblesse, votre science en vos doutes, et votre vertu en vos besoins. De votre côté, Monsieur, donnez-vous à lui pour n'être à peine à personne, pour traiter un chacun avec douceur et respect, pour user toujours de prières et de paroles amiables, et jamais de mots rudes ou impérieux : rien n'étant si capable de gagner les cœurs que cette manière d'agir humble et suave, ni par conséquent de vous faire parvenir à vos fins, qui sont que Dieu soit servi, et les âmes sanctifiées. »

Ecrivant à un autre sur le même sujet : « Tant s'en faut, lui dit-il, que les raisons que vous apportez pour vous exempter de la supériorité, nous fassent jeter les yeux sur un autre, qu'elles nous confirment plutôt dans la résolution de vous la donner. La vue que vous avez de vos défauts et de votre incapacité se doit employer pour vous humilier, et non pour vous décourager. Notre-Seigneur a assez de vertu et de suffisance pour lui et pour vous : laissez-le donc agir et ne doutez point que si vous demeurez dans les humbles sentiments dans lesquels vous êtes, et dans une humble confiance en lui, sa conduite ne sanctifie la vôtre. J'espère bien de sa bonté, et du bon usage que vous faites de ses grâces, qu'il en serait ainsi ; et dans cette espérance je vous envoie la lettre qui vous constitue supérieur de votre communauté : vous lui en pourrez faire lecture, afin qu'elle vous regarde désormais en Notre-Seigneur, et Notre-Seigneur en vous, ainsi que je l'en prie. »

Avant que de finir ce chapitre, nous insérerons encore ici l'extrait d'une lettre de M. Vincent à une Fille de la Charité, qui contient quelques avis dignes de remarque touchant sa conduite, pour l'entrée de celles qui étaient reçues en la Compagnie de ces bonnes Filles, ou qui en sortaient.

« La réponse, lui dit-il, que vous ferez à cette bonne Fille, laquelle pour entrer en votre Compagnie veut être assurée pour sa vie, est de lui dire que cela ne se peut ; qu'on n'a pas encore donné cette assurance à aucune, et qu'on ne la donnera à personne, de crainte que quelques-unes, se relâchant aux exercices, ne deviennent scandaleuses, et se rendent indignes de la grâce de leur vocation ; car si ce malheur arrivait à quelque esprit mal fait, ne serait-il pas raisonnable de retrancher ce membre gangrené, afin qu'il ne gâtât pas les autres ? Vous savez, néanmoins, ma Sœur, que l'on ne met personne dehors, que rarement, et seulement pour des choses notables, et jamais pour des manquements communs, ni même extraordinaires, s'ils ne sont fréquents et considérables ; encore le fait-on le plus tard qu'on peut, et après avoir longtemps supporté les chutes d'une telle personne, et employé vainement les remèdes propres à sa correction. On use surtout de cette patience et charité envers celles qui ne sont pas tout à fait nouvelles, et encore plus envers les anciennes : de sorte que s'il en sort quelques-unes, c'est que ce sont elles-mêmes qui s'en vont, ou par légèreté d'esprit, ou parce qu'ayant été lâches et tièdes au service de Dieu, Dieu même les vomit et les rejette avant que les supérieures pensent à les renvoyer. De dire que celles qui sont fidèles à Dieu, et soumises à la sainte obéissance, sortent de la Compagnie, c'est ce qui n'arrive pas, grâce à Dieu, ni à l'égard de celles qui se portent bien, ni envers celles qui sont infirmes. On fait ce qu'on peut pour les conserver toutes, et on prend tous les soins possibles des unes et des autres, jusques à la mort. Si donc cette bonne Fille se veut résoudre d'entrer chez vous, et d'y mourir, elle y sera traitée de même avec grande charité. Mais dites-lui, s'il vous plaît, que ce sera à elle d'assurer sa vocation par bonnes œuvres, selon le conseil de l'apôtre saint Pierre; et pour cela, qu'elle se doit appuyer en Dieu seul, et espérer de lui la grâce de la persévérance. Que si elle en veut être assurée de la part des hommes, il y a apparence qu'elle cherche autre chose que Dieu; il la faut laisser là, et ne s'en plus mettre en peine. »

SECTION II.

SA CONDUITE POUR LE TEMPOREL DES MAISONS DE SA CONGRÉGATION.

Nous avons vu en quelques-uns des chapitres précédents, combien grande était la confiance de M. Vincent en la providence de Dieu touchant les biens extérieurs nécessaires à la subsistance des maisons de sa Congrégation, et comme il tenait pour assuré que si les siens observaient exactement leurs règles, et s'acquittaient fidèlement de tous les devoirs de leur institut, cette divine providence ne permettrait jamais qu'ils vinssent à manquer des commodités requises à la vie; se fondant sur la promesse que le Fils de Dieu en a faite lorsqu'il a dit : « Cherchez premièrement le royaume de Dieu et sa justice, et toutes ces choses dont vous avez besoin vous seront données. » Cela toutefois n'empêchait pas qu'il ne veillât lui-même soigneusement à conserver et ménager, avec toute l'économie qui lui était possible, le bien temporel de sa Compagnie, tant parce que Dieu ayant ordonné que les hommes gagneraient leur vie à la sueur de leur visage, il a établi à même temps la nécessité du concours des causes secondes, pour coopérer avec lui à la production et préparation des choses dont ils ont besoin, que parce que c'est aux pères de famille à nourrir leurs enfants, aux généraux d'armée à fournir des armes et des vivres aux soldats, et aux chefs des Compagnies à influer l'esprit et la vie sur leurs membres. Suivant cela, M. Vincent était obligé de pourvoir à la subsistance des siens. Il y travaillait donc purement parce que Dieu le voulait, et que le bien des âmes le requérait ainsi. Pour cela il a fait deux choses : la première, de faire valoir le peu de bien qu'ils avaient; et la seconde, d'en bien ménager le petit revenu.

Premièrement, pour faire valoir le bien temporel de sa Compagnie et le conserver, non-seulement il établit des procureurs pour cela, et autres personnes intelligentes pour y tenir la main sous sa conduite; mais c'était tellement sous sa conduite, qu'ils ne faisaient rien sans son avis : il leur marquait ce qu'ils avaient à faire et souvent ce qu'ils avaient à dire, et ensuite il s'en faisait rendre compte : il leur demandait ordinairement le soir ce qu'ils avaient fait le jour, et il leur donnait des ordres pour le lendemain; et afin qu'on ne négligeât rien, il leur disait souvent que depuis qu'une affaire était commencée, il la fallait poursuivre jusqu'au bout. Quelque soin que prissent des affaires ceux qui étaient députés pour cela, il ne pouvait souffrir qu'ils fissent aucune chose, ni dedans ni dehors, sans lui en parler, pour peu qu'elle fût considérable; et s'ils étaient trop sujets à agir par eux-mêmes, il les déposait, même les supérieurs des autres maisons de sa Congrégation qui faisaient des choses extraordinaires, comme bâtir, démolir et abattre, sans le lui proposer et avoir reçu son approbation et consentement; parce qu'autrement, disait-il, si chacun faisait à sa tête, on détruirait la dépendance établie de Dieu, et on ne verrait que changements et désordres dans les maisons.

Il faisait valoir quelques fermes de la communauté de Saint-Lazare par les mains des Frères de sa Compagnie, et il pouvait dire après l'Apôtre que les missionnaires travaillaient de leurs mains pour la publication de l'Évangile. Il y employait, avec les Frères, des domestiques pour labourer, afin de tâcher d'avoir la provision de blé; il y faisait nourrir des troupeaux et des animaux domestiques pour aider à faire les autres dépenses de la maison de Saint-Lazare, qui étant très-grandes requéraient qu'il usât de toutes les inventions possibles pour y subvenir. Il prenait connaissance des moindres choses comme des plus grandes, et il voyait de temps en temps les comptes du petit rapport de la basse-cour de Saint-Lazare. Il veillait à tout, prenait soin de tout, et conférait de tout, même des arbres et des fruits du jardin, afin que rien ne pérît ou se dissipât faute de prévoyance et de bon ménage; en un mot, il n'estimait rien indigne de sa conduite.

Quoiqu'il fît toutes les missions gratuitement, et qu'il ait mis les siens dans l'usage de ne prendre ni présents ni rétributions des personnes qu'ils évangélisaient, néanmoins, pour conformer sa conduite à celle de Notre-Seigneur, lequel recevait des aumônes, il ne refusait pas d'ordinaire celles qui venaient hors du temps des missions, pourvu que tels bienfaits se fissent par charité, et non par salaire et récompense. Voici ce qu'il écrivit un jour à un de ses prêtres sur ce sujet : « Il n'y a point de difficulté de recevoir la charité de M. N., et si déjà vous l'avez refusée, faites-lui-en vos excuses; nous n'avons point droit de refuser ce qu'il nous donne pour l'amour de Dieu. »

Secondement, pour ménager le petit revenu, il faisait faire les provisions des vivres et des étoffes, non-seulement au temps, mais encore aux lieux les plus propres ; cela fait, il recommandait à ceux qui avaient ces choses en charge, de ne laisser rien perdre, tenait la main à ce que la frugalité fût gardée en toutes choses, et que chacun se contentât des habits et de la nourriture qu'on lui donnait, quoique pauvres. Dans les mauvaises années, lorsque les vivres étaient fort chers, il regardait s'il n'y avait rien à retrancher aux portions ordinaires du vin ou de la viande, afin que chacun se ressentît un peu de l'incommodité publique, et que la dépense ne fût pas si grande.

Une fois que la gelée avait gâté les blés et les vignes, il fit un beau discours pour exciter les siens à compatir à l'affliction publique, lequel il termina par ces paroles : « Il faut gémir sous la·charge des pauvres et souffrir avec ceux qui souffrent, autrement nous ne sommes pas disciples de Jésus-Christ. Mais encore que ferons-nous ? Les habitants d'une ville assiégée regardent de temps en temps aux vivres qu'ils ont. Combien avons-nous de blé ? disent-ils. Tant. Combien sommes-nous de bouches ? Tant. Et là-dessus ils règlent le pain que chacun doit avoir, et disent : A deux livres par jour, nous pourrons aller jusque-là. Et comme ils voient que le siége est pour durer davantage, et que les vivres diminuent, ils se réduisent à une livre de pain, à dix onces, à six, et à quatre onces pour soutenir longtemps, et empêcher d'être pris par la famine. Et sur la mer, comment fait-on quand il arrive qu'un navire a été jeté par la tempête et arrêté longtemps dans quelque coin ? on compte le biscuit, on prend garde à la boisson, et s'il y en a trop peu pour arriver au lieu où ils prétendent aller, ils en donnent moins ; et plus ils retardent, plus ils diminuent la portion. Or, si les gouverneurs des villes et les capitaines des vaisseaux en usent de la sorte, et si la sagesse même requiert qu'ils agissent avec cette précaution, parce qu'autrement ils pourraient périr, pourquoi ne ferions-nous pas de même ? Pensez·vous que les bourgeois ne retranchent pas de leur ordinaire, et que les meilleures maisons, voyant que les vendanges sont faites pour cette année, ne ménagent pas leur vin, dans la crainte de n'en trouver pas aisément l'année prochaine ? Hier, des personnes de la ville et de condition qui étaient céans me disaient que la plupart des maisons retrancheraient entièrement le vin aux serviteurs ; on leur dira : Pourvoyez-vous, il n'y a plus de vin céans que pour le maître. Tout cela, mes Frères, nous a fait penser à ce que nous avions à faire, et j'assemblai hier les prêtres anciens de la Compagnie pour prendre leurs avis ; enfin on a trouvé à propos de nous réduire à demi setier par repas pour cette année. Ceci fera de la peine à quelques-uns qui pensent avoir besoin de boire un peu plus de vin ; mais comme ils sont accoutumés à se soumettre aux ordres de la Providence, et à surmonter leurs appétits, ils feront bon usage de cette peine, comme ils font des autres sujets de mortification, dont ils ne se plaignent pas. Il y en aura peut-être d'autres qui s'en plaindront par attache à leurs satisfactions ; esprits de chair, gens sensuels et enclins à leurs plaisirs, qui ne veulent en perdre aucun, et qui murmurent de tout ce qui n'est pas selon leur goût. O Sauveur ! gardez-nous de cet esprit de sensualité. »

Il évitait toute sorte de dépense superflue, il n'en faisait même de nécessaire que le moins qu'il pouvait ; il n'épargnait rien pour la charité, comme nous avons dit ailleurs ; il donnait tout à Dieu et au salut des âmes ; mais à la chair, à la sensualité, aux plaisirs et aux commodités, tout le moins qu'il pouvait ; point de bâtiments qui ne fussent absolument nécessaires, point d'enjolivements et de peintures, non pas même d'ornements, d'ameublements, ni d'accommodements qui ne fussent pas de la dernière nécessité. Et quoiqu'il fût souvent pressé de faire et changer plusieurs choses qui semblaient utiles, et même convenables, il tenait toujours ferme pour n'entreprendre de telles dépenses, et disait pour raison que Dieu ne s'étant pas obligé à donner plus que le nécessaire, il ne devait pas s'engager au superflu.

Un supérieur d'une de ses maisons le pressait de consentir que l'on fît un bâtiment, et que la maison de Saint-Lazare y contribuât, laquelle se trouvait dans l'impuissance de le faire ; et comme il lui représentait que faute de cela on omettait à faire beaucoup de bien, et que les particuliers n'y pouvant demeurer, cela les dégoûtait et déréglait, voici la prudente réponse qu'il lui fit : « Vous me parlez de commencer votre bâtiment. O Jésus, Monsieur, il n'y faut pas penser ! C'est une grande miséricorde que Notre-Seigneur a fait à la Compagnie de lui donner un logement tel qu'il est, en attendant qu'il plaise à sa divine bonté de nous envoyer du secours. Quant aux inconvénients que vous m'alléguez, ne pouvant faire autrement, nous n'en serons pas la cause ; et puis ce procédé me semble avoir quelque rapport à la conduite de Dieu sur son peuple, ayant permis un grand désordre par plusieurs siècles, et la perdition d'une infinité d'âmes, pour mettre un ordre tout divin, et les sauver tous par la venue, la vie, la passion et la mort de son Fils, lequel il a envoyé en temps qu'il a vu son peuple disposé à le recevoir, par tant de semonces, de prophéties et de souhaits faits pour cela. Si c'est une fausse vue, je m'en rapporte ; et si vous m'en donnez une meilleure, je la prendrai de bon cœur. »

M. Vincent évitait une autre sorte de dépense, en laquelle tombent les supérieurs trop condescendants : c'est que les hommes aimant naturellement le changement, il s'en trouve qui se déplaisent en un lieu, et, sous prétexte que l'air ou l'emploi, ou les personnes avec lesquels ils sont, ne leur reviennent pas, ils s'imaginent qu'ils seront mieux ailleurs; ou bien les supérieurs particuliers, n'étant pas satisfaits de quelqu'un, désirent de s'en décharger, et d'en avoir un autre à leur gré. Pour cela, si on les voulait croire, il faudrait souvent retirer des hommes, et quelquefois leur faire faire de longs voyages, et en envoyer d'autres à grands frais, et cela faute de mortification et de support ; il y a peu de maisons où ces occasions ne se rencontrent. Mais M. Vincent ne pouvait leur accorder ces allées et venues; il les priait d'attendre encore, il les encourageait à la patience, il s'excusait sur la difficulté de remplir leurs places, et leur disait qu'avec le temps on verrait ; il espérait que cependant ils perdraient ce désir de changer. Ce n'est pas qu'il n'en ait fait changer de temps en temps quelques-uns, mais c'était pour d'autres motifs importants, et non pour favoriser leur inconstance et leurs propres satisfactions, contre lesquelles il a montré une fermeté extraordinaire en ces occasions. Voici la réponse qu'il fit à un de ses prêtres qui lui demandait à changer de demeure; elle suffira pour exemple de quantité d'autres qu'il a écrites en pareille rencontre : « Comme il a plu à Dieu, dit-il, de me donner la connaissance de la Congrégation, et en particulier de l'état et des besoins de chaque maison, et des dispositions des sujets, je ne vois pas que pour le présent vous puissiez être utile ailleurs. Au nom de Dieu, Monsieur, tenez ferme, et assurez-vous que la bénédiction de Dieu ne vous manquera pas, et qu'une des plus sensibles consolations que j'aie est de vous voir là où vous êtes, et que j'espère que nous nous verrons un jour bien grand au ciel. »

Il n'usait pas seulement de toute l'épargne possible, en évitant soigneusement les dépenses moins utiles pour pouvoir satisfaire aux nécessaires, et faire servir les nécessaires uniquement aux affaires de Dieu par une conduite toute sainte ; mais cette même conduite lui a fait encore ménager son temps, qui lui était très-précieux, pour un si grand nombre d'œuvres et d'affaires différentes dont il était chargé pour le temporel et pour le spirituel, tant de sa Congrégation que des autres Compagnies qu'il dirigeait : c'est pourquoi il n'en voulait pas perdre un seul moment. Premièrement, il était presque sans cesse occupé à prier, à parler, à écrire, à prendre ou à donner conseil, et à aller et venir, à résoudre et à exécuter les choses résolues. Secondement, il prenait sur son sommeil une partie de la nuit pour la donner au bien de sa conduite : car outre qu'il se couchait le soir une ou deux heures plus tard que les autres pour parler à quelques-uns et vaquer à la lecture des lettres et à d'autres choses, il pensait encore la nuit aux affaires de sa charge, et on pouvait bien dire de lui qu'il était un pasteur veillant sur son troupeau. Troisièmement, les autres prêtres de sa Congrégation avaient environ deux heures de récréation par jour, c'est-à-dire une heure ou environ après chaque repas ; et M. Vincent employait ces heures-là à l'acquit de sa charge. Quatrièmement, bien qu'il donnât loisir à ceux qui lui parlaient, particulièrement aux externes, de lui dire tout et de se retirer satisfaits, il ne s'entretenait pas néanmoins avec eux de choses inutiles, il en détournait les discours, il évitait les digressions, même dans les assemblées de piété où il se trouvait pour les pauvres ou pour d'autres desseins charitables. Il disait souvent : « Çà ! revenons au sujet ; concluons ; voyons ce qui reste. Monsieur, ou Madame, avez-vous agréable que nous achevions ? etc. » Cinquièmement, il rendait peu de visites, s'il n'y était porté par quelque nécessité d'affaires, de reconnaissance ou de charité.

Voici en abrégé l'idée de sa conduite, dépeinte dans le discours qui suit, qui fut recueilli comme très-digne de remarque, par celui-là même auquel il le fit, et qui alla pour cet effet le mettre par écrit aussitôt qu'il fut sorti d'avec lui.

SECTION III.

AVIS DE M. VINCENT DONNÉS DE BOUCHE A UN PRÊTRE DE LA CONGRÉGATION DE LA MISSION AVANT QUE DE L'ENVOYER EN UNE AUTRE MAISON POUR EN AVOIR LA CONDUITE.

« O Monsieur, quel et combien grand pensez-vous que soit l'emploi du gouvernement des âmes auquel Dieu vous appelle ? Quel métier croyez-vous que soit celui des prêtres de la Mission, qui sont obligés de manier et de conduire des esprits dont Dieu seul connaît les mouvements ? *Ars artium, regimen animarum* : ç'a été l'emploi du Fils de Dieu sur la terre ; c'est pour cela qu'il est descendu du ciel, qu'il est né d'une Vierge, et qu'il a donné tous les moments de sa vie, et enfin souffert une très-douloureuse mort. C'est pourquoi vous devez concevoir une très-grande estime de ce que vous allez faire.

« Mais quel moyen de s'acquitter de cet emploi? de conduire des âmes à Dieu? de s'opposer au torrent des vices d'un peuple, ou aux défauts d'un séminaire? d'inspirer les sentiments des vertus chrétiennes et ecclésiastiques dans ceux que la Providence vous confiera pour contribuer à leur salut ou à leur perfection? Certainement, Monsieur, il n'y a rien d'humain en cela ; ce n'est pas ici l'œuvre d'un homme, c'est l'œuvre d'un Dieu. *Grande opus.* C'est la continuation des emplois de Jésus-Christ, et partant l'industrie humaine ne peut rien ici que tout gâter, si Dieu ne s'en mêle. Non, Monsieur, ni la philosophie, ni la théologie, ni les discours n'opèrent pas dans les âmes : il faut que Jésus-Christ s'en mêle avec nous, ou nous avec lui; que nous opérions en lui, et lui en nous ; que nous parlions comme lui et en son esprit, ainsi que lui-même était en son Père, et prêchait la doctrine qu'il lui avait enseignée : c'est le langage de l'Écriture-Sainte.

« Il faut donc, Monsieur, vous vider de vous-même pour vous revêtir de Jésus-Christ. Vous saurez que les causes ordinaires produisent des effets de leur nature : un mouton fait un mouton, etc., et un homme un autre homme ; de même, si celui qui conduit les autres, qui les forme, qui leur parle, n'est animé que de l'esprit humain, ceux qui le verront, qui l'écouteront et qui s'étudieront à l'imiter deviendront tout humains : il ne leur inspirera, quoi qu'il dise et qu'il fasse, que l'apparence de la vertu, et non pas le fond; il leur communiquera l'esprit dont lui-même sera animé, comme nous voyons que les maîtres impriment leurs maximes et leurs façons de faire dans l'esprit de leurs disciples.

« Au contraire, si un supérieur est plein de Dieu, s'il est rempli des maximes de Notre-Seigneur, toutes ses paroles seront efficaces, et il sortira une vertu de lui qui édifiera, et toutes ses actions seront autant d'instructions salutaires qui opéreront le bien dans ceux qui en auront connaissance.

« Pour en venir là, Monsieur, il faut que Notre-Seigneur lui-même imprime en vous sa marque et son caractère; car de même que nous voyons un sauvageon, sur lequel on a enté un franc, porter des fruits de la nature de ce même franc; aussi nous, misérables créatures, quoique nous ne soyons que chair, que foin et qu'épines, toutefois Notre-Seigneur imprimant en nous son caractère, et nous donnant, pour ainsi dire, la sève de son esprit et de sa grâce, et étant unis à lui comme les pampres de la vigne aux ceps, nous faisons le même qu'il a fait sur la terre, je veux dire que nous opérons des actions divines, et enfantons, comme saint Paul tout plein de cet esprit, des enfants à Notre-Seigneur.

« Une chose importante à laquelle vous devez vous appliquer soigneusement est d'avoir grande communication avec Notre-Seigneur dans l'oraison : c'est là le réservoir où vous trouverez les instructions qui vous seront nécessaires pour vous acquitter de l'emploi que vous allez avoir. Quand vous aurez quelque doute, recourez à Dieu, et dites-lui : Seigneur, qui êtes le Père des lumières, enseignez-moi ce qu'il faut que je fasse en cette rencontre.

« Je vous donne cet avis, non-seulement pour les difficultés qui vous feront peine, mais aussi pour apprendre de Dieu immédiatement ce que vous aurez à enseigner, à l'imitation de Moïse, qui n'annonçait au peuple d'Israël que ce que Dieu lui avait inspiré : *Hæc dicit Dominus*.

« De plus, vous devez avoir recours à Dieu par l'oraison pour conserver votre âme en sa crainte et en son amour ; car, hélas ! Monsieur, je suis obligé de vous dire, et vous le devez savoir, que l'on se perd souvent en contribuant au salut des autres. Tel fait bien en son particulier, qui s'oublie soi-même étant occupé au dehors. Saül fut trouvé digne d'être roi, parce qu'il vivait bien dans la maison de son père ; et cependant après avoir été élevé sur le trône, il déchut misérablement de la grâce de Dieu. Saint Paul châtiait son corps, de crainte qu'après avoir prêché aux autres et leur avoir montré le chemin du salut, lui-même ne fût réprouvé.

« Or, afin de ne pas tomber dans le malheur de Saül ni de Judas, il faut vous attacher inséparablement à Notre-Seigneur, et lui dire souvent, élevant votre esprit et votre cœur vers lui : O Seigneur ! ne permettez pas qu'en voulant sauver les autres, je me perde malheureusement ; soyez vous-même mon pasteur, et ne me déniez pas les grâces que vous communiquez aux autres par mon entremise et par les fonctions de mon ministère.

« Vous devez encore avoir recours à l'oraison pour demander à Notre-Seigneur les besoins de ceux dont vous aurez la conduite. Croyez assurément que vous ferez plus de fruit par ce moyen que par aucun autre. Jésus-Christ, qui doit être l'exemple de toutes vos conduites, ne s'est pas contenté d'employer ses prédications, ses travaux, ses jeûnes, son sang et sa mort même ; mais à tout cela il a ajouté l'oraison. Il n'en avait point de besoin pour lui ; ç'a donc été pour nous qu'il a tant de fois prié, et pour nous enseigner à faire le même, tant pour ce qui nous regarde, comme pour ce qui touche ceux dont nous devons être avec lui les sauveurs.

« Une autre chose que je vous recommande, c'est l'humilité de Notre-Seigneur. Dites souvent : Seigneur ! qu'ai-je fait pour avoir un tel emploi ? Quelles sont mes œuvres qui correspondent à la charge que l'on me met sur les épaules? Ah! mon Dieu! je gâterai tout, si vous-même ne conduisez toutes mes paroles et toutes mes œuvres. Envisageons toujours en nous tout ce qu'il y a d'humain et d'imparfait, et nous ne trouverons que trop de quoi nous humilier, non-seulement devant Dieu, mais encore devant les hommes et en présence de ceux qui nous sont inférieurs.

« Surtout, n'ayez point la passion de paraître supérieur ni le maître. Je ne suis pas de l'avis d'une personne qui me disait ces jours passés que, pour bien conduire et maintenir son autorité, il fallait faire voir que l'on était le supérieur. O mon Dieu! Notre-Seigneur Jésus-Christ n'a point parlé ainsi, il nous a enseigné tout le contraire de parole et d'exemple, nous disant que lui-même était venu non pour être servi, mais pour servir les autres, et que celui qui veut être le maître doit être le serviteur de tous.

« Entrez donc dans cette sainte maxime, vous comportant envers ceux avec qui vous allez demeurer *quasi unus ex illis;* leur disant d'abord que vous n'êtes pas venu pour les maîtriser, mais bien pour les servir; faites cela au dedans et au dehors, et vous vous en trouverez bien.

« De plus, nous devons toujours rapporter à Dieu le bien qui se fait par notre entremise, et au contraire nous attribuer tout le mal qui arrive dans la communauté. Oui, ressouvenez-vous que tous les désordres viennent principalement du supérieur, qui par sa négligence, ou par son mauvais exemple, introduit le déréglement, de même que tous les membres du corps languissent lorsque le chef est malsain.

« L'humilité vous doit porter aussi à éviter toutes les complaisances qui se glissent, principalement dans les emplois qui ont quelque éclat. O Monsieur! que la vaine complaisance est un dangereux venin des bonnes œuvres! C'est une peste qui corrompt les actions les plus saintes, et qui fait bientôt oublier Dieu. Donnez-vous de garde, au nom de Dieu, de ce défaut, comme du plus dangereux que je sache à l'avancement en la vie spirituelle et à la perfection.

« Pour cela donnez-vous à Dieu, afin de parler dans l'esprit humble de Jésus-Christ, avouant que votre doctrine n'est pas vôtre ni de vous, mais de l'Évangile. Imitez surtout la simplicité des paroles et des comparaisons que Notre-Seigneur fait dans l'Écriture sainte, parlant au peuple. Hélas! quelles merveilles ne pouvait-il pas enseigner au peuple? Que de secrets n'eût-il pas pu découvrir de la Divinité, et de ses admirables perfections, lui qui était la sagesse éternelle de son Père? Cependant, vous voyez comme il parle intelligiblement, et comment il se sert de comparaisons familières, d'un laboureur, d'un vigneron, d'un champ, d'une vigne, d'un grain de moutarde. Voilà comme il faut que vous parliez, si vous voulez vous faire entendre au peuple, à qui vous annoncerez la parole de Dieu.

« Une autre chose à laquelle vous devez faire une attention toute particulière, c'est d'avoir une grande dépendance de la conduite du Fils de Dieu : je veux dire que quand il vous faudra agir vous fassiez cette réflexion : Cela est-il conforme aux maximes du Fils de Dieu? Si vous trouvez que cela soit, dites : « A la bonne heure, faisons; si au contraire, dites : Je n'en ferai rien.

« De plus, quand il sera question de faire quelque bonne œuvre, dites au Fils de Dieu : Seigneur, si vous étiez en ma place, comment feriez-vous en cette occasion? Comment instruiriez-vous ce peuple? Comment consoleriez-vous ce malade d'esprit ou de corps?

« Cette dépendance doit encore s'étendre à déférer beaucoup à ceux qui vous représentent Notre-Seigneur, et qui vous tiennent lieu de supérieurs : croyez-moi, leur expérience, à raison de leur charge, leur a appris beaucoup de choses pour leur conduite. Je vous dis ceci pour vous porter à ne rien faire d'importance ni rien entreprendre d'extraordinaire sans nous en donner avis; ou si la chose pressait si fort que vous n'eussiez pas le temps d'attendre notre résolution, adressez-vous au supérieur le plus proche, lui demandant : Monsieur, que feriez-vous dans une telle occasion? Nous avons l'expérience que Dieu a béni la conduite de ceux qui en ont usé ainsi, où, au contraire, ceux qui ont fait autrement se sont engagés en des affaires qui ne les ont pas seulement mis en peine, mais même qui nous ont embarrassés.

« Je vous prie aussi de faire attention à ne vous point vouloir signaler dans votre conduite. Je désire que vous n'affectiez rien de particulier, mais que vous suiviez toujours *viam regiam*, cette grande route, afin de marcher sûrement et sans répréhension. J'entends par là vous dire que vous vous conformiez en toutes choses aux règles et aux saintes coutumes de la Congrégation. N'introduisez rien de nouveau, mais regardez les avis qui ont été dressés pour ceux qui ont la conduite des maisons de la Compagnie, et ne retranchez rien de ce qui se fait dans la même Compagnie.

« Soyez non-seulement fidèle à observer les règles, mais aussi exact à les faire observer, car faute de cela tout irait mal. Et comme vous tiendrez la place de Notre-Seigneur, aussi faut-il que vous soyez, à son imitation, une lumière qui éclaire et qui échauffe. Jésus-Christ, dit saint Paul, est la splendeur du Père; et saint Jean, que c'est la lumière qui éclaire tout homme qui vient au monde.

« Nous voyons que les causes supérieures influent dans les inférieures : par exemple, les anges, qui sont dans une hiérarchie supérieure, éclairent, illuminent et perfectionnent les intelligences d'une hiérarchie inférieure : de même le supérieur, le pasteur et le directeur doit purger, illuminer et unir à Dieu les âmes qui lui sont commises de la part de Dieu même.

« Et comme les cieux envoient leurs bénignes influences sur la terre, il faut que ceux qui sont au-dessus des autres répandent en eux l'esprit principal qui les doit animer ; pour cela vous devez être tout plein de grâce, de lumière et de bonnes œuvres, comme nous voyons que le soleil communique de la plénitude de sa clarté aux autres astres.

« Enfin, il faut que vous soyez comme le sel : *Vos estis sal terræ*, empêchant que la corruption ne se glisse dans le troupeau dont vous serez le pasteur. »

Après que M. Vincent m'eut dit tout ce que dessus, avec un zèle et une charité que je ne puis expliquer, il survint un Frère de la Compagnie, lequel lui parla de quelque affaire temporelle qui regardait la maison de Saint-Lazare ; et lorsque ce Frère fut sorti, il prit de là occasion de me donner les avis suivants :

« Vous voyez, Monsieur, comme des choses de Dieu, dont nous parlions à présent, il me faut passer aux affaires temporelles. De là vous devez connaître qu'il appartient au supérieur de pourvoir non-seulement aux choses spirituelles, mais qu'il doit aussi étendre ses soins aux choses temporelles : car comme ceux qu'il a à conduire sont composés de corps et d'âme, il faut aussi qu'il pourvoie aux besoins de l'un et de l'autre, et cela à l'exemple de Dieu, qui, étant occupé de toute éternité à engendrer son Fils, et le Père et le Fils à produire le Saint-Esprit ; outre, dis-je, ces divines opérations *ad intra*, il a créé le monde *ad extra*, et s'occupe continuellement à le conserver avec toutes ses dépendances, et produit toutes les années de nouveaux grains sur la terre, de nouveaux fruits sur les arbres, etc. Et le même soin de son adorable providence s'étend jusque là, qu'une feuille d'arbre ne tombe point sans son ordre ; il compte tous les cheveux de notre tête, et nourrit jusqu'au plus petit vermisseau, et jusqu'à un ciron. Cette considération me semble bien puissante, pour vous faire comprendre que l'on ne doit pas seulement s'appliquer à ce qui est relevé, comme sont les fonctions qui regardent les choses spirituelles, mais qu'il faut encore qu'un supérieur qui représente en quelque façon l'étendue de la puissance de Dieu, s'applique à avoir le soin des moindres choses temporelles, n'estimant point que ce soin soit une chose indigne de lui. Donnez-vous donc à Dieu pour procurer le bien spirituel de la maison où vous allez.

« Le Fils de Dieu, dans le commencement qu'il envoya ses Apôtres, leur recommanda de ne point porter d'argent ; mais ensuite, comme le nombre de ses disciples s'accrut, il voulut qu'il y en eût un de la troupe *qui loculos haberet*, et qui eût soin non-seulement de nourrir les pauvres, mais même qui pourvût aux nécessités de sa famille. Bien plus, il souffrit que des femmes allassent à sa suite pour la même fin, *quæ ministrabant ei* ; et s'il ordonne dans l'Évangile de ne point se mettre en peine du lendemain, cela se doit entendre de ne point avoir trop d'empressement ni de sollicitude pour les biens de la terre, et non pas absolument de négliger les moyens de la vie et du vêtement ; autrement il ne faudrait point semer.

« Je finis là-dessus, en voilà assez pour aujourd'hui. Je répète derechef que ce que vous allez faire est une œuvre bien grande, *grande opus*. Je prie Notre-Seigneur qu'il donne sa bénédiction à votre conduite, et priez-le de votre part avec moi qu'il me pardonne toutes les fautes que j'ai commises moi-même dans l'emploi où je suis. »

CHAPITRE DERNIER.

CONCLUSION DE TOUT CET OUVRAGE, OÙ L'ON SATISFAIT A LA DEMANDE QUI SE POURRAIT FAIRE, POURQUOI ON NE RAPPORTE EN CE LIVRE AUCUN MIRACLE FAIT POUR PREUVE DE LA SAINTETÉ DE MONSIEUR VINCENT.

Ceux qui mettent par écrit la vie des personnes qui ont excellé en vertu rapportent ordinairement à la fin de leur ouvrage les miracles que Dieu a opérés en leur faveur, pour servir comme d'un témoignage authentique de leur sainteté. Et comme on ne doit pas légèrement croire tout ce qui se dit de ces œuvres extraordinaires et miraculeuses, aussi ne les faut-il pas témérairement rejeter ou improuver : car la main de Dieu n'est pas raccourcie, et sa puissance n'a pas moins d'étendue en ces derniers siècles que dans les précédents. Il est le souverain Seigneur de l'univers, qui peut toujours faire tout ce qu'il lui plaît au ciel et en la terre ; et comme le don des miracles est un des principaux moyens qu'il a voulu employer pour établir son Église, et planter la foi dans les cœurs des hommes, il n'y a pas lieu de douter qu'il ne puisse s'en servir, et qu'en effet il ne s'en serve de temps en temps, pour affermir cette même Église, et réveiller cette foi qui semble quelquefois être comme endormie en la plupart des chrétiens.

Cela étant donc de la sorte, quelqu'un peut-être demandera pourquoi dans tout le récit de la vie de M. Vincent on n'a rapporté aucun miracle? Car cette vie ayant été si vertueuse et si sainte, comment se pourrait-il faire que Dieu n'en eût pas opéré en sa faveur? Et s'il en a fait quelqu'un, pourquoi est-ce qu'on le retient sous le silence, et qu'on ne le déclare point, puisque, selon le témoignage d'un ange, « C'est une chose honorable et glorieuse à Dieu de déclarer et manifester les œuvres de sa puissance [1]? »

Mais on peut répondre, en premier lieu, que ce n'est pas une conséquence nécessaire, lorsqu'une personne a mené une vie sainte, que cette vie ait été accompagnée du don des miracles, puisque nous voyons plusieurs grands saints reconnus pour tels de toute l'Église, desquels toutefois on ne lit point qu'ils aient fait aucun miracle. L'Évangile nous déclare expressément que saint Jean-Baptiste, quoique déclaré par la bouche du Fils de Dieu même le plus grand de tous les hommes, n'a pourtant fait aucun miracle : et l'histoire ecclésiastique nous met devant les yeux un très-grand nombre de saints, de tout état et condition, qui n'en ont jamais fait, dont néanmoins l'Église ne laisse pas de reconnaître et d'honorer la sainteté : et par conséquent, bien que Dieu n'eût fait aucun miracle par M. Vincent, cela ne devrait en rien diminuer l'estime que méritent ses vertus, ni la vénération qui est due à la mémoire de sa sainte vie.

On pourrait encore répondre, que si on n'a rapporté aucun miracle en faveur de ce saint homme, ce n'est pas que plusieurs personnes très-dignes de foi n'aient rendu témoignage de diverses choses qu'il a faites durant sa vie, et qui sont arrivées après sa mort, qui pourraient être reconnues pour miraculeuses : comme, par exemple, qu'il a plusieurs fois prédit des choses avant qu'elles arrivassent; qu'il en a connu et déclaré d'autres purement intérieures, qui ne pouvaient être sues que de Dieu seul; qu'il a délivré plusieurs personnes de diverses peines intérieures très-grandes, dont elles étaient extraordinairement travaillées depuis longtemps, et auxquelles elles n'avaient pu trouver aucun soulagement; pour ne

---

[1] Opera Dei revelare et confiteri honorificum est. *Tob.*, 21.

rien dire de la guérison de plusieurs autres personnes affligées en leurs corps de maladies très-fâcheuses, et qui paraissaient irrémédiables, laquelle s'est faite d'une manière qui surpasse entièrement les forces de la nature, lorsque ces personnes ont eu recours aux intercessions de ce grand serviteur de Dieu.

Mais quoiqu'on pût rapporter plusieurs exemples de telles et semblables choses, qui sont très-avérées, et appuyées sur des témoignages irréprochables, et qui mériteraient sans doute la créance du lecteur, on a mieux aimé toutefois les cacher sous le voile du silence, tant pour rendre une plus exacte obéissance aux ordres de la sainte Église, qui ne veut point qu'on publie aucun miracle qui n'ait auparavant été reconnu et approuvé par l'autorité des évêques, que pour se conformer plus parfaitement à l'esprit de ce père des missionnaires dont l'humilité ne pouvait souffrir qu'on découvrît les dons et les grâces extraordinaires de Dieu, voulant qu'on les tînt cachées, jusqu'à ce que sa providence les manifestât elle-même par les voies qu'elle jugerait les plus convenables.

Enfin, si l'on ne produit en ce livre aucun miracle pour marque de la sainteté de M. Vincent, c'est que nous en avons d'ailleurs des preuves si fortes, qu'elles sont plus que suffisantes, non-seulement pour convaincre, mais aussi pour persuader un esprit raisonnable et chrétien. On rapporte d'un cardinal fort âgé qu'étant présent dans le consistoire à la lecture qui s'y faisait des informations que le souverain pontife avait ordonnées pour procéder à la canonisation d'une personne qui avait vécu et qui était morte en réputation de sainteté ; pendant qu'on récitait un grand nombre de guérisons miraculeuses de diverses maladies faites par ses intercessions, ce cardinal paraissait tout assoupi et abattu de sommeil ; mais que dans la suite, quand on vint à rapporter qu'un jour ayant reçu en pleine rue une injure fort atroce et un affront très-sensible, elle l'avait supporté avec une patience admirable, sans en faire paraître la moindre émotion, et qu'au contraire elle avait témoigné beaucoup de charité et d'amour envers ceux qui la traitaient si mal ; ce bon cardinal ouvrant les yeux, comme s'il se fût réveillé, dit tout haut: « Voilà un grand miracle!» voulant témoigner par ces paroles que les actions vertueuses, et particulièrement celles qui sont héroïques, et beaucoup élevées au-dessus de la portée de la nature, doivent passer pour des preuves les plus fortes et les plus convaincantes de la sainteté de ceux qui les ont pratiquées jusques à la mort.

Suivant cette maxime, ceux qui voudront faire attention sur tout ce qui a été rapporté de M. Vincent trouveront abondamment de quoi convaincre leur esprit sur ce sujet ; car si l'on peut appeler miraculeuses les œuvres qui sont au-dessus des voies communes de la nature, qui surpassent de beaucoup ses forces et qui vont bien loin au-delà du train ordinaire du commun des chrétiens, on peut aussi bien dire que la longue vie de M. Vincent a été presque un continuel miracle, puisqu'elle n'a été autre chose qu'un tissu d'actes des plus excellentes vertus, dans la pratique desquelles ce fidèle serviteur de Dieu a toujours constamment persévéré jusqu'à la fin.

Mais pour donner encore plus de jour à ce que nous désirons faire entendre au lecteur, il observera s'il lui plaît que, comme Dieu ne s'est pas servi des seuls miracles, mais qu'il a employé divers autres moyens pour rendre croyables les mystères et les vérités de notre religion, de même sa divine providence ne veut pas toujours manifester la sainteté de ses plus fidèles serviteurs par les œuvres miraculeuses qu'il opère par eux, pouvant se servir d'autres moyens, quand il lui plaît, qui ne sont pas moins propres ni moins efficaces pour cette fin. Ainsi nous voyons dans l'Histoire Ecclésiastique qu'il en a rendu quelques-uns célèbres par une vocation tout extraordinaire et par une manière de vie fort élevée au-dessus du commun, et plus angélique qu'humaine, pour laquelle ils sont l'objet de la vénération aussi bien que de l'admiration de tous les fidèles.

Il a voulu que le seul martyre, sans aucun autre effet miraculeux, en ait canonisé un grand nombre d'autres ; et que plusieurs, par une voie différente, se soient rendus illustres et recommandables dans l'Église par leur érudition et doctrine toute singulière et toute sainte.

Mais pour son serviteur Vincent de Paul (s'il est permis de pénétrer dans les secrets de sa providence), il semble qu'il ait voulu, par une conduite toute spéciale et non moins merveilleuse, se servir de ses abaissements pour le relever, et de sa profonde humilité pour le rendre plus digne d'honneur et de vénération dans son Église : en sorte qu'en cet humble prêtre se trouve particulièrement vérifié ce que Jésus-Christ a dit : « Que celui qui s'humilie sera exalté. »

Certainement, si d'un côté l'on considère avec quelque attention le mépris que M. Vincent faisait de lui-même, et le désir continuel qu'il avait de passer pour un homme de néant, pour un pauvre serviteur inutile, pour un misérable, pour un abominable pécheur, tel qu'il se disait ; et que d'autre part on regarde les choses extraordinaires et presque incroyables qu'il a plu à Dieu de faire par son moyen, on sera obligé de reconnaître que si ces choses ont réussi avec une telle bénédiction, cela n'est pas venu de l'industrie ni de la vertu de l'homme, mais que ce sont des effets d'une conduite toute particulière de la sagesse et de la puissance de Dieu, et presque autant de miracles opérés par sa bonté, pour témoignage qu'il agréait et approuvait ce que son fidèle serviteur entreprenait et faisait pour son service.

Car n'y a-t-il pas sujet de tenir pour une chose en quelque façon miraculeuse que le fils d'un simple paysan, né dans l'obscurité de la plus basse condition qui se trouve parmi les hommes, élevé d'une manière toute rustique à la garde des bestiaux, et après réduit dans un malheureux esclavage, et qui s'est toujours tenu caché autant qu'il a pu dans l'ombre d'une vie commune et abjecte, ait, nonobstant tout cela, paru dans l'Église comme un nouveau soleil qui a éclairé un nombre presque innombrable de pauvres âmes qui gisaient dans les ténèbres et dans l'ombre de la mort, comme parle un prophète, c'est-à-dire, qui passaient toute leur vie dans une effroyable ignorance de Dieu et des choses nécessaires à leur salut ; et que non-seulement il ait éclairé, mais aussi échauffé et vivifié par les ardeurs de son zèle une infinité de personnes qui étaient mortes à la vie de la grâce et comme ensevelies dans le péché, et rallumé dans les cœurs de plusieurs autres le feu du divin amour ?

Qu'un simple prêtre sans bénéfices, sans biens extérieurs et sans aucun pouvoir ni autorité dans l'Église, ait su remédier efficacement à un très-grand nombre de déréglements qui se trouvaient dans le clergé, et qu'il ait fait sur ce sujet, et heureusement conduit à chef dedans et dehors le royaume de France, ce que les plus grands prélats et les plus zélés eussent à peine résolu d'entreprendre dans leurs propres diocèses et dans les lieux dépendants de leur juridiction, avec toute leur autorité et tous leurs grands revenus ?

Qu'un homme pauvre et dénué de tous moyens et de toutes commodités ait trouvé le moyen de secourir et d'assister dans leur extrême nécessité les pauvres, non d'une seule ville, mais de plusieurs provinces entières, non pendant quelque partie d'une mauvaise saison, mais durant un grand nombre d'années, et que pendant tout ce temps il ait procuré qu'ils fussent pourvus de ce dont ils avaient besoin pour leur nourriture, vêtements et autres nécessités ; qu'il ait remis en état les églises ruinées par les gens de guerre, les fournissant d'ornements ; qu'il ait procuré aux prêtres et aux curés la subsistance nécessaire ; qu'il ait pourvu de médicaments et de nourriture un nombre presque infini de pauvres malades, répandus de tous côtés dans la plupart des villages de France, Savoie, Italie et plusieurs autres provinces encore plus éloignées ; et cela, non pour un peu de temps, mais depuis plus de trente ans, et qu'il ait trouvé un fonds inépuisable pour continuer toujours ces assistances, autant que les Confréries de la charité qu'il a instituées dureront ?

Enfin, qu'un homme de la plus basse naissance, qu'il n'a point cachée, mais qu'il a publiée partout, qui se déclarait un pauvre ignorant, qui ne faisait paraître aucun talent extérieur qui le rendît considérable, qui n'a jamais composé aucun livre ni prêché en aucune chaire célèbre, et qui a plutôt fait tout ce qu'il a pu pour se tenir caché ou pour se rendre vil et méprisable ; que nonobstant tout cela cet homme inconnu ait acquis une réputation qui s'est répandue presque par tout le monde, qu'il ait été honoré et recherché des plus grands, et même appelé dans les cabinets et dans les conseils des souverains ?

Certainement, celui qui pèsera bien toutes ces choses sera obligé de reconnaître que la main du Seigneur a été avec son fidèle serviteur pour opérer toutes ces merveilles, et que la vie, la conduite, les œuvres et les succès des entreprises de M. Vincent ont été des ouvrages singuliers de la sagesse et de la puissance de Dieu, qui sait, quand il lui plaît, faire sortir la lumière des ténèbres, et tirer du néant ce qu'il y a de plus grand et de plus éclatant dans l'univers.

Après tout, le lecteur trouvera ici un ample sujet de glorifier Dieu et de le bénir de tous ces grands exemples de vertu qu'il lui a mis devant les yeux en la personne de son fidèle serviteur. Saint Grégoire de Nysse parlant de saint Éphrem disait que Dieu l'avait mis sur la terre comme un grand luminaire pour éclairer le monde, ou bien comme une haute colonne vivante et animée pour montrer aux hommes les sentiers de la vertu et de la sainteté, à la façon de ces Mercures que l'on posait sur les grands chemins ; et nous pouvons, avec toute sorte de raison, dire le même de M. Vincent : c'est Dieu qui l'a fait naître et qui l'a donné à son Église pour lui procurer plusieurs grands biens, mais particulièrement pour y laisser l'exemple de sa sainte vie, comme une adresse assurée pour y connaître le chemin qui conduit à la solide perfection ; afin que par cette vue on fût excité à prendre cette route, et à marcher à la faveur d'un si bon guide ; entrant dans ses sentiments, embrassant ses maximes et cherchant à son imitation, avant toute autre chose, le royaume de Dieu, l'accomplissement de ses volontés, et l'accroissement de son honneur et de sa gloire.

FIN.

TABLE

DU TOME SECOND.

―――♦♦♦―――

                                                                                                                      Pages

CHAPITRE VII. — Les assistances et services rendus aux monastères des religieuses de la Visitation de Sainte-Marie du diocèse de Paris, par M. Vincent, pendant le temps qu'il a été supérieur et père spirituel.   1
CHAPITRE VIII. — Les Confréries de la Charité des paroisses.   22
       —   Réglement de la Confrérie de la Charité.   26
CHAPITRE IX. — Institution des Filles de la Charité, servantes des pauvres malades.   28
CHAPITRE X. — Les assemblées des Dames de la Charité de Paris.   40
CHAPITRE XI. — Les assistances que M. Vincent a rendues à diverses provinces ruinées par les guerres.   54
SECTION Ire. — Assistance rendue à la Lorraine.   *Ibid.*
SECTION II. — Assistance rendue à la Picardie et à la Champagne.   72
SECTION III. — Effets très-remarquables des assistances rendues à ces deux provinces.   78
CHAPITRE XII. — Ce que M. Vincent a fait pour l'extirpation des nouvelles erreurs du Jansénisme.   87
CHAPITRE XIII. — Les emplois de M. Vincent pour le service du roi dans les conseils de Sa Majesté et ailleurs, pendant le temps de la régence de la reine-mère.   115
SECTION Ire. — Première entrée de M. Vincent dans le conseil du roi pour les affaires ecclésiastiques.   116
SECTION II. — Résolutions qui furent prises par les avis de M. Vincent touchant les matières bénéficiales.   118
SECTION III. — L'équité et la vigilance avec laquelle M. Vincent se comportait dans les affaires bénéficiales.   119
SECTION IV. — Son zèle contre les abus qui se commettaient en la recherche des bénéfices.   121
SECTION V. — Exemple remarquable sur ce sujet.   125
SECTION VI. — Son affection très-grande pour le service des prélats de l'Église.   126
SECTION VII. — Divers services importants rendus par M. Vincent à plusieurs ordres religieux.   129
SECTION VIII. Autres offices de charité rendus par M. Vincent à diverses abbayes et monastères de filles.   136
SECTION IX. — Diverses autres affaires de piété auxquelles M. Vincent s'est employé dans le conseil du roi.   139
SECTION X. — M. Vincent a toujours gardé une fidélité inviolable au roi, et une affection constante pour son service, même pendant les temps les plus périlleux et difficiles.   141
SECTION XI. — M. Vincent a servi le roi avec un entier dégagement de

	Pages.
tout intérêt.	144

Section XII. — Que M. Vincent s'est toujours conduit avec grande prudence et circonspection dans les affaires qui regardaient le service du roi. 147

LIVRE TROISIÈME.

Préface. 153
Chapitre premier. — Observations générales sur les vertus de M. Vincent. 155
Chapitre II. — De la foi de M. Vincent. 157
Chapitre III. — Son espérance et sa confiance en Dieu. 163
Section Ire. — Continuation du même sujet. 168
Section II. — Suite du même sujet. 172
Section III. — Sentiment de M. Vincent touchant la confiance qu'il faut avoir en Dieu. 175
Chapitre IV. — Son amour envers Dieu. 180
Chapitre V. — Sa conformité à la volonté de Dieu. 184
Section Ire. — Continuation du même sujet. 187
Section II. — Son union parfaite au bon plaisir de Dieu par une entière résignation et indifférence. 192
Chapitre VI. — Son attention continuelle à la présence de Dieu. 200
Chapitre VII. — Son oraison. 203
Section unique. — Recueil de quelques avertissements et instructions de M. Vincent sur le sujet de l'oraison. 209
Chapitre VIII. Sa dévotion et piété envers Dieu. 217
Section Ire. — Sa dévotion particulière envers le très-saint Sacrement de l'autel. 223
Section II. — Sa dévotion toute singulière pour imiter Jésus-Christ, et se conformer à ses exemples. 229
Chapitre IX. — Sa dévotion envers la très-sainte Vierge, mère de Dieu, et envers les autres saints. 238
Chapitre X. — Son zèle pour la gloire de Dieu et pour le salut des âmes. 244
Chapitre XI. — Sa charité pour le prochain en général. 253
Section Ire. — Quelques exemples remarquables de la charité de M. Vincent. 259
Section II. — Sa charité particulière envers les pauvres. 265
Section III. — Ses aumônes. 273
Section IV. — Son amour respectueux envers les prélats de l'Église. 282
Section V. — Sa charité envers les prêtres et autres personnes ecclésiastiques. 291
Section VI. — Sa charité envers les siens. 301
Section VII. — Sa charité envers ses ennemis. 310
Chapitre XII. — Sa douceur. 318
Section Ire. — Continuation du même sujet. 324
Section II. — Paroles remarquables de M. Vincent touchant la douceur qu'on doit pratiquer envers le prochain. 331
Chapitre XIII. — Son humilité. 336
Section Ire. — Quelques autres actions plus particulières d'humilité pratiquées par M. Vincent. 341

	Pages.
SECTION II. — Des sentiments de M. Vincent touchant la vertu d'humilité.	354
CHAPITRE XIV. — Son obéissance.	364
CHAPITRE XV. — Sa simplicité.	373
CHAPITRE XVI. — Sa prudence.	382
SECTION UNIQUE. — Continuation du même sujet.	387
CHAPITRE XVII. — Sa justice et sa gratitude.	595
CHAPITRE XVIII. — Son parfait dégagement des biens de cette vie, et son amour pour la pauvreté.	406
CHAPITRE XIX. — Sa mortification.	419
SECTION UNIQUE. — Continuation du même sujet.	430
CHAPITRE XX. — Sa chasteté.	435
CHAPITRE XXI. — Son égalité d'esprit.	440
CHAPITRE XXII. — Sa force à soutenir le bien et à s'opposer au mal, et sa patience à supporter les afflictions et les peines.	447
CHAPITRE XXIII. — Sa patience dans les maladies.	457
CHAPITRE XXIV. — La conduite de M. Vincent.	462
SECTION Ire. — Continuation du même sujet.	471
SECTION II. — Sa conduite pour le temporel des maisons de sa Congrégation.	483
SECTION III. — Avis de M. Vincent donné de bouche à un prêtre de la Congrégation de la Mission, avant de l'envoyer en une autre maison, pour en avoir la conduite.	488
CHAPITRE DERNIER. — Conclusion de tout cet ouvrage, où l'on satisfait à la demande qui se pourrait faire, pourquoi on ne rapporte en ce livre aucun miracle fait pour preuve de la sainteté de M. Vincent.	494

FIN DE LA TABLE DU TOME SECOND ET DERNIER.

TABLE

DU TOME SECOND.

	Pages
CHAPITRE VII. — Les assistances et services rendus aux monastères des religieuses de la Visitation de Sainte-Marie du diocèse de Paris, par M. Vincent, pendant le temps qu'il a été supérieur et père spirituel.	1
CHAPITRE VIII. — Les Confréries de la Charité des paroisses.	22
— Réglement de la Confrérie de la Charité.	26
CHAPITRE IX. — Institution des Filles de la Charité, servantes des pauvres malades.	28
CHAPITRE X. — Les assemblées des Dames de la Charité de Paris.	40
CHAPITRE XI. — Les assistances que M. Vincent a rendues à diverses provinces ruinées par les guerres.	54
SECTION Ire. — Assistance rendue à la Lorraine.	Ibid.
SECTION II. — Assistance rendue à la Picardie et à la Champagne.	72
SECTION III. — Effets très-remarquables des assistances rendues à ces deux provinces.	78
CHAPITRE XII. — Ce que M. Vincent a fait pour l'extirpation des nouvelles erreurs du Jansénisme.	87
CHAPITRE XIII. — Les emplois de M. Vincent pour le service du roi dans les conseils de Sa Majesté et ailleurs, pendant le temps de la régence de la reine-mère.	115
SECTION Ire. — Première entrée de M. Vincent dans le conseil du roi pour les affaires ecclésiastiques.	116
SECTION II. — Résolutions qui furent prises par les avis de M. Vincent touchant les matières bénéficiales.	118
SECTION III. — L'équité et la vigilance avec laquelle M. Vincent se comportait dans les affaires bénéficiales.	119
SECTION IV. — Son zèle contre les abus qui se commettaient en la recherche des bénéfices.	121
SECTION V. — Exemple remarquable sur ce sujet.	125
SECTION VI. — Son affection très-grande pour le service des prélats de l'Église.	126
SECTION VII. — Divers services importants rendus par M. Vincent à plusieurs ordres religieux.	129
SECTION VIII. Autres offices de charité rendus par M. Vincent à diverses abbayes et monastères de filles.	136
SECTION IX. — Diverses autres affaires de piété auxquelles M. Vincent s'est employé dans le conseil du roi.	139
SECTION X. — M. Vincent a toujours gardé une fidélité inviolable au roi, et une affection constante pour son service, même pendant les temps les plus périlleux et difficiles.	141
SECTION XI. — M. Vincent a servi le roi avec un entier dégagement de	

www.ingramcontent.com/pod-product-compliance
Lightning Source LLC
Chambersburg PA
CBHW072213240426
43670CB00038B/1006